Servidor Apache
Al descubierto

CONSULTORES EDITORIALES:

SEBASTIÁN DORMIDO BENCOMO
Departamento de Informática y Automática
UNIVERSIDAD NACIONAL DE EDUCACIÓN A DISTANCIA

LUIS JOYANES AGUILAR
Departamento de Lenguajes, Sistemas Informáticos e Ingeniería del Software
UNIVERSIDAD PONTIFICIA DE SALAMANCA en Madrid

Servidor Apache
Al descubierto

Rich Bowen
Ken Coar

Traducción
Ruth Vázquez

PRENTICE HALL
Madrid • México • Santafé de Bogotá • Buenos Aires • Caracas • Lima • Montevideo
San Juan • San José • Santiago • Sao Paulo • White Plains

```
           Datos de catalogación bibliográfica

    RICH BOWEN y KEN COAR
    Servidor Apache Al descubierto
    PEARSON EDUCACIÓN, S.A. Madrid, 2000

        ISBN: 84-205-2978-8
        Materia: Informática 681.3

    Formato: 170 x 240              Páginas: 640
```

RICH BOWEN y KEN COAR
Servidor Apache Al Descubierto

Todos los derechos reservados.
No está permitida la reproducción total o parcial de esta obra
ni su tratamiento o transmisión por cualquier medio o método
sin autorización escrita de la Editorial.

DERECHOS RESERVADOS
© 2000 respecto a la primera edición en español por:
PEARSON EDUCACIÓN, S.A.
C/ Núñez de Balboa, 120
28006 Madrid

ISBN: 84-205-2978-8
Depósito Legal: M- 30.775-2000
PRENTICE HALL es un sello editorial autorizado de PEARSON EDUCACIÓN

Traducido de: Apache Server Unleashed
Copyright © 2000 by Sams
ISBN: 0-672-31808-3

Editores de la edición en español: Alejandro Domínguez
                                   Félix Fuentes
                                   Eva María López
Cubierta: Arte y Aparte, S.A.
Composición: REPROGRÁFICAS MALPE, S.A.
Impreso por: Gráficas Rógar, S. A.

IMPRESO EN ESPAÑA - PRINTED IN SPAIN

Este libro ha sido impreso con papel y tintas ecológicos

Índice de contenido

Introducción	**XXV**
¿Qué es lo bueno de Apache?	XXVI
¿Para qué sirve este libro?	XXVII
¿A quién va dirigido este libro?	XXVII
Cómo está organizado este libro	XXVII
Convenciones utilizadas en este libro	XXVIII
Parte I Presentación de Apache	**1**
1 Antecedentes de Apache	**3**
Al comienzo	5
¿Quién es el responsable?	5
Acontecimientos recientes	6
¿Por qué Apache funciona tan bien?	7
Resumen	8
2 HTTP	**9**
Encabezados HTTP	10
La conversación HTTP	13
Solicitud del cliente	14
GET	14
HEAD	15
POST	15
Encabezados de solicitud	15
Cuerpo de solicitud	18
Códigos de estado del servidor	19

Encabezados de respuesta	22
Datos solicitados	24
Desconectar o Keep-Alive	24
Una conversación HTTP de ejemplo	24
Resumen	25

3 Compilar e instalar Apache — 27

Requerimientos del sistema	28
Conseguir Apache	28
Descargar binarios	30
Descargar código fuente	30
Instalación para usuarios impacientes	31
Configurar Apache	32
Configurar con APACI	32
Configuración manual	35
Compilar	36
Instalar	37
Instalar y compilar Apache en Windows	37
Instalar Apache en Windows	37
Instalar como servicio de Windows NT	38
Compilar Apache para Windows	39
Resumen	39

4 Iniciar, detener y reiniciar el servidor — 41

Iniciar el servidor	42
Iniciar Apache en Unix	42
Iniciar Apache en Windows	45
Detener o reiniciar el servidor	49
Detener o reiniciar en Unix	49
Detener y reiniciar en Windows	51
El script apachectl	52
Utilizar apachectl	52
Configurar apachectl	53
Resumen	58

Parte II Configurar Apache — 59

5 Archivos de configuración del servidor — 61

Un archivo frente a tres	62
Directivas de configuración nucleares y básicas	62
Resumen	124

6 Configurar Apache con Comanche — 125

Cómo conseguir Comanche	126
Cómo utilizar Comanche	127

Iniciar Comanche	127
La interfaz de usuario	127
Configurar el servidor	128
Secciones	131
Configurar secciones <Directory>	132
Configurar secciones <Location>	135
Configurar secciones <Files>	135
Configurar hosts virtuales	135
Tareas de administración del servidor	136
Ampliar Comanche	136
Limitaciones	136
Deberá estar en la consola	137
Deberá saber cómo ampliar Comanche	137
Deberá saber algo acerca de los archivos de configuración	137
Resumen	138

7 Tipos MIME — **139**

¿Qué es MIME?	140
Importancia de los tipos MIME	141
Tipos MIME predeterminados	141
Determinar el tipo MIME a partir del contenido del archivo	143
Tipos MIME y nombres de archivo	143
El archivo predeterminado de asignación, mime.types	144
La directiva TypesConfing	150
La directiva AddType	150
La directiva ForceType	151
La directiva AddEncoding	152
Herencia de los parámetros MIME	153
Administrar tipos MIME	153
Administrar tipos MIME con los archivos de configuración	153
Administrar tipos MIME de los archivos .htaccess	154
Administrar tipos MIME en un solo directorio	154
Utilizar información MIME	155
La directiva AddIconByType	155
La directiva AddAltByType	156
La directiva AddIconByEncoding	156
La directiva AddAltByEncoding	156
La directiva ExpiresByType	157
Comportamiento del cliente	157
Obligar al cliente a "Guardar como"	158
Resumen	158

8 Archivos .htaccess — **159**

Por qué usar archivos .htaccess	160
Cuándo no usar archivos .htaccess	161

Lo que se puede hacer con los archivos .htaccess	161
Autenticación	162
Permitir CGI	163
Limitarse a lo que está permitido	163
Temas de seguridad	163
Options	164
XBitHack	166
Control de los daños	166
Resumen	167

9 Hosts virtuales **169**

Ejecutar demonios separados	170
Cuándo se puede hacer esto	170
Configurar demonios separados	171
Iniciar el servidor con un archivo de configuración específico	171
Utilizar hosts virtuales basados en IP	172
La sección <VirtualHost>	172
Utilizar hosts virtuales basados en nombres	173
Cómo funciona un host virtual basado en nombres	173
La directiva NameVirtualHost	174
La solución de los navegadores antiguos	174
Otras opciones de configuración	175
El host virtual _default_	175
Host virtuales basados en puertos	176
Comprobar la configuración	176
Resumen	177

10 Uso de Apache como servidor proxy y caché **179**

¿Por qué usar un proxy?	180
¿Qué es una caché web?	181
Problemas asociados con los proxies y las cachés	182
Posibilidades proxy y caché de Apache	183
Configurar Apache para su uso como servidor proxy o caché	183
Configurar Apache como servidor proxy	183
Configurar Apache como servidor caché	187
Consideraciones de la configuración	190
Ensamblarlo todo	190
Configurar los clientes	192
Utilizar un archivo de configuración automática proxy	193
Resumen	195

Parte III   Contenido dinámico **197**

11 Programación CGI **199**

La especificación CGI	200

	Variables de entorno	200
	La línea de comandos ISINDEX	202
	STDIN y STDOUT	202
Configurar el servidor para CGI		204
	ScriptAlias	204
	AddHandler	205
	Options ExecCGI	205
Escribir programas CGI		205
	Encabezado MIME	205
	Recibir entradas de los usuarios	206
	Mantener el estado	213
Un ejemplo de programa CGI		213
Programas CGI de Windows		214
Problemas habituales		214
	Permisos	214
	Errores de sintaxis	216
	Encabezados no válidos	216
Alternativas a CGI		217
	El módulo Perl de Apache: mod_perl	217
	FastCGI	217
	El módulo PHP	217
Para ampliar la información		217
	WWW	217
	Libros	218
Resumen		218

12 SSI: Inclusiones del Lado del Servidor — 219

Configurar el servidor para permitir SSI		220
	Activar SSI por extensión de archivo	221
	Utilizar la directiva XBitHack	222
	Activar SSI por tipo MIME	223
Utilizar directivas SSI		223
	Directivas SSI	223
	Las variables y el control de flujo	230
Resumen		233

13 Utilizar cookies — 235

¿Qué son las cookies?		236
Los antecedentes de las cookies		237
Ingredientes de las cookies		238
	NAME=VALUE	239
	Expires=DATE	241
	Path=PATH	243
	Domain=DOMAIN_NAME	243
	Secure	244

Limitaciones de las cookies	245
Tamaño máximo de las cookies	245
Número mínimo de cookies	246
Crear y enviar cookies	246
HTML	246
JavaScript	247
Perl	248
Recibir y procesar cookies	250
Perl	250
JavaScript	252
Resumen	253

14 Manipuladores 255

Definición de manipulador	256
Fases en el procesamiento de solicitudes	256
Fase de manipulación de contenido	257
Manipuladores y tipos MIME	260
La directiva AddHandler	261
La directiva SetHandler	262
La directiva RemoveHandler	263
La directiva Action	263
La directiva Script	264
Personalizar la manipulación de errores con ErrorDocument	265
Texto de error de una sola línea	265
Manipular errores con un documento local	266
Redirigir los errores hacia fuera del sitio	268
Manipuladores estándar	268
El manipulador de contenido predeterminado	269
cgi-script	273
server-parsed: inclusiones de lado del servidor	273
server-status: cómo se ejecuta Apache	274
server-info	275
imap-file	276
Resumen	277

Parte IV Configurar la seguridad y la auditoría 279

15 Seguridad 281

Proteger los archivos en el servidor web	282
Archivos de lectura-escritura frente a archivos de sólo lectura	282
Vínculos simbólicos	283
La opción Indexes	284
Proteger los URL en el sitio web	285
Acceso obligatorio y discrecional	286
Autenticación, autorización y acceso	291

Control de autenticación	291
Control de autorización	302
Controlar la actividad en tiempo real	303
Opciones y omisiones	303
Resumen	306

16 Autenticación 307

¿Qué es la autenticación?	308
Autenticación Basic	308
Autenticación Digest	309
Directivas de configuración de autenticación	310
AuthName	311
AuthType	311
AuthUserFile	311
AuthGroupFile	312
<Limit>	313
<LimitExcept>	313
require	313
Cómo funciona todo esto	314
order, deny y allow	314
allow	315
deny	315
order	316
Satisfy	316
Ensamblarlo todo: configuraciones de ejemplo	317
Permitir solamente usuarios específicos	317
Permitir que publiquen solamente usuarios específicos	317
Permitir-denegar el acceso desde un determinado dominio	317
Proteger un solo archivo	318
Bloquear Internet Explorer	318
Utilizar Satisfy	318
Administrar archivos de contraseña	318
Crear un nuevo archivo de contraseña	319
Añadir un usuario a un archivo de contraseña existente o cambiar una contraseña	320
Exigir la encriptación MD5	320
Quitar un usuario del archivo de contraseña	320
Crear archivos de grupo	321
mod_auth_dbm y mod_auth_db	321
Preparar Apache para usar mod_auth_db(m)	321
Gestionar los archivos de usuario	322
Utilizar directivas de configuración	323
Otras consideraciones relativas a la seguridad	323
Conseguir las contraseñas para los usuarios	323
Cambiar contraseñas	323

Permisos de archivo de los archivos de contraseña 324
¡No utilice su contraseña de inicio de sesión!................................ 324
No utilice la autenticación Basic si es delicado 324
Resumen 324

17 Arañas, robots y orugas web **325**

¿Qué es una araña? 326
Arañas: lo bueno frente a lo malo 327
Sobrecarga en el servidor 327
Agujeros negros 327
Reconocer las arañas en los archivos de registro........................... 327
Excluir a las arañas del servidor 328
robots.txt 328
La metaetiqueta ROBOTS 329
Ponerse en contacto con el operador... 330
Bloquear una araña.. 330
Escribir una araña 330
Resumen 332

18 Registro.. **333**

El registro de transferencia (access_log) 334
Contenido de access_log.. 334
Ubicación de access_log... 336
Generar archivos de registro personalizados 336
El registro de errores (error_log) 340
Contenido de error_log.. 340
ScriptLog y las directivas asociadas 342
ScriptLogBuffer 343
ScriptLogLenght 344
Registros canalizados.. 344
Un ejemplo sencillo de registro canalizado 344
Un ejemplo algo más complicado... 346
Herramientas de análisis de registro 347
Paquetes de análisis de registros disponibles.............................. 347
Hágalo usted mismo.. 351
Rotación del archivo de registro 353
Resumen 353

Parte V Desarrollo... **355**

19 Introducción a los módulos Apache................................. **357**

¿Qué son los módulos Apache?.. 358
Modularización del código... 358
Una analogía con un restaurante 359

Antecedentes de la modularización	360
Usos habituales	360
Autenticación	361
Autorización	363
Encriptación	363
Soporte de lenguajes y aplicaciones	363
Diagnósticos y contadores	365
Registro	365
Operaciones del servidor	365
Soporte de contenido	366
Un ejemplo sencillo de los módulos en acción: el estado del servidor	367
Instalar módulos	368
Bibliotecas compartidas	368
Objetos dinámicos compartidos	374
Construir módulos Apache estándar	375
Instalación avanzada de módulos	377
Instalar módulos con apxs y apachectl	377
Instalar mod_perl	379
Instalar PHP	380
Solucionar problemas en la instalación de módulos	380
Resumen	381
20 Utilizar módulos estándar Apache	**383**
Registro de los módulos estándar	384
Descripciones de módulos estándar	386
Resumen	408
21 Utilizar el módulo Perl	**409**
Introducción a mod_perl	410
Concepto de mod_perl	410
Ventajas de mod_perl	411
Última versión y disponibilidad	411
Módulos Perl utilizados con mod_perl	411
Instalar mod_perl	413
Configurar mod_perl	414
Precargar módulos Perl	415
Manipuladores de fase de módulos Perl	416
Ver el estado de mod_perl	420
Interacción de mod_perl con las bases de datos	421
Depurar mod_perl	421
Sintonizar el rendimiento	422
Memoria	423
Scripts mod_perl básicos y sus usos	423
La interfaz del módulo Perl con mod_perl	424
Resumen	425

22 Utilizar el módulo PHP — 427

- La finalidad de PHP — 428
  - Historia de PHP como lenguaje del lado del servidor — 428
  - ¿Por qué no inclusiones del lado del servidor? — 429
  - ¿Módulo o CGI? — 429
- Últimas versiones y disponibilidad — 430
- Instalar y configurar mod_php — 431
  - Construir e instalar el intérprete PHP — 431
  - php.ini: configurar PHP — 432
  - Configurar Apache para su uso con PHP — 433
- Sintaxis y fundamentos del uso de mod_php — 434
  - Identificadores, constantes y alcance — 434
  - Tipos de datos PHP — 436
  - Operadores y expresiones — 437
  - Funciones — 439
  - Control de flujo — 440
  - Utilizar matrices — 442
  - Obtener entradas de los formularios web — 444
  - Clases — 445
- Scripts mod_php sencillos — 446
- Sitios que usan PHP e información de la Web — 450
- Resumen — 451

23 Otros módulos bien conocidos — 453

- Módulos de soporte del lenguaje — 454
  - Java y JavaScript — 454
  - Python: PyApache — 455
- Servidores de aplicaciones — 455
  - Servlets Java y Páginas del servidor Java — 457
  - ColdFusion de Allaire — 460
  - WebObjects de Apple — 460
  - Páginas Activas del Servidor (ASP) — 461
  - Zope — 461
- Módulos de utilidad — 461
  - Conjuntos de caracteres nacionales: mod_fontxlate — 461
  - Administración del ancho de banda: mod_bandwidth — 462
  - El módulo mod_lock — 462
  - WebDAV: mod_dav — 462
  - FTP: mod_conv — 462
  - Oracle — 462
  - Postgres 95 — 462
  - Soporte para FrontPage — 463
- Apache con SSL — 463
  - Cómo funciona SSL — 464
  - Apache con implementaciones SSL — 465
- Resumen — 467

24	**Trabajar con la API Apache**	**469**
	Arquitectura básica de módulos	470
	Manipuladores Apache	470
	Ciclo de vida del proceso Apache	471
	La estructura module	471
	Códigos de estado del manipulador Apache	483
	Estructuras de datos Apache	485
	Concentraciones de recursos	490
	El resto de la API	492
	Utilidades TCP/IP	492
	Funciones URI y URL	492
	Utilidades de registro	494
	Utilidades de archivo y de socket	495
	Utilidades HTTP	496
	Utilidades de directivas de configuración	497
	API de estructura de memoria	498
	Utilidades diversas	500
	Instalación de módulos	501
	Referencias	502
	Resumen	502
25	**Contribuir a Apache**	**503**
	Donaciones	504
	Fondos, bienes o servicios	505
	Contribuir con su tiempo	506
	Distintos proyectos Apache	506
	Desarrollo de código fuente	507
	Ayudar con informes de errores	509
	Ayudar probando el software	510
	Documentación	512
	Donar tangibles	515
	Resumen	515
Parte VI	**Apéndices**	**517**
A	**La licencia Apache**	**519**
B	**Antecedentes de las versiones Apache**	**521**
C	**Listados de los archivos de configuración**	**525**
D	**Dónde obtener más información**	**561**
	Sitios web	562
	Apache Unleashed.com	562

       El proyecto Apache Server.. 562
       Apache Week 562
       NSCA HTTPd 562
       Consorcio de la World Wide Web (W3C) 563
   Listas de envío 563
       Apache Week 563
       apache-announce 563
       HWG-servers 563
   Usenet 564
       comp.infosystems.www.servers 564
       comp.infosystems.www.authoring.cgi 565

Índice alfabético **567**

Los autores

Rich Bowen reside en Lexington, Kentucky, con su bella mujer, Carol, con su hija Sarah Rhiannon y su gata Java. Rich trabaja en DataBeam Corporation, una filial de Lotus Corporation (a su vez, filial de IBM), y sus especialidades son Linux, Perl y las intranets. Rich ha estado ejecutando sitios web sobre Apache desde su aparición en 1995, y ejecutaba sitios web sobre un HTTPd NCSA anteriormente. En la actualidad, ejecuta Apache en **www.databeam.com**, **www.rcbowen.com** y en su pequeño IBM Think-Pad. Rich es miembro fundador de los Lexington Perl Mongers (**http://lexington.pm.org/**). En su tiempo libre, Rich se dedica a ir de excursión por el río Kentucky, a hacer volar cometas y a leer a Dickens. Rich espera tener tiempo libre algún día.

Ken Coar es director y vicepresidente de la Fundación de Software Apache e ingeniero de software sénior en IBM. Tiene más de veinte años de experiencia en ingeniería de software y en administración de sistemas. Ken ha trabajado con la Web desde 1992 y, aparte de trabajar con Apache y PHP, dirige el proyecto de desarrollo de las RFC de Internet para CGI. Es autor de *Apache Server for Dummies*. Actualmente, vive en Carolina del Norte con su mujer, Cathy, y cuatro gatos. Puede ponerse en contacto con él en Ken.Coar@MeepZor.com.

Los colaboradores

Patrik Grip-Jansson (**patrikj@gnulix.org**) ha trabajado con computadoras durante más de 15 años y ha dedicado los cinco últimos a especializarse en temas de la Web, Internet e intranet. Actualmente trabaja como arquitecto de sistemas en la Dirección General de Carreteras de Suecia. También contribuye con la Gnulix Society en su intento de acrecentar los conocimientos sobre soluciones *open source*.

Slava Kozlov (**kozlov@banet.net**) ha estado trabajando en el desarrollo de software en Internet durante cinco años. Actualmente es un consultor de software y desarrollador en Nueva York.

Didimo Emilio Grimaldo Tuñón nació en 1963 en Panamá City, Panamá, y actualmente vive en Europa. Tiene más de diez años de experiencia en desarrollo de software, desde los sistemas integrados de hardware para telefonía hasta la programación cliente-servidor de clase empresarial. Sus aficiones son la lectura y los viajes. Actualmente está dedicado a crear su propia empresa de consultoría, Coralys Technologies, Inc., en Panamá City.

Matthew Marlowe es un consultor principal de Jalan Network Services. Tiene una amplia experiencia en la administración de sistemas UNIX, administración de redes y desarrollo de software orientado a objetos. Como experiencias previas destaca la creación de departamento de redes y formar parte del equipo que innovó el software científico para el satélite X-Ray Timing Explorer de la NASA, lanzado en 1995. Sus intereses principales están en Linux, en las redes y en la tecnología. Actualmente vive en California con su novia Anita.

Dedicatoria

A mis niñas.

—Rich Bowen

Dedico mi trabajo en este libro a la memoria de mi abuelo, el Dr. Herbert G. Coar - científico, educador y venerable anciano.

—Ken Coar

Reconocimientos

Aunque sólo aparecen unos cuantos nombres en la cubierta de este libro, muchos otros han hecho posible su publicación.

En primer lugar, deseo agradecer a Angela Kozlowski, nuestro editor de compras, quien nos animó (casi siempre inútilmente) a que los capítulos se ajustaran al programa y a cumplir las directrices de esta serie de libros.

Gracias a Don Roche, inspirador del proyecto, a Susan Dunn, editora de desarrollo y a David Pitts por convencerme, a mi pesar, de llevar a cabo este proyecto.

Deseo agradecer a mi esposa por aguantarme las largas horas y el gran desorden en el despacho que entraña un proyecto de este calado (bueno, mi despacho siempre está desordenado, pero es fantástico poder echarle la culpa a algo). Gracias por ir a Florida cuando tuve que estar trabajando mucho tiempo y por venir a casa cuando la necesitaba. Y a mi hija Sarah, por no dejarme trabajar tanto y poder jugar con ella a ratos.

Por último, un agradecimiento tardío a mi amigo y profesor, Ken Rietz, por darme los conocimientos necesarios para este y otros proyectos, aunque algunos de ellos no tengan mucho que ver con el tema que nos ocupa.

—Rich Bowen

Me gustaría reconocer el apoyo inestimable recibido de las siguientes personas: los editores de Macmillan USA (en especial, de Angela Kozlowski y de Susan Dunn), por interpretar mi forma de escribir; de mi agente, Neil Salkind (de la Agencia Literaria Studio B), y de Dean Miller (de Macmillan USA) por la importancia dada a las variables metasintácticas. Mis agradecimientos mayores a mi esposa, Cathy, quien (¡de nuevo!) me aguantó todo mientras estaba escribiendo.

—Ken Coar

Me gustaría agradecer a Angela Kozlowski por su paciencia en el proceso de publicación y a R.B. Smith, por su incansable apoyo año tras año.

—Matthew Marlowe

Introducción

Siempre me ha fascinado Internet, incluso antes de que existiera.

Mi primer encuentro con Internet tuvo lugar en un laboratorio informático de la Universidad Estatal de Florida, cuando estaba en un instituto de Tallahassee. Me puse a charlar (escribiendo en la pantalla) con alguien que creía que estaba en ese laboratorio o, por lo menos, en algún lugar del campus. Cuando me dijo que estaba en Houston, Tejas, me quedé perplejo. ¿Cómo era posible enviar todas esas pulsaciones a Tejas para mantener esa charla? Era cuestión de magia.

Esto sucedía en 1983, y la red que estábamos utilizando se llamaba Plato. Era una de las muchas partes que, a la postre, se convirtieron en Internet. No supe nada acerca de las redes hasta varios años después. Siempre me han fascinado las posibilidades que tiene la tecnología para permitir que la gente se comunique, independientemente de las limitaciones geográficas.

Aunque sea muy divertido recordar los días en que utilizábamos Archie para tratar de encontrar lo que estábamos buscando y los días en que la gran búsqueda en Internet suponía un reto, esos tiempos, en realidad, dejaban mucho que desear. El advenimiento de la World Wide Web supuso, al menos para mi, una renovación de esa sensación que tuve en aquel laboratorio informático de la FSU.

Creo que fue a principios de 1992 cuando tuve mi primer contacto con la Web. Era estudiante en el Asbury College, que todavía no estaba conectado a Internet. Un colega de la Universidad de Kentucky me dejó utilizar su cuenta SLIP, y me conecté a 2400 baudios. El hecho de que no hubiera nada de auténtico interés en la Web tenía una importancia secundaria. Pulsando unas cuantas teclas (recuerde, estamos hablando de antes de los navegadores gráficos), podía ir de un sitio web en Suiza hasta otro del MIT y hasta otro de la Universidad de Berkeley. Esto era magia auténtica.

Cuando empecé a desarrollar mis propios sitios web, la magia estaba en un nuevo plano. Estaba poniendo información en esta red mágica, y personas de lugares remotos podían leer esa información en cualquier momento del día o de la noche. El hecho de que mi sitio web recibiera tres o cuatro visitantes al día era fantástico. El hecho de que estas personas estuvieran en Australia, Alemania, Reino Unido y Sudáfrica turbaba la mente. El primer sitio con el que empecé sigue existiendo hoy, en http://www.rcbowen.com/kenya/, y obtiene unos 10.000 visitantes al día. Y aunque ya he recorrido un gran trecho en la comprensión de las tecnologías subyacentes, todavía no he perdido la sensación de que todo esto es magia.

A veces es difícil creer que la World Wide Web sólo tiene ocho años. Desde esa época, ha pasado de ser un experimento a constituir partes vitales de miles de empresas. En 1996, estaba impartiendo un curso sobre Internet en Lexington Community College, y la mayoría de los alumnos no habían oído hablar de la Web y no tenían una dirección de correo electrónico. Recibían el curso, en la mayoría de los casos, porque sus jefes habían oído hablar de Internet como algo importante. Un año después, seguía siendo un fenómeno, pero la mayoría de la gente había oído hablar de la Web, aunque, en realidad, no sabían lo que era. Hoy en día, probablemente se pueda decir que una empresa sin sitio web es como una empresa sin teléfono.

Este rápido crecimiento puede en parte atribuirse a que la Web es algo que ha madurado. He leído en alguna parte que el americano medio está expuesto diariamente a más información que a la que estaba expuesto el americano medio del siglo XIX en toda su vida. Ese americano del siglo XIX podría decirle dónde leía esa información, porque, probablemente, no leyera tanto. Pero entre la radio, la televisión, la revistas, los diarios y las cajas de cereales, yo no puedo acordarme dónde vi una información en particular (¡pero, probablemente, pueda encontrarla en Web! Unos cuantos minutos en AltaVista me proporcionaron algunas referencias a este respecto). El hipertexto nos ofreció una forma revolucionaria de organizar la información para hacer que se pudiera utilizar inmediatamente. Los sitios web le pueden ofrecer actualmente toda la información que necesite, descartando el material que no le interese.

¿Qué es lo bueno de Apache?

Apache estuvo en el lugar adecuado en el momento adecuado. Los creadores de sitios web necesitaban ciertas opciones y reparar los fallos, por lo que nació Apache (software de los usuarios para los usuarios. El modelo Open Source era ideal para este proyecto, ya que, especialmente en los primeros días de la Web, todo iba muy deprisa, y las empresas no se podían permitir el lujo de esperar a que un director de ingeniería decidiera si se podía vender un producto o servicio por la red. Necesitaban tener una posibilidad inmediatamente, y tenían que hacer algo ellas mismas si no querían verse relegadas.

Actualmente, Netcraft (http://www.netcraft.com/Survey/) informa que 4.078.326 sitios web están ejecutando Apache. Esto significa el 55,33% de todos los sitios web examinados. El siguiente en la lista es Microsoft IIS, con un 22,08%.

Apache se ejecuta en más sitios web que si sumamos el resto de servidores, ya que es un software mejor. Algunas personas prefieren Apache a otros servidores porque es gratuito. Pero, incluso es organizaciones donde el precio es secundario, como IBM y la Familia Real Británica (http://www.royal.gov.uk/), Apache es el servidor elegido.

Hay un viejo dicho en la industria del software: "Bueno, rápido, barato: elija cualquiera de los dos". El Proyecto Apache, en cierto modo, ha aunado las tres características.

¿Para qué sirve este libro?

Servidor Apache Al descubierto es un intento de proporcionar un manual de referencia y una guía de uso para todo el que ejecute un servidor Apache. Abordamos todo, desde cómo obtener e instalar el software y cómo administrar el sitio hasta cómo escribir extensiones propias en el producto.

¿A quién va dirigido este libro?

Este libro se dirige a todo aquel que esté utilizando, o piense utilizar, Apache para ejecutar su sitio web, bien sobre un sistema operativo tipo Unix o sobre Microsoft Windows. Podría ser el administrador de sistemas encargado de instalar o configurar el servidor, o el usuario al que le han dado permiso de tener contenido web en su directorio de inicio.

Este libro también va dirigido a los que comparen las opciones que hay en lo que a software de servidor web se refiere, para darles una idea de las características de cada opción. Aunque no compararemos los distintos servidores directamente, tendrá una idea de lo que ofrece Apache, para así compararlo con otro producto.

Cómo está organizado este libro

Este libro se divide en las siguientes partes:

- Los capítulos de la Parte I, "Presentación de Apache", muestran cómo surgió Apache y cómo hacer para que se ejecute en su computadora. También hay un capítulo dedicado al protocolo subyacente (HTTP) en el que se basa Apache y sobre el que está construida toda la World Wide Web. Al final de la Parte I, instalaremos y ejecutaremos un ejemplo de servidor. La Parte I engloba los Capítulos 1 a 4.
- Los Capítulos 5 a 10 de la Parte II, "Configurar Apache", le ayudan a personalizar y configurar el servidor en la forma deseada. Uno de los puntos fuertes de Apache es la posibilidad de configurar cada uno de los detalles de su funcionamiento. Los capítulos de la Parte II hablan de archivos de configuración, de la configuración de opciones sobre una base directorio a directorio con los archivo *.htaccess*, y de la configuración de *hosts* virtuales. También veremos los tipos MIME y Comanche, una potente aplicación GUI que sirve para configurar Apache. Al final de la Parte II, el servidor Apache se puede configurar como se desee. El Capítulo 5, "Archi-

vos de configuración del servidor", también es un capítulo de referencia, al que nos haremos alusión continuamente mientras se van haciendo los cambios oportunos en el servidor.

- Los Capítulos 11 a 14 de la Parte III, "Contenido dinámico", convertirán su sitio web en algo más que una simple versión en línea de sus folletos de marketing. CGI, SSI, las *cookies* y los manipuladores hacen que su sitio web responda a las entradas del usuario, le dan a los visitantes exactamente lo que han venido a buscar y proporcionan una forma de darle información sobre lo que están viendo y lo que quieren.

- El sitio web constituye una forma de comunicarse con el mundo. Pero hay gente que tratará de entrar en su red y causar daño. Los Capítulos 15 a 18 de la Parte IV, "Configurar la seguridad y la auditoría", discuten las formas que hay para protegerse de tales intrusiones. El Capítulo 15, "Seguridad", nos instruye sobre cómo hacer que nadie pueda tener más acceso al servidor que el que se quiere que tenga. El Capítulo 18, "Registro", le da una idea de los archivos de registro, que le ofrecen información de quién está accediendo a su sitio y lo que se está haciendo en él.

- La Parte V, "Desarrollo", habla sobre los módulos disponibles en Apache que amplían su funcionalidad. Estos capítulos también le enseñan a escribir sus propios módulos, así como módulos de intervención, características adicionales y reparación de fallos en el Proyecto Apache. Los Capítulos 19 a 25 conforman la Parte V.

- Los cuatro apéndices de la Parte VI ofrecen algunos de los detalles omitidos en los capítulos previos por cuestiones de espacio. Quizá el más interesante sea el Apéndice D, "Dónde conseguir más información", que enumera los distintos recursos donde se puede encontrar más información en línea, impresa o a través de listas de correo electrónico y Usenet.

Convenciones utilizadas en este libro

En este libro se emplean las siguientes convenciones tipográficas:

- Los marcadores de las descripciones sintácticas aparecen en *monoespacio en cursiva*. Sustituya el marcador con el nombre de archivo, parámetro o elemento al que represente.

- El signo ➥ se usa delante de una línea de código, que en realidad es una continuación de la línea precedente. A veces, una línea de código es demasiado larga como para que quepa en una sola línea de la página. Si ve una ➥ delante de una línea de código, recuerde que forma parte de la línea que la precede.

El libro también contiene Notas, Sugerencias y Avisos de atención, que le ayudan a detectar rápidamente información importante o útil. Algunos son formas de ayudarle a trabajar más deprisa.

Presentación de Apache

PARTE I

EN ESTA PARTE

- Antecedentes de Apache   3
- HTTP   9
- Compilar e instalar Apache   27
- Iniciar, detener y reiniciar el servidor   41

Antecedentes de Apache

Al comienzo	5
¿Quién es el responsable?	5
Acontecimientos recientes	6
Por qué Apache funciona tan bien	7

De acuerdo con la estadísticas de Netcraft (**http://www.netcraft.com/**), el servidor web Apache se emplea más que el resto del conjunto de servidores web. De los cerca de 7 millones de sitios web que tiene la World Wide Web, cerca de 4 millones (el 55%) ejecutan Apache. Si también se cuenta el software para servidor basado en código Apache, esta cifra se acerca al 60%. En este capítulo veremos cómo surgió Apache y por qué se ha popularizado tanto.

> **NOTA**
>
> Netcraft ha hecho encuestas en la Web desde julio de 1995, momento en el que registró 18.957 sitios en la Web. La empresa actualiza sus encuestas con carácter mensual, mostrando el crecimiento o declive de cada uno de los protagonistas, y ofrece comentarios sobre estas tendencias. Puede ver la encuesta en http://www.netcraft.net/survey/. Netcraft es una empresa de investigación en Internet, que ofrece encuestas como ésta, así como consultoría de seguridad y varios servicios web e Internet.

La Figura 1.1 muestra un gráfico de los servidores web más populares y del número de sitios web que utilizan esos servidores.

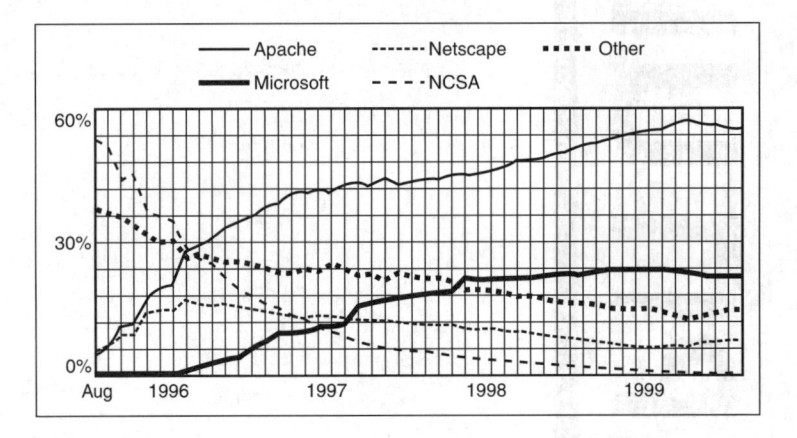

FIGURA 1.1 Distribución de los servidores web en uso.

> **NOTA**
>
> Si de verdad le interesa conocer los orígenes de la World Wide Web, puede encontrar una copia del artículo titulado *"As We May Think"*, de Vannevar Bush. Este artículo, escrito en 1945, nos habla de las formas de organizar la información. Sus ideas se parecen mucho al hipertexto. Puede leer este artículo en línea en http://www.theatlantic.com/unbound/flashbks/computer/bushf.htm.

Al comienzo

La Web sigue siendo un fenómeno muy reciente. Tim Berners-Lee inventó la Web a finales de los noventa cuando trabajaba en el CERN, el Laboratorio Europeo de Física de Partículas. Lo desarrolló para que los físicos de varias universidades de todo el mundo tuvieran un acceso instantáneo a la información, para permitirles colaborar en una serie de proyectos.

Tim definió los URL, HTTP y HTML y, con Robert Cailliau, escribió su primer servidor web y el primer software para clientes web, que posteriormente se bautizó con el nombre de navegador.

Hace sólo apenas unos años, tendríamos que haber explicado el significado de estos conceptos a casi toda la audiencia. Ahora, casi no hay gente (por lo menos en las naciones desarrolladas) que no sepa lo que es la WWW.

Poco después del trabajo inicial de Tim, un grupo de Centro Nacional de Actividades de Supercomputación, *National Center for Supercomputing Activities* (NCSA) de la Universidad de Illinois, en Urbana-Champaign (UIUC) desarrolló el servidor web HTTPd NCSA y el navegador web gráfico NCSA Mosaic. Mosaic no fue el primer navegador web gráfico, aunque la gente lo crea. Ese honor le corresponde a Viola, escrito por Pei Wei y disponible con anterioridad a Mosaic. Pero Mosaic se apropió rápidamente de esta condición, y se convirtió en el navegador web más usado en 1992.

HTTPd NCSA fue el servidor más utilizado en la Web durante los primeros años de su existencia. Sin embargo, en 1994, Rob McCool, que es el creador de HTTPd NCSA, dejó el NCSA, y el proyecto se terminó. Ya no había organización central que desarrollara nuevas características y que distribuyera un producto funcional.

Antes de que el código fuente del servidor se pusiera a disposición de todo el mundo, muchos de sus usuarios habituales habían desarrollado sus propias soluciones a los errores y sus propias características. Estas soluciones se compartían fortuitamente a través de Usenet, pero no había un mecanismo central que recuperara y distribuyera dichas soluciones.

Por consiguiente, Apache (al igual que la World Wide Web) fue ensamblado por voluntarios. Aunque la terminación del proyecto HTTPd NCSA dejara a los desarrolladores con un producto que no funcionaba bien en la época y con nadie al que reclamar, al final se consiguió un producto muy superior.

¿Quién es el responsable?

En febrero de 1995, Brian Behlendorf y Cliff Skolnick ensamblaron una lista de envío, prepararon una computadora y consiguieron ancho de banda, donado por HotWired. Brian construyó un árbol CVS (Sistema de Versiones Simultáneas), en virtud del cual todo el que quisiera podía contribuir a crear nuevas características y a reparar errores. De esta forma, un grupo de desarrolladores podían recoger las modificaciones a sus códigos y crear un producto combinado. Comenzando con HTTPd 1.3 NCSA, empezaron a aplicar esta soluciones. La primera versión de este producto, llamado Apache, fue la versión 0.6.2, lanzada en abril de 1995.

Los ocho socios fundadores del Grupo Apache eran Behlendorf, Skolnick, Roy T. Fielding, Rob Hartill, David Robinson, Randy Terbush, Robert S. Thau y Andrew Wilson.

Poco después del primer lanzamiento, Thau diseñó una arquitectura completamente nueva. Comenzando con la versión 0.8.8 en agosto de 1995, Apache se incorporó a esta nueva base de código.

Netcraft muestra que Apache sobrepasa a NCSA como primer servidor HTTP a principios de 1996.

> **NOTA**
>
> El proyecto HTTPd del NCSA comenzó y se detuvo unas cuantas veces, y actualmente está parado. Como proyecto ejecutado por estudiantes, en realidad estaba a merced de los intereses de los propios estudiantes, y mientras hubiera financiación. Mientras estuvo activo, el proyecto HTTPd NCSA intercambió conocimientos y experiencias con el Grupo Apache, y nunca dieron la sensación de que fueran competidores. Eran compañeros que trataban de cumplir un objetivo común.
> Puede aprender más acerca del proyecto HTTPd NCSA en http://hoohoo.ncsa.uiuc.edu/. Aunque gran parte de la documentación no haya sido actualizada durante varios años, sigue teniendo los mejores tutoriales en temas como CGI y los formularios HTML.

Acontecimientos recientes

Organizaciones como The Wall Street Journal y Forbes están usando el término *open source* en sus artículos de primera página.

Esto les podría parecer extraño a los que han conocido el concepto durante décadas y que están acostumbrados a que se ignore, e incluso sea repudiado, por personas de la industria del software comercial.

En mayo de 1997, Eric Raymond dio una charla, "La catedral y el bazar", en el Congreso de Linux Kongress en Würzburg, Alemania (véase **http://www.linux-kongress.de/1997/**). Con esto empezó una cadena de acontecimientos, entre ellos, la decisión de Netscape de liberar el código fuente de su navegador web. El mundo del software ya no podía ignorar el movimiento "software gratuito", que rebautizó a Open Source para desbancar a algunas de las asociaciones negativas que giraban en torno al movimiento. Eric ya era muy conocido en el movimiento de software y había creado un número importante de productos de software, como GNU Emacs, NetHack, ncurses y fetchmail. Escribió fetchmail, al menos en parte, para desentrañar el misterio de por qué funcionaba el modelo de desarrollo de software Open Source, mientras que el sentido común capitalista tradicional decía que no debía funcionar. Puede encontrar el texto completo de la ponencia del Congreso de Linux, así como otras ponencias adicionales, en su sitio web en http://www.tuxedo.org/~esr/writings/cathedral-bazaar/.

En junio de 1998, el Grupo Apache anunció que estaba en negociaciones con IBM para seguir desarrollando el servidor Apache, de forma que IBM pudiera incluir ese código en su producto WebSphere. Éste fue uno de los primeros ejemplos de empresa líder de software que apoyaba un proyecto Open Source, y constituyó uno de los ejes para hacer que el movimiento Open Source pareciera viable ante los ojos del resto del mundo del software. El apoyo y soporte financiero de la empresa de software más grande del mundo hizo ver a otras empresas que el movimiento Open Source no era un grupo de rebeldes melenudos que trataban de dinamitar la industria del software comercial, sino que era un método probado de crear productos de calidad.

Con anterioridad al acuerdo con IBM, hubo una serie de intentos de hacer que Apache funcionara en Windows, pero había muchas dificultades técnicas y muy pocos programadores Windows interesados en el proyecto. Con la financiación y los recursos provenientes del acuerdo con IBM, podían hacer que Apache se ejecutara en Windows.

Apache en Windows es una gran alternativa a IIS, particularmente para aquellos que ya conozcan Unix pero que tengan que utilizar Windows. La solución modular adoptada por Apache supone un alivio si la comparamos con IIS, que instala una aplicación monolítica enorme que hace de todo, hasta cosas que no sirven para nada.

Apache es ligero, y cualquier opción puede ser agregada cargando otro módulo. Apache es fácil de configurar y de administrar, y le permite configurar parámetros que IIS ni siquiera puede imaginar. Y si quiere tener una utilidad de configuración gráfica, Comanche la ofrece sin restar potencia como administrador de servidor.

> **NOTA**
>
> El Grupo Apache indica que Apache sobre plataformas Windows no debe ser tan fiable como Apache sobre plataformas Unix y similares (como Linux), pero esto está mejorando. El tener un servidor sólido y fiable para Windows constituye uno de los principales objetivos de la versión 2.0 de Apache, que se espera en el año 2000.

¿Por qué Apache funciona tan bien?

Apache es un producto fantástico. Hace todo lo que se quiere que haga, y nada de lo que no se quiere. Es rápido, fiable y barato. ¿Qué más se podría pedir de una unidad de software?

Apache puede ser todo esto porque es *open source*. Esto significa que todo el que utilice el producto tiene acceso al código fuente. Si tiene una idea de algo que podría ser útil, puede escribir y entregar el código al Grupo Apache para su posible inclusión en el producto. Esto significa que las prestaciones de Apache son las prestaciones que la gente de a pie está utilizando en sus sitios web, y no las prestaciones que alguien ha sugerido en una reunión de marketing.

Además, cuando se encuentran fallos, las numerosas personas que tienen acceso al código podrán sugerir soluciones al problema (o, por citar a Eric Raymond, "con tantos ojos, cualquier fallo es superficial"). De ahí que la reparación de fallos siga rápidamente a su aparición. Esto contrasta con los productos de software cerrado, donde, si se informa de un fallo, se está a merced del programa del responsable para esa reparación de fallos (en el caso de que atendieran su observación).

> **SUGERENCIA**
>
> Puede leer los antecedentes oficiales de Apache en el sitio web de Apache, en http://www.apache.org/ABOUT_APACHE.html.

Resumen

Apache ha sido desarrollado por el cúmulo de usuarios que han tenido que reparar sus fallos alguna vez y que han agregado funciones al software de servidor web disponible en los primeros días de la World Wide Web. Como tal, es un servidor que hace cosas que verdaderamente necesitan los sitios web. Apache y sus derivados se utilizan actualmente en cerca del 60% de los sitios web existentes (más que el conjunto de los demás servidores web que hay).

CAPÍTULO 2

HTTP

Encabezados HTTP	10
La conversación HTTP	13
Solicitud de clientes	14
Encabezados de Solicitud	15
Cuerpo de solicitud	18
Códigos del estado del servidor	19
Encabezados de respuesta	22
Datos solicitados	24
Desconectar o Keep-Alive	24
Un ejemplo de conversación HTTP	24

HTTP (Lenguaje de Transferencia de Hipertexto) es el lenguaje que utilizan los navegadores web y los servidores web para comunicarse entre sí. Este capítulo trata sobre las partes que componen este lenguaje y el aspecto de una conversación HTTP habitual.

Casi toda esta conversación suele tener lugar sin que uno se dé cuenta. Pero es muy útil saber lo que está ocurriendo para saber cómo repararlo si fuera mal.

La especificación HTTP define la estructura subyacente sobre la que se asienta todo el tráfico web. Los URL, HTML y los demás componentes del uso de la Web se definen en especificaciones separadas. Se mantienen separadas para que se puedan desarrollar con mayor libertad en caso de que se unieran en una especificación.

Puede ver todas las especificaciones relacionadas con la Web en el sitio web W3C (Consorcio de la World Wide Web) en http://w3.org/.

Encabezados HTTP

Gran parte de la información que se intercambia entre el cliente y el servidor se presenta en forma de encabezados HTTP. Un encabezado HTTP tiene esta forma:

NombredelEncabezado: Data

Cuando el cliente se conecta con el servidor, envía varios encabezados HTTP por la línea, indicándole al servidor quién es y qué es lo que quiere. El servidor envía una serie de encabezados de respuesta, describiendo los datos que se devuelven o explicando la razón por la que no se devuelven.

Aunque los usuarios están más interesados en el cuerpo del mensaje (la página web u otro recurso que quieran ver), ésta es la parte menos interesante de la conversación HTTP.

La especificación HTTP define un gran número de encabezados que se pueden usar. La sección 14 de la especificación HTTP/1.1, Definiciones de Campos de Encabezados, tiene 50 páginas . Aparte de estos encabezados, el cliente y el servidor pueden construirse sus propios encabezados.

> **NOTA**
>
> Puede conseguir una copia de la especificación HTTP/1.1 en http://www.ietf.org/rfc/_rfc2616.txt. También existe una copia de este documento en el CD-ROM que incorpora este libro.

La Tabla 2.1 muestra encabezados HTTP generales, que puede utilizar el servidor o el cliente. Los encabezados que son específicos de la solicitud del cliente o de la respuesta del servidor se enumeran en las secciones siguientes.

TABLA 2.1 ENCABEZADOS HTTP GENERALES

Sintaxis del encabezado	Significado
Cache-Control: *directives*	Existen distintas directivas disponibles, dependiendo de si el encabezado lo envía el servidor o el cliente. Véase la Tabla 2.3 para ver qué directivas puede usar el cliente (solicitud) con este encabezado. Véase la Tabla 2.5 para ver qué directivas puede utilizar el servidor (respuesta) con este encabezado.
Connection: *type*	Especifica el tipo de conexión, como **Keep-Alive** o **Close**.
[1]Content-Language: *language*	Lo utiliza el cliente o el servidor para indicar en qué idioma (humano) se encuentra el recurso. Son códigos estándar de dos letras, que indican los distintos idiomas. Por ejemplo, el inglés está representado por **en**, el alemán por **de**, el francés por **fr**, etc. Estos códigos se usan en la negociación de contenidos, si un cliente requiere un documento en un determinado idioma. Ejemplo: **Content-Language: en**.
Content-Length: *number_of_bytes*	Cuando el cliente o el servidor envía los datos, el encabezado indica el tamaño en bytes de esos datos.
Content-Location: *URI*	Proporciona un URI (Identificador Universal de Recursos) donde el contenido está disponible si difiere del URI solicitado.
Content-MD5: *MD5 digest*	Contiene el resumen MD5 del cuerpo de solicitud o respuesta.
Content-Range *range/content_length*	En una solicitud, indica que sólo se está solicitando parte del contenido. En una respuesta, indica que sólo se devuelve parte del contenido. Ejemplo: **Content-Range 0-300/2402**.
Content-Type *type/subtype*	Indica el tipo MIME de los datos pasados en el cuerpo del mensaje. Ejemplo: **Content-Type: text/html**.
Date: *date*	La fecha y la hora en la que se produjo la transacción. Ejemplo: **Date: Thu, 23 Sep 1999, 22:58:27 EDT**.
Expires: *date*	Indica cuándo hay que considerar que los datos del cuerpo están pasados. Ejemplo: **Expires: Wed, 03 Dec 2016 22:13:00 GMT**.

---

[1] Los siguientes encabezados **Content-*** los usaría el cliente al publicar (**POST**) o colocar (**PUT**) los datos en el servidor. Los utilizaría el servidor al devolver un documento al cliente.

TABLA 2.1 ENCABEZADOS HTTP GENERALES *(continuación)*

Sintaxis del encabezado	Significado
Last-Modified: *date*	Indica la úlima vez que se modificaron los datos del cuerpo.
Pragma: *directive*	Se puede usar para incluir directivas de implementación. Ejemplo: **Pragma: no-cache**.
Transfer-Encoding: *encoding_type*	Indica qué codificación tuvo lugar para transferir el mensaje por la conexión HTTP.
Upgrade: *protocol/version*	Permite que el remitente del mensaje sugiera al destinatario que la comunicación se realizaría mejor en otro protocolo. Esto permite que se inicie la comunicación en un protocolo más antiguo, y permite que el cliente y el servidor negocien un nuevo protocolo. Ejemplo: **Upgrade: HTTP/2.0**.
Via: *server*	En un mensaje se pueden poner uno o más encabezados **Via** para mostrar que éste llegó a su destino a través de uno o más servidores proxy. Ejemplo: **Via: 1.1 proxy.com (Apache 1.3.7)**.
Warning: *warning-code message*	Implica información adicional acerca de la solicitud o respuesta. Los mensajes de aviso definidos son los siguientes: • **110 Response is stale** indica que la respuesta está pasada. • **111 Revalidation failed** indica que ha fallado un intento de revalidación. • **112 Disconnected operation** indica que la información ha sido desconectada de la red intencionadamente. • **113 Heuristic expiration** indica que la antigüedad de la respuesta es mayor de 24 horas. • **199 Miscellaneous warning** puede incluir información arbitraria, que se pasará al usuario. • **214 Transformation applied** indica que la caché o proxy han aplicado algún cambio a la codificación del contenido. • Un aviso persistente diverso **299** puede incluir información arbitraria, que se pasará al usuario.

> **NOTA**
>
> MIME (Extensiones Multiaplicación del Correo Internet) constituye una forma de indicar el tipo de documento. Un tipo MIME consta del tipo y del subtipo.

El tipo indica, en términos muy amplios, de qué tipo de documento se trata. Puede ser algo como text, audio, o application. El subtipo es mucho más específico e indica exactamente con qué formato de archivo están codificados los datos. Los subtipos pueden ser algo como html, wav o ms-word. En su conjunto, el tipo y el subtipo definen muy específicamente el tipo de archivo, como text/html, audio/wav o _application/ms-word.

El tipo MIME indica al cliente web (navegador) qué hacer con el documento que está recibiendo. Un navegador sabe, por ejemplo, que cuando recibe un documento del tipo text/html, debe formatearlo y mostrarlo en la ventana del navegador. Sin embargo, cuando recibe un documento del tipo audio/mp3, puede lanzar un programa externo que reproduzca el contenido de audio. Véase el Capítulo 7, "Tipos MIME", para ampliar la información.

La conversación HTTP

Cada transacción HTTP se maneja como conversación separada, sin memoria de las conversaciones anteriores. Por ello, decimos que HTTP no tiene estado, ya que no recuerda el estado que había al final de la última conversación.

La conversación HTTP consta de varias partes, cada una de las cuales está cubierta con una sección separada de este capítulo. La estructura de la conversación es como sigue:

- Solicitud del cliente. El cliente (generalmente un navegador web) inicia la conversación conectándose con el servidor y solicitando un URI.

Nota

A lo largo de este libro, posiblemente vea que los URI y los URL se utilizan indistintamente. Aunque esta práctica es un poco descuidada, es bastante normal. El URL (Localizador Universal de Recursos) es un subconjunto de URI (Identificador Universal de Recursos). Sin embargo, es el único subconjunto, por lo que estos términos son bastante intercambiables.

- Encabezados de solicitud. Aparte de la solicitud, el cliente envía algunos encabezados adicionales.
- Cuerpo de solicitud. El cuerpo de la solicitud puede contener datos adicionales.
- Estado del servidor. Como primera parte de la respuesta, el servidor devuelve un código de estado, que indica si la solicitud ha tenido éxito y, si no, lo que ha ido mal.
- Encabezados de respuesta. El servidor puede devolver cualquier número de encabezados de respuesta.
- Datos solicitados. Si la solicitud ha tenido éxito, los datos solicitados se devolverán al cliente.

- Desconectar. La conversación ha terminado, por lo que el servidor se desconectará del cliente y esperará a que se produzca otra solicitud. Una excepción posible a esto se da cuando **Keep-Alive** está activado, en cuyo caso la conexión permanecerá abierta para la siguiente solicitud del mismo cliente.

Solicitud del cliente

El cliente (navegador web u otro cliente HTTP) inicia la conexión con el servidor y hace una solicitud. Esta solicitud consta de tres partes: el método, el recurso que se está solicitando y el número de versión HTTP. Este método suele ser **GET**, **POST** o **HEAD**. Aunque la especificación HTTP permite otros métodos, éstos no se suelen utilizar. La especificación HTTP/1.1 define los métodos de solicitud en la Tabla 2.2.

TABLA 2.2 MÉTODOS DE SOLICITUD HTTP

Método	Significado
OPTIONS	Una solicitud de información sobre las opciones de comunicación disponibles en el URI especificado.
GET	Solicita un documento al servidor.
HEAD	Como **GET**, excepto que sólo se devuelven los encabezados.
POST	Envía datos a alguún manipulador que indica el URI.
PUT	Solicita que los datos de la sección del cuerpo se almacenen en el URI especificado.
DELETE	Solicita que se elimine el recurso especificado.
TRACE	Para fines de depuración; permite que el cliente vea lo que está recibiendo en el otro lado.
CONNECT	Reservado para su uso futuro.

Las secciones siguientes abordan los tres métodos más utilizados. Para recabar más información sobre los demás métodos, consulte a especificación HTTP de RFC2616, que puede obtener del sitio web del W3C Web en http://w3.org/. El documento también se encuentra en http://www.ietf.org/rfc/rfc2616.txt, así como en el CD-ROM que incorpora este libro.

GET

El método **GET** solicita un determinado URI del servidor. Ese URI puede ser un documento, como un documento HTML, una imagen GIF o un archivo de audio MP3; o bien puede ser un proceso, como un programa CGI, que cree una salida para que la vea el cliente.

Una solicitud **GET** tiene este aspecto:

```
GET /fish/salmon.html HTTP/1.0
```

La ubicación del archivo del URI lo determina el servidor. Esta determinación puede hacerse de varias formas. El servidor comprueba si hay directivas **Alias** que coinciden con el URI solicitado. Comprueba la ubicación obtenida adjuntando el URI al **DocumentRoot** del servidor. Otros servidores HTTP poseen otros métodos de determinar lo que se le va a devolver al cliente. El recurso no es necesariamente un archivo, sino que podría ser un documento generado dinámicamente. Si el URI hace referencia a un programa ejecutable y el servidor está configurado para considerarlo un programa CGI, lo ejecutará y devolverá los resultados al cliente.

> **NOTA**
>
> Apache puede configurarse con otros manipuladores en distintos tipos de URI. Véase el Capítulo 14, "Manipuladores", para ampliar la información sobre el particular.
>
> Una solicitud GET se puede hacer condicional con cualquiera de los encabezados If-* que se enumeran en la Tabla 2.3. La Tabla 2.3 también describe el encabezado de solicitud Range, que se puede utilizar para hacer una solicitud GET parcial.

HEAD

Una solicitud **HEAD** es parecida a una solicitud **GET**, si exceptuamos que el servidor sólo debe devolver los encabezados que hubiera tenido que devolver en una solicitud **GET** sin devolver la porción de datos. El uso de las solicitudes **HEAD** resulta práctico a la hora de determinar si el documento ha sido modificado desde la última vez que se solicitó. Si no lo ha sido, el cliente podrá ahorrar tiempo y ancho de banda por medio de una copia de la caché local.

POST

En una solicitud **POST**, los datos del cuerpo de la solicitud deben enviarse al URI especificado. El URI debe hacer referencia a un manipulador que puede procesar los datos de cierto modo. Podría tratarse de un programa CGI.

Encabezados de solicitud

Tras la solicitud, el cliente puede enviar encabezados adicionales al servidor, proporcionando información adicional acerca de sí mismo o de la solicitud. Por ejemplo, una HTTP típica, con los encabezados de solicitud adicionales, podría tener este aspecto:

```
GET /index.html HTTP/1.0
Connection: Keep-Alive
User-Agent: Mozilla/4.5  (WinNT; U)
Host: www.rcbowen.com
Accept: image/gif, image/x-xbitmap, image/jpeg, image/pjpeg, image/png, */*
```

Apache puede limitar el número de encabezados que se van a aceptar del cliente con la directiva de configuración **LimitRequestFields**. Por defecto, ésta está establecida a **100**. Véase el Capítulo 5, "Archivos de configuración del servidor", para recabar más información sobre **LimitRequestFields**.

La especificación HTTP de http://www.ietf.org/rfc/rfc2616.txt enumera los distintos encabezados y sus significados. La Tabla 2.3 enumera los encabezados definidos que se pueden enviar con una solicitud, aparte de los encabezados generales que se enumeran en la Tabla 2.1.

TABLA 2.3 ENCABEZADOS DE SOLICITUDES

Encabezado/Sintaxis	Significado
Accept: *type/subtype, type/subtype*	Enumera los tipos de documento que el cliente prefiere recibir.
Accept-Charset: *charset*	Indica el conjunto o conjuntos de caracteres de una respuesta. Ejemplo: **Accept-Charset: iso-8859-5**
Accept-Encoding: *encoding-type*	Indica el tipo o tipos de codificación aceptables de una respuesta. Ejemplo: **Accept-Encoding: gzip**
Accept-Language: *language*	Indica el idioma o idiomas aceptables de una respuesta. Ejemplo: **Accept-Language: en, de**
Authorization: *credentials*	Permite al cliente pasar credenciales de autenticación al servidor, con el fin de introducir un área protegida. Véase el Capítulo 16, "Autenticación", para recabar más detalles.
Cache-Control: *directives*	Hay distintas directivas disponibles en función de si el encabezado lo está enviando el servidor o el cliente. Véase la Tabla 2.5 para ver qué directivas puede utilizar el servidor (respuesta) con este encabezado. Las directivas que se pueden usar en la solicitud son las siguientes: • **no-cache**. No poner la respuesta en la caché. • **-no-store**. La caché no debe almacenar ninguna parte de la respuesta. Útil para proteger los datos sensibles. • **-max-age = seconds**. El cliente no quiere aceptar una respuesta que sea más antigua que el número especificado de segundos. • **-max-stale = seconds**. El cliente está dispuesto a aceptar una respuesta en caché que haya excedido de

TABLA 2.3   ENCABEZADOS DE SOLICITUDES   *(continuación)*

Encabezado/Sintaxis	Significado
	su fecha de vencimiento en un máximo del número especificado de segundos. Si no se especifica número de segundos, el cliente estará dispuesto a aceptar una respuesta pasada de cualquier antigüedad. • **-min-fresh = seconds**. El cliente acepta una respuesta que actualizará el número especificado de segundos en el futuro. Es decir, la fecha de vencimiento de los datos es posterior a la hora actual más el número especificado de segundos. • **-no-transform**. Algunos servidores proxy, para ahorrar espacio o por cualquier otra razón, a veces convierten los datos de un formato a otro. Por ejemplo, es posible que conviertan archivos de imágenes PCX a un formato JPEG para ahorrar espacio en la caché. Esta directiva indica que el cliente no está dispuesto a aceptar datos que se han convertido a otro formato, y está dispuesto a aceptarlos sólo en su forma original. • **-only-if-cached**. El cliente está dispuesto a aceptar datos solamente si proceden de una caché. Esto puede utilizarse, por ejemplo, cuando la conectividad en la red es muy baja.
Expect: *expectation*	Indica que el cliente está esperando un comportamiento especial de parte del servidor. Ejemplo: **Expect: 100-continue**.
From: *email_address*	Indica la dirección de correo electrónico del usuario que maneja el navegador. No se envía sin la aprobación del usuario, por lo que, en la práctica, casi nunca se envía. Ejemplo: **From: rbowen@rcbowen.com**.
Host: *hostname:port*	El nombre de host y (opcionalmente) el número de puerto del host desde el que se está solicitando el URI. Se trata del encabezado que permite que funcionen hosts virtuales basados en nombres, porque permite que los usuarios sepan a qué host virtual se ha dirigido la solicitud. Ejemplo: **Host: www.mk.net:80**.
If-Match: *search_string(s)*	Convierte la solicitud en condicional. El servidor sólo debe devolver el documento solicitado si la cadena de búsqueda coincide con el valor del campo del encabezado de respuesta **ETag**.
If-Modified-Since: *date*	Convierte una solicitud en condicional. El servidor debe devolver un estado **304 (not modified)** si no se ha modificado el documento desde la fecha especificada.

TABLA 2.3 ENCABEZADOS DE SOLICITUDES *(continuación)*

Encabezado/Sintaxis	Significado
	Ejemplo: If-Modified-Since: Thu, 23 Sep 1999, 22:58:27 EDT.
If-None-Match: *search_string(s)*	Convierte la solicitud en condicional. El servidor sólo deberá devolver el documento solicitado si la cadena de búsqueda no coincide con el valor del campo del encabezado de respuesta ETag.
If-Range: *date*	Combina If-Modified-Since con un comando Range. Significa que si el documento no ha sido cambiado desde la fecha especificada, que se envíen las partes que faltan.
If-Unmodified-Since: *date*	Convierte la solicitud en condicional. El servidor debe devolver el documento si no ha sido modificado desde la fecha especificada. Ejemplo: If-Unmodified-Since: Thu, 23 Sep 1999, 22:58:27 EDT.
Max-Forwards: *number*	Limita el número de veces que se va a reenviar la solicitud. El servidor proxy debe reducir el número antes de reenviar la solicitud y, si el número llega a 0, deberá responder como destinatario final. Ejemplo: Max-Forwards: 5.
Proxy-Authorization: *credentials*	Permite que el cliente pase credenciales de autenticación a un proxy que las requiera.
Range: *-range*	Permite que el cliente solicite una parte del documento. Ejemplo: Range: 0-500.
Referer: URL	Indica el URL del documento desde el cual fue tomado el vínculo con el documento en curso. A ese documento se le llama el referente. Sin embargo, el encabezado se llama Referer. Ejemplo: Referer: http://www.mk.net/index.html.
TE: *transfer_codings*	Indica qué codificaciones de transferencia está dispuesto a recibir el cliente.
User-Agent: *agent_name/version*	Indica qué software de agente del usuario (navegador o cliente web) está solicitando el documento. Ejemplo: User-Agent: Mozilla/4.5 (WinNT; U).

Cuerpo de solicitud

Aparte de la propia solicitud y de los encabezados de solicitud, el cliente puede enviar datos adicionales al servidor en el cuerpo de la solicitud. Esto se suele hacer para enviar datos a un proceso CGI con una solicitud **POST**, pero se podría utilizar con otros fines, como el de publicar un documento en el servidor con una solicitud **PUT**.

El fin de los encabezados viene indicado con una sola línea en blanco; todo lo que queda detrás de esta línea en blanco se considera el cuerpo de la solicitud.

Cuando haya datos en el cuerpo, el cliente deberá enviar información acerca de ese contenido de los encabezados, con encabezados como **Content-Type** y **Content-Length**, como vimos antes. Este contenido se pasa al proceso de manipulación con entradas estándar (**STDIN**).

Códigos de estado del servidor

Cuando se ha recibido la solicitud completa de parte del cliente, el servidor devolverá primero un código de estado y encabezados de respuesta antes de enviar la respuesta.

Los mensajes se clasifican en cinco grupos, y cada uno de ellos representa un tipo distinto de condición de estado:

- Los mensajes de la serie 100 son de tipo informativo.
- Los mensajes de la serie 200 indican que se ha completado satisfactoriamente la solicitud de un cliente.
- Los mensajes de la serie 300 indican que la solicitud ha sido redirigida.
- Los mensajes de la serie 400 indican que ha habido un error en el lado del cliente.
- Los mensajes de la serie 500 indican que ha habido un error en el lado del servidor.

TABLA 2.4   CÓDIGOS DE ESTADO DEL SERVIDOR

Mensaje de código	Significado
100 Continue	El cliente puede seguir con su solicitud.
101 Switching Protocols	El servidor está cambiando a otro protocolo, tal y como lo ha solicitado el cliente mediante un encabezado **Upgrade**.
200 OK	La solicitud del cliente fue satisfactoria y el servidor ha devuelto la información solicitada.
201 Created	Se ha creado un nuevo URI. El servidor devuelve un encabezado **Location**, lo cual indica la ubicación de ese nuevo URI.
202 Accepted	La solicitud ha sido aceptada, pero en realidad todavía no se ha actuado sobre ella. El servidor puede actuar o no sobre la solicitud en un momento ulterior, y el cuerpo de la respuesta puede contener información adicional.
203 Non-authorative Information	La información no procede del servidor original, sino de una copia de la caché local o de un tercero.
204 No Content	El cuerpo de la respuesta carece de contenido. El navegador no debe tratar de redibujar su vista de página. Esta respuesta puede devolverse de un proceso CGI

TABLA 2.4 CÓDIGOS DE ESTADO DEL SERVIDOR *(continuación)*

Mensaje de código	Significado
	que, por ejemplo, no quiere que el cliente se salga de la página actual.
205 Reset Content	El navegador debe borrar todo el contenido del formulario HTML que hubiera en la página.
206 Partial Content	El servidor está devolviendo una respuesta parcial. Ésta se puede usar en respuesta a un encabezado **Range**, que sólo solicita una parte de la página.
300 Multiple Choices	El URI solicitado podría ser ambiguo y hacer referencia alguna página entre varias. Esto se puede utilizar si, por ejemplo, una página está disponible en varios idiomas distintos.
301 Moved Permanently	El URI ya no está disponible en este servidor. La nueva ubicación del documento se ofrece en un encabezado **Location**. Todas las solicitudes futuras se deben hacer en una nueva ubicación.
302 Moved Temporarily	El documento se ha movido. La nueva ubicación viene indicada con un encabezado **Location**. Sin embargo, las solicitudes futuras deben seguir haciéndose al antiguo URI.
303 See Other	El URI solicitado se encuentra en otro URI, que indica el encabezado **Location**.
304 Not modified	Sólo se pasa si el cliente ha pasado un encabezado **If-Modified-Since**, en caso de que el documento no haya sido modificado desde ese preciso instante. El cliente deberá usar la copia que tenga en la caché local. Ésta puede ser utilizada por un proxy para determinar si se puede servir una copia de la caché u obtener una copia del servidor.
305 Use Proxy	Al documento solicitado se debe acceder a través de un proxy. La ubicación del proxy se devuelve en un encabezado **Location**.
306 Unused	El código 306 se utilizó en una versión anterior de la especificación, pero ya no se usa.
307 Temporary Redirect	El documento solicitado se encuentra temporalmente bajo un URI distinto, utilizado para una solicitud que no es **GET** o **HEAD**, y el usuario debe confirmar el redireccionamiento.
400 Bad Request	Hubo un error de sintaxis en la solicitud del cliente.
401 Unauthorized	El cliente no ha facilitado la autenticación correcta para acceder al documento solicitado. Este código de respuesta

TABLA 2.4 CÓDIGOS DE ESTADO DEL SERVIDOR *(continuación)*

Mensaje de código	Significado
	suele activar el cuadro de diálogo de contraseña en la mayoría de los navegadores.
402 Payment Required	Este código de estado muestra que los creadores de HTTP estaban en esee momento pensando en el futuro o que tenían mucho sentido del humor. En la actualidad, este código no lo utiliza ningún servidor.
403 Forbidden	Al cliente no se le permite tener el URI que solicitó.
404 Not Found	Posiblemente, el código de estado de error más habitual que se puede encontrar en la Web. Indica que el documento solicitado no está disponible. O bien se ha movido o el cliente ha solicitado un documento que no existe.
405 Method Not Allowed	El método que utiliza el cliente no está permitido en ese URI en especial.
406 Not Acceptable	El URI existe, pero no está disponible en el formato solicitado por el cliente. Esto suele suceder cuando el cliente pide un documento en un determinado idioma o método de codificación.
407 Proxy Authentication Required	Este mensaje lo devuelve un servidor proxy, que indica que tiene que autorizar la solicitud antes de pasarla al servidor de destino.
408 Request Time-out	El cliente no terminó la solicitud en un determinado tiempo y el servidor está cerrando la conexión.
409 Conflict	La solicitud entra en conflicto con la configuración del servidor o con otra solicitud.
410 Gone	El URL ha sido eliminado con carácter definitivo y no ha dejado dirección de reenvío.
411 Length Required	La solicitud no ha facilitado un encabezado **Content-Length**, lo cual es necesario.
412 Precondition Failed	Una condición especificada en uno de los encabezados **If-*** era false.
413 Request Entity Too Large	El cuerpo de la solicitud era mayor de lo que permite el servidor.
414 Request-URI Too Long	El URI solicitado era mayor de lo que permite el servidor.
415 Unsupported Media Type	El cuerpo de la solicitud era de un tipo mediático que el servidor no sabe manejar.
416 Request Range Not Satisfiable	El intervalo solicitado está fuera del alcance del recurso solicitado. Por ejemplo, el intervalo empezó después del final del archivo que se solicitaba.

TABLA 2.4 CÓDIGOS DE ESTADO DEL SERVIDOR *(continuación)*

Mensaje de código	Significado
417 Expectation Failed	No tuvo lugar una expectativa prevista en el encabezado **Expect**.
500 Internal Server Error	Este mensaje de error indica que algo ha fallado en el servidor (generalmente, un programa CGI).
501 Not Implemented	La acción solicitada no puede realizarse.
502 Bad Gateway	El servidor, mientras trata de actuar como pasarela o proxy, ha recibido una respuesta no válida de otro servidor que está más arriba en la cadena.
503 Service Unavailable	El servidor no está disponible, debido a problemas de sobrecarga o de mantenimiento. El servidor puede indicar la duración esperada del retardo de un encabezado de respuesta **Retry-After**.
504 Gateway Timeout	El servidor, actuando como un proxy, no ha recibido una respuesta del siguiente servidor en la cadena antes de que transcurriera el periodo configurado.
505 HTTP Version Not Supported	El número de vesrión HTTP que especifica el cliente no lo soporta el servidor.

Encabezados de respuesta

A continuación del código de estado vienen uno o más encabezados de respuesta. La Tabla 2.5 muestra los posibles encabezados de respuesta que se pueden utilizar, aparte de los encabezados que aparecen en la Tabla 2.1.

TABLA 2.5 ENCABEZADOS DE RESPUESTA DEL SERVIDOR

Sintaxis del encabezado	Significado
Accept-Ranges: bytes_or_none	Informa al cliente de si el servidor está dispuesto a enviar intervalos de documento parciales.
Age: seconds	Indica la antigüedad, en segundos, de la respuesta. Conlleva que la respuesta no se sirve de primera mano, sino desde la caché.
Cache-Control: directives	Hay distintas directivas disponibles, dependiendo de si este encabezado lo envía el servidor o el cliente. Véase la Tabla 2.3 para comprobar qué directivas puede usar el cliente (solicitud) con este encabezado. Las directivas (de respuesta) del servidor son éstas: • -public. La información es pública y puede almacenarse en cualquier caché.

TABLA 2.5 ENCABEZADOS DE RESPUESTA DEL SERVIDOR *(continuación)*

Sintaxis del encabezado	Significado
	• **-private**. La información está destinada a un solo usuario y no puede ser colocada en la caché. Con esto se especifica dónde se puede colocar el contenido en la caché, no garantizando ningún tipo de privacidad en los datos. • **-no-cache**. No colocar esta respuesta en la caché. • **-no-store**. No almacenar ninguna de las partes de esta respuesta. Esto se hace para proteger el material sensible, pero no puede garantizar la seguridad de los datos. • **-no-transform**. Notifica al cliente de que no lleve a cabo ninguna transformación de codificación de contenido de los datos que se están enviando. • el cliente debe volver a validar antes de obtener el contenido. • **-proxy-revalidate**. Parecido a la directiva **must-revalidate**, pero hace referencia a las cachés públicas. • **-max-age**. La antigüedad máxima que pueden llegar a tener estos datos antes de que se eliminen de la caché. • **-s-maxage**. Parecido a la directiva **max-age**, pero aplicable a una caché pública compartida.
ETag: etag value	Proporciona el valor actual de la etiqueta de entidad de la variante solicitada.
Location: URI	Redirige el cliente hasta una nueva ubicación. Ejemplo: **Location: http://www.mk.net/**
Proxy-Authenticate: challenge	Se incluye como parte de una respuesta 407 (**Proxy Authentication -Required**).
Retry-After: date or seconds	Se puede usar con una respuesta 503 (**Service Unavailable**) para indicar cuándo estará el servicio nuevamente disponible.
Server: software version comment	Indica el software de servidor que está sirviendo la solicitud, el número de versión y cualquier otro comentario acerca de ese software. Ejemplo: **Apache/1.3.9 (Unix) mod_perl/1.21**.
WWW-Authenticate: challenge	Se debe incluir con una respuesta 401 (**Unauthorized**). Véase el Capítulo 16 para ampliar la información.

Datos solicitados

El final de los encabezados de respuesta viene indicado por una línea única en blanco. Todo lo que le siga es el cuerpo de la respuesta.

Los datos devueltos pueden ser el contenido de un archivo o la respuesta de un proceso CGI. Aunque esto es lo que en realidad le interesa al usuario, es la parte menos interesante de toda la transacción.

Desconectar o Keep-Alive

Llegados a este punto, la conversación HTTP está terminada. Los datos han sido enviados al usuario. El servidor o bien termina la conexión o, si se trata de una conexión **Keep-Alive**, la mantendrá abierta hasta que reciba otra solicitud por la conexión o hasta que ésta última se acabe, lo primero que ocurra.

Una conversación HTTP de ejemplo

Para ver la forma de una conversación HTTP, resulta útil intentarlo uno mismo. No hay por qué tener un navegador web para conectarse a un servidor web (un simple cliente Telnet basta).

A la petición de orden, (*shell* o DOS) escriba

```
telnet www.apacheunleashed.com 80
```

Si está en Windows, probablemente se haya abierto una nueva ventana. Si está en una máquina Unix, verá algo así

```
Trying 204.146.167.214...
Connected to www.rcbowen.com.
Escape character is '^]'.
```

En cualquier caso, no verá nada más, sólo un cursor esperando entradas. Se ha conectado a un servidor web como cliente web ordinario. El servidor está esperando una solicitud. A la petición de orden, puede escribir una solicitud HTTP.

```
GET /index.html
```

> **NOTA**
>
> Recuerde que GET debe ir en mayúsculas.

Cuando pulse Intro o Retroceso, verá HTML desplazándose. Se trata o bien de la página que ha solicitado o bien de una página que le indica que algo ha ido mal con la solicitud.

En ambos casos, habrá completado la conversación HTTP mas simple con un servidor web Apache. Experimente con los distintos encabezados y solicitudes para ver los tipos de respuesta que obtiene.

Resumen

HTTP, el Protocolo de Transferencia de Hipertexto, es el lenguaje que utilizan el cliente y el servidor para comunicarse entre sí como base del tráfico en la Web. La conversación HTTP consta de una solicitud, encabezados y, posiblemente, un cuerpo que envía el cliente, así como un estado, encabezados y un cuerpo que devuelve el servidor.

Compilar e instalar Apache

Requerimientos del sistema	28
Conseguir Apache	28
Instalación para personas impacientes	31
Configurar Apache	32
Compilar	36
Instalar	37
Instalar y compilar Apache en Windows	37

Apache está disponible en forma binaria en varias plataformas, pero normalmente está disponible como código fuente. Esto significa que tendrá que tener un compilador C y compilar e instalar Apache. No merece la pena discutir los méritos relativos de obrar así, si lo comparamos con un programa de instalación InstallShield. Los usuarios de Windows, que son los que suelen estar más acostumbrados a los programas de instalación gráficos e intuitivos, se congratularán de saber que este programa existe en Windows.

Este capítulo le enseña a instalar Apache, desde la obtención de su código fuente hasta la instalación de todos los archivos en los lugares apropiados.

> **NOTA**
>
> Si va a utilizar Apache sobre Windows, es poco probable que le interese esta primera parte del capítulo y deberá saltarse unas cuantas páginas. Las últimas secciones de este capítulo tratan con la instalación de Apache sobre Windows.

Requerimientos del sistema

Los requerimientos del sistema para ejecutar Apache son muy parcos. Necesitará un mínimo de 12MB de espacio temporal en la unidad de disco duro para el proceso de instalación. Tras la instalación, Apache ocupa cerca de 3MB, además del espacio que se utilice para colocar el contenido web.

También necesitará un compilador ANSI-C. El compilador GNU C, que se conoce como GCC, es el compilador recomendado, pero otros compiladores también trabajan bien si son compatibles con ANSI-C.

Perl (versión 5.003 o superior) es necesario en algunos de los *scripts* de soporte opcionales. El soporte para Objetos Compartidos Dinámicamente (DSO) está recomendado, pero no es obligatorio.

Conseguir Apache

El software de Servidor Apache está disponible en el sitio web del Grupo Apache y en decenas de sitios *mirror* de todo el mundo. Trate de encontrar un sitio *mirror* que le sea próximo geográficamente. Evidentemente, la proximidad geográfica no significa necesariamente que un sitio esté próximo en términos de conectividad de red, pero supone un buen punto de partida.

Los URL importantes son:

- La Fundación Apache Software, que está en **http://www.apache.org/**. Hay más de un proyecto bajo la protección de la ASF, aunque Servidor Apache es el más conocido.

- El Proyecto Apache HTTP Server, en **http://www.apache.org/httpd.html**. Este sitio es la fuente de información más exacta y actualizada que existe sobre Servidor Apache. Toda la documentación del servidor está disponible en línea, así como la base de datos de fallos, los archivos de noticias, la información histórica y otros tipos de recursos relacionados con Apache. La Figura 3.1 muestra el sitio web Servidor Apache.

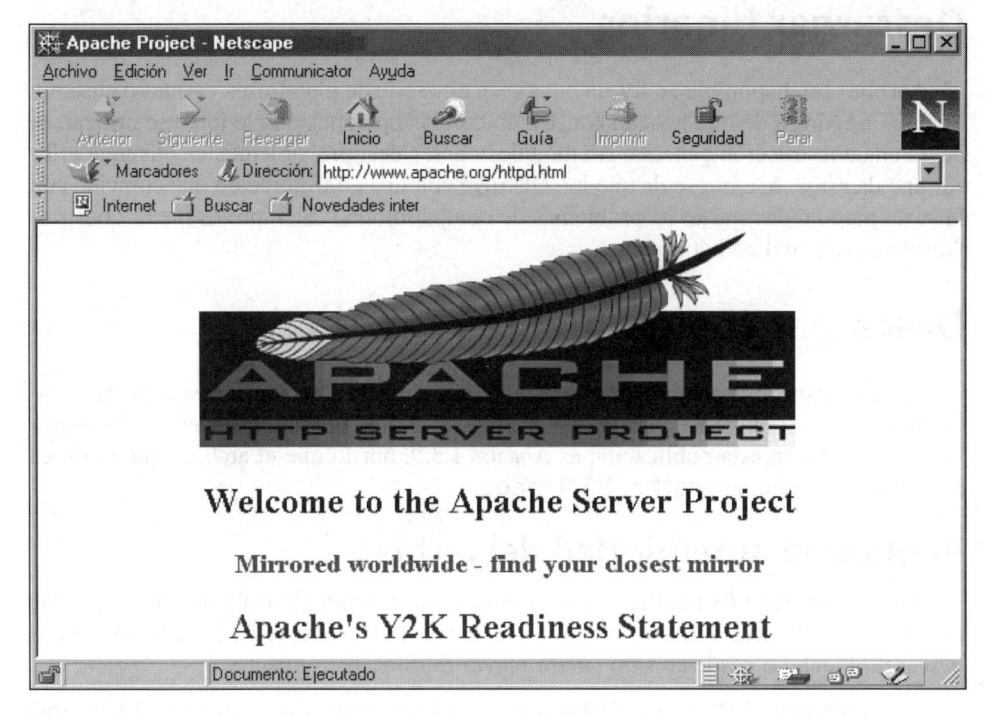

FIGURA 3.1. El sitio web Servidor Apache.

- Descargue Apache en **http://www.apache.org/dist/**. Ésta es la ubicación principal para obtener el código fuente de Apache.
- Los *mirrors* del proyecto Apache en **http://www.apache.org/mirrors/**. Este sitio enumera, por código de país, los sitios *mirror* oficiales de Apache.

Apache está disponible para su descarga en varias versiones, en código binario y en código fuente, en la página de descarga de Apache y en los distintos *mirrors*. Ciertas personas prefieren utilizar una versión más antigua del producto, porque con ello saben que el software que están usando está probado. El uso de la última versión de un producto no está destinado a todo el mundo, y pone nerviosos a los administradores de sistemas, especialmente si se juegan el puesto de trabajo.

A fecha de esta publicación, la última versión de Apache es la 1.3.9. La versión 1.3.6 también se puede descargar (la siguiente versión más reciente en la serie 1.3), además de la versión 1.2.6, que es la última entrega de la serie 1.2.

Descargar la última versión siempre es lo más seguro, ya que el Grupo Apache prueba el software antes de que se pueda descargar. Sin embargo, deberá leer la lista de fallos conocidos, para así poder estar al tanto de los temas problemáticos con el software y para evitar una versión que pueda tener un problema que la afecte directamente. Para ver los temas abiertos sobre una determinada versión, véase la página de información sobre fallos en http://www.apache.org/bug_report.html.

Descargar binarios

Apache está disponible en forma binaria en una serie de plataformas. Antes de usar un binario, asegúrese de que ha sido construido con las opciones que le interese utilizar. Si desea una construcción genérica sin módulos opcionales, probablemente convenga utilizar uno de éstos. Asegúrese de que lo construye con una configuración que coincida con la suya, para no encontrar así problemas de compatibilidad. Siempre es mejor construir Apache a partir del código fuente.

Descargar código fuente

Si va a construir Apache desde el código fuente (¡buena elección!), descargue el archivo .tar.gz correspondiente a la versión que haya decidido utilizar. Por ejemplo, la última versión a fecha de esta publicación es Apache 1.3.9, por lo que el archivo que se desea descargar se denomina apache_1.3.9.tar.gz.

Verificar la autenticidad del archivo

Si tiene instalado Buena Privacidad, *Pretty Good Privacy* (PGP), podrá verificar que el archivo que ha descargado es el artículo genuino. Esto es especialmente importante si descarga el archivo desde un sitio *mirror* en vez del sitio web Apache.

Verá que hay otro archivo en el directorio de descarga que tiene el mismo nombre que el archivo que acaba de descargar con una extensión de archivo .asc adicional. Es la firma PGP que va con el archivo que ha descargado. Puede utilizar este archivo para verificar su autenticidad. Las claves PGP de los distintos desarrolladores Apache están en el archivo llamado KEYS, que se encuentra en ese mismo directorio.

La Figura 3.2 muestra a PGP indicándole que tiene una copia válida del archivo.

> **NOTA**
> PGP es un paquete de software que les permite a los usuarios encriptar los datos y "firmarlos" con una firma digital, verificando así su autenticidad.

Extraer el contenido del archivo

Para desempaquetar este archivo, utilice este comando:

```
tar -zxf apache_1.3.9.tar.gz
```

```
                                                    Compilar e instalar Apache
                                                              Capítulo 3          31
```

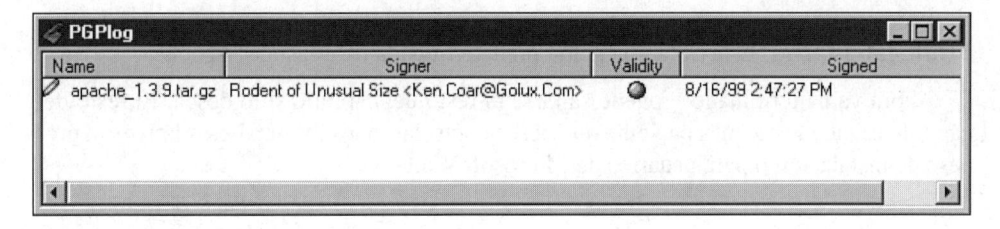

[screenshot of PGPlog window showing: apache_1.3.9.tar.gz — Rodent of Unusual Size <Ken.Coar@Golux.Com> — 8/16/99 2:47:27 PM]

Figura 3.2.   Verificando la firma PGP del archivo descargado.

Si la versión de **tar** que esté usando no soporta la opción **-z**, podrá descomprimir el archivo en una operación separada:

```
gunzip apache_1.3.9.tar.gz
tar -xf apache_1.3.9.tar
```

De cualquier forma que desempaquete el archivo, acabará en un directorio llamado por la versión de Apache que esté utilizando. Por ejemplo, la versión 1.3.9 crea un directorio llamado **apache_1.3.9**.

Estar al día de los desarrollos de Apache

Es una buena idea estar en la lista semanal de envío de Apache y en la lista de anuncios de Apache para estar así actualizado en los últimos desarrollos de Apache, para estar informado de cuándo sale una nueva versión y para ver qué fallos se han solucionado.

Para suscribirse a la lista semanal de envío de Apache, envíe un correo a majordomo@apacheweek.com. Si desea recibir Apache Week en un formato de texto, ponga el texto subscribe apacheweek en el cuerpo de su mensaje. Si desea recibir Apache Week en un formato HTML, ponga el texto subscribe apacheweek-html en el cuerpo del mensaje. Puede encontrar más información sobre Apache Week en http://www.apacheweek.com/.

Para suscribirse a la lista de envío de Apache-Announce, envíe un mensaje de correo en blanco a announce-subscribe@apache.org.

Instalación para usuarios impacientes

Si está impaciente y desea instalar Apache rápidamente, esto es lo que tiene que hacer: tendrá que estar conectado como *root* para ejecutar estos comandos satisfactoriamente:

```
cd apache_1.3.9
./configure --prefix=/usr/local/apache
make
make install
/usr/local/apache/bin/apachectl start
```

Puede cambiar el prefijo a otra cosa si desea instalarlo en otro lugar que no sea **/usr/local/apache**. Ésta es la ubicación predeterminada para instalar Apache.

Ahora ya ha terminado y puede saltarse el resto del capítulo si lo desea. El resto del capítulo es para gente más paciente que desea controlar todos los detalles relativos al proceso de instalación o para usuarios de Microsoft Windows.

Configurar Apache

Hay dos formas de configurar la construcción Apache. La forma más reciente, llamada APACI, le permite especificar opciones de línea de comandos. La forma antigua implica editar un archivo de configuración y seleccionar las opciones deseadas.

Configurar con APACI

APACI, la interfaz de estilo Autoconf de Apache, es nueva en la versión 1.3 y le proporciona una interfaz de configuración que podría sonarle más a las personas que hayan trabajado con el paquete Autoconf de GNU. APACI le permite proporcionar opciones de configuración en la línea de comando, y construye su **Makefile** convenientemente.

Para ejecutar APACI, ejecute el *script* **configure** en la línea de comandos con su lista de argumentos. Las instrucciones anteriores para personas impacientes ejecutan el mismo *script*, pero con un solo argumento, con lo que se consigue que Apache se configure con todos los parámetros predeterminados, a excepción de ese valor.

--help

La acción de ejecutar **configure** con la opción **--help** le proporciona un resumen de las opciones disponibles (véase el Listado 3.1).

LISTADO 3.1 OBTENER LAS OPCIONES CONFIGURE DISPONIBLES

```
bug> ./configure --help
[hang on a moment, generating help]

Usage: configure [options]
Options: [defaults in brackets after descriptions]
Opciones generales:
  --quiet, --silent      do not print messages
  --verbose, -v          print even more messages
  --shadow[=DIR]         switch to a shadow tree (under DIR) for building

Opciones individuales:
  --help, -h             print this message
  --show-layout          print installation path layout (check and debug)

Opciones de diseño de la instalación:
  --with-layout=[F:]ID   use installation path layout ID (from file F)
  --target=TARGET        install name-associated files using basename TARGET
```

LISTADO 3.1 OBTENER LAS OPCIONES CONFIGURE DISPONIBLES *(continuación)*

```
--prefix=PREFIX        install architecture-independent files in PREFIX
--exec-prefix=EPREFIX  install architecture-dependent files in EPREFIX
--bindir=DIR           install user       executables in DIR
--sbindir=DIR          install sysadmin executables in DIR
--libexecdir=DIR       install program  executables in DIR
--mandir=DIR           install manual pages in DIR
--sysconfdir=DIR       install configuration files in DIR
--datadir=DIR          install read-only  data files in DIR
--includedir=DIR       install includes files in DIR
--localstatedir=DIR    install modifiable data files in DIR
--runtimedir=DIR       install runtime data in DIR
--logfiledir=DIR       install logfile data in DIR
--proxycachedir=DIR    install proxy cache data in DIR

Opciones de configuración:
--enable-rule=NAME     enable  a particular Rule named 'NAME'
--disable-rule=NAME    disable a particular Rule named 'NAME'
                       [DEV_RANDOM=default EXPAT=default   IRIXN32=yes ]
                       [IRIXNIS=no       PARANOID=no       SHARED_CHAIN=de]
                       [SHARED_CORE=default SOCKS4=no       SOCKS5=no  ]
                       [WANTHSREGEX=default                             ]
--add-module=FILE      on-the-fly copy & activate a 3rd-party Module
--activate-module=FILE on-the-fly activate existing 3rd-party Module
--permute-module=N1:N2 on-the-fly permute module 'N1' with module 'N2'
--enable-module=NAME   enable  a particular Module named 'NAME'
--disable-module=NAME  disable a particular Module named 'NAME'
                       [access=yes       actions=yes       alias=yes      ]
                       [asis=yes         auth=yes          auth_anon=no   ]
                       [auth_db=no       auth_dbm=no       auth_digest=no ]
                       [autoindex=yes    cern_meta=no      cgi=yes        ]
                       [digest=no        dir=yes           env=yes        ]
                       [example=no       expires=no        headers=no     ]
                       [imap=yes         include=yes       info=no        ]
                       [log_agent=no     log_config=yes    log_referer=no ]
                       [mime=yes         mime_magic=no     mmap_static=no ]
                       [negotiation=yes  proxy=no          rewrite=no     ]
                       [setenvif=yes     so=no             speling=no     ]
                       [status=yes       unique_id=no      userdir=yes    ]
                       [usertrack=no     vhost_alias=no                   ]
--enable-shared=NAME   enable  build of Module named 'NAME' as a DSO
--disable-shared=NAME  disable build of Module named 'NAME' as a DSO
--with-perl=FILE       path to the optional Perl interpreter
--without-support      disable the build and installation of support tools
--without-confadjust   disable the user/situation adjustments in config
--without-execstrip    disable the stripping of executables on installation

Opciones suEXEC:
--enable-suexec        enable the suEXEC feature
--suexec-caller=NAME   set the suEXEC username of the allowed caller [www]
--suexec-docroot=DIR   set the suEXEC root directory [PREFIX/share/htdocs]
--suexec-logfile=FILE  set the suEXEC logfile [PREFIX/var/log/suexec_log]
--suexec-userdir=DIR   set the suEXEC user subdirectory [public_html]
--suexec-uidmin=UID    set the suEXEC minimal allowed UID [100]
```

LISTADO 3.1 OBTENER LAS OPCIONES CONFIGURE DISPONIBLES *(continuación)*

```
--suexec-gidmin=GID    set the suEXEC minimal allowed GID [100]
--suexec-safepath=PATH
  ➥!set the suEXEC safe PATH [/usr/local/bin:/usr/bin:/bin]

Opciones abandonadas:
--layout               backward compat only: use --show-layout
--compat               backward compat only: use --with-layout=Apache
```

Aunque la mayoría de estas opciones se explican por sí solas, algunas de ellas merecen una discusión adicional, ya que son las que la gente acaba utilizando. Las demás opciones se describen más detalladamente en el archivo **INSTALL**, que se encuentra en el mismo directorio que el *script* **configure**.

--show-layout

Una opción muy útil, **--show-layout**, le muestra dónde acaban todos los archivos cuando se ejecuta **make install** al final del proceso (véase el Listado 3.2).

LISTADO 3.2 VER DÓNDE SE VAN A INSTALAR LOS ARCHIVOS

```
bug> ./configure --show-layout
Configuring for Apache, Version 1.3.9
 + using installation path layout: Apache (config.layout)

Rutas de instalación:
            prefix: /usr/local/apache
       exec_prefix: /usr/local/apache
            bindir: /usr/local/apache/bin
           sbindir: /usr/local/apache/bin
        libexecdir: /usr/local/apache/libexec
            mandir: /usr/local/apache/man
         sysconfdir: /usr/local/apache/conf
           datadir: /usr/local/apache
          iconsdir: /usr/local/apache/icons
         htdocsdir: /usr/local/apache/htdocs
            cgidir: /usr/local/apache/cgi-bin
        includedir: /usr/local/apache/include
      localstatedir: /usr/local/apache
         runtimedir: /usr/local/apache/logs
         logfiledir: /usr/local/apache/logs
      proxycachedir: /usr/local/apache/proxy

Rutas de compilación:
         HTTPD_ROOT: /usr/local/apache
    SHARED_CORE_DIR: /usr/local/apache/libexec
     DEFAULT_PIDLOG: logs/httpd.pid
  DEFAULT_SCOREBOARD: logs/httpd.scoreboard
   DEFAULT_LOCKFILE: logs/httpd.lock
    DEFAULT_XFERLOG: logs/access_log
   DEFAULT_ERRORLOG: logs/error_log
```

LISTADO 3.2 VER DÓNDE SE VAN A INSTALAR LOS ARCHIVOS *(continuación)*

```
    TYPES_CONFIG_FILE: conf/mime.types
   SERVER_CONFIG_FILE: conf/httpd.conf
   ACCESS_CONFIG_FILE: conf/access.conf
 RESOURCE_CONFIG_FILE: conf/srm.conf
```

--prefix

La ubicación predeterminada de Apache que hay que instalar es **/usr/local/apache**. La opción **--prefix** le permite cambiar a otra ubicación. Las primeras versiones de Apache mantenían los archivos en **/usr/local/etc/httpd**, y posiblemente quiera colocar aquí los archivos por cuestiones de compatibilidad. He aquí un ejemplo:

```
./configure --prefix=/usr/local/etc/httpd
```

--enable-module

La opción **--enable-module** y su opción asociada **--disable-module** le permite activar o desactivar determinados módulos. Si su sistema operativo soporta DSO (Objetos Compartidos Dinámicos), probablemente use **--enable-module** con la opción _**--enable-shared** para compilar ese módulo como un DSO. En la salida de la opción **--help** (remítase al Listado 3.1), puede ver el estado predeterminado de cada módulo. Un **yes** indica que está compilado por defecto.

Para añadir el módulo **mod_speling**, por ejemplo, tendríamos que utilizar la siguiente línea de comandos:

```
./configure --enable-module=speling --enable-shared=speling
```

Configuración manual

Antes de la versión 1.3, la única forma de configurar Apache era modificando manualmente los archivos de configuración. Así, la gente que había estado usando Apache durante algún tiempo podía pensar que esta es la forma más cómoda de hacerlo. Algunos prefieren este método, ya que pueden ver todas las configuraciones en un solo lugar y es menos probable que olviden una cuando tengan que examinar un archivo con todas las opciones. Por otra parte, si sabe exactamente lo que desea modificar, APACI le permite realizar estos cambios muy rápidamente con un cambio en la línea de comandos. Es una cuestión de preferencias.

Para modificar la configuración manualmente, cambie al directorio **src**. Copie **Configuration.tmpl** en **Configuration** y luego abra **Configuration** en su editor favorito:

```
cd src
cp -f Configuration.tmpl Configuration
vi Configuration
```

> **SUGERENCIA**
>
> No cambie Configuration.tmpl. Le será útil si se confunde.

En el archivo hay cinco tipos de líneas, como se ve en el comentario que hay junto a la parte superior del archivo. Las líneas que comienzan por # son comentarios.

Las configuraciones **Makefile**, la primera sección principal, son instrucciones al compilador C.

Las líneas que empiezan por **Rule** son reglas. Éstas le indican a **configure** cómo crear el **Makefile**.

Las líneas **AddModule** permiten la construcción de módulos Apache. Muchos de ellos están comentados, lo que indica que un determinado módulo no está compilado por defecto. Quitar los comentarios a estas líneas hará que estos módulos se integren en su versión de Apache. Alternativamente, puede comentar los módulos que no desee instalar. Si un módulo está integrado en Apache por defecto y no sabe lo que hace, los mejor es que no lo desactive.

Las líneas que comienzan con **%Module** indican que el módulo especificado debe integrarse en Apache, pero no activarse. Puede usar la directiva **AddModule** del archivo de configuración del servidor para activar estos módulos. Esta opción es útil si está construyendo un binario para su distribución por múltiples máquinas, que tendrán activados módulos distintos. Puede integrar todos los módulos que necesite en cualquiera de las máquinas, y activar solamente los necesarios en cada máquina. La desventaja es que genera un archivo binario mayor de lo necesario. Ninguna de estas líneas está en el archivo predeterminado **Configuration**.

Una vez que haya repasado todo el archivo y que haya seleccionado las opciones deseadas, genere sus **Makefile**s ejecutando **configure** en la línea de comandos:

```
./configure
```

Compilar

Compilar es la parte más sencilla de todo el proceso. Cuando haya terminado con la fase de configuración, habiendo elegido el método deseado, escriba **make** para iniciar el proceso de integración. Esto puede durar varios minutos.

> **NOTA**
>
> En el improbable caso de que algo falle durante esta fase, verá varios mensajes de error que deberán apuntar al origen del problema. Si no sabe lo que significan estos mensajes de error, la mejor ayuda probablemente sea el grupo de noticias comp.infosystems.www.servers.unix o la base de datos de fallos del sitio web de Apache.

Instalar

Instalar es casi tan fácil como compilar. Hay que escribir dos palabras: **make install**. Tendrá que estar conectado como *root* para ejecutar este comando, ya que la instalación está colocando archivos en directorios donde la mayoría de los usuarios no tienen acceso de escritura.

Instalar y compilar Apache en Windows

La mayoría de usuarios de Microsoft Windows querrán instalar desde los binarios. Los binarios Windows están construidos de tal forma que todos los módulos disponibles se encuentran compilados y pueden activarse por medio de la directiva **Add-Module**.

> **NOTA**
>
> El Grupo Apache avisa que Apache sobre Windows debe considerarse de calidad beta. El código no ha sido optimizado para Windows NT, y la mayor parte de desarrolladores de Apache no son programadores de Windows. Aunque la versión de Windows ha mejorado mucho en el último año, no se recomienda que ejecute sitios Apache sobre Windows NT.

Instalar Apache en Windows

Descargue el archivo de instalación en el sitio de descarga de Apache en http://www.apache.org/dist/. El nombre de archivo es **apache_version_win32.exe**, donde **version** es el número de versión que obtiene. A fecha de esta publicación, el archivo que hay que descargar es **apache_1_3_9_win32.exe**.

La instalación es el proceso de instalación que se espera en Windows. Hay que hacer clic en **Siguiente** unas cuantas veces, y estará instalado.

> **SUGERENCIA**
>
> La ubicación predeterminada para instalar Apache en Windows es C:\Archivos de programa\Apache Group\Apache. Esto funciona, pero los espacios de las rutas de archivo pueden llevar a algunos problemas con la configuración. Por ejemplo, las rutas de archivos deberán aparecer entre comillas en el archivo de configuración. Olvidar estas comillas es una falta muy común. Puede evitar esto cambiando la instalación a C:\httpd, c:\Apache o a alguna otra ruta que tenga sentido.

Instalar como servicio de Windows NT

Si desea que Apache se ejecute todo el tiempo en su máquina Windows NT (por ejemplo, un servidor de producción), tendrá que instalar Apache como servicio de Windows NT. Estos servicios son, como su propio nombre indica, una característica de Windows NT, y no están disponibles en Windows 9x.

Si no conoce bien los servicios de Windows NT, he aquí un breve resumen. Los servicios de Windows NT aseguran que la aplicación se inicia cuando el sistema se reinicia. Puede hacerse que las aplicaciones que no se instalen como servicios se inicien al iniciar sesión o de forma manual. Pero, si su servidor se reinicia por algún motivo, estas aplicaciones no se reiniciarán (véase el Capítulo 4, "Iniciar, detener y reiniciar el servidor", para recabar más información sobre cómo reiniciar y detener Apache como servicio de Windows NT).

Cuando se instala Apache sobre Windows NT, no estará instalado como servicio por defecto. Sin embargo, es muy fácil convertirlo en un servicio. En el menú Inicio, elija Programas, Apache Web Server, Instalar Apache como servicio (sólo NT). La Figura 3.3 muestra esto en el menú Inicio.

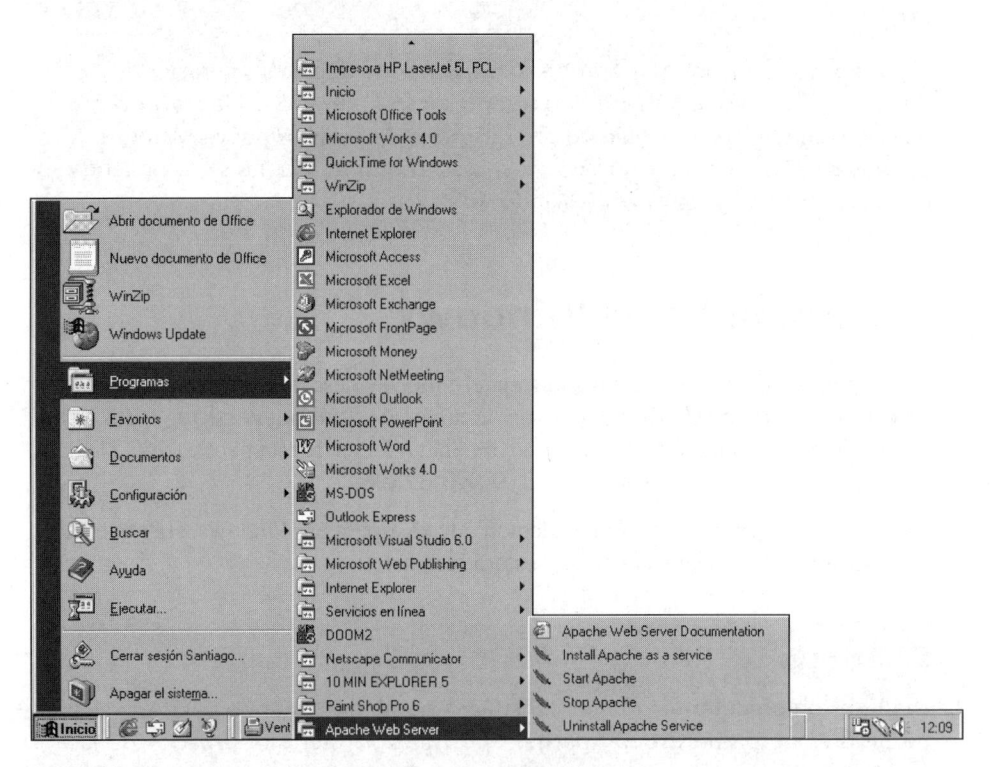

FIGURA 3.3. Instalar Apache como servicio de Windows NT.

Cuando se selecciona este elemento en el menú Inicio, se abrirá una ventana de DOS para luego desaparecer. Este elemento de menú es un método abreviado del comando.

```
C:\httpd\Apache.exe -d C:\httpd -i
```

O, si ha instalado Apache en otra parte, como en el predeterminado **C:\Archivos de programa\Apache**, esa ruta aparecerá en el comando. El cambio de comando -i, específico de Windows, hace que se instale Apache como servicio Windows NT. -d le indica a Apache que en qué directorio **ServerRoot** deberá empezar.

Compilar Apache para Windows

En la documentación que incorpora Apache se incluyen instrucciones completas. La versión en línea de estas instrucciones se puede ver en **http://www.apache.org/docs/_windows.html#comp**. La mayoría de usuarios no necesitan construir Apache sobre Windows, por lo que esto de deja como ejercicio para el lector. Si tiene una necesidad perentoria de construir a partir de código fuente en Windows, probablemente sabrá más de lo que este libro le puede enseñar.

Resumen

En casi todas las plataformas, tendrá que construir Apache por sí mismo a partir del código fuente. Los binarios están disponibles en un gran número de plataformas pero, en la mayoría de los casos, es mejor obtener el código fuente y compilarlo. Una excepción es Windows, donde se recomienda obtener el archivo de instalación binaria e instalarlo.

Iniciar, detener y reiniciar el servidor

CAPÍTULO 4

Iniciar el servidor	42
Detener o reiniciar el servidor	49
El script apachectl	52

Dependiendo de si está ejecutando Apache sobre Unix o Windows, las maneras de iniciar, detener y reiniciar el servidor son diferentes. Apache puede iniciarse manualmente en la línea de comandos o como parte del proceso de inicio del servidor. En Unix, el *script* del *shell* **apachectl** le da la posibilidad de iniciar, detener y reiniciar Apache en la línea de comandos.

Iniciar el servidor

Una vez que se instala y configura el servidor, ya se puede arrancar. Casi siempre se arranca ejecutando el ejecutable en la línea de comandos.

En los sistemas operativos Unix y similares, Apache se suele abrir cuando se inicia la máquina y luego sigue ejecutándose mientras la máquina esté activada. El inicio se puede hacer manualmente en la línea de comandos o en un *script* de inicio.

En Windows NT, Apache se suele ejecutar como servicio de Windows NT; en otras versiones de Windows, se ejecuta como aplicación de consola.

Iniciar Apache en Unix

En Unix, puede iniciar Apache en la línea de comandos. También puede dejar que Apache se abra automáticamente al iniciar el sistema.

Iniciar en la línea de comandos en Unix

Puede iniciar Apache en la línea de comandos en una máquina Unix escribiendo el nombre del ejecutable **httpd**, con las opciones de línea de comandos que desee. El proceso del servidor Apache se inicia, cambia para ejecutarse como el usuario especificado en la directiva **User** (véase el Capítulo 5, "Archivos de configuración del servidor"), inicia tantos procesos secundarios como los que especifica la directiva **StartServers** (que también se aborda en el Capítulo 5) y devuelve el control a la línea de comandos.

Las opciones de la línea de comandos se invocan incluyéndolas tras el ejecutable **httpd** de la línea de comandos. Por ejemplo, la opción -l se invoca escribiendo **httpd -l**. En Apache 1.3.9 están disponibles las opciones siguientes de la línea de comandos:

- **-d path** establece el valor inicial de **ServerRoot** de **path**. Con esto no se pasa por alto la directiva **ServerRoot** en el archivo de configuración, ya que se carga cuando cambia la línea de comandos. La ubicación predeterminada es **/usr/local/apache** en Unix, **/apache** en Windows y **/os2httpd** en OS/2. He aquí un ejemplo:

    httpd -d /home/httpd/

- **-D name** establece que se utilice un **name** de variable en secciones **<IfDefine>**. Remítase al Capítulo 5 para ver un tratamiento más completo de **<IfDefine>**. He aquí un ejemplo:

    httpd -D Qook

Luego, en el archivo **httpd.conf**, podríamos tener:

```
<IfDefine Qook>
LogLevel info
</IfDefine>
```

- **-f config** carga las directivas de configuración desde el archivo **config** en vez del archivo de configuración predeterminado, que es **conf/httpd.conf**. Se presupone que **config** es una ruta relativa a **ServerRoot**, a menos que comience por una barra (**/**). He aquí un ejemplo:

  ```
  httpd -f /home/httpd/conf/config.file
  ```

- **-C "directive"** ejecuta la directiva Apache antes de leer en los archivos de configuración:

  ```
  httpd -C "LoadModule status_module modules/mod_status.so"
  ```

- **-c "directive"** es como **-C**, con la excepción de que **directive** se procesa cuando los archivos de configuración están cargados. Esto es útil para saltarse una directiva del archivo de configuración. He aquí un ejemplo:

  ```
  httpd -c "TransferLog /tmp/test.log"
  ```

- **-X** se ejecuta en **httpd** en modo de proceso único, lo que significa que Apache no lanza secundarios adicionales, pero se ejecuta como un solo proceso en la ventana de la consola. Esto se debe utilizar exclusivamente con fines de prueba y nunca en una máquina que esté produciendo. He aquí un ejemplo:

  ```
  httpd -X
  ```

- **-v** imprime la versión de **httpd** y su fecha de creación, y luego se cierra. He aquí un ejemplo:

  ```
  httpd -v
  Server version: Apache/1.3.9 (Unix)
  Server built:   Aug 31 1999 21:07:00
  ```

- **-V** imprime la versión básica de **httpd**, su fecha de creación y una lista de parámetros de tiempo de compilación (como **-D USE_MMAP_FILES**), que influyen en el comportamiento y en el rendimiento del servidor Apache, y luego se cierra. He aquí un ejemplo:

  ```
  httpd -V
  Server version: Apache/1.3.9 (Unix)
  Server built:   Aug 31 1999 21:07:00
  Server's Module Magic Number: 19990320:6
  Server compiled with....
   -D HAVE_MMAP
   -D HAVE_SHMGET
   ...
   -D ACCESS_CONFIG_FILE="conf/access.conf"
   -D RESOURCE_CONFIG_FILE="conf/srm.conf"
  ```

- **-L** todas las directivas de configuración que se permiten con los módulos que se hayan instalado. También enumera el lugar donde se permiten estas directivas (es decir, en el archivo de configuración, en el archivo .htaccess, en las secciones <Directory>, etc.). Esto sirve para generar una lista de directivas permitidas personalizadas para su configuración particular.

- **-l** enumera todos los módulos enumera todos los módulos que están compilados en el servidor y luego se cierra. He aquí un ejemplo:

```
httpd -l
Módulos compilados:
  http_core.c
  mod_env.c
  mod_log_config.c
  ...
  mod_setenvif.c
  mod_perl.c
```

- **-h** muestra una lista de opciones disponibles de la línea de comandos, como por ejemplo:

```
httpd -h
Uso: httpd [-D name] [-d directory] [-f file]
           [-C "directive"] [-c "directive"]
           [-v] [-V] [-h] [-l] [-L] [-S] [-t] [-T]
Opciones:
-D name           : define un nombre para utilizarlo en las directivas
                    ➥<IfDefine name>.
-d directory      : especifica un ServerRoot inicial alternativo.
-f file           : especifica un ServerConfigFile alternativo.
-C "directive"    : procesa directivas antes de leer archivos de
                    ➥configuración.
-c "directive"    : procesa directivas tras leer los archivos de
                    ➥configuración.
-v                : muestra el número de la versión.
-V                : muestra los parámetros de compilación.
-h                : enumera las opciones disponibles en la línea de
                    ➥comandos (esta página).
-l                : enumera los módulos compilados.
-L                : enumera las directivas de configuración disponibles.
-S                : muestra los parámetros analizados sintácticamente
                    ➥(actualmente, sólo parámetros vhost).
-t                : ejecuta la comprobación de la sintaxis de los
                    ➥archivos config (con la comprobación de docroot).
-T                : ejecuta la comprobación de la sintaxis de los
                    ➥archivos config (sin la comprobación docroot).
```

- **-S** muestra la configuración del *host* virtual desde el archivo de configuración. Cada línea del informe indica en qué línea del archivo de configuración se crea la entrada del *host* virtual. Veamos el siguiente ejemplo:

```
httpd -S
VirtualHost configuration:
192.101.204.10:80        is a NameVirtualHost
default server www.databeam.com
➥(/home/www/apache/conf/httpd.conf:931)
port 80 namevhost www.databeam.com
➥(/home/www/apache/conf/httpd.conf:931)
```

```
port 80 namevhost www2.databeam.com
➥(/home/www/apache/conf/httpd.conf:965)
port 80 namevhost w3.databeam.com
➥(/home/www/apache/conf/httpd.conf:982)
```

- **-t** comprueba la sintaxis del archivo de configuración y se asegura de que ciertamente existen todas las entradas **DocumentRoot**. En caso de que hubiera errores en los archivos, se le informará de qué errores se trata; si no, aparecerá un mensaje **Syntax OK**. He aquí un ejemplo:

```
httpd -t
Syntax error on line 65 of /usr/local/apache/conf/httpd.conf:
Invalid command 'ServeRooot', perhaps mis-spelled or defined by a
module not included in the server configuration
```

- **-T** es como **-t**, con la excepción de que la validez de los directorios **DocumentRoot** no se comprueba. Como resultado, esta opción se ejecuta de forma mucho más rápida, en particular en sitios que tienen muchos *hosts* virtuales.

Iniciar automáticamente en el tiempo de inicio

Todos los tipos de Unix proporcionan algún mecanismo para iniciar procesos de forma automática cuando arranca el sistema. Esto varía en los distintos tipos de Unix, y es necesario consultar la documentación para recibir instrucciones sobre cómo llevar a cabo esto en el sistema propio. El *script* **apachectl** puede resultar muy útil a la hora de proporcionar esta funcionalidad, ya que acepta **start** y **stop** como argumentos, lo que se espera en los *scripts* **/etc/rc.d** de los tipos de Unix que soporten ese mecanismo (véase la sección sobre **apachectl** al final de este capítulo).

Iniciar Apache en Windows

En Windows, existen dos formas principales de iniciar el servidor Apache: como servicio Windows NT o como aplicación de consola.

Ejecutar Apache como servicio de Windows NT

Si está utilizando la versión Windows NT de Apache, probablemente le suene el concepto de los servicios Windows NT. En esencia, constituyen una forma de ejecutar programas en segundo plano en el instante en que se inicia Windows NT y de mantenerlos en ejecución mientras Windows NT esté activo. En su concepto, se parecen mucho a los demonios de Unix.

La ventaja principal de ejecutar Apache como servicio de Windows NT es que no hay que iniciar sesión en la máquina para reiniciar el servicio al reiniciar la máquina, ya que ésta se inicia de forma automática. De este modo, cuando haya que reiniciar Windows NT, Apache se reiniciará cuando la máquina se active nuevamente.

Cuando se ejecuta como servicio, Apache se ejecuta en segundo plano, es decir, no hay icono de ventana o de barra de tareas, pero Apache aparece en la lista de procesos del Administrador de tareas.

> **NOTA**
>
> Véase el Capítulo 3, "Compilar e instalar Apache", para recabar instrucciones sobre cómo instalar Apache como servicio de Windows NT.

Puede iniciar un servicio Windows NT de varias formas. Nuevamente, si está ejecutando Windows NT, probablemente conozca los servicios de Windows. Si no los conoce, aquí le mostramos algunas formas de iniciar un servicio Windows NT.

Iniciar automáticamente al reinicio

El método más recomendado es que se instale Apache como servicio para iniciarse automáticamente al reinicio. Es así como se configura el servicio si se ha instalado desde el menú Inicio.

Para asegurarse de que el servicio está configurado para iniciarse automáticamente, abra el cuadro de diálogo **Servicios** del Panel de control de Windows. La Figura 4.1 muestra el cuadro de diálogo **Servicios**, con Apache configurado para que se inicie automáticamente.

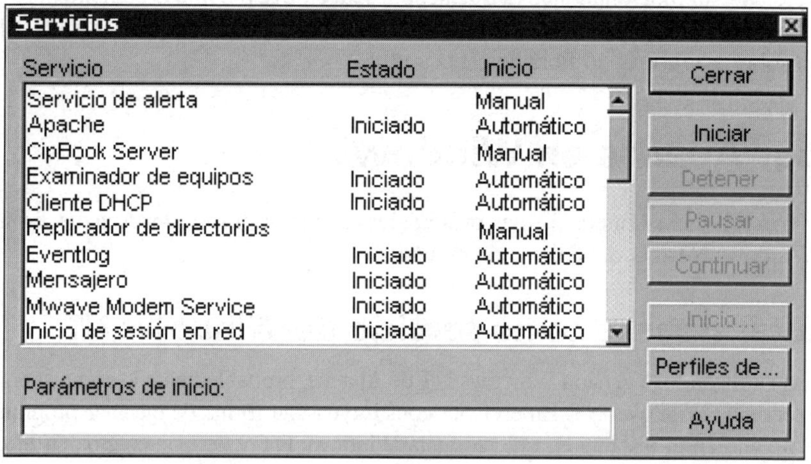

FIGURA 4.1. El cuadro de diálogo Servicios de Windows NT con Apache configurado para arrancar automáticamente.

Si no ve la palabra automático en la columna llamada Startup, que está junto a Apache en el cuadro de diálogo **Servicios**, seleccione Apache y haga clic en el botón **Inicio** para ver las opciones adicionales del servicio (véase la Figura 4.2). Seleccione **Automático** para que Apache se inicie automáticamente cuando se reinicia el sistema.

Iniciar, detener y reiniciar el servidor

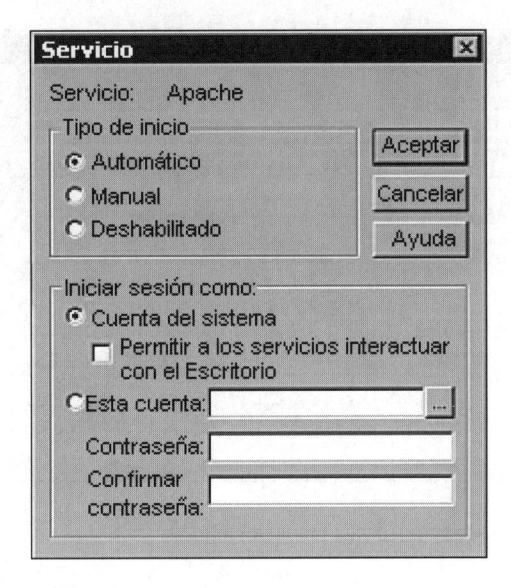

CAPÍTULO 4

47

FIGURA 4.2. Opciones de inicio del servicio Apache.

Iniciar el servidor manualmente

Si no quiere que Apache se ejecute cada vez que se inicia el sistema, puede configurar el servicio Apache para que se inicie manualmente. Esto se hace como veíamos antes, con la excepción de que se selecciona **Manual** como tipo de inicio preferido.

Se puede iniciar el servicio de una de dos formas:

- En el cuadro de diálogo **Servicios** (remítase a la Figura 4.1) seleccione Apache y haga clic en el botón **Inicio**. Aparece un cuadro de diálogo que le indica que el servicio está iniciándose y, si el inicio es satisfactorio, el indicador de estado cambiará a **Iniciado**. La Figura 4.3 muestra el servicio Apache iniciado de esta forma.

- Puede iniciar cualquier servicio en el cuadro de diálogo **Ejecutar** o en la línea de comandos del DOS mediante el comando **net start service**, donde **service** es el nombre del servicio que se va a iniciar. Así, en el caso del servicio Apache, habrá que escribir **net start apache**.

> **NOTA**
>
> Hay otra forma de iniciar el servicio Apache. Puede iniciar servicios directamente desde la API Win32 a través de la interfaz C o de cualquier otra interfaz que esté disponible, como Visual Basic o Perl. Esto, sin embargo, queda fuera del alcance de este libro.

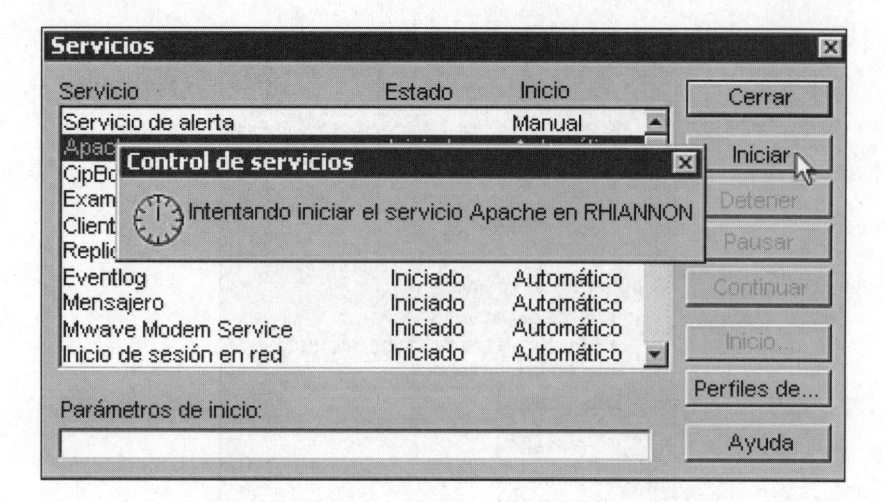

FIGURA 4.3. Iniciar el servicio Apache manualmente.

Ejecutar Apache como aplicación de consola

La otra forma de ejecutar Apache en sistemas Windows es como aplicación de consola. Esto implica que una ventana DOS se abre y permanece abierta durante el proceso de Apache. En este momento, ésta es la única forma de ejecutar Apache en sistemas Windows 95 y Windows 98 (desde ahora llamados Win9x).

Cuando se instaló Apache, se colocó un icono llamado **Start Apache as Console App** en el menú Start. Este acceso directo ejecuta el siguiente comando:

```
C:\apache\Apache.exe -d C:\httpd -s
```

Apache sobre Windows tiene exactamente los mismos conmutadores de línea de comandos que sobre Unix. El conmutador `-d`, tal y como se describe en la discusión sobre Unix, especifica el `ServerRoot` con el que debe iniciarse el servidor. El indicador `-s` es específico de Windows, y señala que Apache debe ejecutarse como aplicación de consola. La Figura 4.4 muestra Apache ejecutándose como aplicación de consola.

> **NOTA**
>
> Dado que los sistemas operativos Win9x carecen de un concepto de servicios o demonios, hay que ejecutar Apache como una aplicación de consola. Esto suele ser suficiente, ya que no es probable que se ejecute un sitio web en una máquina Win9x.

FIGURA 4.4. Apache ejecutándose como aplicación de consola en Windows.

Detener o reiniciar el servidor

Si, por alguna razón, se desea detener el servidor Apache, existen formas diferentes de hacerlo, dependiendo de si se está utilizando Unix o Windows. El modo más habitual de reiniciar el servidor consiste en recargar los archivos de configuración en caso de que hayan cambiado.

Detener o reiniciar en Unix

En sistemas operativos Unix y similares (como Linux), generalmente se detiene el servidor con el comando kill. Este comando es la forma que tiene Unix de enviar señales de terminación a un proceso y se puede enviar de varias formas.

Sin embargo, antes de enviar las señales de terminación, hay que saber a quién enviarlas. Si se comprueba la lista de procesos de la máquina Unix, se ve que hay más de un proceso httpd en ejecución. En mi máquina Linux, la lista de procesos tiene este aspecto:

```
ps ax
 PID TTY STAT TIME COMMAND
...
 1599  ?   S    0:00 /usr/sbin/dhcpd
 1740  ?   S    0:04 /usr/sbin/named
 4278  ?   S    0:00 smbd -D
 4287  ?   S    0:14 nmbd -D
13634  ?   S    0:00 /usr/local/apache/bin/httpd
16614  ?   S    0:00 /usr/local/apache/bin/httpd
16615  ?   S    0:00 /usr/local/apache/bin/httpd
16616  ?   S    0:00 /usr/local/apache/bin/httpd
16617  ?   S    0:00 /usr/local/apache/bin/httpd
```

```
16618   ?  S    0:00 /usr/local/apache/bin/httpd
16620   ?  S    0:00 /usr/local/apache/bin/httpd
16621   ?  S    0:00 /usr/local/apache/bin/httpd
16629   ?  S    0:00 /usr/local/apache/bin/httpd
16630   ?  S    0:00 /usr/local/apache/bin/httpd
16631   ?  S    0:00 /usr/local/apache/bin/httpd
11630   ?  S    0:02 ./msql2d
13866   1  S    0:00 sh /usr/X11R6/bin/startx
26529   p0 S    0:00 -tcsh
26541   p0 R    0:00 ps ax
```

Mi máquina muestra que hay 11 procesos **httpd** en ejecución. Uno es el proceso primario y el resto son los secundarios. Si termino cualquiera de los procesos secundarios, el proceso primario regenerará al secundario (como las cabezas de la hidra de Lerna), y no habrá conseguido nada.

> **NOTA**
>
> Evidentemente, en este caso, podríamos suponer que el proceso que tiene el PID más bajo (el ID de proceso) es el primario, mientras que el resto son los secundarios. En este caso, hamos acertado, pero nunca se sabe...

La forma de asegurarse de que se está llevando a cabo el proceso correcto consiste en comprobar el **PidFile** para ver el PID del proceso primario. El archivo **PidFile** está ubicado por defecto en el directorio **logs**, y se denomina **httpd.pid**. Puede cambiar esta ubicación con la directiva **PidFile** en el archivo de configuración. Véase el Capítulo 5 para recabar más información acerca de esta directiva.

El **PidFile** contiene una sola línea, con el PID del proceso primario **httpd**.

Detener Apache

Para detener Apache inmediatamente, emita el comando **kill -TERM** en el ID de proceso que se enumera en el archivo **httpd.pid**. Por ejemplo, se escribiría el siguiente comando en la línea de comandos:

```
kill -TERM `cat /usr/local/apache/logs/httpd.pid`
```

Esto podría tardar unos cuantos segundos, ya que el proceso primario trata de matar a cada uno de sus secundarios, para luego matarse a sí mismo.

Reiniciar Apache

Existen dos formas de reiniciar el servidor Apache, dependiendo de lo deprisa que se quiera ejecutar el reinicio:

- Para reiniciar inmediatamente, utilice una señal **HUP**. Por ejemplo, escribiría el siguiente comando:

  ```
  kill -HUP `cat /usr/local/apache/logs/httpd.pid`
  ```

- La señal **HUP** hace que el primario mate inmediatamente a todos los secundarios. Toda solicitud que atiendan estos secundarios terminarán. Luego vuelve a leer los archivos de configuración y vuelve a abrir los archivos de registro. Luego regenera un nuevo conjunto de secundarios, que empiezan a atender solicitudes inmediatamente.
- Para reiniciar suavemente, utilice la señal **USR1**. Por ejemplo, escribiría el siguiente comando:
  ```
  kill -USR1 `cat /usr/local/apache/logs/httpd.pid`
  ```
- La señal **USR1** le indica al primario que envíe una solicitud de terminación a cada secundario. Cada uno de los secundarios termina de atender la solicitud y luego se cierra. Si está inactivo, se cerrará inmediatamente. El primario vuelve a cargar los archivos de configuración y vuelve a abrir los archivos de registro. Cuando el secundario se cierra, se sustituye por una nueva generación de secundarios con la nueva configuración.

Probablemente sea mejor utilizar este último método en un servidor de producción, ya que no hará que las conexiones existentes se corten sin más; al contrario, terminará las transacciones que estén activadas en el momento del reinicio.

Detener y reiniciar en Windows

La forma de detener y reiniciar el servidor Apache en Windows depende del modo en que se esté ejecutando el servidor (como servicio o como aplicación de consola).

Detener y reiniciar el servicio Apache

Con Apache instalado como servicio Windows NT, existen dos formas de detener el servicio.

La primera forma consiste en detener el servicio desde el cuadro de diálogo **Servicios**, al que se puede acceder desde el Panel de control. Seleccione el servicio Apache y haga clic en el botón **Detener**. Verá un temporizador, como cuando inició el servicio, y éste último se cerrará.

A diferencia de Unix, que genera múltiples procesos secundarios, en Windows NT sólo hay un proceso primario principal, y un proceso secundario que atiende todas las solicitudes. Esto se debe a que en Windows NT, Apache tiene subprocesos múltiples, por lo que un proceso secundario puede manejar múltiples solicitudes a la vez.

Cuando se detiene el servicio, el primario mata el proceso secundario y luego se cierra.

La otra forma de detener el servicio Apache consiste en escribir **net stop apache** en el cuadro de diálogo **Ejecutar** o en una línea de comandos de DOS.

> **NOTA**
>
> Al igual que ocurre al iniciar el servicio, también es posible detener el servicio directamente desde la API Win32. Esto queda fuera del alcance de este libro.

No hay método de paso único que reinicie un servidor Windows NT. Siga las instrucciones para detener el servicio y siga las instrucciones para iniciar el servicio.

Detener la aplicación de consola de Windows

Si ejecuta Apache como aplicación de consola, como vimos anteriormente, podrá detener el servidor de varias formas.

Cuando se instaló Apache, se colocó un icono en el menú Inicio para cerrar la aplicación de la consola de Apache. Seleccionando este elemento del menú, se detiene Apache si no está ejecutándose como aplicación de consola (con esto no se detiene Apache si está ejecutándose como servicio Windows NT). El icono del menú Inicio es un acceso directo al siguiente comando:

```
C:\httpd\Apache.exe -d C:\httpd -k shutdown
```

La opción -k de la línea de comandos es una opción exclusiva de Windows, y puede adoptar dos argumentos: **shutdown** o **restart**. Estos argumentos equivalen a las señales -TERM y -USR1 de Unix.

El script apachectl

En una instalación Unix de Apache, hay un *script* de *shell* llamado **apachectl**, que le evitará tener que recordar la multitud de formas de iniciar, reiniciar y detener el servidor. **apachectl** debe incluirse en el directorio **/src/support** de la distribución Apache; una vez que se construye Apache, éste contendrá las rutas correctas de todo lo que contiene su sistema.

Utilizar apachectl

El uso de **apachectl** es muy claro. La simple acción de ejecutar **apachectl** en la línea de comandos (o con el argumento **help**) le presenta todas las opciones disponibles:

```
apachectl
usage: /usr/bin/apachectl (start | stop | restart | fullstatus |
➥status | graceful | configtest | help)

start       - inicia httpd.
stop        - detiene httpd.
restart     - reinicia httpd si se está ejecutando enviando una SIGHUP o
              ➥si no se está ejecutando.
fullstatus  - presenta pantalla de estado total; requiere que estén
              ➥activados lynx y mod_status.
status      - presenta pantalla de estado breve; requiere que estén
              ➥activados lynx y mod_status.
graceful    - hace un reinicio limpio enviando un SIGUSR1 o se inicia si
              ➥no se está ejecutando.
configtest  - hace una prueba de sintaxis de configuración.
help        - esta pantalla.
```

Iniciar, detener y reiniciar el servidor

Capítulo 4

apachectl es, sencillamente, un *script* /bin/sh que contiene algunas opciones de línea de comandos y funciones **kill** que ya hemos visto en este capítulo. No es difícil proseguir, pero se pone todo en un mismo lugar, a fin de que no sea necesario recordar nada.

Configurar apachectl

apachectl contiene cuatro variables que podrían ser necesarias para configurar el sistema:

- **PIDFILE** enumera la ubicación del archivo de ID de proceso. Suele encontrarse en el directorio **logs** con los demás archivos de registro, pero se puede configurar con la directiva **PidFile**. Si lo cambia por algún motivo, tendrá que cambiarlo también en el *script* **apachectl**. Veamos el siguiente ejemplo:

    ```
    PIDFILE=/usr/local/apache/logs/httpd.pid
    ```

- **HTTPD** es la ruta del archivo binario **httpd**. He aquí un ejemplo:

    ```
    HTTPD=/usr/local/apache/bin/httpd
    ```

- **LYNX** es la línea de comandos que sirve para ejecutar Lynx en el sistema. Esto sirve para mostrar las pantallas de estado al utilizar los argumentos **status** y **fullstatus**. Esto sólo es necesario si se tiene activado **mod_status**. Véanse los capítulos de la Parte V, "Desarrollo", para recabar más información sobre **mod_status**. He aquí un ejemplo:

    ```
    LYNX="lynx -dump"
    ```

- **STATUSURL** es el URL de la página de estado del servidor si se tiene **mod_status** activado. Sirve para los argumentos **status** y **fullstatus**. He aquí un ejemplo:

    ```
    STATUSURL="http://localhost/server-status"
    ```

El Listado 4.1 muestra el *script* del *shell* **apachectl** con los valores predeterminados de estas variables.

Listado 4.1 Valores predeterminados apachectl

```
#!/bin/sh
#
# Script de control Apache diseñado para permitir una interfaz de línea
    ➥de comandos sencilla
# para el control de Apache. Escrito por Marc Slemko, 23/08/1997
#
# Los códigos de salida que se devuelven son:
#       0 - operation completed successfully
#       1 -
#       2 - usage error
#       3 - httpd could not be started
#       4 - httpd could not be stopped
#       5 - httpd could not be started during a restart
#       6 - httpd could not be restarted during a restart
#       7 - httpd could not be restarted during a graceful restart
```

Listado 4.1 Valores predeterminados apachectl *(continuación)*

```
#          8 - configuration syntax error
#
# Cuando se dan múltiples argumentos, sólo se indica el error
# del último. Ejecute "apachectl help" para información de uso
#
#
# |||||||||||||||||COMIENZO SECCIÓN DE CONFIGURACIÓN |||||||||||||||||
# ---------------------                              ---------------------
#
# la ruta del archivo PID
PIDFILE=/usr/local/apache/logs/httpd.pid
#
# la ruta del binario httpd, incluyendo las opciones
HTTPD=/usr/local/apache/bin/httpd
#
# un comando que produce una versión de texto con formato del HTML en el
# url dado en la línea de comandos. Diseñado para lynx, pero
# otros programas pueden funcionar.
LYNX="lynx -dump"
#
# el URL de la página de estado mod_status del servidor. Si no tiene
# una, los estados no funcionarán.
STATUSURL="http://localhost/server-status"
#
# ---------------------                              ---------------------
# |||||||||||||||||||||FIN SECCIÓN DE CONFIGURACIÓN |||||||||||||||||||||

ERROR=0
ARGV="$@"
if [ "x$ARGV" = "x" ] ; then
    ARGS="help"
fi

for ARG in $@ $ARGS
do
    # check for pidfile
    if [ -f $PIDFILE ] ; then
        PID=`cat $PIDFILE`
        if [ "x$PID" != "x" ] && kill -0 $PID 2>/dev/null ; then
            STATUS="httpd (pid $PID) running"
            RUNNING=1
        else
            STATUS="httpd (pid $PID?) not running"
            RUNNING=0
        fi
    else
        STATUS="httpd (no pid file) not running"
        RUNNING=0
    fi

    case $ARG in
    start)
        if [ $RUNNING -eq 1 ]; then
```

LISTADO 4.1   VALORES PREDETERMINADOS APACHECTL   *(continuación)*

```
            echo "$0 $ARG: httpd (pid $PID) already running"
            continue
        fi
        if $HTTPD ; then
            echo "$0 $ARG: httpd started"
        else
            echo "$0 $ARG: httpd could not be started"
            ERROR=3
        fi
        ;;
    stop)
        if [ $RUNNING -eq 0 ]; then
            echo "$0 $ARG: $STATUS"
            continue
        fi
        if kill $PID ; then
            echo "$0 $ARG: httpd stopped"
        else
            echo "$0 $ARG: httpd could not be stopped"
            ERROR=4
        fi
        ;;
    restart)
        if [ $RUNNING -eq 0 ]; then
            echo "$0 $ARG: httpd not running, trying to start"
            if $HTTPD ; then
                echo "$0 $ARG: httpd started"
            else
                echo "$0 $ARG: httpd could not be started"
                ERROR=5
            fi
        else
            if $HTTPD -t >/dev/null 2>&1; then
                if kill -HUP $PID ; then
                    echo "$0 $ARG: httpd restarted"
                else
                    echo "$0 $ARG: httpd could not be restarted"
                    ERROR=6
                fi
            else
                echo "$0 $ARG: configuration broken, ignoring restart"
                echo "$0 $ARG: (run 'apachectl configtest' for details)"
                ERROR=6
            fi
        fi
        ;;
    graceful)
        if [ $RUNNING -eq 0 ]; then
            echo "$0 $ARG: httpd not running, trying to start"
            if $HTTPD ; then
                echo "$0 $ARG: httpd started"
            else
                echo "$0 $ARG: httpd could not be started"
```

LISTADO 4.1 VALORES PREDETERMINADOS APACHECTL *(continuación)*

```
                ERROR=5
            fi
        else
            if $HTTPD -t >/dev/null 2>&1; then
                if kill -USR1 $PID ; then
            echo "$0 $ARG: httpd gracefully restarted"
        else
            echo "$0 $ARG: httpd could not be restarted"
            ERROR=7
        fi
        else
        echo "$0 $ARG: configuration broken, ignoring restart"
        echo "$0 $ARG: (run 'apachectl configtest' for details)"
        ERROR=7
        fi
    fi
    ;;
    status)
    $LYNX $STATUSURL  |  awk ' /process$/ { print; exit } { print } '
    ;;
    fullstatus)
    $LYNX $STATUSURL
    ;;
    configtest)
    if $HTTPD -t; then
        :
    else
        ERROR=8
    fi
    ;;
    *)
    echo "usage: $0
    ➥(start | stop | restart | fullstatus | status | graceful | configtest |
    ➥help)"
    cat <<EOF

start      - start httpd
stop       - stop httpd
restart    - restart httpd if running by sending a SIGHUP or start if
             not running
fullstatus - dump a full status screen; requires lynx and mod_status
             ➥enabled
status     - dump a short status screen; requires lynx and mod_status
             ➥enabled
graceful   - do a graceful restart by sending a SIGUSR1 or start if not
             ➥running
configtest - do a configuration syntax test
help       - this screen

EOF
    ERROR=2
    ;;

    esac
```

LISTADO 4.1 VALORES PREDETERMINADOS APACHECTL *(continuación)*

```
done

exit $ERROR

# ====================================================================
# Patentado en 1995-1999 por el Grupo Apache. Derechos reservados.
#
# La redistribución y el uso en formas de código fuente o binario, con o sin
# modificación, se permiten siempre que se cumplan estas condiciones:
#
# 1. Las redistribuciones del código fuente deben retener el aviso de
#    derechos de arriba, esta lista de condiciones y la siguiente
#    rectificación.
#
# 2. Las redistribuciones en forma binara deben retener el aviso de derechos
#    de arriba, esta lista de condiciones y la siguiente rectificación en
#    la documentación y-o en los demás materiales que se proporcionan con
#    la distribución.
#
# 3. Todos los materiales que mencionan opciones o el uso de este
#    software deben mostrar el siguiente aviso:
#    "Este producto incluye software desarrollado por el Grupo Apache
#    para ser usado en el proyecto del servidor HTTP Apache
#    (http://www.apache.org/)."
#
# 4. Los nombres "Apache Server" (Servidor Apache) y "Apache Group"
#    (Grupo Apache) no se deben usar para promocionar productos derivados
#    de este software sin permiso previo por escrito. Para ello, póngase
#    en contacto con apache@apache.org.
#
# 5. Los productos derivados de este software no se pueden llamar "Apache",
#    ni el nombre "Apache" puede aparecer en sus nombres sin permiso previo
#    por escrito del Grupo Apache.
#
# 6. Toda redistribución deberá llevar la siguiente reseña:
#    "Este producto incluye software desarrollado por el Grupo Apache
#    para su uso en el proyecto del servidor HTTP Apache
#    ↪(http://www.apache.org/)."
#
# ESTE SOFTWARE LO PROPORCIONA EL GRUPO APACHE "COMO ES" Y NO SE
# RECTIFICAN GARANTÍAS EXPLÍCITAS O IMPLÍCITAS, INCLUYENDO, SIN SER
# LIMITATIVAS, LAS GARANTÍAS IMPLÍCITAS DE USO COMERCIAL DE UNA
# FINALIDAD DETERMINADA. BAJO NINGÚN CONCEPTO, EL GRUPO APACHE O SUS
# COLABORADORES SERÁN RESPONDABLES DE LOS DAÑOS DIRECTOS,
# INDIRECTOS, ESPECIALES O CONSIGUIENTES (INCLUYENDO, SIN SER
# LIMITATIVOS, LA OBTENCIÓN DE BIENES O SERVICIOS SUSTITUTIVOS; LA
# PÉRDIDA DEL USO, DE LOS DATOS, DE LOS BENEFICIOS O LA INTERRUPCIÓN DEL
# NEGOCIO) CAUSADOS EN APLICACIÓN  DE CUALQUIER TEORÍA DE LA
# RESPONSABILIDAD, YA SEA POR CONTRATO, POR RESPONSABILIDAD ESTRICTA
# O POR AGRAVIO (INCLUYENDO LA NEGLIGENCIA U OTROS) QUE PUEDAN
# PROCEDER DEL USO DE ESTE SOFTWARE, AUNQUE SE HUBIERA AVISADO DE LA
# POSIBILIDAD DE ESOS DAÑOS.
# ====================================================================
#
```

LISTADO 4.1 VALORES PREDETERMINADOS APACHECTL *(continuación)*

```
# Este software consta de contribuciones voluntarias hechas por muchas
# personas en nombre del Grupo Apache, y al principio estaba basado en
# software de dominio público escrito en el Centro Nacional
# de Aplicaciones de Supercomputación, Universidad de Illinois, Urbana-
  ↪Champaign.
# Para más información sobre el Grupo Apache y el proyecto del servidor
  ↪HTTP Apache,
# remítase a <http://www.apache.org/>.
#
```

Resumen

Dependiendo de qué sistema operativo esté ejecutando, puede iniciar, detener y reiniciar el servidor Apache de varias maneras. Los servicios Windows NT proporcionan una forma de que Apache se ejecute en segundo plano como un demonio Unix. El *script* **apachectl** proporciona un frontal adecuado para muchas de las opciones de Apache sobre sistemas Unix.

Configurar Apache

PARTE
II

EN ESTA PARTE

- Archivos de configuración del servidor   61
- Configurar Apache con Comanche   125
- Tipos MIME   139
- Archivos .htaccess   159
- *Hosts* virtuales   169
- Uso de Apache como servidor proxy y caché   179

CAPÍTULO 5

Archivos de configuración del servidor

Un archivo frente a tres   62

Directivas de configuración nucleares
    y básicas   62

El comportamiento del servidor Apache se define en el archivo de configuración del servidor httpd.conf. Este capítulo aborda todas las directivas que pueden ir en ese archivo de configuración y cómo actúan en el servidor.

Un archivo frente a tres

Tradicionalmente (desde los días de la NCSA), la configuración de Apache ha estado dividida en tres archivos de configuración: httpd.conf, access.conf y srm.conf. Con el tiempo, la distinción de lo que entraba en un archivo o en otro se fue haciendo más borrosa y, así, en la versión 1.3.4 de Apache, los tres archivos están combinados en un solo archivo de configuración. Si lo desea, puede seguir utilizando los tres archivos, pero no tiene mucho sentido, a menos que esté actualizando desde una instalación existente y desea mantener sus archivos de configuración.

> **NOTA**
>
> El uso de los archivos de configuración antiguos no es bueno, ya que se puede perder en la adición de una función entre versiones o utilizar una sintaxis para una directiva que ha cambiado en la nueva versión.

Con la antigua forma de proceder, httpd.conf era el archivo de configuración del servidor principal, access.conf era el archivo que definía los permisos de acceso y srm.conf definía los recursos del servidor, como las asignaciones de directorios y los iconos. La documentación de los antiguos servidores hace referencia a estos archivos, por lo que es útil saber para qué servían.

Pero, aunque tenga una versión antigua de Apache y, por alguna causa, no quiere actualizar, puede seguir usando la configuración de un solo archivo concatenando los tres archivos en httpd.conf y manteniendo srm.conf y access.conf como archivos vacíos en el directorio conf.

> **SUGERENCIA**
>
> Véase http://www.apache.org/info/three-config-files.html para recabar más información sobre este tema.

Directivas de configuración nucleares y básicas

La documentación de Apache 1.3 enumera 193 directivas de Apache. La mayoría de ellas no se utilizan en los archivos de configuración predeterminados, por lo que, si sólo utiliza las predeterminadas, se perderá muchas de las opciones disponibles.

Archivos de configuración del servidor
CAPÍTULO 5

> **NOTA**
>
> Los nombres de las directivas no son sensibles a las mayúsculas y minúsculas. Aunque lo normal es que las letras iniciales vayan en mayúscula, como BrowserMatchNoCase, en realidad no tiene mucha importancia.

Las secciones siguientes describen las directivas de configuración disponibles clasificadas como nucleares o básicas. En otras palabras, estas directivas están disponibles si posee una instalación Apache estándar y no ha incluido ningún módulo estándar. Con esto la lista disminuye a cerca de 140.

> **NOTA**
>
> Esta notación es la misma que la que se utiliza en la documentación de Apache, en aras a la coherencia.

En cada directiva se define lo siguiente:

- **Sintaxis**: El formato de la directiva tal y como debe aparecer en el archivo de configuración.
- **Valor predeterminado**: El valor predeterminado del parámetro, si es que existe.
- **Contexto**: En qué archivo de configuración puede aparecer la directiva. Aquí pueden aparecer cuatro ubicaciones posibles, o una combinación de estas ubicaciones, si está permitido en más de una ubicación.

> **ATENCIÓN**
>
> Si pone una directiva donde no está permitido, el servidor no funcionará correctamente y hasta puede no funcionar.

Las cuatro ubicaciones posibles son las siguientes:

Server config	La directiva puede aparecer en los archivos de configuración del servidor, pero no en las secciones <VirtualHost> o <Directory>.
Virtual host	La directiva puede aparecer en secciones <VirtualHost>.
Directory	La directiva puede aparecer en secciones <Directory>.
.htaccess	La directiva puede aparecer en archivos .htaccess. Dependiendo de los parámetros que se omitan en el directorio en cuestión, la directiva puede mencionarse o no.

- **Valor de omisión**: Indica qué valor de omisión debe estar activado para que la directiva se mencione en un archivo .htaccess. Esto sólo tiene importancia en

directivas permitidas en archivos .htaccess. Véase la directiva AllowOverride para recabar más detalles.
- **Estatus:** Indica si esta directiva forma parte del código nuclear de Apache o es parte de un módulo de complemento. Los valores posibles son:

    Nuclear   Indica que la directiva forma parte del código nuclear de Apache, por lo que siempre está disponible.

    Básica   Indica que la directiva forma parte de uno de los módulos que se suelen compilar por defecto en el servidor, por lo que suele estar disponible, a menos que se haya eliminado intencionadamente.

    Extension   Indica que la directiva forma parte de uno de los módulos disponibles con Apache, pero no está compilada por defecto, por lo que no estará disponible hasta que se añada el módulo intencionadamente.

    Experimental   Indica que la directiva está disponible con Apache, pero en realidad no se recomienda que se use en un servidor de producción, ya que no se soporta.

    Este capítulo sólo se centra en aquellas directivas que se clasifican como nucleares y como básicas. Para las demás directivas, véanse los capítulos que están relacionados con los módulos donde se definen esas directivas. Para ver una lista completa de todas las directivas disponibles, véase el archivo mod/directives.html de la documentación HTML que se incorpora en la instalación Apache.

- **Módulo**: Indica qué módulo define la directiva.
- **Compatibilidad**: Indica qué versiones de Apache van a soportar esta directiva.

> **ATENCIÓN**
>
> ¡Mantenga copias de sus archivos de configuración antes de experimentar!

AccessConfig

Sintaxis: AccessConfig *filename*

Valor predeterminado: AccessConfig conf/access.conf

Contexto: Server config, virtual host

Estatus: Nuclear

Esta directiva indica la ubicación del archivo de configuración de acceso. Se presupone que el nombre del archivo es relativo a ServerRoot (véase ServerRoot), a menos que se especifique una ruta absoluta. El archivo AccessConfig se lee y se analiza sintácticamente tras el archivo ResourceConfig (véase ResourceConfig).

Archivos de configuración del servidor

CAPÍTULO 5

Si desea desactivar esta opción, escriba lo siguiente:

`AccessConfig /dev/null`

o, en Apache sobre Windows NT

`AccessConfig nul`

La configuración predeterminada consiste en dejar que el archivo exista, pero que no contenga nada más que un comentario que explica que está ahí como marcador.

Anteriormente, access.conf contenía secciones <Directory> que establecían configuraciones de servidor por directorio, pero en realidad, puede contener toda directiva que sea válida en cualquier archivo de configuración de servidor.

AccessFileName

Sintaxis: **AccessFileName** *filename filename ...*

Valor predeterminado: **AccessFileName .htaccess**

Contexto: Server config, virtual host

Estatus: Nuclear

Compatibilidad: La enumeración de múltiples nombres de archivo sólo funciona en Apache 1.3 y superior.

Cuando sirve un documento, el servidor busca el archivo en el directorio que contenga el documento que se está sirviendo y en todos los directorios de la ruta que lleva hasta el archivo, siempre que se permitan archivos de control de acceso en ese directorio. Por ello, es mucho mejor tener estos parámetros en los archivos de configuración del servidor principal, en vez de en estos archivos de control de acceso.

Por ejemplo, si tiene la directiva

`AccessFileName .control`

y está sirviendo el archivo **/docs/modules/core/index.html**, el servidor buscará directivas en los archivos **/.control**, **/docs/.control**, **/docs/modules/.control** y **/docs/modules/core/.control** antes de servir el archivo. En los subdirectorios, las directivas las anulan otras directivas.

Para desautorizar el uso de los archivos de archivos de control de acceso, emplee

```
<Directory />
AllowOverride None
</Directory>
```

O bien puede desautorizar el uso en una pequeña parte del sitio con

```
<Directory /docs>
AllowOverride None
</Directory>
```

Es posible que quiera establecer esta directiva a un valor distinto al predeterminado si está usando Apache sobre Windows NT; ciertas aplicaciones Windows NT tienen dificultades con el nombre de archivo **.htaccess**. Una buena opción es **htaccess** (sin el . inicial). Dependiendo de qué aplicación esté usando para editar los archivos de configuración, esto puede ser o importante o no serlo.

> **Sugerencia**
>
> Para facilitar la edición de archivos .htaccess en Windows NT, es posible definir .htaccess como tipo de archivo y hacer que una cierta aplicación (como Bloc de notas) lo abra siempre. No es posible llamar al archivo .htaccess en el Explorador de Windows, por tanto, abra una ventana de DOS y cambie el nombre del archivo a mano (ren htaccess .htaccess). Luego, abra el Explorador de Windows, navegue hasta el directorio y haga clic con el botón derecho del ratón (a la vez que mantiene presionada la tecla Mayús) en el archivo. Elija Abrir con en el menú desplegable; verá una lista de los programas que puede utilizar para abrir el archivo. Seleccione el programa que desee y marque la casilla de verificación Utilizar siempre este programa para abrir este tipo de archivo. De ahora en adelante, puede hacer doble clic en .htaccess para abrirlo con esa aplicación.

Action

Sintaxis: Action *action-type cgi-script*

Contexto: Server config, virtual host, directory, .htaccess

Valor de omisión: FileInfo

Estatus: Básica

Module: mod_actions

Compatibilidad: Apache 1.1 y superior

La directiva **Action** permite especificar un programa CGI para invocarlo siempre que se solicite un archivo de un tipo determinado. Esto se podría usar para procesar archivos y que se mostrasen de una determinada forma. Por ejemplo, si tuviera notas de prensa que tuvieran que aparecer en una determinada plantilla, podría almacenar el texto de la nota de prensa en un archivo .release y luego llamar a un programa de formateo CGI siempre que se solicitara uno de estos archivos. Para hacerlo, podría colocar las siguientes directivas en el archivo .htaccess:

```
AddType text/press-release .release
Action text/press-release /cgi-bin/press_releases/formatter.pl
```

Cada vez que se solicita un archivo .release, se llama al programa CGI especificado. El archivo particular solicitado puede estar determinado por la variable PATH_INFO o PATH_TRANSLATED.

AddAlt

Sintaxis: AddAlt string *file file...*

Contexto: Server config, virtual host, directory, .htaccess

Valor de omisión: Indexes

Estatus: Básica

Module: mod_autoindex

Cuando **FancyIndexing** está activado, esta directiva especifica el texto alternativo que va a aparecer en lugar de un icono de un índice de nombres de archivo generado automáticamente. Aquí, el parámetro **file** es una extensión de archivo, un nombre de archivo parcial, una expresión de comodín, o un nombre de archivo para el que va a aparecer este texto. Este texto aparece para clientes que no pueden mostrar imágenes o que tengan desactivada la carga de imágenes.

```
AddAlt "Perl program" .pl
```

Véase la discusión sobre el módulo **mod_autoindex** en el Capítulo 20, "Utilizar módulos estándar Apache", para recabar más información sobre la indexación automática.

AddAltByEncoding

Sintaxis: AddAltByEncoding *string MIME-encoding MIME-encoding...*

Contexto: Server config, virtual host, directory, .htaccess

Valor de omisión: Indexes

Estatus: Básica

Module: mod_autoindex

Muy parecido a **AddAlt**, **AddAltByEncoding** especifica el texto que va a aparecer en lugar de un icono de listados de archivos generados automáticamente cuando **FancyIndexing** está activado. El parámetro **MIME-_encoding** es cualquier codificación válida de contenido MIME, como x-texinfo o _x-realaudio. Este texto aparece en clientes que no pueden mostrar imágenes o que tengan desactivada la carga de imágenes.

```
AddAltByEncoding "Macintosh compressed file" x-stuffit
```

AddAltByType

Sintaxis: AddAltByType *string MIME-type MIME-type ...*

Contexto: Server config, virtual host, directory, .htaccess

Valor de omisión: Indexes

Estatus: Básica

Module: mod_autoindex

AddAltByType establece el texto alternativo que va a aparecer en lugar de un icono de un índice de archivo generado automáticamente. **MIME-type** es cualquier tipo de contenido válido, como **image/png** o **text/html**. Este texto aparece en clientes que no pueden mostrar imágenes o que tengan desactivada la carga de imágenes.

```
AddAltByType "Chess portable game notation file" application/x-chess-pgn
```

AddDescription

Sintaxis: AddDescription *string file file...*

Contexto: Server config, virtual host, directory, .htaccess

Valor de omisión: Indexes

Estatus: Básica

Module: mod_autoindex

AddDescription ofrece una descripción de archivos individuales en índices que genera **FancyIndexing**. El parámetro **file** puede ser una extensión de archivo, un comodín, un nombre de archivo parcial o un nombre de archivo total:

```
AddDescription "My ugly mug" /images/photos/rich.jpg
```

El parámetro de descripción no puede tener más de 23 caracteres, ya que **FancyIndexing** genera columnas de ancho fijo para mostrar la información del índice. Este número puede incrementarse en 7 caracteres más si **IndexOptions SuppressSize** está activado, y en otros 19 caracteres si **IndexOptions SuppressLastModified** está activado, sumando un total de 49 caracteres.

AddEncoding

Sintaxis: AddEncoding *MIME-enc extension extension...*

Contexto: Server config, virtual host, directory, .htaccess

Valor de omisión: FileInfo

Estatus: Básica

Module: mod_mime

Esta directiva asigna las extensiones del archivo especificado a la codificación MIME especificada. Es decir, los archivos que tengan estas extensiones estarán marcados como que están codificados con esta codificación.

El ejemplo siguiente marca los archivos con la extensión **gz** como si tuvieran la codificación **x-gzip**:

```
AddEncoding x-gzip gz
```

AddHandler

Sintaxis: AddHandler *handler-name extension extension...*

Contexto: Server config, virtual host, directory, .htaccess

Valor de omisión: FileInfo

Estatus: Básica

Module: mod_mime

Compatibilidad: Apache 1.1 y superior

Esta directiva añade un marcador a los archivos que tengan una extensión determinada.

El ejemplo siguiente añade el manipulador **cgi-script** a todos los archivos que tengan la extensión **.pl**, lo que significa que todos los archivos que tengan esa extensión serán tratados como programas CGI, independientemente del directorio en el que estén.

```
AddHandler cgi-script pl
```

Otros manipuladores son **server-status**, que sirve para generar informes del estado del servidor, **imap-file**, para mapas de imágenes del lado del servidor, y **server-parsed**, para documentos que contienen directivas SSI. Véase el Capítulo 14, "Manipuladores", para ampliar la información.

AddIcon

Sintaxis: **AddIcon** *icon name name ...*

Contexto: Server config, virtual host, directory, **.htaccess**

Valor de omisión: **Indexes**

Estatus: Básica

Module: **mod_autoindex**

AddIcon establece que un determinado icono aparezca en los índices de los directorios generados automáticamente, cuando la directiva **FancyIndexing** sea efectiva. **icon** debe ser o bien un URL relativo del icono o el formato **(alttext,url)**, donde **alttext** es el texto alternativo que va a aparecer en los clientes que no muestran gráficos.

name es o bien una extensión de archivo, una expresión de comodín, un nombre de archivo parcial, o bien un nombre de archivo completo. También puede ser **^^DIRECTORY^^** en los directorios, o **^^BLANKICON^^** en las líneas en blanco.

Los ejemplos siguientes proceden del **httpd.conf** predeterminado:

```
AddIcon /icons/bomb.gif core
AddIcon /icons/folder.gif ^^DIRECTORY^^
AddIcon /icons/compressed.gif .Z .z .tgz .gz .zip
```

AddIconByEncoding

Sintaxis: **AddIconByEncoding** *icon MIME-encoding MIME-encoding*

Contexto: Server config, virtual host, directory, **.htaccess**

Valor de omisión: **Indexes**

Estatus: Básica

Module: **mod_autoindex**

Esta directiva establece el icono que se va a mostrar en los listados de directorios generados automáticamente, cuando **FancyIndexing** esté efectivo. A diferencia de **AddIcon**, que establece los iconos en base al nombre de archivo, **AddIconByEncoding** añade los iconos en base a la codificación MIME de los archivos. Hay que usar esta directiva en vez de **AddIcon** siempre que sea posible.

```
AddIconByEncoding /icons/compress.xbm x-compress
```

AddIconByType

Sintaxis: **AddIconByType** *icon MIME-type [MIME-type ...]*

Contexto: Server config, virtual host, directory, **.htaccess**

Valor de omisión: **Indexes**

Estatus: Básica

Module: **mod_autoindex**

Establece el icono que va a aparecer en los archivos de un determinado tipo MIME cuando **FancyIndexing** es efectivo. Al igual que ocurre con **AddIcon, icon** es o bien un URL relativo del icono que va a aparecer o bien el formato **(alttext,url)**, donde **alttext** es el texto alternativo que va a aparecer en los navegadores que no pueden mostrar gráficos.

```
AddIconByType (SND,/icons/sound2.gif) audio/*
```

AddLanguage

Sintaxis: **AddLanguage** *MIME-lang extension extension...*

Contexto: Server config, virtual host, directory, **.htaccess**

Valor de omisión: **FileInfo**

Estatus: Básica

Module: **mod_mime**

AddLanguage asigna las extensiones del archivo determinado a un idioma en particular. Esta directiva se suele usar para la negociación de contenidos, donde el servidor devuelve el documento que más coincide con las preferencias que establece el cliente (en este caso, el idioma preferido del cliente).

```
AddLanguage en .en
AddLanguage fr .fr
```

Este idioma se establece junto con los conjuntos de codificaciones del archivo, de forma que los archivos que tengan múltiples extensiones de archivo acaben haciendo lo correcto. Por ejemplo, con las directivas siguientes, el servidor verá el archivo **myfile.gz.es** como un archivo **gzip** en español, al igual que el archivo **myfile.es.gz**:

```
AddEncoding AddEncoding x-gzip gz
AddLanguage es .es
```

Para recabar más información sobre la negociación de contenidos, véase la discusión sobre **mod_negotiation** en el Capítulo 20.

> **SUGERENCIA**
>
> En sitios multilingües, se podrían colocar varias versiones del mismo archivo en un directorio, distinguiéndolas con estas extensiones de archivo. La negociación de contenido hace que se sirva el archivo correcto al cliente, en base al conjunto de preferencias idiomáticas establecido en el cliente.

AddModule

Sintaxis: AddModule *module module ...*

Contexto: Server config

Estatus: Nuclear

Compatibilidad: Apache 1.2 y superior

AddModule activa un module. Algunos módulos están compilados en el servidor, pero no están necesariamente cargados.

AddType

Sintaxis: AddType *MIME-type extension extension...*

Contexto: Server config, virtual host, directory, .htaccess

Valor de omisión: FileInfo

Estatus: Básica

Module: mod_mime

Esta directiva configura archivos con extensiones determinadas al MIME-type especificado. Con esto se omiten los parámetros que ya sean efectivos. En vez de editar el archivo mime.types, utilice la directiva AddType.

```
AddType file/download .dnl
```

Alias

Sintaxis: Alias *url-path directory-filename*

Contexto: Server config, virtual host

Estatus: Básica

Module: mod_alias

La directiva Alias permite colocar contenido web en un directorio fuera del directorio DocumentRoot ordinario. Los URL que comiencen con este url-path especificado serán servidos desde el directory especificado.

```
Alias /perldocs /usr/docs/perl/html
```

> **NOTA**
> En directorios CGI deberá usar ScriptAlias.

AliasMatch

Sintaxis: AliasMatch *regex directory-filename*

Contexto: Server config, virtual host

Estatus: Básica

Module: **mod_alias**

Compatibilidad: Apache 1.3 y superior

Esta directiva equivale a **Alias**, con la excepción de que, en vez de una ruta URL específica, es posible redirigir lo que coincida con una determinada expresión habitual. Esto permite hacer alias con varias formas posibles de escribir correctamente (o incorrectamente) un URL. El ejemplo siguiente proporciona un alias de **/pix**, **/pics**, **/pictures**, y varias combinaciones que podríamos no haber previsto, siempre que empiecen por **pix** o **pic**:

```
AliasMatch ^/pi(c | x)(.*) /home/ftp/pub/images
```

allow

Sintaxis: allow *from host host ...*

Contexto: Directory, .htaccess

Valor de omisión: **Limit**

Estatus: Básica

Module: **mod_access**

Esta directiva limita qué *hosts* pueden requerirse de un determinado directorio. **host** puede ser uno de los siguientes:

- **All**. Se permiten todos los *hosts*:
  ```
  allow from all
  ```
- Un nombre de dominio. Se permiten todos los *hosts* que coincidan o finalicen en la cadena determinada. Esto compara el nombre completo, de forma que **bowen.com** no coincide con **rcbowen.com**.
  ```
  allow from .mk.net
  ```
- Una dirección IP. Se permite un *host* que contenga esa dirección IP exacta:
  ```
  allow from 192.101.203.72
  ```
- Una dirección IP parcial. Se pueden usar los primeros 1 a 3 bytes de una dirección IP. Todos los *hosts* de esa subred tienen acceso.
  ```
  allow from 192.101.203
  ```
- Una red y una máscara de red. Se permiten los *hosts* de las subredes incluidas.
  ```
  allow from 192.101.0.0/255.255.0.0
  ```
- También se permite una red y una máscara de red en términos de número de bits de alto nivel:
  ```
  allow from 192.101.0.0/16
  ```

Véase también **deny**.

> **NOTA**
>
> allow, deny y require son las únicas directivas Apache que comienzan con letras minúsculas. Esto es un resquicio de la época de la NCSA y no tiene mucha importancia. Las directivas no son sensibles a las mayúsculas y minúsculas.

> **NOTA**
>
> Existen dos formas de la directiva allow (allow y allow from env=), que permiten dos funciones distintas (aunque parecidas).

allow from env=

Sintaxis: allow from env=*variablename*

Contexto: Directory, .htaccess

Valor de omisión: Limit

Estatus: Básica

Module: mod_access

Compatibilidad: Apache 1.2 y superior

Parecida a allow, esta directiva permite *hosts* que tengan establecida una cierta variable de entorno. Esto se suele usar con BrowserMatch o SetEnvIf para permitir el acceso a los directorios en base a ciertos requerimientos que no son obvios. El ejemplo siguiente deniega el acceso a un directorio de todos los clientes, a excepción de los que tengan una cadena UserAgent que contenga MSIE:

```
BrowserMatch MSIE ie
    <Directory /docroot>
        order deny,allow
        deny from all
        allow from env=ie
    </Directory>
```

Véase también deny, BrowserMatch, order y <Directory>.

AllowOverride

Sintaxis: AllowOverride *override override ...*

Valor predeterminado: AllowOverride All

Contexto: Directory

Estatus: Nuclear

AllowOverride especifica qué partes de la configuración pueden ser omitidas en los archivos .htaccess. Esto se puede establecer a All, en cuyo caso se mencionan todos los parámetros de los archivos .htaccess; None, en cuyo caso no se lee el archivo o cualquier combinación de lo siguiente.

- AuthConfig permite el uso de directivas de autorización, es decir, las directivas que especifiquen quién puede tener acceso a un directorio.
- FileInfo permite el uso de directivas que establezcan tipos de documentos.
- Indexes permite el uso de directivas que controlen los índices de directorio generados automáticamente.

- **Limit** permite el uso de directivas que controlen el acceso del *host* (**allow**, **deny** y **order**).
- **Options** permite el uso de directivas que controlen opciones específicas de directorio (**Options** y **XBitHack**).

Si trata de establecer todos los parámetros de la configuración de todo el servidor en los archivos de configuración, establezca **AllowOverride none**. Sin embargo, si alguien le proporciona contenido de sitio web, es muy útil que pueda cambiar los parámetros de los directorios a los archivos de configuración. También permite hacer cambios de configuración por directorio sin reiniciar el servidor.

AuthAuthoritative

Sintaxis: **AuthAuthoritative on | off**

Contexto: Directory, .htaccess

Valor predeterminado: **AuthAuthoritative on**

Valor de omisión: **AuthConfig**

Estatus: Básica

Module: **mod_auth**

Esta directiva especifica si las reglas de autenticación estándar son obligatorias, o si el control debe ser pasado a uno de los módulos de autenticación de un nivel inferior, como **mod_auth_db**, **mod_auth_msql**, **mod_auth_anon** o **mod_auth_dbm**.

No configure **AuthAuthoritative** a **off**, a menos que esté seguro de que sepa lo que está haciendo, ya que esto evita los métodos normales de proteger el contenido de sitios web. Véase el Capítulo 16, "Autenticación".

AuthDigestFile

Sintaxis: **AuthDigestFile** *filename*

Contexto: Directory, .htaccess

Valor de omisión: **AuthConfig**

Estatus: Básica

Module: **mod_digest**

AuthDigestFile establece la ubicación del archivo que contiene los ID de usuario y las contraseñas encriptadas para su autenticación por medio de la autenticación MD5 Digest (véase el Capítulo 16). Coloque este archivo fuera de la raíz del documento, de forma que nadie pueda descargar el archivo para manipularlo a placer.

```
AuthDigestFile /home/httpd/passwd/.htdigest
```

AuthGroupFile

Sintaxis: **AuthGroupFile** *filename*

Contexto: Directory, .htaccess

Valor de omisión: **AuthConfig**

Estatus: Básica

Module: **mod_auth**

Esta directiva establece la ubicación del archivo que contiene las definiciones de grupo para la autenticación de usuarios. En ese archivo, los grupos vienen especificados por el nombre del grupo, seguidos por dos puntos y la lista de usuarios, separados por espacios:

authgroup: rich tim eddie carol

Cada nombre de usuario debe corresponderse con un usuario del archivo de contraseña especificado por **AuthUserFile** o **AuthDigestFile**.

AuthGroupFile /home/httpd/passwd/.htgroup

> **NOTA**
>
> En grupos muy grandes, considere el uso de AuthDBMGroupFile. Véase el Capítulo 16.

AuthType

Sintaxis: **AuthType** *type*

Contexto: Directory, .htaccess

Valor de omisión: **AuthConfig**

Estatus: Nuclear

AuthType especifica el **type** de autenticación que se va a usar: **Basic** o **Digest**. Dado la mayoría de los navegadores no soportan **Digest**, se recomienda el uso de **Basic** en los sitios públicos de Internet.

AuthUserFile

Sintaxis: **AuthUserFile** *filename*

Contexto: Directory, .htaccess

Valor de omisión: **AuthConfig**

Estatus: Básica

Module: **mod_auth**

Esta directiva establece la ubicación del archivo que contiene los ID de usuario y las contraseñas encriptadas de los usuarios a los que se les permite acceso a este directorio. En conjuntos muy grandes de usuarios, utilice **AuthDBMUserFile**. Véase el Capítulo 16.

> **Nota**
>
> Asegúrese de que el archivo de usuario está colocado fuera de DocumentRoot; si no, alguien podría descargar el archivo para manipularlo a su antojo.

BindAddress

Sintaxis: **BindAddress** *address*

Valor predeterminado: **BindAddress** *

Contexto: Server config

Estatus: Nuclear

BindAddress especifica en qué dirección IP el servidor debe esperar a que haya conexiones. Por defecto, si la máquina tiene múltiples direcciones IP, el servidor comprobará (escuchará) en todas ellas si hay solicitudes HTTP. *address* puede ser * (para escuchar en todas las direcciones), una dirección IP o un nombre de dominio totalmente cualificado:

```
BindAddress www.mk.net
```

See also **Listen**.

BrowserMatch

Sintaxis: **BrowserMatch** *regex envar[=value]* [...]

Contexto: Server config

Estatus: Básica

Module: **mod_setenvif** (in Apache 1.2: **mod_browser**, now obsolete)

Compatibilidad: Apache 1.2 y superior

BrowserMatch define una o más variables de entorno variables de entorno en base al texto que se encuentra en el encabezado HTTP **User-Agent**. Esto es útil en directivas como **allow if env=** y **deny if env=**, y también se puede utilizar en programas CGI.

Se puede conseguir el mismo efecto con la directiva **SetEnvIf**.

```
BrowserMatch MSIE InternetExplorer=yes
```

> **Nota**
>
> La expresión habitual que coincide con BrowserMatch es sensible a las mayúsculas y minúsculas. Para las coincidencias no sensibles a las mayúsculas y minúsculas, véase BrowserMatchNoCase.

BrowserMatchNoCase

Sintaxis: **BrowserMatchNoCase** *regex envar[=value]* [...]

Contexto: Server config

Estatus: Básica

Module: **mod_setenvif** (in Apache 1.2: **mod_browser,** ahora obsoleto)

Compatibilidad: Apache 1.2 y superior

Es la misma directiva que **BrowserMatch**, con la excepción de que la expresión habitual se coteja con las coincidencias no sensibles a las mayúsculas y minúsculas.

```
BrowserMatchNoCase compatible Mozilla=spoof
```

Las directivas Cache...

En lo que respecta a **CacheDefaultExpire, CacheDirLength, CacheDirLevels, CacheForceCompletion, CacheGcInterval, CacheLastModifiedFactor, CacheMaxExpire, CacheRoot, CacheSize** y **NoCache**, véase el Capítulo 10, "Uso de Apache como un servidor proxy y cache".

CheckSpelling

Sintaxis: **CheckSpelling on | off**

Valor predeterminado: **CheckSpelling off**

Contexto: Server config, virtual host, directory, .htaccess

Valor de omisión: **Options**

Estatus: Básica

Module: **mod_speling**

Compatibilidad: **CheckSpelling** estaba disponible como módulo separado en Apache 1.1, pero estaba sometido a los errores de mayúsculas-minúsculas. En lo que respecta a Apache 1.3, éste forma parte de la distribución Apache. Antes de Apache 1.3.2, esta directiva sólo estaba disponible en contextos del servidor y de *hosts* virtual.

Cuando está establecido a **on**, **CheckSpelling** trata de corregir los errores de escritura y vuelve a dirigirse al URL correcto. Por ejemplo, escribir mal un URL como http://www.mk.net/palns.html se redirigiría al URL correcto http://www.mk.net/plans.html. **CheckSpelling** también corrige los errores de mayúsculas-minúsculas.

Esta corrección se lleva a cabo buscando en el directorio en curso archivos que tengan una ortografía similar y eligiendo el que más coincida con el URL solicitado. Teniendo esto en cuenta, no active esta directiva en los directorios que contengan archivos confidenciales que pudieran servirse y hacerlos coincidir por error al usuario.

En caso de que dos o más archivos posiblemente coincidan, el usuario tendrá un menú de opciones. La Figura 5.1 muestra un ejemplo de este menú, cuando un usuario ha escrito mal un URL.

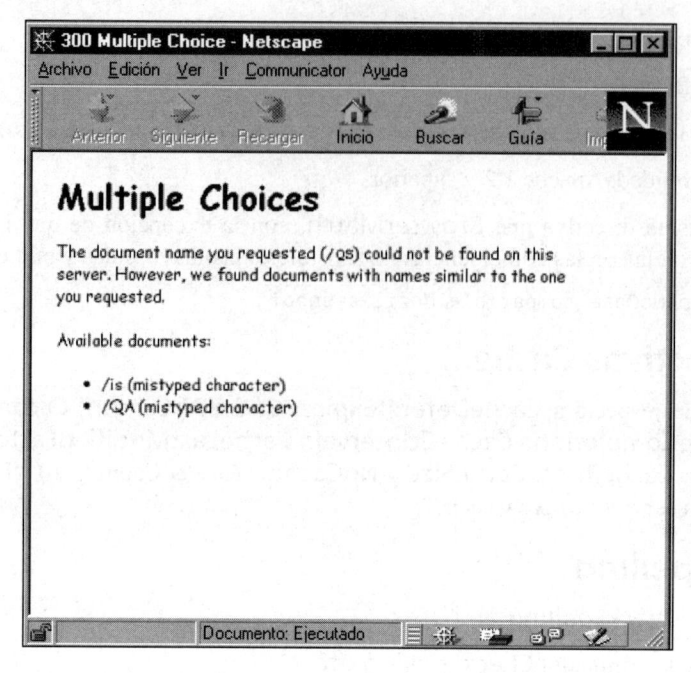

FIGURA 5.1.   Menú de opciones que proporciona la directiva CheckSpelling.

ClearModuleList

Sintaxis: **ClearModuleList**

Contexto: Server config

Estatus: Nuclear

Compatibilidad: Apache 1.2 y superior

Esta directiva borra la lista de los módulos que están cargados en ese momento. Entonces, tendrá que cargar una nueva lista de módulos por medio de la directiva **Add-Module**.

CoreDumpDirectory

Sintaxis: **CoreDumpDirectory** directory

Valor predeterminado: La misma ubicación que **ServerRoot**

Contexto: Server config

Estatus: Nuclear

CoreDumpDirectory establece la ubicación donde el servidor tratará de hacer un volcado nuclear. La ubicación predeterminada es **ServerRoot**, por lo que un volcado nuclear normalmente no se escribirá, ya que en ese directorio el usuario no puede escribir.

```
CoreDumpDirectory /tmp
```

CustomLog

Sintaxis: **CustomLog** *file-pipe format-or-nickname*

Contexto: Server config, virtual host

Estatus: Básica

Compatibilidad: *Nickname* (apodo) sólo disponible en Apache 1.3 o superior

Module: **mod_log_config**

CustomLog define un archivo de registro. Véase el Capítulo 18, "El registro".

DefaultIcon

Sintaxis: **DefaultIcon** *url*

Contexto: Server config, virtual host, directory, .htaccess

Valor de omisión: **Indexes**

Estatus: Básica

Module: **mod_autoindex**

Para usarla con **FancyIndexing**, esta directiva configura el icono que va a aparecer en los índices generados automáticamente de archivos de tipo desconocido. **url** es el URL del archivo de icono.

```
DefaultIcon /icons/default.gif
```

DefaultLanguage

Sintaxis: **DefaultLanguage** *MIME-lang*

Contexto: Server config, virtual host, directory, .htaccess

Valor de omisión: **FileInfo**

Estatus: Básica

Module: **mod_mime**

Esta directiva indica que los documentos que no están explícitamente marcados con una extensión de idioma tienen que considerarse de este tipo de idioma. Esto le podría permitir designar una pequeña parte de su sitio en un determinado idioma sin tener que añadir la extensión de nombre de archivo (como .en o .fr) a cada uno de los archivos. Véase la discusión mantenida sobre la directiva **AddLanguage**, que veíamos anteriormente.

DefaultType

Sintaxis: **DefaultType** *MIME-type*

Valor predeterminado: **DefaultType text/html**

Contexto: Server config, virtual host, directory, .htaccess

Valor de omisión: **FileInfo**

Estatus: Nuclear

DefaultType establece el tipo MIME que se va a usar en los archivos cuyo tipo no puede ser determinado por el nombre de archivo. Por ejemplo, si tiene un directorio lleno de archivos PostScript que no tienen extensiones de nombre de archivo, podríamos actuar así en ese directorio:

```
DefaultType application/postscript
```

deny

Sintaxis: **deny from** *host host* ...

Contexto: Directory, .htaccess

Valor de omisión: **Limit**

Estatus: Básica

Module: **mod_access**

Véase **allow** y **order**. Esta directiva deniega el acceso a un determinado directorio en base a la dirección del *host*, donde **host** puede ser una de estas cosas:

- **all**. A todos los *hosts* se les deniega el acceso.
  ```
  deny from all
  ```
- Un nombre de dominio. A todos los *hosts* que coinciden o que terminan en la cadena determinada se les deniega el acceso. Esto compara el nombre completo, por lo que **bowen.com** no coincide con **rcbowen.com**.
  ```
  deny from .microsoft.com
  ```
- Una dirección IP. Se le deniega el acceso a un *host* que tiene precisamente esa dirección IP:
  ```
  deny from 192.101.203.76
  ```
- Una dirección IP parcial. Si se especifican los primeros 1 a 3 bytes de una dirección IP, a todos los *hosts* de esa subred se les denegará el acceso:
  ```
  deny from 192.101.210
  ```
- Una red y una máscara de red. Se les deniega el acceso a los *hosts* de las subredes incluidas:
  ```
  deny from 192.101.0.0/255.255.0.0
  ```
- También se les deniega el acceso a una red y una máscara de red en términos de número de bits de alto nivel:
  ```
  deny from 192.101.0.0/16
  ```

<Directory>

Sintaxis: **<Directory** *directory***>** ... **</Directory>**

Contexto: Server config, virtual host

Estatus: Nuclear

La sección <Directory> engloba una o más directivas que sólo se aplican al directorio y subdirectorios especificados. Si este capítulo indica que una directiva está permitida en un contexto de directorio, es que también está permitida en uno de estos contenedores de directorios. directory puede ser una de estas cosas:

- Un nombre de directorio. La ruta absoluta al directorio en particular:
```
<Directory /usr/local/httpd/htdocs/images>
DefaultType image/gif
</Directory>
```
- Una cadena de comodines. Con el uso de varios caracteres, puede indicar varios directorios que podrían coincidir con el comodín:

    ? Coincide con cualquier carácter.

    * Coincide con cualquier secuencia de caracteres.

    [] En Apache 1.3 o superior, engloba un rango de caracteres.

> **Nota**
> Ningún carácter comodín coincide con el carácter /.

- El ejemplo siguiente perdona el uso de archivos .htaccess en directorios de usuario:
```
<Directory /home/*/public_html/>
AllowOverride None
</Directory>
```
- Una expresión habitual. Con la versión 1.2 de Apache y superior, puede utilizar el cotejo de expresiones habituales para indicar qué directorios reciben las directivas. Tiene que añadir el carácter ~ a la directiva para indicar que está utilizando esta opción. El ejemplo siguiente coteja todos los directorios que contengan la cadena **"pressrelease"** y aplica un conjunto de directivas a esos directorios:
```
<Directory ~ "pressrelease">
directives
</Directory>
```

<DirectoryMatch>

Sintaxis: <DirectoryMatch *regex*> ... </DirectoryMatch>

Contexto: Server config, virtual host

Estatus: Nuclear

Compatibilidad: Apache 1.3 y superior

<DirectoryMatch> funciona igual que <Directory>, con la excepción de que toma una expresión habitual como argumento, en vez de un directorio.

DirectoryIndex

Sintaxis: DirectoryIndex *url url* ...

Valor predeterminado: DirectoryIndex index.html

Contexto: Server config, virtual host, directory, .htaccess

Valor de omisión: **Indexes**

Estatus: Básica

Module: **mod_dir**

DirectoryIndex establece el documento predeterminado que se va a abrir cuando un URL solicita un directorio. Por ejemplo, si se solicita el URL **http://www.rcbowen.com/imho/**, el servidor consultará la directiva **DirectoryIndex** para ver si encuentra ese directorio y servirá ese archivo hacia afuera del mismo. Si se establece **DirectoryIndex** a **index.html**, esta solicitud equivaldría a **http://www.rcbowen.com/imho/ index.html**.

url debe ser un URL del servidor local, pero no tiene por qué ser un archivo del directorio en curso, es decir, puede tratarse de un URL relativo de alguna otra parte del sitio.

Se pueden proporcionar varios url; el servidor utilizará el primero que pueda localizar. Por ejemplo, con

```
DirectoryIndex index.html index.shtml /errors/no_index.html
```

el servidor primero tratará de servir el archivo **index.html**. Si no se encuentra ese archivo en el directorio, tratará de servir el archivo **index.shtml**. Por último, si no se encuentra ese archivo, servirá el URL **/errors/no_index.html**. Si no se encuentra ninguno de los archivos enumerados en esta directiva, lo que se tiene que servir no se producirá en las directivas de indexación automática. Si no se configura ninguna, el servidor mostrará un mensaje de error, indicando que el acceso a ese directorio está prohibido.

DocumentRoot

Sintaxis: **DocumentRoot** *directory-filename*

Valor predeterminado: **DocumentRoot /usr/local/apache/htdocs**

Contexto: Server config, virtual host

Estatus: Nuclear

Esta directiva establece el directorio desde el que se van a servir los archivos HTML. Otros directorios que contengan archivos HTML pueden ser configurados con la directiva **Alias**.

El ejemplo siguiente es la configuración predeterminada si se instala desde Red Hat RPM:

```
DocumentRoot /home/httpd/html
```

ErrorDocument

Sintaxis: **ErrorDocument** *error-code document*

Contexto: Server config, virtual host, directory, .htaccess

Estatus: Nuclear

Valor de omisión: **FileInfo**

Compatibilidad: El directorio y los contextos **.htaccess** sólo están disponibles en Apache 1.1 y superior.

ErrorDocument proporciona mensajes de error personalizables cuando algo va mal en el servidor. Por defecto, a los usuarios se les presentan mensajes crípticos y poco amistosos que les deja pensando que han hecho algo mal. Con **ErrorDocument** puede explicar lo que ocurrió, lo que se puede hacer y con quién ponerse en contacto para tratar el problema. O puede redirigirse a un programa CGI que registra el problema o que lo notifica a alguien.

error-code es el estado de error 4xx o 5xx que devuelve el servidor. **document** es una de estas cosas:

- Un mensaje de texto. El mensaje de texto se devuelve al usuario:
  ```
  ErrorDocument 404 "That document does not exist, or has been moved.
  ```
- Un URL local o externo. Puede tratarse de páginas HTML o programas CGI que manipulan el error de alguna forma:
  ```
  ErrorDocument 404 http://cgi.databeam.com/cgi-bin/not_found.pl
  ErrorDocument 401 /createaccount.html
  ErrorDocument 500 /cgi-bin/report_error.pl
  ```

Cuando una directiva **ErrorDocument** se redirige a un URL local, se envía un conjunto especial de variables de entorno con el redireccionamiento, de forma que un programa CGI puede tratar de localizar más cosas acerca del error. Estas variables de entorno constan de todas las variables de entorno disponibles antes del redireccionamiento, anteponiendo **REDIRECT_**. Por ejemplo, REQUEST_METHOD se convertiría en REDIRECT_ REQUEST_METHOD. Aparte de estas variables, se crean dos nuevas: REDIRECT_URL, que contiene el URL solicitado en su origen, y _REDIRECT_STATUS, que contiene el código del estado de error que causó el redireccionamiento.

Cuando se redirecciona a URL externos, estas variables de entorno especiales no están disponibles. Cuidado, externo significa cualquier URL que comience con **http://**, aunque señale al servidor local.

ErrorLog

Sintaxis: ErrorLog *filename | syslog[:facility]*

Valor predeterminado: ErrorLog logs/error_log (Unix)_ErrorLog logs/error.log (Windows and OS/2)

Contexto: Server config, virtual host

Estatus: Nuclear

Esta directiva establece la ubicación del registro de error (véase el Capítulo 18 y la directiva **LogLevel** más adelante).

filename puede ser un nombre de archivo real o, si comienza por una canalización (|), un comando que se iniciará para procesar las entradas de registros de error. A menos que el nombre de archivo empiece por una /, quedará anexo al valor de **ServerRoot**.

En lo que respecta a Apache 1.3, puede registrarlo en **syslog**, en los sistemas que lo soporten:

```
ErrorLog /var/log/httpd/error_log
```

ExtendedStatus

Sintaxis: **ExtendedStatus On | Off**

Valor predeterminado: **ExtendedStatus Off**

Contexto: Server config

Estatus: Básica

Module: **mod_status**

Compatibilidad: Apache 1.3.2 y superior

ExtendedStatus activa el control de información extendida en cada solicitud de servidor. **mod_status** no está activado por defecto; deberá activarlo para usar esta directiva.

FancyIndexing

Sintaxis: **FancyIndexing On | Off**

Valor predeterminado: **FancyIndexing On**

Contexto: Server config, virtual host, directory, .htaccess

Valor de omisión: **Indexes**

Estatus: Básica

Module: **mod_autoindex**

Las figuras 5.2 y 5.3 muestran la diferencia entre **on** y **off**. La Figura 5.2 muestra un listado de archivos generado teniendo **FancyIndexing** en **on** (activado), mientras que la Figura 5.3 muestra el mismo listado de directorios con **FancyIndexing** desactivado.

<Files>

Sintaxis: **<Files** *filename*> ... **</Files>**

Contexto: Server config, virtual host, .htaccess

Estatus: Nuclear

Compatibilidad: Apache 1.2 y superior

La sección **<Files>** permite aplicar directivas de configuración en base a nombres de archivo. Esto equivale a la sección **<Directory>**, con la excepción de que se puede usar **<Files>** en los archivos .htaccess. Los usuarios pueden así especificar opciones en sus directorios archivo a archivo.

· En lo que respecta a la sección **<Directory>**, puede usar comodines a expresiones habituales extendidas para especificar un grupo de archivos.

Comodines

Los comodines disponibles son los siguientes:

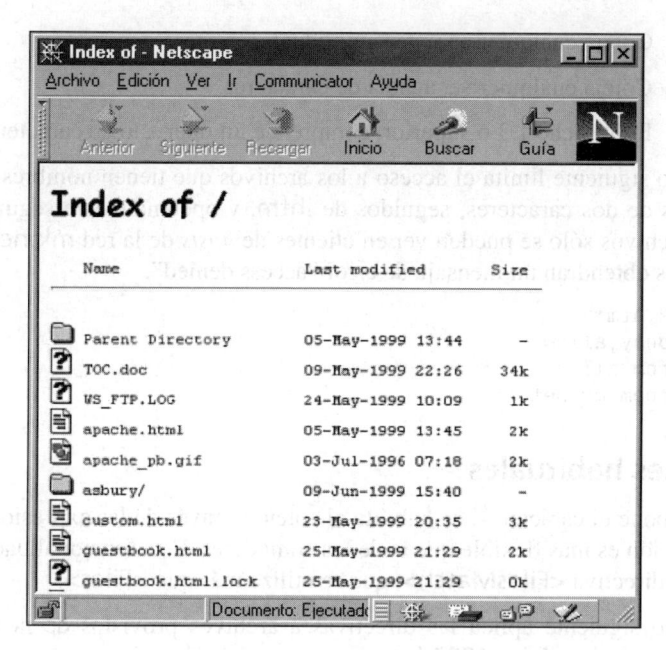

FIGURA 5.2. Índice de directorios generado con FancyIndexing activado.

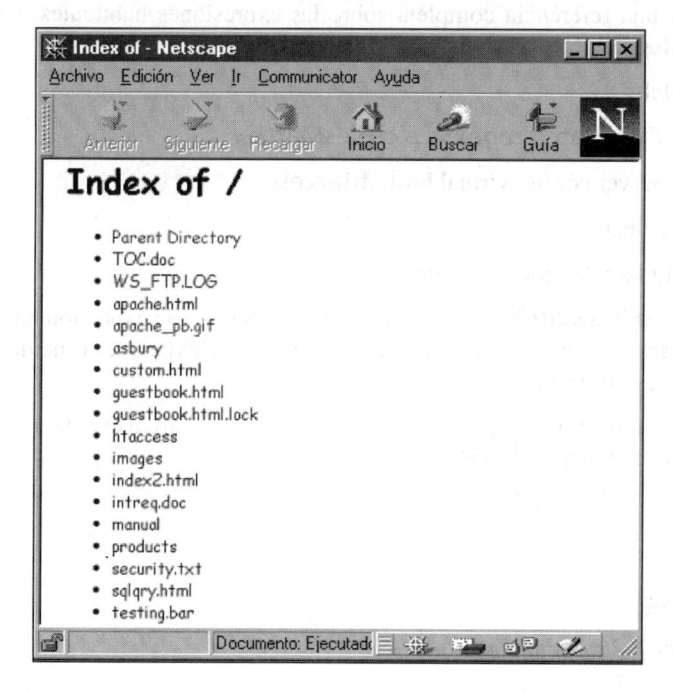

FIGURA 5.3. Índice de directorios generado con FancyIndexing desactivado.

?	Coteja cualquier carácter individual.
*	Coteja cualquier secuencia de caracteres.
[]	En Apache 1.3 o superior, comprende un intervalo de caracteres.

El ejemplo siguiente limita el acceso a los archivos que tienen nombres parecidos a **Jan**, seguidos de dos caracteres, seguidos de .htm, y opcionalmente seguidos de algo más. Estos archivos sólo se pueden ver en clientes de *hosts* de la red **mk.net**. Todos los demás clientes obtendrán un mensaje de error "access denied".

```
<Files Jan??.htm*>
    order deny,allow
    deny from all
    allow from mk.net
</Files>
```

Expresiones habituales

Si se antepone el carácter ~, se habilita el cotejo a través de las expresiones habituales. Esta solución es más flexible que la de los comodines. Esta funcionalidad también se permite en la directiva **<FilesMatch>**, que se utiliza más que **<Files>**.

El ejemplo siguiente aplica las directivas a archivos provistos de nombres como **Jan.htm, january.html, jan1999.htm**, etc.:

```
<Files ~ "[jJ]an.*\.htm.*">
...
</Files>
```

Para tener una referencia completa sobre las expresiones habituales, véase el libro "**Mastering Regular Expressions**", de Jeffrey Friedl.

<FilesMatch>

Sintaxis: <FilesMatch *regex*> ... </FilesMatch>

Contexto: Server config, virtual host, .htaccess

Estatus: Nuclear

Compatibilidad: Apache 1.3 y superior

La sección **<FilesMatch>** reemplaza a la funcionalidad de expresión habitual ~ de la sección **<Files>**. Permite la aplicación de directivas a archivos que coinciden con expresiones habituales arbitrarias.

El ejemplo siguiente aplica las directivas archivos provistos de nombres como **Jan.htm, january.html, jan1999.htm**, etc.:

```
<FilesMatch "[jJ]an.*\.htm.*">
...
</Files>
```

ForceType

Sintaxis: **ForceType** MIME-type

Contexto: Directory, .htaccess

Estatus: Básica

Module: **mod_mime**

Compatibilidad: Apache 1.1 y superior

Esta directiva obliga a todos los archivos de un determinado directorio a ser servidos con el tipo MIME especificado. Esto es igual a la directiva **DefaultType** en el sentido que hace que los archivos provistos de una extensión de archivo desconocida sean servidos con el tipo MIME especificado. Sin embargo, también omite los archivos provistos de una extensión que, de otra forma, determinaría el tipo de archivo.

El ejemplo siguiente hace que se sirvan todos los archivos de un directorio con el tipo MIME **application/unknown**. Esto es muy útil si se tiene un directorio de archivos que los usuarios puedan descargar, ya que pide a los usuarios si desean guardar el archivo en vez de mostrarlo en la ventana del navegador.

```
ForceType application/unknown
```

Group

Sintaxis: **Group** *unix-group*

Valor predeterminado: **Group #-1**

Contexto: Server config, virtual host

Estatus: Nuclear

Esta directiva establece el grupo bajo el cual se ejecuta el proceso del servidor. Esto sólo tiene sentido en sistemas Unix. Se utiliza con la directiva **User** para especificar los permisos con los que se ejecuta el servidor. Se recomienda que este grupo (y el usuario) tengan permisos limitados. Véase el Capítulo 15, "Seguridad", para ampliar la información sobre temas de seguridad.

HeaderName

Sintaxis: **HeaderName** *filename*

Contexto: Server config, virtual host, directory, .htaccess

Valor de omisión: **Indexes**

Estatus: Básica

Module: **mod_autoindex**

Esta directiva se emplea con índices generados automáticamente. Especifica un archivo que va a aparecer en la parte superior del listado de directorios. Esto es muy útil si se quieren proporcionar mensajes informativos o una descripción del contenido del directorio.

El servidor busca **filename.html** primero y, si no lo encuentra, buscaría **filename**. Por ejemplo, la siguiente directiva haría que apareciera el archivo **info.html** en la parte superior de los listados de directorio, si saliera, o si no, que apareciera el archivo **info**. En caso de que no existiera ninguno de estos archivos, no se mostraría nada.

```
HeaderName info
```

Véase también la directiva **ReadmeName**, que muestra algo en la parte inferior del listado de directorios.

HostNameLookups

Sintaxis: HostNameLookups on | off | double (double sólo disponible en Apache 1.3 y superior)

Valor predeterminado: HostNameLookups off (HostNameLookups on anterior a Apache 1.3)

Contexto: Server config, virtual host, directory

Estatus: Nuclear

HostNameLookups activa o desactiva búsquedas de nombre. Cuando se establece a **off**, los nombres de los clientes aparecerán en los registros y se pasarán a CGI en la variable de entorno REMOTE_HOST como una dirección IP. Cuando se establece a **on**, el servidor hará una búsqueda DNS en el acceso de cada cliente para obtener el nombre de *host*. Dado que esto requiere que haya una búsqueda DNS por cada documento que solicite el cliente, esto podría ralentizar todo significativamente. No active **HostNameLookups** a menos que tenga una buena razón de hacerlo.

El parámetro **double** hace que el servidor lleve a cabo búsquedas inversas dobles, lo que significa que, cuando se busca un nombre, se hace una búsqueda en ese nombre, y la dirección IP resultante debe coincidir con la dirección original del cliente. Esto se suele hacer por cuestiones de seguridad.

IdentityCheck

Sintaxis: IdentityCheck on | off

Valor predeterminado: IdentityCheck off

Contexto: Server config, virtual host, directory

Estatus: Nuclear

Cuando **IdentityCheck** está activado, el servidor podrá conectar el nombre de usuario del usuario remoto. Este nombre de usuario se obtiene de la máquina cliente a través de **identd** o de otro método similar. Hace tiempo, cuando la Web era joven, muchos navegadores pasaban la dirección de correo electrónico del usuario por este valor. Esta opción, en vista de un uso inadecuado en el marketing, ha sido eliminada de los navegadores principales.

La información que se obtiene de esta directiva no es segura, por lo que no merece la pena activar esta directiva. Podría ser útil en una intranet, pero, en Internet, no supondría ventaja alguna.

<IfDefine>

Sintaxis: <IfDefine [!]*parameter-name*> ... </IfDefine>

Contexto: Server config, virtual host, directory, .htaccess

Estatus: Nuclear

Compatibilidad: Apache 1.3.1 y superior

Esta sección engloba una directiva, o conjunto de directivas, que se procesarán solamente si se ha especificado el parámetro al iniciar el servidor. Si se usa el !, las directivas englobadas se procesarán solamente si no se especifica el parámetro.

Un parámetro se especifica en la línea de comandos, al iniciar el servidor, con -Dparameter-name. Por ejemplo, **dolookups** podría especificarse iniciando el servidor con la siguiente línea de comandos:

```
httpd —Ddolookups
```

Se podría activar luego la directiva **HostNameLookups** sólo si se hubiera especificado ese parámetro, con las siguientes directivas:

```
<IfDefine dolookups>
    HostNameLookups on
</IfDefine>
```

Esto permite definir configuraciones personalizadas del servidor en el mismo archivo de configuración, y activa y desactiva distintas opciones a través del comando de inicio.

> **SUGERENCIA**
>
> Es posible anidar secciones <IfDefine> para probar más de una condición.

<IfModule>

Sintaxis: <IfModule [!]*module-name*> ... </IfModule>

Contexto: Server config, virtual host, directory, .htaccess

Estatus: Nuclear

Compatibilidad: Apache 1.2 y superior

La sección <IfModule> engloba una directiva, o conjunto de directivas, que sólo se procesarán si el módulo con nombre se compila en Apache. Si se usa el signo !, las directivas englobadas se procesarán sólo si el módulo no está compilado en Apache.

La siguiente directiva activa la opción de ortografía de **mod_speling** si ese módulo está compilado en:

```
<IfModule mod_speling.c>
    CheckSpelling on
</IfModule>
```

Include

Sintaxis: Include filename

Contexto: Server config

Estatus: Nuclear

Compatibilidad: Apache 1.3 y superior

Esta directiva incluye otro archivo en el archivo de configuración. Esto podría resultar útil para mantener distintos archivos de configuración de servidor y conmutar entre ellos. Las directivas de configuración deseadas podrían cargarse en una directiva <IfDefine> y permitirse con un parámetro de línea de comandos:

```
<IfDefine config1>
include config1.conf
</IfDefine>
```

IndexIgnore

Sintaxis: IndexIgnore *file file ...*

Contexto: Server config, virtual host, directory, .htaccess

Valor de omisión: Indexes

Estatus: Básica

Module: mod_autoindex

Esta directiva, que se usa con listados de directorios generados automáticamente, especifica la lista de archivos a ignorar al construir esos listados:

```
IndexIgnore README .htaccess *.stub *.cfm
```

IndexOptions

Sintaxis: IndexOptions [+ | -]*option* [+ | -]*option*

Contexto: Server config, virtual host, directory, .htaccess

Valor de omisión: Indexes

Estatus: Básica

Module: mod_autoindex

IndexOptions se usa para configurar las opciones disponibles con las funciones de indexación automática del módulo mod_autoindex. option puede ser cualquiera de estas cosas:

- FancyIndexing activa la indexación "atractiva" de directorios. Si FancyIndexing no está activado, el listado de directorio consistirá en una lista con viñetas de nombres de archivo, y lo restante no tendrá importancia. Esto se debe usar con preferencia a la directiva FancyIndexing, por lo que puede tener todas sus configuraciones de opciones de indexación en un sitio.
- IconHeight[=pixels] le indica al servidor que utilice el atributo HEIGHT de la etiqueta HTML <IMG> al mostrar el icono del archivo en lo que respecta a los elementos del listado de índice. Si no se especifica un valor para la opción pixels, Apache utilizará la altura estándar de los iconos que incorpora Apache (de un alto de 22 píxeles).

- **IconsAreLinks** convierte los iconos de archivo en un vínculo con el archivo. Por defecto, los iconos no son vínculos.

- **IconWidth[=pixels]** le indica al servidor que use el atributo **WIDTH** de la etiqueta HTML **<IMG>** al mostrar el icono de archivo en los elementos del listado de índices. Si no se especifica un valor en la opción **pixels**, Apache utilizará el ancho estándar de los iconos que incorpora Apache (que tienen un ancho de 20 píxeles).

- **NameWidth=[n | *]** especifica el número de caracteres que va a tener la columna del nombre de archivo. Si el nombre de archivo es mayor que el número especificado, aquel quedará truncado en los caracteres **n**-3, y los tres últimos caracteres aparecerán como ..> para indicar que el nombre ha sido truncado. Si se establece el valor a *, la columna se configurará en la longitud del nombre de archivo más largo.

- **ScanHTMLTitles** escanea cada archivo HTML y utiliza el contenido de la etiqueta HTML **<TITLE>** de la columna de descripción, si ese archivo no contiene una descripción dada por la directiva **AddDescription**. Como se podrá imaginar, esto ralentiza mucho todo, ya que Apache tiene que abrir y leer cada archivo HTML de forma individual.

- **SuppressColumnSorting** desactiva el comportamiento predeterminado de **FancyIndexing**, que tiene que convertir cada encabezado de columna en un vínculo en el que se pueda hacer clic para ordenar por esa columna.

- **SuppressDescription** desactiva la muestra de la columna de descripción de los listados de directorios.

- **SuppressHTMLPreamble** especifica si hay que saltarse el "preámbulo" HTML». Apache, con este preámbulo, suele comenzar páginas de índice generadas automáticamente, lo que tiene este aspecto:

```
<!DOCTYPE HTML PUBLIC "-//W3C//DTD HTML 3.2 Final//EN">
<HTML>
 <HEAD>
  <TITLE>Índice de productos</TITLE>
 </HEAD>
 <BODY>
```

- Si el directorio contiene un archivo especificado por la directiva **HeaderName**, el contenido de ese archivo se mostrará aquí. Si no existe un archivo semejante, Apache insertará un encabezado, que indica el nombre del directorio que se está indexando, como el siguiente:

```
<H1>Índice de productos</H1>
```

- Con la opción **SuppressHTMLPreamble** activada, este preámbulo se omite, y la página generada comenzará con el contenido del archivo especificado por la directiva **HeaderName**. Si no existe ese archivo, se generará el preámbulo.

- **SuppressLastModified** desactiva la visualización de la última fecha de modificación del archivo.

- **SuppressSize** desactiva la visualización del tamaño del archivo.

KeepAlive

Sintaxis: **KeepAlive on | off**

Valor predeterminado: **KeepAlive on**

Contexto: Server config

Estatus: Nuclear

Compatibilidad: Apache 1.1 y superior

KeepAlive activa (o desactiva) la opción de servir más de una solicitud en la misma conexión. Con esto se acelera la respuesta, ya que el cliente no necesita abrir una nueva conexión en cada solicitud. Por ejemplo, si una página web contiene 5 imágenes, son 6 solicitudes: una para la página, y una para cada imagen. Véase también la directiva **Max-KeepAliveRequests**.

KeepAliveTimeout

Sintaxis: **KeepAliveTimeout** *seconds*

Valor predeterminado: **KeepAliveTimeout 15**

Contexto: Server config

Estatus: Nuclear

Compatibilidad: Apache 1.1 y superior

KeepAliveTimeout especifica el número de segundos que van a transcurrir antes de cerrar la conexión.

LanguagePriority

Sintaxis: **LanguagePriority** *MIME-lang MIME-lang...*

Contexto: Server config, virtual host, directory, **.htaccess**

Valor de omisión: **FileInfo**

Estatus: Básica

Module: **mod_negotiation**

Esta directiva enumera, en orden decreciente, la preferencia de idioma de los documentos negociados. Véase la discusión sobre **mod_negotiation** en el Capítulo 20.

`LanguagePriority en fr de`

<Limit>

Sintaxis: **<Limit** *method method* **... > ... </Limit>**

Contexto: Server config, virtual host, directory, **.htaccess**

Estatus: Nuclear

Las directivas que se incluyen en un contenedor <Limit> sólo se aplican a los métodos HTTP que se especifiquen. Los métodos HTTP válidos son GET, POST, PUT, DELETE, CONNECT y OPTIONS, y son sensibles a las mayúsculas y minúsculas. Las solicitudes HEAD se incluyen en solicitudes GET. El ejemplo siguiente requiere una contraseña y un número de usuario válidos en solicitudes POST y PUT, permite solicitudes GET a través de no autenticados:

```
<Limit POST PUT>
require valid-user
</Limit>
```

<LimitExcept>

Sintaxis: <LimitExcept *method method* ... > ... </LimitExcept>

Contexto: Server config, virtual host, directory, .htaccess

Estatus: Nuclear

Compatibilidad: Apache 1.3.5 y superior

Es lo contrario que la directiva <Limit>. Las directivas que aparecen en un contenedor <LimitExcept> se aplican a todos los métodos, exceptuando los que se especifiquen. Véase <Limit> para recabar más información.

LimitRequestBody

Sintaxis: LimitRequestBody *number*

Valor predeterminado: LimitRequestBody 0

Contexto: Server config, virtual host, directory, .htaccess

Estatus: Nuclear

Compatibilidad: Apache 1.3.2 y superior

LimitRequestBody especifica el tamaño máximo de un cuerpo de solicitud de cliente. El cuerpo de la solicitud se usa para enviar el contenido de los formularios HTML o en cargas de archivo que utilicen una solicitud PUT. El número especificado puede ir de 0 (queremos decir tamaño no limitado) a 2147483647 (2GB). Esta forma es muy útil para restringir el tamaño de los archivos que se puedan cargar en un servidor o para evitar los ataques de denegación de servicio, donde el cliente trata de aplastar al servidor con un cuerpo de solicitud enorme.

LimitRequestFields

Sintaxis: LimitRequestFields *number*

Valor predeterminado: LimitRequestFields 100

Contexto: Server config

Estatus: Nuclear

Compatibilidad: Apache 1.3.2 y superior

LimitRequestFields especifica el número máximo de campos de encabezado HTTP que se van a aceptar de un cliente. number puede ir del 0 (sin límite) al 32767. Esto podría resultar útil a la hora de evitar ataques de denegación del servicio donde el cliente tratara de aplastar al servidor enviando una cantidad de datos enorme en forma de encabezados HTTP.

LimitRequestFieldsize

Sintaxis: LimitRequestFieldsize *number*

Valor predeterminado: LimitRequestFieldsize 8190

Contexto: Server config

Estatus: Nuclear

Compatibilidad: Apache 1.3.2 y superior

LimitRequestFieldsize limita el tamaño de todo encabezado HTTP. La configuración de este parámetro no debería variar del valor predeterminado. Este último valor da un límite superior razonable en el tamaño de este encabezado, a la vez que le protege de denegaciones posibles de ataques al servicio.

LimitRequestLine

Sintaxis: LimitRequestLine *number*

Valor predeterminado: LimitRequestLine 8190

Contexto: Server config

Estatus: Nuclear

Compatibilidad: Apache 1.3.2 y superior

Esta directiva limita la longitud de una solicitud HTTP. Necesita ser lo suficientemente larga como para que todo URL del servidor pueda ajustarse a tantos caracteres, incluyendo cualquier información que pueda proceder de esta parte de una solicitud **GET**.

Este límite podría evitar ciertos tipos de ataques de denegación de servicio, donde el cliente trata de aplastar al servidor con una línea de solicitudes enorme.

No conviene variar esta configuración de la predeterminada. El valor predeterminado coloca un límite superior razonable sobre la longitud del URL, a la vez que le protege de posibles ataques de denegación de servicio.

Listen

Sintaxis: Listen *[IP_address:]port_number*

Contexto: Server config

Estatus: Nuclear

Compatibilidad: Apache 1.1 y superior

Esta directiva le indica al servidor que escuche las solicitudes de más de una dirección IP y/o puerto TCP/IP. Por defecto, Apache escucha en todas las interfaces de red, pero sólo en el puerto especificado por la directiva **Port**.

Si se especifica un número de puerto sin dirección IP, como en el ejemplo siguiente, Apache escuchará en ese puerto todas las interfaces:

```
listen 80
listen 8081
listen 1352
```

Si se especifica, además de una dirección IP, un puerto, como en el ejemplo siguiente, Apache escucha en esa combinación de dirección-puerto IP específicos:

```
listen 192.168.1.1:80
listen 9.95.147.22:999
```

> **NOTA**
>
> Trate de evitar el uso de puertos que ya estén siendo utilizados para otros fines, ya que esto puede ocasionar que el servidor no pueda arrancar, porque sería incapaz de enlazar con el puerto.

ListenBacklog

Sintaxis: **ListenBacklog** *backlog*

Valor predeterminado: **ListenBacklog 511**

Contexto: Server config

Estatus: Nuclear

Compatibilidad: Apache versions after 1.2.0

ListenBacklog establece el número máximo de solicitudes que pueden estar en la cola para ser atendidas. Esto sólo tiene repercusión en sitios de mucho tráfico; en la mayoría de casos, este número no tiene que ser cambiado.

LoadFile

Sintaxis: **LoadFile filename** *filename* ...

Contexto: Server config

Estatus: Básica

Module: **mod_so**

Esta directiva se vincula con los archivos o bibliotecas de objetos con nombre cuando se inicia el servidor. **filename** es bien una ruta absoluta o una ruta relativa de **ServerRoot**.

LoadModule

Sintaxis: **LoadModule** *module filename*

Contexto: Server config

Estatus: Básica

Module: **mod_so**

Esta directiva carga el **module** con nombre contenido en el **filename**. Es distinto en sistemas Windows que en sistemas Unix, como se ve en estos ejemplos:

- En Unix:
  ```
  LoadModule speling_module modules/mod_speling.so
  ```
- En Windows:
  ```
  LoadModule speling_module modules/ApacheModuleSpeling.dll
  ```

<Location>

Sintaxis: <Location *url*> ... </Location>

Contexto: Server config, virtual host

Estatus: Nuclear

Compatibilidad: Apache 1.1 y superior

El contenedor **<Location>** defines directivas basadas en **url**. Se parece mucho en la sintaxis y comportamiento a la sección **<Directory>**, pero no tiene nada que ver con los directorios.

Es posible utilizar comodines en el URL. **?** coteja cualquier carácter, mientras que ***** coteja cualquier secuencia de caracteres.

Al igual que ocurre en la sección **<Directory>**, añadiendo el carácter **~** podemos usar expresiones habituales para cotejar distintos URL. El ejemplo siguiente coteja URL que contienen la cadena **/products/hypercal** o **/download/hypercal**:

```
<Location ~ "/(products | download)/hypercal">
```

También se puede conseguir este comportamiento con el contenedor **<LocationMatch>**.

La sección **<Location>** se usa en el archivo de configuración predeterminado, en un ejemplo que tiene que ver con la directiva **SetHandler**. En este ejemplo, se crea un URL que se asigna a un manipulador, en vez de a un directorio y a archivo. El ejemplo siguiente proporciona únicamente a los clientes de los *hosts* la red **mk.net** para que accedan al URL **/status** con el fin de ver informes sobre el estado del servidor:

```
<Location /status>
SetHandler server-status
order deny,allow
deny from all
allow from .mk.net
</Location>
```

<LocationMatch>

Sintaxis: <LocationMatch *regex*> ... </LocationMatch>

Contexto: Server config, virtual host

Estatus: Nuclear

Compatibilidad: Apache 1.3 y superior

<LocationMatch> proporciona una funcionalidad similar a la de la sección <Location>, con una expresión habitual en vez de una cadena del URL. Con <Location> se debe utilizar esta sección en vez de la opción ~.

LockFile

Sintaxis: LockFile *filename*

Valor predeterminado: LockFile logs/accept.lock

Contexto: Server config

Estatus: Nuclear

Esta directiva especifica la ubicación del archivo de bloqueo que utiliza Apache si está compilado con USE_FCNTL_SERIALIZED_ACCEPT o USE_FLOCK_SERIALIZED_ACCEPT. Este archivo debe estar almacenado en una unidad local.

LogFormat

Sintaxis: LogFormat *format* [nickname]

Valor predeterminado: LogFormat "%h %l %u %t \"%r\" %s %b"

Contexto: Server config, virtual host

Estatus: Básica

Compatibilidad: Apodo únicamente disponible en Apache 1.3 o superior.

Module: mod_log_config

Esta directiva define un formato de registro y un apodo en virtud del cual se puede llamar a ese formato. Véase el Capítulo 18 para recabar más información sobre esta directiva.

LogLevel

Sintaxis: LogLevel *level*

Valor predeterminado: LogLevel error

Contexto: Server config, virtual host

Estatus: Nuclear

Compatibilidad: Apache 1.3 o superior.

LogLevel establece el nivel de mensajes de error que van a aparecer en el registro de errores, desde **debug**, que recibe todos los mensajes, a **emerg**, que sólo recibe los mensajes más directos. Establecer esta directiva a algo intermedio tiene más sentido. La Tabla 5.1 enumera los valores posibles de esta directiva.

TABLA 5.1 VALORES LOGLEVEL

Nivel	Descripción
emerg	Emergencias; el sistema está inutilizable. Ejemplo: Child cannot open lock file. Exiting
alert	La acción debe ser llevada a cabo inmediatamente. Ejemplo: getpwuid: couldn't determine user name from uid
crit	Condiciones críticas. Ejemplo: socket: Failed to get a socket, exiting child
error	Condiciones de error. Ejemplo: Premature end of script headers
warn	Condiciones de advertencia. Ejemplo: child process 1234 did not exit, sending another SIGHUP
notice	Condición normal, pero importante. Ejemplo: httpd: caught SIGBUS, attempting to dump core in ...
info	Informativo. Ejemplo: Server seems busy, (you may need to increase StartServers, or Min/MaxSpareServers)...
debug	Mensajes a nivel de depuración. Ejemplo: Opening config file ...

Véase el Capítulo 18 para recabar más información acerca de esta directiva.

MaxClients

Sintaxis: **MaxClients** *number*

Valor predeterminado: **MaxClients 256**

Contexto: Server config

Estatus: Nuclear

Esta directiva establece el número máximo de solicitudes simultáneas de cliente que van a ser atendidas. Véase también la directiva **ListenBacklog**.

MaxKeepAliveRequests

Sintaxis: **MaxKeepAliveRequests** *number*

Valor predeterminado: **MaxKeepAliveRequests 100**

Contexto: Server config

Estatus: Nuclear

Compatibilidad: Apache 1.2 y superior

Esta directiva establece el número máximo de solicitudes que se van a servir en una conexión, cuando **KeepAlive** está activado (véase también la discusión sobre la directiva **KeepAlive** anteriormente). La acción de establecer **MaxKeepAliveRequests** en 0 lo convierte en ilimitado.

MaxRequestsPerChild

Sintaxis: **MaxRequestsPerChild** *number*

Valor predeterminado: **MaxRequestsPerChild 0**

Contexto: Server config

Estatus: Nuclear

MaxRequestsPerChild establece el número de solicitudes que va a servir un solo proceso secundario antes de que se cierre el proceso secundario. Cuando se establece a **0**, los procesos secundarios nunca se cierran.

Esta directiva no afecta al servidor Win32, que maneja solicitudes adicionales con subprocesos de un proceso secundario en lugar de con ramificaciones de procesos secundarios adicionales. Véase la directiva **ThreadsPerChild** para hallar la directiva equivalente en Windows.

MaxSpareServers

Sintaxis: **MaxSpareServers** *number*

Valor predeterminado: **MaxSpareServers 10**

Contexto: Server config

Estatus: Nuclear

Esta directiva establece el número máximo de procesos secundarios inactivos. Si se quedan inactivos más procesos que éste, se les extinguirá. Esta directiva no afecta al servidor Win32.

MetaDir

Sintaxis: **MetaDir** *directory_name*

Valor predeterminado: **MetaDir .web**

Contexto: .htaccess

Estatus: Básica

Module: **mod_cern_meta**

Compatibilidad: Apache 1.1 y superior

MetaDir especifica el nombre del directorio en el que Apache puede encontrar archivos de metainformación. Véase la sección sobre **mod_cern_meta** en el Capítulo 20.

MetaFiles

Sintaxis: **MetaFiles on | off**

Valor predeterminado: **MetaFiles off**

Contexto: .htaccess

Estatus: Básica

Module: mod_cern_meta

Compatibilidad: Apache 1.3 y superior

Esta directiva activa el procesamiento de metarchivos sobre una base de directorio a directorio.

MetaSuffix

Sintaxis: **MetaSuffix** *suffix*

Valor predeterminado: **MetaSuffix** .meta

Contexto: .htaccess

Estatus: Básica

Module: mod_cern_meta

Compatibilidad: Apache 1.1 y superior

La directiva **MetaSuffix** establece la extensión de nombre de archivo de los archivos que contienen metainformación. Por defecto, Apache buscará un archivo llamado mine.html.meta cuando se sirva un archivo llamado foo.html. Utilizará el contenido de ese archivo para generar información adicional del encabezado MIME para ese archivo HTML.

MinSpareServers

Sintaxis: **MinSpareServers** *number*

Valor predeterminado: **MinSpareServers** 5

Contexto: Server config

Estatus: Nuclear

MinSpareServers establece el número mínimo de procesos secundarios inactivos que deben ejecutarse en cualquier momento. Si hay menos que este número mínimo, Apache creará procesos secundarios adicionales para atender solicitudes ulteriores. Esta directiva no afecta al servidor Win32.

NameVirtualHost

Sintaxis: **NameVirtualHost** *addr*[:port]

Contexto: Server config

Estatus: Nuclear

Compatibilidad: Apache 1.3 y superior

NameVirtualHost le indica a Apache que a las solicitudes hechas en la dirección especificada se les debe servir documentos basados en el nombre del servidor solicitado.

Los *hosts* virtuales basados en el nombre se emplean cuando hay más de un *cname* en la dirección especificada, y cada *cname* va a ser tratado como *host* virtual separado. Véase el Capítulo 9, "Albergues virtuales".

`NameVirtualHost 192.101.205.15`

NoCache

Sintaxis: **NoCache** *[word | host | domain_list]*

Contexto: Server config, virtual host

Estatus: Básica

Module: **mod_proxy**

Compatibilidad: Apache 1.1 y superior

Utilizado con el servidor *proxy* caché que se implementa en el módulo **mod_proxy**, esta directiva desactiva la caché en todos los archivos, se accede a ella a través del *proxy*, que coincide con las palabras de la lista. El ejemplo siguiente desactiva la caché en todo URL que contenga la subcadena **cgi-bin** o la subcadena **cgi.databeam.com**. La última presumiblemente desactivará la caché de cualquier archivo que se tome de la máquina **cgi.databeam.com**, pero, por regla general, sirve para cualquier URL que contenga esa subcadena.

`NoCache cgi-bin cgi.databeam.com`

> **NOTA**
> NoCache * desactiva todas las opciones de guardado en la caché.

Options

Sintaxis: **Options** [+ | -]*option* [+ | -]*option* ...

Valor predeterminado: **Options All**

Contexto: Server config, virtual host, directory, .htaccess

Valor de omisión: **Options**

Estatus: Nuclear

Activa (o desactiva) las opciones del servidor en un determinado directorio, y en todos los subdirectorios que tenga. Las opciones pueden ser cualquiera de las siguientes:

- **None**. No permite ninguna de estas opciones en el directorio especificado.
- **All**. Permite todas las opciones, excepto **MultiViews**.
- **ExecCGI**. Los programas CGI pueden ejecutarse en este directorio. También se puede usar la directiva **ScriptAlias** para activar esto, pero el uso de la directiva **Options** para llevar esto a cabo es especialmente útil para los directorios de usuario, de forma que el usuario pueda activar estas opciones sin la ayuda del administrador del servidor.

- **FollowSymLinks.** El servidor sigue vínculos simbólicos en este directorio. Esta idea no suele ser buena, desde un punto de vista de la seguridad, ya que, en potencia, permite que un cliente web se "escape" del directorio de documentos web y explore todo el sistema de archivos. Consideremos mejor el uso de la opción **SymLinksIfOwnerMatch**.
- **Includes.** Se permiten inclusiones del lado del servidor. Tenga cuidado aquí, ya que estas inclusiones pueden plantear un problema de seguridad. Conviene más utilizar la opción **IncludesNOEXEC**, si no confía en la capacidad de los usuarios. Véase el Capítulo 12, "SSI: Inclusiones del lado del servidor".
- **IncludesNOEXEC** Las inclusiones del lado del servidor están permitidas, pero los comandos **#exec** e **#include** de los *scripts* CGI están desactivados.
- **Indexes** Si se solicita un directorio y no existe archivo en él que coincida con la directiva **DirectoryIndex**, se presentará al cliente un listado de los archivos disponibles.
- **MultiViews** Las **MultiViews** de contenido negociado están permitidas.
- **SymLinksIfOwnerMatch** Los vínculos simbólicos sólo pueden ser seguidos si el destino del vínculo lo detenta el mismo usuario que el propio contenido. Esto solventa parte de la falta de seguridad, intrínseca a **FollowSymLinks**.

> **NOTA**
>
> Las opciones FollowSymLinks y SymLinksIfOwnerMatch no están disponibles en sistemas Win32.

Si a todas las opciones especificadas se les antepone un signo + o -, se estarán añadiendo a opciones que ya existen. En el ejemplo siguiente, **FollowSymLinks** está activado en el directorio */www/htdocs/foobar*, mientras que **FollowSymLinks** y **ExecCGI** están activados en el directorio */www/htdocs/foobar/subdir*, ya que las directivas de la sección original **<Directory>** se aplican a todos los subdirectorios.

```
<Directory /www/htdocs/foobar>
Options FollowSymLinks
</Directory>
<Directory /www/htdocs/foobar/subdir>
Options +ExecCGI
</Directory>
```

Si las opciones no van precedidas de estos caracteres, las que estén listadas omitirán por completo a las que estén activadas. En el ejemplo siguiente, las directivas de la segunda sección **<Directory>** omiten completamente a las de la primera, mientras que el directorio */www/htdocs/foobar/subdir* sólo tiene activada la opción **Includes**:

```
<Directory /www/htdocs/foobar>
Options FollowSymLinks
</Directory>
<Directory /www/htdocs/foobar/subdir>
Options Includes
</Directory>
```

order

>Sintaxis: **order** ordering
>
>Valor predeterminado: **order deny,allow**
>
>Contexto: Directory, .htaccess
>
>Valor de omisión: **Limit**
>
>Estatus: Básica
>
>Module: **mod_access**

Esta directiva especifica el orden en el que se van a procesar las directivas **allow** y **deny**. Con el orden predeterminado, las directivas **deny** se procesan primero, y luego las directivas **allow**. Esto permite omitir una directiva **deny** general con una directiva **allow** muy específica. El ejemplo siguiente permite que los *hosts* de **mk.net** sean los únicos capaces de acceder al directorio especificado:

```
order deny,allow
deny from all
allow from mk.net
```

> **NOTA**
>
> Observe que no hay espacio entre deny y allow, sólo una coma. Colocando un espacio entre la coma y allow provoca un error de inicio.

Si se usa

```
order allow,deny
```

Las directivas **allow** se procesan en primer lugar, y luego las directivas **deny**. Esto le permite usar una instrucción general **allow** y luego excluir ciertos hosts con instrucciones **deny**. Esta forma es ideal para excluir a determinadas personas, como aquéllas que tenga noticia que están tratando de piratear su sitio. Por ejemplo:

```
order allow,deny
allow from all
deny from dialup3.hacker.net
deny from s.ms.uky.edu
```

PassEnv

>Sintaxis: **PassEnv** *variable variable* ...
>
>Contexto: Server config, virtual host
>
>Estatus: Básica
>
>Module: **mod_env**
>
>Compatibilidad: Apache 1.1 y superior

PassEnv especifica las variables de entorno que se van a pasar a programas CGI, aparte de conjunto estándar de variables.

`PassEnv PATH`

PidFile

Sintaxis: **PidFile** *filename*

Valor predeterminado: **PidFile logs/httpd.pid**

Contexto: Server config

Estatus: Nuclear

Esta directiva especifica la ubicación del número del PID (ID de proceso) del servidor. Este archivo puede no contener información significativa sobre sistemas Win32.

Port

Sintaxis: **Port** *number*

Valor predeterminado: **Port 80**

Contexto: Server config

Estatus: Nuclear

La directiva **Port** le indica al servidor el puerto TCP/IP en el que debe escuchar conexiones HTTP. Debe ser un número entre el 0 y el 65535.

> **NOTA**
>
> Los puertos con un número inferior a 1024 son puertos reservados; deberá iniciar el servidor como root para poder enlazar con estos puertos. Si, por alguna razón, necesita iniciar el servidor como un usuario distinto a root, elija un número de puerto superior a 1024; si no, Apache se quejará de que no puede enlazar con el puerto especificado, y el inicio fallará.

ProxyBlock

Sintaxis: **ProxyBlock** *[word | host | domain_list]*

Contexto: Server config, virtual host

Estatus: Básica

Module: **mod_proxy**

Compatibilidad: Apache 1.2 y superior

Los URL que contienen cualquiera de las subcadenas especificadas en la lista de palabras quedarán bloqueados por el *proxy*. Esta es una forma sencilla de filtrar los sitios no deseados utilizando un servidor *proxy*. Evidentemente, tendrá que estar usando el servidor *proxy* para que esta directiva sea significativa. Véase el Capítulo 10.

ProxyBlock undesirable.site.com badword spammersite.com

ProxyPass

Sintaxis: **ProxyPass** *path url*

Contexto: Server config, virtual host

Estatus: Básica

Module: **mod_proxy**

Compatibilidad: Apache 1.1 y superior

ProxyPass hace que el servidor aparezca como *mirror* de un sitio externo. Cuando se recibe una solicitud de la ruta especificada, los Apache reflejará el documento desde el sitio remoto, pero parecerá que lo está sirviendo desde el servidor local, de forma que el servidor parezca un *mirror* del sitio remoto.

ProxyPass /mirror/CPAN/ http://www.cpan.org/

ProxyPassReverse

Sintaxis: **ProxyPassReverse** *path url*

Contexto: Server config, virtual host

Estatus: Básica

Module: **mod_proxy**

Compatibilidad: Apache 1.3b6 y superior

ProxyPassReverse proporciona mucha de la funcionalidad de **ProxyPass**, y también se extiende a todos los lugares donde el URL inicial pueda redirigir al cliente.

ProxyPassReverse /mirror/CPAN/ http://www.cpan.org/

ProxyReceiveBufferSize

Sintaxis: **ProxyReceiveBufferSize** *bytes*

Contexto: Server config, virtual host

Estatus: Básica

Module: **mod_proxy**

Compatibilidad: Apache 1.3 y superior

ProxyReceiveBufferSize especifica el tamaño del *buffer* de red para conexiones HTTP y FTP salientes (véase el Capítulo 10). Este tamaño debe ser superior a 512. Un valor de 0 indica que el valor predeterminado del sistema tiene que ser utilizado para el tamaño del *buffer*.

ProxyReceiveBufferSize 1024

ProxyRemote

Sintaxis: **ProxyRemote** *match remote-server*

Contexto: Server config, virtual host

Estatus: Básica

Module: **mod_proxy**

Compatibilidad: Apache 1.1 y superior

Esta directiva indica otro servidor *proxy* que hay que usar. El parámetro **match** indica qué URL deben ser enviadas a través de ese servidor *proxy*. Puede ser un protocolo de transferencia, como **http** o **ftp**, o un URL parcial en el que las solicitudes se deban reenviar a otro servidor *proxy*. Los ejemplos son los siguientes:

- **ProxyRemote ftp http://socks.mk.net/** reenvía todas las solicitudes FTP a través del servidor **socks.mk.net**. Esto podría ser útil si, por alguna razón, tuviera servidores *proxy* FTP y HTTP separados.
- **ProxyRemote http://databeam.com/ http://proxy.databeam.com/** envía todas las solicitudes de documentos del servidor **databeam.com** a través del servidor *proxy* de **proxy.databeam.com**. Esto podría ser útil para reflejar solicitudes a una máquina que está fuera de un cortafuegos.
- **ProxyRemote * http://proxyserver.net/** le pasa la responsabilidad. * indica que todas las solicitudes tienen que ser reenviadas al servidor *proxy* especificado. Esto también podría resultar útil en un entorno de cortafuegos; los usuarios se podrían comunicar con el servidor *proxy* interno, el cual, a su vez, se podría comunicar con el servidor de cortafuegos externo, pero no se abre más que a través del cortafuegos.

ProxyRequests

Sintaxis: **ProxyRequests on | off**

Valor predeterminado: **ProxyRequests off**

Contexto: Server config, virtual host

Estatus: Básica

Module: **mod_proxy**

Compatibilidad: Apache 1.1 y superior

ProxyRequests alterna la capacidad de Apache de comportarse como un servidor *proxy*.

ProxyVia

Sintaxis: **ProxyVia [off | on | full | block]**

Valor predeterminado: **ProxyVia off**

Contexto: Server config, virtual host

Estatus: Básica

Module: **mod_proxy**

Compatibilidad: Apache 1.3.2 y superior

El encabezado HTTP **Via:** que se define en RFC2068 (la especificación HTTP/1.1) proporciona el seguimiento de las solicitudes que se pasan a través de una cadena de servidores *proxy*. La directiva **ProxyVia** controla el comportamiento de Apache con respecto a la producción de dichos encabezados. Los valores posibles de esta directiva son:

- **Off**. No agrega un encabezado **Via:** a la solicitud.
- **on**. Agrega un encabezado **Via:** a la solicitud, indicando que la solicitud se pasó a través de este servidor *proxy*.
- **full**. Añade el encabezado **Via:**, y también añade el número de versión de Apache a ese encabezado.
- **block**. Elimina todos los encabezados **Via:** de la solicitud, y no añade un encabezado **Via:** a la solicitud.

ReadmeName

Sintaxis: **ReadmeName** *filename*

Contexto: Server config, virtual host, directory, .htaccess

Valor de omisión: **Indexes**

Estatus: Básica

Module: **mod_autoindex**

Esta directiva especifica el nombre del archivo que se debe adjuntar a los listados de índice generados automáticamente. El servidor busca un archivo llamado **filename.html**; si no lo encuentra, buscará **filename**. Si no encuentra ninguno de los archivos, no se adjuntará nada al listado.

Véase también la directiva **HeaderName**, que muestra un archivo en la parte superior del listado de directorios.

Redirect

Sintaxis: **Redirect** *[status] url-path url*

Contexto: Server config, virtual host, directory, .htaccess

Valor de omisión: **FileInfo**

Estatus: Básica

Module: **mod_alias**

Compatibilidad: El directorio y los contextos .htaccess sólo están disponibles en las versiones 1.1 y superior. El argumento **status** sólo está disponible en Apache 1.2 o superior.

Esta directiva le indica al servidor que redirija las solicitudes de un URL determinado a otra ubicación. El argumento opcional **status** hace que el servidor pase adicionalmente un código de estado al cliente. El **status** puede ser uno de estos:

- **permanent** devuelve un código de estatus 301, que indica que el recurso ha sido movido con carácter permanente.
- **temp** devuelve un código de estatus 302, que indica que el recurso ha sido movido con carácter temporal. Éste es el valor predeterminado si no se proporciona argumento **status**.
- **seeother** devuelve un código de estatus 303, que indica que el recurso ha sido sustituido por otro recurso.
- **gone** devuelve un código de estatus 410, que indica que el recurso se ha ido, es decir, que se ha eliminado con carácter permanente. En este caso, no se debe proporcionar el URL de redireccionamiento.

Es posible especificar otros códigos de estatus por medio del código de estatus numérico. Deben ser códigos de estatus **3xx** o **4xx**. Si se usa un código de estatus **3xx**, se deberá proporcionar un URL para su redireccionamiento. Si se usa un código de estatus **4xx**, se deberá omitir el URL.

El ejemplo siguiente redirecciona las solicitudes de los URL que comienzan con /Help a otros servidor, **helpdesk.databeam.com**:

```
Redirect seeother /Help http://helpdesk.databeam.com/
```

RedirectMatch

Sintaxis: **RedirectMatch** *[status] regex url*

Contexto: Server config, virtual host

Valor de omisión: **FileInfo**

Estatus: Básica

Module: **mod_alias**

Compatibilidad: Apache 1.3 y superior

Esta directiva es similar a la directiva **Redirect**, con la excepción de que el URL que se va a redireccionar puede especificarse como expresión habitual. El ejemplo siguiente redirige los URL que empiezan por **/help** o **/Help** a otro servidor, **helpdesk.databeam.com**:

```
RedirectMatch /[hH]elp http://helpdesk.databeam.com/
```

RedirectPermanent

Sintaxis: **RedirectPermanent** *url-path url*

Contexto: Server config, virtual host, directory, .htaccess

Valor de omisión: **FileInfo**

Estatus: Básica

Module: **mod_alias**

Compatibilidad: Sólo con Apache 1.2

Esta directiva redirige un URL y le indica al cliente que el redireccionamiento es permanente. Esto equivale a usar la directiva **Redirect** con el estatus **permanent**.

RedirectTemp

Sintaxis: RedirectTemp *url-path url*

Contexto: Server config, virtual host, directory, **.htaccess**

Valor de omisión: **FileInfo**

Estatus: Básica

Module: **mod_alias**

Compatibilidad: Apache 1.2 only

Esta directiva redirige un URL y le indica al cliente que el redireccionamiento es temporal. Esto equivale a usar la directiva **Redirect** con el estatus **temp**. De hecho, dado que **temp** es el valor predeterminado del argumento **status** de la directiva **Redirect**, esto equivale a usar la directiva **Redirect** sin argumento **status**.

require

Sintaxis: require *entity-name entity entity...*

Contexto: directory, **.htaccess**

Valor de omisión: **AuthConfig**

Estatus: Nuclear

La directiva **require** especifica qué usuarios autenticados pueden acceder al directorio. **entity-name** puede ser uno de éstos:

- **group** indica que un grupo de usuarios, definido en un archivo **group**, puede acceder al directorio.
- **user** indica que sólo los usuarios especificados pueden acceder al directorio. Estos usuarios y sus contraseñas debe definirse en un archivo de usuario.
- **valid-users** indica que todo usuario con un nombre de usuario y contraseña válidos puede acceder al directorio.

Esta directiva tiene que utilizarse con varias otras directivas que especifican la ubicación de los archivos **group** y **user**, qué tipo de autenticación se va a usar y qué métodos están restringidos. Ejemplo:

```
AuthType Basic
AuthName admins
AuthUserFile /etc/httpd/passwd/users
AuthGroupFile /etc/httpd/passwd/groups
<Limit GET POST>
require group admins
</Limit>
```

Para recabar más detalles acerca de estas directivas, véase el Capítulo 16.

ResourceConfig

Sintaxis: **ResourceConfig** *filename*

Valor predeterminado: **ResourceConfig conf/srm.conf**

Contexto: Server config, virtual host

Estatus: Nuclear

ResourceConfig indica la ubicación del archivo de configuración del recurso, que se lee para opciones de configuración adicionales tras cargar el archivo **httpd.conf**. El *filename*, a menos que lleve una barra, se asume que pertenece a **ServerRoot**. Si desea colocar todas las directivas de configuración en un archivo, puede desactivar la carga de un archivo **ResourceConfig** con la siguiente directiva:

```
ResourceConfig /dev/null
```

La línea equivalente en Windows NT es, sencillamente, la siguiente:

```
ResourceConfig nul
```

Véase también la directiva **AccessConfig**.

RLimitCPU

Sintaxis: **RLimitCPU** *number* | max [*number* | max]

Valor predeterminado: Unset; utiliza la configuración predeterminada del sistema operativo

Contexto: Server config, virtual host

Estatus: Nuclear

Compatibilidad: Apache 1.2 y superior

Esta directiva limita los recursos CPU utilizados. El primer argumento es un límite de todos los procesos; el segundo argumento es el límite máximo del recurso. Un valor de **max** indica que el límite debe establecerse al máximo que permita el sistema operativo. Es mejor no tocar esta directiva, a menos que sepa exactamente lo que está haciendo.

RLimitMEM

Sintaxis: **RLimitMEM** *number* | max [*number* | max]

Valor predeterminado: Unset; utiliza la configuración predeterminada del sistema operativo

Contexto: Server config, virtual host

Estatus: Nuclear

Compatibilidad: Apache 1.2 y superior

Esta directiva limita la memoria utilizada. El primer argumento es un límite de todos los procesos; el segundo argumento es el límite máximo del recurso. Un valor de **max** indica que el límite debe establecerse al máximo permitido por el sistema operativo. No altere este valor a menos que sepa con exactitud lo que está haciendo.

RLimitNPROC

Sintaxis: **RLimitNPROC** *number* | max [*number* | max]

Valor predeterminado: Unset; utiliza la configuración predeterminada del sistema operativo

Contexto: Server config, virtual host

Estatus: Nuclear

Compatibilidad: Apache 1.2 y superior

Esta directiva limita el número de procesos empleado. El primer argumento es un límite para todos los procesos; el segundo argumento es el límite máximo del recurso. Un valor de **max** indica que el límite debe establecerse al máximo que permita el sistema operativo. No altere este valor, a menos que esté seguro de que sabe lo que está haciendo.

Satisfy

Sintaxis: **Satisfy [any | all]**

Valor predeterminado: **Satisfy all**

Contexto: Directory, .htaccess

Estatus: Nuclear

Compatibilidad: Apache 1.2 y superior

Cuando se establece más de un criterio en el acceso a un directorio (por ejemplo, nombre de usuario-contraseña y nombre de *host*), **Satisfy** indica si se tienen que satisfacer todos los requisitos, o sólo uno de ellos.

En el ejemplo siguiente, el cliente debe proceder de la red **databeam.com** o autenticarse con el nombre de usuario **rbowen**, pero no necesariamente con ambos. Si se establece la directiva **Satisfy** a **all**, ambos criterios deberán satisfacerse para que se garantice el acceso.

```
<Limit GET POST>
order deny allow
deny from all
allow from databeam.com
require user rbowen
Satisfy any
</Limit>
```

ScoreBoardFile

Sintaxis: **ScoreBoardFile** filename

Valor predeterminado: **ScoreBoardFile logs/apache_status**

Contexto: Server config

Estatus: Nuclear

Script

Sintaxis: **Script** *method cgi-script*

Contexto: Server config, virtual host, directory

Estatus: Básica

Module: **mod_actions**

Compatibilidad: Apache 1.1 y superior

Esta directiva hace que se invoque un programa CGI cuando se usa un determinado método HTTP. Los métodos HTTP válidos son **GET**, **POST**, **PUT** y **DELETE**. Si el método es **GET**, el programa CGI sólo será llamado si hay una **QUERY_STRING** en el URL (es decir, si hay un signo de interrogación al final, seguido de uno o más argumentos.

```
Script GET /cgi-bin/search.pl
```

ScriptAlias

Sintaxis: **ScriptAlias** *url-path directory-filename*

Contexto: Server config, virtual host

Estatus: Básica

Module: **mod_alias**

Véase también la directiva **Alias**. **ScriptAlias** hace dos cosas:

- Hace que se sirvan todos los URL que comienzan con el **url-path** especificado al **directory-filename** especificado.
- Hace que todos los archivos de ese directorio sean tratados como programas CGI.

```
ScriptAlias /cgi-bin/ /home/httpd/cgi-bin/
```

ScriptAliasMatch

Sintaxis: **ScriptAliasMatch** *regex directory-filename*

Contexto: Server config, virtual host

Estatus: Básica

Module: **mod_alias**

Compatibilidad: Apache 1.3 y superior

ScriptAliasMatch es a **ScriptAlias** lo que **AliasMatch** es a **Alias**. **ScriptAliasMatch** funciona de forma muy parecida a **ScriptAlias**, con la excepción de que la ruta URL se especifica como una expresión habitual.

```
ScriptAliasMatch /(cgi | scripts | progs)/ /www/cgi-bin/
```

Archivos de configuración del servidor

CAPÍTULO 5

ScriptInterpreterSource

Sintaxis: **ScriptInterpreterSource [registry | script]**

Valor predeterminado: **ScriptInterpreterSource script**

Contexto: Directory, .htaccess

Estatus: Nuclear (Windows only)

Es una directiva de sólo Windows. Tradicionalmente, la ubicación del intérprete utilizado para ejecutar un programa CGI interpretado (**script**) estaba dentro de la primera línea de ese programa, en una línea #!, como #!/usr/bin/perl. La primera vez que se pudo utilizar Apache en Windows, se empleó este mismo método, pero algunos usuarios Windows, acostumbrados a las extensiones de archivo que determinan el tipo de archivo, pensaron que este comportamiento no estaba del todo claro. Cuando se sugirió que el intérprete se determinaría exclusivamente sobre la base de la extensión de archivo, hubo usuarios que querían poder mover código de máquinas Windows a máquinas Unix y viceversa. La directiva **ScriptInterpreterSource** permite que el administrador del servidor establezca si el intérprete se determinará a partir de la extensión de archivo o se basará en una línea #!. Si se establece a **registry**, Apache buscará en el Registro para localizar qué aplicación está asociada con la extensión de archivo del programa CGI. Si está establecida a **script**, Apache utilizará la línea #! para saberlo.

ScriptLog

Sintaxis: **ScriptLog** *filename*

Contexto: Server config

Module: **mod_cgi**

ScriptLog establece la ubicación de un archivo de registro, que se utiliza para registrar mensajes de error de programas CGI. Esto sólo está concebido para fines de depuración, y no se debe implementar en un servidor productivo, ya que podría degradar el rendimiento y podría producir un archivo de registro muy grande. El archivo generado contendría todos los encabezados de solicitud y la salida de programa de todos los programas CGI. Esto es muy útil para tratar de imaginarse lo que no ha funcionado en el programa CGI.

Véanse las directivas **ScriptLogLength** y **ScriptLogBuffer**.

```
ScriptLog logs/script_log
```

ScriptLogBuffer

Sintaxis: **ScriptLogBuffer** *size*

Valor predeterminado: **ScriptLogBuffer 1024**

Contexto: Server config

Module: **mod_cgi**

Esta directiva limita la tasa de crecimiento de **ScriptLog**, limitando el tamaño de los cuerpos **POST** o **PUT** que están registrados en el archivo. Recuerde que todos los encabezados, así como el cuerpo completo, se envían al archivo **ScriptLog**, que podría crecer mucho si la directiva no se configurase con un valor razonable.

Véase las directivas **ScriptLog** y **ScriptLogLength**.

ScriptLogLength

Sintaxis: **ScriptLogLength** *size*

Valor predeterminado: **ScriptLogLength 10385760**

Contexto: Server config

Module: **mod_cgi**

Esta directiva limita el tamaño total del archivo **ScriptLog**. Si el archivo sobrepasa este tamaño, los datos dejarán de escribirse en el archivo.

Véanse las directivas **ScriptLog** y **ScriptLogBuffer**.

SendBufferSize

Sintaxis: **SendBufferSize** *bytes*

Contexto: Server config

Estatus: Nuclear

SendBufferSize establece el tamaño del *buffer* TCP al número de bytes que se especifique.

```
SendBufferSize 1024
```

ServerAdmin

Sintaxis: **ServerAdmin** *email-address*

Contexto: Server config, virtual host

Estatus: Nuclear

Esta directiva especifica la dirección de correo electrónico de la persona responsable del servidor. Esta dirección se incluye en los mensajes de error que genera automáticamente el servidor.

```
ServerAdmin webmaster@rcbowen.com
```

ServerAlias

Sintaxis: **ServerAlias** *host1 host2 ...*

Contexto: Virtual host

Estatus: Nuclear

Compatibilidad: Apache 1.1 y superior

Cuando se usan *hosts* virtuales basados en nombres, esta directiva permite especificar varios nombres alternativos en el servidor sin tener que configurar una declaración de *host* virtual separada en cada nombre. Esto es útil, por ejemplo, en una intranet, donde los usuarios podrían usar el nombre de dominio totalmente cualificado del servidor o, simplemente, el nombre de la máquina.

```
<VirtualHost 9.95.144.27>
ServerName beamer.databeam.com
ServerAlias beamer
DocumentRoot /home/httpd/html/beamer/
</VirtualHost>
```

ServerName

Sintaxis: **ServerName** *fully_qualified_domain_name*

Contexto: Server config, virtual host

Estatus: Nuclear

Esta directiva especifica el nombre del servidor, que se usa cuando el servidor está construyendo direcciones de redireccionamiento. Si no se especifica esto, el servidor tratará de saberlo por sí mismo mediante búsquedas DNS. Sin embargo, es posible que así no se consiga el nombre deseado. Por ejemplo, la máquina que deseo que el mundo conozca como **www.rcbowen.com** en realidad es un DNS 209-249-98-74-virt-ip.mk.net.

```
ServerName www.rcbowen.com
```

ServerPath

Sintaxis: **ServerPath** *pathname*

Contexto: Virtual host

Estatus: Nuclear

Compatibilidad: Apache 1.1 y superior

ServerPath establece una ruta para acceder a datos de *host* virtual sobre *hosts* basados en nombres. Esto sucede en los navegadores antiguos, que no envían la información correcta para indicarle al servidor a qué *host* virtual están tratando de acceder, por lo que siempre consiguen los datos a partir del *host* principal. Véase el Capítulo 9 para recabar más información.

En el ejemplo siguiente, los clientes que no pueden acceder al servidor por el alias, (es decir, como **http://user2.mk.net/**) pueden acceder a este *host* con el nombre principal del servidor, con el **ServerPath** anexo: **http://www.mk.net/user2/**. Resulta útil colocar un vínculo con esta dirección alternativa en el sitio principal para los usuarios que hayan tratado de acceder al sitio secundario con un navegador más antiguo.

```
<VirtualHost 9.95.144.27>
DocumentRoot /home/user2/html
ServerName user2.mk.net
ServerPath /user2/
</VirtualHost>
```

> **NOTA**
>
> Esta directiva se suele utilizar poco, ya que la mayoría de Webmasters presuponen que los usuarios poseen navegadores más recientes.

ServerRoot

Sintaxis: ServerRoot *directory-filename*

Valor predeterminado: ServerRoot /usr/local/apache

Contexto: Server config

Estatus: Nuclear

ServerRoot establece el directorio en el que se van a almacenar los archivos del servidor. Se presupone que la mayoría de directivas que especifican una ruta de un archivo o un directorio se dan en relación con esta directiva, a menos que lleven una barra al principio. Los directorios que normalmente están ubicados en este directorio ServerRoot son conf/ y logs/. También puede resultar útil crear vínculos simbólicos en este directorio con los demás directorios de servidor, como los directorios document y bin.

Esta directiva también se puede establecer con la opción de línea de comandos -d al inicio:

```
httpd -d /home/apache
```

ServerSignature

Sintaxis: ServerSignature [Off | On | EMail]

Valor predeterminado: ServerSignature Off

Contexto: Server config, virtual host, directory, .htaccess

Estatus: Nuclear

Compatibilidad: Apache 1.3 y superior

Esta directiva configura si Apache va a añadir una línea de "firma" a las páginas de error generadas automáticamente. Si la directiva se establece a On, esta firma quedará adjunta e incluirá el nombre del servidor y el número de versión. Si la directiva se establece a Email, el servidor mostrará un vínculo mailto: para enviar correo al ServerAdmin. Con esta directiva establecida a Off, no se adjuntará ninguna firma.

ServerTokens

Sintaxis: ServerTokens Minimal | OS | Full

Valor predeterminado: ServerTokens Full

Contexto: Server config

Estatus: Nuclear

Compatibilidad: Apache 1.3 y superior

Archivos de configuración del servidor

CAPÍTULO 5

ServerTokens configura si el encabezado de respuesta HTTP de **Server** contienen información información acerca del sistema operativo en el que se está ejecutando el servidor.

Cuando **ServerTokens** se establece a **Minimal,** Apache sólo devuelve el número de versión del servidor (**Minimal** también se puede escribir como **Min**.) Por ejemplo,

```
ServerTokens Minimal
```

returns

```
Server: Apache/1.3.6
```

Cuando **ServerTokens** se establece a **OS**, Apache devolverá el tipo SO genérico sobre el que se está ejecutando el servidor. Por ejemplo,

```
ServerTokens OS
```

returns

```
Server: Apache/1.3.6 (Win32)
```

Cuando **ServerTokens** se establece a **Full**, Apache devuelve toda la información adicional que haya acerca de paquetes de complementos que ejecuta el servidor. Por ejemplo,

```
ServerTokens: Full
```

devuelve

```
Server: Apache/1.3.6 (Unix) PHP/4.0Beta2
```

ServerType

Sintaxis: **ServerType [inetd | standalone]**

Valor predeterminado: **ServerType standalone**

Contexto: Server config

Estatus: Nuclear

Esta directiva especifica cómo tiene que ejecutarse el servidor:

- Si se establece **ServerType** a **inetd**, el servidor será ejecutado por el proceso **inetd**, lo que significa que **inetd** escuchará en el puerto 80. Cada vez que hubiera una solicitud en ese puerto, Apache atendería esa solicitud.
- Esto es muy lento e ineficiente. Casi la única vez que tenemos que considerar el uso de este parámetro es si está haciendo cambios en el archivo de configuración. Este parámetro asegura que se va a usar la versión más reciente de los archivos de configuración y de que se recargan cada vez que **inetd** arranca el servidor.

> **NOTA**
>
> El parámetro inetd no se soporta en Windows NT, ya que Windows NT carece de proceso inetd.

- **standalone** es el parámetro más común. Se inicia una copia primaria de Apache y se generan múltiples procesos secundarios para atender solicitudes. Este proceso es mucho más rápido y eficiente, ya que no tiene que pasar por el inicio cada vez que se hace una solicitud al servidor.

SetEnv

Sintaxis: SetEnv *variable value*

Contexto: Server config, virtual host

Estatus: Básica

Module: mod_env

Compatibilidad: Apache 1.1 y superior

SetEnv establece una variable de entorno que se pasa a los programas CGI.

```
SetEnv PerlVersion 5.005
```

SetEnvIf

Sintaxis: SetEnvIf *attribute regex envar[=value] [...]*

Contexto: Server config

Estatus: Básica

Module: mod_setenvif

Compatibilidad: Apache 1.3 y superior

Esta directiva establece una variable de entorno si un atributo de la solicitud coincide con una determinada expresión habitual. El atributo puede ser cualquiera de los encabezados HTTP. Véase el Capítulo 2, "HTTP", para ver un listado de los encabezados HTTP disponibles. Algunos navegadores pasan encabezados HTTP que no forman parte de la lista estándar, y también se puede usar cualquiera de ellos.

El ejemplo siguiente establece la variable de entorno **Admin** si el nombre de usuario autenticado es **rbowen** o **tpowell**:

```
SetEnvIf Remote_User "(rbowen) | (tpowell)" Admin
```

SetEnvIfNoCase

Sintaxis: SetEnvIfNoCase *attribute regex envar[=value] [...]*

Contexto: Server config

Estatus: Básica

Module: mod_setenvif

Compatibilidad: Apache 1.3 y superior

Esta directiva es similar a la directiva **SetEnvIf**, si exceptuamos que se lleva a cabo el cotejo de expresiones no sensibles a las mayúsculas y minúsculas. Esto puede ser útil si no se está seguro de que un determinado valor vaya en mayúscula, en minúscula o en una combinación de las dos.

El ejemplo siguiente establece la variable de entorno **Admin** si el nombre de usuario autenticado es **rbowen**, pero también lo establecerá si el nombre de usuario es **Rbowen** o **RBowen**:

```
SetEnvIfNocase Remote_User rbowen Admin
```

SetHandler

Sintaxis: **SetHandler** *handler-name*

Contexto: Directory, .htaccess

Estatus: Básica

Module: **mod_mime**

Compatibilidad: Apache 1.1 y superior

Esta directiva establece un manipulador que atiende las solicitudes de un determinado directorio. Véase el Capítulo 14 para ampliar la información a este respecto.

```
SetHandler cgi-script
```

Véase también la directiva **AddHandler**.

StartServers

Sintaxis: **StartServers** *number*

Valor predeterminado: **StartServers 5**

Contexto: Server config

Estatus: Nuclear

StartServers especifica el número de procesos secundarios que empiezan en el inicio del servidor. El número de procesos secundarios que se ejecutan en cualquier momento lo administra el servidor en función de la carga, y está basado en las directivas **MaxSpareServers** y **MinSpareServers**, por lo que no tiene mucho sentido cambiar este valor.

> **NOTA**
>
> En Windows, esta directiva no tiene efectos, ya que siempre hay un solo proceso secundario, y las solicitudes las manejan distintos subprocesos de ese secundario, en vez de procesos secundarios ramificados adicionales. Véase la directiva ThreadsPerChild para ver más información al respecto.

ThreadsPerChild

Sintaxis: **ThreadsPerChild** *number*

Valor predeterminado: **ThreadsPerChild 50**

Contexto: Server config

Estatus: Nuclear (Windows)

Compatibilidad: Apache 1.3 y superior con Windows

Esta directiva sólo es válida en sistemas Windows, donde ocupa el lugar de la directiva **MaxRequestsPerChild**.

TimeOut

Sintaxis: **TimeOut** *number*

Valor predeterminado: **TimeOut 300**

Contexto: Server config

Estatus: Nuclear

Esta directiva establece el valor de expiración de la comunicación con el cliente. Específicamente, es el momento de que se produzca uno de estos eventos:

- El tiempo total para recibir una solicitud **GET**.
- El tiempo que hay entre los paquetes de una solicitud **PUT** o **POST**.
- El tiempo que hay entre los **ACK** de transmisión de paquetes de respuestas.

En el futuro, se espera que sean tres opciones de configuración separadas.

TransferLog

Sintaxis: **TransferLog** *file-pipe*

Contexto: Server config, virtual host

Estatus: Básica

Module: **mod_log_config**

La directiva **TransferLog** le indica al servidor dónde escribir el archivo de registro. **file-pipe** puede ser una ruta de archivo o un | seguido de un comando por el que se va a canalizar la información de registro. El comando recibirá la información en la entrada estándar.

```
TransferLog logs/access_log
TransferLog | /usr/bin/loghandler.pl
```

> **NOTA**
>
> El programa se ejecuta para el usuario que inició el servidor, que suele ser root. Asegúrese de que el programa es seguro.

También puede emplear las directivas **LogFormat** y **CustomLog** para establecer la ubicación del registro de transferencia. Ésta es la forma en que se hace en el archivo de configuración predeterminado.

TypesConfig

Sintaxis: TypesConfig *filename*

Valor predeterminado: TypesConfig conf/mime.types

Contexto: Server config

Estatus: Básica

Module: mod_mime

Esta directiva especifica la ubicación del archivo **mime.types** relativo a **Server-Root**. Este archivo contienen las asignaciones del tipo MIME de las extensiones de nombres de archivo.

> **SUGERENCIA**
>
> No modifique el archivo mime.types; en vez de ello, asigne todos los tipos MIME con la directiva AddTypes.

UnsetEnv

Sintaxis: UnsetEnv *variable variable ...*

Contexto: Serverconfig, virtual host

Estatus: Básica

Module: mod_env

Compatibilidad: Apache 1.1 y superior

UnsetEnv elimina las variables de entorno de las que se envían a los programas CGI.

```
UnsetEnv LD_LIBRARY_PATH
```

> **NOTA**
>
> No todas las variables de entorno pueden estar desconfiguradas. Algunas de ellas las requiere la especificación CGI. Véase el Capítulo 11, "Programación CGI", para recabar más detalles.

UseCanonicalName

Sintaxis: UseCanonicalName [on | off]

Valor predeterminado: UseCanonicalName on

Contexto: Server config, virtual host, directory, .htaccess

Valor de omisión: Options

Compatibilidad: Apache 1.3 y superior

Si se establece a **on**, esta directiva hará que Apache utilice los valores de las directivas **ServerName** y **Port** cuando construya URL de redireccionamiento y para lo que pase a los programas CGI. Si la directiva se establece a **off**, el servidor seguirá usando lo que le pase el cliente.

User

Sintaxis: User *unix-userid*

Valor predeterminado: User #-1

Contexto: Server config, virtual host

Estatus: Nuclear

Esta directiva establece el usuario con el que se ejecutará el servidor. A menos que esté seguro de lo que está haciendo, esta directiva se deberá establecer a algún usuario que casi no tenga (o no tenga ninguno) privilegios en su sistema. Aunque normalmente hay que ser **root** para iniciar el servidor, inmediatamente después del inicio, el servidor cambia a este usuario. Todos los procesos secundarios se establecen como este usuario.

UserDir

Sintaxis: UserDir [*directory/filename*] [enabled | disabled]

Valor predeterminado: UserDir public_html

Contexto: Server config, virtual host

Estatus: Básica

Module: mod_userdir

Compatibilidad: Todas las formas, a excepción del formulario **UserDir public_html**, están disponibles sólo en Apache 1.1 o superior. El uso de la palabra clave **enabled**, o de **disabled** con una lista de nombres de usuario, está disponibles sólo en Apache 1.3 o superior.

En su forma más simple, esta directiva establece el subdirectorio del directorio de inicio de un usuario, del que se servirán los documentos si se recibe una solicitud de un usuario. Las solicitudes de los usuarios tienen el aspecto de http://www.mk.net/~rbowen/, que es un URL servidor provisto de un nombre de usuario precedido por una tilde (~).

Con el siguiente parámetro, http://www.mk.net/~rbowen/test.html se asignaría al archivo /home/rbowen/htmldocs/test.html:

```
UserDir htmldocs
```

UserDir también se puede usar para redirigir a un URL si sus páginas de usuario están albergadas en servidor completamente diferente. Puede utilizar un asterisco (*) como marcador del nombre de usuario. Con el siguiente parámetro, se asignaría una solicitud de http://www.mk.net/~rbowen/test.html en el URL http://users.mk.net/rbowen/test.html:

```
UserDir http://users.mk.net/*/
```

Aparte de estos parámetros, también se pueden usar los valores de directiva **disabled** y **enabled** para activar y desactivar el manejo de los directorios de usuario, bien globalmente o para determinados usuarios. El valor **disabled** desactiva todo el manejo de los directorios de usuario, excepto para los usuarios específicamente listados con el valor **enabled**:

```
UserDir disabled
```

El valor **disabled**, seguido de una lista de nombres de usuario, desactiva la asignación de directorios de usuario para esos usuarios, incluso si aparecen como **enabled**:

```
UserDir disabled tpowell dpitts krietz
```

El valor **enabled**, seguido por una lista de usuarios, activa la asignación de directorios de nombres de usuario para esos usuarios, incluso si existe un **disabled** global, pero no si dichos usuarios aparecen como **disabled**:

```
UserDir enabled rbowen cbowen sbowen
```

<VirtualHost>

Sintaxis: <VirtualHost *addr[:port]* ...> ... </VirtualHost>

Contexto: Server config

Estatus: Nuclear

Compatibilidad: Albergue virtual basado en direcciones no IP sólo disponible en Apache 1.1 y superior; el soporte para múltiples direcciones sólo está disponible en Apache 1.2 y superior.

Esta directiva se usa para definir un *host* virtual y los parámetros que se van a aplicar a ese *host* virtual:

```
<VirtualHost 9.95.144.27>
ServerName beamer.databeam.com
ServerAlias beamer
DocumentRoot /home/beamer/htmldocs
</VirtualHost>
```

Véase el Capítulo 9 para recabar más detalles.

XBitHack

Sintaxis: XBitHack [on | off | full]

Valor predeterminado: XBitHack off

Contexto: Server config, virtual host, directory, .htaccess

Valor de omisión: Options

Estatus: Básica

Module: mod_include

XBitHack permite que la parte **execute** de un archivo bit HTML determine si ese archivo se va a analizar sintácticamente en las directivas del lado del servidor. Cuando

XBitHack se establece a on, todo archivo con la parte execute del usuario se analizará sintácticamente en el contenido del lado del servidor. Cuando XBitHack se establece a full, lo mismo ocurre, pero la fecha Last-modified del documento también se devolverá como la fecha de última modificación del propio archivo, permitiendo que los *proxies* pongan en caché la página resultante. Si XBitHack se establece a off, no se realizará ningún procesamiento.

Véase el Capítulo 12 para ampliar la información.

Resumen

Aparte de estas directivas de código, hay una serie de directivas que se ocupan de otros módulos de extensión. La Parte V de este libro contiene varios capítulos dedicados a los módulos de Apache; estos capítulos abordarán las directivas que acompañan a cada módulo.

Apache le proporciona el administrador del servidor, mucho control sobre las distintas formas en que va a funcionar el servidor, permitiéndole controlar todo, desde el aspecto de los mensajes de error hasta la cantidad total de tiempo de la CPU que puede consumir el servidor. En la mayoría de casos, los valores predeterminados serán los adecuados, pero prosiga y experimente con algunos de estos parámetros para ver cómo afectan a su sitio. Aunque las directivas de configuración suelen ser estables de versión a versión, si tiene una versión más reciente de Apache que la que empleamos en este capítulo (1.3.9), consulte la documentación sobre el sitio web Apache para asegurarse de que la sintaxis de una determinada directiva no ha cambiado. Asegúrese de que tiene una copia de seguridad antes de empezar a tocarlo. Se recomienda que, en vez de utilizar la directiva FancyIndexing, utilice IndexOptions FancyIndexing. La directiva IndexOptions implementa todas las demás cualidades de los índices generados automáticamente. Tiene sentido mantener toda la configuración en un lugar, en vez de usar IndexOptions para la mayor parte y FancyIndexing para la otra parte. Además, antes de Apache 1.3.2, estas dos directivas se omitían, y había que tener cuidado a la hora de ordenar. Es mejor usar IndexOptions para todo y evitar la confusión.

Configurar Apache con Comanche

Cómo conseguir Comanche	126
Cómo utilizar Comanche	127
Configurar el servidor	128
Secciones	131
Configurar *hosts* virtuales	135
Tareas de administración del servidor	136
Ampliar Comanche	136
Limitaciones	136

CAPÍTULO 6

Comanche supone una forma simplificada de configurar y administrar el servidor Apache y cualquier otra aplicación que se base en un archivo de configuración de texto.

Como vimos en el Capítulo 5, "Archivos de configuración del servidor", Apache posee un gran número de directivas de configuración. Aunque esto significa que se tiene un control total sobre muchas cosas, también significa que queda mucho por conocer. Configurar el servidor puede suponer leer páginas y páginas de documentación para encontrar la directiva adecuada.

Además, el propio archivo de configuración, pese a que tiene un formato muy sencillo, le obliga a leerlo antes de poder realizar cambios. Las distintas directivas tienen sintaxis distintas, y ciertas directivas pueden aparecer únicamente en determinados contextos. Configurar un servidor Apache puede resultar complicado, especialmente para los principiantes o para los que están más familiarizados con productos que incorporen aplicaciones de configuración GUI (interfaz gráfica de usuario). Particularmente para los usuarios de Microsoft Windows, esto se suele argüir como motivo para no utilizar Apache.

Para agravar este problema, hay una serie de productos que tienen el mismo problema. Sendmail, DNS y Samba son unos cuantos ejemplos de buenos productos difíciles de configurar, y cada producto tiene su propio formato de archivo de configuración, por lo que, para cada uno de ellos, hay que aprender una manera completamente distinta de configurarlo.

Es una pena que siendo el producto sustancialmente mejor que los productos de la competencia, lo que frena a la gente de usarlo es el método de configuración (algo que se hace con muy poca frecuencia).

Tras examinar la forma predeterminada de configurar Apache (modificar un archivo de texto), Daniel Lopez Ridruejo decidió desarrollar una alternativa. Buscando la independencia de la plataforma, lo escribió en Tcl, que se ejecuta en todas las plataformas en las que Apache está disponible.

De hecho, Daniel tenía un objetivo mas amplio. Quería proporcionar una interfaz para configurar cualquier cosa que tuviera un archivo de configuración basado en texto, como Samba o los distintos aspectos del sistema operativo Linux.

De este deseo de construir una interfaz fácil de configurar nació Comanche (Administrador de configuración en Apache). Puede ampliar Comanche para configurar cualquier otra aplicación, pero, al instalarlo, se configuran las instalaciones Apache y Samba.

Cómo conseguir Comanche

Puede conseguir Comanche del sitio web de Comanche en **http://comanche.com.dtu.dk/_comanche/**. En el CD que incorpora este libro se incluye una versión de Comanche, pero siempre se puede conseguir la última versión en ese URL.

Comanche se distribuye como Open Source, como el propio Apache. Esto significa que es posible obtener el código fuente de Comanche y hacer sus propios cambios si es lo que desea. Evidentemente, si realiza arreglos o mejoras, es muy conveniente indicárselo a Daniel, para que todos nos podamos beneficiarnos de su trabajo.

Comanche también está disponible en forma binaria para Irix, Solaris, HP, Linux Intel y Windows 9x/NT. Una instalación RPM está disponible para Red Hat Linux 5.x. Si tiene algún otro sistema operativo, puede obtener el código fuente y construirlo usted mismo. Si tiene resultados positivos, puede ponerse en contacto con Daniel y notificárselo, y ofrecerle el envío de los binarios creados, para que él los pueda ofrecer en su sitio web.

Cómo utilizar Comanche

Una vez que se ha instalado Comanche en el sistema, ejecutarlo es muy sencillo.

> **SUGERENCIA**
>
> Guarde la copia de seguridad de los archivos de configuración de Apache antes de empezar a jugar con Comanche. Obviamente, proceder así siempre es una buena idea al realizar cambios en la configuración, para poder volver siempre a una configuración que se sabe que funciona.

Iniciar Comanche

En Windows, haga doble clic en el archivo **comanche.exe** para iniciar la aplicación Comanche. En Unix, se invoca el binario de Comanche desde la línea de comandos. El GUI se parece mucho en ambos casos.

En Windows, Comanche encuentra la instalación del servidor Apache buscando en el Registro. En vista de que se puede tener más de una instalación de Apache ejecutándose a la vez (en puertos diferentes o en direcciones IP distintas, por ejemplo), Comanche le permite configurar más de una instalación Apache en la misma interfaz.

En Unix, Comanche le pedirá el lugar en el que tenga instalado Apache, y funcionará desde la ubicación que se le indique.

La interfaz de usuario

La primera vez que se inicia Comanche, se ve una ventana de dos paneles (véase la Figura 6.1). En el panel izquierdo está el nombre de la computadora, con un signo más a su lado. Si se hace clic en ese signo se expande el árbol, mostrándole secciones de Apache y Samba. No vamos a hablar de configurar Samba con Comanche, pero el procedimiento es exactamente el mismo que en Apache.

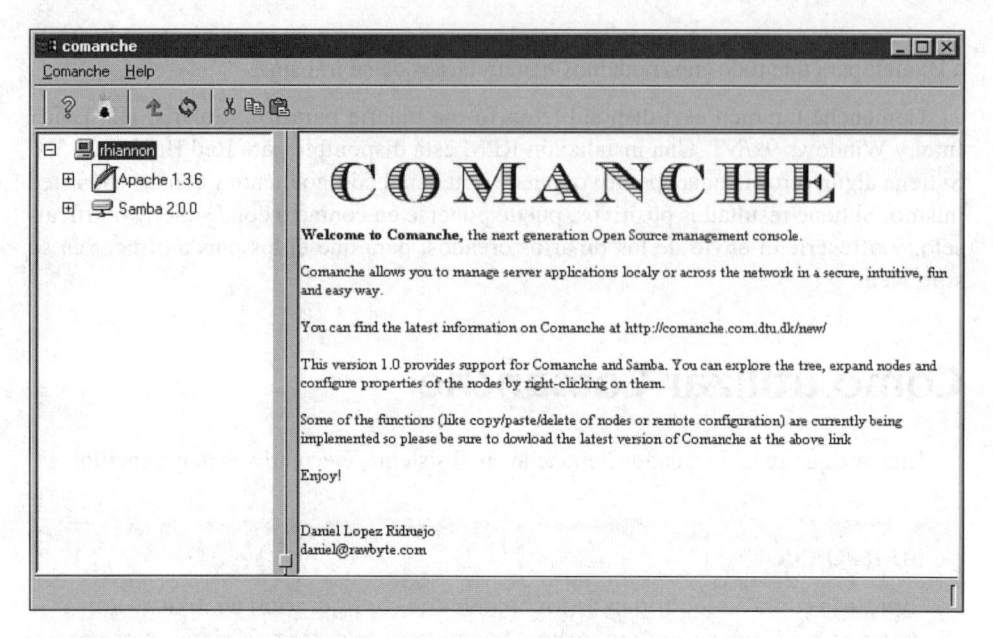

FIGURA 6.1. Pantalla principal de Comanche.

> **NOTA**
>
> Las capturas de pantalla que se ven en este capítulo pertenecen a la versión Windows del producto. Las pantallas son parecidas en Unix, pero no son iguales, ya que las aplicaciones Tcl tienen el aspecto de aplicaciones GUI nativas en las plataformas sobre las que se ejecutan.

Si abre el árbol Apache de la parte izquierda aparecerá una sección por cada *host* virtual que se haya definido, así como en el servidor principal. Bajo cada *host* definido, se ve cada sección <Directory> o <Location> que se haya definido en el archivo de configuración del servidor. Existe una sección adicional para la gestión del servidor. La Figura 6.2 muestra Comanche configurando un servidor con un servidor principal y un *host* virtual.

Es posible navegar por las distintas partes del archivo de configuración, bien haciendo clic en los vínculos del panel derecho, que funcionan como una página web, o bien haciendo clic con el botón derecho del ratón en los distintos nodos del panel izquierdo, con lo que se abre un menú de opciones.

Configurar el servidor

Si hace clic con el botón derecho en **Default Server** dentro del panel izquierdo y selecciona **Configure** en el menú, verá un cuadro de diálogo como el de la Figura 6.3. Este cuadro de diálogo le permite configurar algunas de las propiedades del servidor.

Configurar Apache con Comanche

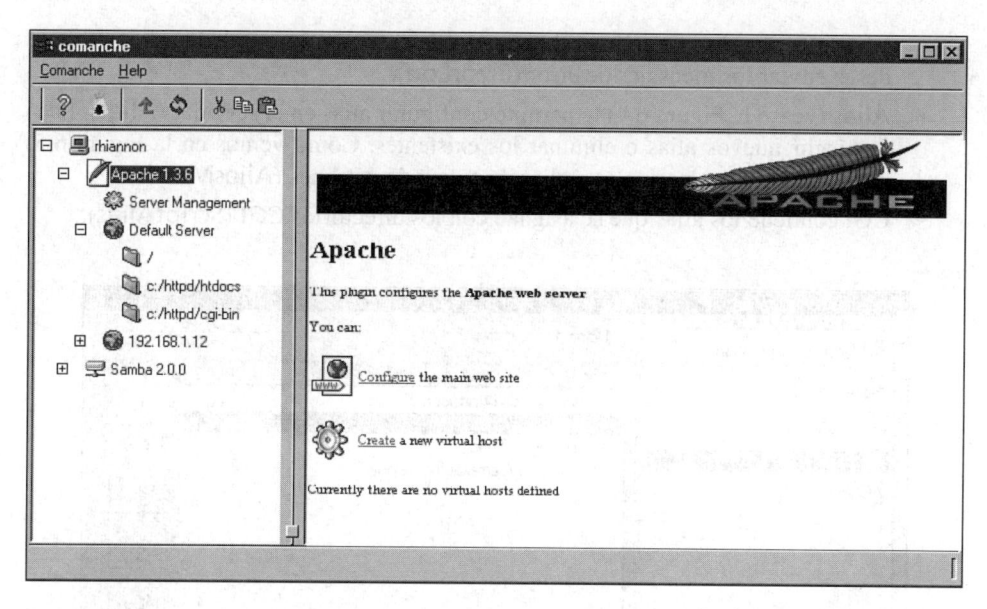

CAPÍTULO 6

FIGURA 6.2. Configurar un servidor.

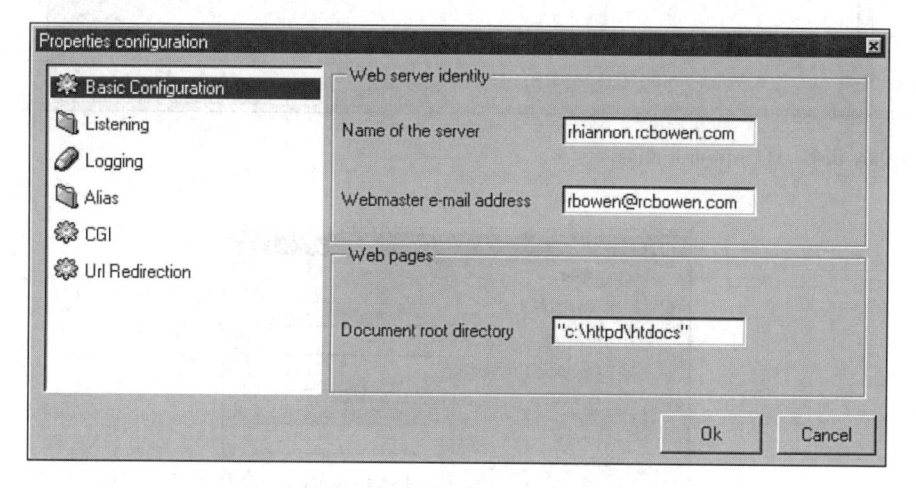

FIGURA 6.3. Configurar las propiedades del sitio.

Cada una de las opciones del cuadro de lista representa una sección lógica del archivo de configuración. Las propiedades del servidor se dividen en cinco secciones:

- **Basic Configuration** contiene el nombre del servidor (**ServerName**), la dirección de correo electrónico del administrador del servidor (**ServerAdmin**) y el directorio raíz del documento principal del servidor (**DocumentRoot**).

- **Listening** contiene el puerto TCP/IP en el que el servidor debe escuchar (**Port**) y la dirección IP con la que el servidor tiene que enlazar (**BindAddress**).

- **Logging** contiene el archivo de registro de errores o la utilidad syslog a la que desea enviar los mensajes de error (**ErrorLog**).
- **Alias** (véase la Figura 6.4) le permite configurar alias en el servidor (**Alias**). Puede añadir nuevos alias o eliminar los existentes. Como vemos en la Figura 6.5, puede añadir alias normales o alias de cotejo de patrones (**AliasMatch**).
- CGI contiene los alias que se asignan con los directorios CGI (**ScriptAlias**).

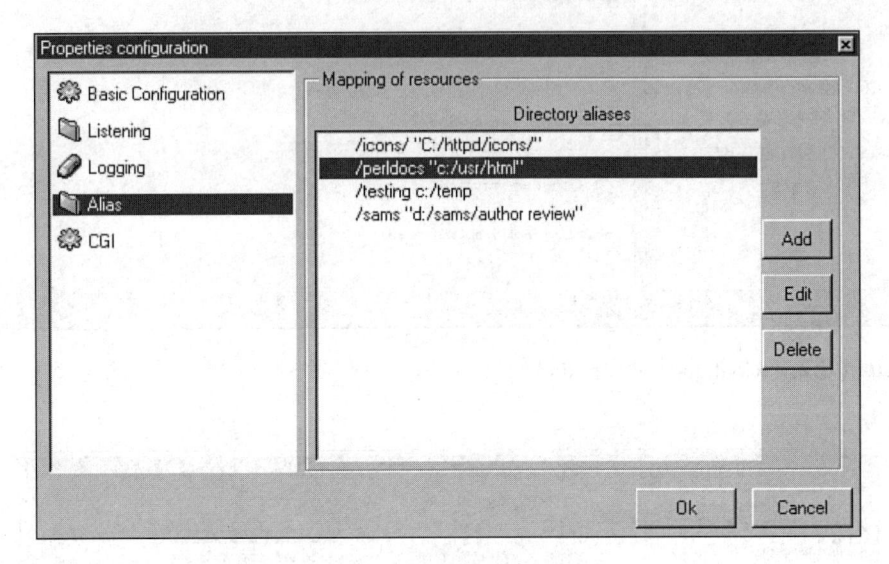

FIGURA 6.4. Configurar alias.

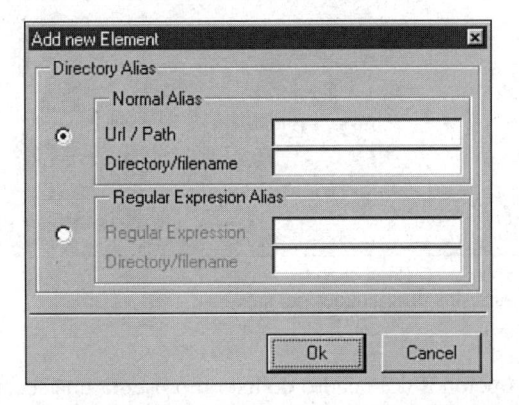

FIGURA 6.5. Añadir un alias.

> **NOTA**
>
> Cuando introduzca rutas de directorio, tenga mucho cuidado con los directorios que contengan espacios. Estos directorios suelen tener importancia exclu-

sivamente para los usuarios Windows. La verdadera solución pasa por evitar los espacios en los nombres de directorio, pero, si es necesario tenerlos, asegúrese de poner estas rutas entre comillas. Si no se hace esto, probablemente el servidor Apache acabará quejándose sobre la sintaxis del archivo de configuración y no se iniciará.

- La sección **Url Redirection** permite definir redireccionamientos de un URL a otro. Esto puede significar un redireccionamiento de una simple ruta URL o de una expresión habitual, para que coincida con más de una ruta URL posible. La Figura 6.6 muestra el cuadro de diálogo con el que se crea una nueva regla de redireccionamiento.

- Los URL pueden ser redireccionados con uno de estos códigos de estado:

    410 Gone
    301 Permanent
    302 Temporary
    303 See Other

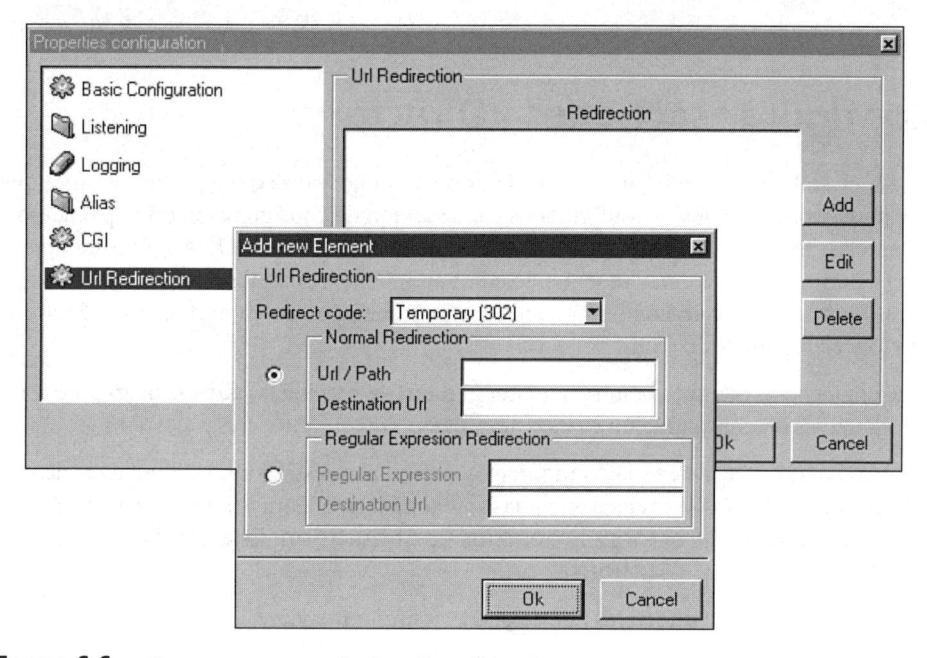

FIGURA 6.6. Crear una nueva regla de redireccionamiento.

Secciones

En cada servidor o *host* virtual es posible añadir secciones, en las que se pueden colocar directivas de configuración adicionales. Esta secciones pueden ser de tres tipos: *direc-*

tory, *location* o *file*. Cada tipo de sección especifica un determinado grupo de recursos: <Directory> agrupa los recursos por ruta de directorio, <Location> los agrupa por URL y <Files> los agrupa por nombres de archivo.

Para añadir una nueva sección a cualquiera de estos tipos, haga clic con el botón derecho del ratón en el servidor en el que vaya a aparecer la sección y seleccione **Add a New Node**. Seleccione el tipo de sección que esté añadiendo y la ruta, URL o nombre de archivo que identifique la sección que está añadiendo.

También es posible añadir secciones de archivo en las secciones location y directory, si lo desea. Luego puede configurar los parámetros de cada una de estas secciones de forma individual.

> **SUGERENCIA**
>
> Cuando se añade una sección <Files>, es posible convertir el nombre del archivo en una expresión habitual para que coincidan los grupos de archivos. Para hacerlo, coloque una tilde (~) frente al patrón:
>
> ~ "\.(gif¦jpe?g)$"

Configurar secciones <Directory>

En el archivo de configuración predeterminado que incorpora Apache, observe que hay muy pocos parámetros configurados en la sección de configuración principal del servidor. Casi todas las directivas están colocadas en las secciones <Directory>, de forma que el control puede ser mayor, teniendo comportamientos distintos en los directorios que haya. Es más, existe un comportamiento distinto configurado en el directorio de documento y en el directorio CGI.

Comanche le permite definir cualquier número de secciones <Directory> y establecer directivas de configuración en esas secciones.

Al igual que sucede con la configuración principal del servidor, las directivas de una sección <Directory> se dividen en varias categorías. La Figura 6.7 muestra el diseño del cuadro de diálogo <Directory> **Properties Configuration**. Este cuadro de diálogo se muestra en las opciones **Authorisation**.

Los cinco tipos de directivas que se puede configurar son:

- **Authorisation** (como se ve en la Figura 6.7) configura la sección de autorización (**AuthName**) y tipo de autorización (**AuthType**) destinados a proteger el acceso al directorio. Véase el Capítulo 16, "Autenticación", para ver más detalles acerca de estas directivas.
- **Users auth** permite proteger un directorio para su acceso por algunos usuarios o grupos de usuarios determinados. O bien puede decidir que los usuarios válidos que aparezcan en el archivo de contraseña puedan tener acceso a este directorio.

La Figura 6.8 muestra el cuadro de diálogo que se encarga de configurar esta opción.

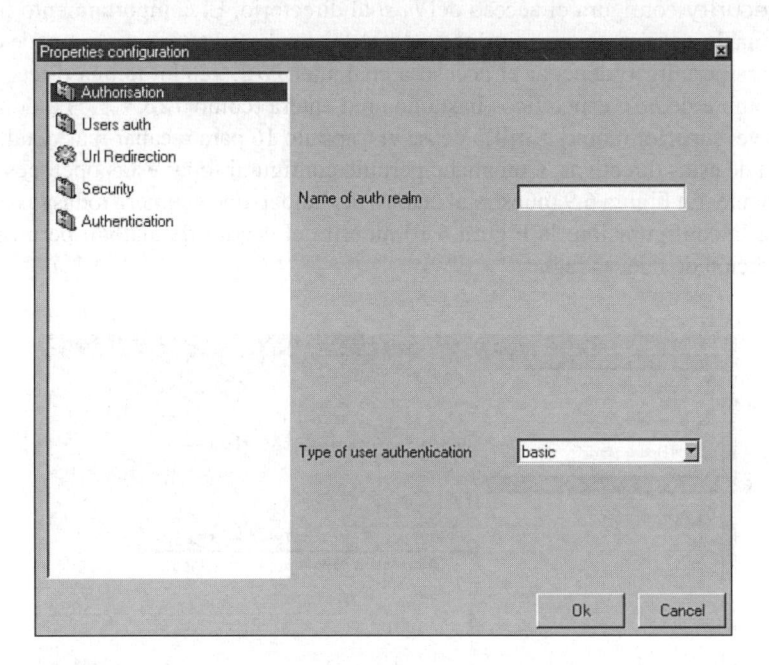

FIGURA 6.7.   Configurar una sección <Directory>.

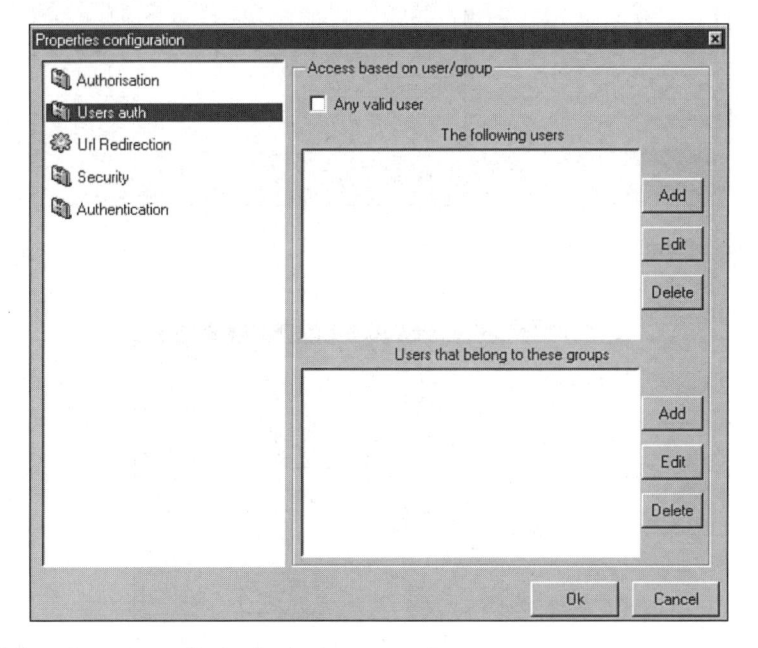

FIGURA 6.8.   Proteger un directorio de ciertos usuarios.

- **Url Redirection**, como en la configuración principal del servidor, permite crear reglas de redireccionamiento de URL.
- **Security** configura el acceso del *host* al directorio. El comportamiento predeterminado consiste en permitir acceso a todos los *hosts*, pero esto se puede cambiar para permitir o denegar el acceso a cualquier *host*, yendo de una dirección IP o nombre de *host* específicos hasta una red entera (como **128.*.*.***) o dominio de nivel superior (como ***.mil**). Véase el Capítulo 16 para recabar más detalles acerca de estas directivas. Comanche permite configurar todas estas opciones directamente. La Figura 6.9 muestra el cuadro de diálogo que enumera todas las opciones de la configuración; la Figura 6.10 muestra el cuadro de diálogo permitiendo la adición de nuevas reglas.

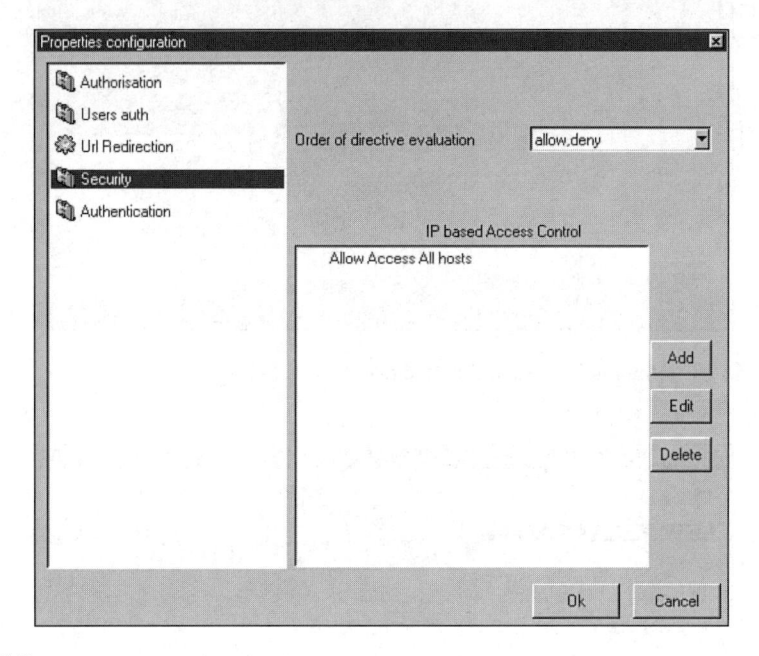

FIGURA 6.9.   Permitir el acceso por *host*.

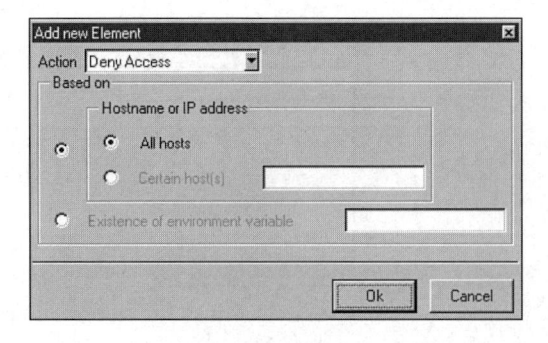

FIGURA 6.10.   Añadir una nueva regla de acceso basada en *host*.

- **Authentication** le permite establecer la ubicación del archivo que contiene las contraseñas y nombres utilizados para autenticar a los usuarios, así como la ubicación del archivo que contiene los nombres de grupo, con las listas de los usuarios de esos grupos.

Configurar secciones <Location>

Las secciones <Location> permiten el control de acceso basado en URL en vez de en rutas de directorio. El URL no tiene por qué asignarse a un directorio en particular. Configurar una sección <Location> con Comanche es igual que configurar una sección <Directory>. Todas las directivas que son válidas en una sección <Directory> también lo son en una sección <Location>.

Configurar secciones <Files>

Las secciones <Files> permiten el acceso al control basado en los propios nombres de archivo. En una sección <Files>, sólo es posible configurar directivas de seguridad. Éstas son exactamente iguales a la configuración de seguridad de una sección <Directory>.

Configurar *hosts* virtuales

Es posible crear un nuevo *host* virtual haciendo clic con el botón derecho del ratón en el icono llamado **Apache 1.3.6** (o el número de versión que sea) del cuadro de lista o haciendo clic en **Create a New Virtual Host**, situado en la parte derecha.

La Figura 6.11 muestra el cuadro de diálogo que permite añadir un nuevo *host* virtual. Si bien es posible introducir el FQDN (Nombre de Dominio Totalmente Cualificado) del servidor aquí, en realidad hay que introducir la dirección IP del servidor virtual.

> **NOTA**
>
> En este momento, sólo se soportan los *hosts* virtuales. Véase el Capítulo 9, "*Hosts* Virtuales", para recabar más información acerca de los *hosts* virtuales.

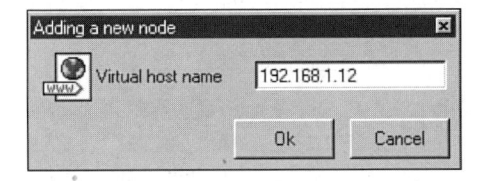

FIGURA 6.11. Añadir un nuevo *host* virtual.

Luego se pueden configurar los parámetros del *host* virtual exactamente de la misma forma que para el servidor principal. La única diferencia es que la sección **Listening** no está disponible, ya que estos parámetros sólo se pueden configurar en el servidor principal.

Tareas de administración del servidor

Bajo el icono del servidor de la ventana principal de Comanche hay una sección **Server Management**. Esta sección permite realizar tareas básicas de administración del servidor, como iniciar, detener, reiniciar y reiniciar suavemente el servidor. Además, si está ejecutando Apache en Unix y tiene **mod_status** compilado y activado, podrá obtener el estado actual del servidor en la forma dispuesta por **mod_status**.

En cada opción, aparecerá un botón a la derecha.

> **NOTA**
>
> Como vimos en el Capítulo 4, la diferencia entre reiniciar y reiniciar suavemente es que un reinicio suave permite atender todas las solicitudes en el momento del reinicio antes de que se cierre el proceso secundarios y que comience uno nuevo. Un reinicio normal vuelca las conexiones activas sin miramientos y los procesos secundarios se cierran inmediatamente.

Ampliar Comanche

Puede ampliar Comanche para que configure cualquier aplicación con un archivo de configuración de texto. Comanche incorpora módulos para Apache y para Samba, así como un módulo de ejemplo para establecer el nombre de *host*. Un módulo Comanche está formado por código Tcl para definir el aspecto de la interfaz de usuario y los archivos XML que definen las directivas que pueden aparecer en el archivo de configuración.

Para incidir en la creación de módulos propios, deberá consultar la documentación que incluye Comanche. Sin embargo, la mejor manera de aprender a crear un módulo consiste en leer los archivos que definen los módulos estándar y tratar de armar uno propio. El módulo de nombre de *host* es intencionadamente sencillo, de forma que se puede usar como ejemplo sobre el que construir el módulo.

Limitaciones

Aunque Comanche sea una aplicación muy buena que simplifica mucho la configuración de Apache, deberá saber que existen ciertas limitaciones.

Deberá estar en la consola

Deberá estar físicamente en la máquina que se está configurando o utilizar algún programa de consola remota para ver la consola de la máquina que se está configurando. En este momento, Comanche no soporta la capacidad de configurar servicios en máquinas remotas, aunque las versiones futuras del producto lo incluirán.

Esta limitación no es tan grande como lo que podríamos imaginar, ya que existen varias aplicaciones de consola remota gratuitas. La mejor (en nuestra opinión) es VNC, que se puede conseguir en http://www.uk.research.att.com/vnc/. Es gratuita y se distribuye con GPL. Se ejecuta en Windows y Unix (y otras plataformas, como PalmOS) y permite controlar una máquina remota como si se estuviera frente a ella. Eso se puede hacer a través de una aplicación cliente o a través de un *applet* Java en un navegador web. VNC elimina el requisito de tener que estar físicamente presente para configurar una máquina, en especial a la hora de tratar con Microsoft Windows, lo que le obliga a estar en la consola para llevar a cabo muchas tareas administrativas.

Deberá saber cómo ampliar Comanche

En la versión actual de Comanche, deberá saber Tcl para ampliar Comanche a fin de configurar otras aplicaciones. En las versiones futuras será posible escribir estos módulos en el lenguaje deseado.

Sin embargo, Tcl es bastante sencillo a nivel sintáctico, y existen ejemplos dentro de la documentación de Comanche que le ayudan a crear módulos de ejemplo. Dado que muchos archivos de configuración tienen una sintaxis parecida (aunque no sea exactamente la misma), la acción de convertir un módulo existente en uno propio personalizado no tiene por qué ser muy difícil. Cuando la gente empiece a crear módulos de ampliación para configurar las distintas aplicaciones, muchos de estos módulos estarán disponibles para su descarga en Internet.

Deberá saber algo acerca de los archivos de configuración

Aunque la interfaz gráfica de usuario (GUI) le libera de trabajar directamente con los archivos de configuración, deberá saber algo acerca de estos archivos para usar esta herramienta. Gran parte de la terminología que se usa en la interfaz Comanche presupone que se conocen los archivos y las directivas. Se emplean palabras como **allow**, **deny** y **location**, con la presunción de que entiende lo que significan en el contexto de configuración de un servidor Apache. Aunque esta presunción sea razonable para los destinatarios de Apache, en el futuro probablemente será algo que limite a medida que haya más usuarios que empiecen a utilizar Comanche para configurar sus servidores y que nunca hayan modificado los archivos de configuración directamente.

Evidentemente, dado que esto se puede modificar muy fácilmente, es razonable presuponer que en versiones futuras todo venga explicado, de tal forma que un principiante de Apache pueda utilizar Comanche para configurar los parámetros de su servidor.

Resumen

Comanche constituye una forma muy potente de configurar el servidor web Apache y todas las demás aplicaciones que posean un archivo de configuración de texto. Supone una forma inmejorable de aprender a configurar un servidor Apache, particularmente para aquellos que estén acostumbrados a una interfaz de configuración GUI.

Tipos MIME

¿Qué es MIME?	140
Tipos MIME predeterminados	141
Determinar el tipo MIME a partir del contenido del archivo	143
Tipos MIME y nombres de archivo	143
Herencia de los parámetros MIME	153
Manipular tipos MIME	153
Utilizar información MIME	155
Comportamiento del cliente	157

Como vimos en el Capítulo 2, "HTTP", los tipos MIME, que también se denominan IMT (*Internet Media Types*, Tipos Multimedia de Internet), constituyen un eje fundamental del HTTP (*Hypertext Transfer Protocol*, Protocolo de Transferencia de Hipertexto). Le indican al cliente (navegador) el tipo de documento que está recibiendo y, por tanto, le ayudan a decidir lo que va a hacer con ese archivo. El servidor web Apache utiliza una lista de tipos MIME almacenados en uno de sus archivos de configuración, **mime.types**, así como definiciones que se encuentran en los demás archivos de configuración. La lista de tipos MIME públicamente conocidos y utilizados MIME se mantiene en una ubicación central de Internet, como veremos después.

Este capítulo trata sobre los tipos MIME, cómo se utilizan y cómo se puede configurar el servidor para asociar ciertos tipos MIME con ciertos archivos o tipos de archivos.

> **NOTA**
>
> Los documentos generados en tiempo real en respuesta a una solicitud del cliente (como el informe del estado del servidor del módulo mod_status) también necesitan tipos MIME, pero el mecanismo que genera el contenido necesita especificar el tipo de forma apropiada. En todo caso, el modo de hacer esto es específico del mecanismo generador, por lo que queda fuera del alcance de este capítulo. Dado que la gran mayoría de documentos web en realidad se basan en los archivos del disco, este capítulo se centra en ese aspecto de la configuración.

¿Qué es MIME?

En el Capítulo 2 hicimos mención de MIME, pero para no tener que releer las páginas para localizar esa nota, he aquí los fundamentos nuevamente. MIME (Extensiones Multiaplicación del Correo Internet) constituye una forma de indicar el tipo de documento o recurso en particular, que puede ser o no un archivo del servidor.

Los tipos MIME se componen de un tipo determinado, como **image** o **text**, y un subtipo, como **gif** o **rtf**. Un tipo MIME se escribe así:

```
image/gif
```

Este tipo MIME indica que un archivo es una imagen que tiene el formato **gif**. Esto le ayuda al cliente a determinar lo que necesita hacer con el flujo de bits que está recibiendo.

El registro de tipos multimedia lo gestiona la Autoridad de Números de Asignación de Internet (IANA), y la lista completa y actualizada de tipos registrados puede encontrarse en la Web en ftp://ftp.isi.edu/in-notes/iana/assignments/media-types/_media-types. Esta página web también identifica el registrador de cada tipo.

El campo **Content-type** del encabezado de respuesta, que se envía al cliente con el propio contenido de la respuesta, puede contener algo más que simplemente el tipo multimedia; también puede incluir información, como el conjunto de caracteres donde el documento está codificado, como en

```
Content-type: text/plain; charset=ISO-8859-4
```

Aunque esta información adicional no forma parte del propio tipo MIME, los mismos mecanismos Apache que le permiten manipular el tipo multimedia también le permiten controlar estos factores.

Importancia de los tipos MIME

Un tipo MIME se envía como campo del encabezado HTTP **Content-type** de la respuesta del servidor HTTP. Por ejemplo, la identificación del tipo MIME de un documento HTML tendría este aspecto:

```
Content-type: text/html
```

Esto podría ser uno de los campos de encabezado HTTP que se envía con la respuesta. El encabezado HTTP se termina con una línea en blanco (para ver más información, remítase al Capítulo 2).

Los tipos MIME se tratan en las RFC 2045, 2046, 2047, 2048 y 2077, entre otras. El registro de los tipos MIME es importante para que dos tipos de contenido diferentes no terminen con la misma etiqueta MIME, generando confusión en el tipo de documento (las empresas o particulares que tengan contenido nuevo pueden registrar un tipo MIME poniéndose en contacto con la IANA). El prefijo especial **x-** del subtipo MIME queda reservado para tipos experimentales, como **audio/x-aiff**; esto se suele utilizar cuando se ha desplegado un tipo multimedia sin que haya terminado el proceso de registro.

Si se indica al cliente el tipo de datos enviados, puede tomar acciones oportunas a la recepción. Por ejemplo, en el caso de un navegador web que tenga una persona delante, el primero puede saber si el documento es algo que puede ofrecer y mostrar (como **text/html**, **text/plain** o **image/gif**), algo para lo que tenga que activar un conectable (como Adobe Acrobat para **application/pdf**), algo que requiera un manipulador de coprocesamiento (como Microsoft Word en un documento **application/msword**), o si necesita pedir al usuario instrucciones si todavía no tiene nada que cubra el tipo multimedia.

El tipo multimedia de un documento también puede ser importante cuando el servidor tiene muchas versiones de un determinado documento (lo que se llama variantes; véase la sección dedicada a **mod negotiation** en el Capítulo 21, "Utilizar el módulo Module") y necesita elegir cuál de ellas enviar al cliente. El cliente podría, por ejemplo, preferir el texto HTML al texto sin formato, o las imágenes GIF a las imágenes JPEG.

Tipos MIME predeterminados

Apache posee una serie de directivas que controlan el modo de concebir el tipo MIME correcto de un documento (véase el Capítulo 5, "Archivos de configuración del servidor"). Si todo lo demás falla, utilizará el valor de la directiva **DefaultType**, si existe en los archivos de configuración del servidor. En la distribución, aparece en el archivo **conf/httpd.conf-dist** como

```
DefaultType text/plain
```

esto significa que si el servidor no puede saber el tipo correcto de un documento, asumirá que se trata de un archivo sin formato y se lo indicará al cliente. En lo que respecta a los sitios web basados en texto, probablemente se trate de un parámetro predeterminado razonable. Sin embargo, en un sitio web que se especializara en descargar paquetes o fotografías de Astronomía, podría no ser lo oportuno. Recuerde que el cliente actúa en función de lo que se dice en el tipo de documento, lo que significa que puede tratar de mostrar un archivo binario en la pantalla del usuario. En los sitios web que tengan más contenido binario que textual, el mejor valor predeterminado que se puede configurar es

```
DefaultType application/octet-stream
```

Esto implica "un flujo de bytes". En un sitio que contuviera sobre todo imágenes prediseñadas, quizás sería mejor lo siguiente:

```
DefaultType image/gif
```

Normalmente, si el cliente no sabe lo que hacer con el tipo de datos del documento, le pedirá instrucciones al usuario o, sencillamente, lo guardará en el disco.

Si la configuración de Apache no incluye una directiva **DefaultType** explícita, Apache definirá el valor predeterminado como **text/plain**, que es precisamente lo que hay en el archivo de configuración estándar que se facilita. Puede especificar un tipo MIME predeterminado en todos los archivos del servidor con los nombres que coincidan con un patrón determinado. La idea de las extensiones es crucial, ya que constituyen la primera medida que utiliza Apache para determinar los tipos multimedia. Una extensión de archivo es, sencillamente, una parte del nombre de archivo que comienza con un punto. Por ejemplo, en el nombre de archivo **index.html**, la extensión es **.html**; en el nombre **food.txt.en**, tanto **.txt** como **.en** son extensiones.

> **NOTA**
>
> Cuando una directiva Apache acepta una extensión de archivo como argumento, el punto inicial siempre es opcional. Algunos prefieren dejar el punto en su sitio para dejar claro que hay un extensión. Considere las dos líneas siguientes, cuyo efecto es el mismo:
>
> ```
> AddLanguage ca ca
> AddLanguage ca .ca
> ```
>
> Ambas líneas declaran que los archivos provistos de una extensión .ca están en catalán, pero es una cuestión de opinión personal elegir el que mejor lo expresa.

Determinar el tipo MIME a partir del contenido del archivo

Aunque la mayoría de *webmasters* conocen bien los tipos de contenido de los archivos de sus sistemas, a veces no los conocen tan bien. Muchas veces, la mejor (o única) forma de saber lo que hay en un archivo es observarlo. Las versiones recientes del software del servidor Apache han incluido un módulo llamado **mod_mime_magic**, que está diseñado para hacer precisamente eso.

El módulo **mod_mime_magic** utiliza las mismas técnicas que el comando **file(1)** de UNIX para saber qué tipo de información contiene un archivo. En realidad, lo que hace es leer parte de los datos del archivo, y aplica una serie de pruebas (como "¿Son los dos primeros caracteres #!?" o "Es el quinto byte 23, el diecisieteavo 127 y el cuadragésimo 64?"), hasta que una sea satisfactoria.

En la distribución estándar de Apache, la lista de reglas que utiliza **mod_mime_magic** queda dentro del archivo **magic** del subdirectorio **conf**, que está en **Serverroot**. Puede utilizar la directiva **MIMEMagicFile** para cambiar esto e indicarle al módulo que utilice un archivo distinto; la sintaxis de la directiva es

```
MIMEMagicFile path/filename
```

Si la ruta no es absoluta (es decir, si no empieza por / en UNIX o una letra de unidad en Windows), se considerará como relativa a **ServerRoot**.

La directiva **MIMEMagicFile** define un parámetro del servidor y sólo puede aparecer en sus archivos de configuración, fuera de los contenedores <Directory>, <Files> y <Location>. Puede aparecer en los parámetros globales del servidor o dentro de los contenedores <VirtualHost>. En un entorno de servidor, la última directiva **MIMEMagicFile** que encontramos es la que utilizará el servidor.

Aunque este mecanismo de escritura conducida por contenido es muy flexible, ampliarla para reconocer los nuevos tipos de archivos no es sencillo y supone una merma muy importante en el rendimiento. Por regla general, el uso de **mod_mime_magic** en la determinación del tipo MIME no está recomendado.

Tipos MIME y nombres de archivo

Apache proporciona una serie de maneras de configurar los tipos MIME en base a los nombres de archivo. Proporciona una lista predeterminada de asociaciones (llamadas asignaciones), desde tipos MIME hasta extensiones de archivo, y varias directivas le permiten aumentar o cambiar estos parámetros predeterminados. Estos parámetros se describen en las secciones siguientes.

Las extensiones que se asignan a los tipos MIME se procesan de izquierda a derecha, y la que queda más a la derecha es prioritaria y omite las extensiones que hubiera antes. Esto significa que Apache, por defecto, considerará **food.html.bin** como un archivo binario, pero verá **food.bin.html** como documento de texto HTML.

Véase el Capítulo 5 para ver más detalles acerca de las directivas aquí mencionadas, entre las que se incluyen AddType, ForceType, RemoveHandler, TypesConfig, AddEncoding, AddLanguage y DefaultLanguage.

El archivo predeterminado de asignación, mime.types

El archivo mime.types que se incluye como parte de todas las instalaciones Apache contiene un listado de más de 250 tipos MIME. Este archivo controla qué tipos MIME se envían al cliente en cada extensión de archivo. En algunos casos, la definición incluye una asignación a una o más extensiones de archivo, como

```
application/octet-stream bin dms lha lzh exe class
```

Sin embargo, en muchos casos, la definición sólo identifica un tipo multimedia, sin presuponer qué documentos de ese tipo tendrán nombre. El ejemplo anterior instruye a Apache a tratar como binarios los archivos que contengan .bin, .dms, .lha, .lzh, .exe o .class en sus nombres.

El Listado 7.1 muestra las partes del archivo mime.types que se incluyen como parte de la versión 1.3.9.

LISTADO 7.1 TIPOS MIME DEFINIDOS CON EL ARCHIVO MIME.TYPES DE APACHE 1.3.9

# Tipo MIME	Extensión
application/EDI-Consent	
application/EDI-X12	
application/EDIFACT	
application/activemessage	
application/andrew-inset	ez
application/applefile	
application/atomicmail	
application/cals-1840	
application/commonground	
application/cybercash	
application/dca-rft	
application/dec-dx	
application/eshop	
application/hyperstudio	
application/iges	
application/mac-binhex40	hqx
application/mac-compactpro	cpt
application/macwriteii	
application/marc	
application/mathematica	
application/msword	doc
application/news-message-id	
application/news-transmission	
application/octet-stream	bin dms lha lzh exe class
application/oda	oda
application/pdf	pdf

LISTADO 7.1 TIPOS MIME DEFINIDOS CON EL ARCHIVO MIME.TYPES DE APACHE 1.3.9
(continuación)

```
application/pgp-encrypted
application/pgp-keys
application/pgp-signature
application/pkcs10
application/pkcs7-mime
application/pkcs7-signature
application/postscript                      ai eps ps
application/prs.alvestrand.titrax-sheet
application/prs.cww
application/prs.nprend
application/remote-printing
application/riscos
application/rtf                             rtf
application/set-payment
application/set-payment-initiation
application/set-registration
application/set-registration-initiation
application/sgml
application/sgml-open-catalog
application/slate
application/smil                            smi smil
application/vemmi
application/vnd.3M.Post-it-Notes
application/vnd.FloGraphIt
application/vnd.acucobol
application/vnd.anser-web-certificate-issue-initiation
application/vnd.anser-web-funds-transfer-initiation
application/vnd.audiograph
application/vnd.businessobjects
application/vnd.claymore
application/vnd.comsocaller
application/vnd.dna
application/vnd.dxr
application/vnd.ecdis-update
application/vnd.ecowin.chart
application/vnd.ecowin.filerequest
application/vnd.ecowin.fileupdate
application/vnd.ecowin.series
application/vnd.ecowin.seriesrequest
application/vnd.ecowin.seriesupdate
application/vnd.enliven
application/vnd.epson.salt
application/vnd.fdf
application/vnd.ffsns
application/vnd.framemaker
application/vnd.fujitsu.oasys
application/vnd.fujitsu.oasys2
application/vnd.fujitsu.oasys3
application/vnd.fujitsu.oasysgp
application/vnd.fujitsu.oasysprs
application/vnd.fujixerox.docuworks
application/vnd.hp-HPGL
```

LISTADO 7.1 TIPOS MIME DEFINIDOS CON EL ARCHIVO MIME.TYPES DE APACHE 1.3.9 *(continuación)*

```
application/vnd.hp-PCL
application/vnd.hp-PCLXL
application/vnd.hp-hps
application/vnd.ibm.MiniPay
application/vnd.ibm.modcap
application/vnd.intercon.formnet
application/vnd.intertrust.digibox
application/vnd.intertrust.nncp
application/vnd.is-xpr
application/vnd.japannet-directory-service
application/vnd.japannet-jpnstore-wakeup
application/vnd.japannet-payment-wakeup
application/vnd.japannet-registration
application/vnd.japannet-registration-wakeup
application/vnd.japannet-setstore-wakeup
application/vnd.japannet-verification
application/vnd.japannet-verification-wakeup
application/vnd.koan
application/vnd.lotus-1-2-3
application/vnd.lotus-approach
application/vnd.lotus-freelance
application/vnd.lotus-organizer
application/vnd.lotus-screencam
application/vnd.lotus-wordpro
application/vnd.meridian-slingshot
application/vnd.mif                          mif
application/vnd.minisoft-hp3000-save
application/vnd.mitsubishi.misty-guard.trustweb
application/vnd.ms-artgalry
application/vnd.ms-asf
application/vnd.ms-excel                     xls
application/vnd.ms-powerpoint                ppt
application/vnd.ms-project
application/vnd.ms-tnef
application/vnd.ms-works
application/vnd.music-niff
application/vnd.musician
application/vnd.netfpx
application/vnd.noblenet-directory
application/vnd.noblenet-sealer
application/vnd.noblenet-web
application/vnd.novadigm.EDM
application/vnd.novadigm.EDX
application/vnd.novadigm.EXT
application/vnd.osa.netdeploy
application/vnd.powerbuilder6
application/vnd.powerbuilder6-s
application/vnd.rapid
application/vnd.seemail
application/vnd.shana.informed.formtemplate
application/vnd.shana.informed.interchange
application/vnd.shana.informed.package
```

LISTADO 7.1 TIPOS MIME DEFINIDOS CON EL ARCHIVO MIME.TYPES DE APACHE 1.3.9 *(continuación)*

```
application/vnd.street-stream
application/vnd.svd
application/vnd.swiftview-ics
application/vnd.truedoc
application/vnd.visio
application/vnd.webturbo
application/vnd.wrq-hp3000-labelled
application/vnd.wt.stf
application/vnd.xara
application/vnd.yellowriver-custom-menu
application/wita
application/wordperfect5.1
application/x-bcpio                     bcpio
application/x-cdlink                    vcd
application/x-chess-pgn                 pgn
application/x-compress
application/x-cpio                      cpio
application/x-csh                       csh
application/x-director                  dcr dir dxr
application/x-dvi                       dvi
application/x-futuresplash              spl
application/x-gtar                      gtar
application/x-gzip
application/x-hdf                       hdf
application/x-javascript                js
application/x-koan                      skp skd skt skm
application/x-latex                     latex
application/x-netcdf                    nc cdf
application/x-sh                        sh
application/x-shar                      shar
application/x-shockwave-flash           swf
application/x-stuffit                   sit
application/x-sv4cpio                   sv4cpio
application/x-sv4crc                    sv4crc
application/x-tar                       tar
application/x-tcl                       tcl
application/x-tex                       tex
application/x-texinfo                   texinfo texi
application/x-troff                     t tr roff
application/x-troff-man                 man
application/x-troff-me                  me
application/x-troff-ms                  ms
application/x-ustar                     ustar
application/x-wais-source               src
application/x400-bp
application/xml
application/zip                         zip
audio/32kadpcm
audio/basic                             au snd
audio/midi                              mid midi kar
audio/mpeg                              mpga mp2 mp3
audio/vnd.qcelp
```

LISTADO 7.1 TIPOS MIME DEFINIDOS CON EL ARCHIVO MIME.TYPES DE APACHE 1.3.9 *(continuación)*

audio/x-aiff	aif aiff aifc
audio/x-pn-realaudio	ram rm
audio/x-pn-realaudio-plugin	rpm
audio/x-realaudio	ra
audio/x-wav	wav
chemical/x-pdb	pdb xyz
image/bmp	bmp
image/cgm	
image/g3fax	
image/gif	gif
image/ief	ief
image/jpeg	jpeg jpg jpe
image/naplps	
image/png	png
image/prs.btif	
image/tiff	tiff tif
image/vnd.dwg	
image/vnd.dxf	
image/vnd.fpx	
image/vnd.net-fpx	
image/vnd.svf	
image/vnd.xiff	
image/x-cmu-raster	ras
image/x-portable-anymap	pnm
image/x-portable-bitmap	pbm
image/x-portable-graymap	pgm
image/x-portable-pixmap	ppm
image/x-rgb	rgb
image/x-xbitmap	xbm
image/x-xpixmap	xpm
image/x-xwindowdump	xwd
message/delivery-status	
message/disposition-notification	
message/external-body	
message/http	
message/news	
message/partial	
message/rfc822	
model/iges	igs iges
model/mesh	msh mesh silo
model/vnd.dwf	
model/vrml	wrl vrml
multipart/alternative	
multipart/appledouble	
multipart/byteranges	
multipart/digest	
multipart/encrypted	
multipart/form-data	
multipart/header-set	
multipart/mixed	
multipart/parallel	
multipart/related	

LISTADO 7.1 TIPOS MIME DEFINIDOS CON EL ARCHIVO MIME.TYPES DE APACHE 1.3.9 *(continuación)*

```
multipart/report
multipart/signed
multipart/voice-message
text/css                                    css
text/directory
text/enriched
text/html                                   html htm
text/plain                                  asc txt
text/prs.lines.tag
text/rfc822-headers
text/richtext                               rtx
text/rtf                                    rtf
text/sgml                                   sgml sgm
text/tab-separated-values                   tsv
text/uri-list
text/vnd.abc
text/vnd.flatland.3dml
text/vnd.fmi.flexstor
text/vnd.in3d.3dml
text/vnd.in3d.spot
text/vnd.latex-z
text/x-setext                               etx
text/xml                                    xml
video/mpeg                                  mpeg mpg mpe
video/quicktime                             qt mov
video/vnd.motorola.video
video/vnd.motorola.videop
video/vnd.vivo
video/x-msvideo                             avi
video/x-sgi-movie                           movie
x-conference/x-cooltalk                     ice
```

ATENCIÓN

Puede añadir tipos MIME adicionales al archivo mime.types. Sin embargo, una de las desventajas de modificar este archivo es que una actualización del software Apache sin duda lo sustituirá, con lo que se borrarán los cambios. De repente, sus documentos no estarán etiquetados con los tipos de documentos correctos y sus visitantes empezarán a quejarse. Este problema puede ser difícil de depurar, particularmente si hizo los cambios a mime.types mucho antes de la actualización. Si mueve el archivo mime.types a una ubicación o nombre distintos, estará corriendo el riesgo de no constatar ninguno de los cambios realizados a la actualización de Apache.

Una solución más acertada pasa por acotar el archivo mime.types, no modificado desde su forma distribuida, y saltárselo con la directiva AddType y directivas relacionadas en el archivo de configuración del servidor o directorio. Estos métodos se describen en las secciones siguientes y en el Capítulo 5.

La directiva TypesConfig

Dado que el servidor Apache incorpora un archivo que contiene las asignaciones de tipos MIME, es el sitio ideal para realizar los cambios específicos en la configuración local. El archivo **mime.types** se suele encontrar en el mismo directorio que los archivos de configuración del servidor; el directorio se suele llamar **conf**. Puede omitir este comportamiento, y el propio nombre del archivo, con la directiva **TypesConfig** (véase el Capítulo 5 para recabar más detalles acerca de esta directiva). La sintaxis de la misma es

```
TypesConfig path/filename
```

La directiva **TypesConfig** toma un solo parámetro: el nombre (y la ruta) del archivo que contiene las definiciones y asignaciones del tipo inicial (que se suelen denominar **mime.types**). Si la ruta no es absoluta, se interpretará que es relativa de **ServerRoot**. De hecho, los archivos de configuración que se distribuyen con Apache 1.3.9 contienen la línea

```
TypesConfig conf/mime.types
```

que significa que el servidor deberá encontrarla en el subdirectorio **conf**, que está en **ServerRoot**.

La directiva **TypesConfig** sólo se permite en los archivos de configuración del servidor, y no dentro de contenedores **<Location>** o **<Directory>**. Puede especificar una directiva **TypesConfig** distinta en cada sección **<VirtualHost>** y en el entorno global del servidor, pero en todo entorno de servidor sólo se usará la última que se encuentre. Así, en el extracto siguiente

```
TypesConfig conf/mime.types
<VirtualHost 10.0.130.23>
    TypesConfig conf/mime.types-1
    TypesConfig conf/mime.types-2
</VirtualHost>
TypesConfig conf/mime.types-3
```

el entorno global de servidor acabaría utilizando los valores del archivo **conf/mime.types-3**, y el *host* virtual **10.0.130.23** que apareciera utilizaría los valores del archivo **conf/mime.types-2**.

La directiva AddType

La técnica principal que se usa para incrementar el archivo **mime.types** es la directiva **AddType**. Esta directiva se emplea para añadir una asignación que asocia una determinada extensión de nombre de archivo con un tipo MIME. Esta asignación omitirá cualquier otra asignación que haya en la misma extensión de nombre de archivo, ya se obtenga del archivo **mime.types** o de una directiva **AddType** anterior. Aunque esto se suele utilizar para añadir una asignación a una extensión de nombre de archivo que ya no esté en el archivo **mime.types**, también se puede emplear para cambiar una asignación existente, para cambiar el comportamiento de ciertos archivos. Un ejemplo específico de esto se trata más adelante, en la sección titulada "Obligar al cliente a ""Guardar como".

La sintaxis de la directiva **AddType** es:

```
AddType image/x-oilpainting .oil
```

Esta directiva se puede utilizar en los archivos de configuración del servidor, en directivas <Directory> o <VirtualHost> o en archivos .htaccess.

La directiva ForceType

Generalmente, el tipo MIME de un documento se determina a partir de una extensión de nombre de archivo u, ocasionalmente, a partir de su contenido, como veíamos antes. Pero, en ciertos casos, es más sencillo o más apropiado poder indicarle a Apache que utilice un determinado tipo MIME en todos los archivos de un directorio determinado o cuyos nombres coincidan con un determinado patrón. Esto se llama exigir el tipo MIME, y se hace con la directiva **ForceType**.

ForceType toma un solo argumento: el tipo MIME que se va a exigir en los documentos. Un tipo exigido omite todas las instrucciones de asignación de archivo, por lo que es muy potente y sus efectos pueden llegar a ser muy amplios. Puede utilizarse en contenedores <Files> de los archivos .htaccess y en contenedores <Directory> de los archivos de configuración del servidor; también se puede utilizar para exigir un determinado tipo MIME en todos los documentos basados en archivos que un servidor transmita especificándolo en el contexto global del servidor o en un contenedor <VirtualHost>.

> **NOTA**
>
> ForceType sólo se aplica a los documentos que sean archivos. No tendrá efecto en *scripts* CGI o en contenido generado por módulos (como el de mod_autoindex o mod_status).

Los típicos usos de **ForceType** están en los directorios que contengan archivos que se generen automáticamente a intervalos regulares. Por ejemplo, en un directorio donde los únicos archivos estén en archivos **majordomo** de una lista de envío llamada **apache-discuss**, podría valer esto:

```
ForceType text/plain
```

Si el directorio contiene otros archivos, como documentos HTML, puede limitar la exigencia del tipo a los archivos que tengan algo así:

```
<Files apache-discuss.*>
    ForceType text/plain
</Files>
```

Con esto se limitaría el efecto a sólo aquellos archivos que tuvieran nombres que empezaran por **apache-_discuss**. (como **apache-discuss.199909**, una convención de nombres común de archivos mensuales).

De manera análoga, en un directorio que contuviese archivos de registro de texto denominados en base al día de la semana, podría valer algo así:

```
<Files *.*day>
    ForceType text/plain
</Files>
```

Esto haría que Apache considerara que **report.Monday**, **totals.Saturday** y **statics.Wednesday** son todos ellos del tipo MIME **text/plain**.

> **NOTA**
>
> Aunque estos dos ejemplos basan el alcance de la directiva ForceType en el nombre de archivo, no se podrían construir con la directiva AddType, ya que la sintaxis de nombres es algo más compleja. Por ejemplo, para rehacer los dos últimos ejemplos con la directiva AddType, se terminaría con:
>
> ```
> AddType text/plain .199901 .199902 .199903 .199904 .199905 .199906
>         ➥.199907 .199908 .199909
> ```
>
> y
>
> ```
> AddType text/plain .sunday .monday .tuesday .wednesday .thursday
>         ➥.friday .saturday
> ```
>
> De cierta manera, aquí se puede aplicar el credo de Perl ("Hay más de una forma de hacerlo"). Ambas directivas funcionan, por tanto, elija la que más le guste.

La directiva AddEncoding

Otro atributo de un documento web es algo llamado codificación de contenido. Esta codificación le indica al cliente que el documento ha sido comprimido o codificado de algún modo. La codificación del contenido también indica el tipo de codificación que se está usando. Esta información de codificación suele ser necesaria, aparte de la información del tipo MIME.

Por ejemplo, un archivo que tuviera el nombre **fishing.html.gz** probablemente sería un archivo HTML que se ha comprimido con la herramienta de compresión gzip. Dado que tiene la extensión de archivo **.html**, se serviría con un tipo MIME de **text/html** (presuponiendo los parámetros de asignación predeterminados), pero se necesitaría enviar información adicional para indicar que gzip lo ha comprimido. La directiva **AddEncoding** le indica a Apache cómo imaginarse esto, de forma que pudiera proporcionar esta información.

El ejemplo siguiente asocia una codificación de contenido de gzip con una extensión de archivo **.gz**:

```
AddEncoding gzip .gz
```

> **NOTA**
>
> Los archivos que tienen múltiples extensiones de archivo se sirven con la información derivada de todas las extensiones, a menos que múltiples extensiones proporcionen el mismo tipo de información. Por ejemplo, en condiciones normales, el archivo fishing.html.gz se servirá con un tipo MIME de text/html, debido a la extensión de archivo .html, y con la codificación del contenido de gzip, debido a la extensión de archivo .gz. Si el archivo se llamara fishing.gz.html, el efecto sería el mismo, ya que las dos extensiones proporcionan una información diferente.
> Las dos codificaciones de contenido principales son compress y gzip. Gracias a Internet, las codificaciones de contenido x-compress y x-gzip también son comunes, y tienen los mismos significados que sus contrapartidas sin prefijo.

Herencia de los parámetros MIME

Casi todos los aspectos de configuración MIME que tiene Apache los maneja el módulo **mod_mime**, y las directivas siguen una serie de reglas de herencia y alcance. Dicho de un modo sencillo, los parámetros del antepasado que mejor se puede aplicar al documento son los que se aplican. Las directivas de un archivo .**htaccess** que se encuentren en el mismo directorio omitirán, por ejemplo, las que se encuentren en el directorio primario o en los archivos de configuración del servidor. Véase el Capítulo 8, "Archivos .**htaccess**", para recabar más información.

Todas las directivas de administración MIME, excepto **TypesConfig** y **MIMEMagicFile**, pueden aparecer en los archivos .**htaccess** y en cualquier parte de los archivos de configuración del servidor. Del mismo modo, la disponibilidad de los archivos .**htaccess** de todos, excepto **TypesConfig** y **MIMEMagicFile**, la controla el parámetro de omisión **FileInfo** (véase el debate sobre la directiva **AllowOverride** del Capítulo 5).

Administrar tipos MIME

La asignación de tipos MIME a documentos y recursos que se están enviando a los clientes es una operación vital, por lo que la identificación correcta del tipo adecuado de cada respuesta es crucial. El software del servidor Apache le proporciona una flexibilidad enorme a la hora de crear esta identificación al nivel de granularidad deseado, por directorio, por tipos de archivo específicos o fruto de la combinación que se quiera llevar a cabo.

Administrar tipos MIME con los archivos de configuración

Puede cambiar la forma en que Apache maneja la forma que tiene MIME de escribir en los archivos por medio de varias directivas (como **AddType**) de los archivos de configuración del servidor. Cuando se inicia el servidor Apache, lee y procesa las definiciones del archivo **mime.types** y luego modifica el resultado aplicando las directivas **AddType** oportunas. Dado que los sitios de configuración del servidor controlan el funcionamiento general de Apache, el alcance explícito con los contenedores <VirtualHost>, <Directory> y <Files> es muy importante; no se quiere que los parámetros tengan consecuencias muy importantes, lo que podría ocurrir en caso de que hubiera errores en estos archivos.

Los archivos de configuración del servidor sólo se procesan cuando se inicia el servidor (o cuando se reinicia), lo que significa que cambiarlos es una cuestión de preocupación en sitios muy frecuentados.

Administrar los tipos MIME de los archivos .htaccess

Para hacer que los parámetros MIME sean específicos de un directorio en particular y sus subdirectorios subordinados, puede colocar las directivas en el archivo .htaccess del directorio. La ventaja de esto es que no hay forma de que el cambio pueda tener efectos sobre los demás árboles de directorio, por lo que no hay que preocuparse acerca de los bloques de los contenedores <VirtualHost> y <Directory>. Por otra parte, la utilización del archivo .htaccess causa una merma en el rendimiento del tiempo de ejecución del servidor en cada una de las solicitudes de documentos hechas en el árbol de directorios, ya que el archivo .htaccess entero tiene que ser procesado.

Administrar tipos MIME en un solo directorio

Desafortunadamente, debido al modelo de alcance que utiliza Apache, no es sencillo realizar un cambio en el sistema de escritura MIME para los archivos de un solo directorio. Por defecto, los cambios también se aplican a todos los subdirectorios. Si se incluye una línea como

```
AddType application/x-httpd-php3 .html
```

en un contenedor <Directory> o en un archivo .htaccess de un directorio determinado, también quedarían afectados todos los archivos .html de los directorios que estuvieran por debajo en el árbol.

Hay una forma muy habitual de conseguir que este comportamiento no afecte a ninguno de los subdirectorios que queden por debajo en el árbol, e implica realizar una declaración explícita acerca de esos niveles inferiores. En este ejemplo, presupongamos que las siguientes directivas se encuentran en los archivos de configuración de su servidor:

```
<Directory /usr/htdocs/php>
 AddType application/x-httpd-php3 .html
</Directory>
```

Para omitir este parámetro en los niveles inferiores del árbol del sistema de archivos, añada una línea como la siguiente a un archivo .htaccess de cada uno de los subdirectorios que tenga /usr/htdocs/php:

```
AddType text/html .html
```

o añada una sección como la siguiente a los archivos de configuración del servidor:

```
<Directory ~ /usr/htdocs/php/.*>
 AddType text/html .html
</Directory>
```

Evidentemente, la última opción es más adecuada, ya que sólo hay un lugar donde realizar el cambio. También tiene repercusiones menores en el rendimiento, ya que los archivos de configuración del servidor sólo se procesan en su inicio, mientras que los archivos .htaccess pueden procesarse siempre que se solicite algo en su directorio. El aspecto negativo de realizar cambios en los archivos de configuración del servidor es que los cambios no surtirán efecto hasta que se reinicie el servidor.

Utilizar información MIME

El tipo MIME de un archivo se puede utilizar para alterar el comportamiento del servidor. Esto es útil si se quiere alterar el comportamiento en base al contenido de los propios archivos en vez de en base a las rutas de directorio u otros atributos de archivo.

Las siguientes directivas permiten la configuración del comportamiento en base al tipo MIME del archivo. Éstos son ejemplos en los que el propio servidor Apache también es un usuario de la información MIME, aparte del cliente del usuario final.

Casi todos estos usos se hacen con el modo de opción de índice **FancyIndexing** que se especifica en el módulo **mod_autoindex**; véase la sección relativa a ese módulo para recabar más información sobre sus posibilidades.

> **NOTA**
>
> Todas las directivas que enunciamos a continuación están asociadas con el módulo mod_autoindex, a excepción de ExpiresByType, que está asociada con mod_expires. Véase la sección del Capítulo 21 que habla sobre el módulo mod_expires para recabar más detalles acerca de la sintaxis e utilización de ExpiresByType.

La directiva AddIconByType

Cuando se usan índices de directorios generados automáticamente, lo que recibe el nombre de "indexación atractiva", puede especificar qué iconos van a aparecer junto a cada nombre de archivo. La determinación del icono apropiado se suele hacer en base al nombre de archivo. En vez de ello, puede utilizar la directiva **AddIconByType** para agregar iconos a cada uno de los archivos en base al tipo MIME que lleve asociado. El formato de la directiva es

```
AddIconByType icon MIME-type [MIME-type ...]
```

El parámetro **icon** es un URL del archivo de imagen del icono o una expresión de paréntesis que identifica el texto alternativo (véase la próxima sección) y el URL del archivo de imagen, por ejemplo:

```
AddIconByType /icons/sound2.gif audio/*
AddIconByType (SND,/icons/sound2.gif) audio/*
```

La directiva AddAltByType

En un navegador web que admita gráficos, las imágenes suelen llevar asociado lo que se denomina "texto alternativo". Este texto lo suele mostrar el navegador hasta que termina de cargar y mostrar la propia imagen o si el usuario ha descargado la carga de imágenes. La directiva **AddAltByType** permite establecer el valor del texto alternativo asociado con el icono que represente al tipo MIME del archivo.

Esta directiva no se suele usar; normalmente se usa la forma combinada de la directiva **AddIconByType** (véase la sección anterior). Si no, se necesitarían una directiva **AddAltByType** y otra **AddIconByType** para conseguir el mismo efecto. Es decir, estos dos segmentos son equivalentes:

```
AddIconByType /icons/quill.gif application/x-scribble
AddAltByType "SCR" application/x-scribble
```

y

```
AddIconByType (SCR,/icons/quill.gif) application/x-scribble
```

La directiva AddIconByEncoding

Esta directiva se parece a la directiva **AddIconByType** que vimos antes, con la excepción de que especifica un icono en los archivos que tengan una codificación de contenido específica.

En caso de que haya un icono asociado con la codificación de contenido de un documento específica, se usará con preferencia a cualquier icono que vaya asociado con el tipo MIME o con el nombre de archivo del documento. Es decir, todo icono que se defina en la codificación de contenido **x-gzip** se usará en **fishing.html.gz**, independientemente de los iconos que se definan en el tipo MIME **text/html** o en la extensión de archivo **.html**.

La directiva AddAltByEncoding

Esta directiva es casi idéntica a la directiva **AddAltByType** que describimos antes, con la excepción de que el texto alternativo está asociado con una determinada codificación de contenido, en vez de con un tipo MIME.

La directiva ExpiresByType

Es normal que los distintos tipos de información tengan distintos periodos de vida virtuales. Por ejemplo, un sitio web de un periódico normalmente incluiría un logotipo de cabecera, algunos titulares y fotografías de noticias importantes y otras noticias. Estos elementos no tienen todos ellos la misma relación en o que al tiempo de aparición se refiere. El logotipo, por ejemplo, es probable que permanezca durante meses, mientras que la columna "Noticias de última hora" y las fotografías probablemente se cambien con mucha más frecuencia.

Para mejorar el tiempo de respuesta de los clientes usuarios finales, se coloca en la caché mucha de la información que se transmite por la Web, es decir, el navegador mantiene una copia de forma que no tiene que descargar todo de nuevo. Uno de los controles que se permite sobre el tiempo que pueden permanecer la copias caché es la fecha de vencimiento del elemento.

Para algo tan volátil como es un sitio de noticias en línea, la mayor parte del contenido es probablemente tan actual que su vigencia expira casi inmediatamente. Los adornos de la ventana (como el logotipo de cabecera) no tienen que expirar tan rápidamente.

La directiva **ExpiresByType** permite trazar tales distinciones en base a los tipos MIME de documentos. Por ejemplo, si presuponemos que los archivos GIF suelen ser imágenes prediseñadas que no cambian con mucha frecuencia, mientras que los archivos JPEG son fotografías actuales y archivos HTML constituyen el contenido actual, podría resultar inapropiado añadir líneas como las siguientes a los archivos de configuración del sitio:

```
ExpiresByType image/gif "accessed plus 1 month"
ExpiresByType image/jpeg "accessed plus 1 week"
ExpiresDefault "modified plus 1 hour"
```

Como resultado, podría optarse por dejar la cabecera en la caché del navegador durante más de un mes, las fotografías durante una semana, y todo lo demás (como el texto de los artículos o las imágenes prediseñadas de vídeo) durante una hora desde el momento en que fueran modificados en el sitio web. El navegador puede, evidentemente, optar por librarse de las copias en la caché antes de que expiraran, lo que obligaría a conseguir nuevas copias la siguiente vez que se accediera a los documentos.

Comportamiento del cliente

Los clientes web, en particular los navegadores, utilizan el valor transmitido del campo del encabezado **Content-type** para determinar qué hacer con el documento al que acompaña. Las opciones habituales son:

- Ofrecer el documento o mostrarlo.
- Iniciar un conectable para tratar con el documento (como Adobe Acrobat Reader).
- Iniciar una aplicación de coprocesamiento que maneje el documento (como Microsoft Word).

- Pedir un archivo donde el navegador guardará el documento.
- Pedir al usuario qué hacer con el documento.

El tipo de acción que lleva a cabo el navegador para un determinado tipo MIME se suele definir a través de algo así una pantalla de preferencias.

Obligar al cliente a "Guardar como"

A veces se quiere que el documento que se envía al cliente sea designado para guardarse, independientemente de las instrucciones del cliente en relación con el tipo MIME. La mayoría de navegadores proporcionan una forma de hacer que un documento descargado vaya directamente a una pantalla "Guardar como" (por ejemplo, Internet Explorer y Netscape Communicator lo hacen cuando se hace clic al tiempo que se pulsa la tecla Mayús en un vínculo).

Desafortunadamente, la única manera de que el servidor web exija este tipo de comportamiento consiste en engañar al cliente y decir que el documento contiene algo distinto a lo que en verdad contiene enviando un tipo MIME distinto como valor del campo **Content-type**. El valor normal que se usa es **application/octet-stream**, que significa, "Esto es un flujo de bytes; no tengo ni idea de lo que significan". Dado que el servidor dice no conocer lo que significan, el cliente suele proseguir y pedir instrucciones al usuario (normalmente, dónde guardar una copia del archivo).

Consideremos un directorio que contiene *scripts* a descargar por el cliente en vez de ser ofrecidos o, posiblemente, ejecutados por el servidor. En el caso de un *script* llamado **food.pl**, la extensión .pl normalmente le indica a Apache que el archivo es un *script* Perl, y, probablemente, le indique al cliente que el tipo de contenido es **text/plain**. Para indicarle al cliente que debe descargar y guardar el archivo, el archivo **.htaccess** del directorio puede contener una línea como

```
AddType application/octet-stream .pl
```

lo que haría que Apache le indicara al cliente que el archivo era un documento binario opaco, en vez de un archivo que contiene comandos de *script* textuales.

Resumen

Desde los archivos de texto de vinculación cruzada, la tecnología web ha crecido hasta incorporar cosas como las imágenes, los sonidos, los clips de vídeo, paquetes de instalación automática, documentos de procesador de palabras, canciones a la demanda en tiempo real, entrevistas, y la lista sigue. La llave para manipular todos estos tipos distintos de información es el sistema de los tipos MIME, y el software de servidor Apache le proporciona todas las herramientas necesarias para tratar con todos ellos.

Archivos .htaccess

Por qué usar archivos .htaccess	160
Lo que se puede hacer con los archivos .htaccess	161
Limitarse a lo que está permitido	163
Temas de seguridad	163

CAPÍTULO 8

Los archivos .htaccess permiten a los usuarios que no tienen permiso para modificar los archivos de configuración del servidor principal seguir ejerciendo algún control sobre el modo en que se comporta su parte del servidor web. Estas directivas se colocan en un archivo llamado .htaccess y se colocan en el directorio al que tienen que afectar. Este capítulo trata sobre lo que se puede hacer con los archivos .htaccess y cómo nosotros, en calidad de administradores del sistema, podemos evitar que los usuarios hagan cosas no deseadas.

> **NOTA**
>
> Puede configurar el nombre real del archivo de acceso por medio de la directiva AccessFileName. El valor predeterminado es .htaccess en Unix y htaccess en Windows NT. En lo que respecta a este capítulo, haremos referencia al archivo como archivo .htaccess por motivos de sencillez, pero es posible elegir el nombre que se quiera.

Por qué usar archivos .htaccess

Toda directiva que se pueda colocar en un archivo .htaccess podría colocarse también en una sección <Directory> del archivo de configuración, por poner la misma restricción, o añadir la misma opción al directorio en cuestión. Éste es el método deseado, ya que implica que las directivas se cargan en la memoria cuando se inicia el servidor, y éste último no tendrá acceso a archivos .htaccess abiertos cuando se sirvan los documentos.

Sin embargo, con frecuencia, los desarrolladores del contenido del sitio no son los administradores del servidor, por lo que no tienen acceso a los archivos de configuración del servidor principal. Éste podría ser el caso de un servidor que tuviera múltiples *hosts* virtuales, o sitios donde la directiva UserDir permitiera que los usuarios, individualmente considerados, tuvieran su propio espacio web dentro de sus directorios de inicio. En cualquier caso, sería muy conveniente que los desarrolladores de contenido fueran capaces de realizar cambios en la configuración del servidor sin tener que implicarle.

Además, suele ser muy conveniente poder realizar cambios en la configuración local sin afectar a todo el servidor, y especialmente sin tener que reiniciarlo. Por ejemplo, si el *webmaster* de uno de los *hosts* virtuales quisiera insertar un redireccionamiento desde un URL antiguo en uno nuevo, sencillamente pondría una directiva Redirect en un archivo .htaccess como base del árbol de directorios. Transcurrirían unos cuantos segundos y los cambios tendrían efecto. La alternativa consiste en pedir al administrador principal del servidor que realizara el cambio en los archivos de configuración, para luego reiniciar el servidor. Esto supondría esperar a que el administrador obtuviera el mensaje, encontrara tiempo para tramitarlo y determinara que el servidor se puede reiniciar.

> **Nota**
>
> En la mayoría de los casos, los usuarios finales no se percatan de un reinicio del servidor. Sin embargo, si tiene muchos *hosts* virtuales o archivos de configuración muy extensos, o si hace cualquier otra cosa en la que se dedique tiempo en el inicio del servidor (precargar código Perl por medio de mod_perl, por ejemplo), podría optar por esperar hasta que el servidor no tuviera una carga tan grande, para que no hubiera fallos en el servicio.

Cuándo no usar archivos .htaccess

Si el sitio entero lo administra un solo administrador, conviene colocar todas las directivas directamente en los archivos de configuración del servidor principal, en vez de diseminarlas por múltiples archivos .htaccess. En este caso, posiblemente también quiera desactivar los archivos de acceso junto con la directiva **AllowOverride None**.

Cuando un cliente solicita un archivo de su servidor, y éste está configurado para permitir configuraciones "por directorio" con archivos .htaccess, Apache buscará ese archivo, no sólo en el directorio desde el que está sirviendo el archivo, sin en todos los directorios de la ruta que lleve a ese archivo. Presupongamos que **DirectoryRoot** está configurado a /home/www/docs. Si un cliente pidiera el archivo http://your.server.com/files/morefiles/myfile.html, Apache abriría y leería los archivos /home/www/docs/.htaccess, /home/www/_docs/files/.htaccess y /home/www/docs/files/morefiles/.htaccess. Si no existieran dichos archivos, continuaría, pero si localizara alguno de ellos, analizaría sintácticamente su contenido, buscando y aplicando directivas de configuración antes de servir el archivo solicitado.

En lo que respecta a los archivos que están muy dentro de la estructura de directorios, su apertura podría ser muy prolongada. Si se colocan estas directivas en el archivo de configuración del servidor principal, se conseguirá que las directivas se carguen en el inicio del servidor, y no se dedicaría tiempo cargando archivos de configuración secundarios.

Las directivas se aplican en el orden que se ve, por lo que es posible cambiar el valor de una directiva del valor asignado en un directorio superior configurándolo a algo distinto en un directorio más profundo.

Lo que se puede hacer con los archivos .htaccess

La documentación Apache (y el Capítulo 5, "Archivos de configuración del servidor") le indican a cada directiva donde está permitida en el archivo .htaccess.

Una regla básica es permitir las directivas en los archivos .htaccess, a menos que estén configurando algún parámetro importante del servidor, como **ServerRoot**, Host-

NameLookups o **MaxClients**. Sin embargo, no se fíe de esta regla; compruebe la documentación (o el Capítulo 5) antes de usar una directiva en los archivos .htaccess.

Más específicamente, las directivas permitidas son las que recaen en las siguientes categorías: **AuthConfig**, **FileInfo**, **Indexes**, **Limit** y **Options**. Las directivas **AuthConfig** tratan sobre la autenticación. Las directivas **FileInfo** controlan los tipos de documentos. **Indexes** son todas aquellas directivas que controlan la generación automática de índices de directorio. Las directivas **Limit** controlan qué *hosts* pueden acceder a un directorio. **Options** incluye las directivas **Options** y **XBitHack**.

Las directivas de estas categorías pueden ser autorizadas o denegadas mediante la directiva **AllowOverrides** (véase la sección "Limitarse a lo que está permitido".)

El uso de una directiva de un archivo .htaccess que no esté permitido terminará en un error del servidor, que aparecerá en el navegador del cliente.

La sección siguiente da ejemplos de lo que se podría hacer con los archivos .htaccess. Estos ejemplos no son exhaustivos, pero son muy frecuentes en la configuración "directorio a directorio".

Autenticación

Un uso habitual de los archivos .htaccess es la autenticación. Una pregunta muy común sobre los distintos grupos Usenet y lista de envío que tratan con el servidor Apache suele ser: "¿Cómo protejo con contraseña mi sitio web?" o algo parecido.

La autenticación la implementan las directivas **Auth***. Éstas suelen colocarse en los archivos .htaccess, ya que solamente se aplican al directorio en el que están colocadas (y en sus subdirectorios correspondientes).

> **NOTA**
>
> Puede colocar directivas de autenticación en el archivo de configuración del servidor principal utilizando una sección <Directory>.

Una configuración de ejemplo para añadir protección con contraseña a un directorio sería algo así:

```
AuthType Basic
AuthName GoodGuys
AuthUserFile /home/www/passwords/users
AuthGroupFile /home/www/passwords/groups
<Limit GET POST>
require group goodguys
</Limit>
```

Este tema se aborda con más detalle en el Capítulo 16, "Autenticación".

Permitir CGI

A veces podría ser deseable, si no recomendado, colocar programas CGI en un directorio que no fuera un directorio **ScriptAliased**. Esto es bastante común en los servidores donde se permita que los usuarios sirvan contenido web fuera de sus directorios de inicio. Estos usuarios podrían querer ejecutar programas CGI en sus sitios, pero no se les permitiría acceder al directorio **cgi-bin** del servidor principal.

Por medio de la directiva **Options**, puede activar la opción **ExecCGI** de un determinado directorio y permitir la ejecución CGI de ese directorio. Esto aparece aquí:

```
Options ExecCGI
```

> **ATENCIÓN**
>
> Sea prudente a la hora de dar esta posibilidad a los usuarios, ya que se trata de un potencial problema de seguridad.

Limitarse a lo que está permitido

La directiva **AllowOverrides** determina qué directivas tendrán su lugar en los archivos .htaccess. la sintaxis de **AllowOverrides** es la siguiente:

```
AllowOverrides override1 override2
```

donde las omisiones (*overrides*) son una o más de **AuthConfig**, **FileInfo**, **Indexes**, **Limit** y **Options**. Estas omisiones indican qué categorías de directivas están permitidas, como vimos antes en la sección "Lo que se puede hacer con los archivos .htaccess". El valor predeterminado es **All**, lo que indica que se puede incluir cualquier directiva que sea legal.

> **NOTA**
>
> La explicación completa de la directiva AllowOverrides se encuentra en el Capítulo 5.

Temas de seguridad

Los temas de seguridad a la hora de utilizar archivos .htaccess es, dicho de un modo sencillo, que se pierde control sobre lo que se hace en los directorios individuales del servidor. En efecto, esto equivale a dar acceso a todos los usuarios a los archivos de configuración. Como administrador de servidor, trataría de colocar en el archivo de configuración parámetros que tuvieran sentido para el servidor y protegerse de lo que pudiera ponerle en peligro. Los archivos .htaccess dan a los usuarios una oportunidad de omitir los parámetros de la configuración.

Casi todas las directivas que debe tener en cuenta están englobadas en la directiva **Options**. Si la directiva **AllowOverrides** está configurada para permitir **Options**, tenga presente lo que ocurre en una base "directorio a directorio". **AllowOverrides Options** permite el uso de dos directivas: **Overrides** y **XBitHack**.

Options

La directiva **Options**, aunque se trata de una simple directiva, tiene mucho poder. Es posible que quiera omitir por omisión parte de ese poder.

Options añade y elimina ciertas opciones de un directorio. Estas opciones son las siguientes:

```
ExecCGI
FollowSymLinks
Includes
IncludesNOEXEC
Indexes
MultiViews
SymLinksIfOwnerMatch
```

Estas opciones se describe las próximas secciones.

ExecCGI

La opción **ExecCGI** permite ejecutar programas CGI en este directorio, aunque no se trate de un directorio CGI **ScriptAlias**. Con **AllowOverrides Options** activado, cualquiera puede colocar un archivo .htaccess que contenga la directiva **Options ExecCGI** en cualquier directorio y ejecutar ahí programas CGI. Los efectos de esto pueden no ser los deseados. Significa que todo el que tenga acceso a los directorios de documentos de su servidor tiene permiso para escribir y ejecutar en él código arbitrario. Estos programas se ejecutan con los permisos de usuario que se indican con el directorio **User**, que se supone que es un usuario sin privilegios, pero ese usuario normalmente sigue teniendo acceso a gran parte del contenido de los directorios de documentos. Además, dado que los programas CGI se pueden diseminar por otros directorios, en lugar de en un solo lugar, la verificación de los programas CGI para hacer operaciones seguras es más difícil. No es posible saber qué programas CGI se están ejecutando en su servidor.

Hay consecuencias que no tienen que ver con la seguridad. En caso de que cambie la configuración de su servidor, o si necesita mover el contenido a uno nuevo, es posible que tenga que ir a algunos directorios para realizar cambios en los programas CGI que se interrumpen por causa de estos cambios.

FollowSymLinks

Una de las cosas que hacen que un servidor web sea seguro es el concepto de un **DocumentRoot**. Éste es el directorio que contiene documentos que puede servir el servidor web. Todo documento que contenga ese directorio (o uno de sus subdirectorios), podrá ser descargado y visualizado por cualquier máquina cliente de la red. Si la red es Internet, esto significa que cualquiera de esos archivos estará a disposición de todo el mundo. Sin embargo, los documentos que estén fuera de este directorio serán seguros. Permitir la directiva **FollowSymLinks** rompe este modelo, ya que permite que los clientes sigan vínculos simbólicos, que se pueden enlazar a archivos que no estén contenidos en el directorio **DocumentRoot**.

El peor caso posible es si alguien activa esta opción y crea un vínculo simbólico en el directorio raíz del servidor. Los clientes podrían entonces obtener un listado de los directorios de todo el servidor y descargar cualquiera de sus archivos, como /etc/passwd o archivos importantes similares. Aunque los clientes pueden descargar aquellos archivos que pueda leer todo el mundo, en realidad hay archivos como éste en cualquier sistema, muchos de los cuales, acaso, no deban estar ahí. Es más conveniente utilizar **SymLinksIf-OwnerMatch**.

> **NOTA**
> La directiva FollowSymLinks no hace nada en Windows.

Includes

La opción **Includes** permite inclusiones del lado del servidor (SSI) en el directorio de destino. La preocupación principal es SSI y el atributo **exec**. Con el atributo **exec**, un creador de páginas web puede ejecutar un comando *shell* arbitrario en el servidor, colocando esa directiva en una etiqueta SSI de su página HTML. Nuevamente, está protegido, ya que el servidor se está ejecutando como servidor sin privilegios, pero podría hacer bastante daño como usuario sin privilegios.

Esto podría tener importancia si tuviera algún método en virtud del cual los usuarios web pudieran crear contenido en su servidor, por ejemplo, un *script* de "libro de invitados". Esos usuarios podrían potencialmente insertar una directiva SSI en ese contenido, que ejecutaría algún comando desagradable en el sistema. Consideremos el uso de **IncludesNOEXEC**.

IncludesNOEXEC

El atributo **IncludesNOEXEC** funciona como el atributo **Includes**, con la excepción de que el comando **#exec** no está permitido, y de que el comando **#include** tampoco está permitido si su destino es un programa CGI. Esto sobrepasa los problemas de seguridad potenciales que causa el uso de **Includes**.

Indexes

Options Indexes permite mostrar un listado de directorios de los archivos de un directorio, en caso de que no haya archivo de índice (como **index.html**) en ese directorio.

Podemos considerar esto como un problema de seguridad en potencia. En resumidas cuentas, los usuarios web pueden ver los archivos de su directorio, aunque no haya página HTML que contenga vínculos con esos archivos. Esto les permite descargar archivos que no quiere que descarguen. Sin embargo, si no desea que la gente descargue archivos de su sitio web, no debería colocar estos archivos en sus directorios web, donde alguien podría descargarlos adivinando un URL.

MultiViews

No hay problemas de seguridad con el uso de **MultiViews**.

SymLinksIfOwnerMatch

El uso de la opción **SymLinksIfOwnerMatch**, en vez de la opción **FollowSymLinks**, se elimina la posibilidad de que el usuario web se "escape" del directorio raíz web. Con esta opción configurada, los vínculos simbólicos podrían seguirse sólo si el propietario del vínculo simbólico fuera el mismo que el propietario del destino de ese vínculo. Es decir, si el usuario Juan hace un *symlink* con **/var** en su directorio web y trata de convertir un vínculo URL en ese vínculo simbólico, el servidor se negará a servir ese documento, ya que el propietario de **/var** es *root*, y no el usuario Juan. Con esto se eliminan los problemas de seguridad que causa **FollowSymLinks**.

> **NOTA**
>
> El hecho de desactivar estas opciones en la configuración del servidor principal no le ayuda si desea usar AllowOverrides, ya que el usuario Juan puede activar estas opciones en su espacio web personal con directivas de sus archivos .htaccess. Asegúrese de que confía en sus usuarios antes de permitirles usar archivos .htaccess.

XBitHack

Aunque se trata de un mecanismo bastante diferente, los problemas de seguridad del uso de **XBitHack** son los mismos que cuando se permite **Includes**. **XBitHack** es otra forma de activar **Includes**.

Véase el Capítulo 12, "SSI: inclusiones del lado del servidor", para recabar más información acerca de la directiva **XBitHack**.

Control de los daños

Lo que más limita el daño que se puede hacer es que el servidor se ejecute como usuario no privilegiado. Esto implica que comandos dañinos ocultos en instrucciones **#exec** sólo pueden dañar a los archivos legibles por todo el mundo.

Asegúrese de que la directiva **User** se establece a un usuario que no tenga privilegios en su sistema. Si se establece esta directiva a *root*, o a cualquier usuario normal, los resultados podrían ser desagradables, como romperse los sistemas de archivos, etc..

Véase el Capítulo 15, "Seguridad", para ver sugerencias adicionales sobre cómo ejecutar esto.

Resumen

Los archivos .htaccess permiten una configuración directorio a directorio sin modificar los archivos de configuración del servidor principal. Esto es bastante útil en sistemas multiusuario, donde los usuarios pueden necesitar realizar cambios en la configuración, pero no tienen acceso a los archivos de configuración. Siempre es mejor (cuando sea posible) realizar cambios de configuración en los archivos de configuración del servidor principal.

Hosts virtuales

Ejecutar demonios separados	**170**
Utilizar *hosts* virtuales basados en IP	**172**
Utilizar *hosts* virtuales basados en nombres	**173**
Otras opciones de configuración	**175**
Comprobar la configuración	**176**

CAPÍTULO 9

El término "*hosts* virtuales" hace referencia a ejecutar más de un sitio web en el mismo servidor. Se podría tratar de múltiples nombres que tuvieran el mismo dominio, como **helpdesk.databeam.com** y **cgi.databeam.com**, o de nombres de dominio distintos, como **www.rcbowen.com** y **www.mk.net**. Apache fue el primer servidor web que acuñó esta característica, que ha tenido desde su versión 1.1.

Apache soporta dos tipos de *hosts* virtuales:

- Los *hosts* virtuales basados en nombres hacen referencia a albergar un sitio en un CNAME distinto, pero en la misma dirección IP.

> **NOTA**
>
> Un CNAME (nombre canónico) es un alias de un registro DNS existente. Los CNAME se suelen usar para indicar que la misma máquina física tiene múltiples servicios en ejecución. Por ejemplo, www.databeam.com es un CNAME de la máquina gw._databeam.com. Ambos nombres hacen referencia a la misma máquina física y se resuelven en la misma dirección IP.

- Los *hosts* virtuales basados en IP hacen referencia a sitios *host* procedentes de distintas direcciones de la misma máquina.

En este capítulo veremos cómo ejecutar *hosts* virtuales, cuándo evitarlos y cómo configurar el servidor para ejecutarlos.

Ejecutar demonios separados

A veces, ejecutar múltiples *hosts* en el mismo demonio no es factible ni deseable. La alternativa consiste en ejecutar múltiples copias de Apache en el mismo servidor.

Cuándo se puede hacer esto

El usuario especificado en la directiva **User** (véase el Capítulo 5, "Archivos de configuración del servidor") deben tener permiso para leer los archivos que se están sirviendo. De ahí que los distintos usuarios que alberguen sitios web en el mismo servidor probablemente puedan leerse los archivos entre sí. En ciertos casos esto puede no ser deseable (una empresa podría no querer que otra empresa tuviera acceso directo a sus archivos, pero que tuviera acceso a ellos solamente a través de la interfaz web, donde podrían haber impuesto medidas de seguridad).

Es en casos como éste donde podría ser conveniente ejecutar servidores separados, como **User** distintos, de forma que los permisos de nivel de archivo pudieran impedir que una persona leyera los archivos de la otra. Los servidores también necesitarían parámetros distintos en **Group** y **ServerRoot**.

> **Nota**
>
> Ejecutar múltiples demonios HTTP en la máquina requiere algunos recursos adicionales. Concretamente, requiere más tiempo de CPU, más memoria y una dirección IP adicional por cada uno de los demonios. Si no tiene estos recursos, considere una de las opciones de *host* virtual.

Configurar demonios separados

Para ejecutar instancias separadas de Apache en el mismo servidor, necesitará una dirección IP distinta en cada servidor. Luego necesitará indicar a Apache en qué dirección IP debe escuchar con la directiva **Listen**. **Listen** le indica a Apache en qué dirección IP (y número de puerto) debe escuchar las solicitudes HTTP. Cada instancia del servidor deberá ser configurada para escuchar en una dirección IPO distinta.

```
Listen 192.101.205.15:80
```

Si una configuración de servidor no especifica en qué dirección IP debe escuchar, Apache escuchará todas las direcciones que sean válidas (esta es la razón por la que, al ejecutar varios demonios en la misma máquina, es importante especificar, en cada demonio, en qué dirección escuchar).

Iniciar el servidor con un archivo de configuración específico

Cuando tenga los archivos de configuración del servidor en cada demonio, podrá iniciar las copias separadas de Apache con cada archivo de configuración nuevo.

Basta tener múltiples archivos de configuración, uno por cada demonio, e iniciar el mismo binario **httpd**, especificando el archivo de configuración, como vemos a continuación. Sin embargo, si necesita instalar distintos módulos en cada demonio, tendrá que compilar un binario distinto en cada instancia del servidor.

Como vimos en el Capítulo 4, "Iniciar, detener y reiniciar el servidor", puede iniciar Apache con un determinado archivo de configuración, por medio de la opción de línea de comandos **-f**. La sintaxis de esta opción es:

```
httpd -f /home/company1/config/httpd.conf
httpd -f /home/company2/config/httpd.conf
```

Asegúrese de que sus servidores no estén luchando por conseguir recursos, como archivos de registro. En el servidor o servidores secundarios, asegúrese de que está señalando a ubicaciones únicas de los archivos de registro, de forma que no haya un conflicto cuando los servidores traten de iniciar y abrir esos archivos. Sin embargo, los servidores pueden compartir otras cosas, como el directorio **/icons**, que contiene los iconos estándar, de forma que esos archivos no tengan que estar en el servidor en dos lugares diferentes.

Utilizar *hosts* virtuales basados en IP

Si no hay medidas de seguridad, es posible ejecutar un servidor en cada dirección IP, y hacerlo todo en un solo servidor. Esto le exige mucho menos a la máquina, ya que todas las solicitudes las maneja un solo proceso. Esto se hace con los *hosts* virtuales basados en IP.

Los *hosts* virtuales basados en IP requieren una dirección IP separada en cada *host* virtual. Para añadir direcciones IP adicionales a la máquina, necesita consultar la documentación de su sistema operativo determinado. Puede añadir un dispositivo de interfaz de red adicional en cada dirección o, en la mayoría de sistemas operativos, asignar múltiples direcciones al mismo dispositivo de interfaz.

La sección <VirtualHost>

La sección <VirtualHost> de un archivo de configuración del servidor incluye aquellas directivas que se aplican a un determinado *host* virtual. Entre ellas se encuentran, como mínimo, **DocumentRoot**, y también puede haber otras directivas, como **ServerAdmin**, **ErrorLog**, **TransferLog**, etc. En el Capítulo 5, cada directiva especifica si se puede usar dentro de una sección <VirtualHost>.

> **ATENCIÓN**
>
> Ponga atención al asignar archivos de registro separados a los *hosts* virtuales, especialmente en una máquina que tenga muchos *hosts* virtuales. En Unix, existe un límite en el número de marcadores de archivos abiertos que puede usar un proceso. El número suele ser 64, aunque varía de un SO a otro. Hacer que todos los *hosts* virtuales se registren en un archivo de registro principal constituye una forma de permanecer dentro de ese límite.

A continuación se muestra un ejemplo de la sección <VirtualHost>. Este ejemplo define dos *hosts* virtuales basados en IP que se ejecutan en el mismo servidor. Al servidor se le han asignado dos direcciones IP: **192.168.1.150** y **192.168.1.151**.

```
<VirtualHost 192.168.1.150>
ServerAdmin webmaster@rcbowen.com
DocumentRoot /home/rbowen/html
ServerName buglet.rcbowen.com
ErrorLog /var/logs/httpd/error_log
TransferLog /var/logs/httpd/access_log
</VirtualHost>

<VirtualHost 192.168.1.151>
ServerAdmin cbowen@rcbowen.com
DocumentRoot /home/cbowen/public_html
ServerName cbowen.rcbowen.com
ServerAlias cbowen
```

```
ErrorLog /home/cbowen/logs/error_log
TransferLog /home/cbowen/logs/access_log
</VirtualHost>
```

Véase el Capítulo 5 para ver con más detalle qué directivas de configuración están permitidas en un contenedor <VirtualHost>.

> **NOTA**
>
> Deberá usar la dirección IP, en vez del nombre del servidor, en la directiva <VirtualHost>. Cuando el servidor se inicia, necesita la dirección IP de cada *host* virtual, así como el nombre del servidor de ese *host*. Si no se proporciona la dirección IP, Apache tendrá que buscarla, lo que puede retrasar el inicio del servidor, o, si la dirección no se encuentra, este *host* virtual en concreto no responderá a ninguna solicitud. En versiones anteriores de Apache, el propio servidor ni siquiera llegará a iniciarse.

Toda directiva que no esté especificada recibirá los valores predeterminados del archivo de configuración principal, por lo que sólo necesitará especificar aquellos parámetros que desea que sean distintos. Por ejemplo, si no tiene inconveniente en compartir sus archivos de registro con los distintos *hosts* virtuales, no se especificarán esas directivas de configuración en los contenedores <VirtualHost>.

Utilizar *hosts* virtuales basados en nombres

Puede usar *hosts* virtuales basados en nombres cuando no sea posible o deseable asignar múltiples direcciones IP a la máquina del servidor. En este caso, puede sencillamente añadir un registro CNAME en el DNS, señalando a la misma dirección IP, y ejecutar los *hosts* virtuales basados en nombres en base a estos nombres. Los *hosts* virtuales basados en nombres poseen la ventaja añadida de que se puede ejecutar un número ilimitado de *hosts* virtuales a partir de una dirección IP.

Cómo funciona un *host* virtual basado en nombres

Cuando se envía una solicitud HTTP al servidor, parte de la solicitud identifica el servidor en el que se está haciendo la solicitud. Esta característica del protocolo HTTP/1.1 la soportan la mayoría de navegadores, aunque éstos no lleguen a soportar completamente el protocolo HTTP/1.1. Apache puede entonces determinar, en base a esta información, desde qué servidor virtual hay que atender la solicitud, aunque se puedan resolver todas ellas en la misma dirección IP.

> **NOTA**
>
> Los navegadores antiguos podrían no soportar esta prestación y, en consecuencia, no recibir el contenido del *host* virtual adecuado. Este problema se puede resolver en parte con la directiva ServerPath (que veremos más adelante).

La directiva NameVirtualHost

Los *hosts* virtuales basados en nombres se configuran de forma muy similar a los *hosts* virtuales basados en direcciones IP, con una diferencia principal: la directiva NameVirtualHost le indica al servidor sobre qué dirección IP se van a recibir las solicitudes de *hosts* virtuales basados en nombres. Las secciones VirtualHost tienen el mismo aspecto que cuando se usan *hosts* virtuales basados en direcciones IP, con la excepción de que todas ellas señalan a la misma dirección IP.

```
NameVirtualHost 192.168.10.2

<VirtualHost 192.168.10.2>
ServerName buglet.rcbowen.com
DocumentRoot /home/buglet/html
</VirtualHost>

<VirtualHost 192.168.10.2>
ServerName rhiannon.rcbowen.com
DocumentRoot /home/rhiannon/html
</VirtualHost>
```

Al igual que ocurre con los *hosts* virtuales basados en direcciones IP, casi todas las directivas de configuración pueden aparecer en una sección <VirtualHost>, pero algunas no pueden. Consulte la documentación de Apache o el Capítulo 5 para ver si se puede usar una determinada directiva.

La solución de los navegadores antiguos

Como vimos antes, algunos navegadores antiguos no pueden sacar partido de los *hosts* virtuales basados en nombres, ya que no pasan el nombre del servidor con la solicitud HTTP. Dado que el servidor web no puede determinar desde qué *host* con nombre está el cliente solicitando el documento, atiende la solicitud desde el *host* predeterminado, que puede o no ser lo que el cliente esté buscando.

Hay una solución para esto y, aunque no sea muy elegante, lleva a cabo el trabajo. Esta solución es la directiva **ServerPath**, que proporciona una forma alternativa de obtener los datos del *host* virtual deseado. Esta directiva crea una <Location> para servir los archivos desde el *host* virtual. El ejemplo siguiente muestra una implementación de la directiva **ServerPath**:

```
NameVirtualHost 192.101.204.24

<VirtualHost 192.101.204.24>
ServerName timecards.databeam.com
ServerPath /timecards
DocumentRoot /home/httpd/htdocs/tc
</VirtualHost>
```

Esto significa que los clientes que no pueden pasar la información adecuada para recabar los datos del *host* virtual con nombre pueden ahora solicitar los documentos con el prefijo de ruta **/timecards**. Es decir, a las páginas que se sirven desde el *host* virtual **timecards.databeam.com** también puede acceder el URL http://timecards.databeam.com/timecards/.

Observe también que si el nombre principal del servidor es **riesling.databeam.com**, a estos documentos también podrá acceder el URL http://riesling.databeam.com/timecards/, lo que puede resultar un poco lioso. Y, evidentemente, los clientes que puedan pasar el encabezado de nombre de *host* pueden acceder a los documentos sencillamente con el URL **http://timecards.databeam.com/**. Estas múltiples formas de acceder al mismo contenido hace que sea obligatorio que se especifiquen los vínculos como relativos, en vez de cómo absolutos, en cualquier parte del servidor.

Afortunadamente, la mayoría de navegadores que están en uso soportan los *hosts* virtuales basados en nombres.

Otras opciones de configuración

Es posible que quiera usar otras opciones de configuración del servidor.

El host virtual _default_

Cuando se están utilizando *hosts* virtuales, es muy adecuado tener algo preparado, de forma que si un cliente solicita un documento desde un nombre que sea un CNAME válido para la máquina, pero para el que no esté definido un *host* virtual, ese cliente obtenga algo razonable. Por defecto, lo que obtendrán es lo que se defina en la configuración del servidor principal antes de ir a las directivas de *host* virtual. Evidentemente, es una buena idea, si va a hacer *hosts* virtuales, que tenga definido todo lo que haga referencia a ellos. Así, todo será mucho más fácil de leer y mantener.

La solución de propósito general a esto pasa por utilizar la palabra clave **_default_** en la declaración **<VirtualHost>**. Todo lo que no se defina específicamente en una de las demás secciones se servirá con los valores que aquí se definan. Un ejemplo de *host* virtual **_default_** es:

```
<VirtualHost _default_:*>
DocumentRoot /www/default
</VirtualHost>
```

Los signos :* del final es un comodín que indica que sirve para solicitudes procedentes de cualquiera de los puertos en los que Apache escucha. También puede indicar los puertos específicos.

Hosts virtuales basados en puertos

Para ejecutar servidores provistos de configuraciones distintas en los distintos puertos, sencillamente puede tratar los distintos servidores como *hosts* virtuales y colocar las distintas configuraciones en una sección <VirtualHosts>. Un ejemplo de esto es:

```
Listen 80
Listen 9000
ServerName www.mk.net
DocumentRoot /home/httpd/html

<VirtualHost 192.101.201.32:9000>
DocumentRoot /home/httpd2/html
... etc ...
</VirtualHost>
```

Aunque no se trate de un *host* virtual en el sentido tradicional del término, las solicitudes se atienden de manera similar, por lo que resulta útil tratarlas de igual forma.

Este tipo de configuración resulta útil cuando no es posible o conveniente asignar múltiples nombres a un servidor, como, por ejemplo, si el administrador de su sistema se muestra reacio a modificar el DNS. También puede utilizar este tipo de configuración si está jugando con **mod_rewrite** para asignar solicitudes de forma transparente de ciertos URL a un servidor secundario. Evidentemente, en el último caso, podría ser deseable ejecutar un servidor secundario como instancia separada de Apache.

Comprobar la configuración

Cuando el servidor está configurado y se ejecuta con la configuración de *host* virtual, puede comprobar la configuración del *host* virtual invocando al ejecutable **httpd** con la opción de línea de comandos **-S**. La opción **-S** enumera todos los parámetros de *host* virtual y le indica dónde están configurados en el archivo de configuración.

En la documentación queda claro que esta opción de línea de comandos fue diseñada para proporcionar más información que los parámetros del *host* virtual, o que algún día proporcionará más información. Pero, con la versión actual (a fecha de esta publicación), esta información es todo lo que se proporciona.

Lo que sigue es una salida de ejemplo, que utiliza la opción **-S** en un servidor que está ejecutando varios *hosts* virtuales. Cada línea indica un *host* virtual y el archivo de configuración y el número de línea donde se define este *host* virtual.

```
buglet# ./httpd -S
VirtualHost configuration:
```

```
192.168.1.1:80  buglet.rcbowen.com (/usr/local/apache/conf/httpd.conf:951)
192.168.1.1:80  is a NameVirtualHost
                default server buglet.rcbowen.com
(/usr/local/apache/conf/httpd.conf:931)
                port 80 namevhost buglet.rcbowen.com
(/usr/local/apache/conf/httpd.conf:931)
                port 80 namevhost devel.rcbowen.com
(/usr/local/apache/conf/httpd.conf:937)
                port 80 namevhost cgi.rcbowen.com
(/usr/local/apache/conf/httpd.conf:944)
                port 80 namevhost perl.rcbowen.com
(/usr/local/apache/conf/httpd.conf:958)
                port 80 namevhost www2.rcbowen.com
(/usr/local/apache/conf/httpd.conf:965)
                port 80 namevhost w3.rcbowen.com
(/usr/local/apache/conf/httpd.conf:973)
                port 80 namevhost rcbowen.rcbowen.com
(/usr/local/apache/conf/httpd.conf:982)
```

Si un determinado *host* virtual no funciona, ésta es una forma muy rápida de asegurarse de que está configurado correctamente.

Resumen

Los *hosts* virtuales constituyen una opción muy valiosa, que le permite ejecutar múltiples sitios web en la misma máquina física bajo la misma instancia del servidor Apache. Posiblemente no quiera ejecutar instancias separadas del servidor, pero los *hosts* virtuales le ofrecen mucha flexibilidad en caso de que quiera utilizarlos.

CAPÍTULO 10

Uso de Apache como servidor *proxy* y caché

¿Por qué usar un *proxy*? 180

Configurar Apache para su uso como
    servidor *proxy* o caché 183

Configurar los clientes 192

Un servidor *proxy* es un servidor especializado que actúa como intermediario entre los clientes y otros servidores web. Los clientes se conectan con el servidor *proxy* y le envían sus solicitudes en vez de conectarse directamente con los servidores web que quieran. El *proxy* tratará de recuperar los recursos que cada cliente solicite y los servirá de nuevo al cliente. Generalmente, los clientes y el servidor *proxy* residen en la misma red local. El servidor *proxy* se usa para solicitar material de los servidores en redes externas, como Internet.

¿Por qué usar un *proxy*?

Un servidor *proxy* se suele utilizar con un cortafuegos. Gracias al servidor *proxy*, basta con que una sola computadora tenga acceso a Internet a través del cortafuegos. Con esto se reducirían las perturbaciones que podrían provenir del hecho de que los clientes tuvieran un acceso directo a Internet. El *proxy* también se puede usar para ocultar información acerca de los clientes, como el tipo de navegadores web que están usando, el tipo de sistema operativo que están ejecutando, etc. Con esto se reducirían aún más las perturbaciones que podrían afectar a los clientes.

Puede usar un servidor *proxy* para ocultar la topología y la estructura de una red interna desde el mundo exterior. Las grandes empresas suelen usar lo que se llama direcciones IP negras en sus LAN. Estas direcciones están en rangos reservados a fines privados o especiales; por tanto, no están encaminadas en Internet. Una forma sencilla de acceder a los recursos web de Internet de este tipo de configuración LAN pasaría por instalar un servidor *proxy*. El servidor *proxy* tendría que instalarse con una dirección IP blanca (una dirección IP que es válida en Internet). Todos los clientes web de la LAN se configurarían para acceder a los recursos web a través del servidor *proxy*. Al hacer esto, en lo que respecta a los servidores externos, parecería que las solicitudes web de la LAN se originan desde el servidor *proxy*. Dado que las solicitudes proceden de una dirección IP válida, podrían ser atendidas, aunque en realidad se originen desde un cliente provisto de una dirección IP negra.

Tener un solo punto de entrada a Internet le permite controlar mejor el tráfico que se origina desde los clientes de la intranet. Registrando todo el tráfico procedente del servidor *proxy*, sería muy fácil controlar las costumbres de navegación de los clientes. De esa forma podría crear estadísticas acerca de la utilización del ancho de banda. También podría ver qué sitios son los más visitados. En caso de que se produjera demasiado tráfico en sitios no deseados, sería muy fácil bloquear el acceso a esos sitios en el *proxy*. Por ejemplo, podría usar el *proxy* para bloquear el acceso a sitios de imágenes, ahorrando así ancho de banda bloqueando los gráficos no deseados.

Evidentemente, el uso de un servidor *proxy* tiene sus desventajas. Se tiene un solo punto de fallo en el tráfico de Internet. Este problema se puede evitar hasta cierto punto añadiendo *proxies* de seguridad. También habría una reducción considerable en la velocidad de acceso, ya que hay un servidor extra que necesita manejar cada solicitud web. El problema de la velocidad podría reducirse si se activa la caché del servidor *proxy*.

¿Qué es una caché web?

Cuando un servidor actúa como *proxy*, también puede conseguir que éste guarde copias de las páginas que se estén retransmitiendo en él. A esto se denomina guardar en la caché. A medida que se vayan realizando solicitudes en el servidor *proxy* caché, primero comprobará si ya hay copias locales de las páginas solicitadas. En caso de que las haya, no habrá necesidad de que el acceso vaya más allá, y las páginas con caché se entregarán al cliente inmediatamente. Con esto se reduce el uso del ancho de banda de WAN e Internet y se acelera mucho el acceso web.

En algunos casos, como cuando una empresa posee varias LAN conectadas con una WAN, podría resultar útil construir una jerarquía de servidores caché. Un ejemplo de este tipo de jerarquía lo podemos ver en la Figura 10.1. En este escenario, un cliente se conectaría con un servidor *proxy* en su LAN. Si la página solicitada no estuviera disponible en el servidor *proxy* local, el *proxy* enviaría una nueva solicitud *proxy* a través de la WAN a un servidor *proxy* que estuviera más alto en la jerarquía. Si la solicitud no pudiera ser satisfecha por ninguno de los *proxies* que pasara en la jerarquía de la caché, se reenviaría al servidor apropiado de Internet.

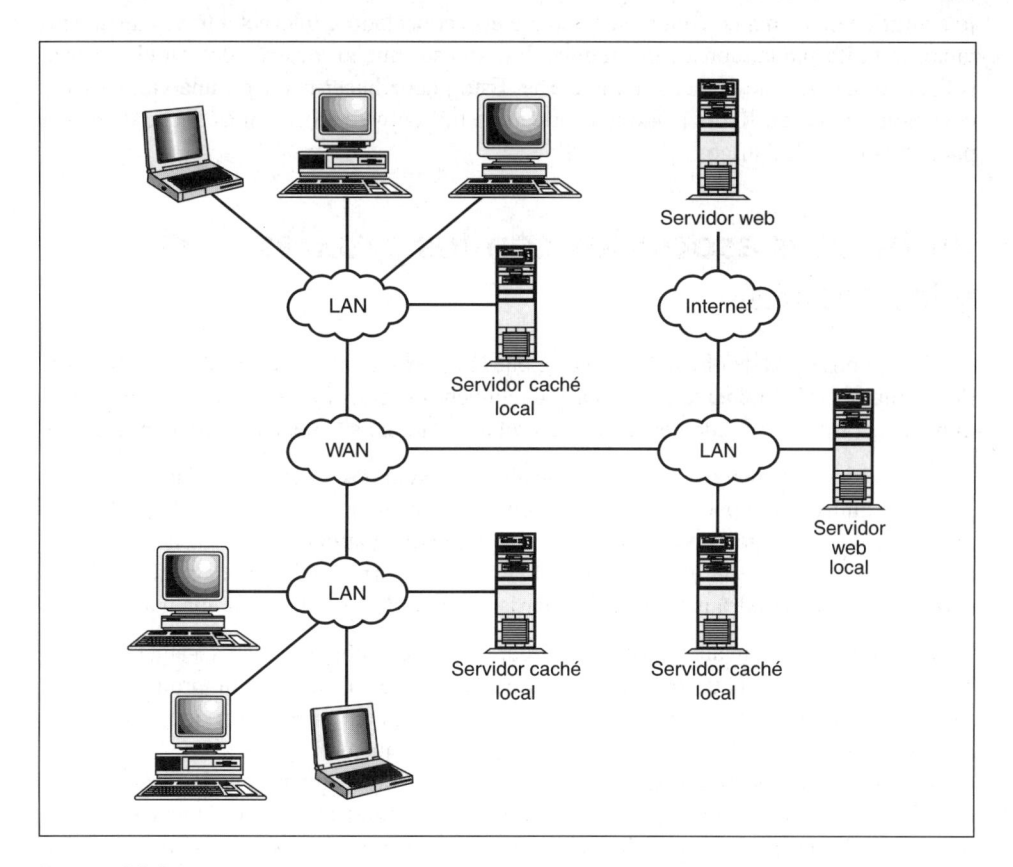

FIGURA 10.1. Ejemplo de jerarquía de servidor caché.

No es muy fácil predecir cuánto tráfico puede reducir en Internet un servidor caché. La velocidad de impactos de la caché depende de varios factores. Por ejemplo, ¿cuánto espacio de disco se dedica al material que hay en la caché? ¿Cuánto tiempo se retienen los objetos guardados en la caché antes de expirar y ser eliminados? ¿Cuántos usuarios están accediendo al servidor caché? ¿Cuáles son los patrones de navegación de los usuarios locales?, y así sucesivamente...

Conociendo solamente la velocidad de los impactos no basta para determinar cuánto ancho de banda puede reducir un servidor caché. También hay que tener en cuenta el tamaño de los objetos guardados en la caché. Un solo impacto en un objeto suficientemente grande sobrepasará el número de impactos sobre objetos pequeños.

Una estimación conservadora es que hay que reducir el tráfico web cerca de un 30% si se está usando un servidor *proxy*. Los porcentajes más altos son posibles en muchas situaciones, especialmente si sus clientes tienen patrones de navegación similares y está utilizando una cantidad lo suficientemente grande de disco duro para el almacenamiento de material guardado en la caché.

Las estadísticas muestran que el 50% del tráfico de Internet se genera de las solicitudes web. Al usar un servidor *proxy* caché para acceder a Internet, es posible reducir el flujo de tráfico de forma considerable. Aunque esté conectado a Internet a través de un servicio de tarifa plana, conseguirá tiempos de acceso mucho más rápidos en el material solicitado que ya esté presente en la caché. Esto puede hacer revivir a una vieja y lenta conexión a Internet. Reduciendo la cantidad de tráfico web se deja más ancho de banda para otros tipos de tráfico.

Problemas asociados con los *proxies* y las cachés

En algunos tipos de objetos web no se puede hacer un *proxy* o éste es muy deficiente. Por ejemplo, probablemente comprobará que muchos protocolos de vídeo-audio no sirven muy bien como *proxy*. Además, con toda probabilidad, no se pueden guardar en la caché.

Un problema común es que parece que algunas páginas se pueden guardar en la caché, pero en realidad no se puede. Las páginas que se sirven con la negociación de contenidos en el servidor de origen podrían no ser susceptibles de guardarse en la caché, ya que su apariencia depende de la información del cliente. De forma análoga, las páginas que se apoyan en *cookies* podrían no poderse guardar en la caché. Puede haber aún más razones.

Las cachés no están autorizadas a guardar en la caché objetos sujetos a autenticación. Tampoco guardan en la caché los objetos que se obtienen a través de un protocolo seguro. De esa forma, la información segura no se puede encontrar en el servidor caché para que todo el mundo la vea. Una consecuencia de ello es que no hay que servir documentos o gráficos enormes de un servidor seguro, ya que no se puede guardar en la caché ese tipo de objetos web. Una solución podría pasar por servir los gráficos en una pagina web segura a partir de un servidor separado y abierto, aunque esto acaba en un aviso de seguridad en la mayoría de navegadores web.

Posibilidades *proxy* y caché de Apache

Apache proporciona todos los fundamentos necesarios para utilizarse como servidor *proxy* o caché. Puede utilizarse como servidor *proxy* de CONNECT, FTP y HTTP/0.9, así como en el tráfico HTTP/1.0. También se puede usar como servidor *proxy* caché de estos protocolos. Esto va separado de CONNECT, ya que el tráfico seguro no debe guardarse en la caché. Apache también se puede usar para configurar una jerarquía de caché sencilla.

Apache proporciona todo lo necesario para un servidor *proxy* básico. Sin embargo, dado que no proporciona la opción de guardar en la caché solicitudes HTTP/1.1, puede causar problemas con muchos tipos de objetos web. HTTP/1.1 contiene muchas extensiones que permiten guardar e la caché varios tipos de materiales dinámicos. Estos tipos de objetos web puede que no se guarden correctamente en la caché en Apache.

> **NOTA**
>
> Si necesita un servidor proxy o caché para un gran número de usuarios, probablemente esté buscando algo que no es Apache. Un servidor caché muy bueno es Squid Web Proxy Cache, un servidor *proxy* caché muy robusto construido para sitios grandes. Aparte de ser capaz de hacer un *proxy* con los protocolos que soporta Apache, también soporta HTTP/1.1. Squid también proporciona soporte para las jerarquías *proxy* por medio de protocolos rápidos y especializados, que sirven para la comunicación jerárquica.
> Por ahora, Squid es el servidor *proxy* más utilizado en Internet. Además, está muy desarrollado.
> Los que estén interesados en Squid pueden querer visitar su sitio web en http://squid.nlanr.net.

Configurar Apache para su uso como servidor *proxy* o caché

Vamos a empezar por ver cómo está configurado Apache como servidor *proxy* o caché, para luego examinar cómo se debe configurar los clientes para utilizar el servidor *proxy*.

Configurar Apache como servidor *proxy*

El servidor Apache necesita tener instalado un módulo *proxy* para utilizarlo como servidor *proxy*. Por defecto, no está compilado. Hay que recompilar todo el servidor Apache. También se puede compilar únicamente el módulo *proxy* y añadirlo al servidor con la directiva **LoadModule**.

Puede establecer varias directivas en los archivos de configuración de Apache para gestionar el comportamiento del *proxy*.

ProxyRequests On | Off

La directiva **ProxyRequest** activa o desactiva las opciones del *proxy* del servidor. Puede establecer a **On** o a **Off**. Por defecto, está configurada a **Off**.

ProxyRemote *Match Remote-server*

Como vimos antes en este capítulo, es posible tener una jerarquía de *proxies* caché. Si el servidor caché no tiene el objeto web solicitado ya guardado en la caché, tendrá que recuperarlo. Si posee una jerarquía de caché, es posible que trate de tomar el objeto de otra caché de la jerarquía. Al usar el comando **ProxyRemote** puede configurar el modo en que cada servidor caché se debe comunicar con los demás *proxies* de la jerarquía de caché.

El parámetro **Match** es un URL parcial que el servidor trata de hacer coincidir con cada una de las solicitudes *proxy* entrantes. Si la primera parte del URL solicitado se coteja con el contenido del parámetro **Match**, la solicitud será reenviada al *proxy* que se especifique en el parámetro *Remote-server*. Establezca **Match** a * si desea reenviar todas las solicitudes a un servidor *proxy* específico.

El parámetro *Remote-server* define a qué servidor se debe reenviar la solicitud *proxy*. También es posible cambiar el tipo de protocolo que se va utilizar en la nueva solicitud. Por ejemplo, esto se podría utilizar para atender solicitudes FTP entrantes a través de HTTP. *Remote-server* lo define la siguiente sintaxis: **protocol://hostname[:port]**. En lo que respecta a Apache 1.3.9, la parte **protocol** sólo se puede establecer a HTTP.

He aquí unos cuantos ejemplos de cómo usar **ProxyRemote**:

- Este comando se activa cuando llega una solicitud al servidor *proxy*, conteniendo un URL dirigido a **http://someaddress.com**:

  `ProxyRemote http://someaddress.com/ http://anotherproxy.com:8080`

- El servidor *proxy* tratará de acceder a la página solicitada enviando otra solicitud *proxy* a través de un servidor *proxy* llamado **anotherproxy.com**. Ese servidor está escuchando en el puerto 8080. Cuando se devuelve el recurso solicitado, se reenvía al cliente que lo solicitó.

- Todas las solicitudes *proxy* entrantes serán reenviadas y atendidas por un servidor llamado **anotherproxy.com**, que está suministrando servicios *proxy* en el puerto 8080:

  `ProxyRemote * http://anotherproxy.com:8080`

- El comando **ProxyRemote** siguiente toma una solicitud FTP entrante y trata de tomar el recurso solicitado de otro *proxy*, a través del protocolo HTTP:

  `ProxyRemote ftp http://anotherproxy.com:8080`

- Cuando se devuelve el recurso al cliente que lo haya solicitado, se entregará a través del protocolo FTP.

ProxyPass *path url*

ProxyPass se emplea para asignar recursos web externos al espacio de nombres del servidor local. Las referencias del *path* facilitado terminarán en una solicitud *proxy* interna de un recurso del servidor, especificado por el parámetro *url*. Supongamos que un servidor llamado **www.a.org** está configurado con una directiva **ProxyPass**, como ésta:

```
ProxyPass /local/mirror/ http://www.b.org/source/
```

Esta directiva se activa mediante solicitudes a recursos ubicados en la ruta virtual de /local/mirror/. Una vez activada, el servidor quitará la parte http://www.a.org/_local/mirror/ del URL solicitado. El URL restante quedará adjunto a http://www.b.org.source/. Al hacerlo, los subdirectorios también quedarán reflejados. Una vez construido el nuevo URL, el servidor emitirá una solicitud *proxy* interna a ese URL. Una vez que se termine la solicitud *proxy*, el objeto web resultante será devuelto al cliente que lo solicitó. Esto es transparente para el cliente, para el que el objeto web parece que se ha originado a partir del servidor **www.a.org**.

La directiva **ProxyPass** tienen muchos usos. Por ejemplo, puede utilizarse para tomar un recursos de una intranet y enviarlo a Internet. Es como si el material lo enviara desde su servidor Internet.

ProxyPassReverse *path url*

Al usar solicitudes *proxy* internas emitidas desde **ProxyPass** o **mod_rewrite**, es posible que el servidor remoto emita una respuesta de redireccionamiento HTTP. Esto podría resultar en que el cliente fuera redireccionado al servidor desde el que se está reflejando el material. Casi siempre, éste no es el resultado deseado. Por ello, es necesario poder cambiar el URL en un encabezado **Location** de respuesta de redireccionamiento HTTP. Es aquí donde **ProxyPassReverse** entra en acción.

El parámetro *path* es la ruta virtual que se usa en este recurso. El parámetro *url* señala al servidor, desde el que se reflejará el material web. Ambos parámetros funcionan exactamente igual que en la directiva **ProxyPass**.

Vamos a ampliar el ejemplo a partir de la sección **ProxyPass**:

```
ProxyPass /local/mirror/ http://www.b.org/source/
ProxyPassReverse /local/mirror http://www.b.org/source/
```

ProxyPassReverse se activa si el servidor **www.b.org** envía una respuesta de redireccionamiento a un recurso que reside en su directorio /source/. La entrada **Location** del encabezado de respuesta se vuelve a escribir, de forma que apunta al mismo lugar de la ruta virtual de http://www.a.org/local/mirror/. Por ejemplo, un redireccionamiento a http://www.b.org/source/index2.html de reescribiría como http://www.a.org/local/mirror/index2.html.

ProxyBlock [*word*] [*host*] [*domain*]

ProxyBlock bloquea el acceso a ciertos sitios. Su parámetro es una lista que puede estar formada por cualquier combinación de palabras, *hosts* y dominios. Los elementos de la lista deben ser separados por espacios. Estableciendo la lista a * se bloquean todas las solicitudes entrantes.

Si algunos elementos de la lista parecen ser nombres de *host*, Apache tratará de determinar la dirección IP de ese *host*. Si lo logra, las direcciones IP también se podrán usar al cotejar el URL de todas las solicitudes entrantes.

Este ejemplo de la directiva **ProxyBlock** bloquea todas las solicitudes de todos los *hosts* que haya en el dominio **a.org**, así como todas las solicitudes al *host* **server.somewhere.org** del:

ProxyBlock a.org server.somewhere.nu

Dado que el último elemento también es un *host*, Apache tratará de determinar su dirección IP. Todas las solicitudes que coincidan con esa dirección también quedarán bloqueadas.

AllowCONNECT *port_list*

La directiva **AllowCONNECT** especifica en qué puertos se puede usar el método *proxy* **CONNECT**. El método **CONNECT** se usa para hacer un *proxy* de las conexiones HTTPS. Por defecto, esta directiva permite el tráfico **CONNECT** en los puertos 443 y 563, que son los puertos que se definen en HTTP y en las noticias.

ProxyReceiveBufferSize *bytes*

La directiva **ProxyReceiveBufferSize** especifica el tamaño de los *buffers* de red que se usan en las conexiones HTTP y FTP salientes. Si se establece a **0**, se utilizará el tamaño predeterminado del *buffer* del sistema. Si no, se utilizará un *buffer* del tamaño especificado para las transferencias. Tendrá que establecer un tamaño mínimo de 512 bytes.

NoProxy Domain | *Subnet* | *IP_address* | *Hostname*

A veces se quiere que las solicitudes se atiendan inmediatamente, sin ser reenviadas a los servidores que se definen con la directiva **ProxyRemote**. A menudo, éste será el caso de las solicitudes de los servidores que se encuentran en la intranet.

La lista de parámetros puede ser una mezcla de dominios, subredes, direcciones IP y nombres de *host*.

Domain es un nombre de dominio cualificado parcialmente. Para poder distinguir los nombres de *host* de los dominios, a los últimos se les debe anteponer un punto, como en **.nu .gnulix.org**.

Un **Hostname** es un nombre de dominio totalmente cualificado.

Las subredes son direcciones IP parcialmente cualificadas. También es posible proporcionar una máscara de red con la dirección IP. Para hacerlo, coloque una barra detrás de la dirección IP, seguido del número de bits importantes que hay en la subred. Si opta por excluir la máscara de red, Apache presupondrá que los dígitos o ceros que se omitan especificarán la máscara de red de la subred. Los ejemplos siguientes denotan la misma subred: **10.10.0.0**, **10.10** y **10.10.0.0/16**.

IP_address es una dirección IP totalmente cualificada. Casi siempre es más útil especificar una dirección IP en vez de un nombre de *host*, ya que no es necesario llevar a cabo una búsqueda DNS del nombre.

Este ejemplo de la directiva **NoProxy** especifica que no a haber solicitudes *proxy* en ninguno de los *hosts* de la subred **10.20**, ni *hosts* en el dominio **.gnulix.org**, **www.a.org** o el servidor **10.10.10.10**:

NoProxy 10.20 .gnulix.org www.a.org 10.10.10.10

ProxyDomain *Domain*

Los usuarios suelen dejar la parte relativa al dominio de los *hosts* que forman parte de su intranet. Con la directiva **ProxyDomain**, es posible especificar qué dominio se debe adjuntar a los nombres de host que no están totalmente cualificados. Cuando el servidor recibe una solicitud sin un nombre de dominio totalmente cualificado, tratará de redirigir la solicitud a un *host* dentro del dominio especificado.

Por ejemplo, si presuponemos una solicitud al URL **http://www/index.html**, la directiva siguiente le indicaría al servidor que redirigiera la solicitud a **http://www.a.org/index.html**:

ProxyDomain .a.org

ProxyVia *off | on | full*

Los encabezados **via:** HTTP se usan para controlar el flujo de las solicitudes *proxy* en las jerarquías *proxy*. La Tabla 10.1 muestra el modo en que los distintos parámetros de esta directiva afectan a los encabezados de respuesta.

Tabla 10.1 Parámetros ProxyVia

Parámetro	Función
off	Evita el procesamiento de encabezados **via:**
on	Añade un encabezado **via:** en el servidor actual
full	Añade un encabezado **via:** en el servidor actual y añade el número de versión Apache al campo de comentario del encabezado **via:**

Configurar Apache como servidor caché

Existen varias directivas de configuración para configurar Apache para su uso como servidor *proxy* caché. Para utilizar los siguientes parámetros, deberá tener la caché activada en su servidor.

CacheRoot *directory*

Esta directiva establece el directorio que se va a usar para contener archivos con caché. Si se establece esta directiva, también permitirá la caché del servidor *proxy*. Recuerde que el servidor deberá poder escribir y leer en el directorio.

CacheSize *size*

La directiva **CacheSize** específica la cantidad de kilobytes de espacio en el disco duro que debe usar la caché. Asegúrese de que se deja mucho espacio en el dispositivo donde reside la caché. El espacio de disco sólo se comprueba cuando se produce la recogida de basura. Por tanto, existe una gran probabilidad de que la utilización del disco sea bastante más grande que la cantidad especificada. Cuando comienza la recogida de basura, los antiguos archivos de la caché se eliminan hasta que el espacio de disco utilizado por la caché es menor que el tamaño requerido. Por tanto, asegúrese de que el parámetro **size** se establece a un 30 o un 40% más bajo que el espacio disponible.

CacheMaxExpire *time*

Esta directiva especifica el máximo tiempo posible que puede un objeto residir en la caché sin controlar si está caducado. Algunos objetos tienen su propia fecha de caducidad, que la proporciona el servidor de origen. Cuando ha transcurrido **CacheMaxExpire time**, este objeto volverá a ser controlado, aunque su fecha de caducidad no haya llegado.

El parámetro **time** es el número de horas que deben transcurrir antes de que se vuelvan a controlar los objetos. El parámetro es un número de coma flotante. Por ejemplo, un valor de 1,5 indica que todos los objetos deben controlarse por lo menos cada 90 minutos. Si no configura esto, el valor predeterminado será de 24 horas.

CacheLastModifiedFactor *factor*

El parámetro **factor** se usa para calcular una fecha de caducidad falsa para los objetos que no proporcionen la suya propia. Esta fecha se calcula multiplicando **factor** por el tiempo transcurrido desde la última modificación que el servidor de origen haya suministrado. El parámetro **factor** es un número de coma flotante. Por ejemplo, un valor **factor** de 0,1 y un tiempo de 20 horas desde la última modificación aportaría una fecha de expiración falsa de 2 horas.

CacheGcInterval time

De vez en cuando, la caché tiene que ser controlada, para ver si no ha ocupado más espacio de disco del que estaba previsto. Si la caché contiene demasiados archivos, los antiguos que hayan caducado serán eliminados hasta que la caché ocupe de nuevo el espacio asignado.

El parámetro **time** es un número de coma flotante que muestra el número de horas que deben transcurrir entre recogidas de basura. Establecer un valor **time** de 0,25 supondría una comprobación cada cuarto de hora.

Cuanto más largo sea el intervalo entre recogidas de basura, mayor es la posibilidad de que la caché se llene.

> **Atención**
>
> Dado que esta directiva no tiene parámetro predeterminado, asegúrese de establecerla si activa la caché. Si no define un intervalo de tiempo, no habrá recogida de basura, y la caché seguirá creciendo hasta que llene todo el espacio disponible.

CacheDirLength *length*

Esta directiva se usa para establecer el número de caracteres que hay en los nombres de los subdirectorios de la caché. Con toda probabilidad, nunca tendrá que cambiarla por sí mismo.

CacheDirLevels *levels*

Utilice esta directiva para especificar el número de niveles de subdirectorio que hay en la caché. Si este nivel no está configurado, el parámetro predeterminado serán tres niveles, lo que significa que los datos de la caché se guardarán en tres niveles de directorio por debajo del directorio raíz de la caché. Probablemente, nunca cambie esta directiva por sí mismo.

CacheForceCompletion *percentage*

Aunque se cancele la solicitud de transferencia, colocarla en la caché para posibles solicitudes futuras es muy útil. Con esta directiva, puede establecer la cantidad de objeto web que tienen que transferirse para que la solicitud esté completa, aunque el cliente solicite una cancelación.

NoCache [*word*] [*host*] [*domains*]

Esta directiva se usa para determinar qué solicitudes no deben ir en la caché del servidor. Esto no afecta al hecho de que el servidor haga *proxies* de los objetos.

La lista de parámetros puede consistir en cualquier combinación de palabras, *hosts* y dominios. Los distintos elementos de la lista deben ir separados por espacios. Estableciendo la lista a * de se desactiva la caché por completo. Si algunos de los elementos de la lista parecen ser nombres de *host*, Apache tratará de determinar la dirección IP de ese *host*. Si lo consigue, las direcciones IP también se usarán al cotejar el URL con las solicitudes entrantes.

En este ejemplo de la directiva **NoCache**, las solicitudes a los *hosts* del dominio **a.org** no están en la caché, ni tampoco lo están las solicitudes al *host* **server.somewhere.org** de la caché:

NoCache a.org server.somewhere.org

Dado que el último elemento también es un *host*, Apache tratará de determinar su dirección IP. Toda solicitud que coincida con esa dirección tampoco se pondrá en la caché.

CacheDefaultExpire *time*

Esta directiva establece un tiempo de caducidad falso para los objetos de la caché que sean transferidos por protocolos que no soporten tiempos de caducidad. El parámetro de tiempo es el número de horas de coma flotante a usar como tiempo de caducidad. El valor predeterminado es 1 hora.

Consideraciones de la configuración

Antes de empezar a configurar el servidor como *proxy* caché, asegúrese de que la hora del sistema es la correcta. Si no, no se podrá determinar correctamente si ha caducado el material solicitado. Además, trate de asegurar que tiene la hora correcta en el servidor web, de forma que pueda dar respuestas **Expires** y **Last-Modified** correctas. Si no, el material del servidor podría no ser guardado en la caché por otros.

Es posible que los usuarios desaprensivos abusen de los *proxies* de servidor. Si tales usuarios utilizan su servidor *proxy* como punto de acceso al hacer la "travesura", podrían culparle por lo que éstos hicieran. Por tanto, es importante ser capaz de controlar quién puede acceder a su servidor *proxy*. Esto puede llevarse a cabo por medio de las directivas **deny/allow** de Apache. Presupongamos que desea que los usuarios del dominio **foobar.net** sean los únicos capaces de acceder a su *proxy*. Para hacerlo, necesitaría añadir algo como esto a su archivo de configuración:

```
<Directory proxy:*>
order deny,allow
allow from a.org
</Directory>
```

Véase la sección "Acceso obligatorio y discrecional" del Capítulo 15, "Seguridad", para recabar más información sobre cómo configurar Apache para controlar qué clientes pueden acceder a su servidor *proxy*.

Ensamblarlo todo

Para seguir con el tema de la configuración de un servidor *proxy*, vamos a hacer un par de configuraciones de ejemplo. En todos los ejemplos, supongamos que está configurando una solución caché y *proxy* en una pequeña empresa. Tiene un servidor que reside en un dominio llamado **a.org**. Todos los servidores internos están utilizando direcciones IP negras (en este caso, de la serie **10.0.0.0**). Existe un servidor web en **10.1.1.1** que se llama **www.a.org**. La LAN de la empresa está protegida de Internet con un cortafuegos, y el único servidor al que se permite acceder al mundo exterior es **proxy.a.org**.

En primer lugar, configure un servidor *proxy* para **a.org**. Servirá como pasarela de la empresa LAN con el mundo exterior. El servidor se denominará **proxy.a.org** y se ejecutará en la dirección IP **10.1.1.2** (evidentemente, si se tratar de un escenario del mundo real, querría una dirección IP blanca para el *proxy* para poder acceder a Internet). El servidor proporcionará el servicio *proxy* en el puerto 8080. Sólo desea que sean los clientes de la empresa LAN los que puedan acceder al *proxy*. Dado que se supone que esto es una pasarela, en realidad no hay necesidad de hacer *proxies* de accesos de la LAN. Por último, desea que se registren todas las solicitudes. El archivo de configuración siguiente supone un punto de partida mínimo para configurar este tipo de *proxy*:

```
ServerName proxy.a.org
User nobody
Group nobody
Port 8080
ServerType standalone
ServerRoot /etc/httpd
ProxyRequests On
NoProxy .a.org
ProxyDomain .a.org
LogFormat "%h %l %u %t \"%r\" %>s %b" common
CustomLog logs/proxy_log common
<Location />
 Order Deny,Allow
 Deny from all
</Location>
<Directory proxy:*>
 Order Deny,Allow
 Allow from .a.org 10
</Directory>
```

El ejemplo siguiente configura un servidor *proxy* caché que reside en la misma LAN que la pasarela que se configuró en el ejemplo anterior. Este servidor caché sólo proporciona caché y reenvía todas las solicitudes entrantes a la pasarela del *proxy*. El nuevo servidor se denomina **cache.a.org** y se le asignará **10.1.1.2** como dirección IP. Utilice la configuración **proxy.a.org** como base y luego desmantélela con las directivas adicionales necesarias para proporcionar servicios caché. No se quiere que los clientes puedan acceder a ningún servidor que contenga la palabra **xxx** o **porn** en su nombre de *host*. El material de la caché se colocará en el directorio **/var/spool/cache**, y la caché deberá limpiarse si llega a 800MB.

```
ServerName cache.a.org
User nobody
Group nobody
Port 8080
ServerType standalone
ServerRoot /etc/httpd
ProxyRequests On
NoProxy .a.org 10
ProxyBlock xxx porn
ProxyDomain .a.org
ProxyRemote * http://proxy.a.org:8080
LogFormat "%h %l %u %t \"%r\" %>s %b" common
CustomLog logs/proxy_log common
CacheRoot /var/spool/cache
CacheSize 809600
CacheGcInterval 2
CacheMaxExpire 12
CacheLastModifiedFactor 0.1
CacheDefaultExpire 1
<Location />
```

```
Order Deny,Allow
Deny from all
</Location>
```

Supongamos que los dos servidores *proxy* que ha configurado se encuentran en la oficina principal de la empresa. Ahora puede configurar *proxies* de servidor caché en las filiales que estén conectadas a la oficina principal a través de vínculos WAN, como se ve en este ejemplo. Estos servidores deben guardar en la caché material del servidor web de la oficina principal, así como material de Internet. Sin embargo, no deben guardar en la caché material de ningún servidor web que resida en la LAN. Cada filial reside en su propia subred IP de clase C. Aparte de esto, cada servidor estará configurado más o menos como el servidor caché de la oficina principal.

```
ServerName cache.branch1.a.org
User nobody
Group nobody
Port 8080
ServerType standalone
ServerRoot /etc/httpd
ProxyRequests On
NoProxy .branch1.a.org 10.1
ProxyDomain .branch1.a.org
ProxyRemote * http://cache.a.org:8080
LogFormat "%h %l %u %t \"%r\" %>s %b" common
CustomLog logs/proxy_log common
CacheRoot /var/spool/cache
CacheSize 809600
CacheGcInterval 2
CacheMaxExpire 12
CacheLastModifiedFactor 0.1
CacheDefaultExpire 1
<Location />
 Order Deny,Allow
 Deny from all
</Location>
```

Estos ejemplos crearían una jerarquía de *proxies* muy básica, pero también muy eficiente. Probablemente, ahorraría mucho espacio en Internet y en el tráfico WAN.

Configurar los clientes

Todos los principales navegadores web se pueden configurar para usar un *proxy*. Los navegadores basados en GUI se configuran fácilmente a través de sus menús de preferencias, mientras que los navegadores de sólo texto, como Lynx, suelen usar variables de entorno para establecer su configuración de *proxy*.

En vez de examinar cómo están configurados los distintos navegadores, veamos una manera sencilla de configurar múltiples navegadores web desde un archivo de configuración central. Esto puede resultar muy útil en un entorno multiusuario, como una empresa o una universidad.

Utilizar un archivo de configuración automática proxy

Netscape Navigator 2.0 introdujo una nueva forma de configurar la utilización *proxy* de los navegadores web. Al enviar un archivo que contiene JavaScript al navegador, es posible definir dinámicamente cómo se debe manejar cada una de las solicitudes del cliente. Este formato de configuración también lo soporta Microsoft Internet Explorer.

Para utilizar archivos de configuración automática, necesitará añadir un tipo MIME extra al servidor web: **application/x-ns-proxy-autoconfig**. Al asociar este tipo MIME con un tipo de archivo, el servidor le indica a los navegadores que está a punto de enviar un archivo de configuración automática. El tipo MIME se suele asociar con los archivos que tienen una extensión **.pac**. Para obtener esta asociación, podríamos añadir algo así al archivo **mime.types**:

```
application/x-ns-proxy-autoconfig pac
```

También es posible añadir el tipo MIME por medio de la directiva **AddType** en el archivo de configuración de Apache. Para hacerlo, tendría que añadir la línea siguiente al archivo de configuración:

```
AddType application/x-ns-proxy-autoconfig pac
```

El paso siguiente consiste en crear el archivo **.pac**, que se utilizará para configurar el modo en que el navegador debe manejar las solicitudes. El archivo se compone de código JavaScript puro y no se debe incrustar en HTML. El valor de retorno de este *script* de código le indica al navegador cómo debe atender cada solicitud. Hay varias funciones JavaScript extra para usarlas en el *script*.

El punto de entrada del *script* será la función obligatoria **FindProxyForURL**. En cada solicitud que vaya a realizar el navegador web, llamará a su *script* de esta forma:

```
ret=FindProxyForURL(url, host);
```

El parámetro **url** es el URL completo al que el cliente desea acceder. El parámetro **host** contiene el nombre de *host*, y se introduce en el parámetro **url**, entre :// y los primeros : o la / que siga. Este parámetro sólo se facilita por comodidad, y podría haberse excluido del parámetro **url**.

El valor de retorno, **ret**, está formado por una sola cadena. El contenido de esta cadena le indica al navegador cómo se debe manejar la solicitud. Si la cadena es nula, no se deberá utilizar ningún *proxy* para la solicitud en cuestión. Si la cadena no es nula, necesitará contener una o más de las cadenas siguientes:

- **DIRECT**. No utilice un *proxy* en esta solicitud.
- **PROXY host:port**. El *proxy* llamado **host** debe utilizarse en la solicitud.
- **SOCKS host:port**. El servidor **SOCKS** llamado **host** debe utilizarse en la solicitud.

Es posible concatenar más de una de estas cadenas para formar la cadena **ret**. Si se incluyen varias cadenas de respuesta en la cadena **ret**, deberán estar separadas por un punto y coma. Cuando el navegador interpreta una cadena ret que contiene múltiples opciones, tratará de usar primero la opción que esté más a la izquierda. Si no es posible recuperar el objeto solicitado mediante este método, el navegador probará con la opción siguiente, y así sucesivamente. He aquí un ejemplo de cómo se podría definir una cadena ret válida:

PROXY proxy1.gnulix.org:8080; PROXY proxy2.gnulix.org:80; DIRECT

En esta solicitud, el navegador primero debe probar a acceder al recurso a través del *proxy* **proxy1.gnulix.org**, comunicándose a través del puerto 8080. Si este *proxy* no está activado, el navegador probará con **proxy2.gnulix.org**, que también está en el puerto 8080. Por último, si no hay ningún *proxy* disponible, el navegador debe intentar recuperar el recurso de forma directa.

Los *proxies* que no se puedan contactar se recuperarán automáticamente tras un periodo de tiempo predefinido. En el caso de Netscape Navigator, la primera recuperación se hará a los 30 minutos, la siguiente después de una hora, y así sucesivamente (añadiendo 30 minutos más para esperar a cada intento).

Si no hay ningún *proxy* activado y no hay ninguna opción DIRECT especificada, el navegador le preguntará al usuario si debe probar con una conexión directa. De este modo, los usuarios siempre deben tener la posibilidad de que se les atiendan sus solicitudes.

> **NOTA**
>
> En el archivo .pac se pueden usar algunas funciones de ayuda. Aquí no vamos a examinarlas. Para aprender más sobre estas funciones, consulte la especificación de Netscape en http://home.netscape.com/eng/mozilla/2.0/relnotes/demo/_proxy-live.html.

Mire un breve ejemplo del aspecto de un archivo .pac. Supongamos que desea crear un archivo .pac para un cliente que resida en la LAN utilizada antes en los ejemplos sobre cómo configurar *proxies* y cachés. Ese navegador web se ejecuta en un cliente, que a su vez se ejecuta en la red **a.org**. Deberá usar **cache.a.org** para todos los accesos de fuera de la LAN, mientras que se deberá conectar directamente cuando trate de acceder al material local. Un archivo .pac para este escenario podría tener este aspecto:

```
function FindPorxyForURL(url,host)
{
  if(isPlainHostName(host) || dnsDomainIs(host,".a.org")) {
    return "DIRECT";
  } else {
    return "PROXY cache.a.org:8080; DIRECT";
  }
}
```

Este ejemplo utiliza dos funciones de ayuda, que están disponibles en todos los archivos .pac. La primera función, **isPlainHostName()**, devuelve **true** si el nombre de *host* de **host** no contiene una parte de dominio. En este ejemplo, se presupone que cualquier solicitud que no contenga una parte de dominio la atenderán los servidores de la LAN. Por tanto, éstas deberán ser atendidas directamente. La siguiente función de ayuda, **dns-DomainIs()**, devuelve **true** si **host** es un servidor dentro del dominio **a.org**. Si ambas funciones devuelven **true**, la solicitud no se hará a través del *proxy*. Si no, el navegador web deberá intentar acceder al recurso a través del servidor *proxy* **cache.a.org**. Si esto falla, el navegador debe intentar alcanzar el objeto web directamente.

Resumen

Un *proxy*, especialmente en combinación con las posibilidades de guardar en la caché, es una herramienta muy potente. Guardar en la caché puede suponer mucho ahorro en el ancho de banda. Combinado con la opción de bloquear el acceso a ciertos sitios, esto puede hacer revivir una vieja y lenta conexión a Internet.

Al usar las opciones de Apache para los *hosts* virtuales, es muy fácil configurar una máquina para que sirva tanto como servidor *proxy* que como servidor web. Esta solución puede ser muy barata, que proporciona un servidor web, así como un *proxy* para los sitios de un presupuesto.

Contenido dinámico

PARTE III

EN ESTA PARTE

- Programación CGI   199
- SSI: Inclusiones del lado del servidor   219
- Utilizar *cookies*   235
- Manipuladores   255

Programación CGI

La especificación CGI	200
Configurar el servidor para CGI	204
Escribir programas CGI	205
Un ejemplo de programa CGI	213
Programas CGI de Windows	214
Problemas habituales	214
Alternativas a CGI	217
Para más información	217

CAPÍTULO 11

La CGI (interfaz de pasarela común) es una especificación que sirve para comunicarse entre el servidor web y una aplicación que se ejecuta en la máquina del servidor. Define un método de obtener contenido generado dinámicamente en sitios web que de otro modo serían estáticos.

Este capítulo le presenta CGI y le enseña a escribir programas CGI. También veremos lo que puede ir mal.

> **NOTA**
>
> Recuerde que este capítulo sólo le presenta CGI; puede encontrar libros enteros acerca del tema, como **Teach Yourself CGI Programming in a Week**, de Sams Publishing, Prentice Hall.

Este capítulo también trata acerca de las alternativas de CGI. Cuando se llama a un programa CGI, el servidor lanza un proceso separado para ejecutar ese programa. Este proceso de inicio es bastante lento y suele durar más que la ejecución del propio programa. Otras tecnologías, como FastCGI y **mod_perl**, se dirigen a esto guardando en la caché el programa CGI del propio proceso del servidor, con lo que aumenta mucho el rendimiento.

La especificación CGI

La especificación CGI completa se puede encontrar en http://hoohoo.ncsa.uiuc.edu/cgi/. Este sitio también define el modo en que el servidor y un *script* CGI van a comunicarse entre sí.

Variables de entorno

CGI define una serie de variables de entorno que sirven para pasar información, de manera muy parecida a las variables de entorno del sistema operativo, como el nombre de ruta y de inicio de sesión. Esta información se componen del nombre del servidor, el nombre de un usuario autenticado y la dirección IP del cliente que está accediendo al servidor. Estas variables de entorno se pasan a cada programa CGI que invoca el servidor. Algunas variables son necesarias, lo que significa que un servidor debe suministrar estas variables para ser considerado compatible con CGI; otras variables son opcionales. Y, por último, el propio servidor y el cliente (navegador web) tienen la libertad absoluta de crear variables de entorno y de pasarlas al programa CGI.

Variables de entorno estándar

Las variables de la Tabla 11.1 devuelven el mismo valor cada vez que se hace una solicitud al servidor. La especificación CGI llama a estas variables "específicas no solicitadas", ya que no varían de solicitud a solicitud.

TABLA 11.1 VARIABLES DE ENTORNO ESPECÍFICAS NO SOLICITADAS

Variable	Significado
SERVER_SOFTWARE	El nombre y el número de versión del software del servidor que está respondiendo a la solicitud HTTP. Ejemplo: **Apache/1.3.9 (Win32)**
SERVER_NAME	El nombre de host o dirección IP del servidor. Ejemplo: **www.mk.net**
GATEWAY_INTERFACE	La versión de la especificación CGI que se implementa en el servidor. Ejemplo: **CGI/1.1**

Otras variables varían de solicitud a solicitud. La Tabla 11.2 enumera estas variables.

TABLA 11.2 VARIABLES DE ENTORNO ESPECÍFICAS DE LA SOLICITUD

Variable	Significado
SERVER_PROTOCOL	El protocolo y la versión de ese protocolo, cuyo contenido se envió al cliente. Ejemplo: **HTTP/1.1**
SERVER_PORT	El número de puerto en el que el cliente conectado al servidor envía la solicitud. Ejemplo: **80**
REQUEST_METHOD	El método con el que se hizo la solicitud. Podría ser **GET**, **POST**, **PUT** o **HEAD**.
PATH_INFO	La información adicional de las rutas puede pasarse al final del URL, seguido por una barra. Ejemplo: **http://server/_cgi-bin/script.pl/extra/info** tiene PATH_INFO de **/extra/info**, que se pasa al programa CGI. Esto puede ser útil para pasar argumentos adicionales a los programas CGI.
PATH_TRANSLATED	Probablemente no significa lo que espera. **PATH_INFO** se adjunta a **SERVER_ROOT** para crear una ruta de sistema de archivo completo. Ejemplo: en el ejemplo dado en PATH_INFO, PATH_TRANSLATED sería **/usr/www/htdocs/extra/info**, si el **SERVER_ROOT** está establecido a **/usr/www/htdocs**. Un error muy habitual consiste en presuponer que esta variable contiene la ruta completa del archivo de programa CGI.
SCRIPT_NAME	La ruta virtual del script CGI que se está ejecutando. Ejemplo: **/cgi-bin/script.pl**
QUERY_STRING	Toda información que aparezca siguiendo a un signo de interrogación (**?**) se eliminará del URL y se colocará en esta variable. Esta forma es muy conveniente para pasar información adicional al *script* CGI. Se puede usar con **PATH_INFO** o por sí sola.
REMOTE_ADDR	La dirección IP del cliente que está accediendo al servidor. Ejemplo: **192.101.201.32**

TABLA 11.2 VARIABLES DE ENTORNO ESPECÍFICAS DE LA SOLICITUD *(continuación)*

Variable	Significado
REMOTE_HOST	El nombre de host del cliente que accede al servidor. Si el nombre no se puede resolver, o si esa función se desactiva en el servidor, esta variable deberá dejarse sin configurar, y sólo se colocará la dirección IP en REMOTE_ADDR. Ejemplo: webslinger.databeam.com
AUTH_TYPE	Si el *script* está protegido por contraseña, ésta contendrá el método de autenticación que se utilizó. Véase el Capítulo 16, "Autenticación", para recabar más información. Ejemplo: BASIC
REMOTE_USER	Si el *script* está protegido por contraseña, ésta será el nombre de usuario con el que el usuario se autenticó.
REMOTE_IDENT	Casi nunca se utiliza, porque muy pocos clientes pasan algo significativo a esta variable. Cuando está configurada, la variable contiene distinta información de identificación acerca del usuario remoto, bien de la identificación del tipo RFC931 o de lo que el cliente opte por pasar a esta variable. Los navegadores solían pasar la dirección de correo electrónico del usuario a este campo, hasta que se empezó a recoger esta información para enviar *spam*.
CONTENT_TYPE	Si los datos se pasan con la solicitud, como con una solicitud PUT o POST, éste será el tipo de contenido de esos datos. Ejemplo: text/plain
CONTENT_LENGTH	El tamaño de cualquier información que envíe el cliente al servidor.

Otras variables de entorno

Aparte de las variables de las Tablas 11.1 y 11.2, cualquier encabezado HTTP que envíe el cliente al servidor será colocado en el entorno. Se puede tratar de cosas como HTTP_USER_AGENT (el nombre y versión del navegador) o cualquier otra información que el fabricante del navegador quiera colocar en sus encabezados.

La línea de comandos ISINDEX

En consultas ISINDEX, toda información que siga a un signo de interrogación (?) se pasará directamente al *script* CGI como argumento de la línea de comandos, a menos que esa información contenga un signo igual (=). Todo navegador soporta ahora formularios HTML, por lo que el tipo de consulta ISINDEX ya no se suele utilizar.

STDIN y STDOUT

Toda información que se envíe al servidor en la solicitud HTTP, bien sea a través de una solicitud POST o una solicitud PUT, se pasarán al programa CGI en base a STDIN (Entrada Estándar). El *script* he CGI envía su salida a STDOUT (Salida Estándar).

Encabezados analizados sintácticamente

La salida de un *script* CGI debe comenzar con un encabezado HTTP (como vimos antes en este capítulo). Estos encabezados se envían al cliente, a menos que se trate de directivas del servidor. Se definen tres encabezados como directivas del servidor que pueden enviar programas CGI.

Content-type

Un encabezado **Content-type** le indica al servidor el tipo MIME del contenido que se está devolviendo. Veamos el siguiente ejemplo:

```
Content-type: text/html
```

Location

Un encabezado **Location** le indica al servidor que no se está devolviendo contenido alguno, sino que se está pidiendo al servidor que redirija el cliente a otra ubicación. Si esta ubicación fuera una ruta local (relativa), el servidor sencillamente serviría el archivo indicado en el URL. Si no, si se tratar de un URL completo, el servidor enviaría ese aviso de redireccionamiento al cliente, que sería responsable de seguirlo.

Aquí vemos un ejemplo de una ruta relativa:

```
Location: /products/index.html
```

He aquí un ejemplo de un redireccionamiento URL:

```
Location: http://www.mk.net
```

Status

Un encabezado **Status** le proporciona al servidor una línea de estado HTTP que se envía al cliente. Éste contiene el número de estado y la cadena de mensaje. He aquí un ejemplo:

```
Status: 404 Not Found
```

Encabezados no analizados sintácticamente (*scripts* nph)

Algunos *scripts* no desean que el servidor analice sintácticamente sus encabezados. Por convención, a todo *script* que tenga un nombre de archivo que empiece por nph se le permite comunicarse directamente con el cliente, y los encabezados que produce no los analiza sintácticamente el servidor antes de que se pasen.

Una consecuencia de esto es que los datos no se colocan en la memoria intermedia antes de enviarse al cliente, sino que se envían inmediatamente. Con un programa CGI normal, no se envía nada al cliente hasta que el programa haya terminado de ejecutarse, y el cliente recibirá todo a la vez. Con encabezados no analizados sintácticamente, por ejemplo, se podría mostrar una cuenta atrás y hacer que los números aparecieran en la pantalla del navegador uno a uno, a medida que se van generando.

Configurar el servidor para CGI

Uno de los problemas más habituales que tienen los principiantes con los programas CGI consiste en configurar el servidor para que permita la ejecución de programas CGI. Los síntomas más frecuentes de este problema son ver el código fuente del *script* CGI en el navegador u obtener un error de servidor de la serie 500.

Ciertos parámetros tienen que hacerse en los archivos de configuración del servidor o en archivos .htaccess para ejecutar programas CGI y, generalmente, hay que colocar los programas CGI en un cierto directorio. Las secciones siguientes tratan acerca de estos parámetros, que también se abordan en el Capítulo 5, "Archivos de configuración del servidor".

ScriptAlias

La directiva **ScriptAlias** define una asignación entre un alias y un directorio. También le indica al servidor que todos los archivos de este directorio (y sus subdirectorios) son programas CGI, y deben ejecutarse cuando se solicitan.

La sintaxis de la directiva **ScriptAlias** es así:

```
ScriptAlias /cgi/ /usr/local/apache/cgi-files/
```

A los archivos que se coloquen en este directorio se accederá con el URL http://servername/_cgi/filename.cgi.

NOTA

Asegúrese de que los permisos están correctamente establecidos en los archivos de su directorio ScriptAlias, u obtendrá un mensaje de error. Véase la sección posterior "Problemas habituales", para ampliar la información.

PERMITIR CGI EN DIRECTORIOS QUE NO SON SCRIPTALIAS

Si tiene AllowOverride establecido a Options (o a All), los usuarios podrán usar los archivos .htaccess para ejecutar programas CGI en los directorios que no sean el directorio oficial cgi-bin. Sin embargo, como administrador del servidor, tendrá que considerar las consecuencias de esto y decidir si lo quiere permitir.
Consideremos las consecuencias de seguridad que supone tener programas CGI en lugares que no se controlan, y los temas de gestión de tener los programas CGI diseminados por todas partes, en vez de en una ubicación centralizada. Véase el Capítulo 15, "Seguridad", para comprobar si ésta es una buena idea o no.

> Para activar la ejecución CGI en un directorio determinado, coloque la siguiente directiva en un archivo .htaccess o en una sección <Directory> del archivo de configuración principal:
>
> Options ExecCGI

AddHandler

Un modo alternativo de hacer que los programas CGI se ejecuten en el servidor consiste en usar la directiva **AddHandler** con el fin de asignar una extensión de archivo determinada al marcador **cgi-script**:

AddHandler cgi-script pl

Esto hace que todo archivo que tenga la extensión .pl sea tratado como un programa CGI y ejecutado cuando se solicita el archivo.

> **ATENCIÓN**
>
> Tenga cuidado al usar esta directiva a la hora de hacer configuraciones en el servidor, ya que puede permitir la ejecución CGI en lugares no deseados.

Options ExecCGI

Puede activar la ejecución de programas CGI de un directorio específico con la directiva **Options ExecCGI**. También se puede usar la directiva **ScriptAlias** para permitir esto, pero el uso de **Options ExecCGI** es especialmente útil para los directorios de usuario, de forma que los usuarios puedan activar estas opciones sin su ayuda.

Escribir programas CGI

Escribir programas CGI no es muy difícil. Hay que tener presente unas cuantas cosas más para que los programas funcionen. La sección posterior "Problemas habituales" le indica algunas de las cosas que pueden funcionar mal. Pero, en primer lugar, vamos a ver cómo hacerlo todo bien.

Encabezado MIME

Cuando se ejecuta el programa CGI, el servidor pasa el control a su programa y se quita de en medio (bueno, esto no es del todo cierto, pero se acerca mucho a esta discusión). Una de las consecuencias de esto es que se es responsable de proporcionar el propio encabezado de tipo MIME a su salida.

Casi siempre, el programa CGI creará HTML para mostrarlo en el navegador del cliente. Esto significa que la salida tendrá que tener un tipo MIME de **text/html**. Del Capítulo 2, "HTTP", y del Capítulo 7, "Tipos MIME", debe recordar que los encabezados HTTP deben ser seguidos por una línea en blanco antes de empezar el cuerpo de la respuesta HTTP. Teniendo esto en cuenta, casi todos los programas CGI que escriba empezarán con una línea así (en Perl):

```
print "Content-type: text/html\r\n\r\n";
```

Alternativamente, si escribiera código CGI en C, el aspecto sería el siguiente

```
printf "Content-type: text/html\r\n\r\n";
```

Content-type es el encabezado HTTP que le indica al cliente qué tipo de datos está recibiendo, de forma que sabe cómo interpretarlo. \r\n es la secuencia de control que representa un retorno de carro y un avance de línea (o un avance de línea y un retorno de carro, dependiendo de su sistema operativo). Se imprimen dos de éstos, uno al final de la línea actual y otro para crear una línea en blanco, que indica el final de los encabezados y el principio del cuerpo de documento.

> **NOTA**
> Aunque técnicamente es necesario que utilice tanto un retorno de carro como un avance de línea, mucha gente no lo hace, por lo que los navegadores se han tenido que adaptar a este error. Así, casi siempre, puede solucionarlo con uno o con el otro, en lugar de ambos.

Después de esta línea, puede empezar a producir los datos con formato HTML.

Evidentemente, si la salida del programa CGI es otra cosa, como texto, o una imagen GIF, deberá mostrar el encabezado HTTP oportuno en esos tipos de contenido (respectivamente, **text/plain** y **image/gif**).

> **ATENCIÓN**
> Si no se imprime un encabezado Content-type, el servidor dará un error. Véase la sección "Problemas habituales", más adelante.

Recibir entradas de los usuarios

Como vimos antes en este capítulo, los programas CGI se comunican por **STDIN** y **STDOUT**. En circunstancias normales, **STDIN** es el teclado, mientras que **STDOUT** es la pantalla. Pero el programa CGI secuestra estos marcadores para sus propios fines. **STDIN** ahora viene del navegador. El servidor acepta esta entrada del navegador y la pasa al proceso CGI. La salida del proceso CGI se envía de nuevo al servidor, que a su vez la envía al cliente.

Las aplicaciones CGI también pueden recabar información de las variables de entorno, como vimos antes en este capítulo. Así, debido a que el programa CGI puede obtener los datos de dos formas, el navegador puede enviar los datos al servidor de dos maneras.

Las formas más habituales de recibir las entradas del usuario se producen a través de los formularios HTML, de la información enviada como datos adicionales al final del URL y de las *cookies*.

Formularios HTML

Los formularios HTML constituyen una forma de hacer que los creadores de páginas web soliciten las entradas de los usuarios. Los campos de entrada de texto, las listas de selección, las casillas de verificación y los botones de radio se presentan ante los usuarios para que realicen sus selecciones y escriba sus entradas.

Los formularios HTML se crean por medio de la etiqueta HTML <form> y pueden estar formados por los siguientes elementos:

- <form></form> inicia el formulario HTML. Los atributos son:
  - **action**. Un URL que le indica al navegador dónde enviar los datos del formulario cuando se hace clic en el cotón de envío.
  - **method**. GET o POST. Le indica al navegador qué método utilizar a la hora de enviar los datos al servidor.
  - **name** (opcional). Establece un nombre para el formulario. Se suele usar en JavaScript.
  - **target** (opcional). Si el formulario aparece en una página web con trama, le indica al navegador en qué trama del conjunto deberá mostrar la respuesta del servidor.

  A continuación se muestra un ejemplo:

  ```
  <form action="/cgi-bin/process.pl" method="POST">
  ```

- <input type="text"> muestra un campo de entrada de texto de una sola línea. Los atributos son los siguientes:
  - **type="text"**. Este atributo es opcional, ya que el texto es el tipo predeterminado al usar la etiqueta <input>.
  - **name**. El nombre del campo de entrada. Se envía al programa CGI para asociarlo con el valor.
  - **size** (opcional). El ancho, en caracteres, que el campo de entrada tiene que tener en la ventana del navegador. El valor predeterminado varía dependiendo del navegador que se esté usando.
  - **maxlength** (opcional). El número máximo de caracteres permitidos en este campo. Es un buen atributo a establecer si se están enviando datos a una base de datos y necesita limitar los valores a un cierto tamaño.
  - **value** (opcional). El valor predeterminado que debe aparecer en el campo cuando se carga esta página.

A continuación vemos un ejemplo:

```
<input type="text" name="fname" value="Rich" size="15" maxlength="255">
```

- **<input type="password">** muestra un campo de entrada de una sola línea donde todo el texto escrito aparece con asteriscos (*) o sin nada. Los atributos son idénticos a **type="text"**.

> **ATENCIÓN**
>
> El uso de <input type="password"> sólo sirve para una seguridad ficticia. La contraseña se pasa por la red como texto sin formato. No la utilice seriamente con fines de seguridad.

- **<input type="radio">** muestra un botón de radio. Suelen presentarse en un grupo de varios y tener un comportamiento de "seleccione sólo uno". Los atributos son:
  - **name**. El nombre del campo de entrada. Se envía al programa CGI para que lo asocie con el valor. Para crear una serie de botones de radio, asígneles el mismo nombre.
  - **value**. El valor que se pasa al programa CGI si se selecciona este determinado botón.
  - **checked**. El botón que se selecciona por defecto.

  En el ejemplo siguiente, se selecciona el botón AM por defecto:

  ```
  <input type="radio" name="ampm" value="am" checked>
  ```

  PM es el otro botón del grupo:

  ```
  <input type="radio" name="ampm" value="pm">
  ```

- **<input type="checkbox">** indica un cuadro que está marcado o no. Los atributos son:
  - **name**. El nombre del campo de entrada. Se envía al programa CGI para que lo asocie con el valor.
  - **value**. Un valor que se pasa al programa CGI si está marcado este cuadro.
  - **checked**. Indica que el cuadro se marcará por defecto.

  Los siguiente es un ejemplo:

  ```
  <input type="checkbox" name="paid" value="yes" checked>
  ```

- **<select></select>** especifica una lista que contiene uno o más elementos a partir de los cuales los usuarios pueden seleccionar uno o más elementos. Los elementos van entre etiquetas **<option>** que aparecen en el conjunto de etiquetas **<select>**. Los atributos son:
  - **name**. El nombre de la lista de selección. Todo elemento seleccionado se asocia con este nombre.

- **multiple**. Indica que se puede seleccionar más de un elemento en la lista. Si se selecciona más de un elemento, se enviarán múltiples pares de nombre/valor al programa CGI, con el mismo **size** Un atributo particularmente útil si tiene una lista de selección de múltiples elementos. Indica cuántos elementos de la lista van a aparecer en la lista de selección. Por defecto, sólo aparece uno, en un formato de lista desplegable.

Para ver un ejemplo, consulte **<option>**.

- **<option>** define una opción individual de una lista de selección. Esta etiqueta va seguida del texto que va a aparecer en la lista. Tiene un solo atributo opcional:
  - **value**. El valor que se pasa al proceso CGI como valor de esta variable de selección. Si no hay atributo de valor, el texto que aparece detrás de la etiqueta **<option>** se pasa como valor.

A continuación vemos un ejemplo:

```
<select name="month">
<option value="01">January
<option value="02">February
<option value="03">March
<option value="99">etc.
</select>
```

- **<textarea></textarea>** puede contener múltiples líneas de texto. El texto que aparece entre las etiquetas es el texto predeterminado que va a aparecer en el área de texto de la página. Los atributos son:
  - **name**. El nombre del campo de entrada. Éste se envía al programa CGI para que lo asocie con el valor.
  - **cols**. El número de columnas que debe tener el área de texto.
  - **rows**. El número de filas que debe tener el área de texto.
  - **Wrap**. Lo que debe mostrar el comportamiento de ajuste del área de texto. Las opciones son *off* (la predeterminada), *virtual* y *physical*. Las últimas dos opciones proporcionan tipos distintos de texto ajustado en el área de texto. Sin embargo, en la mayoría de implementaciones, ambas proporcionan el ajuste sencillo, y no hay diferencia entre las dos.

A continuación vemos un ejemplo:

```
<textarea name="bio" rows=3 cols=40 wrap="virtual">
Nací, he vivido y moriré</textarea>
```

- **<input type="hidden">** le permite pasar una variable de formulario que no aparece en la página como algo que los usuarios puedan cambiar.

Atención

Al igual que ocurre con <input type="password">, <input type="hidden"> sólo proporciona una seguridad cosmética. No se puede uno fundamentar en

> la idea de que los valores van a ser como se establecieron en campos ocultos. Un usuario que tenga una pista puede descargar la página, modificar el valor de esa variable oculta en su copia local y publicarla de nuevo en el servidor con los valores modificados.

Los atributos disponibles son:

- **name**. El nombre del campo de entrada. Éste se envía al programa CGI para que lo asocie con el valor.
- **Value**. El valor que se va a pasar con el nombre. Éste es opcional, pero no tiene mucho sentido tener un elemento oculto sin valor alguno.

- `<input type="submit">` indica un botón que, cuando se hace clic en él, se envía el contenido del formulario a la ubicación **action** que se define en la etiqueta `<form>`. Cuando los usuarios hiciesen clic en un botón de envío, esos datos se codificarían y enviarían al servidor a través de una solicitud HTTP **GET** o **POST** (como veremos en la próxima sección). Los atributos son:

    - **name**. El nombre del campo de entrada. Éste se envía al programa CGI para que se asocie con el valor. En algunos casos, esto es útil en un formulario (por ejemplo, cuando se tienen múltiples botones de envío.
    - **value**. La advertencia que aparece en el botón. Por defecto, es **Submit**.

- `<input type="reset">` indica un botón que, cuando se hace clic en él, restablece el contenido del formulario a los valores predeterminados. No hay atributos que no sean **type**.

GET

Las solicitudes **GET** son las más fáciles de explicar de los dos tipos que hay (**GET** y **POST**). Aunque las dos acaban siendo muy parecidas, es más fácil ver a **GET** en acción, ya que todos los argumentos del formulario terminan en el URL.

Los nombres y valores del formulario están codificados con URL, lo que implica que ciertos caracteres (normalmente los que no son alfanuméricos) se convierten a entidades que pueden ser pasadas en una cadena. Los espacios se convierten en signos de más (+), mientras que los demás caracteres se convierten a su representación ASCII en hexadecimal, precedida por un signo porcentual (%). Los nombres y los valores se combinan en pares de nombre-valor, con un signo igual (=) entre el nombre y el valor. Por último, estos pares se unen con signos &.

En una solicitud **GET**, a la cadena resultante se le antepone un signo de interrogación (**?**) y se añade al final del URL especificado en el atributo **action** de la etiqueta `<form>`. Así, si el atributo **action** especificara que el contenido del formulario tuviera que ser enviado a **/cgi-bin/_process.pl**, un URL típico generado por un formulario **GET** podría tener este aspecto:

http://your.server/cgi-bin/process.pl?name=Rich%20Bowen&occupation=author

Cuando esta solicitud alcanza al servidor, todo lo que queda detrás del signo de interrogación se colocar en la variable de entorno **QUERY_STRING**, que se pasa al programa CGI con el resto de las variables de entorno.

Una ventaja principal de los formularios **GET** es que pueden ser pirateados. Es decir, los usuarios podrían modificar los elementos del URL para cambiar el comportamiento del programa CGI sin tener que rellenar el formulario nuevamente. Por ejemplo, podemos introducir lo siguiente directamente en el campo de ubicación del navegador para realizar una búsqueda en AltaVista del término Apache:

`http://www.altavista.com/cgi-bin/query?pg=q&what=web&kl=XX&q=apache`

Al cambiar directamente la cadena al final de este URL, es posible buscar todo lo que se quiera sin tener que rellenar el formulario de búsqueda.

> **SUGERENCIA**
>
> Es fácil marcar los resultados de los formularios GET, ya que toda la información está en el URL.

También existen algunos inconvenientes, como los límites en la longitud de un URL. La directiva **LimitRequestLine** establece la longitud máxima de un URL. Por defecto, está establecida a **8190**, lo que le permite tener mucho espacio. Sin embargo, otros servidores, y algunos navegadores, limitan la longitud algo más.

Dado que todos los parámetros se pasan a la línea URL, los elementos que estaban en los campos de contraseña u ocultos también aparecerán en el URL. Evidentemente, no tiene que emplearse ningún método seriamente (para la seguridad) y debe considerarse puramente cosmético.

> **NOTA**
>
> Utilizamos el término seguridad cosmética para referirnos a lo que hace que la información sea un poco más difícil de obtener, sin ofrecer encriptación o seguridad real. Un ejemplo podría ser escribir el número PIN de la tarjeta ATM en la tarjeta, pero escribiéndolo en la parte de atrás. En cierto modo, se consigue difuminar un poco la información, pero cualquiera que se pasara mirándola más de cinco minutos podría saber de lo que se trata. Sin embargo, mientras que una persona que utiliza la tarjeta ATM sólo prueba tres o cuatro veces, alguien que entre en su sitio web puede probar todas las veces que quiera.

POST

Los formularios **POST** se manipulan de forma muy parecida a los formularios **GET**, con la excepción de que los propios datos se envían al servidor con el cuerpo de la solicitud HTTP en vez de en la línea de solicitud. Luego se pasa al programa CGI mediante

STDIN. La longitud de estos datos se coloca en la variable de entorno CONTENT_LENGTH. Puede obtener estos datos leyendo CONTENT_LENGTH bytes de STDIN.

Dado que los datos están codificados de forma exactamente igual en los formularios POST que en los formularios GET, el resto del proceso de decodificación será exactamente el mismo.

Decodificar datos del formulario

Decodificar los datos del formulario es una cuestión de invertir lo que se ha hecho en el proceso de codificación del formulario. El Listado 11.1 muestra código Perl para decodificar datos de formulario. Si se quisiera usar este código en el programa CGI de Perl, podrá obtener una referencia de todos los datos de un formulario con la línea siguiente:

```
$form = FormParse();
```

LISTADO 11.1 CÓDIGO PERL PARA DECODIFICAR DATOS DE FORMULARIO

```
sub FormParse {
#  Analizar sintácticamente formulario HTML, POST o GET. Devuelve
   ➥señalizador de nombre,valor
   my ($buffer,@pairs,$pair,$name,$value,$form);

   if ($ENV{REQUEST_METHOD} eq "POST")     {
       read (STDIN, $buffer, $ENV{'CONTENT_LENGTH'});
   } else {
       $buffer = $ENV{QUERY_STRING};
   }

   # Dividir los pares de nombre-valor
   @pairs = split(/&/, $buffer);

   foreach $pair (@pairs)
   {
       ($name, $value) = split(/=/, $pair);
       $value =~ tr/+/ /;
       $value =~ s/%([a-fA-F0-9][a-fA-F0-9])/pack("C", hex($1))/eg;
       $value =~ s/~!/ ~!/g;
       # ¿Es esto parte de una selección de múltiples valores?
       if ($form->{$name})    {
           $form->{$name} .= "\0$value"
       } else {
           $form->{$name} = $value;
       }
   }    # End of foreach

   return $form;
}    # End of sub
```

Este código deshace los pasos que vimos antes en la sección sobre los formularios GET. Los primeros pares se dividen en signos &, y luego los nombres y los valores se dividen en signos de igual. Los signos más se convierten a espacios. Por último, casi todo el trabajo se hace con una línea bastante extraña de la parte central:

```
$value =~ s/%([a-fA-F0-9][a-fA-F0-9])/pack("C", hex($1))/eg;
```

(Si esto no le parece extraño, probablemente no haya leído esta sección.). Lo que hace esta línea es reemplazar todos los signos porcentuales (%), seguidos por dos caracteres hexadecimales (es decir, o bien desde la letra a hasta la f, o desde el número 0 hasta el 9) con el carácter ASCII asociado.

Para la versión C, puede consultar la **cgi-lib.c**, de Tom Boutell, que está disponible en **http://www.boutell.com/**. Si no, puede utilizar cualquiera de las bibliotecas-módulos disponibles para C++, Perl, Java o cualquier otro lenguaje que quiera utilizar. Utilizando una biblioteca o módulo existentes en vez de escribir sus propias rutinas le asegura que el código está probado correctamente, por lo que tiene que estar libre de errores.

En lo que respecta a Perl, el módulo más conocido para este fin es el módulo **CGI.pm**, de Lincoln Stein. Contiene código para analizar sintácticamente formularios, generar páginas HTML, mantener el estado de las variables de página a página y otras funciones que podrían ser necesarias a la hora de escribir programas CGI. **CGI.pm** está disponible en cualquiera de los sitios CPAN, como **http://www.cpan.org/**.

Mantener el estado

HTTP es un protocolo sin estado. Lo que significa es que, con cada solicitud HTTP, nada se recuerda de la solicitud anterior. No existe continuidad para que un determinado cliente de una página cargue hasta la siguiente. Por consiguiente, si un programa CGI requiere cierta memoria de las opciones y entradas anteriores de un usuario, esto tiene que hacerlo el propio código CGI, almacenando información en campos de formularios ocultos o en *cookies* del cliente (véase el Capítulo 13, "Utilizar cookies", para ver una discusión sobre cómo mantener el estado con las *cookies*).

Un ejemplo de programa CGI

El Listado 11.2 muestra un programa CGI sencillo escrito en Perl. No hace nada que sea particularmente útil, pero debe bastar para determinar si CGI está correctamente configurado en el sistema. El programa imprime un encabezado de tipo de contenido HTTP y una sola línea de HTML que va a aparecer en la ventana del navegador. Guarde este archivo como **example.pl**, colóquelo en el directorio **cgi-bin** (como vimos antes en la sección "Configurar el servidor para CGI") y dirija el navegador a **http://your.server/cgi-bin/example.pl**.

LISTADO 11.2 UN PROGRAMA CGI SENCILLO EN PERL

```
#!/usr/bin/perl
print "Content-type: text/html\r\n\r\n";
print "<h2>Esto es una prueba</h2>";
```

Al igual que ocurre con una programación de *shell* normal, Apache observa la primera de un programa CGI para ver la ubicación del intérprete que va a ejecutare este programa. Un programa CGI también puede ser un archivo ejecutable binario, como un programa compilado en C.

Programas CGI de Windows

En Windows, la directiva **ScriptInterpreterSource** le indica a Apache si debe determinar cómo ejecutar un programa CGI desde el propio programa o buscar en el Registro para ver una asignación entre la extensión de archivo y algún ejecutable. Por ejemplo, podría tener una asignación en el Registro entre una extensión de archivo **.pl** y el programa **c:\perl\bin\perl.exe**. La sintaxis de la directiva es

```
ScriptInterpreterSource [registry | script]
```

y el valor predeterminado es

```
ScriptInterpreterSource script
```

Si **ScriptInterpreterSource** está establecido a **script** (o si no aparece en el archivo de configuración), la ubicación del ejecutable Perl (u otro intérprete de *script*) debería estar indicada en la primera línea del código del programa, precedida por **#!**:

```
#!/perl/bin/perl
```

Puede usar barras hacia delante o hacia atrás, y sólo tendrá que especificar la letra de unidad si ésta difiere de la unidad donde se encuentra **ServerRoot**.

Los programas CGI también pueden ser archivos ejecutables binarios (**.exe**), como programas compilados en C.

Problemas habituales

Cuando el programa CGI no funciona, deberá comprobar varias cosas antes.

> **SUGERENCIA**
> Cuando un programa CGI falle, compruebe siempre los registros de error. Muy probablemente contendrán información útil, que le indicará exactamente lo que ha fallado.

Permisos

Una vez que se coloca el programa CGI en la ubicación correcta, deberá asegurarse de que el archivo tiene los permisos correctos. Recuerde que el servidor se ejecuta como un usuario que, tiene permisos muy limitados en su servidor. Esta organización se debe a motivos de seguridad, y la tratamos en una serie de sitios, como el Capítulo 4, "Iniciar, detener y reiniciar el servidor", el Capítulo 5, "Archivos de configuración del servidor", y el Capítulo 15, "Seguridad".

Dado que el propietario del programa CGI y el usuario que ejecuta el programa no son el mismo usuario, el usuario en calidad de que se ejecuta el servidor podría no tener permiso para ejecutar los programas CGI que usted hubiera colocado en su servidor. Uno de los síntomas habituales de este problema es que los usuarios pueden ejecutar el programa CGI desde la línea de comandos, pero cuando trataran de ejecutarlo en un navegador, obtendrían un mensaje de error, como el de la Figura 11.1.

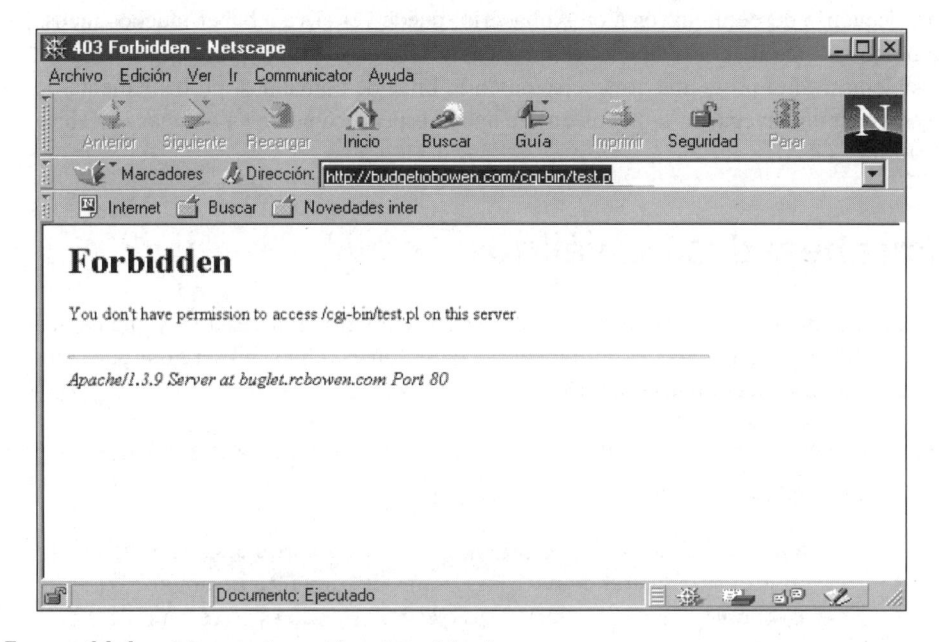

Figura 11.1. Mensaje de permisos de archivo incorrectos.

La manera más sencilla de asegurarse de que el servidor puede ejecutar los programas CGI consiste en cambiar los permisos en el archivo, de forma que nadie pueda ejecutarlo. Esto se hace con el comando **chmod** de Unix:

```
chmod a+x example.pl
```

> **Nota**
>
> Esta discusión sobre los permisos y la propiedad de archivo va dirigida a los usuarios Unix. Los permisos y la propiedad de archivo se gestionan de forma diferente en Windows, por lo que no suele ser un problema para los usuarios de Windows.

Asegúrese de que todo archivo que esté tratando de abrir para leer o escribir también tenga los permisos, de forma que el servidor pueda acceder a ellos. Puede usar **chmod** para dar permiso al servidor de leer y/o escribir en el archivo. A veces es mejor cambiar la propiedad del archivo al usuario del servidor, y permitir a ese usuario que tenga acceso al archivo. Con esto se evita que otros usuarios del mismo sistema toquen el archivo. Véase el Capítulo 15 para ver más a fondo los temas de seguridad.

Errores de sintaxis

Asegúrese de que el programa CGI se ejecuta en la línea de comandos antes de tratar de ejecutarlo desde un navegador. Al hacerlo, puede ver si va a haber muchos mensajes crípticos acerca de configuraciones erróneas y errores internos, para luego arreglar los problemas. Si el programa no se ejecuta en la línea de comandos, probablemente no se ejecute en un navegador, a menos que se apoye específicamente en algunas variables de entorno CGI.

Encabezados no válidos

Asegúrese de que ha dado salida a los encabezados HTTP necesarios y que ha incluido una línea en blanco tras el último encabezado. Sin esta línea, el servidor pensará que el resto de la salida es una combinación de encabezados.

PEDIR AYUDA A UN GRUPO DE NOTICIAS

Si todavía no funciona y no sabe qué más puede comprobar, considere someter su pregunta a un grupo de noticias Usenet o a una lista de envío. Si quiere hacer esto, hágale la vida más fácil a los que han sido lo suficientemente amables como para leer sus cuestiones y sugerir soluciones. Siguiendo estas simples recomendaciones, sus posibilidades de recibir una respuesta útil pueden aumentar:

- Compruebe primero las FAQ y los archivos de la lista.
- Haga mención del software y de la versión que está ejecutando.
- Haga mención del lenguaje en el que está escrito su código y, si procede, el número de versión de ese lenguaje.
- Incluya el código fuente del programa que está fallando, si esto es posible.
- Incluya todo mensaje de error que aparezca en la ventana del navegador, en el registro de errores o en la línea de comandos al ejecutar el programa.

Un grupo de noticias principal Usenet está dedicado a la programación CGI, y es aquí donde se deben publicar las cuestiones que se puedan tener: comp.infosystems.www.authoring.cgi.

Alternativas a CGI

Los programas CGI son bastante lentos. Esto se debe a que, con cada invocación de un programa CGI, el programa tiene que ser cargado fuera del disco y ejecutado. Si se trata de un programa Perl, el ejecutable Perl tendrá que estar cargado en la memoria, y el propio programa Perl deberá estar cargado, compilado y ejecutado. Este proceso deberá repetirse cada vez que se llame al programa.

Existen varias alternativas a CGI que tratan de sobreponerse a esta limitación de varias maneras. Esta lista no es exhaustiva, pero es un ejemplo de algunas de las más populares.

El módulo Perl de Apache: mod_perl

Aunque no constituya exclusivamente una solución CGI, uno de los puntos fuertes de mod_perl es la capacidad de mejorar mucho el rendimiento de los programas CGI Perl. Véase el Capítulo 21, "Utilizar el módulo Perl".

FastCGI

FastCGI es una reimplementación del protocolo CGI que reduce la estructura que suele estar asociada a los *scripts* CGI. Esto lo hace con procesos persistentes, en vez de lanzando un nuevo proceso en cada solicitud, como hace CGI. Puede profundizar acerca de FastCGI en http://www.fastcgi.com/.

El módulo PHP

PHP ofrece una alternativa a CGI y SSI. Puede colocar código en las páginas HTML que se ejecuta cuando la página se sirve al usuario. Véase el Capítulo 22, "Utilizar el módulo PHP".

Para ampliar la información

Puede encontrar mucha información en línea acerca de CGI y de la programación CGI en general. También hay varios buenos libros sobre la materia. En vez de tratar de ofrecer una lista exhaustiva, enumeraremos algunos de los recursos disponibles.

WWW

Los sitios web siguientes contienen información fiable sobre programación CGI:

- Puede encontrar la especificación CGI de la NCSA en http://hoohoo.ncsa._uiuc.edu/cgi/.
- Algunas de las cosas que se podrían comprobar cuando los programas CGI Perl no funcionan se explican en **The Idiot's Guide to Solving Perl CGI Problems**, en http://www.perl.com/CPAN/doc/FAQs/cgi/idiots-guide.html.
- La FAQ sobre programación CGI Perl está en http://www.perl.com/CPAN/doc/FAQs/_cgi/perl-cgi-faq.html.
- Puede encontrar una buena lista de recursos CGI en **HTML Writers Guild**, en http://www.hwg.org/resources/?cid=39.

Libros

Aunque existe un gran número de libros CGI, trataremos de enumerar unos cuantos que son excelentes.

- La **Guía Oficial de Programación con CGI.pm**, de Lincoln Stein. CGI.pm se considera la forma estándar de escribir programas CGI en Perl. Este libro, escrito por el autor de CGI.pm, le muestra CGI.pm en su totalidad y le enseña su funcionamiento a la perfección.
- **CGI Programming With Perl**, de Shishir Gundavaram. Un libro excelente que aborda la programación CGI, en especial la programación CGI con Perl.
- **CGI Programming in C & Perl**, de Tom Boutell. Aunque la mayoría de libros CGI sólo abordan Perl, este libro proporciona los ejemplos en Perl y C.

Resumen

La Interfaz de Pasarela Común (CGI) constituye una manera muy sencilla de añadir funcionalidad al sitio web, haciéndolo más interactivo. Aunque mucha gente ha estado anunciando durante varios años la muerte de CGI, todavía no da muestras de desaparecer. La simplicidad de escribir programas CGI, la capacidad de escribir programas CGI en cualquier lenguaje y la capacidad de ejecutarlos en cualquier servidor HTTP ha garantizado la popularidad continua de la programación CGI como forma de mostrar contenido dinámico e interactivo en su sitio web.

En este capítulo hemos aprendido a configurar el servidor Apache para permitir la ejecución de programas CGI, y cómo escribir un programa CGI básico para probar la configuración. Puede encontrar varios libros de programación en las estanterías de su librería habitual para aprender a escribir programas CGI más complicados.

CAPÍTULO 12

SSI: Inclusiones del Lado del Servidor

Configurar el servidor para permitir SSI   220

Utilizar directivas SSI   223

Las Inclusiones del Lado del Servidor (SSI, Server Side Includes) son directivas escritas directamente en páginas HTML que el servidor analiza sintácticamente cuando la página se sirve al cliente web. En vez de pasar la página directamente al cliente que realiza la solicitud, el servidor se abre y lee el documento, buscando directivas SSI. Si encuentra una, la sustituye por el contenido que requiera dicha directiva.

En este capitulo veremos cómo activar SSI en el servidor y cómo usar las distintas directivas que hay. Podría usar inclusiones del lado del servidor para añadir una pequeña cantidad de información dinámica a una página HTML que de otro modo sería estática.

Puede llevar a cabo distintas cosas por medio de las directivas SSI: pueden incluirse los archivos de texto externos, se puede llamar a los programas CGI y se puede acceder a las variables de entorno. Y, desde la versión 1.2 de Apache, también existe una estructura de control de flujo sencilla (**if/else**) para poder mostrar el contenido en base a condiciones sencillas.

Las directivas SSI se definen en el módulo **mod_include**, que forma parte del lote estándar de módulos instalados con Apache. Mucha de esta funcionalidad ya estaba en el código NCSA cuando comenzó el proyecto Apache. Parte de ella, como las partes del control de flujo, se añadieron después.

> **NOTA**
>
> La opción de cuándo usar SSI y cuándo usar programas CGI debe considerarse con cautela, concretamente en sitios web con mucha carga, ya que siempre hay consideraciones relativas al rendimiento. Es posible que quiera probar para ver cuál es la mejor solución.
> La decisión de si usar SSI o CGI para llevar a cabo una determinada tarea no siempre está clara. Por regla general, CGI se usa cuando más de la página es dinámica que estática, y SSI si hay más estático que dinámico.

Configurar el servidor para permitir SSI

Por defecto, los archivos de configuración de Apache no permiten SSI debido a los riesgos en la seguridad. Por ejemplo, un creador de páginas web podría utilizar SSI para mostrar a todo el mundo su archivo **/etc/passwd** con el fin de ver si **FollowSymLinks** está activado. Un creador web desaprensivo podría incrustar el comando **rm -rf /** (el usuario de Windows NT debe pensar en **format c: /y /y**) en una página y hacer mucho daño, incluso con los permisos limitados dados a los usuarios web.

Desactivando SSI por defecto, está obligado a activarlo. Cuando active SSI, es conveniente que considere si puede activarlo en una parte del sitio en vez de en su totalidad, si puede solucionarlo no permitiendo **exec** (hablaremos de esto más adelante) o, incluso, si puede evitar su uso. No hay que escatimar las restricciones de seguridad en el servidor web.

Las secciones siguientes presentan tres formas de activar un determinado documento para que sea analizado sintácticamente para las directivas SSI. Cualquier opción que elija, también deberá activar la opción **Includes** a través de la directiva **Options**:

```
Options Includes
```

Esto puede configurarse en el archivo de configuración del servidor o en un archivo **.htaccess**, y puede configurarse para todo el servidor, un directorio o todo el *host* virtual.

Activar SSI por extensión de archivo

La manera más habitual de activar el procesamiento SSI consiste en indicar que todos los archivos que tengan una cierta extensión de nombre de archivo (normalmente **.shtml**) tiene que analizarlos sintácticamente el servidor en el momento en que los sirve.

En el archivo de configuración **httpd.conf** (**srm.conf** antes de la versión 1.3.4), encontramos las líneas siguientes:

```
# Para usar archivos HTML analizados sintácticamente por el servidor
#
#AddType text/html .shtml
#AddHandler server-parsed .shtml
```

Para activar todos los archivos **.shtml** para el análisis sintáctico del lado del servidor, sencillamente quite los comentarios de estas líneas. Su aspecto será entonces:

```
# Para usar archivos HTML analizados sintácticamente por el servidor

AddType text/html .shtml
AddHandler server-parsed .shtml
```

La directiva **AddType** le indica al servidor que todos los archivos que tienen la extensión de archivo **.shtml** tienen que ser servidos con un tipo MIME de **text/html**. La línea **AddHandler** le indica al servidor que active el manipulador **server-parsed** en aquellos mismos archivos. **server-parsed** es uno de los manipuladores integrados que incorpora Apache; se define en el módulo **mod_include** y le indica al servidor que analice sintácticamente estos archivos en las directivas SSI, que es lo que estábamos tratando de llevar a cabo (véase el Capítulo 14, "Manipuladores", para ampliar la información sobre el particular).

Existen dos razones para no usar esta solución de activar SSI:

- Si desea añadir opciones SSI a un sitio existente, tendría que cambiar los nombres de los archivos a los que quisiera añadir directivas SSI y, en consecuencia, cambiar todos los vínculos de las demás páginas que hicieran referencia a estas páginas. Esto es muy difícil.

- Algunos han afrontado este problema activando para SSI todos los archivos que tengan la extensión **.html**, aparte de los archivos **.shtml**. Esto no es recomendable, pero se puede llevar a cabo con la directiva adicional:

  ```
  AddHandler server-parsed .html
  ```

- Esta idea es particularmente mala, a menos que tenga un sitio muy pequeño que no visite casi nadie o que tenga directivas SSI en todos o la mayoría de los archivos

.html. Resulta una mala idea debido a la gran cantidad de estructura adicional en el servidor que habría al abrir y analizar sintácticamente cada uno de los documentos a medida que se van sirviendo al cliente que los espera.

- El otro motivo por el que no es recomendable utilizar esta solución es filosófico en vez de tecnológico. Al construir un sitio web, hay que pensar en los usuarios. Un aspecto es hacer que los URL sean "intuitivos". Si los usuarios están buscando información específica en su sitio, tendrán que poder intuir el URL oportuno y conseguir la información que están buscando. Si tiene nombres de archivo .shtml (o algo igual de no intuitivo, como .asp), es menos probable que los usuarios intuyan correctamente un URL que contenga la información que buscan.

Afortunadamente, existe una alternativa.

Utilizar la directiva XBitHack

Mientras el nombre implica que la directiva tiene algo menos estatus que las demás, está en la documentación y suscribo completamente su uso. Al activar **XBitHack**, se está activando el análisis sintáctico del lado del servidor en todos los documentos en los que se establece el bit **user-execute**.

> **NOTA**
>
> Esta opción no está disponible en Windows NT, ya que este SO no conoce el concepto de marcar un archivo como ejecutable.

La directiva **XBitHack** puede aparecer en el archivo de configuración del servidor (**httpd.conf**) o en un archivo .htaccess y puede configurarse para todo el servidor, para un directorio o para un *host* virtual. A la directiva se le puede asignar uno de estos valores posibles:

on	Todos los archivos provistos del conjunto de bits **user-execute** se analizan sintácticamente para las inclusiones del lado del servidor, independientemente de la extensión de archivo.
off	Los archivos ejecutables (predeterminados) no se tratan de forma especial. Utilice este valor para desactivar la directiva en un subdirectorio donde no se desee aplicarla. Recuerde que las directivas especificadas en un directorio también se aplican a todos los subdirectorios.
full	Lo mismo que **on**, con la excepción de que el bit **group-execute** también se controla. Si está establecido, la fecha **Last-modified** se configurará al sello temporal modificado por última vez del propio archivo. Si todavía no se ha configurado, no se enviará fecha alguna **Last-modified** al cliente, que permitirá que la página sea guardada en la caché del lado del

cliente o por un servidor *proxy*. Si no tiene claro por qué quiere que suceda esto, es mejor que no utilice esta opción.

El uso de **XBitHack** posee dos ventajas principales:

- No hay que cambiar el nombre de un archivo y cambiar todos los vínculos de ese archivo simplemente porque se desea agregar un contenido poco dinámico a ese archivo.

Los usuarios que vean el contenido web no podrán saber a la vista del nombre de archivo que usted está generando una página dinámicamente, por lo que su maestría será si cabe más impresionante.

Activar SSI por tipo MIME

Este método se facilita por cuestiones de compatibilidad de retorno y, en realidad, no se debe utilizar. Se menciona aquí por cuestiones de plenitud. No lo use.

Los documentos que tengan un tipo MIME de **text/x-server-parsed-html** o **text/x-server-parsed-html3** se analizarán sintácticamente en las directivas SSI. La página resultante será servida con un tipo MIME **text/html**. Puede indicar que un determinado tipo de archivo va a tener este tipo MIME con la directiva **AddType** o añadiéndolo al archivo **mime.types**.

Utilizar directivas SSI

Las directivas SSI tienen el aspecto de etiquetas de comentarios HTML. Esto es bueno si tiene directivas SSI en una página, pero tiene el análisis sintáctico SSI desactivado, ya que estas directivas no se mostrarán al cliente.

La sintaxis de las directivas SSI es la siguiente:

```
<!--#element attribute=value attribute=value ... -->
```

Directivas SSI

El **element** puede ser uno de los siguientes:

config

Permite establecer distintas opciones de configuración con respecto al modo en que se maneja el análisis sintáctico del documento. Dado que la página se analiza de arriba abajo, las directivas **config** deberán aparecer en la parte superior del documento HTML o, por lo menos, antes de que se les haga referencia. Podríamos cambiar una opción de configuración varias veces en una página, si quisiéramos.

Con este comando se pueden establecer tres configuraciones:

- **errmsg** establece el mensaje de error que se devuelve al cliente si algo va mal cuando se analiza sintácticamente el documento. Suele ser [an error occurred while processing this directive], pero en esta directiva se puede establecer lo que se quiera. Dentro de la Figura 12.1 aparecen las siguientes líneas en la página HTML:

```
<!--#config errmsg="[It's broken, dude]" -->
<!--#directive ssi="Invalid command" -->
```

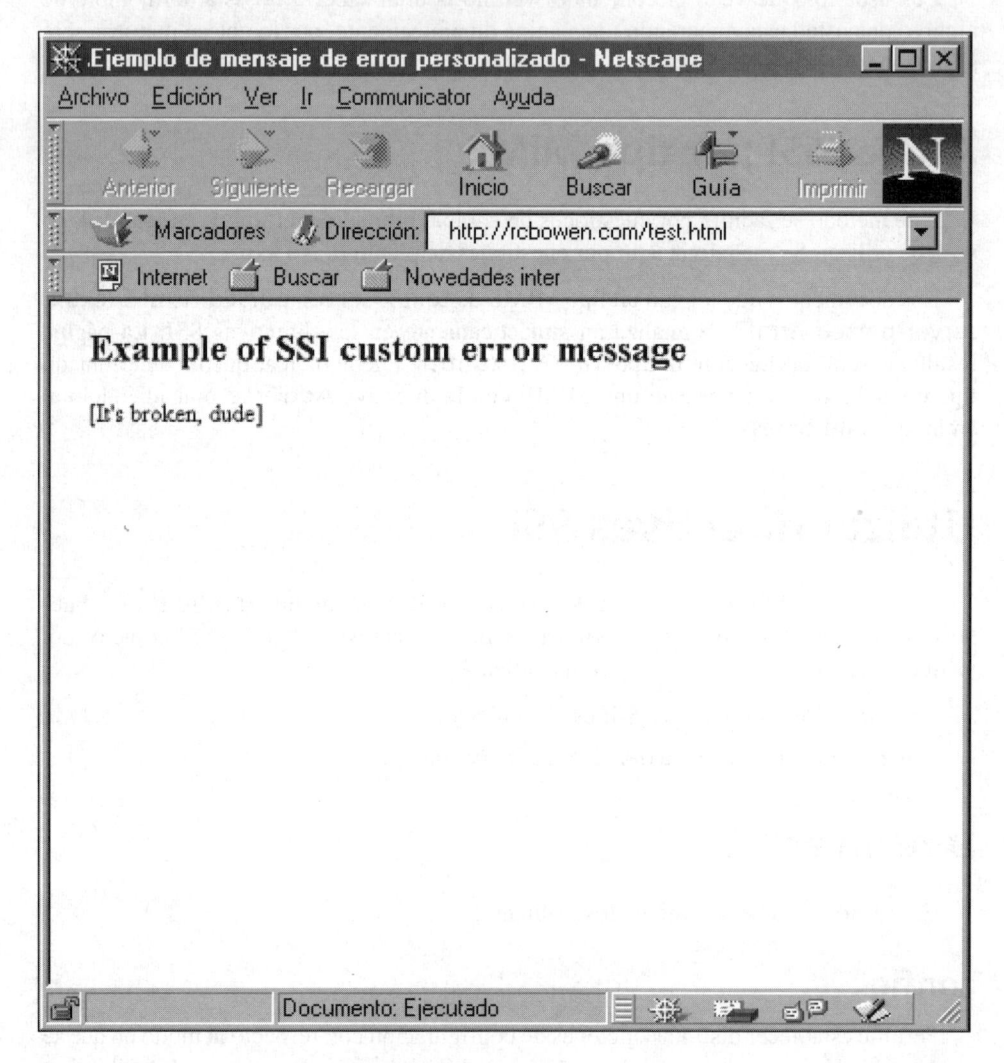

FIGURA 12.1. Mensaje de error SSI personalizado.

- **sizefmt** establece el formato que se usa para mostrar los tamaños de archivo. Puede establecer el valor a **bytes** para mostrar el tamaño exacto en bytes, o **abbrev** para mostrar el tamaño en kilobytes o en megabytes. Por ejemplo,

```
<!--#config sizefmt="bytes" -->
<!--#config sizefmt="abbrev" -->
```

- Véase **fsize** para recabar un ejemplo de esto.
- **timefmt** establece el formato utilizado para mostrar horas. El formato del valor es el mismo que se utiliza en la función **strftime** de C (y Perl) para mostrar fechas, y es éste:

La fecha

```
%A       weekday name                              `Sunday'..`Saturday'
%a       abbreviated weekday name                  `Sun'..`Sat'

%d       day of the month (leading zero)           01..31
%e       day of the month (leading space)          ` 1'..`31'

%B       month name                                `January'..`December'
%b       abbreviated month name                    `Jan'..`Dec'
%m       month as a decimal number                 01..12

%Y       year with century                         1970..2038
%C       century number                            00..99
%y       year without century                      00..99
```

La hora

```
%H       hour (24-hour clock)                      00..23
%I       hour (12-hour clock)                      01..12
%M       minute                                    00..59
%S       second                                    00..61
%Z       Time zone name                            `EST',`EDT',`GMT', etc.

%p       locale's equivalent of either...          `AM' or `PM'
```

Métodos abreviados

```
%r       The time in AM/PM notation                %I:%M:%S %p
%R       the time in 24-hour notation              %H:%M
%T       The time with seconds in 24-hour notation %H:%M:%S
%D       the date                                  %m/%d/%y
```

Representaciones dependientes de la configuración regional

```
%x       locale's appropriate date representation
%X       locale's appropriate time representation
%c       locale's appropriate date and time representation
```

Otros

```
%j       day of the year                  001..366
%w       weekday as a decimal number      0..6          0=Sun,6=Sat
%u       weekday as a decimal number      1..7          1=Mon,7=Sun
%U       Week number, counting with the first Sunday as the first day
         of the first week
```

```
%V         Week number, counting with the first Monday as the first day
           of the first week

%t         the tab character
%n         the newline character
%%         the percent symbol (%) character

See strftime(3) for more information. (Type "man strftime" at the Unix
    shell prompt.)
```

Ejemplo:

```
<!--#config timefmt="%B %e, %Y" -->
```

Véase **flastmod** para recabar un ejemplo de esto en acción.

echo

Muestra cualquiera de las variables **Include** siguientes. Las horas aparecen en el formato de hora que especifica **timefmt**. La variable que va a aparecer se indica con el atributo **var**. La Figura 12.2 muestra una página que utiliza **echo** para mostrar la fecha, a la que se ha dado formato con la función **timefmt**.

DATE_GMT	La fecha actual Greenwich.
DATE_LOCAL	La fecha actual de la zona horaria local.
DOCUMENT_NAME	El nombre de archivo (excluyendo directorios) del documento solicitado por el usuario.
DOCUMENT_URI	La ruta (**%**-decodificada) URL del documento solicitado por el usuario. Observe que en este caso de archivos de inclusión anidados, no se trata del URL del documento actual.
LAST_MODIFIED	La fecha de la última modificación del documento solicitado por el usuario.

> **NOTA**
>
> Todas las variables de entorno CGI definidas también están permitidas como variables de inclusión.

Ejemplo:

```
<!--#config timefmt="%B %e, %Y" -->
Today's date is <!--#echo var="DATE_LOCAL" -->.
```

exec

Esta directiva ejecuta un comando *shell* o un programa CGI, dependiendo de los parámetros que se faciliten. Los atributos válidos son **cgi** y **cmd**:

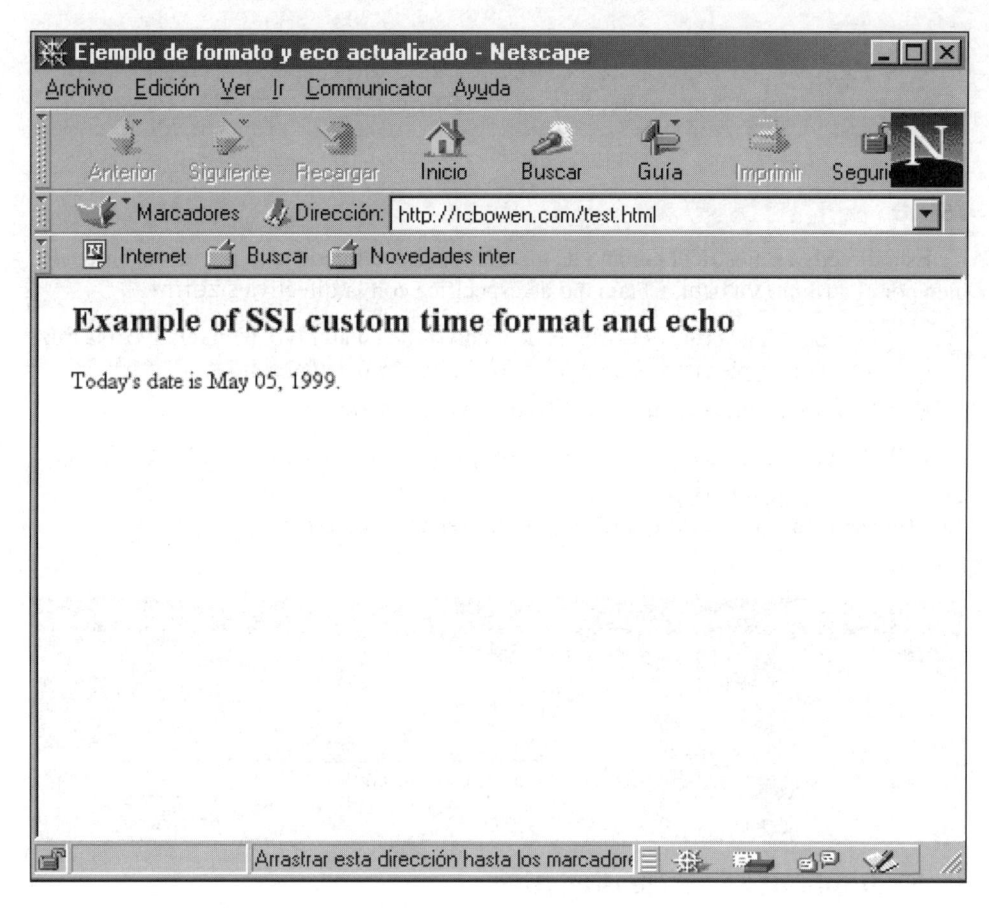

FIGURA 12.2. Formato horario personalizado con SSI.

- **cgi** especifica el URL de un programa CGI que se va a ejecutar:
  ```
  <!--#exec cgi="/cgi-bin/unread_articles.pl" -->
  ```
- El URL necesita ser un CGI local y no uno ubicado en otra máquina. El programa CGI se pasa a la **QUERY_STRING** y **PATH_INFO** que se pasaron originariamente al documento solicitado, de forma que el URL especificado no puede contener esta información. En realidad, deberá utilizar **include virtual** en vez de esta directiva.
- **cmd** especifica un comando *shell* que se va a ejecutar. El resultado aparece en la página HTML. Ejemplo:
  ```
  <!--#exec cmd="/usr/bin/ls -la /tmp" -->
  ```

ATENCIÓN

En los archivos de configuración (o en .htaccess) es posible especificar Options IncludesNOEXEC para desactivar la directiva exec, ya que esta es una de las direc-

> tivas SSI más poco seguras. ¡Sea especialmente cauto cuando los usuarios web creen contenido (como un libro de invitados) y estas opciones estén activadas!

fsize

Esta directiva muestra el tamaño de un archivo especificado bien por el atributo **file**, bien por el atributo **virtual**. El tamaño de especifica con la directiva **sizefmt**.

- **file** especifica la ruta del sistema de archivos de un archivo, bien relativo a la raíz, si el valor empieza por **/**, bien relativo al directorio actual si no.
- **virtual** especifica la ruta del URL relativo de un archivo.

En la Figura 12.3, las siguientes directivas aparecen en el archivo HTML:

```
<!--#config sizefmt="bytes" -->
/etc/passwd is <!--#fsize file="/etc/passwd" --> bytes.
```

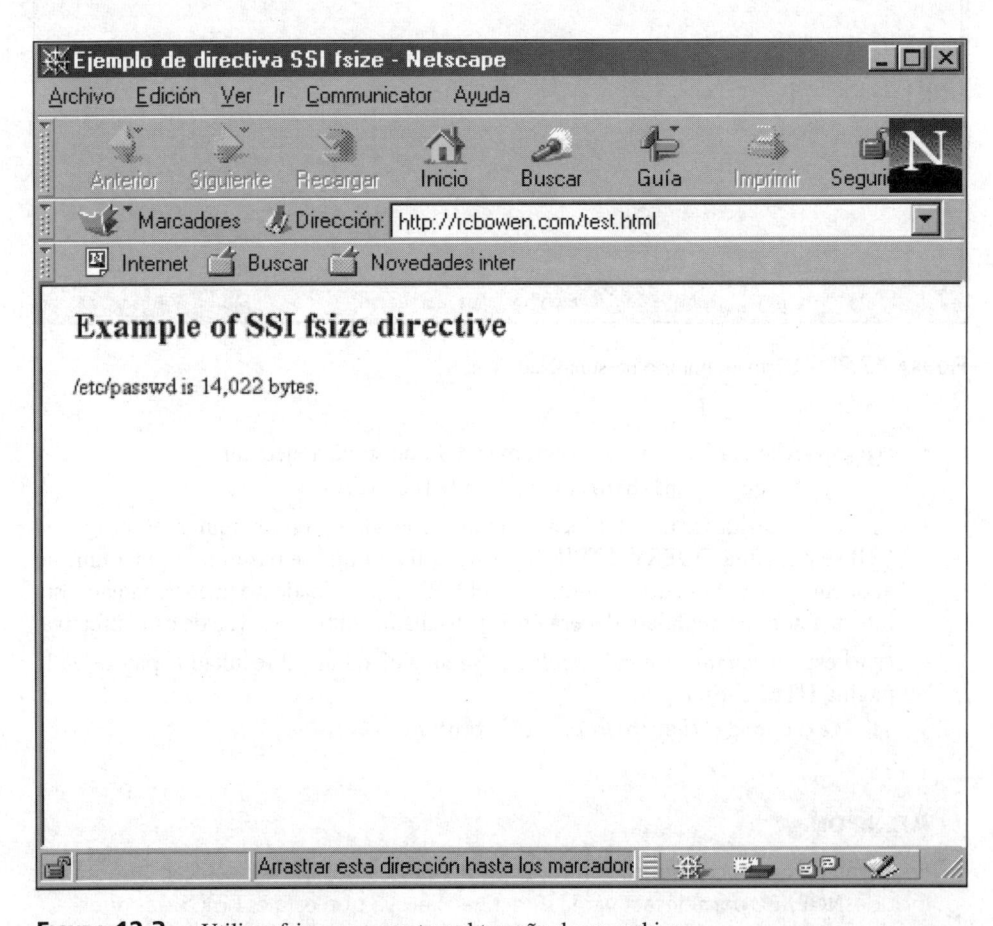

FIGURA 12.3. Utilizar fsize para mostrar el tamaño de un archivo.

flastmod

Esta directiva muestra la última fecha de modificación de un archivo. El archivo deseado se especifica como en la directiva **fsize**. Los parámetros son los mismos que en la directiva **fsize**.

En el ejemplo siguiente, mostramos una página web la última vez que hemos recibido correo (véase la Figura 12.4):

```
<!--#config timefmt="%r" -->
La última vez que recibimos correo en
<!--#flastmod file="/var/spool/mail/rbowen" -->.
```

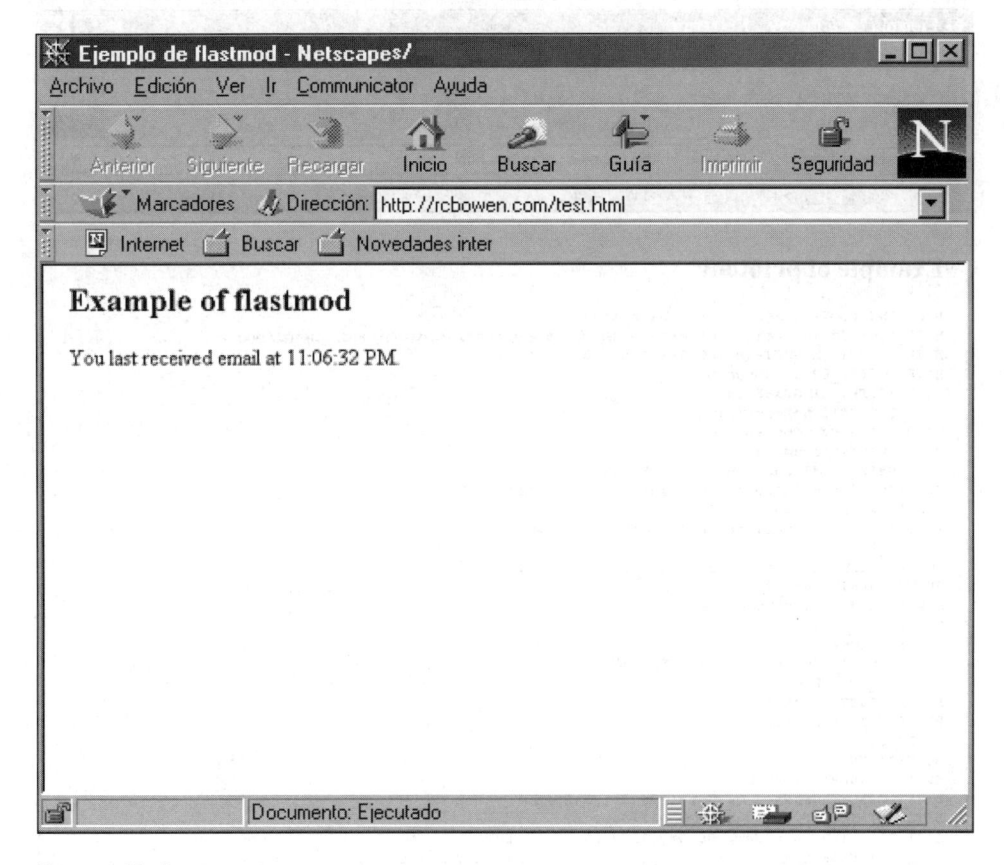

FIGURA 12.4. Utilizar flastmod para mostrar cuándo se modificó un archivo.

include

Esta directiva incluye el contenido del archivo especificado en la página web. El archivo se especifica con los atributos **file** y **virtual**, al igual que ocurre con **fsize** y **flastmod**. Si el archivo especificado es un programa CGI y **IncludesNOEXEC** no está configurado, el programa se ejecutará y los resultados se mostrarán.

Utilice esta directiva en vez de la directiva **exec**. Puede pasar una **QUERY_STRING** con **include**, pero no se puede con **exec**.

```
<!--#include file="/etc/aliases" -->
```

printenv

Esta directiva muestra todas las variables existentes (véase la Figura 12.5). No hay atributos como en el ejemplo siguiente:

```
<!--#printenv -->
```

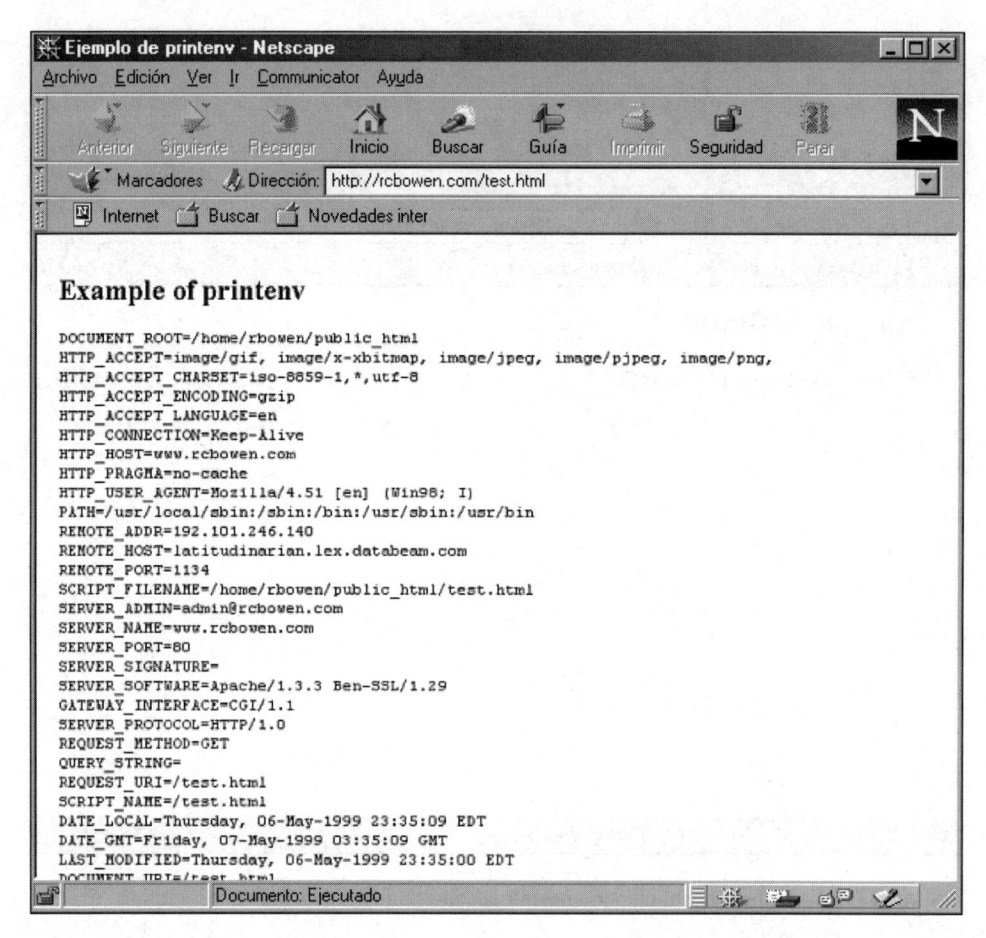

FIGURA 12.5. Salida de la directiva printenv.

Las variables y el control de flujo

Las directivas que hemos venido describiendo le permiten mostrar valores existentes. Aunque esto es muy útil, a veces se quiere definir las propias variables y hacer alguna automatización limitada en una página HTML. Los restantes productos ofrecen automatización del lado del servidor incrustada en las páginas HTML, pero es muy limitada. Sin embargo, permite llevar a cabo algunas funciones sencillas sin optar por un producto de terceros.

Existen dos aspectos de esta programación: las variables y las instrucciones condicionales. Las variables se proporcionan con la directiva **set**, mientras que los condicionales con las instrucciones de control de flujo **if/else**.

La directiva **set** establece el valor de una variable. Los atributos son **var** y **value**, por ejemplo:

```
<!--#set var="animal" value="cow" -->
```

Cuando se hace referencia en otras directivas SSI, la variable se distinguirá del texto sin formato con el carácter **$**. En este caso, **$animal** puede utilizarse en lugar de cualquiera de los textos de una directiva SSI.

Como vemos en el ejemplo siguientes, también se puede hacer referencia a las variables de otras dos maneras, dependiendo del contexto. En una directiva **echo**, se entiende que el valor **var** es una variable, mientras que **$** no es obligatorio. En una cadena más grande, donde la variable podría ejecutarse frente a otro texto, se usan corchetes para delimitar la variable del resto de la cadena:

```
<!--#set var="basepath" value="/home/rbowen/public_html" -->
Basepath = <!--#echo var="basepath" --><br>
index.html was last modified <!--#flastmod file="${basepath}/index.html" --><br>
<!--#config sizefmt="bytes" -->
test.html is <!--#fsize file="${basepath}/test.html" --> bytes<p>
```

La Figura 12.6 muestra el resultado de estas directivas SSI.

Las variables se podrían usar, en el ejemplo anterior, para definir una cadena que se utilizaría después en otras directivas. Esto es útil en los cambios en la configuración de una ubicación; también le evita tener que escribir.

Mediante el uso de las variables establecidas con la directiva **set** y con las distintas variables de entorno y de inclusión, puede usar una sintaxis de control de flujo limitada para generar una cierta cantidad de contenido dinámico en las páginas analizadas sintácticamente por el servidor.

El control de flujo condicional se implementa con las directivas **if**, **elif**, **else** y **endif**.

La sintaxis de la función **if/else** es:

```
<!--#if expr="test_condition" -->
<!--#elif expr="test_condition" -->
<!--#else -->
<!--#endif -->
```

expr puede ser una cadena, que se considera **true** si no está vacía, o distintas comparaciones de dos cadenas. Los operadores de comparación disponibles son =, !=, <, <=, > y >=. Si la segunda cadena tiene el formato **/string/**, las cadenas se compararán con expresiones habituales. Se pueden encadenar múltiples comparaciones con **&&** (AND) y con **||** (OR). Todo el texto que aparezca entre las directivas **if/elif/else** aparecerá en la página resultante. Un ejemplo de esta estructura de flujo es:

Contenido dinámico

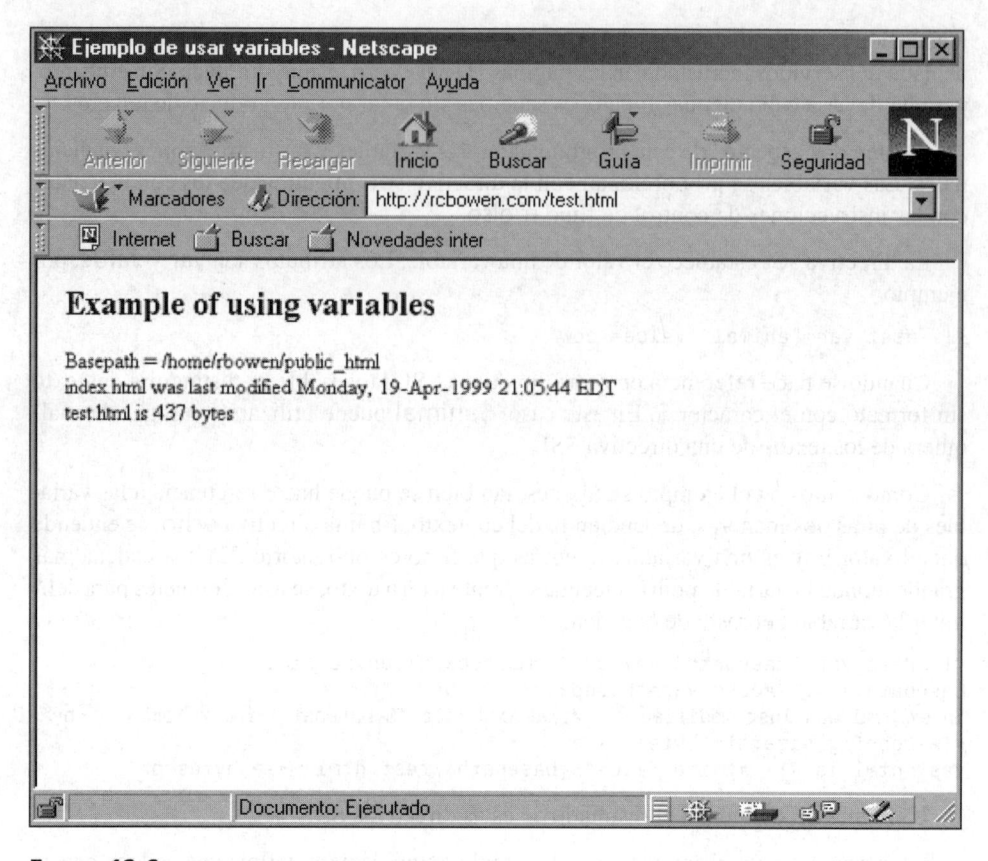

PARTE III

FIGURA 12.6 Ejemplo del uso de variables.

```
<!--#set var="agent" value="$HTTP_USER_AGENT" -->
<!--#if expr="$agent = /Mozilla/" -->
Mozilla!
<!--#elif expr="$agent= /MSIE/" -->
Internet Explorer
<!--#else -->
Something else!
<!--#endif -->
```

Este código muestra **Mozilla!** siempre que use un navegador que pase **Mozilla** como parte de su cadena **USER_AGENT**, y **Something else!** si no.

> **NOTA**
>
> La parte elif de este código en realidad no se alcanza casi nunca, ya que Internet Explorer pasa Mozilla como parte de su cadena USER_AGENT. Es decir, la parte elif del código se ejecuta solamente si falla la comparación. Evidentemente, ¡no todo el mundo utiliza sólo IE y Netscape!

Resumen

Las inclusiones del lado del servidor eran muy populares en los primeros días de la World Wide Web en cosas como los contadores de impactos y mensajes que le indicaban la hora y dónde se encontraba. Afortunadamente, esta moda ha pasado, aunque seguimos viéndolo en los sitios de algunos principiantes. SSI se puede usar para cosas muy útiles, especialmente ahora que existen directivas de control de flujo **if/elsif/else**. Proporcionan el contenido dinámico que se puede calcular en tiempo de ejecución, sin tener que recorrer un proceso CGI completamente nuevo.

En este capítulo hemos visto la configuración del servidor para permitir SSI, y hemos examinado las directivas SSI disponibles y sus usos.

Hay un buen artículo sobre SSI en el sitio web Apache Week en **http://www.apacheweek.com/features/ssi**, que aborda casi el mismo material, pero que ofrece ejemplos.

CAPÍTULO 13

Utilizar cookies

¿Qué son las *cookies*?	236
Los antecedentes de las *cookies*	237
Ingredientes de las *cookies*	238
Limitaciones de las *cookies*	245
Crear y enviar *cookies*	246
Recibir y procesar *cookies*	250

Este capítulo examina cómo un servidor puede guardar información sobre el estado de las sesiones. El servidor puede recabar esta información del cliente con posterioridad. Esto se hace por medio de variables de estado, que se llaman *cookies*. Son pequeñas unidades de datos que se transmiten entre el servidor y el cliente. Cuando termina una sesión, las *cookies* se almacenan en el disco duro del cliente. Permanecen ahí hasta que expiran o hasta que se inicia una nueva sesión con el servidor que configuró las *cookies*.

Entre otras cosas, el uso de estas técnicas le permite guardar estados de sesión. Estos estados pueden estar compuestos por información, como valores y selecciones que el usuario haya proporcionado en un formulario. De esta forma, la información personalizada sobre el cliente podría ser guardada y reutilizada cuando el cliente volviera a visitar su sitio web. También puede seguir la pista a un cliente a través de las páginas web de su sitio web. Lo más importante es que las *cookies* le proporcionan un mecanismo muy eficaz y sencillo que permite la comunicación entre las aplicaciones.

¿Qué son las *cookies*?

Cuando se están desarrollando aplicaciones en la Web, a menudo se presentan problemas que sólo pueden resolverse si se retiene información entre sesiones. También es necesario comunicarse de manera eficiente entre los distintos subsistemas de las aplicaciones. Dado que el protocolo HTTP no tiene estado (no es persistente), esta tarea puede resultar complicada. Para mitigar este problema, Netscape definió una forma de intercambiar los objetos de estado entre el cliente y el servidor. Netscape llamó a estos objetos de estado "*cookies*". Hoy por hoy, todos los principales navegadores soportan su uso.

La *cookie* es un método sencillo que se usa para pasar piezas de información entre el servidor y el cliente. Esto se consigue por medio de una entrada adicional en el encabezado de respuesta HTTP: **Set-cookie**. Esta entrada es, sencillamente, una pieza extra de texto que se inserta en el resto del encabezado de respuesta. Puede haber múltiples entradas **Set-cookie** en cada encabezado de respuesta.

Una entrada de *cookie* procedente de un servidor tendría este aspecto:

```
Set-cookie: username=WSB; path=/cgi-bin/; domain=.gnulix.org
```

Esto supondría la creación de una *cookie* llamada **username**. A esta *cookie* se le dará la cadena **WSB** como valor. La *cookie* se enviará de nuevo al servidor solamente cuando el cliente visite un URL que empiece por **/cgi/bin**, y se enviaría a todos los servidores web que residen en el dominio **.gnulix.org**.

Como hemos visto en el ejemplo anterior, una entrada de encabezado *cookie* puede tener varios atributos. Éstos se usan para controlar la utilización de la *cookie*. Entre otras cosas, puede indicarle al cliente cuánto tiempo debe la *cookie* ser válida. También es posible limitar a la *cookie*, de forma que sólo sea válida en ciertas partes del sitio web. En este capítulo vamos a tratar más atributos, en la sección "La anatomía de las cookies".

El único atributo necesario es el par nombre-valor que define el nombre y el valor de la *cookie*. Todos los demás atributos son opcionales y, si no están presentes en el encabezado, se les dará valores predeterminados.

Cuando un cliente devuelve una *cookie* al servidor, se utiliza otra entrada de encabezado. Esta entrada se llama **Cookie** y puede ser así:

```
Cookie: username=WSB; FavoriteOS=Gnulix
```

En el ejemplo anterior, se han enviado dos *cookies* desde el cliente hasta el servidor. La primera *cookie*, llamada **username**, posee un valor de **WSB**. Obviamente, la segunda *cookie* se denomina **FavoriteOS** y posee un valor de **Gnulix**.

En cada solicitud que un cliente envía a un servidor, se incluyen todas las *cookies* importantes para el URL solicitado. La inclusión de todas las *cookies*, se necesiten o no, se debe nuevamente a que HTTP es un protocolo sin estado. Una vez que se ha transmitido una solicitud, no es fácil que el servidor solicite más información del cliente.

Un servidor puede configurar hasta 20 *cookies*, y cada una de ellas puede tener un tamaño de hasta 4KB. Esto tiene el potencial para crear una estructura enorme en cada solicitud. Por tanto, hay que esforzarse por mantener los datos de las *cookies* lo más pequeños posibles y usar las menos posibles. Además, asegúrese de limitar en qué partes de la Web es válida cada *cookie*. Si sigue este consejo, asegurará que la comunicación entre el servidor y el cliente no está atascada por la transmisión de datos innecesarios.

La parte de datos de la *cookie* suele ser opaca. En esencia, esto significa que los datos no tienen significación para nadie, sino para la aplicación que creó y envió la *cookie*. El cliente que almacena las *cookies* no sabe cómo interpretar los datos. Las *cookies* puede contener cualquier tipo de datos, siempre que sean de texto. Si necesita almacenar datos binarios, deberá crear algún método de codificarlos en forma de texto puro antes de enviarlos al cliente.

Como podemos observar, este protocolo no complicado. El uso de las *cookies* cuando está escribiendo una aplicación es tan fácil y claro como el propio protocolo. Incluso el lenguaje que se usa para las aplicaciones no tiene un soporte directo para *cookies*, pero deberá ser capaz de escribir sus propias funciones para administrarlas. Sin embargo, todos los lenguajes principales que se usan para escribir *scripts* y aplicaciones web soportan las *cookies*.

Los antecedentes de las cookies

Las *cookies* se presentaron por primera vez en Netscape Navigator 1.0, que se lanzó en 1994. Desde el principio, las *cookies* supusieron la adición no oficial del estándar HTTP. Desde entonces, ha supuesto un estándar de facto. Aunque las *cookies* no forman parte del estándar HTTP, su utilización está muy arraigada en la comunidad web. Ahora, todos los principales navegadores soportan el uso de las *cookies*. Muchos lenguajes de automatización de la Web utilizan la *cookie* como mecanismo subyacente para la conservación de los estados de sesión.

De acuerdo con la especificación de las *cookies* que incluye Netscape, éstas se llaman así "sin motivo". Sin embargo, el término *cookie* es común en la comunidad informática. Suele utilizarse cuando hacemos referencia a una pieza de datos mantenida por un agente intermediario para su recepción posterior. Esta descripción es acorde con el uso del término en la comunidad web. Por tanto, el nombre de las *cookies* es acertado, aunque por algún motivo extraño.

A menudo se ha acusado a las *cookies* de estar mal utilizadas. En concreto, se ha culpado a las *cookies* del potencial que tienen para divulgar información privada acerca de un usuario. Por ejemplo, las empresas como DoubleClick Network utilizan *cookies* para seguirle la pista a los clics que vaya haciendo en todos los sitios que tienen anuncios. Al usar esta información, pueden discernir qué intereses personales tiene para construirle un perfil. Pueden asegurarse de que se le mostrará anuncios personalizados acordes con sus intereses.

Aunque este tipo de anuncios selectivos podría no ser tan importante, recuerde que estas técnicas pueden ser utilizadas por personas sin escrúpulos para fines inadecuados. Supongamos que una empresa puede reunir información personal suya, por ejemplo, obligándole a rellenar en el sitio un formulario de suscripción de aspecto inocente. Cuando lo rellene, la empresa debe configurar una *cookie* con un número ID que puede utilizar para generar una pista de los clics realizados en todos los sitios que use que contengan anuncios. Sin embargo, es poco probable que una empresa se rebajara a un nivel semejante; además, si a un usuario le preocupan las *cookies*, los principales navegadores tienen la opción de desactivarlas. Independientemente de lo que se piense acerca de ellas, van a seguir estando ahí.

> **NOTA**
>
> Hay una propuesta RFC para un nuevo tipo de cookie, RFC 2109. El autor de esta nueva propuesta, David M. Kristol, ha basado su trabajo en la especificación de Netscape. La propuesta trata de aunar algunas de las quejas y críticas que hay en torno a esta figura. Esta propuesta no la han adoptado completamente los navegadores principales. Por ello, no mencionaremos la propuesta en este capítulo.

Ingredientes de las cookies

Las *cookies* se envían al cliente por medio del encabezado de respuesta HTTP **Set-cookie**. El encabezado puede contener los atributos adicionales que sea. Estas directivas de control le indican al cliente cómo se debe utilizar y almacenar la *cookie*.

Cinco atributos distintos conforman una *cookie*. Ninguno de los nombres de atributos son sensibles a las mayúsculas. Para separar los distintos atributos entre sí en la cadena de *cookies*, inserte un punto y coma entre ellas. Aparte del par de nombre-valor, todos los demás atributos son opcionales y, si están presentes, se les asignan valores predeterminados.

Vamos a profundizar aún más en los atributos disponibles y en sus funciones. La Tabla 13.1 le proporciona una panorámica de los atributos.

TABLA 13.1 ATRIBUTOS DE COOKIES DISPONIBLES

Atributo	Función
NAME=VALUE	El nombre y el valor de la *cookie*.
Expires=DATE	Marca el tiempo que es válida una *cookie*.
Path=PATH	Restringe a qué URL se envía una *cookie*.
Domain=DOMAIN_NAME	Restringe a qué *hosts* se envía una *cookie*.
Secure	Indica que la *cookie* sólo debe enviarse si la conexión en curso se hace en un protocolo seguro.

NAME=VALUE

Debe ser el primer atributo en el encabezado de respuesta **Set-Cookie**, ya que el nombre de una *cookie* puede ser el mismo que el nombre de cualquier atributo. Si se coloca un atributo delante del par nombre-valor, el navegador presupondrá que el atributo es el nombre de una *cookie*. En este caso, el resultado sería una *cookie* con un nombre erróneo, que probablemente no se podría recibir después.

Nombres de *cookies*

La parte del nombre de la *cookie* puede ser cualquier cadena de texto sin formato. Las limitaciones a esto son que la cadena no puede contener puntos y comas, comas, espacios o signos igual. Asegúrese de recordar que la longitud de la cadena del nombre cuanta en las restricciones de tamaño de las *cookies*.

> **NOTA**
>
> Puede haber varias *cookies* que tengan el mismo nombre. En caso de que haya más de una *cookie* que tenga el mismo nombre, así como el mismo valor en su correspondiente atributo Path, se autorizará la más reciente de estas *cookies*.

Valores de las *cookies*

La cadena de valor es de sólo texto y, como en la cadena del nombre, no puede contener puntos y comas, espacios, o algún tipo de secuencias de control. Debido a ello, podría ser bueno codificar la cadena de valor antes de enviarla con la *cookie*. Si la cadena de valor contiene datos binarios, habrá que codificarlos antes de obligar a la *cookie*. Dado que se supone que los datos son opacos, compete al servidor codificar o descodificar los datos.

Codificar los datos de la *cookie*

Si está utilizando Perl y la biblioteca CGI para escribir los *scripts* CGI, es posible que quiera usar los métodos integrados de la biblioteca para codificar las cadenas de valores.

Los métodos codifican las cadenas en función de las mismas reglas que se usan para codificar los URL, es decir, todos los caracteres permitidos en la cadena están codificados como **%XX**, donde **XX** es la representación hexadecimal del código del carácter. Lo siguiente muestra cómo se puede codificar una cadena por medio de la biblioteca CGI:

```perl
#!/usr/bin/perl -w

use CGI;

my %string="a string with white space";
$string=CGI::escape($string);
print "$string\n";
```

Cuando se ejecuta este código, se ve la cadena siguiente:

```
a%20string%20with%20white%20space
```

La parte **%20** es la representación hexadecimal del carácter espacio.

Decodificar una cadena mediante el uso de la biblioteca es muy fácil. Se da la cadena a decodificar como entrada al método **CGI::unescape()** y el valor de retorno es la cadena decodificada.

La biblioteca CGI posee un soporte integrado para las *cookies* en forma de objeto **CGI::Cookie**. Si usa esto para crear y manipular las *cookies*, los datos se codificarán y decodificarán automáticamente. Como veremos en ejemplos posteriores, resulta mucho más fácil utilizar esta biblioteca en vez de crear soluciones propias.

JavaScript posee un soporte integrado para codificar cadenas en función del esquema de codificación de la URL. Esto se hace con la función **escape()**. Para decodificar la cadena, se usa la función **unescape()**. He aquí un ejemplo de cómo se podría codificar una cadena en JavaScript:

```
encoded=escape(plainstring);
```

Si opta por codificar los datos de la *cookie*, asegúrese de utilizar el método adecuado para decodificar los datos al recibirlos del cliente. El uso correcto de un método de codificación-decodificación es especialmente importante si se usan múltiples lenguajes para escribir distintas partes de la aplicación web.

Mientras codifique usted mismo las *cookies*, esto no debe plantearle un problema. Pero, una vez que se empiezan a usar bibliotecas de función, deberá tener en cuenta que se podría trata de usar esquemas de código distintos. Si no tiene cuidado, las *cookies* no serán intercambiables en las partes de la aplicación que utilicen las distintas bibliotecas. Por tanto, asegúrese de que sabe de antemano cómo están codificados los datos siempre que empiece a usar una nueva biblioteca de función.

Consideraciones relativas al tamaño

De acuerdo con la especificación de Netscape, las *cookies* están restringidas en su tamaño. Un navegador debe poder almacenar una *cookie* que tenga al menos 4.096 bytes (4KB). Algunos navegadores pueden permitir *cookies* más grandes, pero no es necesario, de acuerdo con la especificación. El tamaño de la *cookie* se define como el tamaño combinado de su cadena de datos, así como su cadena de nombres.

Acuérdese de comprobar el tamaño de la *cookie* tras codificar sus datos. Independientemente de qué esquemas de código se use, es posible que los datos crezcan mucho más tras haber sido codificados. Si traspasa la frontera de los 4KB, es posible que acabe con datos truncados, que no se podrán interpretar cuando se devuelvan.

Expires=DATE

El atributo **Expires** especifica cuánto tiempo debe permanecer válida una *cookie*. Cuando haya transcurrido el tiempo especificado en la cadena **DATE**, la *cookie* expirará. Tampoco queda en el disco duro del cliente ni es enviada al servidor con solicitudes. Por causa de este comportamiento, utilizaremos el atributo **Expires** para eliminar las *cookies* cuando ya no sean necesarias.

Aunque se marque una *cookie* con una fecha de caducidad prolongada, no se puede estar seguro de que quedará almacenada en el cliente durante el tiempo solicitado. El usuario puede eliminar su archivo *cookie* o modificar la parte que defina a sus *cookies*. Además, existe un límite sobre cuántas *cookies* puede enviar un servidor a un cliente. Este límite se define en la especificación como un mínimo de 20 *cookies*. Cuando se traspasa ese límite, el navegador podrá empezar a eliminar las *cookies* antiguas y sustituirlas con las nuevas. Cuando se eliminen las *cookies* para que quepan las nuevas, las antiguas se eliminarán en función de un esquema La menos utilizada recientemente (LRU). Esto significa que no existen garantías de que una *cookie* estará disponible para su uso futuro. Por tanto, es mejor asegurarse de que su aplicación dirime lo mejor posible la ausencia de una *cookie*.

El atributo **Expires** es opcional. Si se queda fuera, la *cookie* expirará tan pronto como termine la sesión en curso. El final de una sesión se suele definir como el momento en que el usuario cierra su navegador. Hasta que éste se cierra, las *cookies* permanecen almacenadas en la memoria. Cuando se cierra el navegador, recorre todas las *cookies* y determina si se deberá guardar para futuras sesiones.

Formato de fecha y hora

De acuerdo con la especificación de Netscape, el formato de la cadena de fecha debe ser:

```
Wdy, DD-Mon-YYYY HH:MM:SS GMT
```

Observe que la hora debe estar en la zona horaria GMT. No son válidas otras zonas horarias. Asegúrese de que convierte todas las horas locales a GMT antes de crear una cadena de fecha.

Eliminar cookies

Establecer la cadena de fecha que ya se ha producido elimina la *cookie* del cliente. No obstante, la mayoría de navegadores no actualizan sus archivos *cookie* hasta que termina la sesión, es decir, cuando están cerrados. Aunque los navegadores no devuelven las *cookies* que hayan expirado, algunos lo hacen mientras tengan *cookies* almacenadas en la memoria. Por consiguiente, asegúrese de que establece el valor de las *cookies* que van a eliminarse en una cadena vacía. De esa forma, puede estar seguro de que, aunque se devuelva la *cookie*, por lo menos no tiene un valor asociado.

Así, si desea estar en el lado seguro cuando elimine las *cookies*, puede emplear ambos cambios de atributos al mismo tiempo. Dado que en una *cookie* se requiere el par nombre-valor, establecer el valor a nada no es muy difícil.

Cuando se elimina una *cookie*, **Path** y su nombre tienen que ser correctos. Esto se explica por sí mismo, si tenemos en cuenta que las *cookies* pueden tener el mismo nombre, pero que deben ser válidas en rutas distintas. Evidentemente, sólo es posible eliminar las *cookies* que sean válidas en el dominio. Estas reglas deben asegurar que no sea posible eliminar las *cookies* de otra persona por error. Y, al contrario, puede estar seguro de que nadie va a eliminar las *cookies* establecidas por la aplicación.

Para ver un ejemplo de cómo eliminar *cookies*, veamos el aspecto de un encabezado de respuesta cuando se está a punto de eliminar una *cookie*:

```
Set-cookie: username=; Path=/cgi-bin/;Expires=Thu, 01-Jan-1970 00:00:00 GMT
```

Esto configura el valor de la *cookie* llamada **username** en una cadena vacía. Además, ya que el momento **Expires** ha pasado hace tiempo, la *cookie* se marcará como no válida.

Si sigue este procedimiento, puede estar seguro de que las *cookies* se eliminan desde el archivo del cliente si la sesión del navegador se termina de manera normal. Sin embargo, los archivos *cookie* no suelen actualizarse hasta que se cierra el navegador. Si la sesión del navegador se cierra de manera anormal por ejemplo debido a un fallo en la corriente, es posible que la eliminación no quede registrada. Recuerde esto en caso de que sea muy importante que se borre una *cookie* por completo. Algunos navegadores actualizan sus archivos *cookie* sobre la marcha, por lo que no les afecta este problema.

ERRORES EN LAS *COOKIES*

Aunque la especificación establece que los años van con cuatro dígitos, esto crea un problema a ciertos navegadores antiguos. Por tanto, podría resultar más conveniente establecer un año utilizando sólo dos dígitos. Todos los navegadores principales interpretan los años que van de 00 a 50 como si en realidad fueran los años 2000 a2050. Independientemente de qué representación numérica se elija para los años, probablemente funcionará con todos los navegadores que estén en uso hoy en día, ya que sólo afecta a unos cuantos navegadores. Sin embargo, es importante conocer este fallo, ya que puede causar problemas cuando se ejecuten las aplicaciones web.

Una versión antigua de Netscape Navigator posee un fallo que se activa cuando se usa el atributo Expires. Para que funcione correctamente, el atributo Path también deberá estar presente, y se deberá establecer a /. Si no hace esto, la *cookie* no quedará almacenada en el cliente, independientemente de a qué valor esté establecido el atributo Expires. Esto sólo afecta a la versión 1.1 de

> Netscape Navigator e inferior. Por tanto, podría ser conveniente hacer que sus *scripts* comprobaran qué versión de navegador está usando el cliente y proporcionar una solución si se presenta el problema.

Path=PATH

El comportamiento predeterminado de una *cookie* es que, una vez que se ha establecido, sólo es válido para el documento que creó la *cookie*. Para permitir la comunicación entre aplicaciones, a menudo puede ser útil poder saltarse este comportamiento predeterminado. Querrá ser capaz de establecer su propia restricción acerca de en qué partes del sitio web es válida una *cookie*. Es aquí donde entra en juego el atributo **Path**.

Cuando un navegador comprueba qué *cookies* van a volver al servidor, coteja el atributo **Path** de una *cookie* frente a un URL que está a punto de ser solicitado. Si el URL solicitado reside en **Path**, la *cookie* se enviará al servidor; si no, la *cookie* se omitirá en esa solicitud.

El cotejo entre el URL y **Path** se hace como coincidencia de subcadenas. Siempre que se incluye la cadena **Path** al principio del URL, se considera una coincidencia. Por ejemplo, esto significa que una **Path** de / coincide con todo el sitio web. La Tabla 13.2 muestra más ejemplos de coincidencias.

TABLA 13.2   EJEMPLOS DE CÓMO FUNCIONA EL COTEJO ENTRE PATH Y UN URL

Path	URL	¿Coincidencia?
/oreo	/wafer	No
/oreo	/oreo/wafer	Sí
/oreo	/oreowafer	Sí
/oreo/	/oreo	No

Algunas páginas web pueden contener varias *cookies* que tengan el mismo nombre, pero cada una con un nivel de ruta distinto en su atributo **Path**. En tales casos, todas las *cookies* se enviarán al servidor. Las *cookies* serán ordenadas de acuerdo con lo específicas que sean las rutas. La *cookie* que tenga la ruta más específica se colocará primero en el encabezado **Cookie**. Por tanto, asegúrese de recorrer el encabezado **Cookie** para comprobar si hay coincidencias de una *cookie*.

Domain=DOMAIN_NAME

El atributo **Domain** funciona de manera parecida al atributo **Path**, con la excepción de que se aplica al nombre de *host* del servidor en lugar del URL. Las *cookies* sólo suelen ser válidas para el nombre de *host* del servidor que inicialmente las creó. Sin embargo, puede haber situaciones en las que una *cookie* debe ser válida para un intervalo más amplio de *hosts*. Por ejemplo, una fábrica web compuesta de múltiples máquinas que comparten solicitudes entre sí podrían albergar un sitio web o una aplicación. En un escenario semejante, partes de la aplicación podrían ejecutarse en distintos *hosts*. Para poder usar las *cookies* en una comunicación entre aplicaciones en este escenario, las *cookies* deberán enviarse a todos los servidores de la fábrica web. Para resolver estos problemas, se usa el atributo **Domain**.

Al enviar una *cookie*, el navegador ejecuta un cotejo ente el parámetro del atributo **Domain** y el nombre de dominio totalmente cualificado del *host* al que está a punto de enviarse la solicitud. En caso de que haya una coincidencia, la *cookie* se incluirá en la solicitud; si no, no se incluirá.

Sólo puede establecer el atributo **Domain** a un dominio al que pertenezca su servidor. Si no, un sitio podría burlar a las cookies con mucha facilidad, es decir, pretender ser otro sitio y establecer *cookies* en ese sitio, lo que podría comprometer la seguridad.

El parámetro del atributo **Domain** debe incluir al menos dos o tres caracteres punto. Esta regla es obligatoria para evitar parámetros **Domain**, como .COM, que harían que se enviara la *cookie* a todos los *hosts* que tuvieran una dirección .com. Los dominios siguientes sólo requieren dos puntos: **COM, EDU, NET, ORG, GOV, MIL** y **INT**. En lo que respecta a los demás dominios, se requieren tres puntos. Por ejemplo, una *cookie* que tenga un **Domain** válido tendría este aspecto:

```
Set-cookie: username=; Domain=.gnulix.org
```

Dado que **Domain** es un atributo opcional, normalmente no es necesario incluirlo. El parámetro predeterminado del atributo **Domain** es el nombre de *host* totalmente cualificado del servidor desde el que se originó la *cookie*. Esto basta en el uso general de las *cookies*.

Secure

Si este atributo está presente, significa que la *cookie* sólo debe enviarse si la conexión en curso se hace por un canal seguro. Si faltara este atributo, la *cookie* se incluiría en todos los tipos de transferencias.

El atributo **Secure** no toma parámetros. Por tanto, no es posible declarar qué tipo de modo seguro hay que usar. Le compete al navegador decidir lo que se debe considerar un canal seguro.

Normalmente, las transferencias seguras utilizan HTTPS (es decir, HTTP por SSL). SSL proporciona una encriptación lo suficientemente fuerte como para afrontar casi todas las situaciones, especialmente si los datos de la transacción son dinámicos y de poco uso una vez que se ha producido (por ejemplo, una contraseña de una sola vez). Asegúrese de utilizar claves de código que sean lo más largo posible al tratar con los datos estáticos, aunque lleve mucho tiempo romper el código; por ejemplo, la información relativa a las tarjetas de crédito.

Recuerde que la *cookie* sigue estando almacenada en texto sin formato en el cliente. Por tanto, el atributo **Secure** no asegura que las *cookies* sean seguras más que en el momento en que se están transfiriendo. Si desea que la *cookie* sea lo suficientemente segura en el cliente, tendrá que encriptarla antes de enviarla y luego descifrarla una vez que se haya recibido. Pero este tipo de utilización le compete a la aplicación y no forma parte del estándar de *cookie*.

Limitaciones de las *cookies*

Antes de examinar el tema de cómo enviar y recibir *cookies*, vamos a ver algunas de las limitaciones más importantes que tienen. Ninguna de estas restricciones es demasiado estricta, y existen muchas soluciones. Por regla general, siempre debe ser posible hacer que las *cookies* hagan lo que queremos que hagan, al menos dentro de los términos razonables.

La mayoría de limitaciones que se imponen a las *cookies* se deben a motivos de seguridad, y se exigen para proteger tanto al cliente como al servidor. Por ejemplo, existe un límite en el tamaño de una *cookie*, así como en el número de *cookies* que puede establecer un sitio. Estas limitaciones se establecen para asegurarse de que un *script* mal intencionado no puede explotar tales debilidades para crear estragos en la máquina del cliente. Si al servidor se le permite enviar la cantidad de *cookies* que quiera, esto se podría usar para inundar al cliente con *cookies*, lo que podría suponer una denegación del servicio.

Tamaño máximo de las *cookies*

Las *cookies* no se pueden usar para guardar arbitrariamente grandes cantidades de datos. El tamaño máximo de una *cookie* está limitado a 4.096 bytes (4KB). Este límite de tamaño se aplica al tamaño combinado de los datos de la *cookie*, así como a su nombre. Si necesita guardar cantidades de datos más grandes, tendrá que volver a organizar los demás métodos.

Para almacenar conjuntos de datos más grandes, podría dividir los datos en varios fragmentos y enviar cada uno de ellos en su propia *cookie*. Sin embargo, como veremos en la próxima sección, también existe un límite al número de *cookies* que puede enviar cada dominio y cada *host* al cliente. Por tanto, posiblemente no sea una buena idea dividir los datos en fragmentos. Una manera más apropiada consiste en almacenar los datos en el servidor, quizá en una base de datos. Luego, el servidor sólo tendrá que enviar al cliente una *cookie* que contenga un acuse de recibo que le indique al servidor dónde encontrar los datos cuando se necesiten de nuevo.

Si almacena datos del usuario en una base de datos del servidor, asegúrese de incluir una fecha de vencimiento para los datos, tanto en la base de datos como en la *cookie*. Dado que las *cookies* se pueden eliminar del cliente por una serie de razones, nunca se puede estar seguro de que se vaya a utilizar nuevamente el acuse de recibo que tiene correlación con una entrada de base de datos. Sin embargo, si ha establecido un límite de tiempo antes del cual se debe acceder a los datos, se le asegurará que puede realizar la recogida de basura en la base de datos de vez en cuando. Si el cliente que tiene el acuse de recibo adecuado vuelve al sitio en el tiempo asignado, podrá prolongar la fecha de vencimiento, de forma que los datos tengan una nueva validez. El uso de esta técnica sencilla debe evitar almacenar datos repetitivos en el servidor.

Número mínimo de *cookies*

La especificación de Netscape precisa que un cliente debe ser capaz de almacenar un mínimo de 300 *cookies*. Los distintos navegadores poseen distintas reglas para la cantidad de *cookies* que pueden almacenar, y algunos pueden almacenar más de 300. Todos los navegadores que soportan *cookies* deben ser capaces de satisfacer los requerimientos mínimos. Cuando se llega al límite, las *cookies* antiguas tendrán que ser eliminadas para que quepan las nuevas. Todos los navegadores principales eliminan las *cookies* antiguas de forma automática.

Un servidor o dominio no puede enviar un número ilimitado de *cookies* a un cliente. No puede enviar más de 20 *cookies* antes de que las antiguas y no utilizadas se eliminen en el cliente. Los *hosts* y dominios que estén completamente especificados se tratan como entidades separadas y, como tales, poseen sus propios límites de *cookies*.

Cuando se elige la *cookie* que se va a eliminar, el navegador utiliza un esquema LRU. Es decir, se elimina la *cookie* que no se haya usado durante más tiempo. Esto se hace independientemente de los parámetros que se configuren en la *cookie*. Así, aunque una *cookie* tenga una fecha de vencimiento, se eliminará la que se haya usado durante más tiempo.

Crear y enviar *cookies*

Las *cookies* se pueden crear de varias formas. Las secciones siguientes le proporcionan algunos ejemplos de cómo se pueden establecer las *cookies* en algunos lenguajes.

HTML

Puede establecer las *cookies* directamente en un documento HTML por medio de la etiqueta **HTTP-EQUIV**. El parámetro **HTTP-EQUIV** se establece a **Set-cookie**, mientras que el parámetro de la etiqueta **CONTENT** de acompañamiento se establece a la información de la *cookie* que se debe enviar al cliente.

Establecer las *cookies* de esta forma se puede usar en varias situaciones. Por ejemplo, puede enviar *cookies* cuando el usuario pase ciertas páginas web. Con posterioridad, es posible recibir estas *cookies* y asegurarse de que el usuario ha visitado las páginas necesarias antes de continuar.

Otro uso de las *cookies* incrustadas en páginas web puede ser si se quisiera ver el control de clics que un usuario sigue cuando visita el sitio. Al establecer las *cookies* con distintos valores y crear un registro personalizado que registre la actividad de la *cookie* en el sitio, obtendrá un control de clics lo más exacto posible. Evidentemente, es imposible conseguir un control de clics verdadero, ya que la información puede estar almacenada en la caché.

Para crear un registro de actividades de *cookie* con Apache, quizá quiera añadir algo así al archivo **config**:

```
CustomLog cookie "%{Set-cookie}o %r %t"
```

Con esto se crea un registro llamado **cookie** con entradas compuestas por el encabezado de respuesta, cadena de solicitudes y fecha de la *cookie* (para recabar más información acerca de cómo crear sus propios registros personalizados, véase el Capítulo 18, "Registrarse"). Un ejemplo de entrada de registro podría ser:

```
username=WSB GET /cgi-bin/cookie.cgi HTTP/1.0 [04/Sep/1999:19:11:48 +0200]
```

También existe un módulo Apache, **mod_usertrack**, que le permite controlar la pista de clics. El uso de este módulo le proporciona toda la funcionalidad necesaria, sin tener que cambiar ninguna página web. Para recabar más información acerca de este módulo, véase el Capítulo 23, "Otros módulos bien conocidos".

Un ejemplo de cómo se puede enviar una *cookie* con el uso de una metaetiqueta podría ser:

```
<HTML>
 <HEAD>
  <META HTTP-EQUIV="Set-Cookie"
   CONTENT="username=WSB;
    expires=Friday, 31-Dec-02 23:59:59 GMT;">
  <TITLE>Ejemplo de cookie HTML</TITLE>
 </HEAD>
 <BODY>
  <P>¡Le acabo de enviar una cookie!</P>
 </BODY>
</HTML>
```

JavaScript

Como se puede esperar de un lenguaje creado para su uso web, JavaScript posee mucho soporte para manipular *cookies*. Las *cookies* se manipulan a través del objeto integrado **document.cookie**.

He aquí un breve ejemplo de cómo se puede usar JavaScript para enviar una *cookie*:

```
<HTML>
 <HEAD>
  <TITLE>Ejemplo de cookie JavaScript</TITLE>
 </HEAD>
 <SCRIPT LANGUAGE="JavaScript">
  document.cookie="username=WSB;
   expires=Friday, 31-Dec-02 12:34:56 GMT";
 </SCRIPT>
```

```
<BODY>
 <P>¡Le acabo de enviar una cookie!</P>
</BODY>
</HTML>
```

Perl

Como ocurre siempre en Perl, existen muchas formas de hacer las cosas. Crear *cookies* no es una excepción. Esta sección utiliza dos soluciones distintas a la creación de las *cookies*. Trabajando con estos modelos básicos, deberá poder hacer lo que quiera con las *cookies*.

- El primer método consiste en crear todos los encabezados de respuesta uno mismo. Al hacer esto, se obtiene un control óptimo sobre el aspecto de los encabezados. También es bueno para experimentar y conocer el funcionamiento interno de la función de protocolo HTTP. Por otra parte, no es fácil mantener el código como si tuviera que usar una biblioteca de función.
- En cuanto al segundo ejemplo, utilice la biblioteca de función CGI para ayudar a crear y enviar una *cookie*. Este proceso tan sencillo está mucho menos sometido a errores. Es una biblioteca excelente para trabajar con *scripts* CGI, y se incluye en la distribución estándar de Perl.

En lo que respecta al primer ejemplo, el Listado 13.1 crea una *cookie* que expira diez minutos después de que se ha enviado:

LISTADO 13.1   UTILIZAR PERL PARA CREAR UNA *COOKIE*

```perl
#!/usr/bin/perl -w

my @months=(
    "Jan",
    "Feb",
    "Mar",
    "Apr",
    "May",
    "Jun",
    "Jul",
    "Aug",
    "Sep",
    "Oct",
    "Nov",
    "Dec"
);

my @weekdays=(
    "Mon",
    "Tue",
    "Wed",
    "Thu",
    "Fri",
    "Sat",
```

LISTADO 13.1 UTILIZAR PERL PARA CREAR UNA *COOKIE* *(continuación)*

```perl
    "Sun"
);

my $expiretime=time+60*10;

my ($sec,$min,$hour,$mday,$mon,$year,$wday)=
   gmtime($expiretime);

my $datestr=sprintf "%s, %02d-%s-%02d %02d:%02d:%02d GMT",
   $weekdays[$wday],$mday,$months[$mon],$year,
   $hour,$min,$sec;

my $cookie="username=WSB;expires=$datestr;";

print <<EOF;
set-cookie:$cookie
Content-type: text/html

<!DOCTYPE HTML PUBLIC "-//IETF//DTD HTML//EN">
<HTML>
 <HEAD>
  <TITLE>Ejemplo de cookie en Perl</TITLE>
 </HEAD>
 <BODY>
  <P>¡Le acabo de enviar una cookie!</P>
  <P>It expires: $datestr</P>
 </BODY>
</HTML>
EOF
```

El ejemplo siguiente, que aparece en el Listado 13.2, utiliza la biblioteca CGI para hacerlo todo. En este ejemplo también creamos una *cookie* que expira diez minutos después de que se ha enviado.

LISTADO 13.2 UTILIZAR LA BIBLIOTECA CGI DE PERL PARA ENVIAR UNA *COOKIE*

```perl
#!/usr/bin/perl -w

use CGI;

my $q=new CGI;

my $cookie=$q->cookie(-name=>'username', -value=>"WSB",
          expires=>'+10m');

print $q->header(-cookie=>$cookie),
      $q->start_html('Ejemplo de cookie en Perl'),
      $q->p, "¡Le acabo de enviar una cookie!", $q->p,
      $q->end_html;
```

> **NOTA**
>
> El atributo Expires no posee una fecha y hora fijas como argumento. El argumento +10m se interpreta como diez minutos después de la hora en curso. Gracias al uso de la biblioteca, sólo son necesarios +10m para que el objeto cree un atributo Expires apropiado cuando se envía la *cookie*.

Creo que está de acuerdo con que el segundo ejemplo Perl es mucho más adecuado que el primero. No hay que inventar la rueda cada vez que se programa algo. El tiempo dedicado a volver a implementar la funcionalidad de la biblioteca CGI podría ser empleado de forma mucho más creativa.

Recibir y procesar *cookies*

Ahora que ya sabe cómo enviar *cookies* al cliente, es el momento de ver cómo se pueden recibir las *cookies*.

Perl

En Perl, se accede a las *cookies* a través de la variable de entorno **HTTPD_COOKIE**. La variable es una cadena que contiene todas las *cookies*, separadas por puntos y comas. Para acceder a una determinada *cookie*, tendrá que buscar en la cadena o dividirla en *cookies* separadas antes de acceder a ellas.

El ejemplo siguiente, que aparece en el Listado 13.3, emplea el último método para acceder a la *cookie*. Este ejemplo recibe una *cookie* configurada por uno de los programas de prueba de la sección que habla sobre cómo configurar *cookies*.

LISTADO 13.3 UTILIZAR PERL PARA RECIBIR UNA *COOKIE*

```
#!/usr/bin/perl -w

my %cookies=();

foreach (split (/; /,$ENV{"HTTPD_COOKIE"}) {
   my ($name, $data)=split /=/;
   $cookies{$name}=$data;
}

my $cookie=$cookies{"username"};

if ($cookie eq "") {
   $cookie="There was no cookie named username!";
}
else {
```

LISTADO 13.3 UTILIZAR PERL PARA RECIBIR UNA *COOKIE* *(continuación)*

```
        $cookie="Found a cookie named username with a value of " .
            $cookie;
}

print <<EOF;
Content-type: text/html

<!DOCTYPE HTML PUBLIC "-//IETF//DTD HTML//EN">
<HTML>
 <HEAD>
  <TITLE>Ejemplo de cookie en Perl</TITLE>
 </HEAD>
 <BODY>
  <P>$cookie</P>
 </BODY>
</HTML>
EOF
```

Ahora trate de hacer lo mismo con la biblioteca CGI y deje que se encargue del trabajo sucio (véase el Listado 13.4).

LISTADO 13.4 UTILIZAR LA BIBLIOTECA CGI DE PERL PARA RECIBIR UNA *COOKIE*

```
#!/usr/bin/perl -w

use CGI;
use CGI::Cookie;

my %cookies=fetch CGI::Cookie;
my $cookie=$cookies{"username"};

if ($cookie eq "") {
    $cookie="There was no cookie named username!";
}
else {
    $cookie="Found a cookie named username with a value of " .
            $cookie;
}
print $q->header(-cookie=>$cookie),
      $q->start_html('Ejemplo de cookie en Perl'),
      $q->p, $cookie, $q->p,
      $q->end_html;
```

> **NOTA**
>
> El método fetch() trata de decodificar los datos de esa *cookie* por medio del método de escape URL. Así, si la *cookie* no se creó con la biblioteca CGI, los datos podrían quedar revueltos. Si no está seguro de cómo se creó la *cookie*, podría usar el método raw_fetch(). Este método no trata de interpretar y deco-

> dificar los datos; sólo recibe los datos exactamente igual que como se envían en el encabezado de la consulta.

JavaScript

En JavaScript, como en Perl, las *cookies* se almacenan como única cadena, y cada *cookie* va separada por un punto y coma. Por tanto, no es tan fácil recibir una *cookie* con JavaScript como configurarla. La cadena que contiene las *cookies* y sus valores está almacenada en el objeto integrado **document.cookie**. Para localizar la *cookie* adecuada, deberá buscar por la cadena. Este proceso puede ser muy lento.

El Listado 13.5 constituye un ejemplo de cómo analizar sintácticamente el objeto **document.cookie** y extraer una *cookie* de él.

LISTADO 13.5   UTILIZAR JAVA PARA EXTRAER UNA *COOKIE* DE UN OBJETO

```
<HTML>
 <HEAD>
  <TITLE>Ejemplo de cookie en JavaScript</TITLE>
 </HEAD>
 <SCRIPT LANGUAGE="JavaScript">
  var cookies=document.cookie;
  var cookie="There was no cookie named username!";
  var searchfor="username=";
  var start=0;
  var end=0;
  if (cookie.length > 0) {
   start=cookies.indexOf(searchfor);
   if(start != -1) {
    start+=searchfor.length;
    end=cookies.indexOf(";",start);
    if (end == -1) {
     end=cookies.length;
    }
    cookie=" Found a cookie named username with a value of "+
          cookies.substring(start,end);
   }
  }
  alert(cookie);
 </SCRIPT>
 <BODY>
  <P>Ejemplo JavaScript</P>
 </BODY>
</HTML>
```

Como podemos ver, utilizamos mucho código para extraer una *cookie* en JavaScript. Existen varias bibliotecas de función disponibles para manipular *cookies* en JavaScript.

Si va en serio acerca del uso de las *cookies* con JavaScript, tendrá que adquirir esta biblioteca antes de empezar a programar.

Resumen

Las *cookies* proporcionan un mecanismo muy útil para conservar la información sobre el estado. Mejoran el protocolo HTTP sin estado, de forma que se puede usar para las aplicaciones web que requieran datos persistentes. Al aplicar los distintos atributos de las *cookies*, es posible controlar el comportamiento de cada *cookie* en función de sus necesidades.

El uso programático de las *cookies* es fácil en todos los lenguajes que se usan para crear *scripts* y aplicaciones web. Las bibliotecas de funciones están disponibles en muchos lenguajes para hacer que la manipulación de las *cookies* sea muy fácil. Utilizando el lenguaje apropiado y una buena biblioteca de funciones, puede crear rápida y fácilmente potentes aplicaciones del lado del servidor.

El uso de las *cookies* y de CGI le permite crear sitios web dinámicos. Combinadas entre sí, estas técnicas sirven para la fundación de prácticas aplicaciones web. Si quiere desarrollar aplicaciones web, seguramente comprobará que las *cookies* con una herramienta muy valiosa, que cada vez es más útil.

Manipuladores

Definición de un manipulador	256
Manipuladores y tipos MIME	260
La directiva AddHandler	261
La directiva SetHandler	262
La directiva RemoveHandler	263
La directiva Action	263
La directiva Script	264
Personalizar la manipulación de errores con ErrorDocument	265
Manipuladores estándar	268

El principal poder de Apache Web Server es su capacidad de adaptar sus acciones a los atributos del archivo que está procesando. El Capítulo 7, "Tipos MIME", describe cómo el *Webmaster* puede controlar el modo en que el servidor reconoce el tipo de información que contiene un archivo observando su nombre. Este capítulo aborda cómo se puede controlar lo que hace el servidor con un archivo o, incluso, con un documento que no es un archivo.

Definición de manipulador

En terminología Apache, el término **manipulador** posee múltiples significados. Desde el punto de vista de un desarrollador de software, el término hace referencia a un código al que llamará el servidor principal bajo determinadas condiciones. Sin embargo, desde el punto de vista del webmaster, un manipulador es, sencillamente, un tipo de procesamiento que se puede asociar con un documento, que sólo es uno de los manipuladores importantes para el desarrollador. Estamos hablando específicamente de manipuladores de contenido.

Fases en el procesamiento de solicitudes

Cada solicitud que recibe el servidor atraviesa una serie de fases de procesamiento. En cada fase, los módulos que forman parte de la configuración del servidor tienen la opción de hacer algo con la solicitud; las retrollamadas de módulo a las que invocará el servidor se denominan manipuladores. He aquí las distintas retrollamadas y el orden en que se llaman en Apache 1.3.9:

```
post_read_request
translate_handler
header_parser
access_checker
check_user_id (authenticate)
auth_checker (authorize)
type_checker
fixer_upper
content_handler
logger
```

Un módulo Apache indica en qué fases desea participar, enumerando una rutina en la estructura **module**, como se ve en el Listado 14.1.

LISTADO 14.1 ESTRUCTURA DEL MÓDULO NUCLEAR (CORE)

```
API_VAR_EXPORT module core_module = {
    STANDARD_MODULE_STUFF,
    NULL,                           /* initializer */
    create_core_dir_config,         /* crear estructura de configuración por
                                       ➥directorios */
    merge_core_dir_configs,         /* combinar estructuras de configuración
                                       ➥por directorios */
```

LISTADO 14.1   ESTRUCTURA DEL MÓDULO NUCLEAR (CORE)   *(continuación)*

```
    create_core_server_config,  /* crear estructura de configuración por
                                   ➥servidor */
    merge_core_server_configs,  /* combinar estructuras de configuración
                                   ➥por servidor */
    core_cmds,                  /* command table */
    core_handlers,              /* handlers */
    core_translate,             /* translate_handler */
    NULL,                       /* check_user_id */
    NULL,                       /* check auth */
    do_nothing,                 /* check access */
    do_nothing,                 /* type_checker */
    NULL,                       /* pre-run fixups */
    NULL,                       /* logger */
    NULL,                       /* header parser */
    NULL,                       /* child_init */
    NULL,                       /* child_exit */
    NULL                        /* post_read_request */
};
```

Queda fuera del alcance de este capítulo describir los detalles de todas las fases; nos centraremos en la importancia, uso y control de la fase de manipulación de contenido. Cuando el manipulador de contenido recibe el control, casi todas las demás fases habrán completado su trabajo con éxito; si no, el manipulador de contenido no habría sido invocado.

Fase de manipulación de contenido

Un manipulador de contenido realiza el procesamiento (o generación) del cuerpo del documento que se envía al cliente. En Apache 1.3 y versiones anteriores, los manipuladores de contenido se llaman como la siguiente a última fase del procesamiento de solicitudes y constituyen el último aspecto del servidor que tiene que ponerse en contacto con el cliente. La única fase que sigue trata sobre el registro de la información de solicitudes en el servidor.

El manipulador de contenido no es el único responsable del envío del cuerpo de respuesta al cliente, sino que también sirve para asegurar que se envía el encabezado de respuesta. En la práctica, esto significa que el manipulador comprueba que todos los campos de encabezado se establecen correctamente en los tablas **r->headers_out** y **r->err_headers_out** y llaman a **ap_send_http_header()**. Los que escriban módulos son los únicos que se tienen que preocupar por ese nivel de detalle.

Los manipuladores de contenido, en especial aquellos que dedican un tiempo prolongado para terminar su salida, necesitan estar atentos a las consideraciones relativas al plazo. Si esperan mucho entre bloques de contenido enviados al cliente, bien el cliente, bien el propio servidor Apache pueden decidir que algo se ha roto y abortar la transacción.

Una vez que el manipulador de contenido termina de enviar el cuerpo del recurso, sencillamente devuelve el control al que realiza la llamada, y el código principal del servidor Apache se ocupará de cerrar la conexión y de realizar operaciones de limpieza de fin de solicitud.

Apache, incluso en su forma más sencilla, incluye por lo menos un manipulador de contenido: el manipulador predeterminado. Tiene una sección propia más adelante en este capítulo.

Aunque se pueda pensar que el manipulador predeterminado posee una tarea muy sencilla ("buscar el archivo y enviarlo al cliente"), en realidad es muy comprometida. Una razón por la que es tan complicado es porque está diseñado para funcionar con los archivos que se encuentran en el disco. Un manipulador que genera su contenido sin ese requerimiento del sistema de archivos puede ser mucho más sencillo; el Listado 14.2 muestra el manipulador de contenido del módulo **mod_example**, suministrado por Apache. Más de la mitad de sus 65 líneas son comentarios (traducidos), y el resto está estructurado de una forma sencilla y sirve como demostración de lo simple que puede llegar a ser un manipulador de contenido.

LISTADO 14.2 EL MANIPULADOR DE CONTENIDO MOD_EXAMPLE

```
static int example_handler(request_rec *r)
{

   excfg *dcfg;

   dcfg = our_dconfig(r);
   trace_add(r->server, r, dcfg, "example_handler()");
   /*
    * Vamos a empezar a enviar contenido, por lo vamos a exigir a los
    * encabezados HTTP a enviarse en este momento. Si no, no se enviará
    * encabezado alguno. Obviamente, podemos configurar el que más nos
    * guste. **NOTA** He aquí donde se establece el encabezado
    * "Content-type", y esto se hace colocándole en r->content_type, *not*
    * r->headers_out("Content-type"). Si no lo configura,
    * se rellenará en el tipo predeterminado del servidor (normalmente,
    * "text/plain"). También *hay* que asegurar que r->content_type está
    * en minúscula.
    *
    * También tenemos que iniciar un temporizador, de forma que el
    * servidor pueda saber si la conexión está interrumpida.
    */
   r->content_type = "text/html";
   ap_soft_timeout("send example call trace", r);
   ap_send_http_header(r);
   /*
    * Si sólo vamos a enviar información del encabezado (solicitud HEAD),
    * ya estamos ahí.
    */
   if (r->header_only) {
      ap_kill_timeout(r);
      return OK;
   }
```

LISTADO 14.2 EL MANIPULADOR DE CONTENIDO MOD_EXAMPLE *(continuación)*

```
    /*
     * Ahora enviamos la verdadera salida.  Ya que hemos etiquetado esto como
     * "text/html", necesitamos incrustar HTML.
     */
    ap_rputs(DOCTYPE_HTML_3_2, r);
    ap_rputs("<HTML>\n", r);
    ap_rputs(" <HEAD>\n", r);
    ap_rputs("  <TITLE>mod_example Module Content-Handler Output\n", r);
    ap_rputs("  </TITLE>\n", r);
    ap_rputs(" </HEAD>\n", r);
    ap_rputs(" <BODY>\n", r);
    ap_rputs("  <H1><SAMP>mod_example</SAMP> "
             "Module Content-Handler Output\n", r);
    ap_rputs("  </H1>\n", r);
    ap_rputs("  <P>\n", r);
    ap_rprintf(r, "  Apache HTTP Server version: \"%s\"\n",
               ap_get_server_version());
    ap_rputs("  <BR>\n", r);
    ap_rprintf(r, "  Server built: \"%s\"\n", ap_get_server_built());
    ap_rputs("  </P>\n", r);;
    ap_rputs("  <P>\n", r);
    ap_rputs("  The format for the callback trace is:\n", r);
    ap_rputs("  </P>\n", r);
    ap_rputs("  <DL>\n", r);
    ap_rputs("   <DT><EM>n</EM>.<SAMP>&lt;routine-name&gt;", r);
    ap_rputs("(&lt;routine-data&gt;)</SAMP>\n", r);
    ap_rputs("   </DT>\n", r);
    ap_rputs("   <DD><SAMP>[&lt;applies-to&gt;]</SAMP>\n", r);
    ap_rputs("   </DD>\n", r);
    ap_rputs("  </DL>\n", r);
    ap_rputs("  <P>\n", r);
    ap_rputs("  The <SAMP>&lt;routine-data&gt;</SAMP> is supplied by\n", r);
    ap_rputs("  the routine when it requests the trace,\n", r);
    ap_rputs("  and the <SAMP>&lt;applies-to&gt;</SAMP> is extracted\n", r);
    ap_rputs("  from the configuration record at the time "
             "of the trace.\n", r);
    ap_rputs("  <STRONG>SVR()</STRONG> indicates a server environment\n", r);
    ap_rputs("  (blank means the main or default server, otherwise "
             "it's\n", r);
    ap_rputs("  the name of the VirtualHost); <STRONG>DIR()</STRONG>\n", r);
    ap_rputs("  indicates a location in the URL or filesystem\n", r);
    ap_rputs("  namespace.\n", r);
    ap_rputs("  </P>\n", r);
    ap_rprintf(r, "  <H2>Static callbacks so far:</H2>\n  <OL>\n%s  </OL>\n",
               trace);
    ap_rputs("  <H2>Request-specific callbacks so far:</H2>\n", r);
    ap_rprintf(r, "  <OL>\n%s  </OL>\n", ap_table_get(r->notes, TRACE_NOTE));
    ap_rputs("  <H2>Environment for <EM>this</EM> call:</H2>\n", r);
    ap_rputs("  <UL>\n", r);
    ap_rprintf(r, "   <LI>Applies-to: <SAMP>%s</SAMP>\n    </LI>\n",
               dcfg->loc);
    ap_rprintf(r, "   <LI>\"Example\" directive declared here: %s\n"
               "    </LI>\n",
               (dcfg->local ? "YES" : "NO"));
```

LISTADO 14.2 EL MANIPULADOR DE CONTENIDO MOD_EXAMPLE *(continuación)*

```
    ap_rprintf(r, "        <LI>\"Example\" inherited: %s\n        </LI>\n",
               (dcfg->congenital ? "YES" : "NO"));
    ap_rputs("      </UL>\n", r);
    ap_rputs("    </BODY>\n", r);
    ap_rputs("</HTML>\n", r);
    /*
     * Ya hemos terminado, por tanto, cancele el plazo que establecimos.
     * Ya que probablemente sea el final de la solicitud, *podríamos*
     * presuponer que esto se hace después del procesamiento, pero es
     * posible que se llame a otro manipulador y que se herede
     * nuestro temporizador.
     */
    ap_kill_timeout(r);
    /*
     * Hicimos lo que queríamos, por tanto, indicar al resto del servidor
     * que lo hemos hecho bien.
     */
    return OK;
}
```

Manipuladores y tipos MIME

Los manipuladores de contenido suelen estar asociados con el tipo de contenido de los recursos, que también se llaman tipos MIME. Normalmente, esta asociación se hace de forma indirecta; los archivos de configuración del servidor definen ciertas extensiones de archivo como tipos MIME determinados (como asociar archivos provistos de una extensión .shtml con el tipo MIME **text/html**) y también relacionan un determinado nombre de manipulador con la extensión (por ejemplo, marcar archivos con la extensión .shtml como si lo manejara el manipulador **server-parsed**).

Debido a la forma en que Apache trata con las distintas estructuras de datos implicadas, también es posible conectar un nombre de manipulador directamente con un tipo MIME, como con

```
AddHandler text/x-server-parsed-html .shtml
```

Para que esto funcione, el módulo debe reconocer el tipo MIME como algo de lo que es responsable. Los dos conjuntos siguientes de directivas son iguales y muestran cómo usar esta opción:

```
AddType text/html .shtml
AddHandler server-parsed .shtml
```

```
AddType text/x-httpd-server-parsed-html .shtml
```

text/x-httpd-server-parsed-html es lo que se llama un tipo MIME mágico en la terminología Apache. Esto es debido a que tiene una importancia especial para un módulo de Apache, y casi no refleja el verdadero tipo de contenido del archivo o el tipo de contenido que se adjuntará a la respuesta de salida.

Aprovecharse de los tipos MIME mágicos de esta manera constituye una práctica peligrosa, ya que los resultados pueden ser impredecibles, a menos que se conozca muy bien el código fuente. El ejemplo siguiente, no dará probablemente los resultados apetecidos, porque ninguno de los módulos estándar de Apache declara un manipulador útil en el tipo MIME **text/html**:

```
AddHandler text/html .htm .html
```

> **NOTA**
>
> En realidad, existe un manipulador en el tipo MIME text/html, pero no está pensado para que funcione de esta forma. El hecho de que no funcione como se espera de él refuerza la tesis de que hay que quedarse con los nombres de manipuladores "anunciados" en vez de tratar de usar los tipos MIME mágicos que algunos módulos reconocen.

Para asegurar resultados predecibles y en aras de la claridad, resulta mejor usar la solución de dos fases y tratar el tipo MIME y manipulador de contenido como dos cosas separadas y distintas a asociar con los documentos.

Se puede asociar un *script* CGI con un tipo MIME, como manipulador de contenido, por medio de la directiva **Action**, que se describe más adelante.

La directiva AddHandler

La principal forma de conectar un manipulador de contenido con un documento es a través de la directiva **AddHandler** (como veremos en la próxima sección). **AddHandler** es una directiva **ITERATE2**, lo que significa que toma su primer argumento y realiza el proceso consigo mismo y con cada uno de los argumentos subsiguientes.

En el caso de **AddHandler**, el primer argumento es el nombre de un manipulador de contenido, mientras que el segundo argumento y los argumentos subsiguientes son extensiones de archivo que se deben marcar como que están procesadas por ese manipulador. Por ejemplo,

```
AddHandler application/x-httpd-php3 .phtml .php3
```

hace que Apache invoque al manipulador **application/x-httpd-php3** en cada uno de los archivos solicitados que tenga una extensión de .phtml o .php3.

> **NOTA**
>
> Este ejemplo puede parecer un poco extraño con la advertencia de la sección anterior de que el nombre del manipulador se parece sospechosamente a un tipo MIME mágico. Bien, esto es verdad, pero también es la forma que eligen los desarrolladores de módulos PHP para poner nombres a sus manipuladores.

La asociación que hay entre un manipulador y una extensión de archivo permanece vigente a lo largo de la directiva **AddHandler**, normalmente en todo el servidor o en un determinado directorio y sus subdirectorios. Una asociación puede ser eliminada con la directiva **RemoveHandler**, como veremos más adelante.

La directiva SetHandler

Mientras la directiva **AddHandler** permite establecer el manipulador de contenido en los archivos en función de sus extensiones, la directiva **SetHandler** permite configurar más documentos, como un directorio completo o una ubicación web. Los manipuladores de contenido que se configuren con la directiva **SetHandler** tienen prioridad sobre todos los parámetros **AddHandler**.

Un uso normal de la directiva **SetHandler** consiste en asociar un manipulador con una ubicación web virtual, que no se asigna a un directorio del sistema de archivos. Por ejemplo, el módulo **mod_status** genera sus respuestas en tiempo de ejecución y no tiene nada que ver con los archivos del disco. ¿Cómo se podría asociar el manipulador de contenido con un archivo si no tiene nada que ver con él? Bueno, se podría hacer algo así:

```
<Directory /usr/local/web/documentroot>
    AddHandler server-status .status
</Directory>
```

Sin embargo, el principal problema que esto presenta es que, entonces, habría que tener ese directorio, y habría que solicitar algún archivo cuya extensión fuera **.status** (como **foo.status**) para conseguir el informe.

SetHandler se utiliza más para realizar una asociación apropiada. En lugar de lo anterior, se podría utilizar lo siguiente:

```
<Location /status>
    SetHandler server-status
</Location>
```

El efecto de esto es que con toda solicitud que hubiera en la ubicación web virtual **/status** se terminaría por invocar al manipulador de contenido. Si ese contenedor fuera para un servidor llamado **WWW.Foo.Com**, todo lo siguiente activaría el manipulador **server-status** y produciría el mismo resultado:

```
http://WWW.Foo.Com/status/
http://WWW.Foo.Com/status/index.html
http://WWW.Foo.Com/status/home.htm
http://WWW.Foo.Com/status/some/bogus/path
```

Por consiguiente, **SetHandler** se suele usar para obligar a un determinado manipulador a que surta efectos en una determinada ubicación o para activar un manipulador de contenido que no tenga nada que ver con el sistema de archivos.

La directiva RemoveHandler

Si desea deshacer la asociación que hay entre una extensión de archivo y un manipulador de contenido, hay dos formas para ello:

- Sustituirla con una asociación explícita con el manipulador predeterminado:
  `AddHandler default-handler .foo`
- Eliminar todas las asociaciones existentes con la directiva **RemoveHandler**:
  `RemoveHandler .foo`

Ambos métodos tienen el mismo efecto y alcance (el directorio al que se aplica la directiva y todos sus subdirectorios); la técnica **RemoveHandler** probablemente hace que el intento sea un poco más claro.

A pesar de sus nombres, no hay forma (en Apache 1.3.9) de "promover" las asociaciones de contenidos para luego "reventarlas". Como ejemplo de ello, posiblemente quiera establecer la condición predeterminada de que todos los archivos .html sean gestionados por el manipulador **server-parsed** (pero para un determinado directorio, desea que el manipulador de los archivos .html sea el manipulador PHP), y para los subdirectorios que queden por debajo volver a usar nuevamente el manipulador **server-parsed**. Cada aplicación de la directiva **AddHandler** establece sin condiciones el manipulador de las extensiones con nombre, y cada uso de **RemoveHandler** elimina sin condiciones todas las asociaciones (haciendo que el servidor fracase en el manipulador predeterminado).

La directiva Action

La directiva **Action** permite definir un nuevo nombre de manipulador de contenido y declarar que el propio manipulador sea un *script* CGI. Alternativamente, es posible declarar que sea el *script* el manipulador de contenido de un tipo MIME específico. Como vimos antes en la sección "Manipuladores y tipos MIME", Apache puede considerar un tipo MIME como un nombre de manipulador, por lo que, de hecho, la directiva **Action** está sencillamente registrando un nombre de manipulador en el *script*. Si el nombre es el mismo que el de un tipo MIME, el *script* será considerado como el manipulador de los documentos que tengan el tipo de contenido correspondiente (si la definición no la solapan otros parámetros).

Esto es equivalente:

```
AddType application/x-bagatelle .bhtml
Action application/x-bagatelle /cgi-bin/bagatelle-handler

AddHandler bagatelle .bhtml
Action bagatelle /cgi-bin/bagatelle-handler
```

Ambos conjuntos de directivas tienen el efecto de:

- Etiquetar los archivos con una extensión de .bhtml como del tipo MIME **application/x-bagatelle**.

- Declarar el *script* CGI **/cgi-bin/bagatelle-handler** como el manipulador de contenido de los archivos de ese tipo.

La acción de declarar un *script* como un manipulador de contenido basado en la extensión de archivo (con **AddHandler**) o el tipo MIME (con **AddType**) depende completamente de nosotros, de nuestras necesidades, así como de la situación.

La directiva Script

A diferencia de la directiva **Action**, que declara un manipulador de contenido basado en los atributos del documento que se piden, la directiva **Script** declara un manipulador en función de cómo se solicitó el documento.

Los documentos se solicitan por lo que se denominan métodos. Los métodos más habituales son **GET**, **HEAD** y **POST**, y Apache dispone de manipuladores integrados para cada uno de ellos. Sin embargo, aparecen sin cesar métodos alternativos, cada cual con su importancia especial y que la directiva **Script** permite mantener. Por ejemplo, cuando se generalizó la carga de documentos, el método **PUT** empezó a ser utilizado con el fin de permitir que la carga se hiciera a través del propio servidor web en vez de con un servidor FTP u otro mecanismo. Aparecieron herramientas de edición que trataron de utilizar **PUT** para hacer esto, pero ¡ay del usuario! si el servidor web no hubiera sido entrenado para responder. Los *webmasters* Apache pueden activar la manipulación **PUT** con la directiva **Script** apropiada y el software de soporte.

> **ATENCIÓN**
>
> Debido a cuestiones de seguridad, el servidor Apache no incorpora un manipulador integrado en PUT de la forma que lo hace en GET, HEAD y POST. Debido a la naturaleza anónima de la Web, permitir que la gente de la red cargue archivos en su sistema es algo que se debe hacer con especial precaución. En otras palabras, Apache le facilita la cuerda con la directiva Script; si desea colgarse con ella, deberá ser usted quien haga el nudo.

En Apache 1.3.9 sólo puede declarar un manipulador **Script** en los métodos que ya conozca Apache (en especial, **GET**, **PUT**, **POST**, **DELETE**, **CONNECT**, **OPTIONS**, **PATCH**, **PROPFIND**, **PROPPATCH**, **MKCOL**, **COPY**, **MOVE**, **LOCK** y **UNLOCK**. El método **TRACE** también lo conoce Apache, pero no tiene importancia que se declare un manipulador para él, por lo que no puede bajo ningún concepto aparecer en una directiva **Script**.

Un manipulador de contenido basado de métodos que se declara con **Script** se invoca como un *script* CGI normal. El URL del documento que se está solicitando se pasa al *script* por medio de la variable de entorno **PATH_INFO**.

Personalizar la manipulación de errores con ErrorDocument

La directiva **ErrorDocument** permite activar un tipo especial de manipulador de contenido (uno que será activado cuando se produzca una determinada clase de error.

Los errores de este caso los define la especificación del protocolo HTTP y se identifican con números de tres dígitos. Puede ver algunos de estos números en las páginas de error al navegar por la Web (por ejemplo, **500 Internal Server Error, 404 Resource Not Found** o **403 Access Forbidden**. Si ha visto páginas como estas, probablemente sepa que su aspecto no es muy atractivo. Con la directiva **ErrorDocument** puede personalizar el aspecto de tales páginas y ver qué pasos adicionales se dan.

Puede declarar un manipulador **ErrorDocument** distinto en cualquiera (o en todos) de los códigos de estado HTTP que se definan. Sepa que Apache sólo invocará a aquellos que tengan sentido.

> **NOTA**
>
> Es posible declarar un manipulador ErrorDocument 200, pero no se consigue nada (200 es el código de estado de OK). Apache no considera que un estado OK sea un error, por lo que no invocará al manipulador de errores.

ErrorDocument sigue las reglas de alcance normales: se aplica a la ubicación en la que se declara y en todos los directorios o ubicaciones, a menos que se omitan. Existen tres formatos de **ErrorDocument**:

- Uno que sólo proporciona una cadena de texto sencilla a usar en lugar de la página de error predeterminada para el código de estado específico.
- Uno que especifica un URL completo (que posiblemente esté en un servidor remoto).
- Uno que especifica un URI local en el servidor.

Estas opciones se describen más detalladamente en las próximas secciones.

Texto de error de una sola línea

La sintaxis de este tipo de utilización **ErrorDocument** es:

```
ErrorDocument code "error text
```

Observe que no hay comillas de cierre. Esto se debe a que el argumento de la directiva no es una cadena entre comillas; las comillas iniciales sencillamente identifican lo que sigue como mensaje de texto en lugar de un URL. Si incluye otras comillas al final del texto, aparecerán en el mensaje de error. La Figura 14.1 muestra un ejemplo de error generado a partir de la siguiente directiva.

```
ErrorDocument 403 "just a line of text
```

Esto puede retocarse incrustando HTML en la cadena de texto, como se ve en el ejemplo siguiente y en la Figura 14.2, que muestra su salida.

```
ErrorDocument 403 "<h1>Lo siento, no permitido</h1>
```

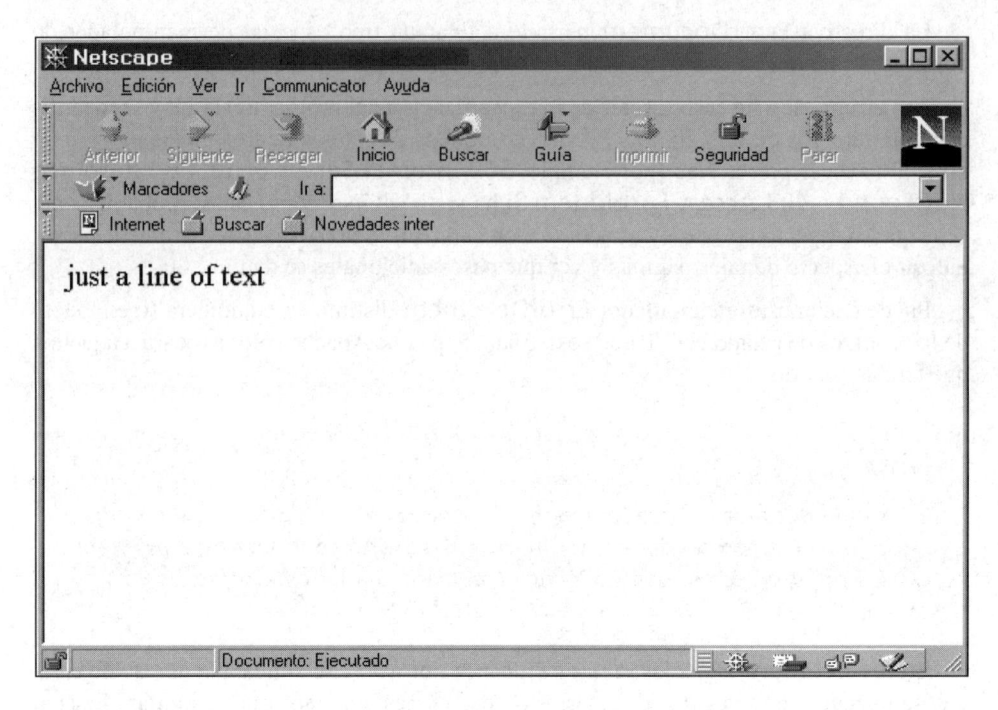

FIGURA 14.1. Un ErrorDocument de texto sin formato.

Aunque sea rápido, esto significa que tratar con errores no suele ser muy satisfactorio. Entre otras cosas, la página de error que se envía al cliente se etiqueta como **text/html** por defecto, aunque su texto no sea HTML válido. No existe forma de actuar sobre el error o de personalizar la página de respuesta en base a ningún criterio; el texto de la instrucción **ErrorDocument** se envía, y eso es todo.

Este mecanismo suele ser ideal para depurar el diseño de las estructuras de directorio y de no mucho más.

Manipular errores con un documento local

Si el segundo argumento que se da a **ErrorDocument** es un URL relativo, y no absoluto (es decir, que no incluye el esquema, nombre de *host* o parte de puerto), Apache utilizará lo que de denomina redireccionamiento interno para acceder al URL especificado en el servidor local.

Esta forma es la más potente, eficiente y flexible de tratar con contenido **ErrorDocument**. Debido a que la solicitud la maneja el mismo servidor donde ocurrió el error, no existe tráfico de red de ida y vuelta con el cliente; el servidor ha descubierto el error y está tratando con él internamente como parte de la solicitud original. Además, toda la información importante (como la página de referencia, el código de estado de error, la página que se solicitó, etc.) está disponible en el documento local de errores si sabe cómo utilizarla. Esto puede suponer mensajes de error hechos muy a medida, que tratan, por ejemplo, con los detalles de un error de transacción.

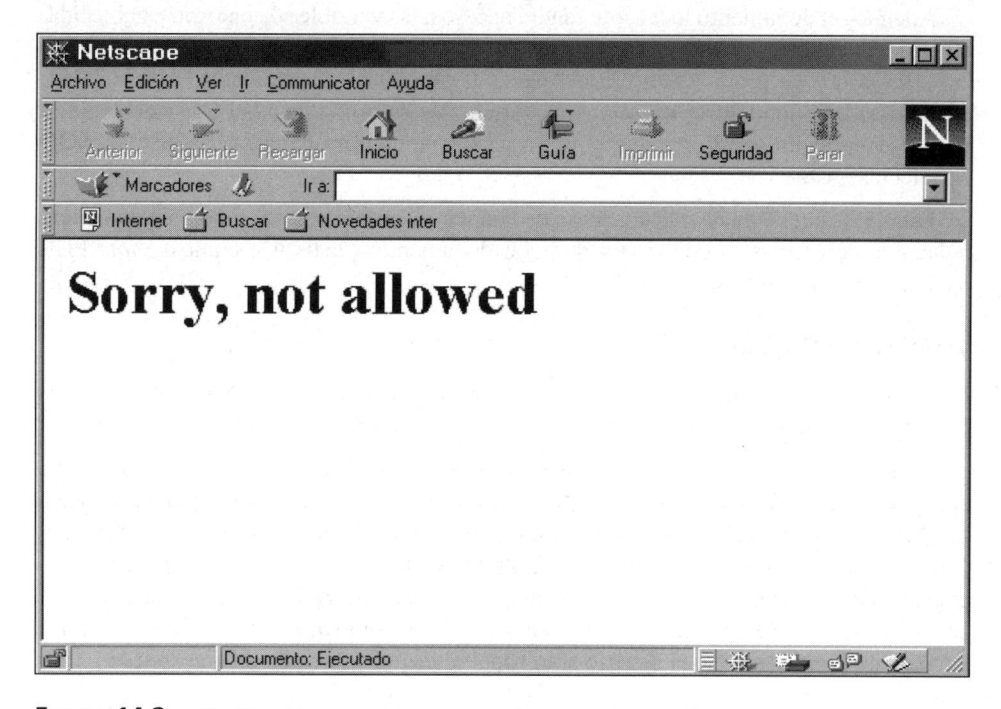

FIGURA 14.2.   Un ErrorDocument de texto sin formato más atractivo.

Casi toda la información acerca de la solicitud original (y el error) está disponible para el manipulador de errores a través de variables de entorno. Las estándar que Apache siempre incluye son:

- REDIRECT_ERROR_NOTES (presente si Apache posee comentarios acerca del error).
- REDIRECT_QUERY_STRING (presente y establecida en la cadena de errores a partir de la solicitud original, si es que hay una).
- REDIRECT_REQUEST_METHOD
- REDIRECT_STATUS
- REDIRECT_UNIQUE_ID (presente y establecida en el identificador único que se asigna a la solicitud original si se ha configurado **mod_unique_id** en el servidor).
- REDIRECT_URL

La variable de entorno **REDIRECT_STATUS** contiene el código de estado, por lo que puede usar un solo manipulador de errores para tratar con múltiples códigos de estado y actuar apropiadamente en base al valor de esta variable de entorno en cada caso.

La variable de entorno **REDIRECT_URL** contiene el URL local del documento solicitado originalmente, incluyendo información de rutas o cadenas de consulta, sin el esquema, el nombre de *host* y la información de los puertos.

Además, el documento local sólo tendrá acceso a las variables de entorno establecidas en el documento original como resultado del procesamiento de Apache a través de las fases hasta que se produzca el error. A éstas también se les antepone **REDIRECT**; por ejemplo, si la solicitud original tenía una variable de entorno llamada **FOO** establecida a **bar**, el documento de errores tendrá una variable de entorno llamada **REDIRECT_FOO** establecida a **bar**.

Esta información hace que la acción de adaptar respuestas sea muy posible con manipuladores de contenido de errores que son documentos "activos", como *scripts* PHP, páginas **mod_include** o *scripts* CGI.

Utilizar *scripts* CGI

Si usa el conjunto de módulos que se incluye en el paquete básico de Apache, un *script* CGI le dará tanta flexibilidad y poder como un manipulador de documentos de error.

Dado que un *script* CGI es un documento completamente activo, como un programa o aplicación, se tendrá un control total sobre las acciones llevadas a cabo por el servidor. También tiene la opción de propagar el estado de error al cliente, lo que es muy importante (de esa forma, el cliente sabe que su solicitud ha causado un error y se comportará apropiadamente. En otros casos, el cliente sólo obtiene una página de respuesta, casi siempre con un estado **200** (lo que, si se acuerda, significa **OK**), por lo que no se dará cuenta de que hubo un problema, aunque el usuario sí lo haga (al leer el contenido de la respuesta).

Redirigir los errores hacia fuera del sitio

Si utiliza un URL completo, como http://some.other.host.com/error.html, el servidor Apache enviará una solicitud de redireccionamiento al cliente, el cual tomará esa página del otro servidor. Aunque esto permite que haya cierta centralización, generalmente no es tan flexible como usar un URI local; dado que lo que el cliente acaba viendo vino como resultado de una solicitud satisfactoria hecha al otro sistema, no la registrará el navegador como error (a menos que el otro sistema hiciera las cosas bien). El otro sistema no tendrá acceso a toda la información que estaría a disposición de un URI local, como la información del control de acceso y otros atributos de la solicitud original, como describimos un par de sesiones atrás.

Manipuladores estándar

Las secciones siguientes describen algunos de los manipuladores de contenidos que están empaquetados como parte del paquete básico de Apache. Siempre que tenga el módulo apropiado en la configuración del servidor, deberá ser capaz de usar cualquiera de ellas.

El manipulador de contenido predeterminado

El servidor Apache posee un manipulador de contenido integrado que se usa si ninguno de los módulos cargados puede identificarse como responsable. Este manipulador predeterminado se encuentra en el archivo **src/main/http_core.c**.

La responsabilidad del manipulador predeterminado es bastante simple: presuponga que el objeto solicitado es un archivo del sistema de archivos, ubíquelo y envíe su contenido sin hacer un procesamiento especial. Aunque parezca una tarea muy sencilla, si ve el código fuente 1.3.9 del manipulador, que se ve en el Listado 14.3, queda claro que existen algunos puntos complicados.

El manipulador predeterminado se localiza por medio del mismo mecanismo que cualquier otro manipulador de contenido. Está marcado como el predeterminado a través de la definición de los tipos de contenido de los que es responsable. El Listado 14.4 muestra esta definición.

Como veíamos antes, la determinación del manipulador del tipo de contenido va de la coincidencia más específica a la menos específica. El tipo */* es lo más poco específico que puede haber, por lo que se debe acudir al manipulador de contenido cuando se hayan agotado el resto de posibilidades.

> **NOTA**
>
> Un módulo podría declarar su propio manipulador para el tipo de contenido */*, en cuyo caso, sus interacciones con el manipulador predeterminado pueden llevar a resultados impredecibles.

La presencia del manipulador predeterminado significa que el servidor Apache nunca deberá tener una pérdida a la hora de manipular una solicitud. La respuesta podría ser un error (como si el recurso no fuera un archivo, no existiera o estuviera protegido), pero siempre hay un manipulador.

LISTADO 14.3   EL MANIPULADOR DE CONTENIDO PREDETERMINADO

```
/*
 * Manipulador predeterminado de los tipos MIME sin otros manipuladores.
 * Sólo GET y OPTIONS aquí... el que quiera escribir un manipulador
 * genérico para PUT o POST puede hacerlo, pero no conviene proporcionar
 * valores predeterminados todavía... Por ahora, presuponemos que
 * será el último manipulador llamado y se devolverá 405 o 501.
 */

static int default_handler(request_rec *r)
```

LISTADO 14.3 EL MANIPULADOR DE CONTENIDO PREDETERMINADO *(continuación)*

```
{
    core_dir_config *d =
      (core_dir_config *)ap_get_module_config(r->per_dir_config,
                                              &core_module);
    int rangestatus, errstatus;
    FILE *f;
#ifdef USE_MMAP_FILES
    caddr_t mm;
#endif
#ifdef CHARSET_EBCDIC
    /* Para que la acción de servir archivos "de texto ASCII puro" sea
     * muy fácil (se sirven más deprisa, ya que no hay que convertirlos
     * desde EBCDIC), se ha inventado un nuevo prefijo de tipo
     * "mágico": text/x-ascii-{plain,html,...}
     * Si detectamos uno de estos tipos de contenido aquí, sencillamente
     * corregiremos el tipo al tipo texto /{plain,html,...}. Si no,
     * estableceremos un indicador de que se requiere traducción.
     */
    int convert_flag = ap_checkconv(r);
#endif

    /* Este manipulador no es útil para el cuerpo de solicitud (aún),
     * pero todavía necesitamos leer y descartarlo si el cliente envió
     * uno.
     */
    if ((errstatus = ap_discard_request_body(r)) != OK) {
        return errstatus;
    }

    r->allowed |= (1 << M_GET) | (1 << M_OPTIONS);

    if (r->method_number == M_INVALID) {
    ap_log_rerror(APLOG_MARK, APLOG_NOERRNO | APLOG_ERR, r,
            "Invalid method in request %s", r->the_request);
    return NOT_IMPLEMENTED;
    }
    if (r->method_number == M_OPTIONS) {
        return ap_send_http_options(r);
    }
    if (r->method_number == M_PUT) {
        return METHOD_NOT_ALLOWED;
    }

    if (r->finfo.st_mode == 0 || (r->path_info && *r->path_info)) {
    ap_log_rerror(APLOG_MARK, APLOG_ERR | APLOG_NOERRNO, r,
            "File does not exist: %s",r->path_info ?
            ap_pstrcat(r->pool, r->filename, r->path_info, NULL)
            : r->filename);
    return HTTP_NOT_FOUND;
    }
    if (r->method_number != M_GET) {
        return METHOD_NOT_ALLOWED;
    }
```

LISTADO 14.3   EL MANIPULADOR DE CONTENIDO PREDETERMINADO   *(continuación)*

```c
#if defined(OS2) || defined(WIN32) || defined(NETWARE)
    /* Necesita modo binario en OS/2 */
    f = ap_pfopen(r->pool, r->filename, "rb");
#else
    f = ap_pfopen(r->pool, r->filename, "r");
#endif

    if (f == NULL) {
        ap_log_rerror(APLOG_MARK, APLOG_ERR, r,
            "file permissions deny server access: %s", r->filename);
        return FORBIDDEN;
    }

    ap_update_mtime(r, r->finfo.st_mtime);
    ap_set_last_modified(r);
    ap_set_etag(r);
    ap_table_setn(r->headers_out, "Accept-Ranges", "bytes");
    if (((errstatus = ap_meets_conditions(r)) != OK)
     || (errstatus = ap_set_content_length(r, r->finfo.st_size))) {
        return errstatus;
    }

#ifdef USE_MMAP_FILES
    ap_block_alarms();
    if ((r->finfo.st_size >= MMAP_THRESHOLD)
        && (r->finfo.st_size < MMAP_LIMIT)
        && (!r->header_only || (d->content_md5 & 1))) {
        /* tenemos que protegernos para casos extremos mientras tengamos
         * el archivo mmapped */
        mm = mmap(NULL, r->finfo.st_size, PROT_READ, MAP_PRIVATE,
                fileno(f), 0);
        if (mm == (caddr_t)-1) {
            ap_log_rerror(APLOG_MARK, APLOG_CRIT, r,
                    "default_handler: mmap failed: %s", r->filename);
        }
    }
    else {
        mm = (caddr_t)-1;
    }

    if (mm == (caddr_t)-1) {
        ap_unblock_alarms();
#endif

#ifdef CHARSET_EBCDIC
    if (d->content_md5 & 1) {
        ap_table_setn(r->headers_out, "Content-MD5",
            ap_md5digest(r->pool, f, convert_flag));
    }
#else
    if (d->content_md5 & 1) {
        ap_table_setn(r->headers_out, "Content-MD5",
            ap_md5digest(r->pool, f));
```

LISTADO 14.3   EL MANIPULADOR DE CONTENIDO PREDETERMINADO   *(continuación)*

```
    }
#endif /* CHARSET_EBCDIC */

    rangestatus = ap_set_byterange(r);

    ap_send_http_header(r);

    if (!r->header_only) {
        if (!rangestatus) {
        ap_send_fd(f, r);
        }
        else {
        long offset, length;
        while (ap_each_byterange(r, &offset, &length)) {
            /*
             * Los retornos distintos de cero son más transportables que
             * comprobar un retorno de -1.
             */
            if (fseek(f, offset, SEEK_SET)) {
                ap_log_error(APLOG_MARK, APLOG_ERR, r->server,
                    "Failed to fseek for byterange (%ld, %ld)",
                    offset, length);
            }
            else {
                ap_send_fd_length(f, r, length);
                }
            }
        }
    }

#ifdef USE_MMAP_FILES
    }
    else {
        struct mmap_rec *mmd;

        mmd = ap_palloc(r->pool, sizeof(*mmd));
        mmd->mm = mm;
        mmd->length = r->finfo.st_size;
        ap_register_cleanup(r->pool, (void *)mmd, mmap_cleanup,
                            mmap_cleanup);
        ap_unblock_alarms();

        if (d->content_md5 & 1) {
            AP_MD5_CTX context;

            ap_MD5Init(&context);
            ap_MD5Update(&context, (void *)mm,
                        (unsigned int)r->finfo.st_size);
            ap_table_setn(r->headers_out, "Content-MD5",
                            ap_md5contextTo64(r->pool, &context));
        }

        rangestatus = ap_set_byterange(r);
        ap_send_http_header(r);
```

LISTADO 14.3 EL MANIPULADOR DE CONTENIDO PREDETERMINADO   *(continuación)*

```
        if (!r->header_only) {
            if (!rangestatus) {
                ap_send_mmap(mm, r, 0, r->finfo.st_size);
            }
            else {
                long offset, length;
                while (ap_each_byterange(r, &offset, &length)) {
                    ap_send_mmap(mm, r, offset, length);
                }
            }
        }
    }
#endif

    ap_pfclose(r->pool, f);
    return OK;
}
```

LISTADO 14.4 DECLARACIÓN DEL MANIPULADOR PREDETERMINADO

```
static const handler_rec core_handlers[] = {
{ "*/*", default_handler },
{ "default-handler", default_handler },
{ NULL, NULL }
};
```

cgi-script

El manipulador **cgi-script** lo declara el módulo **mod_cgi** y tiene la responsabilidad de tratar el recurso como aplicación CGI, de ejecutarlo y de enviar su salida al cliente. La descripción del entorno de tiempo de ejecución CGI está fuera del alcance de este capítulo, pero los *scripts* CGI se conocen por dos cosas:

- Son muy potentes y flexibles.
- Tienden a mermar mucho el rendimiento.

Para saber más acerca del entorno CGI, vea los libros que hay acerca del tema; lea el Capítulo 11, "Programación CGI", o visite el área de especificación de la Web en http://Golux.Com/coar/cgi/. Para saber más acerca del propio módulo **mod_cgi**, véase la pagina de la documentación en línea en http://www.apache.org/docs/_mod/mod_cgi.html.

server-parsed: inclusiones de lado del servidor

El manipulador de contenido **server-parsed** es el modo en que Apache proporciona soporte a las directivas de inclusión del lado del servidor (SSI). Una directiva SSI se incrusta en un documento HTML como parte de su texto; cuando el servidor recibe una solicitud para el documento, primero recorre el archivo y ejecuta (analiza sintácticamente) las directivas SSI.

Las directivas SSI pueden hacer cosas como incluir otros documentos (es de ahí que procede su nombre) o incluir condicionalmente (o no) partes del documento en base a las variables de entorno, o insertar cosas como la última fecha de modificación del archivo, etc.

Dado que Apache proporciona mucho soporte para manipular variables de entorno, los documentos SSI proporcionan un modo razonable de mantener muchos fragmentos alternativos en un solo documento y enviar solamente las partes apropiadas al cliente. Por ejemplo, el fragmento siguiente haría que se enviara distinto texto al cliente, dependiendo de si el cliente es Opera:

```
<!--#if expr="HTTP_USER_AGENT = /Opera/" -->
  ¡Bienvenido, usuario de software innovador!  ¡Le abrimos
  el sitio totalmente!
<!--#else -->
  Elija una opción de la lista.
<!--#endif -->
```

Para recabar más información sobre las inclusiones del lado del servidor, véase el Capítulo 12, "SSI: Inclusiones del lado del servidor", la sección que habla de mod_include del Capítulo 20, "Utilizar módulos estándar de Apache", o la documentación en línea de http://www.apache.org/docs/_mod/mod_include.html.

server-status: cómo se ejecuta Apache

El módulo mod_status proporciona uno de esos manipuladores de contenido que "generan contenido sobre la marcha" que veíamos antes. No se relaciona con ninguno de los archivos del disco, pero genera un informe de cómo funciona el servidor Apache. El informe se genera desde cero cada vez que se pide. La Figura 14.3 muestra un fragmento de la salida de ejemplo del manipulador de contenido server-status.

Dado que esta salida puede contener información que preferiría que fuera confidencial, es una buena idea proteger la ubicación que se use para el manipulador. Por ejemplo,

```
<Location /server-status>
    SetHandler server-status
    AuthType Basic
    AuthUserFile /etc/.htpasswd-status
    Require valid-user
</Location>
```

impediría que la página fuera vista por aquellos que no conocieran una contraseña y un nombre de usuario apropiados (como se define en el archivo /etc/.htpasswd-status).

ExtendedStatus

Para obtener la máxima información del manipulador de contenido server-status, deberá activar posibilidades de registro adicional con la directiva ExtendedStatus.

Manipuladores

CAPÍTULO **14**

Esta directiva toma un valor de **On** o de **Off**; si se selecciona el primero, el informe contendrá mucho más detalle. El coste de este informe de estado es un menor rendimiento; el servidor estará dedicando mucho más tiempo a recoger la información, por lo que **Off** suele ser una selección mejor, a menos que esté examinando la capacidad y rendimiento del servidor.

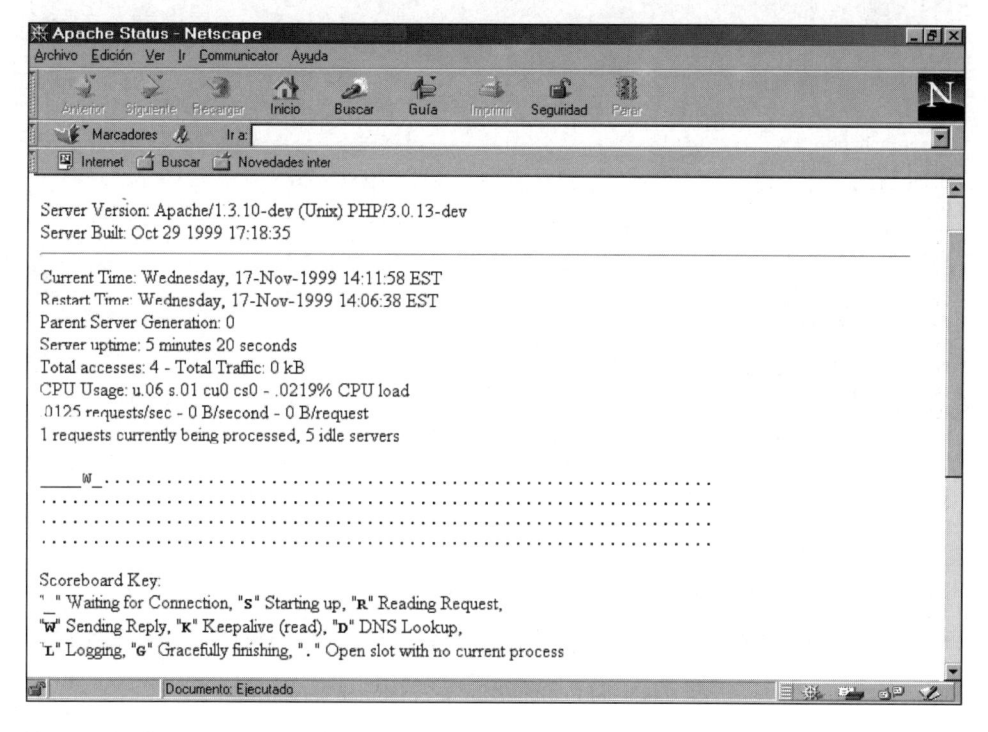

```
Server Version: Apache/1.3.10-dev (Unix) PHP/3.0.13-dev
Server Built: Oct 29 1999 17:18:35

Current Time: Wednesday, 17-Nov-1999 14:11:58 EST
Restart Time: Wednesday, 17-Nov-1999 14:06:38 EST
Parent Server Generation: 0
Server uptime: 5 minutes 20 seconds
Total accesses: 4 - Total Traffic: 0 kB
CPU Usage: u.06 s.01 cu0 cs0 - .0219% CPU load
.0125 requests/sec - 0 B/second - 0 B/request
1 requests currently being processed, 5 idle servers

_____W_........................................................
................................................................
................................................................
................................................................

Scoreboard Key:
"_" Waiting for Connection, "S" Starting up, "R" Reading Request,
"W" Sending Reply, "K" Keepalive (read), "D" DNS Lookup,
"L" Logging, "G" Gracefully finishing, "." Open slot with no current process
```

FIGURA 14.3. Salida del manipulador server-status.

server-info

Al igual que ocurre con el manipulador **server-status** que vimos en la sección anterior, el manipulador **server-info** (que se proporciona en el módulo **mod_info**) genera una página en tiempo real que informa de la configuración del servidor Apache. En vez de describir la verdadera operación del servidor, muestra información sobre cómo está configurado éste: qué módulos están cargados, qué directivas soportan y (en determinadas circunstancias) los verdaderos parámetros de las directivas.

Al igual que ocurre con el manipulador **server-status**, mucha de la información que muestra este manipulador (la Figura 14.4 muestra un ejemplo con bits bloqueados) probablemente sea algo que quiera mantener en privado, por lo que se recomienda que lo proteja, como con una sección de este tipo:

```
<Location /server-info>
    SetHandler server-info
```

```
    AuthType Basic
    AuthUserFile /etc/.htpasswd-info
    Require valid-user
</Location>
```

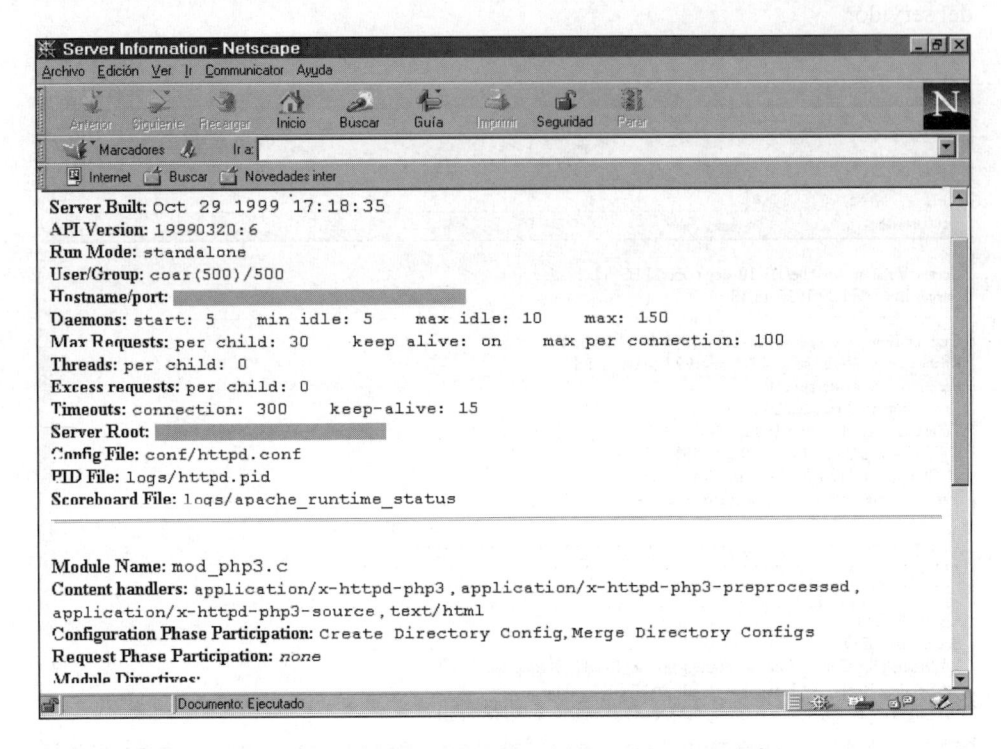

FIGURA 14.4. Extracto de salida del manipulador de contenido server-info.

Para ampliar la información acerca de este manipulador, véase la sección del Capítulo 20 acerca del módulo **mod_info**, o la documentación en línea http://www.apache.org/docs/_mod/mod_info.html.

imap-file

Este manipulador lo define el módulo **mod_imap** y proporciona opciones de asignación del lado del servidor. Una asignación activa es una imagen que es sensible a su clic; lo que ocurre después de un clic depende de dónde se haya hecho clic en la imagen.

HTML dispuso la asignación activa incluso en sus versiones más tempranas, con el atributo **ISMAP** de la etiqueta **<IMG>**. Si una etiqueta de imagen incluye el atributo **ISMAP** y es el cuerpo de una etiqueta de anclaje (**<A>**), un clic en la imagen hará que las coordenadas del punto de clic se envíen al servidor.

Si todo está configurado bien, algo en el lado del servidor estará preparado para traducir las coordenadas del clic en acción. Ésta es la finalidad del módulo **mod_imap**; lleva a cabo esta traducción en función de sus instrucciones (véase la sección sobre **mod_imap** del Capítulo 20 para ampliar la información).

Aunque el procesamiento de asignaciones activas del lado del servidor sea muy poco frecuente estos días, sigue considerándose uno de los módulos estándar, por lo que este manipulador estará a su disposición.

Por qué esto era atractivo

La asignaciones activas proporcionaron a los webmasters una forma de hacer que una imagen valiera más de mil palabras. Al crear, digamos, un diseño esquemático de un campus universitario, el visitante web podía hacer clic en un determinado edificio o en el *parking* para ser llevado a una página más detallada. En un museo se podía hacer algo parecido, permitiendo que con un simple clic se mostrara una página con toda la parafernalia. El concepto de mapas activos trajo el concepto de directorios "usted está aquí" al escritorio del usuario, y lo hizo aplicable a situaciones cuyo único límite era la imaginación del creador de la asignación.

Por qué no la utilizamos más

La asignación de imágenes del lado del servidor ha quedado anticuada, ya que el lenguaje de etiquetas HTML ha sido mejorado para incluir las instrucciones de la asignación, mientras que los clientes más populares comprendían las instrucciones directamente. Esto significa que el cliente puede hacer la propia traducción punto de clic con URL, sin la comunicación de ida y vuelta con el servidor. Esto se denomina asignación de imágenes del lado del servidor, y es claramente más intuitiva y mejora el tiempo de respuesta de los usuarios web.

Sin embargo, unos cuantos navegadores siguen sin conocer la asignación del lado del cliente, por lo que existe un sitio limitado para esta capacidad del lado del servidor.

Resumen

El uso que hace Apache de los manipuladores le proporciona control sobre la parte más básica de los recursos basados en la Web (el contenido). Los manipuladores que forman parte del propio contenido, como **mod_include** o **mod_status**, tienen la máxima flexibilidad para manipular el contenido. La naturaleza modular de Apache permite añadir más módulos a un servidor existente, por lo que, si está buscando una determinada funcionalidad que no se suministre en el paquete básico del servidor, hay una oportunidad de que alguien haya escrito un módulo para hacerlo (véase el registro del módulo Apache en **http://modules.apache.org/**). Y si nadie lo tiene todavía, y no está interesado en escribir un módulo por sí mismo (lo que puede resultar una tarea muy ardua), la mayoría de las opciones de módulo están disponibles en los manipuladores de *scripts* CGI que se identifican con las directivas **Script** y **Action**.

Configurar la seguridad y la auditoría

Parte IV

En Esta Parte

- Seguridad 281
- Autenticación 307
- Arañas, robots y orugas web 325
- Registro 333

Seguridad

Proteger los archivos del servidor web	282
Proteger los URL del servidor web	285
Controlar la actividad en tiempo real	303

CAPÍTULO 15

La World Wide Web es la frontera electrónica más grande que hay. Ha sido característico de otras fronteras que abunden las oportunidades para los ciudadanos firmes, trabajadores y sólidos (y para aquellos que viven a costa de éstos). Sólo se necesita el diario para ver que esto sucede en la Web como sucedió en los territorios del Oeste de los EE.UU. en el siglo XIX. Casi a diario, las noticias informan de cómo hay sitios web corporativos que se derrumban.

La "seguridad" incluye las técnicas y acciones planificadas para evitar ser víctima de la nueva frontera. Desafortunadamente, la seguridad es uno de esos costes comerciales que no muestran valor positivo alguno cuando se aplican con éxito (lo único que no tienen es valor negativo). Como consecuencia de ello, presupuesto para la implementación de medidas de seguridad adecuadas puede ser menos generoso de lo que debería ser. Una vez, un especialista en seguridad informática desarrolló una forma novedosa de tratar este tema. Le mostró a su jefe un titular del periódico particularmente alarmante sobre la empresa, preguntándole, "¿Cuánto vale para la empresa que no estemos en titulares como éste?".

Independientemente de los métodos que se empleen para proteger el sistema web, hay que estar alerta frente a las dos últimas amenazas: el acceso no autorizado a la información a través de la Web y el acceso no autorizado al propio sistema web.

Proteger los archivos del servidor web

De hecho, casi todos los documentos web se basan en archivos de un disco que está en el propio servidor web. Por tanto, el hecho de modificar o dañar los archivos subyacentes modificará o dañará las páginas tal y como se ven en la Web. Además, los distintos controles de seguridad operativos del software del servidor web están representados en términos de archivos de disco, por lo que proteger los archivos del servidor es una precaución elemental en la base de todos los mensajes de seguridad.

Archivos de lectura-escritura frente a archivos de sólo lectura

La mayoría de archivos que controlan el funcionamiento del servidor web se encuentran en el árbol de directorio de **ServerRoot**. Existen excepciones, como los archivos **.htaccess** y, posiblemente, bases de datos de autorización, pero éstos sólo afectan a los aspectos secundarios del comportamiento del servidor.

Cuando se ejecuta el servidor, lo hace con una serie de derechos de acceso que están asociados con algún ID de usuario del sistema, como **root**, **nobody** o, posiblemente, **httpd** en sistemas Unix y, normalmente, con **LocalSystem** en Windows NT. Cuando nos referimos al servidor en los párrafos siguientes, significa "la identidad con la que se ejecuta el servidor".

> **NOTA**
>
> Este ID de usuario sólo se aplica a sistemas multiusuario, como Windows NT, OpenVMS o alguna otra variante de Unix (como AIX, FreeBSD o Linux). Los sistemas de usuario único, como Windows 95 o MacOS, carecen del concepto de identidad de usuario; el usuario es propietario y tiene acceso a todo en el sistema. Esto significa que si se compromete el servidor web, en esencia no habrá restricciones sobre lo que un intruso puede hacer.

El servidor, por regla general, no necesita (y no debería tener) la capacidad de modificar ninguno de sus archivos de control. Las excepciones más obvias son el registro de errores y los archivos de registro de acceso, que necesita el servidor para grabar información a medida que se van produciendo los eventos. Tener archivos como el archivo de configuración principal, `http.conf`, donde el servidor puede escribir, es una situación potencialmente desastrosa, ya que abre la posibilidad de que una mala configuración permita que un intruso en la Web arruine el servidor y lo use para modificar su propia configuración.

Con la excepción de los archivos de registro (que puede que ni siquiera estén bajo el árbol `ServerRoot`, si ha usado las directivas `ErrorLog` y `CustomLog` para ponerlas en otro sitio), ninguno de los archivos de `ServerRoot` deberá ser modificable por el propio servidor, sino sólo por la persona (o personas) responsables de gestionar el servidor.

De manera análoga, `DocumentRoot` debe ser de sólo lectura en lo que respecta al servidor. Sin embargo, esta regla no es estricta, ya que los entornos específicos del sitio (como el uso de WebDAV para permitir la gestión remota de documentos) podrían imponer que la modificabilidad es un atributo necesario de algunos documentos.

La regla básica es ésta: ¿Desea que un extraño sea capaz de alterar este archivo desde la Web? Si la respuesta es negativa, los permisos y propiedad del archivo no deberán permitir que el servidor pueda modificarlo.

Vínculos simbólicos

El concepto de vínculos simbólicos parece ocurrir únicamente en sistemas Unix o similares. Lo que más se le acerca de Windows, por ejemplo, es un archivo de acceso directo, pero no es lo mismo. Si no conoce el término, los vínculos simbólicos (también llamados *symlinks*) permiten hacer que un archivo parezca que vive en múltiples ubicaciones, posiblemente con múltiples nombres. En realidad, sólo vive en una ubicación, y todos los demás vínculos son referencias de éste. Así, si se modifica el verdadero archivo, todos los archivos parecerán que han cambiado (lo que tiene sentido, ya que en realidad se encuentran en el mismo archivo).

Si trata de modificar o mostrar un documento que es un vínculo, estará modificando o viendo el contenido del archivo al que hace referencia el vínculo. Cualquier usuario puede crear un vínculo en su propio directorio que señale a cualquier archivo del sistema, aunque no puede tocar ni ver el archivo.

Los vínculos simbólicos pueden resultar peligrosos, ya que pueden proporcionar acceso inadvertidamente a archivos por medio de rutas inesperadas. Resulta una buena idea comprobar periódicamente todos los lugares donde viven los documentos web, con el objeto de asegurarse de que los vínculos están ahí. Un comando Unix típico para hacer esto es

```
find documentroot -type l -print
```

Este comando muestra una lista de todos los archivos del directorio **documentroot**, que son vínculos simbólicos con otros archivos o directorios. Los archivos de acceso directo de Windows no presentan el mismo peligro, ya que Apache no reconoce su naturaleza especial; los trata como archivos normales, en vez de tratar de localizar los recursos a los que señalan.

Cuando se trata de comprobar el acceso para que los documentos se sirvan por la Web, Apache proporciona algunas directivas para controlar si se deben seguir los vínculos; son **Options FollowSymLinks** y **Options FollowSymLinksIfOwnerMatch**.

La opción **FollowSymLinks** le indica a Apache que siga los vínculos del archivo o directorio al que señalan, por lo que se activará la utilidad o vinculación simbólica. Pero, en vista de que no existen restricciones sobre cómo crear un vínculo simbólico, es mejor evitar que un usuario desaprensivo exponga documentos que usted no quiere que se vean.

Es aquí donde entra la opción **FollowSymLinksIfOwnerMatch**. Instruye a Apache que siga un vínculo sólo si el ID de usuario propietario del vínculo es el mismo que detenta el archivo.

La opción Indexes

Cuando se hace una solicitud en un URL que se traduce en un directorio en vez de un archivo específico, Apache puede responder de varias formas:

- Puede buscar un archivo especial en el directorio y procesarlo y devolverlo.
- Puede mostrar una lista de archivos del directorio.
- Puede devolver una página de error ("acceso denegado").

Estas posibilidades se combinan entre sí. El servidor comprueba el primer criterio mirando si alguno de los archivos del directorio también está listado en una directiva **DirectoryIndex**. Si lo está, se procesará y devolverá el primero que aparezca en la directiva y que también exista en el directorio (esto lo hace el módulo **mod_dir**, que forma parte del paquete básico de Apache).

Si no se encuentran archivos especificados **DirectoryIndex** en el directorio, Apache comprobará el estado de la opción **Indexes**. Si no está activada para el directorio en cuestión, el servidor devolverá un código de estado 403, que significa "acceso denegado".

Si la opción **Indexes** se activa en el directorio, el servidor generará una lista de archivos y los mostrará en un esfuerzo de ser útil. Dependiendo del valor del parámetro **FancyIndexing** de la directiva **IndexOptions**, esta lista se parecerá a la Figura 15.1 (con **FancyIndexing** desactivado) o a la Figura 15.2 (con **FancyIndexing** activado). Como podemos ver, la parte "atractiva" del índice revela bastante información acerca de los archivos; posiblemente más de la que se desea.

Index of /index-demo

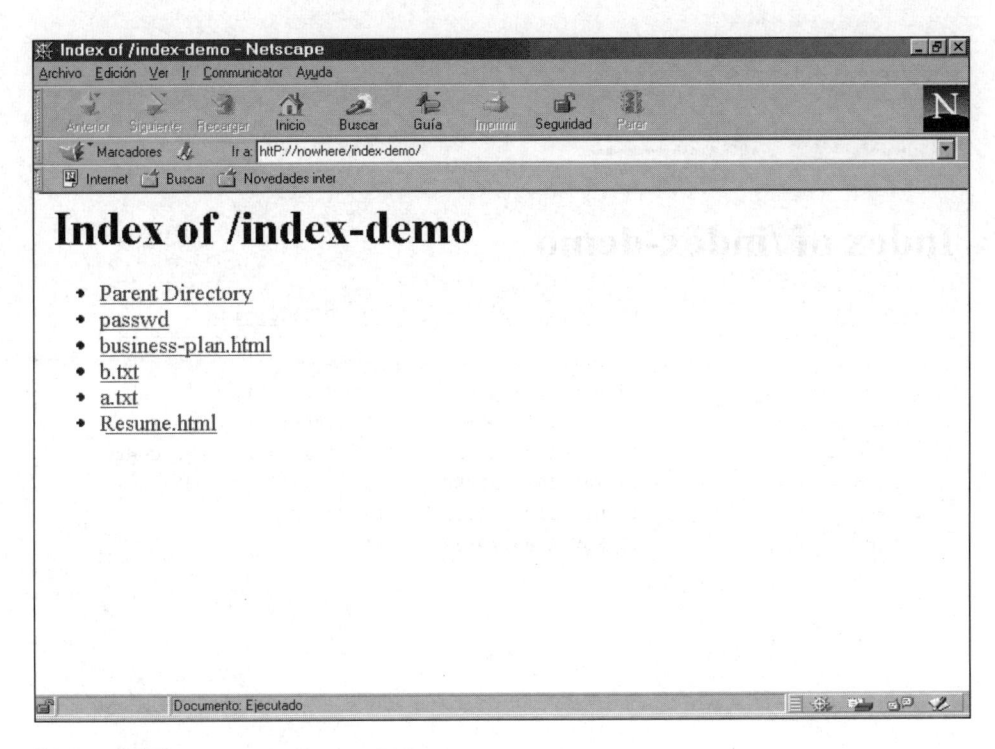

- Parent Directory
- passwd
- business-plan.html
- b.txt
- a.txt
- Resume.html

FIGURA 15.1. Normal directory listing.

La moraleja de este capítulo es que hay que comprobar todos los directorios accesibles a través del servidor web y asegurarse de que no se está revelando información importante (como los nombres de los archivos que existen, pero que no están vinculados). Agregue líneas **Options -Indexes** a los archivos **.htaccess** o contenedores **<Directory>** cuando sea necesario (recuerde, el - inicial significa "desactive esta opción especial sin afectar a las demás").

Proteger los URL en el sitio web

Si presuponemos que todos los archivos del servidor se encuentran protegidos apropiadamente, ¿qué pasa con los documentos web que son visibles a través de los navegadores? ¿Pueden ojos ajenos ver el balance de la empresa? ¿Puede alguien que no esté en el Departamento de personal acceder a las nóminas de los empleados?

Este tema se diferencia de proteger los archivos del sistema. En algunos casos, incluso un nombre de archivo puede ser importante; si lo ha protegido de forma que nadie puede acceder a él, su mera existencia puede resultar indicativa. Por ejemplo, conocer el nombre del archivo **business-plan.html** de la sección anterior puede dar al intruso un blanco muy definido.

La protección de los URL no supone que se divulgue tanta información o, al menos, restringirla a la gente de confianza.

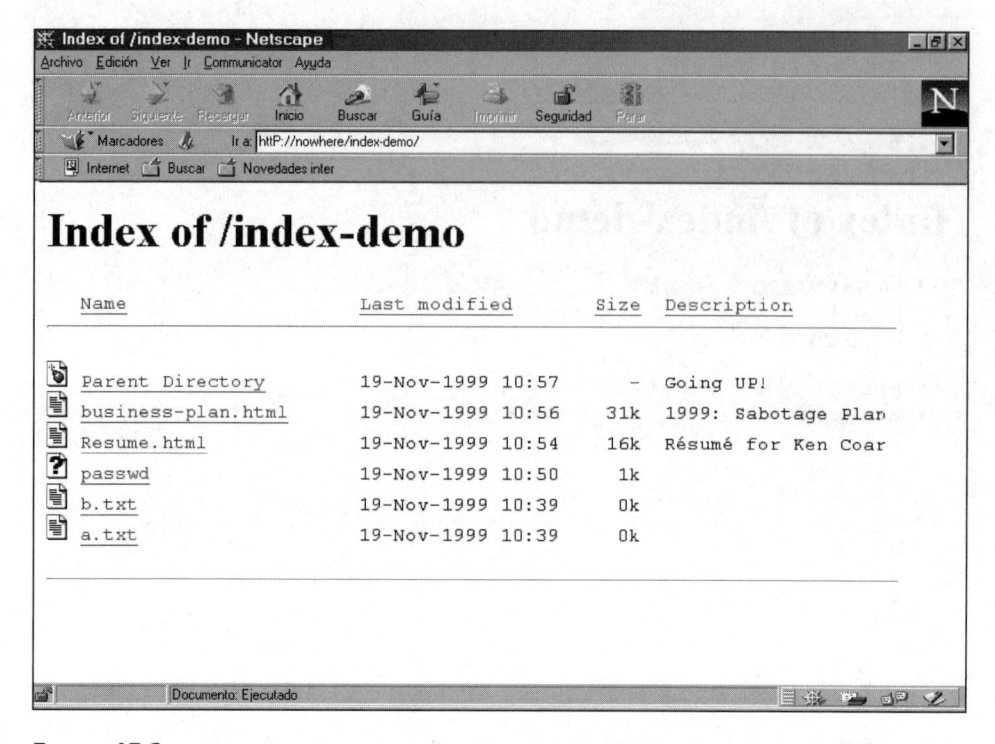

FIGURA 15.2. Listado de directorios indexado de forma atractiva.

Acceso obligatorio y discrecional

Los dos tipos básicos del mecanismo de protección son el control de acceso obligatorio y discrecional (que, respectivamente, se denominan MAC y DAC). Los mecanismos de control obligatorio, a veces llamados controles no discrecionales, limitan el acceso basado en atributos sobre los cuales el que intenta acceder no tiene control. Los controles discrecionales dependen de la información que proporciona el candidato.

La teoría de la seguridad define tres tipos de atributos utilizados en el control de acceso:

- Lo que se tiene.
- Lo que se conoce.
- Quién es usted.

Estos tipos se ilustran muy fácilmente: es posible arrancar un automóvil si se tiene la llave de contacto, iniciar sesión en la cuenta si se conoce la contraseña y abrir un bloqueo de alta tecnología si su modelo ocular, huella o DNA es lo que se espera.

Los dos primeros tipos de atributos son, en esencia, variaciones sobre el mismo tema, y la tangibilidad y la cantidad son aspectos que los distinguen. Por ejemplo, cuando se presta la llave a alguien, ya no se puede abrir puertas con ella, pero se podría haber hecho una copia. Cuando se comparte la contraseña con alguien, todavía se tiene; dársela a alguien no implica despojarse de ella.

Estos tipos de atributos se suelen usar de forma combinada. Es posible que necesite una llave para abrir la puerta de la oficina, por ejemplo, así como la contraseña para usar la computadora. O quizá, iniciar una sesión le obligue a utilizar una criptollave de desafío-respuesta, que le obliga a tener el dispositivo y a conocer el PIN para utilizarla.

Los controles de acceso discrecionales suelen usar el tipo de atributo "lo que se sabe". Por ejemplo, para iniciar sesión en el sistema, hay que conocer la contraseña y nombre de usuario apropiados. Lo que escriba en respuesta a las peticiones le compete a usted, que es donde procede el nombre; se podría escribir la información de otra persona.

Los controles obligatorios tienden a utilizar los atributos del otro lado del espectro. Por ejemplo, un control de acceso obligatorio común de la Web consiste en limitar el acceso en función de la dirección IP del solicitante. La dirección no es algo que pueda elegirse al azar; lo asigna al sistema del usuario un administrador de red, o quizás un sistema de acceso de marcado. Una vez que se asigna la dirección, el usuario no puede cambiarla y, debido a la forma en que funciona el encaminamiento de red, tampoco puede escoger al azar direcciones aleatorias y esperar que funcionen. Una vez en la red, la dirección es un tipo de atributo "lo que se es" para el sistema del usuario.

Protección basada en direcciones

Apache 1.3.9 proporciona una forma de limitar el acceso en base a la dirección IP del cliente. Definido por el módulo **mod_access**, este método permite a los *webmasters* autorizar o denegar el acceso a los recursos web de sus sistemas en función de la dirección que el cliente está utilizando o la red de la que procede.

Dado que la dirección del cliente se conoce cuando realiza una conexión con el servidor, la decisión de si hay que dejarle que continúe puede hacerse de forma muy rápida.

Utilizar directivas allow y deny

El módulo **mod_access** permite a los *webmasters* especificar de qué *hosts* o redes IP va a permitir el servidor que provengan las solicitudes. La regla básica funciona por exclusión, como "autorizar a todo el mundo, a excepción de esta red" o "negar el acceso a todo el mundo, a excepción de las personas de este sistema".

De hecho, las dos directivas principales necesarias para gestionar este nivel de control de acceso son **allow** y **deny**. La directiva **allow** especifica los criterios para permitir el acceso, mientras que **deny** indica las reglas para desautorizarlo. En estas directivas existen dos formas:

- allow | deny from *address-expression*
- allow | deny from *env=environment-variable*

address-expression puede ser:

- La palabra clave especial **all**, lo que significa que todos los *hosts* posibles quedan afectados
- Un nombre de *host* o de dominio parcial o total, como **hoohoo.ncsa.uiuc.edu** o **.ncsa.uiuc.edu**

- Una dirección IP completa, como 127.0.0.1
- Una dirección IP parcial, como 10.0.0
- Un par de red-máscara de red, como 10.0.0.0/255.255.0.0
- Una especificación de dirección CIDR, como 127.0.0.0/24 (es la misma que 127.0.0.0/255.255.255.0)

Por motivos de rendimiento, se recomienda que utilice direcciones reales en vez de nombres de dominio o de *host*. Cuando se realiza una conexión con el servidor, Apache conocerá la dirección IP del cliente; no obstante, para verificar el nombre de *host*, tendrá que traducir la dirección en un nombre por razones de comparación.

> **NOTA**
>
> Cuando se trata de seguridad, el software Apache es muy paranoico. La resolución de direcciones IP a nombres de host suele controlarla la dirección HostNameLookups (que se trata en el Capítulo 5, "Archivos de configuración del servidor"). Cuando se usan nombres de *host* o de dominio en las instrucciones allow/deny, Apache exige lo que se llama una búsqueda de inversión doble. Esto significa que el servidor contacta con un servidor DNS para traducir la dirección IP en un nombre de *host* (y luego traduce el nombre que recibe en una o más direcciones IP). Si la dirección IP original no es la lista de búsqueda de inversión doble, Apache no se fía de que el nombre de *host* sea válido.

Puede limitar el acceso a las páginas con combinaciones de estas directivas, como con

```
deny from all
allow from 127.0.0.1
```

o

```
allow from all
deny from spamhost.org
```

Sin embargo, la manera en que se interpretan estas directivas la controla otra directiva, **Order** (se aborda en la sección siguiente).

La segunda forma de las directivas, **allow | deny from env=environment-variable**, permite aprovecharse de los demás módulos que se incluyen en Apache. En vez de usar una expresión de red como aspecto controlador de la solicitud, como una dirección o nombre de *host*, el formato **env=** permite decir "permitir (o negar) el acceso si se establece esta variable de entorno".

Dado que el proceso de comprobación de acceso se produce bastante temprano en el procesamiento de solicitudes, sólo los módulos que afectan a las variables de entorno de fases anteriores pueden afectar al comportamiento de **mod_access**. El módulo más habitual y flexible para hacer esto es **mod_setenvif**, que establece variables de entorno en función de las reglas que se le den. Por ejemplo,

```
BrowserMatch "EmailCollector" SPAMBOT=1
Order allow,deny
allow from all
deny from env=SPAMBOT
```

supondría que el acceso queda denegado de cualquiera de los *hosts* si el nombre del cliente o navegador que se use está contenido en la palabra **EmailCollector**.

Véase la documentación del módulo **mod_setenvif**, que está en línea en http://www.apache.org/_docs/mod/mod_setenvif.html, para recabar más información acerca de estas potentes opciones.

Order

Dado que las directivas **allow** y **deny** se complementan entre sí y se usan conjuntamente, tiene que haber una forma de indicar qué se debe procesar primero. Esto lo proporciona la directiva **Order**, que debe preceder a cualquier directiva **allow** o **deny** de un determinado alcance y que puede presentarse en uno de los siguientes formatos:

- Order allow,deny
- Order deny,allow
- Order mutual-failure

> **NOTA**
>
> No utilice espacios entre las palabras clave en la directiva Order. Order allow,deny es válido, pero Order allow, deny creará un error de sintaxis.

Los significados de los dos primeros formatos se explican por sí solos. **Order allow,deny** instruye a Apache que compruebe todas las instrucciones **allow** antes de ver las directivas **deny**, y lo contrario en **Order deny,allow**.

Las palabras clave **mutual-failure** necesitan una explicación más profunda. Cuando se usan, para que se permita una solicitud, el *host* que la realiza debe cumplir al menos una condición **allow** y no hacer que se cumpla ninguna **deny**. Esto significa que **mutual-failure** no funciona en todas las configuraciones excluyentes utilizando **deny from all**.

¿Cuál es el acceso predeterminado que se autoriza a un cliente que no cumple las condiciones? En lo que respecta a la orden **allow,deny**, por defecto, cada cliente empieza siendo rechazado; no será autorizado hasta que cumpla al menos una de las condiciones **allow**. En un alcance cubierto por **Order deny,allow**, la condición inicial consiste en permitir todo el acceso hasta que lo desactive una directiva **deny**.

La forma más sencilla de imaginarse el estado inicial consiste en recordar que coincide con la última palabra clave del orden. En **Order allow,deny** se niega; en **Order deny,allow** se autoriza.

No existe estado inicial para el modo **mutual-failure**. Para tener acceso, un cliente debe ser permitido y no debe ser rechazado.

> **NOTA**
>
> Todas las directivas allow y deny del alcance de documento solicitado se procesan cuando Apache hace su comprobación de acceso. No hay "cortocircuito" que detenga el proceso cuando se realizan unas cuantas comprobaciones.

Credenciales facilitadas por el usuario

Cuando un cliente (normalmente un navegador) trata de acceder a un documento protegido por controles discrecionales, el servidor Apache responderá con un estado de error (401, **Authorization _Required**). La Figura 15.3 muestra la típica ventana desplegable que muestra un navegador para obtener las credenciales del usuario.

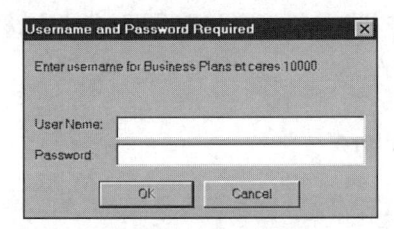

FIGURA 15.3. Autenticación para las credenciales de usuario.

> **NOTA**
>
> Si el cliente ha accedido antes al área protegida y sigue recordando las credenciales que utilizó por última vez, las enviará como parte de la solicitud, por lo que no tendrá que recorrer el proceso de nuevo. Evidentemente, esto se produce a menos que el servidor rechace las credenciales, como si se ha cambiado una contraseña. En ese caso, el servidor rechazará las credenciales y el cliente se le dirá al usuario y le pedirá nuevas credenciales.

Esto es un ejemplo perfecto del porqué este tipo de acceso se denomina discrecional. El usuario es libre de introducir el nombre de usuario y la contraseña que tenga por conveniente; la elección se hace enteramente a su discreción.

Combinar el control de acceso obligatorio y discrecional con Satisfy

¿Cómo sabe Apache lo que hay que hacer si un documento se aborda con directivas de control obligatorios (como **allow** o **deny**) y discrecional (por ejemplo, **AuthType** y **Require**)? La respuesta la controla la directiva **Satisfy**.

Satisfy toma un argumento de palabra clave única, que puede ser **Any** o **All** (el predeterminado es **All**). Si la palabra clave es **All**, para que a un cliente se le permita acceder a un documento, debe pasar la comprobación de errores obligatoria (como las condiciones **allow** o **deny**) y las discrecionales (proporcionar un nombre de usuario y contraseña válidos).

Si la palabra clave es **Any**, las comprobaciones discrecionales se suspenderán si se han pasado las obligatorias. Si las directivas **allow** y **deny** permitieran acceso al documento, Apache no se molestaría en pedir credenciales, incluso aunque los controles discrecionales estuvieran listos para el recurso.

Esto sólo es aplicable a los documentos que estén dentro del alcance de los controles obligatorios y discrecionales. Si un documento sólo está en uno o en el otro, obviamente, las comprobaciones apropiadas se deberán pasar satisfactoriamente.

Autenticación, autorización y acceso

Apache utiliza tres retrollamadas de módulo separadas en los distintos tipos y fases de comprobación del acceso a un documento. La fase de acceso hace referencia específicamente a la comprobación temprana del acceso basada en atributos no discrecionales, como la dirección de red. Las otras fases, la autenticación y la autorización, tratan sobre las credenciales discrecionales, y a veces se confunde una con la otra.

La autenticación hace referencia a requerir la prueba de identidad o la validez de las credenciales. Como ejemplo, verificar que se han facilitado un nombre de usuario y contraseña coincidentes forma parte del proceso de autenticación; un cliente que se ha probado se dice que se ha autenticado.

La autorización, por otra parte, hace referencia al proceso de verificación de que las credenciales validadas permiten acceso al recurso solicitado. Bob podría haber facilitado su nombre de usuario y contraseña correctos y podría haber sido autenticado, pero, a menos que también esté en la lista de personas que Clarissa está autorizando a ver sus archivos, su autenticación no tendrá importancia, ya que también tendrá que ser autenticado.

Apache tiende a juntar el control de la autenticación y la autorización en un conjunto único de directivas.

Control de autenticación

El modelo de control de autenticación y autorización de Apache depende de dos datos básicos: ¿dónde encuentra el servidor la lista de usuarios autorizados? y ¿a quiénes se les permite acceder?

Lo anterior lo definen directivas como **AuthUserFile** y lo último la directiva **Require**. Se describen en las próximas secciones.

Alcance y esfera

Al igual que sucede con otros aspectos de Apache, el control de acceso se gestiona en función del alcance. Esto es, los controles se pueden establecer en cada directorio o ubicación URL, y no sólo se aplican a esa ubicación, sino también a cualquiera de las ubicaciones subordinadas (a menos que se omitan explícitamente). Así, si se permite al usuario **Leslie** acceder al directorio **/home/worker**, el acceso también lo tendrá a **/home/worker/bee**, **/home/worker/hourly** y **/home/worker/bee/_honey/clover**. Todos ellos son subordinados del directorio **/home/worker** en el que se han aplicado los controles.

Los alcances de autorización con nombre se denominan **esferas**. Este nombre, llamado el nombre de la esfera, junto con el URL en cuestión, lo utiliza el servidor y el cliente para saber qué credenciales son válidas. Puede ver el nombre de la esfera en la ventana desplegable que vimos antes en la Figura 15.3. La declaración de esta esfera era

```
AuthName "Business Plans"
```

Así, el cuadro desplegable pide credenciales de la esfera **Business Plans**. Hasta que lo omite una instrucción **AuthName** distinta, todos los subdirectorios o sububicaciones que haya por debajo del requerido también se considerará que están en la esfera **Business Plans**.

Es posible que las distintas credenciales sean válidas en las distintas partes de la misma esfera, como queda ilustrado por lo siguiente:

```
<Directory /home/worker>
    AuthName "Drones"
    AuthType Basic
    AuthUserFile /etc/httpd/passwords
    Require valid-user
</Directory>
<Directory /home/worker/bee>
    Require user Sales
</Directory>
```

Tanto **/home/worker** como **/home/worker/bee** se encuentran en la esfera **Drones**. Sin embargo, el nombre de usuario **Sales** es el único al que se permite acceso al subdirectorio **bee**, aunque cualquier usuario válido puede acceder al directorio primario.

Limit

La directiva del contenedor **<Limit>** restringe el alcance de las directivas que quedan dentro a las solicitudes hechas por medio de un método o métodos determinados. Por ejemplo, consideremos lo siguiente:

```
<Directory /foo>
    Options ExecCGI Includes
    <Limit POST>
        AuthName "Restricted POST"
        AuthType Basic
        AuthUserFile /etc/passwords/pwfile
        Require valid-user
    </Limit>
</Directory>
```

Aquí no se restringe el acceso a los archivos del directorio /foo. Si los documentos del directorio se solicitan por medio de los métodos GET, HEAD o PUT (de hecho, cualquier método, a excepción de POST) no habrá ninguna restricción. Sólo cuando la solicitud se hace por medio del método POST se requiere autenticación y autorización. Si el intento fuese de crear una restricción, la solución correcta pasaría por omitir la directiva <Limit>, como en

```
<Directory /foo>
   Options ExecCGI Includes
   AuthName "Restricted POST"
   AuthType Basic
   AuthUserFile /etc/passwords/pwfile
   Require valid-user
</Directory>
```

Ahora, las directivas de autenticación y autorización se aplican a todas las solicitudes, independientemente del método.

> **ATENCIÓN**
>
> La directiva del contenedor <Limit> se malinterpreta y es la causa de muchos problemas y de preguntas básicas de soporte. Esto se debe probablemente a que apareció en muchos ejemplos básicos de configuración que han sido copiados y propagados con todo tipo de documentaciones. Para evitar problemas, no utilice <Limit> a menos que quiera restringir el acceso en base a cómo se solicitan los documentos.

AuthName

La directiva **AuthName** se usa para declarar una esfera, a pesar del nombre de la directiva, que es algo confuso. Un nombre mejor para esta directiva probablemente hubiera sido **AuthRealm** o, incluso, **Realm**. **AuthName** es una reminiscencia de los archivos de configuración antiguos, y queda muy entroncada en la serie Apache 1.3. No obstante, el nombre de la directiva puede cambiar con la próxima versión.

Esta directiva ha sufrido varios cambios en las versiones más recientes del software (1.3.*) Apache. En su origen, era un tipo de directiva **RAW_ARGS**, lo que significa que todo lo que fuera detrás de la palabra **AuthName** se sacaba para formar el argumento. Esto creaba instrucciones como

```
AuthName Business Plans
```

para declarar que el nombre de esfera fuera **Business Plans**. Desafortunadamente, esto causó problemas cuando la gente incluyó comillas en el nombre de esfera, por lo que se cambió la directiva a un estilo **TAKE1** más convencional y evidente. Ahora (Apache 1.3.9), la instrucción anterior terminaría siendo un error de configuración, y el efecto debería conseguirse de esta forma, en lugar de con:

```
AuthName "Business Plans"
```

Este cambio en el comportamiento ha creado algunos problemas en los sitios que se están actualizando desde versiones anteriores y que utilizan múltiples palabras en sus nombres de esferas. Poner comillas a los nombres de esferas debería arreglar el problema.

AuthType

La directiva **AuthType** enseña a Apache la forma en que se debe llevar a cabo la autenticación. El tipo más amplio de autenticación es Basic, por lo que casi todas las ocurrencias de la directiva tendrán este aspecto:

```
AuthType Basic
```

Otro tipo de autenticación muy popular se denomina "resumen". Otros tipos pueden aparecer a medida que la tecnología se va perfeccionando.

Aunque casi todas las autenticaciones utilizan el método Basic, no hay valor predeterminado en esta directiva. Hay que especificar una directiva **AuthType** en cada esfera.

Autenticación de Basic

La autenticación de Basic hace que el nombre de usuario y contraseña sean enviados por la red codificados de una forma fácil de descifrar. Como consecuencia de ello, si alguien puede interceptar las credenciales (que se envían cada vez que el cliente accede a un URL de una esfera en la que tiene credenciales), podría hacerse pasar por el usuario original.

Desafortunadamente, mejores mecanismos de autenticación (como la autenticación de resúmenes, que se describe en la próxima sección) no se aceptan o despliegan muy comúnmente, por lo que, en la mayoría de los casos, Basic es el único método que hay.

La autenticación de Basic de una esfera se elige incluyendo una directiva como la siguiente en los archivos de configuración:

```
AuthType Basic
```

La palabra clave no es sensible a las mayúsculas y minúsculas.

Autenticación de resúmenes

Queda fuera del alcance de este libro describir en profundidad el mecanismo de autenticación de resúmenes, pero los puntos clave son los siguientes:

- La autenticación de resúmenes es más segura que la de Basic y mucho menos proclive a reproducir ataques.
- Cada vez hay más clientes y navegadores que entran en el mercado con la capacidad de usar el método de autenticación de resúmenes.

Este método se activa en una esfera con la instrucción siguiente:

```
AuthType Digest
```

Esto sólo se debe hacer en esferas que se sepa que van a acceder clientes que conozcan los resúmenes. Si no, todo el proceso de autenticación fallará, y los usuarios quedarán frustrados con los errores de "contraseña equivocada" cuando sepan que están escribiendo la contraseña correctamente (y, de hecho, lo están: es el fallo del software, y no sus dedos, lo que origina el error).

Encriptación de contraseñas

Las contraseñas en transmisión (es decir, las que se envían por la red), poseen un conjunto diferente de debilidades que las que están almacenadas en las bases de datos de autenticación maestras. Aunque el sistema de autenticación Basic no encripta contraseñas como parte de su protocolo de red, esto no tiene repercusiones sobre el modo en que el servidor Apache trata con la contraseña cuando ésta se recibe.

De hecho, Apache almacena contraseñas en la mayoría de bases de datos de autenticación de una forma encriptada. Los algoritmos de encriptación que se utilizan son de un solo sentido (también se llaman *trapdoor*), porque tan pronto como la contraseña se ejecuta en ellos, no hay forma de volver al formulario original (llamado texto sin formato).

Si la contraseña no se puede recuperar, ¿cómo comprueba Apache si una contraseña transmitida coincide con lo que hay en la base de datos? La respuesta es que Apache no compara las contraseñas. Obliga a la contraseña transmitida a que pase por el mismo algoritmo por el que pasó la almacenada y luego compara el resultado encriptado con el valor encriptado de la base de datos. Si el resultado final es el mismo, se presumirá que los valores de inicio son también los mismos (en otras palabras, que se ha transmitido la contraseña adecuada).

> **NOTA**
>
> Dado que la forma encriptada de una contraseña (llamada criptotexto) suele ser más corta que la propia contraseña de texto sin formato, es posible que se encripten múltiples valores de texto sin formato para crear el mismo resultado de criptotexto. En la actualidad, los algoritmos de encriptación están matemáticamente diseñados para que esta posibilidad sea insignificante. Los dos valores de texto sin formato procedentes del mismo criptotexto no se parecen entre sí; uno tiene cientos de bytes, contiene caracteres que no se pueden escribir o que no se pueden utilizar.

Este almacenamiento de criptotexto significa que aunque la base de datos de autenticación esté comprometida y un intruso consiga verla, no tendrá acceso automático a todos los nombres de usuario y contraseñas que contenga. Evidentemente, nada le impide ejecutar todas las palabras de un diccionario con el mismo algoritmo de encriptación que emplea la base de datos, por lo que las prácticas de elección de contraseña son necesarias.

Contraseñas no encriptadas (texto sin formato)

La encriptación es un tema quisquilloso, y el software que puede encriptar información no está disponible de forma automática en todos los sistemas operativos y plataformas

mas. Generalmente, la restricción se encuentra en los métodos reversibles, ya que permiten recuperar la información. Los algoritmos de encriptación *trapdoor* (escotilla), que no se pueden usar de esta forma, suelen ser permitidos incluso por los gobiernos más conservadores, pero algunos distribuidores no quieren correr riesgos debido a las potenciales faltas. El sistema Windows NT 4 no incluye la rutina canónica **crypt()**. Esto significa que las base de datos de contraseña integrados en otros sistemas que utilicen esa rutina no se podrán usar en Windows, ya que Apache no pudo ejecutar la contraseña transmitidas a través del mismo algoritmo.

Hasta que el software Apache fue mejorado para incluir su propio algoritmo de encriptación a salvo de gobiernos (un MD5 modificado, por si le interesa), la única forma de tratar con las contraseñas de Windows era la de no encriptarlas en absoluto (sólo almacenar el texto sin formato desencriptado. Esta opción se mantuvo incluso después de que se añadiera el algoritmo de encriptación de Apache, por si hubiera algún sistema operativo futuro que lo necesitara.

crypt() estándar

Casi todos los sistemas Unix y similares incluyen una rutina de biblioteca llamada **crypt()**. Lleva a cabo una encriptación *trapdoor* de un solo sentido de los datos que recibe y suele implementarse por medio de un algoritmo DES (Estándar de Encriptación de Datos).

> **NOTA**
>
> Algunos sistemas operativos, como FreeBSD, poseen la rutina crypt(), pero han cambiado el algoritmo. Esto significa que las contraseñas encriptadas en esos sistemas no se pueden usar en sistemas que tengan otras implementaciones de crypt() y que las contraseñas encriptadas en otra parte no se pueden utilizar con la versión modificada. Bueno, en realidad no hay garantías de que las contraseñas encriptadas sean interoperativas.

De hecho, casi todos los sistemas operativos Unix utilizan su rutina **crypt()** para encriptar las contraseñas de usuario y sus propias bases de datos de autenticación del sistema.

Encriptación de contraseñas MD5

Otro algoritmo de encriptación es MD5, que se describe y define en un documento RFC de Internet. El sistema operativo FreeBSD utiliza una versión modificada de su rutina **crypt()**. En la serie 1.3.x, Apache añadió una versión aún más modificada del algoritmo FreeBSD en su cartera de mecanismos de encriptación, que podría utilizar y entender.

De hecho, desde que Apache incorpora su propio algoritmo de encriptación, se recomienda que se use en lugar del algoritmo **crypt()** que se define en el sistema. El motivo es que el software Apache siempre estará a disposición donde exista Apache y encriptará una contraseña al mismo valor, independientemente de la plataforma. Esto significa que las contraseñas de criptotexto funcionan entre sí (es posible construir una base de datos de autenticación en Linux, y las contraseñas encriptadas funcionarán bien si las usa en Windows, HP/UX, AIX o, incluso, en el entorno Macintosh, Unix, etc.).

Véase la utilidad htpasswd que se ve más adelante para recabar más información sobre cómo usar el algoritmo de encriptación MD5 modificado.

El método de encriptación SHA

Los servidores Netscape almacenan contraseñas encriptadas por medio de un algoritmo llamado SHA. En Apache 1.3.9, las rutinas de autenticación del servidor y la utilidad htpasswd se mejoraron para poder tratar con las contraseñas encriptadas con SHA, que hace que el proceso de migración sea mucho más sencillo.

Bases de datos de autenticación

Si trata de utilizar controles discrecionales para limitar el acceso a los documentos, deberá almacenar la información de autenticación en alguna parte, de forma que Apache, por no mencionarle a usted, pueda localizarlo.

El paquete Apache básico soporta varias formas de almacenar información de autenticación, y hay muchos módulos de complemento que se expanden sobre los métodos integrados, por lo que se tiene mucha flexibilidad en este área. Sin embargo, existen algunas consideraciones que se aplican a cómo y cuándo almacenar las bases de datos de autenticación.

Ubicación de los archivos de bases de datos

La regla básica para localizar los archivos de bases de datos de control de acceso consiste en asegurarse de que sólo se puede acceder a ellos sobre una base "necesita conocer". En otras palabras, probablemente necesite acceso, de forma que pueda realizar modificaciones, y el servidor necesita acceso (aunque de sólo lectura), de forma que puede llevar a cabo sus comprobaciones, sin que nadie más lo haga.

Parte del aseguramiento de este tipo de protección implica localizar los archivos, de forma que estén en directorios protegidos apropiadamente. Otra parte consiste en asegurarse de que no se pueden exponer de forma accidental.

Una regla básica fácil de seguir es ésta: no coloque nunca los archivos de control de acceso en alguna parte donde un navegador web pueda encontrarlo. Esto significa no colocarlo en el `DocumentRoot` del servidor o en cualquier directorio web personal del usuario.

Herramientas de soporte para el mantenimiento de contraseñas

Hay tres aplicaciones individuales diseñadas para ayudarle a gestionar archivos de autenticación se facilitan como parte del paquete básico de Apache. Dos de ellas tratan sobre archivos de texto normales que contienen un par de nombre de usuario-contraseña por cada línea, mientras que la tercera permite almacenar la misma información en un DBM de estilo Unix o en un archivo de base de datos NDBM para conseguir un mejor rendimiento cuando la información está siendo bloqueada por el servidor.

La ubicación de las herramientas de la instalación Apache depende de su entorno, pero las herramientas se suelen encontrar en el mismo directorio que el httpd principal de Apache (Unix) o el programa servidor apache.exe (Windows).

htpasswd

La aplicación htpasswd (llamada htpasswd.exe en la plataforma Windows) permite mantener los nombres de usuario y las contraseñas en un archivo de texto. También es posible modificar estos archivos por medio de editores de texto normales, siempre que no se altere el valor de las contraseñas encriptadas. El programa htpasswd gestiona las credenciales para su uso exclusivo con la autenticación Basic; para las credenciales de autenticación de resúmenes (Digest), utilice htdigest (que se describe en la próxima sección).

La herramienta htpasswd toma varias opciones, que se pasan a ella en la línea de comandos de la forma que se hace en las aplicaciones Unix. Las opciones pueden estar agrupadas (como en -cmb) o listadas de forma separada (como ocurre con -c -m -b), pero las opciones siempre deben comenzar por un guión y siempre deben preceder los demás argumentos de comando. Cuando htpasswd se convierte en una palabra que no empieza por un guión en la línea de comandos, deja de comprobar las opciones. Por ejemplo, estas dos instrucciones son sintácticamente correctas y equivalentes:

```
htpasswd -c -m -b .htpasswd myusername mypassword
htpasswd -cmb .htpasswd myusername mypassword
```

Pero ésta no lo es:

```
htpasswd -cm .htpasswd myusername -b mypassword
```

He aquí las opciones que entiende htpasswd:

- -b significa usar la contraseña desde la línea de comandos y no pedirla. Esto se utiliza en plataformas como Windows, donde la petición puede no ser apropiada en *scripts* que establecen automáticamente información de acceso en ausencia de personas que respondan a la petición.
- -c implica crear el archivo de base de datos de autenticación.
- -m significa encriptar la contraseña por medio del algoritmo MD5 modificado de Apache.
- -d significa crear el criptotexto de contraseña por medio de la rutina crypt() (esto sólo funciona en aquellas plataformas donde está disponible).
- -p significa no encriptar la contraseña, sino usar el texto sin formato original. Esto puede funcionar o no en algunas plataformas, pero está incluido.
- -s significa encriptar la contraseña por medio del algoritmo SHA que utilizan los servidores Netscape.

Si no se especifica ninguna de las opciones -m, -d, -p o -s, htpasswd encriptará la contraseña por medio de su algoritmo predeterminado en la plataforma actual. Si no se especifica -b, el programa pedirá la contraseña (que no se repetirá en pantalla) y luego la pedirá nuevamente para asegurarse de que la ha escrito correctamente.

Aparte de una o más opciones, la línea de comandos htpasswd también necesita incluir el nombre del archivo de texto en la que se almacena la información de autenticación, el nombre de usuario para el que se está creando o modificando la contraseña y, posiblemente, la propia contraseña (si se especificó la opción -b).

Si se especifica un nombre de usuario que ya existe en el archivo, htpasswd cambiará la contraseña de ese nombre de usuario. Si el nombre de usuario no existe, se añadirá.

Dado que la búsqueda de un nombre de usuario en un archivo de texto implica mirar línea a línea hasta llegar al final del archivo o encontrar un nombre de usuario que coincida con el de las credenciales, este tipo de base de datos de autenticación sólo es útil para una pequeña cantidad de pares nombre de usuario/contraseña.

> **NOTA**
>
> El programa htpasswd trata de no destruir información. Por ejemplo, si está cambiando la contraseña de un nombre de usuario que ya existe en el archivo, no cambiará nada si falla la prueba de verificación de la contraseña y no es posible escribir la nueva contraseña dos veces. Además, si el disco está lleno, htpasswd no destruirá el archivo antiguo cuando cree el nuevo. Sin embargo, circunstancias extrañas como los errores de disco pueden impedir el funcionamiento correcto, por lo que es bueno hacer una copia del archivo de autenticación antes de realizar cambio alguno.

htdigest

La herramienta htpasswd que describimos antes puede utilizarse para mantener las credenciales de nombre de usuario-contraseña en la autenticación Basic, y la aplicación htdigest se emplea para hacer lo mismo en cuanto a las credenciales utilizadas con el esquema de autenticación Digest.

La esfera constituye una diferencia principal entre la autenticación Basic y Digest. Las credenciales de autenticación Basic las puede utilizar cualquier esfera, pero las credenciales Digest incluyen la esfera del valor encriptado. Esto significa que si se intentan usar los archivo de credenciales en otra esfera, habrá que regenerarlos, ya que estarán haciendo referencia a la esfera equivocada.

Esta herramienta ha sufrido cambios en el ciclo Apache 1.3 y con mucha probabilidad cambiará aún más, por lo que se recomienda que se haga referencia a la documentación en línea de la instalación Apache para obtener las instrucciones correctas de la versión que se tiene. Emita el siguiente comando en el directorio **src/support** del sistema Unix:

```
man ./htdigest.1
```

dbmmanage

La herramienta dbmmanage es en realidad un *script* Perl, lo que significa que hay que tener instalado en el sistema el intérprete Perl para usarlo. La versión de dbmmanage que incorpora Apache 1.3.9 puede tratar con la mayoría de formatos de bases de datos Unix que pueda manejar Perl, pero sólo podrá mantener las credenciales de nombres de usuario-contraseña (no podrá crear o actualizar las asociaciones de usuario-grupo.

Esta utilidad ha cambiado un poco en las versiones más recientes de Apache, y se anticipan los cambios adicionales. Como resultado, existen muchas posibilidades de que las instrucciones detalladas que se incluyan aquí queden obsoletas muy rápidamente. Véase la página de manual dbmmanage para recabar detalles sobre su uso en la instalación Apache. Puede ver esto en Unix cambiando al directorio **src/support** y escribiendo el siguiente comando:

```
man ./dbmmanage.1
```

Texto sin formato (AuthUserFile y AutGroupFile)

Los archivos de autenticación de texto, como los que mantiene la herramienta htpasswd, se ponen a disposición del proceso de autenticación de Apache a través del uso de las directivas `AuthUserFile` y `AuthGroupFile`. Estas directivas toman un solo argumento: el nombre de la ruta del archivo de texto apropiado.

Almacenamiento de credenciales en base de datos

La herramienta dbmmanage y las demás herramientas (que no se incluyen en el paquete básico de Apache) le permiten mantener información sobre la autenticación en archivos de base de datos, en vez de en archivos de texto sin formato.

En el lado positivo, el almacenamiento de bases de datos de credenciales suele mejorar el rendimiento cuando hay muchas credenciales distintas, ya que localizar un determinado par de nombre de usuario-contraseña implica la comprobación de un índice en vez de buscar secuencialmente en todo el archivo. Sin embargo, en el lado negativo, el almacenamiento de base de datos puede ocupar bastante más espacio de disco (lo que no suele ser un problema, a menos que se tengan decenas de miles de credenciales). Los archivos de bases de datos no suelen ser portables a otras plataformas y pueden necesitar herramientas de fabricantes distintos de Apache.

También está el tema de la corrupción. Si una base de datos de autenticación queda dañada, es muy probable que todas las credenciales que estén almacenadas en ella queden inservibles, lo que bloqueará a todos los usuarios. Con los archivos de autenticación de texto sin formato, este daño puede ser corregido con un simple editor de texto.

El uso de un sistema de base de datos, desde los más sencillos, como DBM o NDBM, hasta los más complejos, como DB2, le compete a usted.

FTP anónimo-autenticación de estilo

Si conoce el uso de FTP en Internet, probablemente haya empleado una utilidad llamada FTP anónimo. Permite iniciar sesión en un servidor FTP por medio de un nombre de usuario estándar (suelen funcionar **anonymous** y **ftp**) y la dirección de correo electrónico como contraseña. No hay que ponerse en contacto con el administrador del servidor FTP para configurar una cuenta, y éste no tiene que cambiar la contraseña para que pueda acceder al archivo FTP.

El paquete básico de Apache incluye un módulo, **mod_auth_anon**, que permite hacer lo mismo para las esferas en el servidor web. Puede especificar un conjunto de nombres de usuario "estándar", y el módulo permitirá que todo el mundo pueda acceder a la esfera sin contraseña, siempre que utilice uno de esos nombres de usuario. Puede imponer algunas restricciones en la contraseña (por ejemplo, que sea una dirección de correo electrónico válida).

Dado que este tipo de autenticación casi no proporciona seguridad, su utilidad es bastante limitada. Véase la documentación **mod_auth_anon** (en línea en http://www.apache.org/docs/mod/mod_auth_anon.html) para recabar más detalles acerca del uso del módulo y controlar las contraseñas que puede aceptar.

Autenticación autorizada

¿Qué ocurre si se aplican múltiples tipos de autenticaciones a un determinado recurso? Consideremos el siguiente fragmento hipotético de un archivo de configuración de Apache:

```
<Directory /usr/local/httpd/business>
    AuthName "Private"
    AuthType Basic
    AuthDBMUserFile /usr/local/http/control/bizpw.db
    Require valid-user
</Directory>
<Directory /usr/local/httpd/business/accounting>
    AuthUserFile /usr/local/http/control/acctpw.txt
    Require valid-user
</Directory>
```

Debido a la forma en que funciona el alcance, los documentos del directorio **/usr/local/business/accounting** se encuentran en el alcance de las dos bases de datos de autenticación. ¿Cómo sabe Apache cuál debe utilizar?

La decisión queda clara con el uso de directivas adicionales, una por cada módulo de autenticación, que informan a Apache si la decisión de cada módulo es la última. Si se modifica el fragmento anterior así (le línea añadida está marcada en negrita),

```
<Directory /usr/local/httpd/business>
    AuthName "Private"
    AuthType Basic
    AuthDBMUserFile /usr/local/http/control/bizpw.db
    Require valid-user
</Directory>
<Directory /usr/local/httpd/business/accounting>
    AuthUserFile /usr/local/http/control/acctpw.txt
    AuthAuthoritative On
    Require valid-user
</Directory>
```

la decisión tomada por el módulo mod_auth (que es la que implementa las directivas AuthUserFile y AuthAuthoritative) será la última. Si no se encuentran las credenciales de alguien que potencialmente puede acceder en el archivo /usr/local/httpd/control/acctpw.txt, el acceso se denegará, aunque se encuentren en el archivo /usr/local/httpd/control/bizpw.db llamado en el alcance más amplio.

Si esta directiva se configurara a AuthAuthoritative Off (la condición predeterminada), Apache miraría en la base de datos DBM si no pudiera encontrar las credenciales en la base de datos basada en texto.

La mayoría de los módulos de autenticación (si no todos) poseen directivas similares, como AuthDBMAuthoritative, AuthDBAuthoritative, etc. Cada una de ellas indica si la decisión de autenticación del módulo correspondiente es la autoridad última del alcance adecuado.

Qué módulo de autenticación se consulta primero es una consecuencia de la prioridad del módulo; es decir, el orden en que aparece en la lista de módulos del servidor. Esto lo controlan los archivos de configuración de tiempo de ejecución con las directivas LoadModule y AddModule y el archivo src/Configuration de tiempo de compilación con la instrucción AddModule. Las prioridades de los módulos van en orden inverso a su aparición; los últimos módulos enumerados son prioritarios y se consultan primero.

Control de la autorización

La autenticación se maneja de forma muy sencilla en Apache: las credenciales que somete el cliente son válidas o no lo son. Sin embargo, la autenticación y la autorización van muy unidas. Si un recurso no está bajo ningún tipo de control de acceso (lo que significa que hay que comprobar la autorización), Apache no exigirá ni comprobará las credenciales.

Dado que el control de acceso obligatorio utiliza las credenciales inherentes a la propia solicitud y no depende de nada de lo que envía el usuario, siempre ocurre en los alcances donde se colocan los controles necesarios. Los controles discrecionales necesitan ser activados (básicamente, necesita indicarle al servidor que "compruebe las credenciales y la autorización de esta esfera"). Esto se hace con la directiva Require, que se describe en la sección siguiente.

Require

La directiva Require es lo que permite la comprobación del acceso discrecional. Una esfera puede tener un nombre (como AuthName "Business Plan") y un método de autenticación (como AuthType Basic) e, incluso, una base de datos de autenticación definida (como ocurre con AuthUserFile /usr/pwfile.txt), pero si no existe directiva Require, ninguno de los otros surtirá efecto.

Las palabras clave y los argumentos de una directiva Require son completamente arbitrarios en lo que respecta al servidor Apache central. Sólo se graba la información, observa que es necesaria la autenticación discrecional en el alcance actual y hace que los argumentos estén a disposición de los módulos cuando lo piden. Sin embargo, he aquí los valores significativos del módulo **mod_auth** que se incluye en el paquete básico de Apache:

- **user** *username username* ... - El acceso está garantizado si la parte nombre de usuario de las credenciales que entrega el cliente coincide con alguno de los nombres de usuarios especificados y si el par nombre de usuario-contraseña está autenticado en el archivo **AuthUserFile**.
- **valid-user** - El acceso está garantizado si el nombre de usuario y contraseña coinciden con los del archivo **AuthUserFile**.
- **group** *groupname groupname* ... - El acceso está garantizado si el nombre de usuario y la contraseña se autentican con éxito y el nombre de usuario aparece en el archivo **AuthGroupFile** como que está en uno de los grupos especificados.

La condición previa común a todos estos valores es que el nombre de usuario y la contraseña que da el usuario como parte de la solicitud deben ser válidos y aparecer en la lista de credenciales **AuthUserFile**.

Dado que cada módulo de autenticación interpreta el parámetro **Require** de forma propia, algunos pueden exigir que todas las condiciones coincidan, mientras que los demás permiten acceso solamente si uno lo permite. El módulo **mod_auth** recae en la última categoría; las condiciones de la primera directiva **Require** del alcance deben ser satisfechas para que se permita el acceso.

Controlar la actividad en tiempo real

Las secciones anteriores trataron sobre la colocación de los controles de acceso en los documentos y sobre el control de quién o qué podría acceder a ellos. Sin embargo, otros aspectos del funcionamiento de Apache tienen repercusiones relativas a la seguridad del sistema, como el tipo de *scripts* que se permite ejecutar y bajo qué circunstancias.

Opciones y omisiones

Cada alcance posee una lista de opciones que se activan y una lista de los tipos de directivas que pueden aparecer en los archivos **.htaccess** dentro del alcance. La primera lista la maneja la directiva **Options**, que puede adoptar una o más de las siguientes palabras clave:

- **All** permite que todas las opciones, a excepción de **MultiViews** (que debe estar activada, como ocurre con **Options All MultiViews**). Éste es el parámetro predeterminado de un alcance en caso de que no aparezcan directivas **Options** en un alcance más alto o amplio.
- **ExecCGI** permite la ejecución de *scripts* CGI dentro del alcance.
- **FollowSymLinks**, en caso de que esté activado, hace que el servidor siga los vínculos simbólicos que encuentre dentro del alcance. Dado que un *symlink* es un

concepto de sistema de archivos, en un contenedor <Location> esta opción no tiene significación y se omite.
- **Includes** activa el procesamiento de la inclusión del lado del servidor por parte de **mod_include** dentro del alcance en los archivos que opten por ello (véase la descripción de **mod_include** para recabar más información).
- **IncludesNoEXEC** es parecido a **Includes**, con la excepción de que desactiva la directiva de inclusión del lado del servidor **#exec** de **mod_include** y el uso de la directiva SSI **#include** para incluir la salida de los *scripts* CGI.
- **Indexes** controla si se usa **mod_autoindex** (si está presente en la configuración del servidor) para generar listados de directorios predeterminados.
- **MultiViews** permite la negociación de contenido para el alcance, permitiendo que el servidor deduzca el nombre del documento adecuado o el mejor de una lista de opciones posibles que coincidan con los criterios solicitados.
- **SymLinksIfOwnerMatch** es similar a la opción **FollowSymLinks**, con la excepción de que los vínculos simbólicos sólo se siguen si el propietario del vínculo es el mismo que el propietario del documento al que señala el vínculo.

Cada uno de estas palabras clave, cuando está activada, puede suponer información nueva o distinta que se muestra en respuesta a una solicitud. También puede suponer que los usuarios de su propio servidor web violen sin darse cuenta la seguridad al instalar un *script* poco implementado o un vínculo no intencional.

Las directivas que aparecen en los archivos .htaccess sólo se ejecutan si se permite su uso en lo que se denomina el parámetro de omisión actual, que se denomina así porque se pueden utilizar directivas para omitir un tipo determinado de actividad.

Las actividades que se pueden omitir en un alcance (en otras palabras, las omisiones permitidas), las controla la directiva **AllowOverride**, que toma una lista de una o más palabras clave:

- **All** permite que se procese cualquier directiva que aparezca en los archivos .htaccess.
- **AuthConfig**, si está incluido en la directiva **AllowOverride**, indica que las directivas que afecten a los controles de acceso discrecionales (como **AuthType** o **Require**) serán procesadas si se encuentran en los archivos .htaccess del alcance.
- **FileInfo** controla si las directivas que afectan al procesamiento de archivos (por ejemplo, **AddType** o **ErrorDocument**), serán procesadas si se encuentran en los archivos .htaccess.
- **Indexes** (que no hay que confundir con la palabra clave **Indexes** de la directiva **Options**) controla si se procesan las directivas que afectan a la indexación (en caso de que estén activadas). Estas directivas incluyen **DirectoryIndex**, **AddDescription** e **IndexOptions**.
- **Limit** controla si las directivas que tratan con el control de acceso obligatorio (como **allow**, **deny** u **Order**) se procesan si se encuentran en los archivos .htaccess del alcance.

- **None**, como se podría esperar, desactiva completamente el procesamiento de los archivos .htaccess. El servidor no se molestará en buscarlos en un alcance con esta palabra clave **AllowOverride**.
- **Options** sencillamente informa al servidor de que se van a procesar las directivas **Options** que se encuentran en los archivos .htaccess del alcance.

> **NOTA**
>
> Las omisiones sólo son aplicables a los archivos .htaccess; no afecta a las directivas que se encuentran en los archivo de configuración del servidor.

Includes, IncludesNoEXEC y execCGI

Aunque las inclusiones del lado del servidor pueden resultar muy potentes y ayudan a sus documentos web a ser más dinámicos, su uso puede suponer penalizaciones. Por una parte, la activación del procesamiento de las inclusiones puede afectar muy seriamente al rendimiento del servidor. Apache ya no estará tomando un archivo y enviándoselo al cliente; cuando el procesamiento SSI esté activado, estará examinando el archivo y potencialmente construyendo una versión modificada a enviar.

Esta flexibilidad puede suponer un inconveniente si permite su uso por aquellos usuarios del servidor web en los que no confíe completamente. Se pueden usar para ejecutar líneas de comando o *scripts* CGI arbitrarios, y, ya que el procesamiento lo hará el servidor web en vez de el usuario, esto puede desencadenar la aparición de Caballos de Troya en el sistema.

La solución más segura consiste en asegurar que estas opciones no están activadas en ninguno de los alcances en los que se tenga control, con una de las siguientes directivas:

```
Options None
Options -Includes -IncludesNoEXEC -execCGI
```

La última desactiva selectivamente el procesamiento SSI sin afectar a ninguna de las otras opciones que pudiera estar activada.

> **ATENCIÓN**
>
> Los directorios que contengan *scripts* por nombrarse en una directiva ScriptAlias se marcarán automáticamente como que permiten la ejecución de *scripts*. Es más, todos los archivos de ese directorio (y de sus subdirectorios) se considerarán automáticamente como scripts y se podrán ejecutar si se solicita (y si lo permiten los permisos de archivo). Por ello, mire bien qué archivos coloca en esos directorios.

Resumen

Aunque ejecute un sitio web que no tenga secretos para nadie, sigue siendo una preocupación que haya personas que puedan entrar y hacer cambios. Si tiene documentos que no desea que estén a disposición de los millones de usuarios de la red, esto será una preocupación añadida. Como cualquier administrador de sistemas experimentado o *webmaster* le podrá contar, la seguridad es algo de suma importancia, ya que si no se diseña en el sitio, es casi seguro que llegará el momento en que la tendrá que aplicar, cuando el daño ya esté hecho. Aunque esto no sea necesariamente tan malo como "cerrar la puerta del establo después de que el caballo ha sido robado", en un dicho inglés, puede suponer muchas recriminaciones y lamentaciones. Ahórrese los dolores de cabeza y considere la seguridad como parte del diseño del sitio web.

CAPÍTULO 16

Autenticación

¿Qué es la autenticación? 308
Directivas de configuración de autenticación 310
order, deny y allow 314
Ensamblarlo todo: configuraciones de ejemplo 317
Gestionar archivos de contraseña 318
mod_auth_dbm y mod_auth_db 321
Otras consideraciones relativas a la seguridad 323

A veces, hay partes del sitio web que se desea mantener ocultas. La autenticación proporciona una forma de proteger estas partes del sitio de ojos extraños.

¿Qué es la autenticación?

La autenticación es el proceso de asegurar que se es quien se dice. Esto le aparece al usuario como un cuadro de diálogo que le pide que introduzca su nombre y contraseña. La contraseña sirve para confirmar la pretensión hecha por el nombre de usuario.

La autenticación HTTP se define en RFC 2617, que se incluye en el CD-ROM que acompaña a este libro. RFC 2617 define dos tipos de autenticación: Basic y Digest. Sin embargo, casi todos los clientes implementan sólo la autenticación Basic.

Autenticación Basic

La autenticación Basic es, en honor a su nombre, la forma más simple de autenticación que hay. El servidor le pide al cliente que se autentifique, y el cliente pasa un nombre de usuario y una contraseña al servidor. Si el servidor puede verificar que el nombre de usuario y contraseña son válidos, servirá el recurso solicitado.

El desafío del servidor es así:

```
WWW-Authenticate: Basic realm="ProtectedArea"
```

donde **ProtectedArea** es una cadena que se especifica en la configuración del área protegida. **realm** es una porción del sitio en la que se aplican las mismas reglas de autenticación. No es necesario que todo esté en el mismo sitio; un conjunto de distintos directorios podría ser parte de la misma esfera si tuvieran los mismos requerimientos de autenticación. Por ejemplo, quizá el departamento de ventas necesita entrar en el directorio **/Sales** del sitio web y en la sección **/CustomerLeads**. Estos dos directorios se podrían poner en la misma esfera, de forma que los usuarios sólo tuvieran que ser autenticados una vez, pero pudiendo acceder a ambas áreas.

El navegador del cliente guardará en la caché el nombre de usuario y contraseña introducidos y los reenviará siempre que se presenten con la misma cadena **realm** de un encabezado **WWW-Authenticate**, de forma que no haya que volver a escribir esta información cada vez que se solicite un recurso de una parte de autenticación de un sitio web. El navegador normalmente presupondrá que los recursos que están en el mismo directorio como recurso autenticado, o en subdirectorios de ese directorio, también están protegidos en la misma esfera, y con frecuencia enviarán el encabezado **Authentication** a esos recursos antes de que el servidor lo pida. Esto ahorra algún tiempo en la conversación HTTP. La mayoría de navegadores guardan en la caché esta información durante la sesión en curso.

> **NOTA**
>
> Recuerde que HTTP no tiene estado y no recuerda quién es usted de una solicitud a otra. Esto significa que el servidor debe verificar su nombre de usuario

> y contraseña nuevamente en cada solicitud. En sitios de gran tráfico, esto puede ralentizarlo todo.

El nombre de usuario y la contraseña se vuelven a enviar al servidor como **username:password**, que se ajusta en una cadena codificada con base64 en un encabezado de respuesta **Authorization**.

Un encabezado de respuesta de un cliente que solicita acceso de un recurso autenticado, utilizando un nombre de usuario de **scrooge** y una contraseña de **marley**, tendría este aspecto:

```
Authorization: Basic c2Nyb29nZTptYXJsZXk=
```

> **ATENCIÓN**
>
> La autenticación Basic no se debe usar para proteger material importante o confidencial. Base64 es una técnica de codificación y no un método de encriptación. Está pasando su nombre y contraseña por una red, y sería muy fácil interceptar esa información y utilizarla para obtener un acceso no autorizado al área protegida.
> Por ejemplo, todo el que interceptara el encabezado Authorization que vimos antes (Authorization: Basic c2Nyb29nZTptYXJsZXk=) podría decodificarlo, devolviendo el nombre de usuario y contraseña originales por medio de esta línea en Perl:
>
> ```
> perl -MMIME::Base64 -e 'print decode_base64("c2Nyb29nZTptYXJsZXk=")'
> ```
>
> que devuelve:
>
> ```
> scrooge:marley
> ```
>
> Esto utiliza el módulo MIME::Base64 de Perl, que se puede conseguir gratuitamente en Internet (véase http://www.cpan.org/).

La autenticación Basic, a pesar de su inseguridad inherente, es muy utilizada por los sitios web. Esto parece que es debido a que la autenticación Basic la soportan universalmente todos los navegadores, mientras que otros esquemas de autenticación se soportan peor.

Autenticación Digest

La autenticación Digest fue propuesta como alternativa a la autenticación Basic en un intento de resolver los problemas de seguridad inherentes a la autenticación Basic. Si desea leer acerca de los detalles escabrosos de este tipo de autenticación, lea la Sección 3 de RFC 2617, que se incluye en el CD-ROM que acompaña a este libro.

> **NOTA**
>
> Aunque la autenticación Digest es más segura que la autenticación Basic, sigue sin resolver todos los problemas de la última, sólo el más brillante (que la autenticación Basic envía su nombre de usuario y contraseña por la red). Sin embargo, el cuerpo del recurso sigue enviándose, por lo que las mismas personas que podrían interceptar su nombre de usuario y contraseña enviados también podrían interceptar el recurso reenviado al usuario que autenticó con la autenticación Digest.

La idea que subyace a la autenticación Digest es que la contraseña nunca se pasa de la red al servidor, por lo que nadie la puede interceptar. Lo que se pasa es un resumen, que es un valor que se calcula en base al nombre de usuario, contraseña y otra información, como el recurso que se está solicitando, el servidor del que se está solicitando y una clave especial que le pasa el servidor, llamada ocasión (*nonce*).

Una ocasión es un valor elegido por el servidor. Este valor se supone que es diferente cada vez, de forma que alguien que esté en la red puede grabar sus encabezados de respuesta y reproducirlos después. La última vez de envía una ocasión distinta, de forma que los datos capturados ya no coincidirán con la nueva ocasión.

El servidor lleva a cabo el mismo cálculo, en base a su copia del nombre de usuario y de la contraseña, y compara su resultado con lo que el cliente haya pasado. Si los dos valores coinciden, todas las distintas partes deberán haber coincidido, y el servidor devolverá el recurso solicitado.

El cálculo es lo que se conoce como dispersión de ida, lo que significa que es imposible deshacer el cálculo. No hay forma de determinar la contraseña a partir de su valor de dispersión. La única forma de verificar que una contraseña es la correcta consiste en comparar los valores dispersos. Por defecto, la técnica de encriptación que se usa es MD5, aunque se puede especificar otro algoritmo.

A fecha de esta publicación, ni Netscape Navigator ni Microsoft Internet Explorer soportan la autenticación Digest. Aunque Apache la implementa, y le indicamos cómo configurarla, no tiene muchos sentido usarla, ya que nadir podrá entrar (Spry Mosaic soporta la autenticación Digest, pero este navegador casi ya no se usa).

Directivas de configuración de autenticación

A continuación vemos las directivas de configuración necesarias para configurar la autenticación en el servidor. Estas directivas pueden aparecer en una sección <Directory> del archivo de configuración del servidor principal o en un archivo .htaccess del directorio a proteger.

AuthName

La directiva **AuthName** define el nombre de la esfera que se está protegiendo. Una esfera es un conjunto de documentos y/o recursos que están sujetos a los mismos requisitos de autenticación. Una esfera normalmente aporta ventajas al cliente, de forma que sabe qué par de nombre de usuario-contraseña enviar. Cuando un cliente solicita un documento de un área protegida sin proporcionar las credenciales adecuadas, el servidor devolverá un encabezado de respuesta **401 Unauthorized**, acompañado del nombre de esta esfera. En caso de que el cliente haya visto antes la esfera en ese servidor, enviará el mismo nombre de usuario y contraseña que hubiera funcionado por última vez en esta esfera. Con esto se evita tener que exigir que el usuario escriba su nombre de usuario y contraseña cada vez que solicite un recurso de esta esfera.

AuthName es, sencillamente, una cadena. Si la cadena contiene espacios, deberá colocarse con comillas. Dado que esta cadena aparece en el cuadro de diálogo del nombre de usuario-contraseña, consiga que dé algo de información.

La sintaxis de la directiva **AuthName** se ve más abajo. La Figura 16.1 muestra el aspecto del cuadro de dialogo de contraseña con este parámetro.

```
AuthName "Floyd's Fresh Fish"
```

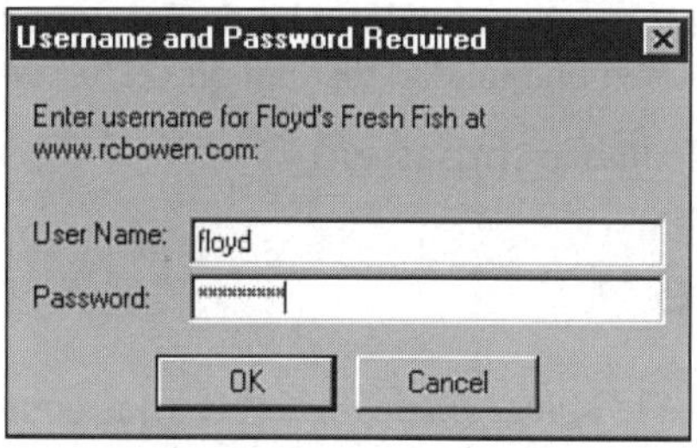

Figura 16.1. Cuadro de dialogo de contraseña de la esfera "Floyd's Fresh Fish."

AuthType

AuthType indica si se usan autenticaciones Basic o Digest en este recurso. Como vimos antes, ambos están soportados en Apache, pero casi todos los navegadores sólo soportan Basic.

La sintaxis de esta directiva es:

```
AuthType Basic
```

Los valores posibles de esta directiva son, evidentemente, **Basic** y **Digest**.

AuthUserFile

La directiva **AuthUserFile** especifica la ubicación del archivo que contiene los nombres de usuario y las contraseñas encriptadas frente a los cuales se validan las credenciales.

> **NOTA**
>
> El archivo AuthUserFile debe ubicarse fuera de DocumentRoot; si no, alguien podría descargarlo y tratar de descifrarlo a placer. Aunque no hay forma de invertir la encriptación, los potenciales piratas podrían intentarlo con todas las palabras del diccionario o con otras (posiblemente generadas al azar, hasta que algo coincidiera). Dado que tienen todo el tiempo del mundo, las posibilidades son enormes.

El archivo tiene esta forma

```
username:encrypted-password
```

en un registro por línea. Véase la sección posterior sobre la creación de contraseñas para recabar más información sobre cómo se genera este archivo.

El formato de la directiva **AuthUserFile** es:

```
AuthUserFile /path/to/userfile
```

Si la ruta del archivo no comienza con una barra, se entenderá que es relativo al directorio **ServerRoot**. Si no, se considerará una ruta del sistema de archivos absoluta. En Windows es posible utilizar barras normales e invertidas, y no hay que incluir la letra de la unidad, a menos que esté en una unidad distinta que el **ServerRoot**.

AuthUserFile se suele llamar .htpasswd.

AuthGroupFile

AuthGroupFile indica la ubicación de un archivo que contiene listados de grupos de usuarios y los miembros de esos grupos. La creación de grupos de usuarios permite especificar un número de personas más grande a las que se les permite ver un recurso, pero permite a cada uno tener su propio nombre de usuario y contraseña.

La sintaxis de este archivo es:

```
TM3: cbowen llang bhall
```

Al igual que ocurre con **AuthUserFile**, la directiva **AuthGroupFile** no debe almacenarse dentro de la raíz del documento, donde un usuario podría descargar el archivo. Saber a qué usuarios se les permite acceso a un determinado recurso podría darle a un pirata una ventaja más cuando entrara en una zona restringida.

El formato de **AuthGroupFile** es:

```
AuthGroupFile passwds/groups
```

Si el nombre de archivo no comienza con una barra, se toma como relativo al directorio **ServerRoot**. Si no, se considerará una ruta absoluta del sistema de archivos. En Windows es posible usar barras normales o invertidas, y no hay que incluir la letra de la unidad, a menos que esté en una unidad diferente que **ServerRoot**.

Si está empleando un archivo de usuario y no necesita un archivo de grupo, puede especificar **AuthGroupFile** como **/dev/null** en UNIX, o como **nul** en Windows, para indicar que no hay archivo de grupo.

AuthGroupFile se suele llamar **.htgroup**.

<Limit>

Por defecto, las directivas de autenticación se aplican a todos los métodos utilizados para acceder a los recursos de un determinado directorio. Una sección **<Limit>** especifica los métodos a los que se aplican las directivas de autenticación. Deberá saber lo que hace al usar **<Limit>**, porque el efecto de esta directiva es el de dejar los demás métodos desprotegidos, y puede ser que esto no sea precisamente lo que quiera.

La sintaxis de una sección **<Limit>** es:

```
<Limit GET POST>
directivas aquí
</Limit>
```

La lista de los métodos de la etiqueta de apertura **<Limit>** pueden contener cualquiera de los métodos que se definen en el Capítulo 2, "HTTP" (**OPTIONS**, **GET**, **POST**, **PUT**, **DELETE** o **TRACE**). Especificando **GET** también se protegen las solicitudes **HEAD**. ¡Estos métodos son sensibles a las mayúsculas y minúsculas!

<LimitExcept>

Un contenedor **<LimitExcept>** funciona exactamente al contrario que un contenedor **<Limit>**. Las directivas que se contienen en una de estas secciones se aplican a todos los métodos, excepto a aquellos que se especifiquen.

```
<LimitExcept GET>
directives
</LimitExcept>
```

Aunque esta directiva podría parecer un poco repetitiva, el uso de **<Limit>** suele hacer que los usuarios dejen los métodos desprotegidos sin pensar. El uso de **<LimitExcept>** le obliga a pensar sobre lo que se está dejando desprotegido y, a la larga, acaba siendo más seguro.

require

La última parte del rompecabezas, **require**, se aplica a las demás directivas de autenticación, especificando a qué usuarios se les permitirá acceder a los recursos especificados. **require** debe ser acompañado por las directivas **AuthName** y **AuthType**, así como las directivas **AuthUserFile** y **AuthGroupFile**, para definir los usuarios y grupos a los que nos referimos. Si está usando archivos DBM o DB para poner sus usuarios y grupos, se deberán usar las directivas apropiadas equivalentes (luego hablaremos más acerca de este capítulo).

`require` puede utilizarse de una de tres formas: es posible especificar usuarios permitidos, especificar grupos permitidos o declarar que se permiten todos los usuarios válidos.

Para especificar uno o más usuarios permitidos, utilice esta sintaxis:

`require user rbowen dpitts tpowell`

Los usuarios especificados, obviamente, deben aparecer en **AuthUserFile**.

Para especificar uno o más grupos a los que se les permite el acceso, utilice esta sintaxis:

`require group TM3`

Sólo a los usuarios que aparezcan en ese grupo del archivo **AuthGroupFile** se les permitirá el acceso.

Por último, para que a todos los usuarios válidos se les permita entrar, utilice esta sintaxis:

`require valid-user`

Todos los usuarios enumerados en **AuthUserFile** podrán ver el recurso.

Cómo funciona todo esto

Cuando se recibe una solicitud para un recurso que está protegido con las directivas anteriores, Apache devolverá un encabezado de respuesta **401 Unauthorized**, como vimos antes en la sección anterior sobre autenticación Basic. El cliente pregunta al usuario su nombre de usuario y contraseña y envía una nueva solicitud con ese nombre de usuario y contraseña.

Al recibir la solicitud con las credenciales de autenticación adjuntas, Apache abrirá los archivos especificados **AuthUserFile** y **AuthGroupFile** y buscará el usuario especificado en las credenciales. Esto puede llevar mucho tiempo y puede transcurrir más aún cuanto más grande sea el tamaño de estos archivos. Además, debido a que HTTP no tiene estado, Apache no recuerda la vez anterior que el nombre de usuario y la contraseña se aceptaron. La vez siguiente que el mismo cliente solicite un documento y pase las mismas credenciales, Apache tendrá que reabrir esos archivos y comprobar el usuario.

Existen varias formas de solucionar esto. La mejor manera consiste en usar archivos DBM para la autenticación, como veremos más adelante. Otra forma consiste en separar los usuarios en más de un archivo para mantener los tamaños de los archivos más pequeños. Si tiene dos grupos de usuarios distinto que necesiten autenticarse a las distintas partes del sitio, mantenga dichos nombres de usuarios y contraseñas en archivos diferentes. Con esto se reduce el tiempo empleado en buscar un usuario en **AuthUserFile**.

order, deny y allow

Aparte de los nombres de usuarios y las contraseñas, se pueden usar otros criterios para restringir el acceso a los recursos. Dos ejemplos importantes de esto son los *hosts* y las variables de entorno. Las directivas **allow** y **deny** especifican quién puede entrar en el directorio.

allow

allow se puede usar de dos formas.

La primera consiste en especificar qué *hosts* de Internet pueden acceder a un recurso. La sintaxis de esta directiva es:

```
allow from host
```

donde **host** puede ser alguno de estos:

- **all** - A todos los *hosts* se les da acceso. Esto se puede usar junto con una directiva **deny**, como:
  ```
  allow from all
  deny from rcbowen.com
  ```
- Un nombre de dominio o nombre de dominio parcial - A todos los *hosts* que coincidan o que finalicen con esta cadena se les da acceso. Observe también que esto compara todo el componente, es decir, **beam.com** no coincidiría con **databeam.com**. He aquí un ejemplo:
  ```
  allow from mk.net
  ```
- Una dirección IP parcial o completa - En el caso de una dirección IP parcial, se está especificando los primeros 1 a 3 octetos de la dirección para especificar toda una subred, por ejemplo:
  ```
  allow from 192.101.203
  ```
- Un par de red-máscara de red - La máscara de red puede especificarse como el número de bits de alto nivel o como **a.b.c.d**. Los ejemplos siguientes especifican el mismo intervalo de direcciones:
  ```
  allow from 192.168.0.0/255.255.0.0
  allow from 192.168.0.0/16
  ```

La segunda forma de usar **allow** consiste en especificar la admisión en base a la presencia (o ausencia) de una variable de entorno. La sintaxis de este uso de **allow** es:

```
allow from env=variable
```

Esto se puede usar con **BrowserMatch**, **SetEnvIf** y con las directivas relacionadas. Por ejemplo, para controlar el acceso a los recursos. El ejemplo siguiente permite acceso a un recurso si el nombre del agente del cliente es **Scooter**:

```
BrowserMatch Scooter Permitted
allow from env=Permitted
```

deny

La sintaxis y el uso de la directiva **deny** son exactamente iguales que en la directiva **allow**, pero el significado es el contrario. A todas las solicitudes que coincidan con los criterios especificados se les niega el acceso. Para recapitular, hay dos usos.

Para denegar el acceso a *hosts* determinados, **deny** se debe usar como

```
deny from host
```

donde host es uno de:

- All.
- Un nombre de dominio o nombre de dominio parcial.
- Una dirección IP parcial o completa.
- Una combinación de red-máscara de red.

Para denegar el acceso en base a la presencia o ausencia de una variable de entorno, utilice la sintaxis

```
deny from env=variable
```

Para recabar más detalles sobre la sintaxis de la directiva deny, véase la explicación de la directiva allow, ya que la sintaxis es idéntica.

order

Normalmente, cuando se especifica allow o deny, es útil especificar también el otro, para que los grupos que se van a autorizar o rechazar puedan definirse más claramente. Cuando se hace esto, es importante que estas directivas se apliquen en el orden esperado. También establece el estado inicial antes de que se evalúen las directivas allow y deny.

Existen tres parámetros posibles para order:

- **order deny,allow** - Todas las directivas deny se procesan antes de todas las directivas allow. El estado inicial se establece a OK, para permitir que todo el mundo entre.
- **order allow,deny** - Todas las directivas allow se procesan antes de todas las directivas deny. El estado inicial se establece a FORBIDDEN, para denegar el acceso a todo el mundo.

> **NOTA**
>
> Recuerde del Capítulo 15, "Seguridad", que allow,deny y deny,allow no contienen espacios.

- **Mutual-failure** - Todas las directivas allow y todas las directivas deny deben ser obedecidas. Es decir, sólo se permite el acceso a los *hosts* que aparecen en la lista allow y que no aparecen en la lista deny. Debido a esto, el estado inicial en realidad no importa.

Satisfy

En los casos en los que se usa require, además de allow o deny, posiblemente tenga que usar la directiva Satisfy para especificar cuáles necesitan ser obedecidas. El argumento de Satisfy puede ser all o any. all, el comportamiento predeterminado, indica que ambas condiciones deben ser cumplidas. any indica que ambas condiciones bastan para el acceso. Esto se puede emplear para permitir que un *host* entre en una zona protegida sin que se le pida una contraseña, requiriendo a otros *hosts* que proporcionen una.

Ensamblarlo todo: configuraciones de ejemplo

Lo que sigue son varios ejemplos de configuraciones de autenticación. Esto le deberá dar idea de cómo se usa en la práctica.

Permitir solamente usuarios específicos

La siguiente configuración pide a los usuarios un nombre de usuario y una contraseña, y sólo permite el acceso a los usuarios **rbowen** y **dpitts**, presuponiendo que den contraseñas válidas, tal y como se especifica en el archivo **passwd/.htpasswd**. Se entiende que esa ruta de archivo es relativa al **ServerRoot** configurado.

```
AuthType Basic
AuthName Administrators
AuthUserFile passwd/.htpasswd
AuthGroupFile /dev/null
require user rbowen dpitts
```

Permitir que publiquen solamente usuarios específicos

Esta configuración podría resultar útil si, por ejemplo, se quisiera permitir que todo el mundo viera su sitio, pero a la vez se quisiera que un determinado grupo de personas fuera capaz de publicar respuestas en el programa CGI:

```
AuthType Basic
AuthName TheEliteFew
AuthUserFile passwd/.htpasswd
AuthGroupFile passwd/.htgroup
<Limit POST>
require group MyBuddies
</Limit>
```

Permitir-denegar el acceso desde un determinado dominio

La siguiente configuración sólo permite el acceso desde los *hosts* de la red **databeam.com**:

```
order deny,allow
deny from all
allow from databeam.com
```

La configuración siguiente permite acceso a todo el mundo, excepto a los usuarios de la red **evilhackers.com**:

```
order allow,deny
allow from all
deny from evilhackers.com
```

Proteger un solo archivo

Puede usar una sección `<Files>` para proteger ciertos archivos, pero no otros:

```
AuthType Basic
AuthName Admin
AuthUserFile passwd/.htpasswd
AuthGroupFile passwd/.htgroup
<Files admin.cgi>
require user rbowen
</Files>
```

Bloquear Internet Explorer

El ejemplo siguiente niega acceso a todo el que use Internet Explorer (sólo es un ejemplo):

```
BrowserMatch MSIE IE
deny from env=IE
```

Utilizar Satisfy

Con la siguiente configuración, a los usuarios que no sean de un *host* de la red **rcbowen.com** se les pedirá un nombre de usuario y una contraseña, pero a los usuarios de esa red se les permitirá el acceso:

```
AuthType Basic
AuthName Stats
AuthUserFile passwd/.htpasswd
AuthGroupFile passwd/.htgroup
Satisfy any
allow from rcbowen.com
require group Stats
```

Administrar archivos de contraseña

Para utilizar la autenticación por contraseña para proteger el sitio, necesitará tener un archivo de contraseña que contenga los nombres de usuario de aquellos usuarios que necesiten acceder al sitio. Las contraseñas se almacenan en este archivo en forma encriptada.

En sistemas UNIX, la técnica de encriptación es la misma que la que usa la utilidad estándar de UNIX **crypt**, que tiene también el formato que se usa en el archivo **/etc/passwd** de las máquinas UNIX. En sistemas Windows, la técnica de encriptación es MD5. En versiones Apache anteriores de Windows, las contraseñas no estaban encriptadas. Aunque esto ya no es así, a veces podemos encontrar documentación que muestre que sí lo es.

> **NOTA**
>
> Algunas personas han observado esto, ya que en vista de que el archivo /etc/passwd se parece mucho al archivo .htpasswd, se podría usar en vez de crear un nuevo archivo de contraseña. Lo único que hay que hacer es configurar AuthUserFile a /etc/passwd para que funcione.
> Aunque esto es cierto, no es una buena idea. Dado que los nombres de usuario y las contraseñas se pasan por la red, esto equivale a colocar su contraseña en la firma del correo con la señal "pirateeme".

Apache incorpora una utilidad para crear archivos de contraseña, o bien lo puede hacer uno mismo. En el subdirectorio **src/support** de la distribución de Apache hay una utilidad llamada htpasswd, que ayuda a crear y poblar el archivo de contraseña. Ejecutar htpasswd si argumentos le facilita una lista completa de argumentos disponibles:

```
bug> htpasswd
Uso:
        htpasswd [-cmdps] passwordfile username
        htpasswd -b[cmdps] passwordfile username password
 -c  Crear un nuevo archivo.
 -m  Exigir la encriptación MD5 de la contraseña.
 -d  Exigir la encriptación CRYPT de la contraseña (valor predeterminado).
 -p  No encriptar la contraseña (plaintext).
 -s  Exigir la encriptación SHA de la contraseña.
 -b  Utilizar la contraseña en la línea de comandos en vez de pedirla.
En sistemas Windows y TPF, se usa por defecto el indicador '-m'.
En el resto de sistemas, el indicador '-p' probablemente no funcione.
```

> **NOTA**
>
> Observe que este texto de ayuda advierte que las contraseñas probablemente no funcionen. htpasswd creará la contraseña plaintext, pero la autenticación fallará en algunas plataformas cuando se facilite el nombre de usuario y la contraseña al navegador.

En la mayoría de casos, habrá que conocer las dos formas de usar htpasswd.

Crear un nuevo archivo de contraseña

Para crear un archivo de nueva contraseña, utilice el conmutador -c y el nombre del primer usuario que desee agregar al archivo:

```
htpasswd -c .htpasswd rbowen
```

htpasswd le pide la contraseña. Luego se le pide confirmación y, si las dos contraseñas coinciden, se creará el archivo y se le añadirá el nuevo usuario:

```
bug> htpasswd -c .htpasswd rbowen
New password: ******
Re-type new password: ******
Adding password for user rbowen
```

Ahora se puede mirar el archivo para ver que se ha creado. Verá algo así:

```
rbowen:twUSgw3mmejnc
```

La parte que queda detrás del punto y coma es la contraseña encriptada frente a la cual las contraseñas se compararán para verificar la autenticidad.

> **NOTA**
>
> Asegúrese de que el archivo de contraseña se encuentra fuera de la raíz del documento en el servidor. Colocarlo dentro de la raíz del documento podría suponer que alguien descargara el archivo de contraseña y pudiera descifrar sus contraseñas a placer.

Añadir un usuario a un archivo de contraseña existente o cambiar una contraseña

Para añadir un usuario a su archivo de contraseña (que ya existe), o para cambiar la contraseña de un usuario existente, utilice la misma función sin el conmutador -c.

```
htpasswd .htpasswd tpowell
```

Como antes, se le pedirá la contraseña y se le pedirá de nuevo la confirmación.

Exigir la encriptación MD5

Si utiliza el indicador -d para obligar a htpasswd a encriptar en MD5 en una máquina UNIX, Apache hará lo correcto cuando proporcione las credenciales para acceder a un recurso. Es decir, aunque cree algunas contraseñas con **crypt** y otras con MD5, Apache autenticará correctamente con todas ellas (el uso del indicador -d en Windows se ignora; la encriptación siempre se hace con MD5).

Quitar un usuario del archivo de contraseña

Para eliminar un usuario del archivo de contraseña, hay que abrir el archivo con un editor de textos, como Bloc de notas o vi, y eliminar manualmente la línea que contenga el nombre de usuario y la contraseña. Compruebe de vez en cuando los archivos de contraseña y elimine a los usuarios que ya no deban estar ahí.

Véase el Capítulo 15 para recibir más sugerencias sobre cómo mantener seguro un servidor Apache.

Crear archivos de grupo

Crear archivos de grupo sólo requiere un editor de textos. El formato del archivo de grupo, como vimos antes, es el nombre del grupo seguido de una lista de los miembros de ese grupo:

```
Managers: robert barry jim brian
```

El archivo de grupo puede contener tantos grupos como se quiera, y un grupo puede contener tantos miembros como se quiera. Los miembros pueden estar en más de un grupo, lo que significa que tienen acceso a un área restringida.

mod_auth_dbm y mod_auth_db

El método anterior de crear archivos de contraseña es muy sencillo y cómodo, pero no es muy escalable. Cuando se empieza a tener cientos o miles de usuarios, los archivos de contraseña se hacen grandes, y es muy lento e ineficaz el proceso de buscar en ellos para saber si al usuario que pide acceso se le permite entrar. Y, dado que el nombre de usuario y la contraseña tienen que ser validadas con toda solicitud HTTP, hay que esperar mucho.

La mejor solución a este problema consiste en sacar los grupos y los usuarios de los archivos de texto en archivos DBM (o DB). Los archivos DBM constituyen una forma estándar de almacenar claves y valores en un archivo, de forma que se pueda acceder muy rápidamente a los datos. El archivo almacena un índice (a menudo en un segundo archivo), de forma que, si conoce la clave, puede saber inmediatamente dónde queda almacenado el valor. Esto nos lleva a un acceso a los datos muy rápido. Berkeley DB es otra implementación que despliega la misma idea. En algunas plataformas, como los distintos sistemas operativos BSD, DBM se asigna automáticamente a DB.

Dado que el acceso a estos archivos es mucho más rápido que el acceso a archivos de texto plano, se han creado módulos de Apache que permiten el uso de estos archivos para su autenticación. Esto es muy conveniente en conjuntos de usuarios muy grandes o en sitios muy concurridos. Estos módulos son mod_auth_dbm para el uso de archivos DBM y mod_auth_db para el uso de archivos DB.

Preparar Apache para usar mod_auth_db(m)

Por defecto mod_auth_dbm y mod_auth_db no se compilan en Apache. Hay que permitir específicamente el que se quiera y reconstruir Apache para activar esta funcionalidad.

Hay que editar el archivo de configuración y quitar los comentarios (eliminar el # inicial) en la línea que dice:

```
# Module dbm_auth_module    mod_auth_dbm.o
```

Luego, vuelva a ejecutar **./Configure** y reconstruya Apache.

Si no puede compilar Apache tras haber realizado este cambio (comprobará que hay errores sobre algunas funciones **dbm*()** que no se encuentran), probablemente no tenga las bibliotecas DBM instaladas en su sistema. Póngase en contacto con el administrador del sistema y haga que descargue e instale estas bibliotecas donde se pueda llegar a ellas.

Véase el Capítulo 3, "Compilar e instalar Apache", para recabar más información acerca de la instalación de módulos.

Gestionar los archivos de usuario

Con los archivos de contraseña normales, se usa htpasswd para crear y gestionar los archivos de contraseña. Con DBM, se usa dbmmanage, ubicado en el directorio **src/support** de la distribución Apache.

Agregar un nuevo usuario

Para agregar un nuevo usuario al archivo de usuario DBM, utilice el argumento **adduser**.

```
dbmmanage users.dbm adduser rbowen
```

dbmmanage le pedirá la contraseña y que la confirme. Si introduce la misma contraseña varias veces, se añadirá al archivo DBM.

Si ya tiene la contraseña en una forma encriptada, podrá agregar el registro directamente al archivo DBM con el argumento **add**:

```
dbmmanage users.dbm add elent xyrHgu26VDIOo
```

Para verificar que se han añadido usuarios al archivo DBM, puede usar el argumento **view**, que vuelca las distintas entradas en el archivo. El uso del argumento **view** con un nombre de usuario determinado muestra esa entrada de usuario:

```
dbmmanage users.dbm view
dbmmanage users.dbm view llang
```

Los archivos DBM son archivos binarios, por lo que no es posible mirar el contenido del archivo en un editor de texto (bueno, se podría, pero no sería muy edificante).

También es posible verificar que una contraseña está correctamente en un archivo por medio del argumento **check**. Introduzca la siguiente línea de comandos:

```
dbmmanage users.dbm check username
```

dbmmanage le pedirá la contraseña, y luego devolverá **Password ok** en caso de que la introdujera correctamente, o **Password mismatch** en caso contrario.

Modificar la contraseña de un usuario

La contraseña existente de un usuario se puede cambiar con el argumento **update**:

```
dbmmanage users.dbm update dpitts
```

dbmmanage le pedirá la nueva contraseña, y luego le pedirá que la vuelva a escribir para confirmarla. Si introduce de la misma forma dos veces, la contraseña del archivo se actualizará al nuevo valor.

Eiminar un usuario

Puede eliminar un usuario del archivo de contraseña con el argumento **delete**:

```
dbmmanage users.dbm delete gbenson
```

Utilizar directivas de configuración

Para proteger un determinado directorio con los archivos DBM o DB, hay que usar casi exactamente las mismas directivas que vimos en la sección anterior acerca de los archivos de contraseña de texto plano. La única diferencia estriba en que se usa la directiva **AuthDBMUserFile** (para archivos DBM) o **AuthDBUserFile** (para archivos DB), en vez de la directiva **AuthUserFile**, y la directiva **AuthDBMGroupFile** (para archivos DBM) o **AuthDBGroupFile** (para archivos DB) en lugar de la directiva **AuthGroupFile**. Estas directivas deben señalar al archivo de base de datos del usuario.

```
AuthType Basic
AuthName Managers
AuthDBMUserFile passwd/users.dbm
AuthDBMGroupFile passwd/users.dbm
require user barney
```

Otras consideraciones relativas a la seguridad

Hay que tener presente una serie de consideraciones sobre seguridad al configurar la autenticación en el servidor Apache. Algunas de ellas se abordaron en el Capítulo 15, pero merece la pena mencionarlas de nuevo aquí, en este contexto.

Conseguir las contraseñas para los usuarios

Ningún nivel de seguridad del servidor web será bueno si distribuye contraseñas a los usuarios de modo inseguro. Asegúrese de que el mecanismo de entrega de estas contraseñas a los usuarios no es el punto débil de su cadena. Considere el uso de PGP o un método de transferencia similar si va a enviar contraseñas por correo.

Cambiar contraseñas

Si proporciona un método para que los usuarios cambien sus contraseñas de autenticación, asegúrese de que es lo más seguro posible. Un agujero en la seguridad en este proceso podría dejar que un usuario cambiara la contraseña de otro y consiguiera acceso a cosas no autorizadas.

Permisos de archivo de los archivos de contraseña

Asegúrese de que los permisos de archivo de los archivos de contraseña son lo que deben ser. Normalmente, esto significaría que root es el único que puede escribir en los archivos. Obviamente, el usuario para el que se ejecuta Apache debe ser capaz de leer el archivo, pero los usuarios normales no.

Si tiene algún tipo de aplicación CGI que permita a los usuarios cambiar sus contraseñas en línea (conveniente, pero bastante inseguro), el usuario que ejecuta Apache tendrá que poder escribir en los archivos de contraseña.

En ambos casos, asegúrese de que los archivos están tan restringidos como puede para que todo funcione.

¡No utilice su contraseña de inicio de sesión!

Aunque resulta muy útil tener una contraseña para todo y no tener que recordar una decena de ellas, es uy malo usar una contraseña para la autenticación HTTP que también sea su contraseña de inicio de sesión de red, contraseña de correo, contraseña de inicio de sesión en UNIX u otra contraseña importante. Como veíamos antes, las contraseñas HTTP suelen pasar por la red, y alguien podría interceptar con facilidad esa información y utilizarla para tener acceso a algo más que el sitio web.

No utilice la autenticación Basic si no es por algo importante

Como vimos antes en este capítulo, la autenticación Basic no es segura. El nombre de usuario y la contraseña se pasan por la red. No utilice la autenticación Basic para asegurar información verdaderamente confidencial. Trate de usar otro método, como el acceso mediante dirección IP o, si puede, utilice SSL u otro método de transferencia seguro.

Resumen

La autenticación HTTP ofrece la posibilidad de proteger una parte del sitio web. Existen dos tipos de autenticación: Basic y Digest. Ninguna debe considerarse un método de transferencia seguro. Digest es más seguro que Basic, pero no está universalmente soportado por los navegadores disponibles en este momento.

CAPÍTULO 17

Arañas, robots y orugas web

¿Qué es una araña?   326

Arañas: lo bueno frente a lo malo   327

Reconocer las arañas en los archivos de registro   327

Excluir las arañas del servidor   328

Escribir una araña   330

En los primeros días de la Web, era interesante pasarse horas haciendo clic en vínculos y mirando páginas web. Después, todo eso pasó, y ahora sólo se quiere información específica, cuando se necesita y de forma cómoda. Es aquí donde entran las arañas.

Las arañas (*spiders*) son programas que recorren la Web, siguiendo vínculos y recogiendo información. También se conocen como robots y orugas. Puede encontrar una lista de las arañas disponibles en línea en http://info.webcrawler.com/mak/_projects/robots/active/html/index.html.

Las arañas son muy útiles, pero también pueden crear muchos problemas. Si tiene un sitio web en Internet, comprobará que una parte bastante equilibrada de visitas procede de las arañas. Esto se debe a que la mayoría de los principales motores de búsqueda utilizan arañas para indexar los sitios de la Web, incluyendo el suyo, para incluirlos en sus bases de datos.

Este capítulo trata sobre lo que es una araña, cómo pueden hacerle la vida más cómoda y cómo proteger el sitio web frente a arañas a las que se vaya a prohibir el paso. También veremos cómo dar a las arañas la información adecuada acerca del sitio propio cuando le visiten. Por último, veremos cómo escribir una araña.

¿Qué es una araña?

La FAQ Web Robots define un robot como "programa que recorre automáticamente la estructura de hipertexto de la Web recuperando un documento y recuperando además todos los documentos a los que haga referencia" (puede encontrar esta FAQ en el CD que incorpora este libro en http://info.webcrawler.com/mak/projects/robots/faq.html.) Lo que significa esto es que una araña empieza con alguna página y descarga todas las páginas con las que tiene vínculos. Luego, para cada una de esas páginas, descarga todas las páginas con las que estén conectadas, etc. Esto lo hace de forma automática el programa araña, que presumiblemente capturará esta información para un fin útil.

Las arañas pueden recoger información para un motor de búsqueda, reunir direcciones de correo para enviar *spam* o descargar páginas para su visualización sin conexión.

Algunos ejemplos de tipos habituales de robots son:

- Scooter es el robot del motor de búsqueda AltaVista. Scooter toma documentos de la Web, para incorporarlos a la base de datos de AltaVista. Puede encontrar esa base de datos en http://www.altavista.com/. Los motores de búsqueda principales también utilizan arañas para indexar la Web, y verá muchas de ellas en los registros del servidor.

- EmailSiphon y otras arañas con nombres parecidos merodean por la Web, recogiendo direcciones de correo electrónico de las páginas web. Los responsables de EmailSiphon venden estas direcciones a personas que luego envían mensajes masivos no pedidos (también se conoce como *spam*). Véase más adelante la sección dedicada a la exclusión de las arañas del sitio propio para saber cómo prohibir el acceso a estos robots y proteger el buzón.

- MOMspider es un programa que se puede descargar y usar en el sitio web para validar vínculos y generar estadísticas. Puede ejecutarlo desde su servidor o desde el escritorio. Hay un número muy elevado de productos similares para desarrolladores de sitios web.

Arañas: lo bueno frente a lo malo

Por regla general, las arañas son buenas. Le ayudan de varias formas, como indexando su sitio, buscando vínculos rotos y validando el HTML de las páginas.

Un uso habitual de las arañas consiste en recoger documentos de la Web de forma automática, para así poderlos ver cuando se está desconectado. Esto se llama navegar sin conexión o guardar en la caché, entre otras cosas, y los productos que hacen esto a veces se denominan arañas personales o agentes personales. Un producto, llamado AvantGo (http://www.avantgo.com), descarga incluso contenido web en una computadora de bolsillo para poder verlo en el avión o en un autobús.

Sin embargo, las arañas también pueden crear muchos problemas en el sitio web, porque sus modelos de tráfico a veces no se adaptan a lo que se espera de ellas.

Sobrecarga en el servidor

Un problema potencial es la sobrecarga en el servidor. Mientras que un usuario posiblemente espere algunos segundos entre la descarga de una página y la siguiente, la araña puede empezar con la página siguiente inmediatamente después de haber recibido la primera. Además, puede ramificarse en múltiples procesos y descargar varias páginas a la vez. Si su servidor no está equipado para manipular esas conexiones simultáneas, o si no se tiene el ancho de banda suficiente para manejar las solicitudes, esto puede hacer que los visitantes tengan que esperar mucho tiempo para que se carguen sus páginas, e incluso motivar que el servidor se sobrecargue.

Agujeros negros

A veces, las arañas mal escritas pueden quedar encerradas en una parte pequeña de su sitio web, como un programa CGI que genera páginas con vínculos consigo mismo. La araña puede pasarse horas o días mordiéndose la cola, por decirlo así. Esto puede hacer que los archivos de registro crezcan muy deprisa, trastoquen la información estadística que se pudiera estar recogiendo y llevarnos a una sobrecarga en el servidor.

Reconocer las arañas en los archivos de registro

Antes de tratar de prohibir a las arañas la entrada en el sitio web, posiblemente le interese saber qué arañas van a visitarle y lo que van a tratar de hacer. Las entradas de registro de las arañas se pueden producir de varias formas:

- Lo primero que queda patente es que el agente del usuario (si está registrando al agente del usuario en sus archivos de registro). No tiene el aspecto de un navegador normal (porque no lo es) y tenderá a tener un nombre como **harvester**, **black widow**, **Aracnophilia**, etc. Puede ver un listado completo de las distintas arañas que hay en la FAQ Web Robots, que vimos antes.
- Puede comprobar que un gran número de páginas las solicita el mismo cliente, frecuentemente sin solución de continuidad.
- La dirección a la que se está conectando el cliente puede ser muy indicativa. Las conexiones de los distintos motores de búsqueda suelen ser arañas que indexan su sitio. Por ejemplo, una conexión de lobo.yahoo.com es una buena indicación de que su sitio está siendo indexado en el directorio de Internet Yahoo!.

Excluir a las arañas del servidor

Puede mantener las arañas fuera de su sitio (o, por lo menos, fuera de parte de él) de varias formas. Estos métodos tienden a apoyarse en la cooperación del propio sitio. Sin embargo, puede hacer muchas cosas al nivel del servidor para prohibir el acceso.

Como vimos antes, probablemente quiera mantener a las arañas alejadas de sus directorios CGI. También querrá mantenerlas fuera de partes de su sitio que cambian con tanta regularidad que la indexación no dará sus frutos. Y, obviamente, puede que haya partes del sitio que es mejor que no estén indexados, por diversas razones.

robots.txt

El Protocolo de Exclusión de Robots, que también se conoce como Estándar para la exclusión de Robots, es un documento de 1994 que diseña un método para indicar a los robots en qué partes del sitio web desea que no entren. Puede encontrar el texto completo de este documento en el sitio web de WebCrawler en http://info.webcrawler.com/mak/projects/robots/_norobots.html.

Para implementar esta exclusión en el sitio web, hay que crear un archivo de texto llamado **robots.txt** y colocarlo en el directorio raíz del documento del servidor. Cuando una araña visita su sitio, supuestamente tiene que tomar este documento y no continuar, para ver qué reglas se han establecido a este respecto.

El archivo contiene una o más líneas **User-agent**, cada una de ellas seguida por una o más líneas **Disallow**, especificando los directorios a los que ese usuario en particular no puede acceder. El agente del usuario especificado será *, al que deberán obedecer todos los robots. En el ejemplo siguiente, **robots.txt**, se solicita a todos los agentes del usuario (arañas) que no entren en los directorios **/cgi-bin/** y **/datafiles/**:

```
User-agent: *
Disallow: /cgi-bin/
Disallow: /datafiles/
```

En el ejemplo siguiente, se le pide a un agente de usuario en concreto, **Scooter**, que no entre en el directorio **/dont-index/**:

```
User-agent: Scooter
Disallow: /dont-index/
```

Los archivos **robots.txt** también pueden contener comentarios. Todo lo que siga a un carácter almohadilla (#), hasta el final de esa línea, es un comentario y será ignorado.

Es muy fácil escribir una araña, pero es mucho más difícil escribir una que se comporte bien. En consecuencia, mucha gente escribe arañas que ignoran el archivo **robots.txt**. Al igual que ocurre con muchos estándares de Internet, sólo es una sugerencia, y las implementaciones particulares son libres de hacer caso omiso de ésta.

La metaetiqueta ROBOTS

Otro método para obligar a las arañas a que no entren en el sitio web es la metaetiqueta **ROBOTS**. Esta etiqueta HTML puede aparecer en la sección **<HEAD>** de cualquier página HTML. El formato de la etiqueta es:

```
<HTML>
<HEAD>
<META NAME="ROBOTS" CONTENT="arguments">
<TITLE>Title here</TITLE>
</HEAD>
<BODY>
...
```

Los argumentos posibles del atributo **CONTENT** son:

- **FOLLOW** le indica a la araña que puede seguir los vínculos que aparezcan en este documento.
- **INDEX** le indica a la araña que puede indexar este documento. Es decir, el contenido de este documento puede ser guardado en la caché o añadido a la base de datos del motor de búsqueda.
- **NOFOLLOW** le indica a la araña que no siga los vínculos de esta página.
- **NOINDEX** le indica a la araña que no indexe esta página.

Cualquiera de estos argumentos puede combinarse o separarse por comas, como se ve en el ejemplo siguiente:

```
<META NAME="ROBOTS" CONTENT="INDEX,NOFOLLOW">
```

Hay otras dos directivas que también especifican un agrupamiento de los argumentos anteriores. **ALL** equivale a **INDEX,FOLLOW**, mientras que **NONE** equivale a **NOINDEX,NOFOLLOW**.

Al igual que ocurre con el archivo **robots.txt**, obedecer las reglas especificadas en esta etiqueta es opcional. Casi todos los motores de búsqueda siguen las indicaciones que se hagan con esta metaetiqueta.

Ponerse en contacto con el operador

Si una araña se vuelve loca en su sitio o visita partes prohibidas de él, primero deberá intentar ponerse en contacto con el operador. Los archivos de registro incluyen la dirección del cliente. Trate de enviar un correo al administrador del sitio para localizar a la persona que manipule el robot. Indíquele lo que el robot está haciendo en su sitio web y pídale amablemente que pare, o que, al menos, obedezca a su archivo **robots.txt**.

Bloquear una araña

Si no obtiene respuesta alguna o el operador no le presta atención, puede bloquear completamente el paso al robot con algunas directivas **deny** bien colocadas:

```
<Directory /usr/web/docs>
order allow,deny
allow from all
deny from unfriendly.spiderhost.com
</Directory>
```

Si todo lo demás falla, haga que el tráfico de la araña se bloquee en el encaminador. Sin embargo, esto tiene la desventaja de que también bloquea el tráfico a los usuarios legítimos que entren en el sistema.

Escribir una araña

Quizás desee escribir su propia araña para que trabaje para usted. El mejor consejo que le podemos dar es que no lo escriba. Hay muchas arañas en línea y muchas de ellas se pueden descargar de forma gratuita. Hacen de todo: comprobar vínculos en su sitio, conseguir los últimos resultados de baloncesto, validar su sintaxis HTML e indicarle que su sitio web favorito ha sido actualizado. Es muy poco probable que tenga una necesidad tan especializada como para que nadie haya escrito ya una araña que haga exactamente lo que está buscando. Puede encontrar una araña que satisfaga sus necesidades en http://info.webcrawler.com/mak/projects/robots/active/_html/index.html.

> **SUGERENCIA**
>
> Puede ser difícil escribir una araña que implemente correctamente el Protocolo de Exclusión de Robots (es decir, que obedezca todas las sugerencias ofrecidas en el archivo robots.txt y en todas las metaetiquetas ROBOTS), por lo que bien puede usar una que ya haya sido escrita.

Si verdaderamente cree que debe escribir su propia araña, la mejor herramienta que existe para hacerlo probablemente sea Perl. El punto fuerte de Perl es el procesamiento de grandes cantidades de texto y la extracción de información de interés. Las arañas se pasan casi todo el tiempo recorriendo las páginas web (archivos de texto) y extrayendo información, así como vínculos con otras páginas web.

Existen varios módulos de Perl específicamente diseñados para procesar páginas HTML. Estos módulos se encuentran disponibles en CPAN (http://www.cpan.org/). De interés particular serían los módulos LWP, que están en el directorio **modules/by-module/LWP/** de CPAN, y varios módulos **HTML::*** del directorio **modules/by-module/HTML/** de CPAN.

El Listado 17.1 muestra una araña muy sencilla, implementada en Perl. Esta subrutina obtiene una página web, hace algo con ella y obtiene todas las páginas vinculadas desde la primera página de manera repetitiva. El módulo **HTML::LinkExtor** extrae todos los vínculos de un documento HTML. **HTML::FormatText** da formato a una página HTML como texto, de forma que es posible ir a la información sin todo el marcado HTML. Y **LWP::Simple** constituye una forma muy sencilla de capturar documentos de la red.

LISTADO 17.1 UNA ARAÑA SENCILLA EN PERL

```perl
use HTML::LinkExtor;
use HTML::FormatText;
use LWP::Simple;

my $p = HTML::LinkExtor->new();
my $Docs = {};
searchpage(0, 'http://www.yoursite.com/', $Docs);

sub searchpage   {
    my ($cur_depth, $url, $Docs) = @_;
    my ($link, @links, $abs);

    print "Looking at $url, at depth $cur_depth\n";
    $Docs->{$url} = 1; # Mark site as visited

    my $content = get($url);
    $p->parse($content);
    $content = HTML::FormatText->new->format(parse_html($content));
    DoSomethingWith($url, $content);
    @links = $p->links;
    for $link (@links)   {
        $abs = url($link->[2], $url)->abs if
            ($link->[0] eq 'a' && $link->[1] eq 'href');
        $abs =~ s/#.*$//;
        $abs =~ s!/$!!;

        # Skip some URLs
        next if $abs=~/^mailto/i; # Email link
        next if $abs=~/(gz | zip | exe | tar | Z)$/; # Binary files
        next if $abs=~/\?\S+?=\S+/; # CGI program

        searchpage($cur_depth+1, $abs, $Docs)
            unless ($Docs->{$abs});
    }
} # End sub searchpage
```

La llamada a la función de la parte central **DoSomethingWith($url, $content)** es, evidentemente, donde se rellenaría lo que quisiera hacer con el contenido de la página que estuviera recogiendo.

> **ATENCIÓN**
>
> Tenga cuidado al usar este código, ya que puede cargar mucho el servidor. No sigue el estándar de la exclusión de robots, como vimos antes, y sigue recogiendo páginas en todo momento, ya que la recurrencia no tiene condición de salida (una buena solución sería salir del bucle tan pronto como $cur_depth alcanzara un valor determinado). Pruébelo con su servidor.

Resumen

Las arañas son herramientas muy útiles para hacer la tediosa labor que no queremos hacer a mano. Si se escribe o emplea sin cuidado, también pueden causar estragos en el servidor web. Este capítulo se centra en los distintos usos de las arañas, así como sus malos usos. Vimos cómo bloquearlas desde el sitio e, incluso, cómo escribir una araña.

Registro

El registro de transferencia (access_log) 334

El registro de errores (error_log) 340

ScriptLog y las directivas asociadas 342

Registros canalizados 344

Herramientas de análisis de registro 347

Rotación del archivo de registro 353

Cuando un cliente HTTP se conecta con el servidor web Apache, se intercambia mucha información. Toda esta información puede ser registrada en el proceso Apache. Por defecto, se establecen dos archivos de registro: error_log y access_log, pero es posible crear cualquier número de archivos de registro personalizados con las directivas LogFormat y CustomLog. Este capítulo trata estas directivas y ofrece algunos ejemplos sobre cómo usarlas.

En los archivos de configuración predeterminados que incorpora la distribución Apache se definen dos archivos de registro: access_log registra información básica acerca de la transacción HTTP, mientras que error_log registra todo lo que no funciona. Aunque es posible generar un número indeterminado de registros, casi todo el mundo se queda con estos dos y generan los informes correspondientes con ellos.

> **NOTA**
>
> Aunque hemos llamado a éstos archivos de registro "estándar", Apache no genera access_log a menos que los archivos de configuración se lo indiquen. Hay que configurar especialmente las directivas de registro en los archivos de configuración del servidor. Estas directivas están en los archivos de configuración básicos que se incluyen en la distribución Apache, pero, sin estas directivas, no se genera registro de transferencia.

Una vez que se tienen los archivos de registro, hay muchas herramientas disponibles para extraer estadísticas, y veremos algunas de ellas.

Por último, veremos algunas de las demás herramientas disponibles para mantener archivos de los registros y otras tareas administrativas básicas que se desee ejecutar con respecto al registro.

El registro de transferencia (access_log)

El registro de transferencia contiene información básica acerca de cada transacción HTTP que maneje el servidor. Esto se puede emplear para generar informes estadísticos acerca del tipo de patrones de uso que ve su sitio web. También es posible generar registros de transferencia personalizados para recoger la información específica que le pueda interesar.

Contenido de access_log

Una entrada de access_log tiene este aspecto:

```
192.101.203.72 - - [12/May/1999:23:25:11 -0400] "GET /apache.html
➥HTTP/1.0" 200 108
```

Este formato, llamado Formato de Registro Común, es generalmente el formato de registro que suele adoptar casi todos los paquetes de software de análisis registro que hay. Contiene siete tipos de datos, separados por espacios, excepto en aquellos campos que estén entre comillas o corchetes. Los datos se registran así:

- Nombre de *host* - En el ejemplo anterior, es **192.101.203.72**, que es la dirección IP del cliente que solicitó el documento del servidor. En este ejemplo en particular, la directiva **HostnameLookups** está en **Off**, por lo que sólo se registra la dirección IP. Si esa directiva se estableciera a **On**, se registraría el nombre de dominio totalmente cualificado (fqdn) de la máquina.

> **NOTA**
>
> Establecer HostnameLookups a On crea mucho trabajo adicional. En cada transacción HTTP, se debe realizar una consulta al DNS. En hosts que todavía no están en una caché local, esto puede suponer una gran ralentización.

- Nombre de registro remoto - Si **IdentityCheck** está activado y la máquina cliente ejecuta identd, ésta será la información sobre la identidad notificada por el cliente. Dado que tener **IdentityCheck** activado supone tocar temas de rendimiento y que muy pocas máquinas cliente van a estar ejecutando identd, en la práctica, un nombre de registro remoto casi nunca se usa, y esta campo casi siempre está en el registro como - (lo que aparece en los valores no definidos). En los viejos tiempos, cuando la gente se comportaba éticamente con la información del registro, muchos navegadores pasaban la dirección de correo del usuario como valor de este campo. Esto se fue abandonando cuando se empezó a generar listas de envío y enviar *spam* a esas listas.

- Usuario remoto - Es el nombre del usuario remoto escrito en respuesta a una consulta nombre de usuario/contraseña. Éste sólo se establecerá en las partes autenticadas de un sitio (véase el Capítulo 16, "Autenticación"). Además, observe que si el estado es **401**, este nombre de usuario muy probablemente no sea válido.

- Hora - Es la fecha y la hora en que se sirvió la solicitud, incluyendo información relativa a la zona horaria.

- Solicitud - Es la primera línea de la solicitud que se hizo al servidor. Normalmente, es **HEAD**, **GET** o **POST**, seguido del URL solicitado, seguido de la versión HTTP en la que se esperaba la respuesta.

- Código de respuesta - Indica si la solicitud ha tenido éxito y, si no, el tipo de error que se ha producido. La sección "Códigos de estado del servidor" del Capítulo 2, "HTTP", proporciona un listado completo de los códigos de respuesta posibles y sus significados.

- Bytes transferidos - Es el número total de bytes que se transfieren al cliente. No incluye los encabezados HTTP.

Ubicación de access_log

La ubicación del archivo **access_log** se establece de dos formas:

- Si no trata de modificar el formato de archivo de registro, puede aceptar el valor predeterminado de **LogFormat**, que es el formato de registro habitual que describimos, y establecer la ubicación del archivo de registro con la directiva **TransferLog**. El formato de la directiva aparece en este ejemplo:
  ```
  TransferLog logs/access_log
  ```
- Si se da una ruta de archivo relativa, hará relación al directorio **ServerRoot** (véase el Capítulo 5, "Archivos de configuración del servidor", para recabar más información acerca de esta directiva). También se puede especificar una ruta absoluta del archivo.
- Si desea ser capaz de modificar el formato de archivo del registro, utilice la directiva **LogFormat**, que veremos más adelante, para definir el formato de los archivos de registro, y un "apodo" para ese formato. Luego, puede aplicar el formato a un archivo de registro y establecer la ubicación de archivo con la directiva **CustomLog**. Esta es la forma en que los archivos de configuración que incorpora Apache especifican la ubicación del registro de acceso.
  ```
  LogFormat "%h %l %u %t \"%r\" %>s %b" common
  CustomLog logs/access_log common
  ```
- Al igual que ocurre con la directiva **TransferLog**, se entiende que una ruta es relativa en el directorio **ServerRoot**.

Recuerde que estas directivas no tienen valores predeterminados. Si no se especifica dónde se quiere tener el archivo de registro, no se generará uno.

> **NOTA**
>
> En los archivos de configuración que incorpora la versión Windows NT, access_log se denomina access.log, ya que Windows NT desea tener extensiones de nombre de archivo en los archivos. Esto no suele ser necesario, pero parece que da más confianza a los usuarios de Windows NT.

Generar archivos de registro personalizados

Aunque el formato de registro común (el valor predeterminado de la directiva **LogFormat**) genera un archivo de registro que contiene la mayor parte de información que le pueda llegar a interesar, a veces es posible que quiera obtener información adicional acerca de los clientes que visitan el sitio. ¿Qué navegadores web están usando? ¿Dónde han encontrado un vínculo con el sitio? Estas cuestiones pueden ser respondidas generando archivos de registro personalizados que sólo contienen esta información.

La mayoría de herramientas de análisis de registro que hay, como Wusage, de Boutell.com, esperan que utilice el formato de registro común. Sin embargo, la última sección

"Herramientas de análisis de registro" habla sobre escribir herramientas sencillas de análisis de archivos de registro en Perl que manejen el formato de archivo personalizado.

Las directivas que permiten generar estos archivos personalizados son las directivas **LogFormat** y **CustomLog**.

La directiva LogFormat

Esta directiva define el formato de un archivo de registro y asigna un apodo a este formato, de forma que luego es posible aplicar el formato a un determinado archivo de registro utilizando sólo el apodo. La sintaxis de la directiva es:

```
LogFormat format [nickname]
```

Sin el parámetro **nickname** opcional, **LogFormat** establece el valor predeterminado que se vaya a usar con la directiva **TransferLog**, como vimos antes en la sección "Ubicación de **access_log**".

El parámetro **format** define qué campos va a haber en una línea del archivo de registro. Consta de una secuencia de cadenas de formato, como sigue

```
LogFormat "%h %l %u %t \"%r\" %s %b" common
```

Este ejemplo muestra el formato de registro común, como vimos antes en la sección "Contenido de **access_log**". Las secciones siguientes enumeran as posibles cadenas de formato.

Variables de formato de registro

Un formato de archivo de registro creado con la directiva **LogFormat** consta de las variables de la Tabla 18.1.

TABLA 18.1   VARIABLES DE FORMATEO DE ARCHIVO DE REGISTRO

Variable	Descripción
%b	Número total de bytes enviados al cliente. Esto no incluye los encabezados HTTP y debe reflejar el tamaño real del archivo solicitado. Si el número indicado es menor que el tamaño del archivo, esto indicará que se ha interrumpido la transferencia. Si el archivo se extrae de una caché local del cliente, puede estar registrado como -.
%f	Nombre de archivo solicitado por el cliente.
%{variable}e	Contenido de la variable de entorno **variable**. Por ejemplo, **%{REMOTE_PORT}e** registrará el puerto utilizado para la conexión de datos para enviar el documento.
%h	Dirección del cliente. Si **HostnameLookups** se establece a **off**, simplemente será la dirección IP de la máquina cliente, y equivalente a **%a**. Si **HostnameLookups** se establece a **on**, será el fqdn de la máquina cliente. Vomo vimos antes, desactivadas búsquedas constituye una buena idea, a menos que se tenga una buena razón para tenerlas activadas.

TABLA 18.1 VARIABLES DE FORMATEO DE ARCHIVO DE REGISTRO *(continuación)*

Variable	Descripción
%a	La dirección IP del cliente. En parámetros de configuración predeterminados, equivale a **%h**, pero si **HostnameLookups** está activado, sólo se registrará la dirección IP, en vez del fqdn del cliente.
%{header}i	Contenido del encabezado HTTP especificado. Por ejemplo, **%{Referer}i** registra la página web que tenía un vínculo con la página que ahora se está solicitando.
%l	Nombre de registro remoto, como vimos antes en la sección "Ubicación de **access_log**". Este nombre, que proporciona identd en la máquina cliente, suele estar vacío.
%{note}n	Contenido de **note** de otro módulo.
%{header}o	Contenido de la línea del encabezado especificado de la respuesta. Por ejemplo, si se quisiera registrar el tipo MIME de las distintas respuestas, se podría poner **%{Content-Type}o** en la directiva **LogFormat**.
%p	Puerto canónico del servidor que atiende la solicitud. En casi todos los sitios, será el mismo en cada solicitud, pero podría resultar útil si se estuvieran ejecutando hosts virtuales escuchando puertos distintos.
%P	ID de proceso del secundario que atendió la solicitud. Dado que Apache enhebra procesos secundarios en Windows NT, esto no ofrece información significativa en Windows NT.
%r	Primera línea de la solicitud. Puede ser algo como **GET / HTTP/1.0**, e indica la solicitud que se ha hecho al servidor.
%s	Estatus. En solicitudes que se han redirigido internamente, es el estado de la solicitud original (utilice **%>s** para ver el estado de la última solicitud). Véase el Capítulo 2 para ver un listado completo de los distintos valores de estado.
%t	La hora en formato de hora de registro.
%{format}t	La hora en formato dado por **format**, que está en formato **strftime(3)**. Véase la Tabla 12.1 del Capítulo 12, "SSI: Inclusiones del lado del servidor", para aprender a construir estos formatos.
%T	El tiempo dedicado a atender la solicitud, en segundos.
%u	Nombre de usuario introducido en respuesta a un desafío de nombre de usuario-contraseña. Observe que si el estatus es **401** (**Unauthorized**), esto podría no ser válido.
%U	Ruta URL requerida.
%v	Nombre del servidor que atiende la solicitud.

Registro condicional

En cada cadena de formato que aparece en la Tabla 18.1, es posible colocar una instrucción condicional frente a la variable, que determinará si ésta aparece. Estos condicionales adoptan la forma de uno o más códigos de estado HTTP. Si la solicitud devuelve uno de los códigos de estado especificados, el valor de la variable se escribirá en el archivo de registro. Si no, se escribirá la cadena -.

El ejemplo siguiente registra el valor del documento solicitado si el código de estado HTTP es 404 (Document not found). Si no, escribirá la cadena - en el registro.

```
LogFormat "%404f" deadlinks
```

El ejemplo siguiente escribe el valor de la variable de entorno REMOTE_USER en el archivo de registro si el código de estado no es 401 (Unauthorized). Si el valor de retorno es 401, se escribirá la cadena - en el registro.

```
LogFormat "%!401u" unauthorized
```

Definiendo LogFormat no se aplica ese valor a un archivo de registro. Para hacer eso, deberá usar la directiva CustomLog.

La directiva CustomLog

Una vez que se define un apodo con la directiva LogFormat, puede crear uno o más archivos de registro por medio de ese formato con la directiva CustomLog. La sintaxis de la directiva CustomLog es:

```
CustomLog logs/access_log common
CustomLog logs/referer_log Referer
```

Los dos argumentos de la directiva CustomLog son la ubicación del archivo de registro y el apodo del formato que se va a usar. La ubicación del archivo de registro está especificada en relación a ServerRoot, a menos que la ruta se especifique con una / inicial.

> ### LA DIRECTIVA CUSTOMLOG CONDICIONAL
>
> Otra de las formas de la directiva CustomLog permite escribir entradas en el archivo de registro si se satisface un cierto criterio. La sintaxis de esta directiva es la siguiente:
>
> ```
> CustomLog filelocation nickname env=[!]variable
> ```
>
> Los dos primeros argumentos son los mismos que los de la directiva genérica CustomLog. El último argumento comprueba si está establecida una determinada variable de entorno en una determinada solicitud. Si lo está, los datos de la solicitud quedarán registrados; si no, no se hará ninguna entrada.
> Esto se suele usar junto con la directiva SetEnvIf, que permite establecer variables de entorno sobre una base por solicitud. La sintaxis de la directiva SetEnvIf es:
>
> ```
> SetEnvIf attribute regex variable[=value]
> ```
>
> Si, por ejemplo, quisiera registrar solicitudes de un determinado dominio e ignorar todos los demás dominios, podríamos poner lo siguiente en el archivo de configuración:

```
SetEnvIf Remote_Host \.databeam\.com$ LocalRequest
CustomLog logs/localrequests_log common env=LocalRequest
```

Este ejemplo sólo registrará aquellas solicitudes que provengan de *hosts* que terminen por .databeam.com. El carácter $ indica que la coincidencia de la expresión habitual va a aparecer al final de la cadena.

El registro de errores (error_log)

El archivo **error_log** registra lo que no ha funcionado. En algunos casos, cada registro es bastante críptico, pero, por regla general, los mensajes contienen suficiente información como para diagnosticar y solucionar el problema.

Algo terminará en **error_log** si el código del estado de retorno es cualquiera de los códigos 400 o 500. Véase la Tabla 2.4 del Capítulo 2 para ver un listado completo de los posibles códigos de error.

El ejemplo siguiente muestra en el registro de errores cuándo un cliente solicita un documento que no existe en su servidor:

```
[Wed May 12 22:03:43 1999] [error] [client 192.101.205.24] File does not
↪exist: /usr/local/apache/htdocs/missing.html
```

Contenido de error_log

Cada uno de los mensajes de **error_log** contiene cuatro datos: la hora en que se produjo el error, el nivel del mensaje, la dirección del cliente que causó el problema y el mensaje de error real.

Hora del error

La hora en que el error se ha producido se escribe en el registro en formato [Day Mon dd hh:mm:ss yyyy]. Este formato no es configurable.

Log Level

El nivel del mensaje de error indica la severidad del error que se está notificando. La Tabla 18.2 enumera los valores posibles de este nivel.

TABLA 18.2 NIVELES DE MENSAJE DE REGISTRO

Nivel	Descripción
emerg	Emergencias: el sistema no se puede utilizar. Ejemplo: Child cannot open lock file. Exiting

TABLA 18.2   NIVELES DE MENSAJE DE REGISTRO   *(continuación)*

Nivel	Descripción
alert	La acción se debe llevar a cabo inmediatamente. Ejemplo: getpwuid: couldn't determine user name from uid
crit	Condiciones críticas. Ejemplo: socket: Failed to get a socket, exiting child
error	Condiciones de error. Ejemplo: Premature end of script headers
warn	Condiciones de advertencia. Ejemplo: child process 1234 did not exit, sending another SIGHUP
notice	Condición importante, pero normal. Ejemplo: httpd: caught SIGBUS, _attempting to dump core in ...
info	Informativa. Ejemplo: Server seems busy, (you may need to increase StartServers, or Min/MaxSpareServers)...
debug	Mensajes de nivel de depuración. Ejemplo: Opening config file ...

Con la directiva **LogLevel**, es posible establecer un límite inferior en los mensajes de error que se desea que acaben en el registro. El valor predeterminado de esta directiva es error, lo que significa que se obtendrán todos los mensajes que sean del nivel error y más severos.

Establecer **LogLevel** a algo menor que notice tiende a inundar el registro de errores con mensajes informativos que no son particularmente importantes para el administrador de sitios web medio. debug sólo le interesa en realidad a los desarrolladores Apache, y los mensajes generados sólo tendrán sentido si usted es uno de los que escribió el código.

Dirección del cliente

La dirección del cliente aparecerá en el registro de errores como dirección IP de la máquina cliente o como nombre de dominio totalmente cualificado (fqdn) de la máquina, dependiendo del valor que se haya establecido en la directiva **HostnameLookups**. Un valor de on le dará la fqdn de la máquina, si ese nombre puede determinarse a partir del DNS, y la dirección IP si no. Un valor de off le dará la dirección IP.

> **NOTA**
>
> No active HostnameLookups para conseguir el nombre de los clientes de los archivos de registro. Las búsquedas DNS llevan tiempo y, en el evento de que no se encuentra el nombre de la máquina, es posible que tenga que esperar bastante tiempo (el período de expiración del DNS suele ser de 30 segundos) para comprobar que no se puede encontrar la información. Esto ralentiza el servidor de forma considerable, ya que toda solicitud del cliente requiere un mínimo de una búsqueda DNS.

> La utilidad logresolve, que se incluye con Apache, se puede utilizar para buscar esos nombres después del hecho, cuando se estén generando estadísticas de archivo de registro. Esto puede llevar bastante tiempo, pero tiene la ventaja de que no afecta al rendimiento del servidor web (la utilidad logresolve no está disponible en Windows NT, pero se podría escribir una herramienta similar en Perl o en algún otro lenguaje).

Mensaje de error

La última parte de la entrada de registro de errores es el mensaje de error real devuelto por el servidor. Esta parte es la más útil a la hora de determinar lo que no ha funcionado. El mensaje deberá notificarle en inglés lo que no ha funcionado. Por ejemplo,

```
File does not exist: /home/httpd/html/fun/gpf/main.shtml
```

indica que el cliente ha pedido un archivo que no se encuentra en su servidor. La dirección del cliente le indicará que el cliente ha pedido este archivo y que puede utilizar esta información para saber si el usuario ha escrito mal la dirección o ha seguido un vínculo de otro sitio que era incorrecto o que ya no estaba disponible. Si el archivo ya no está disponible, es posible que quiera utilizar la directiva **Redirect** para redirigir a los clientes a la nueva ubicación del archivo.

El mensaje siguiente indica que el servidor se ha iniciado o reiniciado y que se ha recargado los archivos de configuración:

```
Apache/1.3.6 (Unix) (Red Hat/Linux) configured - resuming normal operations
```

Verá este mensaje (o uno parecido, con la información del SO apropiada para su plataforma) cada vez que se reinicie el servidor.

El mensaje que se ve cuando falla un programa CGI falla es:

```
access to /home/httpd/cgi-bin/program.pl failed for 192.101.203.72, reason:
➥Premature end of script headers
```

A veces, el registro de errores proporciona información adicional si el propio programa CGI devolviera mensajes de error, pero no siempre. Evidentemente, dado que los desarrolladores Apache no han escrito su programa CGI, no pueden saber lo que no ha funcionado, por lo que se debe esperar ese mensaje de error tan poco informativo. Véase la sección siguiente para recabar algunas sugerencias sobre cómo obtener información más detallada acerca de lo que no ha funcionado en el programa CGI. También se puede leer el Capítulo 11, "Programación CGI", para ver lo que no funcionó con los programas CGI a fin de generar un mensaje de error parecido.

ScriptLog y las directivas asociadas

La directiva **ScriptLog** le permite depurar con detalle los fallos de los programas CGI. Esto resulta útil cuando no es posible saber lo que no ha funcionado y quiere toda la información posible.

> **NOTA**
>
> Esta directiva no se debe usar en servidores de producción, ya que ralentiza todo mucho, y puede crear un archivo de registro enorme.

La directiva **ScriptLog** forma parte del módulo **mod_cgi** y está disponible por defecto. Establece la ubicación del archivo de registro de errores CGI. Si esta directiva no se especifica, no se creará este archivo de registro, que es el comportamiento predeterminado. El formato de la directiva es éste:

```
ScriptLog filename
```

filename es una ruta absoluta de un nombre de archivo o una ruta relativa, que se interpreta como relativa a **ServerRoot**.

> **NOTA**
>
> Este archivo de registro se abre y se escribe en él como usuario especificado en la directiva User. Esto significa que o bien tiene que especificar una ubicación que este usuario puede escribir de antemano o bien crear el archivo manualmente, de forma que el usuario pueda escribir en él. No se recomienda cambiar los permisos del directorio de registro principal, de forma que este usuario pueda escribir en ese directorio, ya que con esto se abre la posibilidad de riesgos contra la seguridad.

Cada vez que se ejecuta un programa CGI, el servidor registra toda la solicitud (todos los encabezados, todos los datos **POST** o **PUT**, toda la información de consulta) en este archivo, y toda la salida del programa CGI quedará también registrada. Esto le proporciona información detallada acerca de lo que no ha funcionado (en caso de que fuera así) y le permite saber lo que hacer para arreglarlo.

Sin embargo, como podrá imaginar, esto puede generar rápidamente archivos de registro muy grandes, por lo que sólo deberá utilizar esta solución cuando esté tratando de localizar un problema, y sólo en un servidor de prueba.

ScriptLogBuffer

La directiva **ScriptLogBuffer** establece el límite sobre la cantidad de datos **POST** o **PUT** escritos en el archivo **ScriptLog**. Si tiene un programa CGI que maneje las cargas de archivos, por ejemplo, todo el cuerpo de la carga (datos **PUT**) podría quedar potencialmente registrado en este archivo de registro, lo que no sería deseable y haría que el archivo de registro creciera muy rápidamente. Al establecer **ScriptLogBuffer** a un valor razonable (1KB por defecto), puede limitar el nivel de crecimiento. Si necesita ver más de los datos, puede establecer esta directiva lo grande que quiera.

Ejemplo: **ScriptLogBuffer 2048**

ScriptLogLength

La directiva **ScriptLogLength** limita el tamaño total del archivo **ScriptLog**, impidiendo que se vuelva loco y que ateste el sistema. Por defecto, la cifra se establece a 10MB. Si se alcanza este tamaño, Apache dejará de registrar en el archivo.

Ejemplo: ScriptLogLength 10385760

Registros canalizados

En las directivas que especifiquen la ubicación de los archivos de registro (**CustomLog**, **TransferLog** o **ErrorLog**), en vez de especificar una ubicación de archivo, es posible especificar que los datos de registro se canalicen a algún proceso que maneje los datos. Esto se hace por medio del carácter |, seguido de la ruta del comando que va a recibir los datos. Los datos se proporcionan a ese proceso en la entrada estándar.

Ejemplo: ErrorLog |/usr/bin/htttp_error_process.pl

Esta característica permite hacer un análisis del tráfico sobre la marcha, enviar datos a las bases de datos, notificaciones de correo de errores de servidor, o cualquier forma de manipulación de datos, en vez de tener que usar las funciones de registro integradas.

Hay una serie de consideraciones importantes a la hora de usar el registro canalizado:

- Seguridad - El proceso de registro se inicia como **root** o el usuario de que se trate cuando se inicie el servidor. Asegúrese de que el programa que va a manejar los registros es seguro y que no puede ser secuestrado por algún usuario desaprensivo.
- Asegúrese de que especifica una ruta completa del programa. Si se fía de su ruta de entorno para localizar el programa, puede acabar ejecutando el programa incorrecto, o alguien podría poner otro programa que no hiciera lo que se esperaba anteriormente en la ruta.
- Memoria intermedia - Los programas incorrectamente escritos pueden tratar de colocar en la memoria intermedia toda sus salida hasta que el programa se cierre. El proceso de registro se lanzará cuando se inicie el servidor, y estará activo hasta que éste se pare. Esto puede durar días e incluso meses; si su programa siempre coloca en la memoria intermedia su salida, el proceso crecerá mucho. Asegúrese de que no coloca su salida en la memoria intermedia.
- *Hosts* virtuales - Si los *hosts* virtuales heredan sus parámetros de registro de la configuración del servidor principal, sólo habrá una instancia del proceso de registro (es decir, el servidor no generará automáticamente copias separadas del proceso de registro en cada *host* virtual. Habrá que hacer esto uno mismo si es lo que se desea que ocurra.

Un ejemplo sencillo de registro canalizado

Ahora que ya tiene una idea general del aspecto que tiene un proceso de registro, el Listado 18.1 muestra un ejemplo muy sencillo escrito en Perl. El ejemplo toma datos de registro y los escribe en un archivo si cumplen algunos requisitos.

> **NOTA**
>
> Este ejemplo en concreto podría implementarlo mejor la directiva CustomLog con los parámetros condicionales tratados anteriormente, pero éste es un ejemplo de cómo se puede escribir ese manipulador.

El programa se encuentra en **/usr/bin/loghander.pl**, por lo que la directiva siguiente tiene que establecerse en el archivo **httpd.conf**:

```
CustomLog | /usr/bin/loghandler.pl common
```

El programa recibe los datos de registro, en formato de registro normal, en entradas estándar. Si la solicitud procede de un *host* de la red **databeam.com**, creará el valor del *host* remoto, y el documento que hubiera recibido, en un archivo de registro.

LISTADO 18.1   UN EJEMPLO DE REGISTRO SENCILLO

```perl
#!/usr/bin/perl
use strict;
my (@fields, $hostname, $doc);
$| = 1; # Turn off buffering!

# Leer los datos de la entrada estándar, y procesarlos
while (<>)
{
    # Las líneas se parecen a
    # rbowen.databeam.com - - [13/Aug/1999:12:09:48 -0400]
    # "GET / HTTP/1.0" 200 1945
    @fields = split (/ /, $_);
    $hostname = $fields[0]; # First field
    if ($hostname =~ /databeam\.com/i)
    {
        # Abrir el archivo de registro para adjuntar los datos
        open (LOG, ">>/var/log/httpd/customlog");

        $doc = $fields[6];
        print LOG "$hostname got $doc\n";

        close LOG;
    }
} # Fin del bloque while
```

Este ejemplo tiene algunos problemas. El más palpable es el hecho de que cuando abrimos y cerramos el archivo cada vez que se obtiene una entrada de registro coincidente, lo que es un proceso muy lento. Podríamos arreglar esto moviendo las instrucciones **open** y **close** hacia fuera del bloque **while**. Y podríamos optimizar alunas cosas. Pero esto ilustra cómo se puede escribir un manipulador de registros sencillo.

Un ejemplo algo más complicado

Un ejemplo más realista podría ser el de escribir datos en una base de datos. El ejemplo del Listado 18.2 hace precisamente eso, utilizando el módulo DBI de Perl para escribir en una base de datos MySQL.

> **NOTA**
>
> Para ampliar la información sobre DBI y MySQL, consulte el sitio web DBI en (http://www.symbolstone.org/technology/perl/DBI/index.html) y el sitio web MySQL en (http://www.mysql.org/).

LISTADO 18.2 UN EJEMPLO MÁS REALISTA

```perl
#!/usr/bin/perl
use strict;
use DBI;

my ($dbh, $sth, $hostname, $doc);

# Abrir conexión con base de datos;
$dbh = DBI->connect('DBI:mysql:accesslog', 'username',
      'password') or die "Could not connect to database: $DBI::errstr";

# Obtener datos de registro
while (<>)
{
    @fields = split (/ /, $_);
    $hostname = $fields[0]; # First field
    if ($hostname =~ /databeam\.com/i)
    {
        $doc = $fields[6];
        $sth = $dbh->prepare("insert into data
                (hostname, document)
                values
                ($hostname, $doc)
                ");
        $sth->execute;
        $sth->finish;
    } #  End if
} #  End while

END { $dbh->disconnect; }
```

> **NOTA**
>
> Cuando se detenga o reinicie el servidor, Apache tratará de que el proceso de registro se cierre amablemente, por lo que el bloque END deberá ejecu-

> tarse, pero puede que no lo haga. Además, como ocurre en la versión 1.3, si Apache determina que el proceso de registro ha terminado, está colgado o no ha leído sus entradas recientemente, tratará de reiniciar el proceso de registro.

He aquí otras ideas para el uso de registros canalizados:

- Enviar correo electrónico al administrador del servidor cuando haya un error CGI (esto también se podría lograr con una directiva ErrorDocument que señalara a un programa CGI).
- Iniciar automáticamente un nuevo archivo de registro al final del día.
- Generar dinámicamente gráficos estadísticos minuto a minuto.
- Manejar la resolución de nombres de *host* en un proceso separado en vez de dentro del proceso del servidor.

Herramientas de análisis de registro

Ahora ya tenemos estos datos en los archivos de registro. No son tan buenos, a menos que le proporcionen verdadera información. Como mínimo, podríamos contar el número de líneas que hay en el archivo y tener una idea del número de impactos recibidos por el sitio, pero se trata de un número muy erróneo, ya que cada página HTML, así como cada imagen de cada una de las páginas, muestra una solicitud HTTP, por lo que ese número podría tener muy poca conexión con el número de personas que han visitado el sitio.

Por tanto, es necesario que haya una forma de colocar todos los datos en números. ¿Cuánta gente ha visitado el sitio? ¿Qué paginas son las más visitadas? ¿Qué paginas no encuentra la gente? ¿Qué programas CGI están rompiendo? ¿Qué páginas no obtienen visitas?

Las secciones siguientes contemplan algunas de las herramientas comerciales disponibles para analizar sintácticamente los registros del servidor, así como algunos de los paquetes disponibles para escribir sus propias herramientas de análisis de registros en Perl, el Lenguaje de Extracción y Notificación Práctica, que fue diseñado específicamente para este tipo de trabajo.

Paquetes de análisis de registros disponibles

He aquí algunas de las herramientas que podemos descargar o adquirir. La mayor parte de ellas generan gráficos e informes de forma automática. Algunas tienen más opciones que otras (en realidad, es una cuestión de cuánta información se necesite de los registros y qué tipo de información se esté buscando).

> **NOTA**
>
> La mayoría de las herramientas de análisis de registros disponibles presuponen (al menos en sus configuraciones predeterminadas) que está usando el Formato de Registro Común o, en algunos casos, el formato de Registro Extendido. Algunas de ellas pueden ser personalizadas para que reconozcan el formato de registro que se desee usar.

Para conseguir una lista de los demás programas de análisis de archivos de registro, véase http://www.uu.se/Software/Analyzers/Access-analyzers.html.

Wusage

Empresa: Boutell.com

Disponible en: http://www.boutell.com/wusage/

Se ejecuta en: Linux, Solaris y muchas otras versiones de UNIX, MacOS y Windows 95/98/NT.

Precio: unas 12.000 ptas.

> **NOTA**
>
> Una versión de prueba de este producto está disponible en el CD-ROM que incorpora este libro.

Resumen: Wusage es uno de las mejores herramientas de análisis de registros que hay, especialmente por su precio. Genera un "resumen ejecutivo", que enumera el número total de visitantes, el número de direcciones distintas vistas en el registro y una serie de información que podría resultar útil para tener una idea rápida de lo que está haciendo el sitio. También existen gráficos detallados (como en la Figura 18.1) para todo el sitio y para las páginas individuales del sitio.

Wusage define una visita como un usuario particular que entra en el sitio, que mira una o más páginas y que lo deja. Si transcurren más de 5 minutos desde que un determinado *host* solicita la última página, se considera que esa visita ha terminado. Si un usuario solicita más documentos tras ello, se considerará como una nueva visita. Este plazo es configurable. Wusage permite seguir la pista de las visitas de los usuarios particulares (qué paginas consultaron, en qué orden y cuánto tiempo han pasado en cada una de ellas. Esta información es particularmente útil a la hora de determinar cómo usa su sitio la gente, a fin de mejorar la navegación en el sitio.

wwwstat

Autor: Roy Fielding, Universidad de California, Irvine

Disponible en: http://www.ics.uci.edu/pub/websoft/wwwstat/ o en el CD-ROM que incorpora este libro.

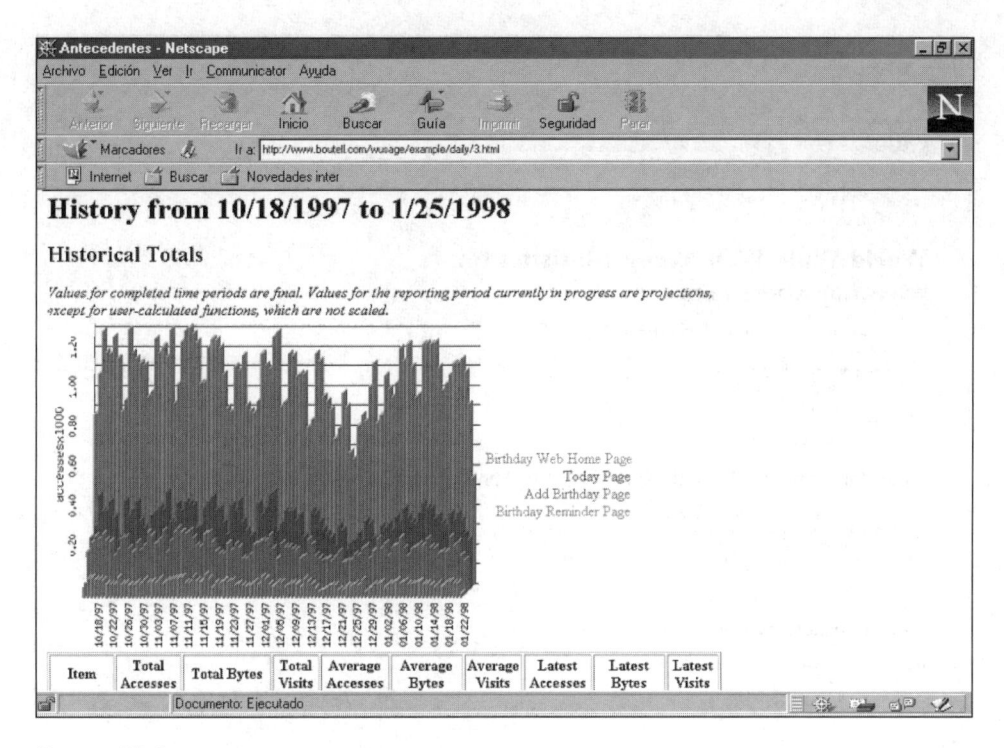

FIGURA 18.1. Salida de ejemplo de Wusage.

Se ejecuta en: Cualquier sistema que tenga Perl

Precio: Gratuito

Resumen: wwwstat es una de las herramientas más antiguas y utilizadas que hay. Desde noviembre de 1996 no ha habido versión, pero el Formato de Registro Común (CLF) tampoco ha cambiado desde entonces, por lo que podríamos decir que no ha habido necesidad de lanzar más versiones.

wwwstat genera páginas HTML (véase la Figura 18.2) que resumen las estadísticas de acceso al servidor, incluyendo la información de en qué momentos del día el servidor está más ocupado, cuántos archivos han sido solicitados o cuántos bytes han sido transferidos a los clientes, así como de qué países proceden los visitantes.

Existe un complemento gratuito llamado gr_wwwstat, que encubre informes wwwstat en gráficos. Puede conseguirlo en **http://www.public.iastate.edu/~oz/gr_wwwstat/**. Había otro producto llamado gwstat que hacía lo mismo, y encontrará muchas referencias de él, pero ya no está disponible.

> **NOTA**
>
> gr_wwwstat no está disponible en el CD-ROM que incorpora este libro, ya que la explicación de cómo instalarlo queda fuera del ámbito del mismo. El sitio web gr_wwwstat proporciona más información.

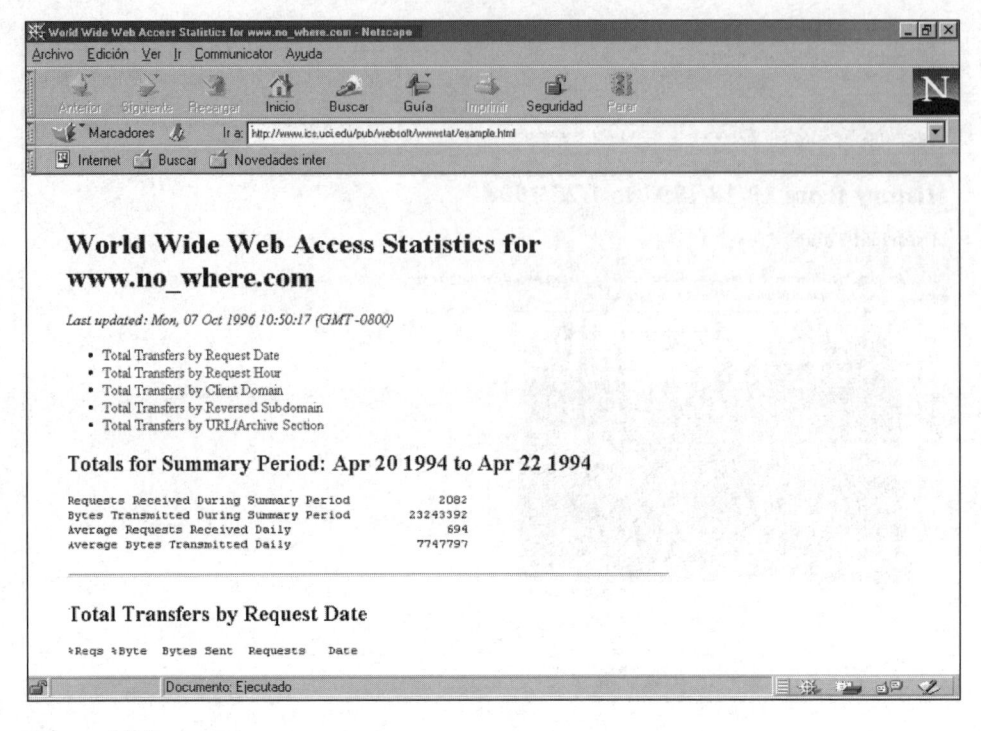

FIGURA 18.2. Salida de ejemplo de wwwstat.

WebTrends

Empresa: WebTrends

Disponible en: http://www.webtrends.com/

Se ejecuta en: Windows NT, Solaris, Linux

Precio: de 65.000 a 2.400.000 Ptas.

Resumen: Aunque WebTrends parece generar informes muy parecidos a los que genera Wusage (véase la Figura 18.3), vale entre 5 y 200 veces más, y está orientado al mercado corporativo.

Webalizer

Autor: Bradford L. Barrett

Disponible en: http://www.mrunix.net/webalizer/

Se ejecuta en: Una amplia selección de plataformas UNIX, así como MacOS, OS/2 y Windows.

Precio: Gratuito

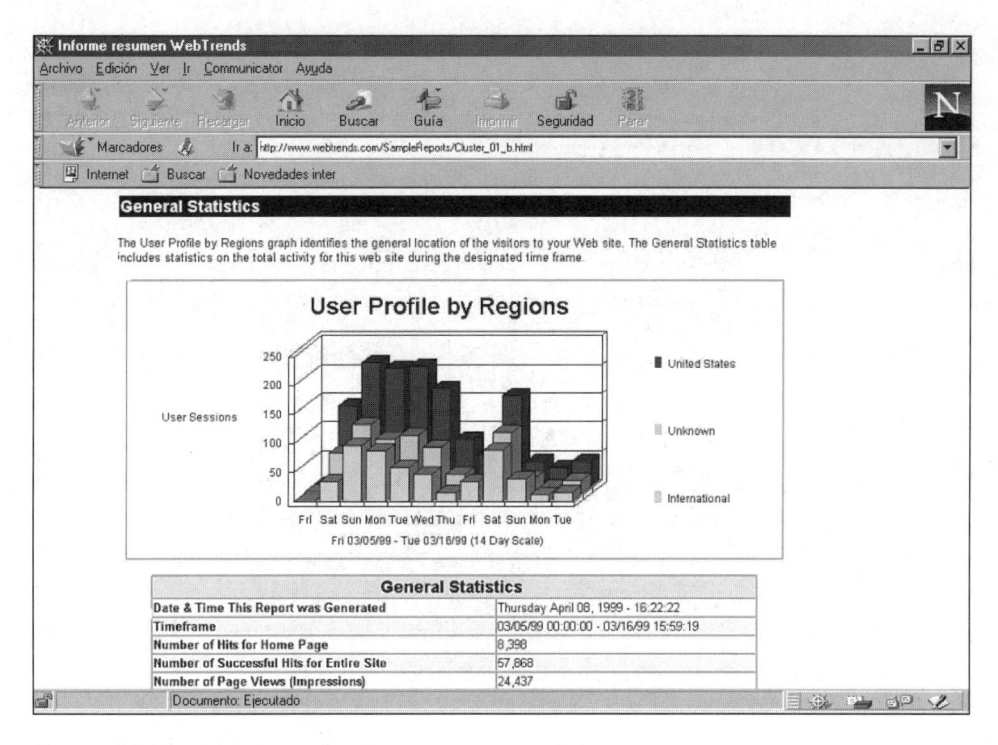

FIGURA 18.3. Salida de ejemplo de WebTrends.

Resumen: Webalizer crea estadísticas detalladas en distintos formatos (véase la Figura 18.4) y varios idiomas. El código fuente está disponible, por lo que se puede construir, pero los binarios también están disponibles en varias versiones de UNIX, MacOS, OS/2 y Windows. Webalizer se facilita bajo la Licencia Pública General (GNU), por lo que es gratuito, y es muy fácil modificarlo y redistribuirlo.

Hágalo usted mismo

Para aquellos que tengan poca experiencia con Perl y algo de tiempo, es posible que quieran probar a crear su propia herramienta de análisis, particularmente si está interesado algún dato o no necesite algo tan elaborado como las herramientas anteriormente examinadas.

Perl se adapta muy bien a hacer este tipo de tarea. Hay una serie de herramientas disponibles para su descarga que están escritas en Perl. El método básico para extraer datos de un archivo de registro Apache es bastante sencillo. Lo que haga con estos datos le compete a usted.

El *snippet* de código del Listado 18.3 lee los datos del archivo de registro de Apache y se divide en sus partes componente.

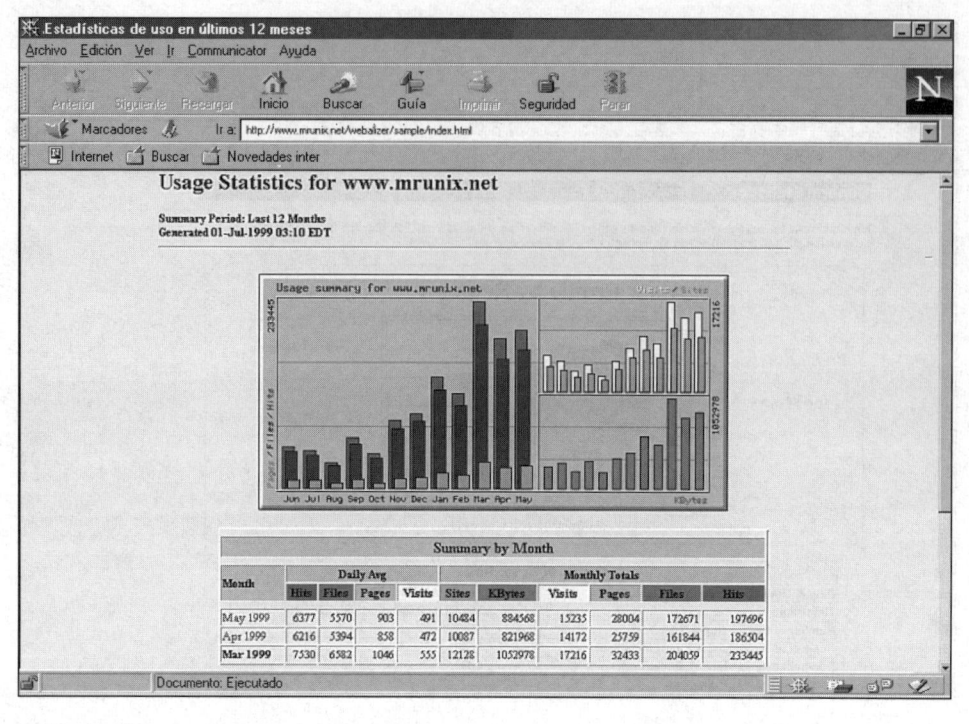

FIGURA 18.4. Salida de ejemplo de Webalizer.

LISTADO 18.3 UN SCRIPT SENCILLO DE PROCESAMIENTO DE REGISTROS ESCRITO EN PERL

```
open (LOG, '/var/logs/httpd/access_log');
while (<LOG>)   {
    ($host, $logname, $username, $datetime, $zone,
     $method, $URL, $HTTPver, $return, $bytes)
    #  Remove extra characters
    $datetime =~ s/^\[//;
    $zone =~ s/\]$//;
    $method =~ s/^"//;
    $HTTPver =~ s/"$//;
     = split (/ /, $_);
    ... do stuff with these values ...
}   #  End while
```

Recuerde que una línea del archivo de registro tiene este aspecto:

```
192.101.203.72 - - [12/May/1999:23:25:11 -0400]
➥"GET /apache.html HTTP/1.0" 200 108
```

Probablemente quiera eliminar algunos caracteres que sobran de los datos, como los corchetes ([]) de la fecha y la hora y las comillas ("") de la solicitud HTTP.

Aparte del método de hacer las cosas uno mismo del Listado 18.3, un módulo Perl mucho más fácil de usar también está disponible en CPAN, que hace mucho de esto y que le proporciona una interfaz orientada a objetos de los datos. El módulo, llamado **Apache::Parse-Log**, está disponible en el directorio **/modules/by-module/Apache/** de CPAN.

> **NOTA**
>
> CPAN, la Red General de Archivos Perl, es una red de sitios FTP reflejados que contiene los conocimientos combinados de la comunidad Perl. Aquí puede encontrar módulos que hacen todo lo que se quiera hacer con Perl, desde manipular conexiones *socket* (el módulo IO::Socket) hasta sabe qué género tiene un nombre (el módulo Text::GenderFromName). Pude encontrar un sitio CPAN en http://www.cpan.org/.

Rotación del archivo de registro

Mientras se ejecuta el servidor, sus registros crecen. Al final, el tamaño del archivo empieza a afectar a su rendimiento, por no mencionar que atesta el espacio del disco. Por consiguiente, conviene rotar el archivo de registro de vez en cuando. Rotar el archivo de registro significa que se elimina el anterior (generalmente archivándolo), y que se empieza uno nuevo. Es posible que tenga que hacer esto con carácter semanal, diario o, incluso, horario, dependiendo del nivel de actividad del servidor.

Casi todos los tipos UNIX se presentan con alguna utilidad **logrotate**. Si el suyo no la tiene o si está ejecutando Apache sobre Windows NT, el concepto será bien simple: hay que mover el archivo de registro existente a alguna ubicación de archivo y comprimirlo de algún modo. Luego, cree un nuevo archivo vacío en el directorio de registro. Reinicie el servidor HTTP y empiece a registrarlos en el nuevo archivo.

> **NOTA**
>
> Es importante reiniciar el servidor HTTP tras haber creado un nuevo archivo de registro. En algunos sistemas, Apache controla su posición en el archivo de registro. Éste seguirá intentando escribir en esa ubicación del archivo, aunque el nuevo archivo haya sido colocado. Esto puede causar comportamientos extraños, mientras Apache trata de escribir en una ubicación del archivo que no existe.

Resumen

El servidor Apache registra los datos en un archivo, o en un proceso, para proporcionarle información sobre qué clientes están accediendo a su servidor, qué documentos están pidiendo y lo que no funciona. Existen distintas herramientas para analizar estos datos, o se puede escribir el analizador de registros o proceso de registro propio para generar estadísticas que le interesen.

Desarrollo

PARTE V

EN ESTA PARTE

- **Introducción a los módulos de Apache** 357
- **Utilizar módulos de Apache estándar** 383
- **Utilizar el módulos Perl** 409
- **Utilizar el módulo PHP** 427
- **Otros módulos bien conocidos** 453
- **Trabajar con la API Apache** 469
- **Contribuir a Apache** 503

CAPÍTULO 19

Introducción a los módulos Apache

¿Qué son los módulos Apache?	358
Usos estándar	360
Un ejemplo sencillo de módulos en acción: estado del servidor	367
Instalar módulos	368
Construir módulos Apache estándar	375
Instalación avanzada de módulos	377

Este capítulo trata de explicar lo que son los módulos, cómo se usan y cuáles se van a utilizar. Veremos cómo configurar e instalar módulos en Apache y estudiaremos técnicas avanzadas para escribir módulos propios.

En primer lugar, hay que comprender por qué Apache tiene "módulos". Para hacerlo, este capítulo se centra brevemente en el concepto de modularización del código en el software.

¿Qué son los módulos Apache?

Los módulos proporcionan la llave que utilizan los sitios web de todos los tamaños a la hora de personalizar el servidor en función de sus necesidades. Sin los módulos, Apache no sería tan capaz o tan popular como lo es hoy en día. De hecho, sería difícil poner el servidor Apache a producir sin entender de antemano los fundamentos de los módulos. En el futuro, los módulos Apache jugarán un papel más importante.

Con Apache 1.3.9 se distribuyen más de 40 módulos. Se describen brevemente en este capítulo y con más detalle en el Capítulo 20, "Utilizar módulos Apache estándar".

Modularización del código

La modularidad de los programas es un concepto clave. Sus ventajas son una mejor capacidad de ampliación (ampliar el programa añadiendo opciones), una mejor descomposición (desarrollando y probando opciones independientemente la una de la otra) y la flexibilidad de la configuración (activar o desactivar opciones en función de las necesidades).

Las características de software se pueden cambiar cuando se crea el programa (en tiempo de compilación) o antes de la ejecución (dinámica). Algunos paquetes avanzados de software permiten la adición o la eliminación de características al tiempo que el programa está en ejecución (en tiempo de ejecución). Apache ha proporcionado personalización en tiempo de compilación, pero soporta personalización dinámica en versiones recientes.

> **NOTA**
>
> En este texto estamos simplificando mucho para describir los módulos como complementos. Los módulos son objetos sofisticados del sistema operativo que se pueden cargar o compartir con otros programas en ejecución. Los módulos también son el lugar de encuentro, y se pueden encontrar en las bibliotecas de vínculos dinámicos de Windows y en bibliotecas de objetos compartidos UNIX. Funcionan sustituyendo elementos de la tabla de símbolos, que es la tabla de contenido que se genera cuando se crea un programa. Para ampliar la información, lea la sección "Bibliotecas compartidas", posteriormente en este capítulo. La Fundación de Software Apache también proporciona información en línea acerca de los módulos en http://www.apache.org/docs/dso.html.

La modularización no suele afectar a la disponibilidad real de las propias características. Un programa no tiene por qué estar modularizado. Sin embargo, la tendencia en el software consiste en modularizar todas las características (que es el camino que toma el desarrollo de Apache). El servidor web Apache se distribuye actualmente con unos 40 módulos separados. Existen cientos de módulos adicionales, disponibles de fabricantes y proyectos *open source*.

Una analogía con un restaurante

Para entender bien la motivación en los módulos, podemos comparar razonablemente el software con un restaurante. Los elementos de menú son análogos a las características de un paquete de software (véase la Tabla 19.1).

Casi todos los paquetes comerciales se presentan con un conjunto predefinido de características y requerimientos fijos del sistema. Ésta es la especialidad de la casa. Así es como se vende y utiliza casi todo el software.

TABLA 19.1 ANALOGÍA DE LOS MÓDULOS DE SOFTWARE CON UN RESTAURANTE

	Software	*Platos*
Sin módulos	El fabricante proporciona un conjunto predefinido de opciones y actualizaciones eventuales en las nuevas versiones.	"Especialidad de la casa": Y se elige un restaurante, pero se come la especialidad de la casa para ese día.
Módulos en tiempo de compilación	Se eligen y adquieren las opciones que se desea que tenga el software una sola vez. No se puede cambiar las opciones sin comprar todo el producto de nuevo.	Menú normal del restaurante: se elige lo que se desea comer de la lista y se pide.
Módulos dinámicos	No sólo se pueden elegir las opciones que se quiere en el software, sino que también es posible añadir características cada vez que se quiera antes de cargar la aplicación.	La mejor cafetería del mundo: puede pedir el plato que desee cada vez que acuda, pero no puede pedir nada nuevo una vez que se siente a comer.
Módulos en tiempo de ejecución	Se eligen las opciones que se quiera y se pueden añadir sin tener que cerrar la aplicación.	Cafetería con un camarero: se pide el plato que se desea en cualquier momento de la comida.

La ventaja de la Especialidad de la casa es que suele ser más barata y que hace lo necesario. La desventaja es que el control de proceso está principalmente limitado al restaurante que elija y a la disponibilidad de la especialidad de la casa.

Si desea reemplazar el Big Mac que viene con la bebida por unas patatas y una ensalada, no podrá hacerlo si ese es el menú que ha pagado. Para conseguir las opciones, deberá pedir cosas del menú por separado.

La modularización en tiempo de compilación es la analogía de pedir cosas del menú. Le indica al cajero lo que desea, teniendo en cuenta sus deseos, presupuesto y exigencias de salud. Tiene que trabajar más, probablemente pagar algo más, pero consigue exactamente lo que desea. La modularización en tiempo de compilación permite a los usuarios seleccionar las opciones que deseen y determinar la configuración de software basada en los requisitos del sistema que desean gastar.

La modularización dinámica del código es un tipo distinto de restaurante. Imagínese una cafetería que siempre tiene preparado lo que desea pedir. Toma su bandeja, elige los platos específicos que desea y paga la comida antes de comer. Esta analogía con el software es más factible que una solución en la práctica, ya que el coste de duplicación en el ciberespacio es insignificante. Si las cafeterías tuvieran la misma calidad que los restaurantes y el mismo precio, probablemente comeríamos en ellas con mucha más frecuencia.

Evidentemente, la solución dinámica posee todas las ventajas de la modularización, por un precio un poco superior. Si Microsoft hubiera sabido cómo hacerles asombrosamente fácil a los usuarios la operación de seleccionar o eliminar las opciones deseadas al inicio, ahora estaríamos todos usando un procesador de textos adaptado a nuestras exigencias. No podríamos quejarnos acerca de los requerimientos de sistema de Microsoft Office si controláramos lo que contiene. Podríamos construir una versión en miniatura del viejo PC de familia y uno completamente abierto para la nueva computadora de la oficina.

Evidentemente, la modularización es muy importante para la satisfacción a largo plazo de los clientes con el software. Afortunadamente, Apache está muy abierto a la modularización, porque contiene algunas ventajas adicionales para el desarrollo de un servidor web *open source*. Se puede escribir, depurar y reescribir nuevos módulos sin que haya demasiadas repercusiones en un servidor en ejecución, y los módulos suelen ser manipulados por los distintos desarrolladores, que son expertos en su uso.

Antecedentes de la modularización

La primera arquitectura modular para Apache, lanzada en agosto de 1995, soportaba módulos en tiempo de compilación. Los módulos estándar se definían e incluían en Apache 1.0, lanzado en diciembre de 1995. La carga de módulos dinámicos se definía e implementaba en la versión 1.3.

Los nuevos módulos se crean ahora por medio de la API Apache, un conjunto de especificaciones escritas que sirven para programar interfaces. Netscape y Microsoft poseen sus propias API: respectivamente, NSAPI e ISAPI.

Usos habituales

Los módulos proporcionan una forma de ampliar la funcionalidad a bajo nivel de Apache. La sección nuclear de un servidor web es en realidad un servidor de archivos que responde a solicitudes HTTP. Los módulos se suelen usar en extensiones de seguridad personalizadas, interfaces de lenguajes de programación y de aplicación específicos, en los registros personalizados, en las modificaciones en el rendimiento y funcionamiento del servidor, en el análisis sintáctico de los URL y en el soporte para tipos adicionales de contenido. Las secciones siguientes abordan con detalle estos tipos de utilización.

Autenticación

La autenticación es la forma técnica de probar la identidad de alguien. Internet es el medio anónimo ideal, donde se pueden visitar los sitios que se desee con un simple clic del ratón. Las visitas se combinan en un gran flujo de bytes dentro y fuera de las redes. Sin embargo, es posible que quiera controlar o controlar el acceso a recursos en línea vitales.

Probar la identidad de alguien requiere que el autenticador y autenticado estén de acuerdo en uno de los puntos siguientes:

- Algo que sólo conoce el autenticado.
- Algo que sólo tiene el autenticado.
- Algo que sólo puede hacer el autenticado.

Una combinación de nombre de usuario-contraseña es el ejemplo principal de algo que se le puede pedir al visitante. Muchas organizaciones requieren a los empleados importantes que utilicen dispositivos electrónicos que muestran contraseñas cambiantes (algo que sólo tiene el autenticado). Por último, el acceso a los datos puede permitirse en la red interna de una organización, pero ser prohibido a los demás visitantes con un cortafuegos. El acceso a los datos es algo que sólo puede hacer el autenticado.

Por regla general, la mejor seguridad es una combinación de algo que alguien conoce y tiene (por ejemplo, su tarjeta y PIN ATM). La seguridad más débil suele descansar exclusivamente en algo que alguien puede hacer. En este caso, cuando un intruso traspasa la primera línea defensiva, puede traspasar todas las capas sucesivas con más facilidad (cada capa le permite fingir que es capaz de hacer más).

Apache está empaquetado con varios módulos que proporcionan opciones de autenticación estándar. No obstante, los módulos adicionales están disponibles en la Web. La Tabla 19.2 muestra todos los módulos de autenticación disponibles.

TABLA 19.2   MÓDULOS QUE PROPORCIONAN OPCIONES DE AUTENTICACIÓN

Nombre del módulo	Descripción
mod_auth	Autenticación a través de los métodos estándar de Apache (archivos htaccess y htgroup).
mod_auth_db	mod_auth modificado para usar rutinas Berkeley DB con archivos htaccess y htgroup.
mod_auth_dbm	mod_auth modificado para usar las rutinas GNU DBM routines con archivos htaccess y htgroup.
mod_auth_cookie	Autenticación a través de una *cookie*.

Tabla 19.2 Módulos que proporcionan opciones de autenticación *(continuación)*

Nombre del módulo	Descripción
mod_auth_cookie_file	Autenticación a través de una *cookie* y de un archivo de contraseña.
mod_auth_external	Autenticación a través de un programa externo.
mod_auth_system	Autenticación a través de un archivo de contraseña estándar de UNIX.
mod_auth_yp	Autenticación a través de NIS (servicio de autenticación de redes basado en UNIX).
mod_auth_cookie_msql	Autenticación a través de *cookies* y mSQL.
mod_auth_NDS	Autenticación a través de NDS (Servicio de Directorio de Redes de Novell).
mod_ldap	Autenticación a través de LDAP (Protocolo de Acceso a Directorios Ligeros).
mod_auth_kerb	Autenticación a través de Kerberos (estructura de seguridad muy generalizada desarrollada en el MIT).
mod_auth_mysql	Autenticación a través de MySQL (una base de datos *open source* de UNIX).
mod_auth_pgsql	Autenticación a través de PostgreSQL (otra base de datos *open source* común de UNIX).
mod_auth_radius	Autenticación a través de RADIUS (servicio de autenticación de redes que suelen usar los ISP).
mod_auth_samba	Autenticación a través de Samba (herramienta UNIX que sirve para acceder a la autenticación de redes y servidores de archivos Windows).
PAM Auth	Autenticación a través de PAM (nuevo esquema UNIX para la interoperabilidad de los servicios de autenticación).
mod_auth_notes	Autenticación a través de Lotus Notes.
mod_auth_nt_module	Autenticación a través de la seguridad de Windows NT.
mod_auth_tacacs	Autenticación a través de TACACS (estructura de seguridad de dispositivos para redes desarrollada por Cisco Systems y otros).
mod_auth_anon	Autenticación mediante el uso del par anónimo nombre de usuario-contraseña, similar a la mayoría de servidores FTP públicos.
mod_auth_digest	Extensión de mod_auth que soporta la autenticación de resúmenes MD5 (experimental).

Si no ve el mecanismo de autenticación de la Tabla 19.2, esto no significa que no esté disponible. Los nuevos módulos suelen estar listados en http://modules.apache.org/.

Autorización

La autenticación no es en sí misma una fundación completa de la seguridad basada en la Web. También está la autorización y la contabilidad. La autorización determina qué acceso tiene que tener alguien una vez que ha probado su identidad. La contabilidad registra las acciones llevadas a cabo por los visitantes.

Los módulos de autenticación de la Tabla 19.2 también pueden proporcionar la autorización o la contabilidad de forma directa o indirecta a través de las estructuras de seguridad para redes a las que acceden. La Tabla 19.3 enumera los módulos de autorización disponibles en Apache, en otras parte de la Web e, incluso, en el CD-ROM que incorpora este libro.

TABLA 19.3 MÓDULOS DE AUTORIZACIÓN

Nombre del módulo	Descripción
mod_allowdev	Restringe mejor el acceso al espacio de archivos.
disallow_id	Desautoriza ofrecer páginas web en base al uid/gid de UNIX.
user/domain access control	Permite o prohibe el acceso al par usuario-dominio.

Encriptación

La encriptación permite la comunicación privada de comunicación en Internet. La autenticación, la autorización y la contabilidad aseguran que sólo algunos usuarios seleccionados pueden acceder a información vital de un servidor web, pero no se defienden contra las escuchas de la información una vez que ésta abandona el servidor o el escritorio de un visitante. En función de la distancia virtual y el encaminamiento, otras personas podrían escuchar el contenido del tráfico.

Muchos servidores web comerciales, entre los que se incluyen las variantes de Apache, se venden principalmente sobre el valor añadido por sus módulos de encriptación. Estos servidores de comercio electrónico suelen implementar el protocolo SSL para transmitir los números de tarjetas de crédito de modo seguro. La encriptación también se puede usar para asegurar la autenticación, la autorización y la contabilidad. El siguiente módulo es gratuito:

mod_ssl   Interfaz de Apache con SSLeay gratuita

Una cobertura detallada de las implementaciones comerciales SSL y SSLeay se encuentra en el Capítulo 23, "Otros módulos bien conocidos".

Soporte de lenguajes y aplicaciones

Los sitios web útiles son interactivos. Su contenido puede ser actualizado regularmente por un proceso externo o creado dinámicamente. Los servidores web deben ser capaces de enviar las entradas de los usuarios y recibir páginas HTML de las aplicaciones Web. Existen numerosos módulos disponibles.

Los módulos principales son **mod_cgi** y **mod_perl**. CGI (Interfaz de Pasarela Común) se describe en detalle en el Capítulo 11, "Programación CGI"; **mod_cgi** se aborda en el Capítulo 20. Perl es un lenguaje de automatización que se suele usar para crear aplicaciones CGI; **mod_perl** se describe en detalle en el Capítulo 21, "Utilizar el módulo Perl". La especulación se centra en torno a que las aplicaciones del lado del servidor escritas en Java adelantarán a CGI/Perl en un futuro próximo.

Los lenguajes de automatización integrados y las interfaces con servidores de aplicación también se han popularizado. La arquitectura de sitio de tres capas, compuesta de un servidor web que se comunica con un servidor de aplicación que almacena todo el contenido de un servidor de base de datos, se está usando para el comercio electrónico. La Tabla 19.4 enumera módulos que se incluyen en Apache o que ya están disponibles en la Web.

TABLA 19.4 MÓDULOS DE SOPORTE DE LENGUAJES Y APLICACIONES MUY UTILIZADOS

Nombre del módulo	Descripción
mod_cgi	Interfaz de pasarela común.
Includes	Inclusiones del lado del servidor.
mod_perl	Integra los intérpretes de Perl para evitar costes CGI y proprocionar una interfaz Perl con la API del servidor.
ColdFusion Module	Interfaz con el servidor de aplicación ColdFusion.
PyApache (mod_pyapache)	Intérprete integrado del lenguaje Python.
mod_php, mod_php3	Lenguaje de automatización del lado del servidor, con soporte extensivo para base de datos.
mod_dtcl	Tcl analizado sintácticamente para servidor open source.
Cold Flame	Versión Alpha de unn módulo para analizar sintácticamente código ColdFusion por medio de MySQL.
FastCGI	Mantiene vivos los procesos CGI para evitar ramificaciones por impacto.
Java Wrapper Module	Permite la ejecución directa de aplicaciones Java como CGI.
mod_cgisock	Implmentación socket de CGI.
mod_ecgi	CGI intergado (sin ramificaciones).
mod_javascript	Módulo JavaScript (ECMA-262)
mod_jserv	Interfaz de *servlets* Java.
JRun	Despliega aplicaciones Java del lado del servidor, que utilizan *servlets* Java y páginas JavaServer.
mod_fjord	Procesador de servidor Java.

Diagnósticos y contadores

Algunos módulos proporcionan información acerca del propio servidor web, incluyendo estadísticas internas y accesos a páginas. Los módulos de la Tabla 19.5 están incluidos en Apache; también puede encontrarlos en el CD-ROM que acompaña a este libro.

TABLA 19.5   MÓDULOS DE DIAGNÓSTICO Y CONTADOR WEB

Nombre del módulo	Descripción
mod_status	Visualización del estado del servidor.
mod_info	Información sobre la configuración del servidor.
mod_cntr	Contador de acceso automático a URL a través de un archivo DBM.
WebCounter	Acceso a página web contado dinámicamente.

Registro

El registro es un componente fundamental de la funcionalidad del servidor Apache. Proporciona los medios para diagnosticar problemas con el servidor, las alertas a operadores humanos, el acceso a los documentos del sitio y el ofrecimiento de datos para el análisis estadístico del tráfico visitante.

Los nombres y formatos de los archivos de registro del servidor son configurables. A menudo se añaden datos de sesión y de referencia. La Tabla 19.6 incluye módulos que se incluyen con Apache; también puede encontrarlos en el CD-ROM adjunto a este libro.

TABLA 19.6   MÓDULOS DE REGISTRO PERSONALIZADOS

Nombre del módulo	Descripción
mod_log_agent	Registro de los agentes del usuario.
mod_log_config	Registro estándar en formato Logfile.
mod_log_referer	Registro de las referencias a documentos.
dir_log_module	Registro por directorio.

Operaciones del servidor

A veces, los desarrolladores y los administradores de sistemas necesitan cambiar la forma en que el propio servidor Apache responde a las solicitudes URL. Esto puede suponer volver a escribir el URL, hacer referencia a visitantes en otra parte o activar o limitar las posibilidades del servidor.

Estos módulos pueden ser muy complejos de configurar. La Tabla 19.7 enumera estos módulos que incluye Apache; también es posible localizarlos en el CD-ROM que acompaña a este libro.

TABLA 19.7 MÓDULOS QUE AFECTAN AL FUNCIONAMIENTO DEL SERVIDOR

Nombre del módulo	Descripción
rewrite_module	Potente asignación de URI a nombre de archivo que usa expresiones habituales.
mod_vhost_alias	Soporte para el albergue virtual configurado dinámicamente.
mod_headers	Añadir encabezados HTTP arbitrarios a los recursos.
mod_access	Control de acceso basado en *hosts*.
mod_speling	Formas de escribir menores de corrección automática de los URL.
mod_unique_id	Generación de un identiicador de solicitud única para cada solicitud.
mod_usertrack	Control del usuario que usa *cookies*.
mod_alias	Alias y redireccionamientos.
mod_bandwidth	Administración del ancho de banda sobre una base por conexión.
mod_cache	Guardado automático en la caché de los documentos.
mod_lock	Mecanismo de bloqueo condicional para árboles de documentos.
mod_session	Administración de sesiones y control a través de los identificadores.
mod_throttle	Supresión del acceso por usuarios individuales.
UserPath	Proporcionar un método diferente de asignar URL de usuario.

Soporte de contenido

Apache sirve mucho más que HTML. Casi todos los tipos de contenido que se cree pueden implementarse si se ponen en marcha el manipulador y los métodos de identificación apropiados. Esto es importante, puesto que no sólo debe el servidor ser capaz de procesar el tipo de contenido, sino que también debe notificar al visitante que espere recibir nuevas formas de contenido para luego enviar la información de un modo optimizado y que permita la manipulación de errores.

Los tipos multimedia constituyen ejemplos evidentes, pero estos tipos de documentos más habituales tienen que ser tratados de un modo distinto. Dicho esto, Microsoft ha convertido recientemente a la integración del servidor web una parte importante del soporte de Office 2000. Puede esperar que la integración de los sistemas operativos con Internet favorezca las opciones de manipulación de contenido en el servidor web. Históricamente hablando, la identificación del contenido se ha efectuado a través de MIME (Extensiones Multiaplicación del Correo Internet). Apache manipula MIME a través de módulos estándar y soporta tipos adicionales a través de módulos personalizados. Observe que algunos de los tipos de medios más complejos se manipulan ahora a través de servidores separados.

Los idiomas que no sean el inglés deben mostrarse con exactitud ante los visitantes nativos. Estos módulos están disponibles, como se ve en la Tabla 19.8.

TABLA 19.8   MÓDULOS DE SOPORTE DE CONTENIDO

Nombre del módulo	Descripción
mod_mime	Determinación de los tipos de documento que usen extensiones de archivo.
mod_mime_magic	Determinación de los tipos de documento que usen "números mágicos".
mod_negotiation	Negociación de contenido.
mod_expires	De los encabezados a los recursos.
mod_actions	Ejecución de *scripts* basados en tipo de archivo-método.
mod_beza	Caracteres nacionales de conversión de módulos y remiendos.
mod_fontxlate	Traductor de conjuntos de caracteres nacionales configurables.
mod_charset	Traducciones de página de códigos en ruso.
Módulos de Manipulación de Conjuntos de caracteres en ruso	Soporte para documentos en ruso de los distintos conjuntos de caracteres.
SSI para ISO-2022-JP	Documentos de codificación ISO-2022-JP y de manipulación SSI (en japonés).

Un ejemplo sencillo de los módulos en acción: el estado del servidor

En esta sección se describe uno de los módulos estándar de Apache, **mod_status**, que proporciona información de diagnóstico sobre el propio servidor Apache. El funcionamiento, la configuración y la carga de un módulo sencillo se demuestran aquí.

Necesitará instalar y registrar un módulo antes de poder utilizarlo en Apache. Los módulos también necesitan ser configurados. La instalación de los módulos se aborda en la próxima sección.

Una vez que se instala un módulo, tiene que cargarse en Apache. La manera más sencilla de hacerlo es antes del inicio de Apache, colocando comandos **AddModule** y **LoadModule** en **httpd.conf**. Si no, se pueden usar los comandos **apxs** y **apachectl**.

En lo que respecta al módulos **mod_status**, las líneas más importantes son:

```
LoadModule status_module    lib/apache/mod_status.so
AddModule mod_status.c
```

El comando **LoadModule** es necesario para poner el módulo a disposición de Apache. El comando **AddModule** especifica el orden de ejecución.

El módulo **mod_status** funciona creando un vínculo virtual entre un URL especificado por un usuario y las estadísticas de conexión HTTP del servidor Apache. Puede indicarle a Apache que asocie un URL con el módulo mediante la inserción de un comando **SetHandler**:

```
<location /server-status>
SetHandler server-status
</location>
```

> **NOTA**
>
> Se recomienda que todos los URL administrativos se protejan del acceso externo. En este caso, se añaden las líneas siguientes a la definición de la ubicación /server-status:
>
> ```
> order deny, allow
> allow from your-ip-addr-block
> deny from all
> ```

Las versiones más recientes de Apache también han añadido una opción que muestra información extendida del estado. Esto se puede activar estableciendo la variable **ExtendedStatus** a **on**.

En este punto, el servidor Apache necesita ser reiniciado para activar los cambios. Podemos usar **apachectl** o el proceso normal de reinicio del servicio por parte del SO.

> **NOTA**
>
> Los registros de error de Apache deben comprobarse siempre que se reinicie el servidor cuando se hayan hecho cambios importantes en la configuración. Los nuevos activados de módulos son notorios por exigir la solución de problemas. Los activados de módulos pueden confirmarse en el inicio de Apache.

Con suerte, si orienta el navegador al URL **/extended-status**, deberá ver algo parecido a la Figura 19.1.

Para recabar más información sobre el significado de los campos y la modificación de la salida de **mod_status**, véase el material de referencia a los módulos del Capítulo 20.

Instalar módulos

Instalar módulos puede ser mucho más complicado que configurarlos. Antes de investigar los procedimientos existentes de los módulos estándar de Apache, examinemos brevemente los conceptos del sistema operativo que están asociados con la carga de los módulos.

Bibliotecas compartidas

La sección anterior examinaba la modularización del software y por qué se hace. A un nivel mucho más bajo, los programas tienden a compartir las mismas tareas (abrir archivos, escribir datos en la pantalla, etc.). Los programas pueden hacer esto, porque el código máquina que le indica a la computadora cómo hacer esto exactamente se inserta durante las fases finales de la compilación.

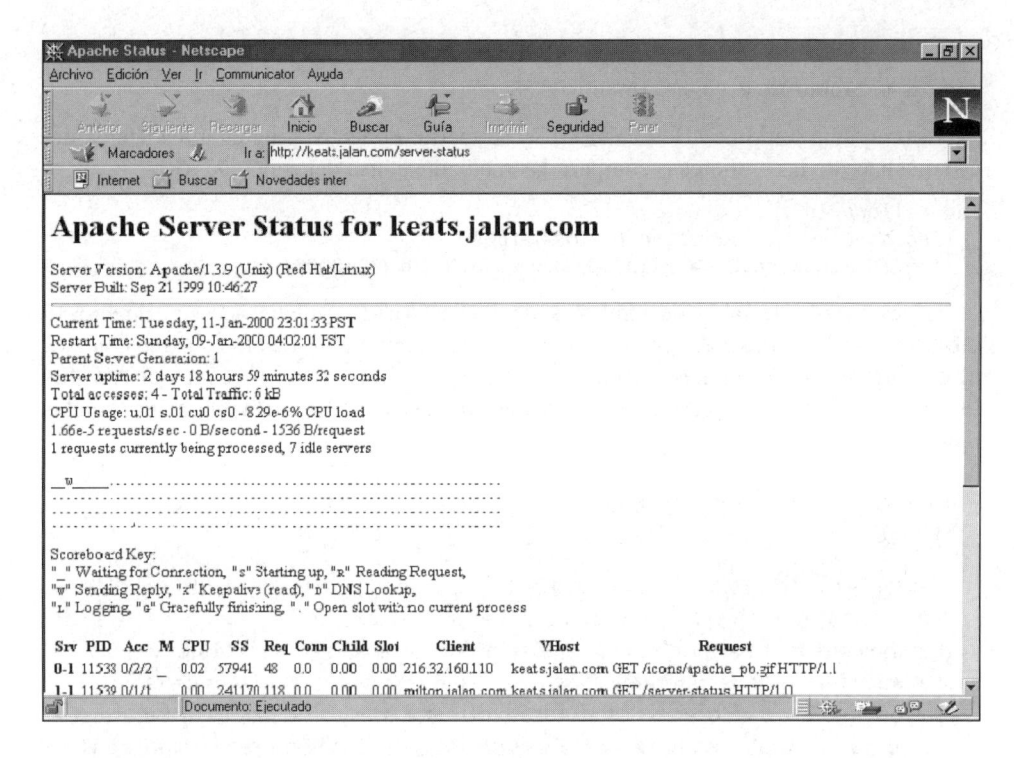

FIGURA 19.1. El estado del servidor Apache para keats.jalan.com.

En verdad, a cada elemento de funcionalidad del código se le asigna un nombre y la ubicación de partida en la memoria de sus instrucciones de máquina se indexa en una tabla, llamada tabla de símbolos. Esta tabla se almacena dentro del ejecutable y se lee al inicio del programa. Antes de nada, se busca y se ejecuta el fragmento de código **main**.

Los elementos citados en una tabla de símbolos no tiene por qué formar parte del propio ejecutable. Algunos elementos pertenecen naturalmente al sistema operativo o a otra funcionalidad. En estos casos, la tabla de símbolos contiene una solicitud al sistema operativo para cargar la sección adecuada.

Biblioteca compartida es el nombre dado a las construcciones del sistema de archivos que contienen código compartido o un sistema operativo.

Por ejemplo, consideremos el programa tan conocido escrito en lenguaje C y que aparece en el Listado 19.1.

LISTADO 19.1 HELLOWORLD.C

```
Int main(int argc, char *argv[])
{
    printf("Hello World!");
    exit(0);
}
```

En sistemas Linux, este programa se compilaría con el comando

```
gcc -g helloWorld.c -o helloWorld
```

El programa imprime "Hello World!" y se cierra. Podemos preguntarnos acerca del uso que hace de las bibliotecas compartidas mediante el uso del comando ldd:

```
ldd helloWorld
  libc.so.6 => /lib/libc.so.6 (0x4001b000)
  /lib/ld-linux.so.2 => /lib/ld-linux.so.2 (0x40000000)
```

En este caso, la tabla de símbolos de **helloWorld** contiene accesos directos a **Libc.so.6** y **ld-linux.so.2**. Ambas son bibliotecas compartidas, de ahí su extensión .so. libc contiene construcciones estándar del sistema operativo y en C, como printf. ld-linux.so.2 constituye un caso especial, ya que contiene el código para interactuar con las bibliotecas.

> **NOTA**
>
> Evidentemente, la manera más rápida de desactivar un servidor UNIX consiste en eliminar o hacer que no se puedan leer las bibliotecas libc y ld. Se cuentan muchas historias para no dormir acerca de fracasos de actualizaciones del SO. La única forma de recuperarse consiste en reiniciar desde un medio de recuperación y volver a colocar las bibliotecas correctas en su sitio. Algunos binarios se compilan explícitamente sin referencia alguna a bibliotecas compartidas que ayuden a recuperarse de esos desastres.

También podemos usar el comando **nm** para inspeccionar la tabla de símbolos del propio ejecutable **helloWorld**, como vemos en el Listado 19.2.

LISTADO 19.2 TABLA DE SÍMBOLOS HELLO WORLD

```
nm helloWorld
08049480 ? _DYNAMIC
08049460 ? _GLOBAL_OFFSET_TABLE_
0804842c R _IO_stdin_used
08049454 ? __CTOR_END__
08049450 ? __CTOR_LIST__
0804945c ? __DTOR_END__
08049458 ? __DTOR_LIST__
0804944c ? __EH_FRAME_BEGIN__
0804944c ? __FRAME_END__
08049520 A __bss_start
08049440 D __data_start
         U __deregister_frame_info@@GLIBC_2.0
080483e0 t __do_global_ctors_aux
08048350 t __do_global_dtors_aux
         U __gmon_start__
         U __libc_start_main@@GLIBC_2.0
         U __register_frame_info@@GLIBC_2.0
08049520 A _edata
```

LISTADO 19.2 TABLA DE SÍMBOLOS HELLO WORLD *(continuación)*

```
08049538 A _end
0804840c A _etext
0804840c ? _fini
         U _fp_hw
08048298 ? _init
08048320 T _start
08049448 d completed.3
08049440 W data_start
08048398 t fini_dummy
0804944c d force_to_data
0804944c d force_to_data
080483a0 t frame_dummy
08048344 t gcc2_compiled.
08048350 t gcc2_compiled.
080483e0 t gcc2_compiled.
0804840c t gcc2_compiled.
080483c8 t gcc2_compiled.
080483c0 t init_dummy
08048404 t init_dummy
080483c8 T main
08049520 b object.8
08049444 d p.2
         U printf@@GLIBC_2.0
```

En su mayor parte, la tabla de símbolos parece ser palabras mágicas ilegibles. Está diseñada para que sólo la pueda leer la computadora, pero podemos ver las referencias a **main**, **printf** y el código de inicio-cierre. El formato de la tabla es una entrada de tabla de una línea por símbolo, que muestra el inicio de la memoria, el tipo de símbolo y el nombre del símbolo. El comando **nm** también se puede usar en bibliotecas compartidas.

La importancia de aprender estas utilidades es que los módulos Apache son ejemplos sofisticados de bibliotecas compartidas. Volviendo a nuestro sistema Red Hat Linux que ejecuta Apache 1.3.9, observe los típicos módulos del directorio modules:

```
[root@keats modules]# ls
httpd.exp                   mod_bandwidth.so         mod_macro.so
imap.so                     mod_cern_meta.so         mod_mime.so
libcache.so                 mod_cgi.so               mod_mime_magic.so
libperl.so                  mod_cvs.so               mod_mmap_static.so
libphp3.so                  mod_digest.so            mod_negotiation.so
libproxy.so                 mod_dir.so               mod_peephole.so
mod_access.so               mod_disallow_id.so       mod_php.so
mod_actions.so              mod_eaccess.so           mod_put.so
mod_alias.so                mod_env.so               mod_qs2ssi.so
mod_allowdev.so             mod_example.so           mod_rewrite.so
mod_asis.so                 mod_expires.so           mod_roaming.so
mod_auth.so                 mod_fastcgi.so           mod_session.so
mod_auth_anon.so            mod_headers.so           mod_setenvif.so
mod_auth_cookie.so          mod_imap.so              mod_speling.so
mod_auth_cookie_file.so     mod_include.so           mod_status.so
mod_auth_db.so              mod_info.so              mod_unique_id.so
```

```
mod_auth_dbm.so           mod_ip_forwarding.so      mod_urlcount.so
mod_auth_external.so      mod_lock.so               mod_userdir.so
mod_auth_inst.so          mod_log_agent.so          mod_usertrack.so
mod_auth_system.so        mod_log_config.so         mod_vhost_alias.so
mod_autoindex.so          mod_log_referer.so        pgsql.so
```

Observe que todos los módulos tienen una extensión .so, que es la misma extensión que utilizan las bibliotecas compartidas en UNIX. Podemos inspeccionar la tabla de símbolos de estos módulos, empezando por los módulos de estado que describimos en la sección anterior. Observe también que la tabla de símbolos es distinta de la aplicación en C que acabamos de ver (véase el Listado 19.3). $I~bibliotecas compartidas;programa Hello World >

LISTADO 19.3 TABLA DE SÍMBOLOS DE UN MÓDULO APACHE

```
[root@keats modules]# nm mod_status.so
00000000 A GCC.INTERNAL
0000679c A _DYNAMIC
000066f8 A _GLOBAL_OFFSET_TABLE_
000066ec ? __CTOR_END__
000066e8 ? __CTOR_LIST__
000066f4 ? __DTOR_END__
000066f0 ? __DTOR_LIST__
000066e4 ? __EH_FRAME_BEGIN__
000066e4 ? __FRAME_END__
         U ___brk_addr@@GLIBC_2.0
00006844 A __bss_start
         U __curbrk@@GLIBC_2.0
         U __deregister_frame_info@@GLIBC_2.0
000047a0 t __do_global_ctors_aux
00000be0 t __do_global_dtors_aux
         U __environ@@GLIBC_2.0
         U __gmon_start__
         U __register_frame_info@@GLIBC_2.0
00006844 A _edata
00006868 A _end
00004800 A _etext
00004800 ? _fini
000009d0 ? _init
         U ap_check_cmd_context
         U ap_escape_html
         U ap_exists_scoreboard_image
         U ap_extended_status
         U ap_get_server_built
         U ap_get_server_name$I~bibliotecas compartidas;programa Hello
         World >
         U ap_get_server_version
         U ap_hard_timeout
         U ap_ht_time
         U ap_kill_timeout
         U ap_log_rerror
         U ap_my_generation
         U ap_psignature
```

LISTADO 19.3 TABLA DE SÍMBOLOS DE UN MÓDULO APACHE *(continuación)*

```
         U ap_restart_time
         U ap_rprintf
         U ap_rputc
         U ap_rputs
         U ap_rvputs
         U ap_scoreboard_image
         U ap_send_http_header
         U ap_sync_scoreboard_image
         U ap_table_set
         U atexit@@GLIBC_2.0
000065e4 d completed.3
         U difftime@@GLIBC_2.0
00000c3c t fini_dummy
000065e8 d force_to_data
000066e4 d force_to_data
00000d38 t format_byte_out
00000e40 t format_kbyte_out
00000c54 t frame_dummy
00000be0 t gcc2_compiled.
00000be0 t gcc2_compiled.
000047a0 t gcc2_compiled.
00004800 t gcc2_compiled.
00000ca0 t gcc2_compiled.
00000c88 t init_dummy
000047d4 t init_dummy
00006844 b object.8
000065e0 d p.2
00000ca0 t set_extended_status
00000f00 t show_time
0000685c b status_flags
00001170 t status_handler
00006660 d status_handlers
0000472c t status_init
00006680 D status_module
00006600 d status_module_cmds
00006630 d status_options
         U strcasecmp@@GLIBC_2.0
         U strcmp@@GLIBC_2.0
         U strlen@@GLIBC_2.0
         U strstr@@GLIBC_2.0
         U sysconf@@GLIBC_2.0
         U time@@GLIBC_2.0
```

Observe que existen dos conjuntos interesantes de símbolos: los que empiezan por **ap** y los que empiezan por **status**.

- Los símbolos **ap** hacen referencia a las rutinas que se definen en la API Apache, la biblioteca de funciones que pueden llamar los módulos al hacer de interfaz con Apache.

- Los símbolos **status** hacen referencia a rutinas definidas en el propio módulo **status**.

Es normal que un módulo defina su propio espacio de nombres y que tenga funciones de análisis sintáctico **init**, **handler** y **option**. Estas funciones pueden enviarse a Apache para su ejecución en ciertas condiciones, como el inicio del servidor web. El módulo **status** se ejecuta siempre que se accede al URL de estado.

Ahora que comprende algunos de los conceptos básicos del sistema operativo asociados a las bibliotecas compartidas y cómo se aplican en Apache, podemos profundizar en lo que hace que los módulos de Apache sean únicos.

Objetos dinámicos compartidos

Apache 1.3 soporta un tipo especial de biblioteca compartida: los DSO (*Dynamic Shared Object*, Objetos Dinámicos Compartidos). El servidor Apache puede cargar o descargar DSO en función de sus necesidades. El programa nuclear Apache también se puede cargar como DSO, y todos los módulos de software de la distribución estándar de Apache pueden compilarse como DSO. Por tanto, se recomienda que construya Apache con mucha flexibilidad (DSO completo) y que reduzca la funcionalidad en tiempo de ejecución a sólo aquellas opciones que se necesite para la instalación.

En el último informe, los DSO fueron probados en las siguientes plataformas:

FreeBSD, versiones 2.1.5, 2.2.x, 3.x y 4.x

OpenBSD 2.x

NetBSD 1.3.1

BSDI 3.x y 4.x

Linux: Debian 1.3.1 y Red Hat 4.2

Solaris 2.4 a 2.7

SunOS 4.1.3

Digital UNIX 4.0

IRIX 5.3 y 6.2

HP/UX 10.20

UnixWare 2.01 y 2.1.2

SCO 5.0.4

AIX 3.2, 4.1.5, 4.2 y 4.3

ReliantUNIX/SINIX 5.43

SVR4

Mac OS X Server 1.0

Mac OS 10.0, preview 1

OpenStep/Mach 4.2

DGUX

Apache 1.3.9 está certificado para ejecutarse en Windows NT 4.0 y soporta módulos cargables. Los comentarios específicos de Windows NT se encuentran en http://www.apache.org/_docs/windows.html.

Construir módulos Apache estándar

En plataformas UNIX, Apache se construye por medio de los comandos **configure** y **make**. Se presupone que ya conoce el proceso genérico de configuración Apache, que se describe en el Capítulo 5, "Archivos de configuración del servidor". Las Tablas 19.9 y 19.10 describen las opciones específicas de las configuración de los módulos del proceso de configuración de Apache.

TABLA 19.9 OPCIONES ESPECÍFICAS DE MÓDULOS QUE SE PUEDEN CONFIGURAR

Opción	Descripción
–enable-module=module_name	Selecciona el módulo a compilar directamente en Apache.
–enable-shared=module_name	Selecciona el módulo a compilar como DSO.
–add-module=module_name	Selecciona el módulo a compilar directamente en Apache (que sólo se usa en módulos no estándar, es decir, en aquellos que no incluye la distribución Apache).
–activate-module	Lo mismo que en **add-module**, sólo que para casos más complejos, como **mod_perl** y **mod_php**, donde juegan muchos archivos.
–enable-rule=SHARED_CORE	Se requiere en algunas plataformas para soportar DSO.

TABLA 19.10 LISTA DE LOS MÓDULOS ESTÁNDAR DE APACHE 1.3.9

Nombre del módulo	Valor predeterminado	Descripción
mod_env	Activado	Establece variables de entorno para *scripts* CGI/SSI.
mod_setenvif	Activado	Establece variables de entorno en base a encabezados HTTP.
mod_unique_id	Desactivado	Genera identificadores únicos para su solicitud.
mod_mime	Activado	Determinación del tipo-codificación de contenido (configurado).
mod_mime_magic	Desactivado	Determinación del tipo-codificación de contenido (automático).
mod_negotiation	Activado	Selección de contenido basado en los encabezados HTTP Accept*.
mod_alias	Activado	Transacción y redireccionamiento sencillo de URL.
mod_rewrite	Desactivado	Transacción y redireccionamiento avanzado de URL.

TABLA 19.10 LISTA DE LOS MÓDULOS ESTÁNDAR DE APACHE 1.3.9 *(continuación)*

Nombre del módulo	Valor predeterminado	Descripción
mod_userdir	Activado	Selección de directorios de recursos por nombre de usuario.
mod_speling	Desactivado	Corrección de URL mal escritos.
mod_dir	Activado	Manipulación de directorios y de archivos predeterminados de directorios.
mod_autoindex	Activado	Generación automática de archivos de índices de directorios.
mod_access	Activado	Control de acceso (usuario, *host* y red).
mod_auth	Activado	Autenticación básica HTTP (usuario y contraseña).
mod_auth_dbm	Desactivado	Autenticación básica HTTP a través de archivos NDBM de UNIX.
mod_auth_db	Desactivado	Autenticación básica HTTP a través de archivos Berkeley DB
mod_auth_anon	Desactivado	Autenticación básica HTTP para usuarios de estilo anónimo.
mod_digest	Desactivado	Autenticación de resúmenes HTTP.
mod_headers	Desactivado	Encabezados de respuesta HTTP arbitrarios (configurados).
mod_cern_meta	Desactivado	Encabezados de respuesta HTTP arbitrarios (archivos de estilo CERN).
mod_expires	Desactivado	Respuestas HTTP caducadas.
mod_asis	Activado	Respuestas HTTP.
mod_include	Activado	Soporte para inclusiones del lado del servidor (SSI).
mod_cgi	Activado	Soporte CGI.
mod_actions	Activado	Asignación de *scripts* CGI para que actúen como manipuladores internos.
mod_status	Activado	Manipulador de contenido para el estado de tiempo de ejecución del servidor.
mod_info	Desactivado	Manipulador de contenido para el resumen de la configuración del servidor.
mod_log_config	Activado	Registro personalizado de solicitudes.
mod_log_agent	Desactivado	Registro especializado de usuario-agente HTTP (desautorizado).
mod_log_referrer	Desactivado	Registro especializado de referente HTTP (desautorizado).
mod_usertrack	Desactivado	Registro de pistas de clics de usuarios a través de *cookies* HTTP.

Introducción a los módulos Apache
CAPÍTULO 19

TABLA 19.10   LISTA DE LOS MÓDULOS ESTÁNDAR DE APACHE 1.3.9   *(continuación)*

Nombre del módulo	Valor predeterminado	Descripción
mod_imap	Activado	Soporte imagemap del lado del servidor.
mod_proxy	Desactivado	Módulo proxy caché (HTTP, HTTPS y FTP)
mod_so	Desactivado	Esfuerzo propio DSO.
mod_mmap_static	Desactivado	Guardado en la caché de páginas muy visitadas a través de mmap().
mod_example	Desactivado	Demostración de la API Apache (sólo para desarrolladores).

También existen algunos parámetros especiales de módulos que se pueden usar siempre que se requiera un nombre de módulo. Suelen utilizarse con las opciones **-enable-shared** y **-enable-module**:

- **All** - Activa-desactiva todos los módulos.
- **Max** - Activa-desactiva todos los módulos, excepto para el esfuerzo propio.
- **Remain** - Activa-desactiva todos los módulos, excepto en los que ya se han especificado.

Instalación avanzada de módulos

Aunque los módulos Apache estándar deberían ser suficientes en la mayoría de instalaciones, a veces se necesitan módulos adicionales. Las utilidades **apxs** y **apachectl** son útiles a la hora de instalar módulos adicionales. El código fuente de los módulos se puede descargar en http://modules.apache.org/ o en otros sitios.

Instalar módulos con apxs y apachectl

apxs es una herramienta que sirve para construir e instalar módulos de extensión para el servidor Apache. Requiere soporte DSO. La Tabla 19.11 enumera las opciones de **apxs**:

TABLA 19.11   OPCIONES APXS

Opción	Descripción
-n	Nombre de módulo establecido explícitamente.
-q	Realizar consulta.
-s	Cambiar los parámetros **apxs**.
-g	Generación de plantillas.
-c	Compilación separada; se suele usar para generar archivos .so.

TABLA 19.11 OPCIONES APXS *(continuación)*

Opción	Descripción
-o	Especificar el nombre del DSO de salida.
-D	Pasar variables al proceso de compilación.
-I	Añadir inclusiones adicionales a la compilación.
-L	Añadir directorios de bibliotecas adicionales a la compilación.
-l	Vincular con bibliotecas adicionales durante la compilación.
-Wc	Pasar indicadores adicionales al proceso de compilación.
-Wl	Pasar indicadores adicionales al proceso de vinculación.
-i	Instalar uno o más DSO.
-a	Activar módulos añadiendo directivas **AddModule** a **httpd.conf**.
-A	Igual que -a, pero comentando la directiva **AddModule**.

apachectl, una herramienta que sirve para gestionar el servidor Apache, permite el reinicio del servidor Apache y la solución de problemas de módulos. La Tabla 19.12 enumera las opciones de **apachectl**.

TABLA 19.12 OPCIONES APACHECTL

Opción	Descripción
start	Inicia el servidor y da un mensaje de error si ya está en ejecución.
stop	Detiene el servidor Apache.
restart	Reinicia el demonio Apache enviándole un **SIGHUP**. Si el demonio no se está ejecutando, se iniciará. Este comando comprueba automáticamente los archivos de configuración a través de _configtest antes de iniciarse, para segurar que Apache no se extinga.
fullstatus	Muestra un informe de estado total desde **mod_status**.
status	Muestra un breve informe del estado.
graceful	Reinicia amablemente el demonio Apache enviándole un **SIGUSR1**. Si el demonio no se está ejecutando, se iniciará. Esto varía del reinicio normal en que las conexiones que estén abiertas no se cancelarán.
configtest	Ejecuta una prueba de sintaxis de archivo de configuración. Analiza sintácticamente los archivos de configuración e indica **Syntax OK** o información detallada acerca del error concreto de sintaxis.

Los módulos externos sencillos se pueden compilar fácilmente con la siguiente combinación de **apxs** y **apachectl**:

```
$ apxs -i -a -c mod_foo.c
    gcc -fpic -DSHARED_MODULE -I/path/to/apache/include -c mod_foo.c
```

```
    ld -Bshareable -o mod_foo.so mod_foo.o
    cp mod_foo.so /path/to/apache/libexec/mod_foo.so
    chmod 755 /path/to/apache/libexec/mod_foo.so
    [activating module 'foo' in /path/to/apache/etc/httpd.conf]
$ apachectl restart
    /path/to/apache/sbin/apachectl restart: httpd not running, trying to start
    [Tue Mar 31 11:27:55 1998] [debug] mod_so.c(303): loaded module foo_module
    /path/to/apache/sbin/apachectl restart: httpd started
```

Instalar mod_perl

La mayoría de sitios que dependen de Perl/CGI acaban usando **mod_perl** para mejorar el rendimiento y proporcionar más integración con Apache. El Capítulo 21 le ofrece una descripción detallada de cómo usar **mod_perl**.

Existen muchas formas de instalar **mod_perl**, pero la más clara consiste en desempaquetar la distribución **mod_perl** en el mismo directorio primario que el de la distribución Apache, ejecutar el *script* de configuración **mod_perl** y recompilar Apache con las opciones originales y un comando de activación adicional **mod_perl**:

```
perl Makefile.PL \
    APACHE_PREFIX=/path/to/install/of/apache \
    APACHE_SRC=../apache-1.3.X/src \
    DO_HTTPD=1 \
    USE_APACI=1 \
    EVERYTHING=1

Make
Make test
Make install
```

Dado que el *makefile* **mod_perl** no siempre pasa las opciones correctas al *script* de creación de Apache, responda **No** cuando le pregunte si desea reconstruir Apache. Luego, vuelva al directorio de distribución de Apache y vuelva a ejecutar los comandos Apache que utilizó para construir Apache al principio, pero añada **-activate-module=perl** a los argumentos.

Si todo va bien, verá algo así la siguiente vez que inicie Apache:

```
[Mon Oct 1 00:02:19 1999] [Notice] Apache/1.3.9 (Unix)   (Red Hat/Linux)
↪mod_perl/1.19 configured  -   resuming normal operations
```

Para hacer que **mod_perl** se pueda utilizar, tendrá que añadir líneas como la siguiente al **httpd.conf** o al archivo de configuración **srm.conf**:

```
Alias /perl/ /home/httpd/perl/
<Location /perl>
SetHandler perl-script
PerlHandler Apache::Registry
```

```
Options +ExecCGI
</Location>
```

Instalar PHP

PHP es otro lenguaje de automatización muy popular que se usa para crear sitios web interactivos. En el Capítulo 22, "Utilizar el módulo PHP", podemos encontrar información detallada sobre el uso de PHP. El código fuente y la documentación PHP se pueden descargar en www.php.net. La última versión es la 4.0.

Si va a seguir usando PHP con un servidor de base de datos (por ejemplo, MySQL o mSQL), primero deberá instalar el servidor de base de datos, de forma que la instalación PHP pueda hacer referencia al archivo correcto de biblioteca de base de datos.

Los comandos siguientes bastan para instalar PHP:

```
./configure  -with-mysql  -with-apache=../apache_1.3.x  -enable-track-vars
make
make install
cd ../apache_1.3.x
./configure (original options)  -activate-module=src/modules/php3/libphp3.a
make
make install
cd ../php-3.0.x
```

También necesita una copia y modificar el archivo **php3.ini**, además de añadir lo siguiente al **httpd.conf** o al archivo de configuración **srm.conf**:

```
AddType application/x-httpd-php3 .php3
```

Solucionar problemas en la instalación de módulos

Si pensamos que un módulo se ha compilado y activado por medio de **axps**, primero deberá ejecutar **apachectl** con la opción **configtest**. Con esto se notificarán los errores que ha habido durante el proceso de inicio de Apache. También habrá que revisar el contenido de los registros de errores.

Si la solución no es evidente, asegúrese de que las directivas **AddModule** y **LoadModule** oportunas están en el archivo **httpd.conf**. Si faltan estas líneas, el módulo no se cargará.

Si el módulo no se compila, deberá revisar cuidadosamente los mensajes de error y llevar a cabo las modificaciones necesarias en el código fuente o en el *makefile*. También podría tener que descargar una versión más reciente del módulo o la documentación de búsqueda disponible en el sitio web del módulo.

Existen grupos de noticias que se pueden utilizar para obtener información de otros usuarios Apache. Uno de estos grupos es **news://comp.infosystems.www.servers.unix**.

Resumen

En este capítulo hemos examinado los conceptos nucleares que subyacen a los módulos Apache, incluyendo cómo están implementados en el nivel del sistema operativo, las ventajas de la modularización del código y el proceso de instalación. También le presentamos las categorías y descripciones de los módulos. Se incluye un ejemplo de cómo cargar y configurar los módulos de estado. En el Capítulo 20, los módulos estándar de Apache se abordan más detalladamente.

CAPÍTULO 20

Utilizar módulos estándar Apache

Registro de los módulos estándar   384

Este capítulo proporciona una cobertura detallada de los módulos estándar que se incluyen en Apache 1.3.9. La descripción de cada módulo incluye una descripción, opciones de configuración y un ejemplo. Como vimos en el Capítulo 19, "Introducción a los módulos Apache", para usar un módulo primero hay que registrarlo en Apache. Esto se hace modificando el archivo http.conf.

Registro de los módulos estándar

La primera vez que se configura Apache, genera un archivo predeterminado httpd.conf basado en los módulos que se especifiquen. Las líneas del archivo relacionado con la carga y descarga de módulos aparece en el Listado 20.1.

LISTADO 20.1 CÓDIGO DE REGISTRO DE MÓDULOS DE HTTPD.CONF.

```
# Para poder usar la funcionalidad de un módulo construido como DSO
# tendrá que colocar líneas 'LoadModule' en esta ubicación, de forma que
# las directivas contenidas estén disponibles antes de ser utilizadas.
# Lea el archivo README.DSO de la distribución Apache 1.3 para recabar
# más detalles acerca del mecanismo DSO, y ejecute `httpd -l' en la
# lista demódulos integrados (vinculados estáticamente y por tanto
# siempre disponibles) en el binario httpd.
#
# Nota: El orden en que se cargan los módulos es importante. No cambie
# el orden sin consejo experto.
#
# Ejemplo:
# LoadModule foo_module libexec/mod_foo.so

LoadModule mmap_static_module  lib/apache/mod_mmap_static.so
LoadModule vhost_alias_module  lib/apache/mod_vhost_alias.so
LoadModule env_module          lib/apache/mod_env.so
LoadModule config_log_module   lib/apache/mod_log_config.so
LoadModule agent_log_module    lib/apache/mod_log_agent.so
LoadModule referer_log_module  lib/apache/mod_log_referer.so
LoadModule mime_magic_module   lib/apache/mod_mime_magic.so
LoadModule mime_module         lib/apache/mod_mime.so
LoadModule negotiation_module  lib/apache/mod_negotiation.so
LoadModule status_module       lib/apache/mod_status.so
LoadModule info_module         lib/apache/mod_info.so
LoadModule includes_module     lib/apache/mod_include.so
LoadModule autoindex_module    lib/apache/mod_autoindex.so
LoadModule dir_module          lib/apache/mod_dir.so
LoadModule cgi_module          lib/apache/mod_cgi.so
LoadModule asis_module         lib/apache/mod_asis.so
LoadModule imap_module         lib/apache/mod_imap.so
LoadModule action_module       lib/apache/mod_actions.so
LoadModule speling_module      lib/apache/mod_speling.so
LoadModule userdir_module      lib/apache/mod_userdir.so
LoadModule alias_module        lib/apache/mod_alias.so
LoadModule rewrite_module      lib/apache/mod_rewrite.so
LoadModule access_module       lib/apache/mod_access.so
```

LISTADO 20.1   CÓDIGO DE REGISTRO DE MÓDULOS DE HTTPD.CONF.   *(continuación)*

```
LoadModule auth_module          lib/apache/mod_auth.so
LoadModule anon_auth_module     lib/apache/mod_auth_anon.so
LoadModule dbm_auth_module      lib/apache/mod_auth_dbm.so
LoadModule db_auth_module       lib/apache/mod_auth_db.so
LoadModule digest_module        lib/apache/mod_digest.so
LoadModule proxy_module         lib/apache/libproxy.so
LoadModule cern_meta_module     lib/apache/mod_cern_meta.so
LoadModule expires_module       lib/apache/mod_expires.so
LoadModule headers_module       lib/apache/mod_headers.so
LoadModule usertrack_module     lib/apache/mod_usertrack.so
LoadModule example_module       lib/apache/mod_example.so
LoadModule unique_id_module     lib/apache/mod_unique_id.so
LoadModule setenvif_module      lib/apache/mod_setenvif.so

LoadModule perl_module   lib/apache/libperl.so

# Reconstrucción de la lista de módulos completa de todos los módulos
# disponibles (estáticos y compartidos) para conseguir un orden
# de ejecución de módulos correcto.
# [SIEMPRE QUE CAMBIE LA SECCIÓN LOADMODULE DE ARRIBA, ACTUALICE TAMBIÉN ESTO]
ClearModuleList
AddModule mod_mmap_static.c
AddModule mod_vhost_alias.c
AddModule mod_env.c
AddModule mod_log_config.c
AddModule mod_log_agent.c
AddModule mod_log_referer.c
AddModule mod_mime_magic.c
AddModule mod_mime.c
AddModule mod_negotiation.c
AddModule mod_status.c
AddModule mod_info.c
AddModule mod_include.c
AddModule mod_autoindex.c
AddModule mod_dir.c
AddModule mod_cgi.c
AddModule mod_asis.c
AddModule mod_imap.c
AddModule mod_actions.c
AddModule mod_speling.c
AddModule mod_userdir.c
AddModule mod_alias.c
AddModule mod_rewrite.c
AddModule mod_access.c
AddModule mod_auth.c
AddModule mod_auth_anon.c
AddModule mod_auth_dbm.c
AddModule mod_auth_db.c
AddModule mod_digest.c
AddModule mod_proxy.c
AddModule mod_cern_meta.c
AddModule mod_expires.c
AddModule mod_headers.c
```

LISTADO 20.1 CÓDIGO DE REGISTRO DE MÓDULOS DE HTTPD.CONF   *(continuación)*

```
AddModule mod_usertrack.c
AddModule mod_example.c
AddModule mod_unique_id.c
AddModule mod_so.c
AddModule mod_setenvif.c
```

En este ejemplo, observe que cada módulo estándar se repite dos veces, una vez con una directiva **LoadModule** y otra vez con una directiva **AddModule**. Si está usando DSO, **LoadModule** se cargará dinámicamente y vinculará el módulo declarado con Apache. La directiva **AddModule** le indica a Apache que active el módulo. Si no está usando DSO y ha compilado los módulos estáticamente en Apache, no necesitará estas listas.

Si está depurando un problema de módulos, asegúrese de que se está cargando el módulo correcto. No hay razón por la que cargar todos los módulos estándar. Para descargar un módulo, comente los comandos **LoadModule** y **AddModule** de ese módulo en concreto.

Si está registrando un módulo estándar con Apache, querrá colocar las directivas **AddModule** y **LoadModule** al final de sus listas respectivas. El orden es importante, porque los módulos pueden depender el uno del otro.

Descripciones de módulos estándar

Al menos hay 39 módulos estándar que se incluyen en Apache 1.3.9. Para recabar más información acerca de cada módulo, consulte http://www.apache.org/docs/mod/index.html.

El módulo mod_access

El módulo **mod_access** limita el acceso a los URL o la funcionalidad del servidor basada en reglas sencillas que incluyen la dirección o nombre de *host* de Internet del visitante. Esta restricción es muy importante para intranets o páginas administrativas de sitios, donde el acceso o los cambios en la información deben ser controlados.

Tabla 20.1 describe las directivas de configuración de módulos **mod_access**.

TABLA 20.1 DIRECTIVAS MOD_ACCESS

Directiva	Descripción
allow	Especifica la parte permitida de las listas de control de acceso y determina a qué *hosts* se les permite el acceso.
deny	Especifica la parte bloqueada de las listas de control de acceso y determina a qué *hosts* no se les permite el acceso.
order	Especifica la secuencia en la que se procesan las reglas **order** y **deny**.

A continuación vemos un ejemplo del uso de **mod_access**:

```
<Directory /secretdoc>
        order deny,allow
        deny from all
        allow from .Jalan.com
</Directory>
```

El módulo **The mod_access** se usa mucho; el ejemplo anterior es parecido al que nos podemos encontrar en la práctica. La directiva **order** dispone que las reglas **deny** se evalúan antes de las instrucciones **allow**. La instrucción **deny** prohibe el acceso desde cualquier parte, mientras que la instrucción **allow** permite el acceso desde un solo dominio. El efecto práctico es que solamente los visitantes del dominio **Jalan.com** pueden acceder al URL **/secretdoc**.

Una directiva **allow** o **deny** acepta los alias, nombres de dominio, direcciones IP, bloques de direcciones IP o variables de entorno como argumentos. Ejemplos de cada uno de estos tipos de argumentos son:

```
Allow from all
Allow from keats.Jalan.com
Allow from .Jalan.com
Allow from 216.32.42.224
Allow from 216.
Allow from 216.32.42.0/255.255.255.0
Allow from 216.32.42.0/24
Allow from env=agrant
```

En el último caso, la variable de entorno **agrant** necesita establecerse dentro de la directiva de otro módulo, generalmente el módulo **BrowserMatch**. En la línea .Jalan.com, todo nombre de *host* qye termine por .Jalan.com se acepta. Igualmente, 216. Aceptaría toda dirección IP que empezara por 216.

> **ATENCIÓN**
>
> El control de acceso basado en direcciones IP (o nombres de dominio) es sólo una forma básica de seguridad. En recursos importantes, también conviene exigir una contraseña o una encriptación de clave pública.

La directiva **order** permite un argumento especial: **mutual-failure**. Sólo se permite el acceso si la dirección IP visitante aparece en una directiva **allow** y no en una directiva **deny**.

Todas las directivas **allow** y **deny** se procesan.

El módulo mod_actions

El módulo **mod_actions** permite al servidor Apache ejecutar dinámicamente *scripts* CGI basados en el tipo de solicitud HTTP. Es un método que sirve para asociar manipuladores con tipos de medios o comandos CGI. Las directivas **AddHandler** y **SetHand-**

ler se usan para personalizar los manipuladores, como vimos en el Capítulo 5, "Archivos de configuración del servidor".

El módulo **mod_actions** proporciona las directivas que aparecen en la Tabla 20.2.

Tabla 20.2 Directivas mod_actions

Directiva	Descripción
Action	Asocia un tipo de contenido de manipulador o MIME content a un *script* CGI.
Script	Asocia un método CGI a un *script* CGI específico.

A continuación vemos ejemplos del uso de **mod_actions**:

```
Action myHandler /cgi-bin/doStuff.cgi
Action application/myMimeType /cgi-bin/playMyMimeType.cgi
Script PUT /cgi-bin/visitorInput.cgi
Script GET /cgi-bin/doSearch.cgi
```

El módulo mod_alias

El módulo **mod_alias** permite manejar la asignación de objetos del sistema de archivos a URL y a URL de redireccionamiento. El módulo **mod_alias** proporciona servicios básicos para la modificación de URL. Hay más servicios avanzados en el módulo **mod_rewrite**.

El módulo **mod_alias** proporciona ocho directivas, que se describen en la Tabla 20.3.

Tabla 20.3 Directivas mod_alias

Directive	Description
Alias	Permite que los documentos se almacenen en el sistema local de archivos fuera de la raíz del documento.
AliasMatch	Añade el cotejo de expresiones habituales a la función **Alias**.
Redirect	Asigna un URL antiguo con uno nuevo. El nuevo URL se devuelve al cliente, que trata de tomarlo de nuevo con la nueva dirección.
RedirectMatch	Añade el cotejo de expresiones habituales a la función **Redirect**.
RedirectTemp	Configura el redireccionamiento temporal.
RedirectPermanent	Configura el redireccionamiento permanente.
ScriptAlias	Sirve como directiva **Alias**, con la capacidad de ejecutar *scripts* CGI en el directorio de destino.
ScriptAliasMatch	Sirve como directiva **ScriptAlias**, excepto con el cotejo de expresiones habituales.

Los ejemplos del uso de estas directivas son:

```
Alias /images /home/httpd/images
Alias /images/ /home/httpd/images/
AliasMatch /(*.)doc /home/httpd/docs/$1.doc
Redirect / http://www.newbox.com/
RedirectMatch /(*.)doc http://www.newbox.com/docs/$1.doc
RedirectTemp / http://www.tempnewbox.com/
RedirectPermanent / http://www.permanentnewbox.com/
ScriptAlias /cgi-bin /home/httpd/cgi-bin
ScriptAliasMatch /cgi-bin/pscript(.*) /home/httpd/pscripts/$1
```

Observe que el primer y segundo ejemplos son algo distintos. El segundo sólo coincidirá si se especifica **/images/** en el URL determinado.

La diferencia que hay entre los comandos **Redirect** y **Alias** es que el alias sustituye al URL original en el lado del servidor sin informar al navegador. Una directiva **Redirect** no trabaja en el lado del servidor, pero ordena al navegador que vaya a una nueva ubicación. Por consiguiente, el segundo argumento de la directiva **Redirect** siempre será un URL en vez de una ruta del sistema de archivos.

El módulo mod_asis

El módulo **mod_asis** proporciona un control muy fino de las respuestas del servidor web Apache. Los archivos provistos de la extensión **.asis** o del tipo MIME **httpd/send-as-is** se envían directamente al cliente, sin interferencias de otros módulos.

El módulo en sí no defines directivas. El ejemplo siguiente muestra cómo usar el módulo asis para enviar un comando **Redirect** en un URL trasladado. Cree un archivo con la extensión **.asis**:

```
Status: 301 We've moved
Location: http://www.jalan.com/newurl
Content-type: text/html

<HTML>
<HEAD>
<TITLE>Notice of URL Move</TITLE>
</HEAD>
<BODY>
<H1>The page you are looking for has moved to
<A HREF="http://www.jalan.com/newurl">http://www.Jalan.com/newurl</A>
</H1>
</BODY>
</HTML>
```

Tendrá que asegurarse de que el tipo MIME **asis** se define a través de una directiva **AddType**:

```
AddType httpd/send-as-is asis
```

El módulo mod_auth

El módulo **mod_auth** proporciona autenticación básica de usuarios y grupos web por medio de archivos de contraseña. Es uno de los mecanismos de autenticación más habitual, debido a su similitud con la autenticación UNIX predeterminada: /etc/passwd, /etc/group. El esquema de autenticación se llama Autenticación de Acceso Básico.

La identificación y autenticación de usuarios y grupos se puede conseguir utilizando directivas **mod_auth** del archivo **httpd.conf** o de los archivos individuales **AccessFileName**, como vimos en el Capítulo 16, "Autenticación". El módulo **mod_auth** trata de verificar combinaciones de nombre de usuario-contraseña haciendo referencia a **AuthUserFile** o **AuthGroupFile**. **AuthUserFile** suele llamarse **htpasswd**, mientras que **AuthGroupFile** se denomina **htgroup**.

El archivo **AuthUserFile** puede ser creado por medio de la utilidad htpasswd de Apache. Para crear un nuevo archivo **htpasswd**, utilice la opción **-c**. Si no, **htpasswd** siempre tomará el nombre del archivo como primer argumento y el ID de usuario a modificar como el segundo. Un ejemplo típico del uso de **htpasswd** sería

```
htpasswd —c /etc/httpd/conf/httpd/htpasswd mmarlowe
```

Este comando crea un archivo AuthUserFile con **mmarlowe** como primer usuario. La utilidad **htpasswd** le obliga a especificar una contraseña para cada usuarios creado.

El formato de un archivo **AuthUserFile** es

```
Username1:Encrypted Password
Username2:Encrypted Password
UsernameN:Encrypted Password
```

De manera análoga, un archivo **AuthGroupFile** tiene esta forma:

```
Group1:UsernameofMember,UsernameofMember,...,UsernameofMember
Group2:UsernameofMember,UsernameofMember,...,UsernameofMember
GroupN:UsernameofMember,UsernameofMember,...,UsernameofMember
```

La Tabla 20.4 enumera las directivas que define **mod_auth**.

TABLA 20.4 DIRECTIVAS MOD_AUTH

Directiva	Descripción
AuthUserFile	Establece el nombre de un archivo que contiene la lista de usuarios y las contraseñas para la autenticación de usuarios.
AuthGroupFile	Establece el nombre de un archivo que contiene la lista de grupos.
AuthAuthoritive	Permite que otro módulo extienda la comprobación de nombre de usuario/grupo que proporciona mod_auth.

AuthAuthoritive se establece a **off** sólo cuando lo exige específicamente el software del fabricante u otros módulos de autenticación. El parámetro predeterminado es **on**.

El módulo mod_auth_anon

El módulo **mod_auth_anon** proporciona autenticación anónima basada en la Web, parecida al FTP anónimo. Define un usuario "invitado" y puede pedir la dirección de correo de cada visitante. Este módulo, un derivado de **mod_auth**, requiere que la directiva **AuthAuthoritive** se establezca a **off**.

La Tabla 20.5 enumera las directivas que define **mod_auth_anon**.

TABLA 20.5 DIRECTIVAS MOD_AUTH_ANON

Directiva	Descripción
Anonymous	Esta directiva enumera uno o más nombres de usuario que pueden usar los invitados. No se requiere contraseña.
Anonymous_Authoritive	Parecida a **AuthAuthoritive**, esta directiva especifica si otros módulos pueden extender la comprobación de nombre de usuario-grupo que proporciona **mod_auth_anon**.
Anonymous_LogEmail	Si está en **on**, esta directiva registrará todas las direcciones de correo en el servidor web **error_log**.
Anonymous_MustGiveEmail	Si está en **on**, esta directiva requerirá una dirección de correo electrónico para que los invitados se conecten.
Anonymous_NoUserID	Si está en **on**, esta directiva permitirá a los usuarios conectarse como invitados sin especificar un ID de usuario.
Anonymous_VerifyEmail	Si está en **on**, esta directiva requerirá que el servidor web ejecute coprbaciones básicas sobre las direcciones de correo electrónico.

Consideremos el ejemplo siguiente con **mod_auth_anon**:

```
Anonymous anonymous, guest, visitor
Anonymous_Authoritive On
Anonymous_LogEmail On
Anonymous_MustGiveEmail On
Anonymous_NoUserID Off
Anonymous_VerifyEmail On
```

En este caso, a un usuario que se identifique como **anonymous**, **guest** o **visitor** sólo se le permitirá el acceso si proporciona una dirección de correo válida como contraseña. Los módulos de autenticación se procesan en orden de su inclusión en **httpd.conf**. Si se especifica el módulo **mod_auth** antes que **mod_auth_anon**, y **AuthAuthoritive** está en **off** mientras que **Anonymous Authoritative** está en **on**, primero se comprobará la autenticación de usuario frente a **mod_auth** y luego frente a **mod_auth_anon**. Si **mod_auth** prohibe el acceso a un usuario (pongamos, por ejemplo, por causa de una dirección IP denegada), **mod_auth_anon** ni siquiera tendrá la oportunidad de procesar una conexión anónima.

El módulo mod_auth_db

El módulo **mod_auth_db** proporciona los mismos servicios que **mod_auth**, pero sustituye **AuthUserFile** y **AuthGroupFile** con **AuthDBUserFile** y **AuthDBGroupFi-**

le, indicando que los archivos ya no están en formato de texto. En vez de ello, los archivos estarán en formato binario creado por rutinas de la biblioteca compartida Berkeley DB, que se emplea mucho en sistemas BSD derivados de UNIX (la información sobre el formato Berkeley DB y sus rutinas de biblioteca se pueden encontrar en http://www.sleepycat.com/.)

mod_auth_db define las directivas de la Tabla 20.6.

Tabla 20.6 Directivas mod_auth_db

Directiva	Descripción
AuthDBUserFile	Establece el nombre de un archivo DB que contiene la lista de usuarios y contraseñas para la autenticación de usuarios.
AuthDBGroupFile	Establece el nombre de un archivo DB que contiene la lista de grupos.
AuthDBAuthoritive	Permite que otro módulo extienda la comprobación de nombre de usuario-grupo que proporciona mod_auth_db.

El módulo mod_auth_dbm

El módulo mod_auth_dbm es algo diferente del módulo mod_auth_db. Proporciona los mismos servicios, pero sustituye las directivas AuthUserFile y AuthGroupFile por las directivas AuthDBMUserFile y AuthDBMGroupFile. El cambio del nombre refleja que los archivos ya no están en formato de texto. En vez de ello, los archivos están en formato binario creado por rutinas de la biblioteca DBM. Esta biblioteca se usa en algunos sistemas UNIX.

La Tabla 20.7 numera las directivas que define mod_auth_dbm.

Tabla 20.7 Directivas mod_auth_dbm

Directiva	Descripción
AuthDBMUserFile	Establece el nombre de un archivo DBM que contiene la lista de usuarios y contraseñas para la autenticación de usuario.
AuthDBMGroupFile	Establece el nombre de un archivo DBM que contiene la lista de grupos.
AuthDBMAuthoritive	Permite que otro módulo extienda la comprobación de nombre de usuario-grupo que proporciona mod_auth_dbm.

El módulo mod_auth_digest

El módulo mod_auth_digest amplía el módulo mod_auth implementando la autenticación de usuario a través de la autenticación MD5 Digest, como define la RFC 2617. La autenticación Digest es más segura que la autenticación Basic. Sin embargo, también requiere que los navegadores implementen el esquema Digest. Es probable que la autenticación Digest será estándar en los futuros navegadores web.

> **NOTA**
>
> Implementado en Apache 1.3.9, mod_auth_digest es experimental, y algunas directivas puede que no funcionen. Para recabar más información sobre mod_auth_digest, visite http://www.apache.org/docs/mod/mod_auth_digest.html.

La Tabla 20.8 enumera las directivas que define mod_auth_digest.

TABLA 20.8 DIRECTIVAS MOD_AUTH_DIGEST

Directiva	Descripción
AuthDigestFile	Establece el nombre de un archivo que contiene la lista de usuarios y contraseñas codificadas para la autenticación Digest.
AuthDigestGroupFile	Establece el nombre de un archivo que contiene la lista de grupos y sus miembros.
AuthDigestQop	Determina el nivel de autenticación Digest a ejecutar.
AuthDigestNonceLifetime	Especifica cuánto tiempo es válido el servidor Nonce.
AuthDigestNonceFormat	Actualmente, en fase de desarrollo. Con toda probabilidad especificará el formato del valor nonce que se pasa al cliente.
AuthDigestNcCheck	Actualmente, en fase de desarrollo. Con toda probabilidad especificará si el servidor Apache debe verificar el recuento nonce durante la autenticación.
AuthDigestAlgorithm	Especifica qué algoritmo Digest se va a utilizar. Actualmente, sólo se soporta la opción MD5.
AuthDigestDomain	Especifica el URL básico asegurado por la autenticación Digest. Sólo se requiere una autenticación satisfactoria para el mismo visitante que pida contenido en el URL básico.

Dado que el módulo mod_auth_digest utiliza las mismas directivas que mod_digest, los dos módulos no pueden ser activados a la vez.

> **NOTA**
>
> Debido a las opciones añadidas de la autenticación Digest, el archivo de contraseña Digest no podrá ser creado con htpasswd. Deberá emplearse una nueva utilidad, htdigest.

El módulo mod_autoindex

El módulo mod_autoindex crea una interfaz muy intuitiva, parecida a FTP, para acceder directamente al sistema de archivos de un servidor web. Los listados basados en HTML se crean automáticamente mientras se visitan los directorios.

Tabla 20.9 enumera las directivas que proporciona **mod_autoindex**.

TABLA 20.9 DIRECTIVAS MOD_AUTOINDEX

Directiva	Descripción
AddAlt	Establece el texto alternativo que se va a mostrar en un archivo, en vez de un icono, en **FancyIndexing**. Un archivo o expresión habitual que especifica muchos archivos se pasa como segundo argumento.
AddAltByEncoding	Establece el texto alternativo a mostrar en un archivo, en vez de un icono, en **FancyIndexing**. Una o más codificaciones MIME se pasan como segundo argumento.
AddAltByType	Establece el texto alternativo a mostrar en un archivo, en vez de un icono, en **FancyIndexing**. Uno o más tipos MIME se pasan como segundo argumento.
AddDescription	Especifica la descripción que se va a mostrar en un archivo cuando **FancyIndexing** está activado.
AddIcon	Especifica el icono que va a aparecer en un archivo cuando **FancyIndexing** está activado. El segundo argumento es un nombre de archivo, múltiples nombres de archivo o una expresión habitual.
AddIconByEncoding	Especifica el icono que va a aparecer en un archivo o conjunto de archivos cuando **FancyIndexing** está activado. Una o más codificaciones MIME se pasan como segundo argumento.
AddIconByType	Especifica el icono que va a aparecer en un archivo o conjunto de archivos cuando **FancyIndexing** está activado. Uno o más tipos MIME se pasan como segundo argumento.
DefaultIcon	Especifica el icono que se va a usar para representar un archivo cuando no se aplican directivas **AddIcon**.
FancyIndexing	Pide que se cree HTML dinámico para representar contenidos de directorio. Los iconos personalizados representan archivos.
HeaderName	Inserta un archivo en la parte superior del listado de directorio. Si el archivo tiene la extensión .html, ésta se incluirá con el nombre de archivo. Si no, el nombre de archivo del encabezado carecerá de extensión y podrá encontrarse en el directorio. El comportamiento normal consiste en insertar el contenido del archivo tras el primer contenido que siga a la etiqueta <BODY>. Véase la opción **SuppressHTMLPreamble** de la Tabla 20.10 para saber cómo pasar por alto esta función.
IndexIgnore	Especifica los archivos a ignorar en los listados de directorio.
IndexOptions	Permite un control del formato del directorio. Véase la Tabla 20.10 para las opciones.
IndexOrderByDefault	Especifica cómo hay que ordenar los archivos en los listados creados dinámicamente. Los archivos se pueden ordenar en dirección ascendente o descendente por nombre, fecha, tamaño o descripción.
ReadmeName	Pide que el servidor web muestre el contenido específico de un archivo en la parte inferior de cada listado de directorios.

> **NOTA**
>
> En estas directivas, x-compress constituye un ejemplo de codificación MIME, mientras que image/* es un ejemplo de tipo MIME. Los paréntesis deben englobar el texto que va a aparecer en las directivas AddAlt y AddDescription.

Existen muchas opciones disponibles en la directiva **IndexOptions**. La Tabla 20.10 enumera algunas de ellas.

TABLA 20.10 OPCIONES INDEXOPTIONS

Opción	Descripción
IconHeight	Cuando se usa con **IconWidth**, hace que el servidor incluya atributos **HEIGHT** y **WIDTH** en la etiqueta **<IMG>** del icono del archivo.
IconsAreLinks	Convierte al icono en parte del ancla del nombre de archivo en **FancyIndexing**.
IconWidth	Cuando se usa con **IconHeight**, hace que el servidor incluya atributos **HEIGHT** y **WIDTH** en la etiqueta **<IMG>** del icono del archivo.
NameWidth	Especifica el ancho de la columna del nombre de archivo en bytes. Si el valor es *, la columna se ajustará automáticamente a la longitud del nombre de archivo más largo de la muestra.
ScanHTMLTitles	Permite la extracción del título de los documentos HTML en **FancyIndexing**. Si el archivo no tiene una descripción de parte de **AddDescription**, Apache leerá el documento en el valor de la etiqueta **<TITLE>**.
SuppressColumnSorting	Convierte los encabezados de columna de un listado de directorio **FancyIndexing** en vínculos para su ordenación.
SuppressDescription	Suprime la descripción de archivo de los listados **FancyIndexing**.
SuppressHTMLPreamble	Desactiva el comortamiento normal de **HeaderName** colocando el contenido del archivo **HeaderName** directamente como primer contenido del documento devuelto. El archivo del encabezado debe contener instrucciones HTML apropiadas al caso. En caso de que no haya archivo de encabezado, se generará el preámbulo.
SuppressLastModified	Suprime la muestra de la última fecha de modificación de los listados **FancyIndexing**.
SuppressSize	Suprime el tamaño del archivo de los listados **FancyIndexing**.

Para aprender a usar correctamente estas directivas, remítase al archivo **httpd.conf** generado por la instalación de Apache. Sin duda, pensará que se las directivas están muy bien diseñadas.

> **NOTA**
>
> mod_dir proporciona opciones parecidas a mod_autoindex, pero obliga a los *webmasters* a crear los listados de directorios por sí mismos.

El módulo mod_cern_meta

El módulo **mod_cern_meta** proporciona semántica de metarchivo CERN HTTPD. Permite la inclusión de encabezados HTTPd de bajo nivel adicionales.

El módulo proporciona tres directivas, que aparecen en la Tabla 20.11.

TABLA 20.11 DIRECTIVAS MOD_CERN_META

Directiva	Descripción
MetaFiles	Activa-desactiva el procesamiento de metarchivos por directorio, respectivamente, con las opciones **on** y **off**.
MetaDir	Especifica el nombre del subdirectorio en el que **mod_cern_meta** busca metainformación.
MetaSuffix	Especifica el sufijo de nombre de archivo que **mod_cern_meta** busca cuando trata de acceder a metainformación.

A continuación vemos un ejemplo del uso de las directivas **mod_cern_meta**:

```
MetaFiles On
MetaDir .
MetaSuffix .meta
```

Estas directivas permiten la semántica de metarchivo CERN por directorio, y el servidor Apache busca los archivos provistos de una extensión **.meta** en cada directorio que tenga contenido web.

El módulo mod_cgi

El módulo CGI permite la ejecución de *scripts* CGI. Define el tipo MIME **application/x-httpd-cgi**. La programación CGI se aborda con detalle en el Capítulo 11, "Programación CGI".

Existen tres directivas para modificar el registro de los mensajes de error CGI, como se ve en la Tabla 20.12.

TABLA 20.12 DIRECTIVAS MOD_CGI

Directiva	Descripción
ScriptLog	Especifica el nombre del registro de errores CGI. Se crea o adjunta en cada directorio en el que se entra en un *script* CGI.

Tabla 20.12 Directivas mod_cgi *(continuación)*

Directiva	Descripción
ScriptLogLength	Especifica la longitud máxima en bytes que puede tener un registro de errores CGI.
ScriptLogBuffer	Especifica el número máximo de bytes que se pueden enviar al registro de errores durante cada operación CGI.

A continuación viene un ejemplo del uso de estas directivas:

```
ScriptLog CGI-error.log
ScriptLogLength 1000000
ScriptLogBuffer 1024
```

El módulo mod_digest

mod_digest está siendo sustituido por mod_auth_digest. Las directivas de estos módulos son las mismas, excepto en algunas nuevas añadidas por mod_auth_digest, como vimos antes.

El módulo mod_dir

Este módulo implementa la misma interfaz de tipo FTP que mod_autoindex, pero espera que sea el *webmaster* quien facilite los listados basados en HTML de cada directorio.

mod_dir sólo usa una directiva:

Directiva	Descripción
DirectoryIndex	Especifica el archivo HTML predeterminado en el que buscar cuando se pasa un URL de directorio al servidor web.

La directiva DirectoryIndex probablemente se modifique si realiza cambios significativos en una instalación de servidor web. El valor predeterminado es **index.html**, pero puede cambiar para permitir que se sirvan *scripts* cuando se pida un directorio. Por ejemplo, puede cambiar DirectoryIndex a **index.php** o a **index.cgi** para servir a esos *scripts*.

El módulo mod_env

El módulo mod_env permite pasar variables de entorno a *scripts* CGI o inclusiones del lado del servidor (SSI). La Tabla 20.13 describe las tres directivas.

Tabla 20.13 Directivas mod_env

Directiva	Descripción
PassEnv	Permite que Apache pase la variable de entorno especificada desde su entorno operativo directamente a un *script* CGI o SSI.

Tabla 20.13 Directivas mod_env *(continuación)*

Directiva	Descripción
SetEnv	Especifica que se pasen una variable de entorno y un valor a *scripts* CGI o SSI.
UnsetEnv	Elimina una variable de entorno especificada por una directiva PassEnv o SetEnv.

A continuación mostramos un ejemplo de cada directiva **mod_env**:

```
PassEnv PATH
SetEnv PATH /bin:/foo/bin
UnsetEnv PATH
```

El módulo mod_expires

El módulo **mod_expires** permite añadir un tiempo de vencimiento a todos los documentos HTML que se sirvan adjuntando un encabezado **Expires** a la respuesta HTTP. Este encabezado proporciona un modo básico para enseñar a un cliente la validez o persistencia de un documento. Si un documento ha expirado, el navegador no lo guardará en la caché.

El módulo **mod_expires** proporciona un mecanismo para modificar el valor de expiración de los documentos Apache. Los valores se pueden especificar en función de la última fecha de modificación de un documento o la hora de su último acceso.

El módulo define tres directivas (véase la Tabla 20.14).

Tabla 20.14 Directivas mod_expires

Directiva	Descripción
ExpiresActive	Activa o descativa la expiración del contenido por medio de las opciones on y off.
ExpiresByType	Define el valor del encabezado **Expires** que se genera para documentos del tipo especificado. Añade el número de segundos especificado en el argumento 2 al tiempo de expiración básico.
ExpiresDefault	Establece el valor de expiración predeterminado.

Ejemplos del uso de **mod_expires** y de la sintaxis "Intervalo alternativo" para especificar más control sobre los valores de expiración pueden encontrarse en http://www.apache.org/docs/_mod/mod_expires.html.

El módulo mod_headers

El módulo **mod_headers** permite la personalización de los encabezados o respuestas HTTP. Proporciona una capacidad genérica de añadir, modificar o eliminar los valores de encabezado. Véase el Capítulo 2, "HTTP", para recabar una discusión sobre los encabezados HTTP.

Existe una directiva:

Directiva	Descripción
Header	Modifica los encabezados HTTP de la respuesta. La forma de la directiva es: "header option" "header name" "header value"

Existen cuatro opciones en la directiva **Header**:

set. El encabezado HTTP se establece con un determinado valor para un nombre, sustituyendo el valor anterior del encabezado.

append. El valor determinado se coloca en la lista de valores.

add. Se crea un nuevo nombre de encabezado-valor. La opción **append** es mejor que la opción **add**.

unset. Se elimina el encabezado HTTP de un determinado nombre.

Las directivas **Header** se procesan en este orden:

1. Servidor nuclear.
2. Declaraciones de VirtualHost.
3. Secciones por directorio.
4. Directivas <Location>.
5. Directivas <Files>.

El módulo mod_imap

El módulo **mod_imap** hace que el servidor pueda manipular los archivos imagemap. La Tabla 20.15 enumera las tres directivas que proporciona **mod_imap**.

TABLA 20.15 DIRECTIVAS MOD_IMAP

Directiva	Descripción
ImapMenu	Determina qué acciones va a emprender el servidor si se le llama sin coordenadas válidas para el imagemap.
ImapDefault	Especifica la acción predeterminada a llevar a cabo por los archivos imagemap.
ImapBase	Define un URL que se usa como base de las selecciones URL creadas en los menús imagemap. Su valor puede omitirlo el archivo imagemap.

La Tabla 20.16 enumera las opciones de la directiva **ImapMenu**.

TABLA 20.16 OPCIONES MAPMENU

Opción	Descripción
None	Si se establece ImapMenu a None, no se generará menú alguno y se llevará a cabo la acción predeterminada.
Formatted	Un menú con formato es el menú más sencillo. Los comentarios del archivo imagemap se ignoran. Se imprime un encabezado de nivel uno, luego una regla horizaontal HTML y luego los vínculos, cada uno en una línea separada. El menú posee un aspecto coherente, parecido al de un listado de directorios.
Semiformatted	En un menú semiformateado, los comentarios se imprimen donde tienen lugar en el archivo imagemap. Las líneas en blanco se convierten en divisiones HTML. No se imprime ninguna regla horizontal ni HTML, pero el menú es el mismo que un menú con formato.
Unformatted	Los comentarios se imprimen, y las líneas en blanco se ignoran. Nada se imprime que no aparezca en el archivo imagemap. Todas las divisiones y encabezados deberán ser incluidos como comentarios en el archivo imagemap. Esto le proporciona una gran flexibilidad sobre el aspecto de los menús, pero le obliga a tratar sus archivo como HTML en vez de cómo texto sin formato.

Para recabar más información sobre el módulo imap, incluyendo los detalles acerca del formato de archivo imagemap, se pueden encontrar en http://www.apache.org/docs/mod/mod_imap.html.

El módulo mod_include

El módulo **mod_include** permite los documentos analizados sintácticamente por el servidor, a los que se suele denominar inclusiones del lado del servidor (SSI). SSI fue uno de los primeros mecanismos para crear páginas dinámicas. Ha sido en gran medida sustituido por PHP, Perl, los servidores de aplicación y otros lenguajes y software.

Casi todos los servidores web crean manipuladores de los archivos .shtml, que se reenvían a **mod_include** para su procesamiento. La directiva **XBitHack** también se suele activar para permitir la ejecución de archivos SSI basados en los permisos de archivo.

La activación y el uso de los documentos SSI se describen en el Capítulo 12, "SSI: inclusiones del lado del servidor".

El módulo de inclusión sólo tiene una directiva relacionada con **XBitHack**. En la mayoría de casos, se tiene que establecer a **on**.

Más información sobre **mod_include** se puede encontrar en http://www.apache.org/docs/mod/_mod_include.html.

El módulo mod_info

El módulo **mod_info** se usa con fines de diagnóstico en el servidor. Proporciona una panorámica general acerca de la configuración del servidor, incluyendo todos los módulos y directivas instalados en los archivos de configuración.

Tiene una sola directiva:

Directiva	Descripción
AddModuleInfo	Proporciona información adicional (en formato HTML) para el módulo especificado del listado que genera **mod_info**.

Para utilizar **mod_info**, registre un manipulador y restrinja el acceso a su URL. El listado puede no reflejar completamente la configuración del servidor, ya que su contenido sólo se crea cuando el servidor se reinicia o se recarga.

El módulo mod_isapi

El módulo **mod_isapi** permite que Apache soporte la API Server Extension en Windows. Los módulos y las aplicaciones que se creen para IIS serán compatibles con Apache.

Añada la siguiente directiva al archivo **httpd.conf** para activar el módulo:

```
AddHandler isapi-isa dll
```

El módulo mod_log_agent

El módulo **mod_log_agent** proporciona un mecanismo para registrar el contenido del encabezado **UserAgent** que hay en las solicitudes HTTP. El módulo proporciona una directiva:

Directiva	Descripción
AgentLog	Especifica un nombre de archivo o programa al que se envía la información del agente.

El módulo mod_log_config

El módulo **mod_log_config** es el módulo estándar que sirve para definir y personalizar el registro del servidor. Es posible usar el formato normal de registro o definir el suyo propio. Por defecto, los impactos se graban en formato normal de registro y se envían al archivo **TransferLog**, que está en la base de la instalación Apache. La información necesaria para definir su propio formato de registro personalizado se puede encontrar en http://www.apache.org/docs/mod/mod_log_config.html.

Los registros se pueden definir por *host* virtual.

La Tabla 20.17 enumera las directivas que define **mod_log_config**.

TABLA 20.17 DIRECTIVAS MOD_LOG_CONFIG

Directiva	Descripción
CookieLog	Establece el nombre de archivo para registrar *cookies*.
CustomLog	Asocia los archivos de registro con formatos definidos por el usuario. También puede usar variables de entorno para llevar a cabo un registro selectivo.

Tabla 20.17 Directivas mod_log_config *(continuación)*

Directiva	Descripción
LogFormat	Define el formato que se puede asignar con posterioridad a los archivos de registro por medio de la directiva **CustomLog**.
TransferLog	Especifica el nombre de archivo del archivo predeterminado de registro del servidor.

El módulo mod_log_referer

El módulo **mod_log_referer** permite que el servidor Apache registre el URL de referencia, que es el URL desde el que los usuarios se han conectado. El módulo está desautorizado, debido a que la directiva CustomLog del módulo mod_log_config lleva a cabo las mismas tareas que este módulo y es más flexible.

La Tabla 20.18 enumera las dos directiva que define este módulo.

Tabla 20.18 Directivas mod_log_referer

Directiva	Descripción
RefererIgnore	Se añade a la lista de cadenas a ignorar en los encabezados **Referer**.
RefererLog	Establece el nombre del archivo en el que se registrará el encabezado **Referer** de solicitudes entrantes.

El módulo mod_mime

Existen dos módulos MIME, **mod_mime** y **mod_mime_magic**. El primero, **mod_mime**, determina el tipo de archivo por su nombre. El estándar MIME y su uso con Apache constituyen el núcleo del Capítulo 7, "Tipos MIME".

Determinar el tipo de contenido de un archivo es importante, porque los distintos tipos de contenidos requieren distintas manipulaciones. Si los tipos de archivo no se pudieran determinar, casi todo el contenido web tendría que aparecer como archivos de texto en vez de como formularios, programas CGI y gráficos.

La Tabla 20.19 enumera las nueve directivas que define **mod_mime**.

Tabla 20.19 Directivas mod_mime

Directiva	Descripción
AddEncoding	Asigna la extensiones de nombre de archivo determinadas al tipo de codificación especificado.
AddHandler	Asigna una extensión de nombre de archivo a un manipulador.
AddLanguage	Asigna las extensiones de nombre de archivo determinadas al lenguaje de contenido especificado.

TABLA 20.19 DIRECTIVAS MOD_MIME *(continuación)*

Directiva	Descripción
AddType	Asigna las extensiones de nombre de archivo determinadas al tipo de contenido especificado.
DefaultLanguage	Le indica a Apache que todos los archivos del alcance de la directiva que no tengan una extensión de lenguaje explícita deberán ser considerados como si estuvieran en el lenguaje especificado.
ForceType	Obliga a todos los archivos coincidentes de la ubicación especificada a ser tratados como tipo de contenido especificado.
RemoveHandler	Elimina las asociaciones de manipuladores de los archivos con determinadas extensiones.
SetHandler	Obliga a todos los archivos coincidentes de la ubicación especificada a ser analizados sintácticamente a través de un manipulador específico.
TypesConfig	Establece la ubicación del archivo de configuración de los tipos MIME.

El módulo mod_mime_magic

Como vimos en la sección anterior, Apache posee dos módulos MIME estándar. El segundo de ellos, **mod_mime_magic**, determina un tipo de archivo inspeccionando partes de su contenido.

Existe una directiva creada por **mod_mime_magic**.

Directiva	Descripción
MimeMagicFile	Permite le archivo **mod_mime_magic** especificando la ubicación del archivo **magic**.

Para recabar más información sobre el archivo **magic**, puede ver la página de manual de UNIX relativa al comando **file**. **mod_mime_magic** puede usar el mismo archivo de configuración que el que se proporciona en el comando de archivo con la distribución UNIX.

El módulo mod_mmap_static

El módulo **mod_mmap_static** se ofrece para reducir la latencia del servidor web de no cambiar los archivos en sistemas muy cargados. Como su nombre indica, el módulo utiliza la función **mmap()** para guardar los archivos en la memoria normal del sistema. La biblioteca sólo está disponible en algunos sistemas UNIX.

> **ATENCIÓN**
> Este módulo es experimental y se debe utilizar con precaución.

Este módulo mantiene una lista de paginas suministradas por el usuario y evita acceder al sistema de archivos. Para que sea útil, exige que los *webmasters* conozcan bien las características del rendimiento y los cuellos de botella de sus sitios.

Debido a que el contenido de los archivos queda guardado en la memoria del sistema por medio de la función **mmap()**, el servidor tendrá que reiniciarse siempre que cambie el contenido del sitio.

Existe una directiva:

Directiva	Descripción
MMapFile	Guarda uno o más archivos (dados como argumentos separados por especios en blanco) en la memoria del sistema.

El módulo mod_negotiation

El módulo **mod_negotiation** proporciona la negociación de contenido, que es la selección entre varios documentos del documento que más se adapte a las posibilidades del cliente (para recabar más información sobre la negociación de contenidos, véase http://www.apache.org/docs/mod/_mod_negotiation.html.)

El módulo **mod_negotiation** emplea dos directivas (véase la Tabla 20.20).

TABLA 20.20   DIRECTIVAS MOD_NEGOTIATION

Directiva	Descripción
CacheNegotiatedDocs	Permite que los documentos con negociación de contenido sean guardados por servidores *proxy*. Esto puede suponer que los clientes de esos *proxies* podrían recuperar versiones de los documentos que no fueran las mejores coincidencias para sus posibilidades, pero hace que el guardado sea más eficiente.
LanguagePriority	Establece la precedencia de las variantes del lenguaje en las que el cliente no expresa preferencia alguna al manipular una solicitud **MultiViews**. Los lenguajes están en orden de preferencia decreciente.

El módulo mod_proxy

El módulo **mod_proxy** implementa un *proxy* caché para Apache. Implementa la opción de *proxy* para FTP, CONNECT (en SSL), HTTP/0.9 y HTTP/1.0. El módulo se puede configurar para conectar otros módulos *proxy* para éstos y otros protocolos.

El módulo *proxy* es complejo e implementa más de 20 directivas. El Capítulo 10, "Utilizar Apache como servidor proxy y caché", trata sobe el módulos y varias de sus directivas con un poco más detalle. También puede obtener información sobre el módulo en http://www.apache.org/docs/mod/mod_proxy.html.

El módulo mod_rewrite

El módulo **mod_rewrite** proporciona un mecanismo para traducir los URL. Este mecanismo de traducción es similar al uso de la directiva **Alias**, pero es mucho más potente, ya que utiliza expresiones habituales para permitir muchas más opciones de traducción.

Se facilita información más minuciosa de este módulo en http://www.apache.org/docs/_mod/mod_rewrite.html y en la guía del autor de módulos de http://www._engelschall.com/pw/apache/rewriteguide/.

El módulo mod_setenvif

El módulo **mod_setenvif** ofrece la opción de establecer variables de entorno en base a los atributos de solicitud. Las directivas se consideran en el orden en que aparecen en los archivos de configuración, y utilizan expresiones habituales.

Existen cinco directivas (véase la Tabla 20.21).

TABLA 20.21   MOD_SETENVIF DIRECTIVES

Directiva	Descripción
BrowserMatch	Define variables de entorno basadas en el campo de encabezado de la solicitud Usuario-Agente HTTP. El primer argumento es una expresión habitual extendida POSIX.2. El resto de los argumentos dan el nombre de las variables a establecer y (opcionalmente) los valores en los que están establecidos.
BrowserMatchNoCase	Sirve como **BrowserMatch** insensible a las mayúsculas y minúsculas.
SetEnvIf	Define variables de entorno basadas en atributos de solicitud.
SetEnvIfNoCase	Sirve como **SetEnvIf** insensible a las mayúsculas y minúsculas.

El módulo mod_so

El módulo **mod_so** ofrece la funcionalidad de cargar y ejecutar módulos DSO (las directivas **LoadFile** y **LoadModule** se describieron en el Capítulo 19 y al principio de este capítulo). El propio módulo **mod_so** no puede ser un módulo DSO, pero es posible compilar todos los demás módulos como DSO. Éste es el método recomendado para configurar Apache.

El módulo mod_speling

El módulo mod_speling trata de corregir la ortografía de los URL que los usuarios pudieran haber introducido ignorando las mayúsculas y permitiendo hasta una falta.

Su única directiva, **CheckSpelling**, posee dos opciones, **on** y **off**, que activan y desactivan la ortografía de los URL.

El módulo mod_status

El módulo **mod_status**, que se describe en el Capítulo 19, muestra información interna acerca del funcionamiento actual del servidor Apache. Sólo tiene una directiva, **ExtendedStatus**, que permite diagnósticos adicionales al estar establecida a **on**.

El módulo mod_unique_id

El módulo mod_unique_id proporciona un símbolo para cada solicitud, que se asegura que es único en todas las solicitudes del sitio. En un sitio atendido por una sola máquina, no se necesitan pasos adicionales para sacar partido de esta directiva. En sitios que tienen varias máquinas, remítase a http://www.apache.org/docs/mod/mod_unique_id.html. No hay directivas, ya que el módulo funciona automáticamente. El valor del símbolo se coloca en la variable de entorno **UNIQUE_ID**. Este módulo sólo está disponible en servidores UNIX.

El módulo mod_userdir

El módulo mod_userdir permite que sistemas operativos de servidor multiusuario, como UNIX, tengan sitios asociados con los usuarios de sistemas, convirtiendo un subdirectorio de cada directorio de inicio del usuario del sistema en una raíz de documento.

La única directiva es **UserDir**, que hace tres cosas. Con un nombre de subdirectorio, configura el subdirectorio del directorio de inicio para que lo usen los URL. Con la opción **enable** y una lista de usuarios, permite que el servidor ofrezca URL a partir de los directorios de inicio de esos usuarios. Con la opción **disable** y una lista de usuarios, prohibe al servidor ofrecer URL a partir de los directorios de inicio de esos usuarios.

Por ejemplo, para establecer **public_html** como subdirectorio que se va a usar, introduzca:

```
UserDir public_html
```

Para permitir en el subdirectorio que haya una lista de usuarios, introduzca:

```
UserDir enable user1 user2 ... usern
```

De manera análoga, para prohibir en el subdirectorio que haya una lista de usuarios, introduzca:

```
UserDir disable user1 user2 ... usern
```

Observe que cada usuario está separado por un espacio.

Si la lista de usuarios de **enable** o **disable** está vacía, todos los usuarios se verán afectados.

El módulo mod_usertrack

El módulo **mod_usertrack** genera una *cookie* para el control de usuarios. Para registrar la *cookie*, tendrá que añadir una configuración de registro por medio de la directiva **CustomLog**. Por ejemplo:

```
CustomLog logs/clickstream "%{cookie}n %r %t"
```

registrara las *cookies* en el archivo **logs/clickstream** en la base de Apache por medio del formato determinado. Véase el módulo **mod_log_config** para ampliar la información acerca de la directiva **CustomLog**.

Posee tres directivas, como se ve en la Tabla 20.22.

TABLA 20.22 DIRECTIVAS MOD_USERTRACK

Directiva	Descripción
CookieExpires	Establece el momento de expiración de la *cookie*. El valor dado está en segundos o en inglés entre comillas, como "**3 weeks 4 days 7 seconds**". Los términos de tiempo permitidos son: **years, months, weeks, hours, minutes** y **seconds**.
CookieName	Establece el nombre de la *cookie*. Por defecto, la *cookie* se llama **Apache**.
CookieTracking	Activa o desactiva el control del usuario con las opciones **on** y **off**.

El módulo mod_vhost_alias

El módulo mod_vhost_alias proporciona soporte para albergues virtuales masivos configurados dinámicamente. Es una de las mejoras más relevantes de Apache 1.3.9. El concepto central que subyace a los albergues virtuales masivos se describe en http://www.apache.org/docs/vhosts/_mass.html. Junto con el módulo **mod_rewrite**, este módulo se puede usar para administrar un gran número de *hosts* virtuales servidos por un solo sistema, como es el caso de los ISP.

Existen cuatro nuevas directivas (véase la Tabla 20.23).

TABLA 20.23 DIRECTIVAS MOD_VHOST_ALIAS

Directiva	Descripción
VirtualDocumentRoot	Determina el lugar en el que Apache encontrará los documentos, en base al valor del nombre del servidor.
VirtualDocumentRootIP	Parecido a **VirtualDocumentRoot**, con la excepción de que utiliza la dirección IP del final de conexión del servidor en vez del nombre del servidor.
VirtualScriptAlias	Determina el lugar en el que Apache encontrará *scripts* CGI, de forma muy similar a lo que **VirtualDocumentRoot** hace en otros documentos.
VirtualScriptAliasIP	Similar a **VirtualScriptAlias**, con la excepción de que utiliza la dirección IP del final de conexión del servidor en vez del nombre del servidor.

Resumen

En este capítulo hemos detallado cada módulo estándar que se incluye con Apache 1.3.9. Los módulos estándar son el pan y la mantequilla de Apache, implementando las opciones que se consideran esenciales en un servidor web. Se proporcionaron referencias, que le permiten aprender más acerca de cada uno de estos módulos.

CAPÍTULO 21

Utilizar el módulo Perl

Introducción a mod_perl	410
Módulos Perl que se usan con mod_perl	411
Instalar mod_perl	413
Configurar mod_perl	414
Interacción de mod_perl con las bases de datos	421
Depurar mod_perl	421
Sintonizar el rendimiento	422
Scripts mod_perl y usos	423
La interfaz del módulo Perl con _mod_perl	424

mod_perl es un módulo muy conocido de Apache que ayuda a los navegadores web a crear sofisticadas aplicaciones que se comportan bien con el lenguaje de programación Perl. Este capítulo ofrece una panorámica de mod_perl, su configuración básica y la sintonización del rendimiento. El módulo mod_perl es muy flexible y complejo, y un tratamiento completo se iría a varios cientos de páginas, por lo que, en caso de querer tener información más detallada, debería remitirse a los distintos sitios web dedicados a él, como http://perl.apache.org/.

Introducción a mod_perl

Perl, como lenguaje, se publicó por primera vez en 1987. Se volvió increíblemente popular, fue revisado en los noventa y sigue siendo desarrollado y mejorado sin tregua. El lenguaje era una herramienta excepcional para los administradores de sistemas Unix acostumbrados a usar sed, awk o C para crear aplicaciones personalizadas para procesar datos de texto. Perl ha sido ampliado para proporcionar una interfaz de muy alto nivel para redes, bases de datos, utilidades de sistema y aplicaciones web. La primera versión que obtuvo aceptación fue la versión 4 (llamada Perl4). A principios de los 2000, la última versión estable era la 5.005. Perl5, que proporciona soporte para la programación orientada a objetos, se usa para mod_perl.

CGI, la Interfaz de Pasarela Común lanzada por NCSA, también obtuvo popularidad a mediados de los noventa como forma de desarrollar rápidamente aplicaciones web. Perl se ha beneficiado enormemente del despliegue de CGI (tratado en el Capítulo 11, "Programación CGI"). Legiones de desarrolladores Perl surgieron de la necesidad de soportar aplicaciones CGI.

Desafortunadamente, las CGI y, en concreto, las CGI basadas en Perl, no son muy escalables para las aplicaciones web de gran tráfico. Dado que Perl es un lenguaje interpretado, cada visita a un documento web implementado como *script* CGI Perl hace que el intérprete CGI se abra y que el *script* Perl se compile en tiempo de ejecución. La combinación de la utilización de memoria alta y respuestas web fuera de tiempo frustra a los visitantes y administradores de sistemas. Aunque Perl constituye un excelente lenguaje de desarrollo web, no está muy adaptado al entorno de producción.

Como resultado de ello, se propuso un gran número de soluciones creativas. La más elegante consistía en integrar el intérprete Perl en Apache y proporcionar un entorno de programación que expandiera la capacidad de los desarrolladores Perl, a la vez que atendían los temas de rendimiento. El resultado fue mod_perl. Hay otras alternativas, como los lenguajes de automatización integrados, como PHP.

Concepto de mod_perl

Una de las ideas principales que subyace a mod_perl consiste en permitir a los programadores Perl que escriban módulos para el servidor web Apache, una opción que suele estar reservada a los programadores de C. Otra opción es la de proporcionar un rendimiento mejorado y una compatibilidad continuada para los *scripts* CGI existentes escritos en Perl.

Escribir *scripts* mod_perl, aunque sean sencillos, es más complicado que escribir *scripts* CGI, aunque no tanto. En primer lugar, dado que el intérprete Perl no se reinicia con cada uso, los programadores deben tener mucho cuidado a la hora de liberar memoria durante las ejecuciones. Los sistemas pueden desestabilizarse si se abren conexiones a archivos o bases de datos en cada instancia y no se cierran. Además, hay que tener cuidado, de forma que se establezcan correctamente los valores iniciales de las variables, porque los valores de las invocaciones a *scripts* anteriores podrían persistir. Por último, no se pueden usar algunas llamadas de sistema, como exit(); llamar a exit() supondría que finalizara la instancia principal de Perl.

Ventajas de mod_perl

Las ventajas de mod_perl son su flexibilidad y su rendimiento. Los desarrolladores poseen acceso a la API Apache y pueden intervenir en cualquiera de las fases del procesamiento de solicitudes. Los usuarios Perl también pueden ejecutar sus aplicaciones CGI con mucha ganancia en el rendimiento. No es necesario reiniciar el intérprete Perl en cada solicitud, de forma que las mejoras en el rendimiento sobre la ejecución normal de *scripts* CGI Perl puede ser increíble. Con mod_perl se pueden crear aplicaciones web muy sofisticadas.

Última versión y disponibilidad

mod_perl posee su propio proyecto de desarrollo y no se distribuye como parte del paquete básico del servidor web Apache. La versión más reciente puede descargarse en http://perl.apache.org/ o en la CPAN (Red General de Archivos Perl) en http://www.perl.com/CPAN/. También se puede encontrar documentación aquí o en el sitio web http://www.modperl.com/.

Al igual que ocurre con todos los módulos, puede ser que mod_perl tenga que ser reconstruido o reinstalado en caso de actualización de Apache, dependiendo de qué importancia tenga dicha actualización. Si cambia la API Apache, todos los módulos requerirán una recompilación para evitar conflictos; si Apache detecta un módulo con una versión incompatible, mostrará un mensaje de error e, incluso, no se iniciará.

Los fabricantes como Red Hat distribuyen binarios mod_perl diseñados para trabajar con las versiones de Apache.

Perl posee su propio concepto de modularidad implementada con el uso de los módulos Perl. Desafortunadamente, la organización actual utiliza un solo espacio de nombres Perl, llamado Apache, para reunir no sólo todas las opciones de implementación de Perl de la API Apache estándar, sino también incluir los módulos de estilo Apache que se creen con Perl.

Módulos Perl utilizados con mod_perl

La Tabla 21.1 enumera algunos de los módulos Perl más populares que se usan con mod_perl. La lista no es exhaustiva; hay muchos más, y cada vez se crean más. Algunos de ellos aportan una funcionalidad única al servidor web Apache (como **Apache::ASP**), otros proporcionan acceso a la API Apache (como **Apache::Connection**) para que la usen otros módulos Perl, mientras que otros (como **Apache::AutoIndex**) sustituyen las opciones de los módulos estándar Apache. Para recabar la última información sobre qué módulos existen y cuáles están disponibles, visite el sitio web http://perl.apache.org/.

TABLA 21.1 MÓDULOS MOD_PERL POPULARES

Módulo	Descripción
Apache::ASP	Procesa las Páginas del Servidor Activas por medio de **mod_perl**.
Apache::AuthenDBI	Utiliza una base de datos para la autenticación.
Apache::DBI	Mantiene conexiones persistentes con bases de datos.
Apache::DBILogger	Mantiene un registro de todas las conexiones basadas en DBI.
Apache::EmbPerl	Parecido a PHP, con la excepción de que integra código Perl directamente en HTML.
Apache::Filter	Procesa y filtra la salida de las solicitudes de filtros.
Apache::GzipChain	Comprime la salida de las solicitudes.
Apache::PerlRun	En casos difíciles, donde no es posible conseguir un script CGI que se ejecute correctamente en el modo **Apache::Registry**.
Apache::PHlogin	Utiliza una base de datos PH para autenticarse.
Apache::Registry	Trata de procesar *scripts* CGI de forma transparente. Los *scripts* Perl están cargados en la caché y sólo se recargan cuando se cambian. La falta de instanciación de un proceso Perl separado para cada solicitud supone una ganancia tremenda en el rendimiento.
Apache::Sandwich	Crea salidas de *scripts* personalizados de encabezado-pie para solicitudes HTTP.
Apache::Session	Añade opciones para mantener la persistencia en las sesiones.
Apache::SSI	Procesa inclusiones del lado del servidor con **mod_perl**.
Apache::Status	Proporciona información acerca del estado del proceso Perl durante el tiempo de ejecución.
Apache::TransLDAP	Utiliza LDAP para transformar solicitudes.
Apache::Throttle	Negocia el contenido en base a la velocidad de conexión.

Muchos de los módulos **Apache::*** se instalan automáticamente como parte de **mod_perl**. Otros módulos que no forman parte del paquete pueden ser puestos a disposición de **mod_perl** instalándolos del modo normal. Tras descargarlos de CPAN (o de cualquier parte) y desempaquetarlos, quedarán instalados casi siempre si se usan los siguientes comandos del directorio:

```
perl Makefile.PL
make
make test
make install
```

Instalar mod_perl

La mejor forma de instalar **mod_perl** es como DSO (Objeto Dinámico Compartido), que no le obliga a tener el código fuente de la instalación Apache existente. También implica que no hay que reconstruir el binario de Apache para añadirle **mod_perl**.

Para instalar **mod_perl** como DSO, siga estos pasos:

1. Descargue y desempaquete el código fuente de un subdirectorio del directorio primario del código fuente Apache (como */usr/local/apache/src/modules/_mod_perl-1.21*):

   ```
   cd /usr/local/apache/src/modules
   tar xzvf mod_perl-1.21.tar.gz
   ```

> **NOTA**
>
> Si está en un sistema donde no tiene GNU tar como archivador predeterminado (por ejemplo, Solaris), es posible que vea quejas sobre la opción z. En ese caso, primero tendrá que gunzip el código fuente y luego usar tar para desempaquetarlo:
>
> ```
> gunzip mod_perl-1.21.tar.gz
> tar -xvf mod_perl-1.21.tar
> ```

2. Cambie al directorio **mod_perl** y ejecute el *script* de instalación estándar del módulo Perl, **Makefile.PL**:

   ```
   cd mod_perl-1.21
   perl Makefile.PL USE_APXS=1 WITH_APXS=/usr/local/apache/bin/apxs
        ↪!EVERYTHING=1
   ```

   Los significados de las opciones son:

USE_APXS=1	Emplear la utilidad apxs para instalar el módulo DSO Apache sin el código fuente de Apache.
WITH_APXS=/path_to_apxs	Hacer saber a Perl dónde localizar apxs. Si tiene múltiples instalaciones Apache, también puede tener múltiples instalaciones de apxs.
EVERYTHING=1	Activar todas las opciones **mod_perl** y ganchos de manipuladores.

3. Para terminar el proceso de instalación, ejecute los comandos estándar **make**:

   ```
   make
   make test
   make install
   ```

4. Para verificar que **mod_perl** se ha instalado correctamente, reinicie el servidor y vea el final del registro de errores de Apache:

   ```
   apachectl restart
   tail /var/log/httpd/error_log
   ```

   Si el **módulo mod_perl** está instalado correctamente, verá algo parecido a:

```
[Mon Oct 1 00:02:19 1999] [Notice] Apache/1.3.9 (Unix)
!mod_perl/1.21 configured -- resuming normal operations
```

Es posible que quiera instalar módulos adicionales Apache/**mod_perl**. Puede encontrar un listado de los módulos disponibles en http://perl.apache.org/src/apache-modlist.html.

Configurar mod_perl

Para poder utilizar **mod_perl**, tendrá que añadir líneas como la siguiente a los archivos de configuración **httpd.conf**:

```
Alias /perl/ /home/httpd/perl/
<Location /perl>
    SetHandler perl-script
    PerlHandler Apache::Registry
    PerlSendHeader On
    Options +ExecCGI
</Location>
```

Esto hará que cada uno de los archivos del directorio **/home/httpd/perl/** sea tratado como *script* CGI a ejecutarse por **mod_perl**, específicamente la opción **Apache::Registry**. Esta es la clave de la mejora del rendimiento de los *scripts* CGI Perl existentes con **mod_perl**.

Puede activar selectivamente la mejora del rendimiento **Apache::Registry** en *scripts* determinados en el directorio existente **/cgi-bin/** con algo así:

```
ScriptAlias /cgi-bin/ /home/httpd/cgi-bin/
<Directory /home/httpd/cgi-bin>
    AllowOverride None
    Options None
    <Files just-this-script>
        SetHandler perl-script
        PerlHandler Apache::Registry
        Options +ExecCGI
    </Files>
</Directory>
```

En este caso, el *script* **/cgi-bin/just-this-script** lo ejecutará el manipulador Perl **Apache::Registry**, mejorando el rendimiento únicamente en ese *script*, mientras otros *scripts* del directorio se ejecutan con el método CGI normal.

> **NOTA**
>
> Todo script que vaya a ser manipulado por mod_perl tiene que estar en un alcance que incluya la palabra clave de la opción ExecCGI.

Muchos usuarios de **mod_perl** prefieren dejar que sea Apache quien se encargue de manipular los *scripts* CGI de forma distinta en base al URL. Por ejemplo, un *webmaster* puede querer que algunos *scripts* se ejecuten en modo **Apache::Registry** y otros en modo **Apache::PerlRun** dejando incólume la posibilidad de ejecutar *scripts* CGI antiguos. Esto se puede hacer con las directivas siguientes de **httpd.conf**:

```
ScriptAlias /cgi-bin/ /home/httpd/cgi-bin/
Alias /perl/ /home/httpd/cgi-bin/
Alias /cgi-perl/ /home/httpd/cgi-bin/
```

La primera directiva, **ScriptAlias**, hace que los *scripts* CGI se manipulen normalmente. La segunda utiliza **/perl/** como prefijo URL para *scripts* Perl que se puedan manipular con **Registry**. La tercera crea un prefijo URL **/cgi-perl/** para usarse con **PerlRun**.

Precargar módulos Perl

Si su sitio utiliza una base de datos, es posible que quiera precargar módulos de bases de datos Perl. Si no, los módulos tendrán que precargarse en cada invocación (lo que probablemente será muy costoso). Para llevar a cabo la precarga, utilice la directiva **PerlModule** del archivo de configuración del servidor:

```
PerlModule Apache::DBI DBD::Mysql
```

Los módulos de base de datos se utilizan aquí como ejemplo, ya que su recarga tiene una repercusión notable en la latencia de solicitudes. La misma técnica se puede aplicar a cualquier módulo que se use mucho en la salida del servidor web.

Los módulos de una directiva **PerlModule** son localizados por el intérprete mirando en la ruta de inclusión de Perl habitual **@INC**. Si desea especificar que una ruta de un *script* Perl se ejecute durante esta fase de procesamiento, utilice la directiva **PerlRequire**:

```
PerlRequire mod-perl/init-phase.pl
```

Puede especificar una ruta absoluta o una ruta relativa; si usa la última, **mod_perl** utilizará las entradas de la matriz **@INC** como anclas para la ruta relativa y buscará el *script* en cada una de ellas.

> **ATENCIÓN**
>
> Los módulos Perl de las directivas PerlModule o PerlRequire de los archivos de configuración del servidor se ejecutan por el servidor Apache antes de cambiar de identidad. En sistemas Unix, esto suele significar que el servidor sigue ejecutándose como root, por lo que los módulos enumerados tendrán acceso total de superusuario al sistema.

Las directivas **PerlModule** y **PerlRequire** se pueden usar en los archivos .htaccess, pero los módulos y *scripts* listados en esas directivas se cargarán normalmente en tiempo de solicitud, en vez de en tiempo de inicio, ya que el servidor no busca archivos .htaccess hasta que se ha traducido una solicitud a una ruta del sistema de archivos.

Manipuladores de fase de módulos Perl

Si construye `mod_perl` con la opción EVERYTHING=1, tendrá a su disposición todas las opciones de módulo, incluyendo la opción de declarar un módulo Perl como manipulador en cualquiera de las fases de la configuración del servidor y procesamiento de solicitudes. El formato estándar de este tipo de declaración es:

`PerlXXXHandler module-name [...]`

XXX puede ser nulo (por ejemplo, la directiva se especifica como **PerlHandler**) o cualquiera de **ChildInit, PostReadRequest, Init, Trans, HeaderParser, Access, Authen, Authz, Type, Fixup, Log, Cleanup, ChildExit, Dispatch** o **Restart**. Cada una de ellas instalará uno o más módulos Perl como manipuladores en la fase correspondiente de la API Apache.

La fase que parece omitirse es la de la generación de contenido, pero no se ha excluido, sino que está asociada con la directiva **PerlHandler**, que es la que parece no incluir un nombre de fase.

Cada tipo de manipulador se describe muy brevemente en las secciones siguientes. En la mayoría de casos, los argumentos de las directivas son nombres de clases de módulos; `mod_perl` también carga el módulo si todavía no está cargado y llama al método **handler()** del módulo en el momento apropiado durante el procesamiento de la solicitud. Si un determinado módulo puede manejar múltiples fases, le compete al método **handler()** determinar en qué fase se va a invocar.

Puede especificar un método a invocar en vez del método **handler()**, como Apache::Foo:generate_content. Si emplea esta técnica para especificar un método en vez de un nombre de clase o de módulo, deberá cargar el módulo usted mismo, como con **PerlModule**, puesto que `mod_perl` no lo hará. Si hace referencia a un método a partir de un módulo que no está cargado, `mod_perl` indicará un error en el registro de errores del servidor. Dado que este error es habitual, las directivas **PerlXXXHandler** proporcionan una forma de cargar el módulo: anteponga al argumento una **+**, como en **PerlHandler+Apache::Foo:_generate_content**.

Si se declaran múltiples módulos o métodos en una determinada fase, el número de ellos que en realidad se llame dependerá de la propia fase. Algunas fases terminan tan pronto como algo tiene éxito; otras siguen llamando a los módulos hasta que se han invocado todos (todas las fases se detienen automáticamente si algún método devuelve un error).

PerlChildInitHandler: tratar con la creación de procesos secundarios

En el modelo multiporceso de Unix, las solicitudes las manejan los secundarios del proceso principal Apache. Cuando estos procesos secundarios se crean, una de las primeras cosas que hacen es invocar a los módulos de Perl que puedan haberse declarado en las directivas **PerlChildInitHandler**. Esto le da la oportunidad de configurar los recursos del proceso que tenga por conveniente o las conexiones necesarias. En sistemas Windows, estos módulos son llamados una sola vez, ya que sólo hay un proceso.

Todos los módulos que se enumeren en la línea de la directiva serán llamados, a menos que uno devuelva un error.

PerlPostReadRequestHandler: manipulación inicial de solicitudes

Los módulos listados en estas líneas de directiva se invocan tan pronto como el servidor Apache haya leído el encabezado de solicitud del cliente. Todos los módulos serán llamados por turno, a menos que uno de ellos devuelva un error.

Todos lo módulos llamados para esta fase serán invocados hasta que uno devuelva un error o indique que la solicitud se ha manipulado por completo devolviendo DONE.

PerlInitHandler: alias de manipulador inicial

Esta directiva no está asociada con una sola fase. En lugar de ello, es un alias de la directiva PerlPostReadRequestHandler o de la directiva PerlHeaderParserHandler, dependiendo de dónde se encuentre PerlInitHandler. Si está en un contenedor <Directory> o <Location>, será la misma que PerlHeaderParserHandler; si no, equivaldrá a PerlPostReadRequestHandler.

El número de módulos que se invoque depende del contexto; véanse las descripciones de las directivas para recabar detalles al respecto.

PerlTransHandler: traducir un URI de solicitud a un nombre de archivo

A los módulos que se declaran en esta fase se les da la opción de traducir el URI solicitado en una ubicación del sistema de archivos. Es así como funciona la directiva Alias del módulo estándar mod_alias de Apache. Dado que la traducción todavía no se ha llevado a cabo, no tiene sentido (y no está permitido) que esta directiva aparezca en un contenedor <Directory> o <Location>. Y, desde que la traducción ya ha sido ejecutada y ya se ha procesado un archivo .htaccess, tampoco tiene sentido (y está prohibido) que aparezca ahí.

Esta fase termina tan pronto como algún módulo devuelva algo que no sea DECLINED. Esto significa que sólo hay un nódulo que puede llevar a cabo esta traducción.

PerlHeaderParserHandler: reaccionar a un encabezado de respuesta

Los módulos nombrados en esta directiva tienen que determinar si van a proceder con la solicitud en base al contenido de su encabezado. Esta fase es muy parecida a la fase de la directiva PerlPostReadRequest, con la excepción de que se ha llevado a cabo un procesamiento adicional y que hay más información a disposición de estos módulos para la toma de decisiones.

Esta fase llama a todos los módulos listados en la directiva, hasta que uno devuelve un error o DONE, lo cual significa que se ha completado el procesamiento de la solicitud.

PerlAccessHandler: comprobar el control de acceso básico

Los módulos que se enumeran en esta línea de directiva serán invocados tempranamente en el procesamiento de una solicitud, y tendrán la obligación de determinar si se debe permitir a la solicitud que proceda, en base a su origen. La única información a disposición de los manipuladores es el contenido del encabezado de solicitud y los atributos de ésta, como la dirección IP del cliente. El tipo más común de control de acceso se basa en la comprobación de si a esa dirección se le permite acceder al documento en cuestión.

> **NOTA**
>
> En esta fase del procesamiento de solicitudes no existe información relativa al nombre de usuario o la contraseña.

Todos los módulos de esta fase son invocados hasta que uno devuelve algo que no sea OK. Si ningún módulo devuelve un error u OK (por ejemplo, todos los módulos han devuelto DECLINED), el servidor Apache presupondrá que hay fallos y prohibirá la solicitud.

PerlAuthenHandler: validar las credenciales

Los módulos PerlAuthenHandler se invocan con fines de validación de las credenciales de usuario que acompañen a la solicitud. Normalmente, esto significa buscarlos en algún tipo de base de datos de credenciales, pero puede que sea más sencillo, como la verificar que coinciden con algún tipo de patrón. En circunstancias normales, si no se envían credenciales, ningún módulo de autenticación indicará una búsqueda satisfactoria, y el servidor le notificará al cliente que las credenciales son necesarias (lo que implica que el cliente lo intente de nuevo tras conseguir las credenciales).

Todos los módulos que se declaren en esta fase serán invocados, a menos que uno cancele la secuencia devolviendo un error. Al igual que ocurre con los módulos que se declaran en la directiva PerlAccessHandler, al menos un módulo debe devolver OK o, si no, el servidor cancelará la solicitud.

PerlAuthzHandler: verificar el permiso de acceso a un documento

Cuando se validan las credenciales de usuario (es decir, cuando coinciden con los valores esperados), el procesamiento de la solicitud procede a la siguiente fase, que supone la comprobación de si al usuario validado se le permite acceder al recurso solicitado. Este proceso se llama autorización, que explica por qué la directiva que declara módulos en esta fase se llama PerlAuthzHandler.

Este proceso está dividido en dos fases separadas, ya que es muy razonable que un nombre de usuario y una contraseña sean válidos, pero no se les permita acceder a todos los documentos. Por ejemplo, todos los departamentos de una empresa podrían compartir la misma base de datos de usuario, pero sólo los miembros del departamento de personal tendrán acceso a los registros de primas de los empleados.

mod_perl llamará a todos los módulos de esta fase, hasta que uno devuelva OK. Si ningún módulo acepta la responsabilidad de la solicitud diciendo que las credenciales son válidas en el documento, el servidor Apache cancelará la solicitud como prohibida.

PerlTypeHandler: determinar el tipo de contenido de la respuesta

Los módulos que se declaran con esta directiva tienen que usar la información que se haya reunido acerca de la solicitud, como el nombre de archivo subyacente, para determinar e indicar el tipo de contenido MIME (es decir, text/html o image/jpeg) del contenido de la respuesta que se vaya a enviar al cliente.

La invocación de módulos en esta fase se detiene tan pronto como el módulo devuelve OK.

PerlFixupHandler: hacer cambios de última hora en las solicitudes

Esta fase permite que los módulos lleven a cabo verificaciones de última hora, o modificaciones de la solicitud, antes de avanzar a la fase de generación de contenido. Por ejemplo, dado que el nombre de archivo que corresponde al URI solicitado (si es que lo hay) ha sido determinado con carácter definitivo para cuando el procesamiento de la solicitud ha llegado a este punto, la fase de arreglo ofrece una oportunidad excelente de que un módulo se ajuste al encabezado de respuesta, como establecer un valor Last-Modified o Expires.

Todos los módulos que se declaren en esta fase serán invocados, a menos que uno devuelva un error.

PerlHandler: generar contenido de respuesta

Los módulos listados en esta directiva son candidatos para el contenido real de la página que se va a ofrecer al cliente, que es el contenido de la respuesta. De acuerdo con la API Apache, sólo un manipulador de contenido puede devolver OK, lo que significa que el contenido ha sido generado y enviado, pero los módulos Perl que se ejecutan bajo los auspicios de mod_perl pueden "encadenarse" entre sí, permitiendo que haya múltiples módulos que contribuyan al resultado final, o incluso que pasen la salida de un manipulador como entrada del siguiente.

El servidor invocará todos los módulos de esta fase hasta que haya uno que devuelva OK.

PerlLogHandler: registrar la solicitud completa

Todos los módulos listados en una directiva PerlLogHandler podrán ser invocados una vez que la respuesta se envíe de nuevo al cliente, y se espera que registren de algún modo la transacción, como en un archivo de texto, en un servidor remoto o en una base de datos.

Todos los módulos listados en esta directiva serán invocados hasta que uno devuelva un error.

PerlCleanupHandler: actividad final por solicitudes

Esta directiva no está directamente asociada con una fase de procesamiento de solicitudes Apache. En lugar de ello, los módulos que se declaren con esta directiva serán invocados una vez que se procese totalmente la solicitud y se hayan ejecutado todas las fases (al menos todas las que van a ser). Ya que en realidad está declarando rutinas a ejecutar, los argumentos deberán ser nombres de métodos reales, como `Apache::Foo::cleanup_request`, en vez de nombres de clases.

PerlChildExitHandler: tratar con la eliminación secundaria de Apache

Al igual que ocurre con la directiva `PerlChildInitHandler`, ésta permite declarar módulos Perl que se deberán invocar cuando el proceso secundario Apache se vea afectado (en este caso, cuando se esté eliminando del sistema). Al igual que ocurre con `PerlCleanupHandler`, los argumentos son métodos en vez de nombres de clases.

PerlDispatchHandler

La directiva `PerlDispatchHandler` sólo tiene que ser utilizada por los que conozcan muy bien `mod_perl` y deseen controlar cómo trata el módulo con los distintos manipuladores. El uso de esta directiva debe ser considerado como un tema muy avanzado, por lo que queda fuera del alcance de este capítulo.

> **ATENCIÓN**
>
> Un pequeño error en este procesamiento puede romper todas las fases del procesamiento de solicitudes.

PerlRestartHandler

Esta directiva no está asociada con una fase de Apache. En lugar de ello, identifica los módulos que se deben invocar cuando se reinicia el servidor. Los argumentos de esta directiva son nombres de métodos en vez de nombres de clases.

Ver el estado de mod_perl

`mod_perl` posee su propio submódulo, similar al `mod_status` de Apache, llamado `Apache::Status`. Para usarlo, añada las siguientes directivas al archivo de configuración:

```
<Location /perl-status>
    SetHandler perl-script
    PerlHandler Apache::Status
</Location>
```

Luego puede ver el estado de **mod_perl** y los módulos Perl solicitando un URL a su sistema, como **http://myhost/perl-status**. Si mantiene este módulo activado, sin duda querrá añadir directivas **deny/allow** para el control de acceso, a fin de no revelar demasiado acerca de la configuración a los observadores.

> **NOTA**
>
> El módulo Apache::Status requiere el módulo Perl Devel::Symdump, que puede formar parte o no de la instalación Perl. Si la página de estado no aparece correctamente, verifique que ha instalado este módulo. Puede conseguirlo de la CPAN.

Interacción de mod_perl con las bases de datos

Perl proporciona un nivel de abstracción, llamado DBI, que sirve para interactuar con la mayoría de bases de datos. El módulo DBI puede descargarse de cualquiera de los *mirrors* CPAN del sitio web **perl.com**. Para instalarlo, escriba los comandos habituales para instalar un módulo Pel de CPAN:

```
perl Makefile.PL
make
make test
make install
```

Para utilizar DBI, también necesitará un controlador de bajo nivel para la base de datos en concreto. Éste se suele llamar **DBD-databasename** (DBD significa controlador de base de datos). Durante el proceso de instalación, se le pueden formular preguntas acerca de la base de datos, incluyendo la información necesaria sobre la autorización para conectar y ejecutar una prueba de funciones DBI.

Acceder a DBI desde Apache requiere **Apache::DBI**, que forma parte de **mod_perl**. Deberá precargar el módulo de conexión de la base de datos, así como **Apache::DBI**, a través de una directiva **PerlModule**.

Para depurar conexiones DBI desde **mod_perl**, cargue el módulo **Apache::DebugDBI**.

Depurar mod_perl

Casi todos los *scripts* **mod_perl** dejan la salida en el registro de errores de Apache si se produce un problema serio. De hecho, casi todos los sitios controlan los registros de error para detectar los problemas en el momento en que se producen. Normalmente, habrá un mensaje de error de compilación o un aviso acerca de un problema en el sistema. Los *scripts* suelen empezar a fallar cuando alguien actualiza Perl y se olvida de comprobar que los viejos módulos Perl siguen siendo visibles para las aplicaciones existentes.

La directiva **PerlWarn** controla si se realiza el comprobación estricta de *scripts* Perl durante la compilación. Si se establece **PerlWarn** a **On**, estos avisos también se enviarán al registro de errores. **PerlWarn** puede estar **On** durante el desarrollo y en **Off** en la producción, cuando se está seguro de que el módulo está funcionando bien.

Pueed usar el depurador de Perl, que se invoca con **perl -d**, para comprobar un *script* Perl extenso.

> **SUGERENCIA**
>
> Al igual que sucede con la programación normal en Perl, al depurar siempre es bueno indicarle a Perl que le avise en caso de que se presenten problemas, declarando lo siguiente en la parte superior del script:
>
> ```
> #!/usr/bin/perl -w
> use strict;
> ```

Sintonizar el rendimiento

El rendimiento del servidor web es una de las razones principales del uso de **mod_perl**. Sin embargo, los sitios que cambian a **mod_perl** para subir el rendimiento suelen tener problemas en el mismo y necesitan saber cómo optimizar **mod_perl** en función de sus necesidades.

El rendimiento depende de una serie de factores, pero principalmente de la latencia (el tiempo que un servidor tarda en procesar cada solicitud). Si el servidor está atascado porque está tratando de leer o escribir demasiados datos, está usando excesiva memoria o está iniciando demasiados procesos, es posible que tenga un problema, que se podría solucionar configurando correctamente Apache o **mod_perl**. O podría ser que la aplicación Perl estuviera funcionando mal y que hubiera que retocarla y escribirla de nuevo.

Si estos esfuerzos en el ajuste del rendimiento no son suficientes, es posible que necesite ir al nivel del hardware para mejorar el rendimiento, como añadir memoria o cambiar a un procesador o controladora de disco más rápidos.

Es importante planificar el servidor web para que manipule el tráfico correctamente. Si los usuarios se quejan de que hay problemas de rendimiento durante los picos, es posible que tenga que incrementar el número máximo de procesos secundarios. Si la utilización de la memoria es alta durante estos periodos, pero normal en otros periodos, con toda seguridad es que necesita añadir más memoria. La idea es saber qué puede ocurrir en el peor de los casos en cuanto a la proporción memoria-secundarios e incrementar el número máximo permitido de secundarios por encima del número máximo de solicitudes, para recibirlas bien. Es normal que los servidores web basados en Perl requieran de 128MB a 1GB para manejar el tráfico en los sitios dinámicos.

De forma similar, establezca el número mínimo de secundarios a un número razonable. El valor **StartServers** tiene que ser lo suficientemente alto como para que, cuando se inicie el servidor, los visitantes no permanezcan a la espera mientras se inician nuevos secundarios. Análogamente, la diferencia que hay entre el número máximo y mínimo de secundarios debe ser lo suficientemente grande como para que el servidor no esté constantemente añadiendo o matando secundarios bajo una carga normal. Cada acción de secundario añade latencia al visitante.

Memoria

mod_perl trata de usar memoria compartida, es decir, tener una sola copia de Perl en la memoria mientras se crean múltiples procesos secundarios de las solicitudes que hay en el servidor Apache. Los secundarios se suelen crear o terminar cuando se ha procesado un número arbitrario de solicitudes o existen muy pocos o muchos que manejen las solicitudes entrantes.

Cada proceso secundario utiliza su propia cantidad personal de memoria en el sistema, y potencialmente puede crear su propia copia del módulo y del *script* Perl. El secundario sólo utiliza este potencial cuando la solicitud supone que el secundario tiene que mantener datos privados o activar si no partes no utilizadas de la funcionalidad del *script*.

Para determinar si hay un problema con la memoria en un servidor web Unix, el proceso normal consiste en tener una utilidad de sistema, como vmstat, tomar y registrar medidas periódicas de memoria sobre un periodo prolongado de tiempo. Es habitual ver una pequeña merma durante periodos de días y semanas, pero, si existen diferencias sustanciales o si la cantidad diaria cambia mucho, posiblemente tenga un problema. La cantidad fluctúa en función del tráfico del servidor.

La directiva **PerlSetEnv** se puede usar para establecer límites de recursos por secundario. ¿Realmente quiere que un solo secundario crezca hasta 64MB+? Si no quiere que esto suceda, lo mejor es desactivarlo:

```
PerlSetEnv PERL_RLIMIT_DATA 48:64
```

En este caso, 48MB es el límite blando y 64MB el límite duro.

> **NOTA**
>
> Si sospecha que tiene una merma en la memoria con un script Perl y no puede depurarla, una alternativa consiste en reducir MaxRequestsPerChild, de forma que se cree un nuevo secundario automáticamente antes de que el viejo secundario alcance un tamaño significativo.

Scripts mod_perl básicos y sus usos

Los *scripts* **mod_perl** más básicos son los *scripts* CGI que se procesan a través del módulo Apache::Registry. Apache::Registry es un manipulado de contenido **PerlHandler** que utiliza la información acerca de la solicitud para determinar el nombre del *script* que se está solicitando. Si el *script* nunca se ha ejecutado antes, **Apache::Registry** lo cargará y lo compilará; si el *script* ha sido invocado, pero no ha sido cambiado en el disco desde la última invocación, se usará la versión ya compilada (si no, se recargará y recompilará antes de ejecutarse de nuevo). Dado que tales cambios en el disco tienden a ser mucho menos frecuentes que las solicitudes web en los *scripts*, esto significa que el coste de la compilación se reduce considerablemente. Combine esto con la mejora en el rendimiento obtenida por no tener que iniciar el intérprete Perl para cada *script*, y la repercusión de usar **Apache::Registry** para procesar los *scripts* CGI puede ser fenomenal.

Como vimos antes, **mod_perl** permite hacer algo que la API Apache C no permite: apilar o encadenar manipuladores de contenido para permitir que el contenido de la respuesta se genere a partir de múltiples métodos. Esto se hace especificando que hay múltiples módulos en una directiva **PerlHandler**. En realidad, hay dos aspectos de esto: la salida serializada y la salida canalizada.

En lo que respecta a la salida serializada procedente de múltiples módulos, cada uno de ellos se llama por turno y debe llevar a cabo las tareas apropiadas para su posición de llamada en la secuencia. Por ejemplo, el primer generador de contenido que se invocará tendrá que enviar el encabezado de respuesta llamando a **$r->send_http_header()**, tras lo cual podrá añadir contenido al flujo de salida por medio de llamadas a **$r->print()**. Los módulos subsiguientes se añaden al contenido con sus propias llamadas a **$r->print()**.

La salida canalizada implica módulos que funcionan juntos, de forma que cada uno de ellos puede aceptar entradas de un manipulador de contenido anterior y pasar su propia salida a otro. Esto se hace omitiendo el enlace del marcador de archivo al que el método **$r->print()** envía sus argumentos y proporcionando un medio de que cada módulo obtenga entradas de su predecesor. (obviamente, el enlace **$r->print()** deberá ser restaurado en el último método de manipulador de contenido, ¡o si no nunca llegará al cliente!).

Canalizar el contenido es muy popular, pero, debido a las restricciones de la API Apache V1, la complejidad de **mod_perl** y la programación orientada a objetos de Perl, no es tan sencillo implementarlo como describirlo. Encontrar nuevas y mejores formas de efectuar salidas canalizadas sigue siendo un tema candente en la comunidad de desarrollo **mod_perl**; para ampliar la información acerca de los últimos avances en el tema, visite el sitio web http://perl.apache.org/.

La interfaz del módulo Perl con mod_perl

Para escribir módulos Perl que se aprovechen de las posibilidades de **mod_perl**, tendrá que conocer muy bien la sintaxis y posibilidades orientadas a objetos de Perl 5. Casi todas las fases llaman a métodos **handler** de módulos con un objeto **Apache::Request** como argumento; para obtener acceso a esto, puede emplear algo así

```
sub handler {
    my($r) = @_;
```

o
```
sub handler {
   my $r = shift;
```

El objeto **Apache::Request** pasado al método **handler** es la pasarela a todas las demás estructuras API que pueda necesitar, como el objeto **Apache::Server** o **Apache::Connection**:

```
print $r->server()->server_hostname();
$client_ipaddr = $r->connection()->remote_addr();
```

Todo lo que afecta a la interfaz **mod_perl** se hace a través de objetos, y la API **mod_perl** es, por lo menos, tan rica como le API estándar Apache C, además de igual de propensa a cambiar y a actualizarse. Para recabar la última información sobre el particular, consulte el sitio web http://perl.apache.or/.

Resumen

En este capítulo, hemos estudiado **mod_perl** y la tremenda repercusión que pueda tener en cuanto al rendimiento y flexibilidad de las aplicaciones web. Hemos visto la instalación de **mod_perl** y de varios otros módulos Perl. También hemos examinado muchos de los conceptos **mod_perl**, incluyendo su arquitectura e información importante acerca de la solución de problemas y sintonización del rendimiento. En el próximo capítulo veremos otro módulo de automatización del lado del servidor: PHP.

Utilizar el módulo PHP

CAPÍTULO 22

La finalidad de PHP	428
Últimas versiones y disponibilidad	430
Instalar y configurar mod_php	431
Sintaxis y fundamentos del uso de mod_php	434
Scripts mod_php sencillos	446
Sitios que usan PHP e información de la Web	450

PHP es otro popular módulo de Apache elegido por muchos desarrolladores de páginas web dinámicas. PHP posee un conjunto de opciones muy rico, buen rendimiento y amplia conectividad de base de datos. Y gracias a esta integración como módulo en la estructura de Apache, se ha ganado la confianza de muchos programadores Perl.

Un gran número de servicios de albergues web ofrecen PHP 3 en conjunción con bases de datos populares como mSQL y MySQL, por lo que la opción de PHP es casi ideal para la tarea.

Este capítulo le indica cómo instalar y configurar PHP con Apache y bucear en la sintaxis del lenguaje. Luego veremos unos cuantos ejemplos de PHP en acción.

> **NOTA**
>
> Este capítulo está diseñado para darle una idea de PHP 3 y algunas de sus posibilidades, y bajo ningún concepto aborda el tema en toda su dimensión. Se han escrito libros enteros sobre PHP.

La finalidad de PHP

PHP significa herramientas de Página de Inicio Personal, aunque también se podría llamar lenguaje de Programación de Hipertexto Portable. La finalidad de PHP es la de ofrecer contenido dinámico en la Web, y esto es posible con un servidor web Apache bien configurado (aunque otros servidores web también funcionan) y el rico conjunto de opciones de lenguaje.

Puede integrar PHP en sus páginas HTML o, si lo prefiere, utilizar PHP para generar todo el contenido HTML. Con PHP, no sólo tiene las herramientas de un lenguaje modular moderno con todas sus construcciones, sino también conectividad de base de datos, generación de gráficos sobre la marcha, acceso a E/S y funciones de acceso de disco, potentes expresiones regulares del tipo Perl y muchas cadenas y funciones matemáticas, entre otras cosas.

PHP también se puede ajustar a sus necesidades por medio de la carga dinámica de los módulos. Esto hace que PHP sea un lenguaje ampliable.

Se puede incluso colocar algunos de los conocimientos orientados a objetos para usarlos con PHP 3.0.

Historia de PHP como lenguaje del lado del servidor

El nacimiento de PHP se debe a Rasmus Lerdorf. Su primer versión la puso en la Web. En su forma original, no era más que una simple herramienta de sustitución de macros que generaba HTML a partir de comandos integrados e, incluso, consultas SQL.

Poco sabía que PHP se convertiría en lo que es hoy en día. Al igual que ocurre con los ambiciosos proyectos *open source*, la gente quiso cada vez más funcionalidad para satisfacer sus necesidades. Gracias a ello, PHP 2.0 vio la luz en 1996 e incluyó más opciones de tipo lenguaje con un nuevo analizador de lenguaje. En aquella época ya era posible usarlo para procesar datos de formulario HTML y llevar a cabo operaciones relacionadas con bases de datos, gracias a su analizado mejorado, que presentaba las mismas construcciones que cualquier otro lenguaje modular moderno.

En octubre de 1997 salió la primera versión alfa de PHP 3.0, introduciendo otro nuevo intérprete de Zeev Suraski y Andi Gutmans, con la ayuda de Shane Caraveo, Stig Bakken, Jim Winstead y otros muchos. La versión oficial de producción de PHP 3.0 se lanzó en junio de 1998.

Sigue en fase de desarrollo y, aunque sigue habiendo nuevas versiones de PHP 3.0, la línea de código 4.0 (código llamado Zend) está en camino y en fase de pruebas. Esta nueva versión contendrá un nuevo motor de analizador diseñado desde cero. Una buena característica de la versión 4.0 es la capacidad que tiene de interpretar códigos de byte. El uso de códigos de byte posibilita que los desarrolladores de sitios web PHP 4.0 sólo desplieguen un código de byte, en contraposición al código fuente. Esto sin duda será más rápido de ejecutar que tener que reinterpretar el mismo código fuente PHP en cada impacto de página.

Las estadísticas de utilización de Netcraft (`http://www.netcraft.com/`) más recientes, que aparecen en `http://www.php.net/usage.php3`, muestran más de un millón de nombres de dominio que usan una versión de PHP.

¿Por qué no inclusiones del lado del servidor?

Las inclusiones del lado del servidor (SSI) pueden ser consideradas como un precursor de lo que es hoy `mod_php`, `mod_perl` y otros. Las inclusiones del lado del servidor permiten la inclusión de comandos básicos. Éstos no sólo añaden flexibilidad al diseño del sitio web, sino que ayudan a reducir el mantenimiento, por ejemplo, incluyendo un pie estándar en vez de colocar uno en cada página y tener que actualizar siempre todos.

Mientras que SSI es algo más que una mera inclusión de archivos, no es lo suficientemente flexible como para ofrecer contenido dinámico. Además, no ofrece la opción de conectarse con bases de datos y llevar a cabo procesamientos complejos.

Al usar PHP como lenguaje de automatización del lado del servidor, es posible ofrecer contenido que varíe en función de las circunstancias y las opciones de los usuarios. Podemos decir que PHP es a SSI lo que C es a la programación de ensamblaje.

Módulo o CGI?

La Interfaz de Pasarela Común (CGI) era la forma en que el contenido dinámico se ofrecía al principio en la Web (el Capítulo 11, "Programación CGI", trata CGI más detalladamente). PHP también se puede usar con CGI, y en esta forma es posible usarlo con cualquier servidor web que soporte CGI.

Una de las desventajas del método CGI es que por cada solicitud (impacto de página) de ese manipulador, el servidor web ramifica un proceso separado. En el caso de la versión CGI de PHP, este proceso separado es el intérprete PHP. Esto supone algunos costes y su penalización en el rendimiento. FastCGI aludía a esto, pero parece que no ha sido muy aceptado.

Sin embargo, también es posible integrar el intérprete PHP en el ejecutable Apache o incluso por medio de la opción DSO de Apache, donde el módulo PHP (en nuestro caso) se carga cuando se solicita una página PHP.

La versión cargada dinámicamente de PHP 3.x suele ser un archivo llamado **mod_php3.so**. Este intérprete PHP puede tener cualquier nombre de archivo como módulo cargado dinámicamente, porque el verdadero archivo que se usa viene determinado por la directiva **LoadModule** de Apache. Esto se abordará más adelante, en la sección "Construir e instalar el intérprete PHP".

Al usar la versión compilada o DSO de PHP, tenemos la ventaja de que el servidor web ya no necesita generar un proceso diferente para manejar solicitudes de página PHP. Ya está ahí, listo para interpretar cualquier página PHP.

Últimas versiones y disponibilidad

El mejor sitio donde se puede ir para obtener información actualizada sobre el desarrollo de PHP 3.x es **http://www.php.net/**, que es un sitio muy informativo y muy bien diseñado que usa PHP 3.0. Aquí también se puede obtener la última versión de PHP, estudiar lo que ha cambiado desde las versiones anteriores, someter informes de fallos y localizar qué proveedores de servicios de Internet (ISP) están usando PHP.

Ya que la primera versión oficial de PHP 4 es inminente (a fecha de esta publicación), es aconsejable controlar su estado actual en el sitio web de PHP (**http://_www.php.net/version4/**) o en el sitio oficial de Zend (**http://www.zend.org/**).

> **NOTA**
>
> No se confunda entre Zend y PHP. Aunque algunos vean Zend como sinónimo de PHP 4, no es ni eso ni un competidor. Zend es una reescritura total del motor de automatización PHP y sólo eso: un potente motor de automatización. PHP 4 utiliza Zend, el motor de automatización; como resultado de ello, será más rápido y compatible con PHP 3. De hecho, Zend puede ser usado por otros productos y no sólo por PHP. Queremos decir que puede mezclar su propia aplicación y utilizar Zend como motor de automatización subyacente en vez de desarrollar el suyo propio.

Instalar y configurar mod_php

Si tiene suerte, PHP ya estará instalado en su sistema. Sin embargo, es posible que no esté instalado por defecto, o que la instalación predeterminada no se adapte a sus necesidades. Por ejemplo, Red Hat se presenta con módulos PHP opcionales que se pueden instalar, pero no incluye opciones de conectividad de bases de datos.

Esta sección presupone que va a desarrollar un sitio web que utilice mSQL (http://www.hughes.com.au/) como base de datos, aunque bien podría ser MySQL (http://www.mysql.com) o Postgres (el Capítulo 23, "Otros módulos bien conocidos", trata el servidor de gestión de base de datos Postgres con mucho más detalle). Reconstruiremos PHP con soporte para una de estas bases de datos.

Le conduciremos paso a paso por la reconstrucción de PHP en una instalación Red Hat Linux; las rutas pueden variar en otras distribuciones.

Construir e instalar el intérprete PHP

Imaginemos que ya tiene una instalación Apache, como vimos en los capítulos anteriores, y que tiene el código fuente PHP en el directorio actual. Normalmente, es mejor hacer la configuración antes de la construcción. Puede ver qué opciones de configuración están disponibles con

```
./configure --help
```

Ahora vamos a construir el intérprete PHP en su formato de módulo en vez de en su versión CGI:

```
./configure --with-msql=/usr/lib/Hughes \
  --enable-track-vars --with-apxs=/usr/sbin/apxs \
  --prefix=/usr --with-config-file-path=/etc/httpd \
  --with-exec-dir=/usr/bin
```

Esto implica que estamos incluyendo soporte para la base de datos mSQL e indicando la ubicación del programa (instalado) apxs de Apache. A veces, es más fácil usar esto que especificar dónde se ubica Apache, especialmente si ya no tiene el árbol de construcción de Apache.

Las rutas pueden variar, dependiendo de su sistema. Los parámetros de la configuración anterior presuponen que los archivos de configuración del tiempo de ejecución de Apache están en el directorio **conf**, bajo **/etc/httpd**. Es en este directorio donde instalaremos el archivo **php3.ini** (**php.ini** en la versión 4).

Si no se dan errores durante este paso de la configuración, estará listo para construir el intérprete PHP utilizando **make** e instalándolo luego:

```
make
make install
```

Los archivos instalados son el archivo de configuración PHP, el intérprete PHP y los módulos PHP adicionales que estén construidos con el comando de arriba.

> **SUGERENCIA**
> Una buena idea es leer los archivos INSTALL que incorpore la distribución, especialmente si se topa con problemas de construcción.

php.ini: configurar PHP

Una vez que se construye e instala PHP en el sistema, es posible encontrar un archivo de configuración predeterminado PHP en el directorio /etc/httpd/ de Red Hat Linux. El nombre de este archivo es php3.ini (tanto en Windows como en Unix), aunque se ha convertido en php.ini en PHP 4, de forma que el nombre del archivo de configuración no contiene un número de versión.

Muchos parámetros de configuración se establecen en este archivo, y una explicación minuciosa queda fuera del alcance de este libro. Aquí describimos los que merece la pena examinar en caso de que sus necesidades varíen en alguna de las fases.

Afortunadamente, en la gran mayoría de los casos, los valores predeterminados que se proporcionan en el archivo de configuración funcionan bien. Sin embargo, puede ser bueno examinarlo. Podría encontrarse algo interesante.

Opciones de lenguaje

short_open_tag suele estar activado y permite el uso de la etiqueta <? En una página HTML; si no, sólo se permitirán <?php y <script>. Aunque es decisión de las preferencias de usuario, conviene usar la etiqueta abierta <?php, que no sólo es corta, sino que también especifica el tipo de *script*.

Todas las opciones highlight.* se usan para especificar los colores de fuente que se usan al mostrar código fuente PHP en un navegador web por medio del comando show_source() de PHP. Esto permite resaltar la sintaxis en las cadenas, comentarios, palabras clave y HTML, así como en el color de fondo.

Opciones de límites de recursos

Con max_execution_time se puede especificar el tiempo máximo (en segundos) que se espera a que un *script* PHP termine de ejecutarse. Este tiempo es de 30 segundos, que está bien. Si su *script* tarda más que eso en ejecutarse, es muy probable que algo vaya mal. Si no, le dará la oportunidad de ajustar el intérprete PHP.

De manera análoga, un *script* está limitado por una cantidad máxima de memoria; por defecto, de unos 8MB, lo que debe ser suficiente en la mayoría de aplicaciones. Esto lo controla la opción memory_limit.

Opciones de manejo de datos

Puede controlar qué archivo está siempre adjunto al principio y al final de un *script* PHP por medio de las opciones auto_prepend_file y auto_append_file. Normalmente se dejan en blanco.

La opción más útil es **track_vars**, que suele estar activada. Esto significa que todas las variables de formulario HTML **POST** y **GET** están disponibles en matrices llamadas **HTTP_POST_VARS** y **HTTP_GET_VARS**. Las variables son indexadas por un nombre dado en el atributo **NAME** de la etiqueta HTML respectiva. De la misma forma, las *cookies* están disponibles en la matriz **HTTP_COOKIE_VARS**.

Opciones diversas

Con PHP, también es posible cargar archivos. Puede controlar el tamaño máximo de un archivo cargado con la opción **upload_max_filesize**. Por defecto, es de 2MB, lo que suele ser suficiente.

La opción **extension_dir** señala al directorio que contiene módulos dinámicos cargados, mientras que la opción **extension** se usa para indicar qué módulo debe ser cargado automáticamente.

Al principio de la versión 3 de PHP, se implementó una utilidad de depuración muy primitiva. Es posible controlar si se quiere enviar información de depuración a un depurador remoto por medio de las opciones **debugger.***. Normalmente, significa el puerto de *host* local 7869 y está desactivado. Esto puede ser anulado con las instrucciones **debugger_on()** y **debugger_off()**.

Configurar Apache para su uso con PHP

Si está usando la versión modular de PHP con la opción DSO de Apache (en contraposición a compilado en el ejecutable Apache), será necesario activar este módulo en el archivo **httpd.conf** de Apache. Deberá quitar los comentarios o agregar las dos directivas siguientes:

```
LoadModule php3_module      modules/mod_php3.so
AddModule                   mod_php3.c
```

La entrada del módulo debe estar en el mismo orden relativo de las secciones **LoadModule** y **AddModule**.

En el archivo **srm.conf** (o **httpd.conf** en sistemas de un solo archivo), es necesario indicarle al servidor web Apache qué extensiones van a estar asociadas con el intérprete PHP3:

```
AddType     application/x-httpd-php3            .php3
AddType     application/x-httpd-php3-source     .phps
```

Dada la primera de las directivas, todos los archivos que tengan la extensión **.php3** serán procesados por el intérprete PHP 3. La segunda directiva hace que todos los archivos que finalicen por **.phps** aparezcan en el navegador, utilizando el resaltado de la sintaxis PHP en vez de ser ejecutados. En el mismo archivo de configuración, es posible que quiera modificar la siguiente directiva por comodidad, de forma que una página PHP también pueda ser una página de índice:

```
DirectoryIndex index.html index.shtml index.php3
```

El tema de qué extensión de archivo se elija es una cuestión personal, al menos de la persona que administra el servidor Apache. Recuerde que en PHP 4, el tipo de aplicación será **application/x-httpd-php** sin el número de versión PHP.

Sintaxis y fundamentos del uso de mod_php

Al escribir una página activa-dinámica, se tiene la opción de generar toda la salida HTML del *script* PHP o integrar código PHP en HTML. Su opción es una cuestión de gusto personal. El comienzo de un *script* PHP suele estar delimitado por las etiquetas <?php...?> o <?...?>.

En lo que respecta a la sintaxis, podemos decir que si sabe C o Perl, comprobará que es muy fácil aprender a programar en PHP. Los comandos PHP van separados por un punto y coma, como C y Perl, y para los comentarios se puede usar el estilo en C++ (barra doble) o el estilo en C, como se ve en el Listado 22.1.

LISTADO 22.1   ETIQUETAS Y COMENTARIOS PHP

```
<html>
<head><title>Ejemplo 22-1</title></head>
<body>

<?php
    /*
     * Ejemplo 22-1
     * Sinopsis: Etiquetas y comentarios PHP
     */
    phpinfo(); // Muestra información sobre Apache/PHP
?>
</body>
</html>
```

Identificadores, constantes y alcance

Un identificador puede ser un nombre de función, de variable o de constante. Puede tener la longitud que sea y contener cualquier letra o dígito, o subrayado. La única limitación es que el primero carácter del identificador debe ser una letra o un subrayado.

Todos los identificadores son sensibles a la caja, con la excepción de las funciones integradas. Los identificadores que representan una variable van precedidos de un signo dólar, como las variables escalares de Perl. Las constantes, por otra parte, se emplean sin el signo dólar.

Las variables no se declaran en PHP; sencillamente, se les da un valor. Sólo es necesario declarar variables cuando se está especificando su alcance con la palabra clave **global** o **static** o en una clase PHP con la palabra clave **var**.

El alcance de la variable siempre es local; lo que esto signifique depende del uso que se dé a otras variables en una función, clase o en cualquier otra parte del *script*. En una función de puede usar la palabra clave **global** para indicarle al intérprete que esa variable (o lista de variables) es una variable global en vez de una con el alcance limitado a la función. De modo análogo, la palabra clave **static** se puede usar como en C para especificar que la lista de variables conserve su valor, incluso en llamadas a la misma función.

En vez de especificar que un identificador es una constante por medio de una palabra clave modificadora, PHP utiliza una función integrada para llevar a cabo la tarea por medio de **define**. Las constantes pueden ser de cualquier tipo, y se pueden declarar como sigue:

```
define("PI", 3.141592); // Una constante de punto flotante
```

Las constantes tienen un alcance global, por lo que se pueden usar en una función sin usar la palabra clave **global**. Dado que **TRUE** y **FALSE** también están predefinidos, es posible implementar variables booleanas.

El Listado 22.2 muestra algunos de los conceptos expuestos en esta sección. Observe que, aunque la variable **my_global** de la función **ShowVariables()** posee el mismo nombre que la variable global, debido a que no se declaró como tal dentro de la función, se convierte en una variable local.

LISTADO 22.2 VARIABLES, CONSTANTES Y ALCANCE

```php
<?php
    /*
     * Ejemplo 22-2
     * Sinopsis: Variables, constantes y alcance
     */
    $my_global = 23;
    $my_float = 36.0;

    function ShowConstants() {
      echo("Constants have a global scope wherever " .
           "they are.\n");
      echo("PHP_VERSION: " . PHP_VERSION . "\n");
      echo("TRUE: " . TRUE . "\n");
      echo("FALSE: " . FALSE . "\n");
      echo("M_PI: " . M_PI . "\n");
      echo("__FILE__: " . __FILE__ . "\n");
      echo("__LINE__: " . __LINE__ . "\n");
    }

    function ShowVariables() {
      global $my_float;

      echo("Global variable (not imported): " .
           "my_global = $my_global\n");
      // ¡Observe que esta my_global es local!
      $my_global = 1963;
      echo("Local variable: my_global = $my_global\n");
      echo("Global variable (imported): " .
```

LISTADO 22.2 Variables, constantes y alcance *(continuación)*

```
            "my_float = $my_float\n");
}

echo("Some built in constants");
ShowConstants();
echo("Scope demo");
ShowVariables();
?>
```

Tipos de datos PHP

PHP utiliza tres tipos de datos: números de coma flotantes/reales, enteros y cadenas.

Números de coma flotante

Los números de coma flotante siempre deben contener una coma decimal, aunque la parte decimal sea cero. De esa forma, PHP sabe que es un número de coma flotante.

```
$weight = 67.45;
```

Enteros

Los enteros no contienen una coma decimal, por lo que son dígitos.

```
$date_of_birth = 23;
```

Cadenas

Las cadenas PHP están delimitadas por comillas dobles (") o sencillas (').

```
$name = "Gandalf D' Grey";  // Cadena
$city = 'Panama';           // Cadena fija
```

En una cadena es posible que haya que eludir ciertos caracteres especiales con una barra. Éstos son las comillas dobles y la propia barra. También es posible insertar códigos especiales, como avances de línea (\n), retornos de carro (\r), tabulaciones (\t) y cualquier otro carácter, por medio del código hexadecimal de ese carácter (\x20, por ejemplo, en el carácter espacio).

Hay dos formas de representar una cadena: utilizar comillas simples, como en $city, y comillas dobles, como en $name, del ejemplo anterior. A este respecto, PHP se comporta como Perl; si la cadena está entre comillas simples, su valor se tomará exactamente como es. Si, por otra parte, la cadena aparece entre comillas dobles, PHP llevará a cabo la interpolación de variables. La **interpolación de variables** significa que toda variable PHP válida que haya en la cadena será sustituida por el contenido de la variable. Entre comillas dobles también se pueden usar caracteres como retornos de carro. Por ejemplo,

```
$age = 28;
$msg = "Age of the subject is $age\n";
```

Como resultado, la variable $age, $msg, contendrá Age of the subject is 28. Si hubiéramos tenido comillas simples, ni la edad ni el retorno de carro serían sustituidos, y el valor resultante sería Age of the subject is $age\n como está, lo que probablemente no sea lo que busca.

> **TRABAJAR CON VARIABLES PHP**
>
> Podemos decir que las variables PHP son amorfas (no necesitan ser declaradas con ningún tipo en concreto, se les puede asignar cualquier tipo y éste último se interpreta en función de su contexto. Esto se diferencia de C, pero se parece mucho a Perl.
> Puede usar instrucciones PHP para echar un valor a otro tipo por medio de intval, doubleval y strval, que devuelven, respectivamente, un valor de entero, de coma flotante y de tipos de cadena. También existe una serie de instrucciones PHP que sirven para comprobar el tipo de variable actual: is_array, is_double, is_float, is_integer, is_long, is_object, is_real e is_type.

Operadores y expresiones

Existen tres tipos principales de operadores: aritméticos, lógicos y relacionales.

Probablemente se encontrará con otros operadores cuando se sienta más cómodo con PHP. De estos operadores diversos, los más importantes son el operador de concatenación de cadenas (.), el operador de referencia de variables (&) y el operador condicional terciario (?). Véase la sección "La instrucción if y el operador terciario" para recabar más información acerca de este operador).

Operadores aritméticos

Ya estamos familiarizados con los operadores aritméticos, que tienen este orden de precedencia:

Operador	Descripción
*	Multiplicación
/	División
%	División de módulos (resto de entero)
++	Incremento Pre/post
--	Decremento Pre/post
-	Resta
+	Suma

Los operadores de incremento y decremento pre y post son una notación abreviada que se usa para aumentar o reducir una variable con un valor de 1. Posee la misma conducta que en C y en Perl, lo que significa que cuando se usa en una expresión, si el operador está delante de la variable, como en --$i y en ++$i, la variable se actualizará antes de usar su valor en la expresión. Si está detrás de la variable ($i++ y $i--), el valor actual se usará en la expresión y el valor de la variable irá después.

Uno de los usos más habituales de la división de módulos (pero no el único) consiste en determinar si un valor es par o impar por medio del uso de la división de módulos entre dos:

```
$value % 2
```

El resultado sería de 0 si $value fuera par y de 1 si es impar.

Operadores lógicos

Los operadores lógicos se usan en lo que se conoce como aritmética booleana, donde todo se evalúa a **true** o **false** (casi siempre). Pueden ser del sentido de los bits o lógicos. La diferencia es que el primero funciona independientemente en cada uno de los bits del valor, mientras que el segundo realiza la operación en todo el valor a la vez.

Operador	Descripción
AND &&	AND
&	AND de sentido de los bits
OR ||	OR
|	OR de sentido de los bits
XOR	OR exclusivo
^	OR de sentido de los bits exclusivo
!	Not
~	Negación de sentido de los bits (el complemento de uno)
<<	Desplaza todos los bits hacia la izquierda
>>	Desplaza todos los bits hacia la derecha

Normalmente se usan los operadores lógicos de sentido de bits al tratar con múltiples indicadores almacenados en un solo valor. Son muy populares en la programación de sistemas integrados.

Los operadores de desplazamiento de bits podrían parecerles a algunos que están fuera de este mundo, pero son muy útiles. Desplazarse hacia la izquierda en un bit equivale a multiplicarlo por dos; desplazarse hacia la derecha en un bit lleva a cabo lo contrario (dividir entre dos). Para tener una cobertura más detallada de estos operadores, remítase a un libro sobre la programación o la lógica digital.

Operadores relacionales

Las expresiones no están completas sin los operadores relacionales. Como su nombre indica, un operador relacional expresa la relación de los valores a la izquierda y a la derecha del operador.

Operador	Descripción
<	Menor que
>	Mayor que
<=	Menor o igual a
>=	Mayor o igual a
!=	No igual a
==	Igual a

Una falta común de los principiantes consiste en usar el operador de asignación (=) en una expresión, en vez del operador "igual a" (==). Aunque también sea válido usar el operador de asignación en una expresión, esto no es siempre lo que el programador quiso hacer.

Funciones

PHP también es un lenguaje modular; permite definir funciones. Colocar funciones le hará conocer mejor el software. Trate de utilizar nombres significativos en las funciones y leer el código será un poco más placentero. Si no lo hace por sí mismo, hágalo para aquellos que vayan a leer su código.

Como vimos en el *snippet* de código del Listado 22.2, un función la declara la palabra clave **function**, seguida del nombre de la función y, entre paréntesis, una lista de los parámetros opcionales delimitados por comas en forma de nombres de variable:

```
function DoesSomething( $param1, $param2 ) {
    Static $remember_it;
    Global $from_outside;

    $param1 = 2 * $param2 + $remember_it;
    $remember_it = $param1;
    Return $param2;
}
```

El cuerpo de la función está delimitado por corchetes; en su interior puede haber cualquier instrucción PHP válida. Es un buen momento para recordar que cualquiera de las variables que primero se utilice en una función sólo la conocerá esa función, a menos que la declare como con un alcance global o como estática (valor persistente).

Los parámetros se pasan por valor, pero si necesita pasar una variable por referencia, en la invocación de la función, anteponga al nombre de la variable un *ampersand*. Por ejemplo, si vamos a llamar a la función **DoesSomething** (que no hace nada particularmente interesante o importante) con el primer parámetro pasado por referencia, se haría así:

```
$result = DoesSomething( &$par_one, $par_two );
```

Observe que, aunque es posible devolver un valor, no hay una comprobación del tipo de valor de retorno ni la disponibilidad de un valor de retorno. Esta libertad viene con una responsabilidad de saber lo que se está haciendo. Lo mismo se aplica a la lista de parámetros.

Control de flujo

El control de flujo es un elemento importante de todo lenguaje de programación, puesto que permite implementar operaciones muy complejas de lógica y control. Puede dividirse entre toma de decisiones e instrucciones de control de bucle.

En PHP, es posible implementar la toma de decisiones con cualquiera de las tres familias de instrucciones: **if**, **switch** y el operador terciario. El nombre terciario toma su nombre del operador que necesita tres partes: la condición y dos expresiones. Una expresión se ejecuta cuando la condición se evalúa a **true**, mientras que la otra en el evento de una **false**.

El control de bucle se puede realizar con la instrucción **for** normal y con dos formas de la instrucción **while**.

La instrucción if y el operador terciario

La forma más habitual de implementar la lógica de las decisiones en un programa consiste en usar la instrucción **if** en cualquiera de sus tres formas. La instrucción **if** funciona igual que el lenguaje natural, es decir, tras la palabra clave, se declara una condición (cualquier expresión PHP válida). En su forma más simple, la instrucción tiene esta sintaxis:

```
if ( expression ) statement;
```

También puede agrupar múltiples instrucciones a ejecutarse cuando la condición representada por **expression** es **true** mediante el uso de corchetes para delimitar un bloque de instrucciones, cada una de las cuales está separada por un punto y coma:

```
if ( expression ) { statement-block }
```

A menudo caemos en situaciones donde también es deseable llevar a cabo una instrucción distinta (o serie de instrucciones) cuando la condición no se cumple. En este caso, utilizamos una instrucción **if**...**else**. Por ejemplo:

```
if ( expression ) { perform-if-true; }
else { perform-if-false; }
```

En algunos casos, las operaciones a realizar con **if**...**else** pueden expresarse de forma sencilla, con una simple instrucción o con una llamada de función. Entonces es posible utilizar el operador terciario, de esta forma:

```
$is_even = ( $value % 2 == 0) ? TRUE : FALSE;
```

El operador terciario se suele usar en instrucciones de asignación, pero su uso es una cuestión personal. Si la expresión se evalúa a **true** (cualquier valor que no sea cero), se ejecutará la instrucción que hay entre el signo de interrogación y los dos puntos; si no, se ejecutará la instrucción que haya entre los dos puntos y el punto y coma.

También hay situaciones donde es necesario que haya un árbol de decisiones. A menudo, la gente opta por poner en cascada instrucciones if. La forma más portable de que esto funcione en cualquier lenguaje que use instrucciones if...else consiste en usar el bloque else para contener los if en cascada. Afortunadamente, algunos lenguajes (y PHP es uno de ellos) ofrecen una palabra clave extra adaptada a los árboles de decisiones. En PHP puede usar la palabra clave elseif, que suele tener la ventaja de reducir los niveles de indentación. Un if en cascada tendría este aspecto:

```
if ( condition ) { perform-if-true; }
elseif ( another-condition ) { perform-this; }
else { perform-this-instead; }
```

La instrucción switch

Todo programador avezado ha experimentado situaciones donde las cosas no son blanco o negro. En tales casos, el resultado de la expresión no se evalúa necesariamente a true o false, sino que los resultados son varios. La instrucción switch es muy útil en esos casos. Algunos lenguajes no ofrecen esta instrucción, pero afortunadamente PHP lo hace y va mucho más allá. Algunos lenguajes, como C, restringen el uso de switch a conjuntos de caracteres numéricos o sencillos. En PHP, los conjuntos de decisiones pueden ser de cualquier tipo que sea válido, incluso cadenas.

La sintaxis de la instrucción switch supone la evaluación de una expresión, así como uno o más casos que representan un resultado distinto. También puede usar default en caso de que ninguno de los casos explícitos coincida con el resultado de la expresión.

```
switch ( expression ) {
   case value:
       Statement(s);
       break;
   case value:
       Statement(s);
       break;
   default:
       Statements(s);
       break;
}
```

Evidentemente, podemos usar tantas instrucciones case como se quiera, pero sólo una instrucción default.

La instrucción break establece el final de un bloque de instrucción para un determinado resultado. Puede omitirse si la intención es la de permitir que la ejecución recaiga en la siguiente instrucción case. Del mismo modo, es posible colocar dos conjuntos case value, uno detrás del otro, de forma que ambos resultados hagan que se ejecute el mismo grupo de instrucciones.

La instrucción for

Esta instrucción de bucle sigue la misma sintaxis que se usa en C:

```
for ( initial-expression ; condition ; update ) {
   any statements
}
```

Los bucles **for** suelen estar asociados con un contador de incremento o decremento que utilizan las instrucciones para llevar a cabo una operación repetitiva.

La expresión inicial se ejecuta la primera vez que entramos en el bucle; se usa para inicializar la variable de incremento o decremento. La condición se prueba al final de cada bucle, y el bucle sigue mientras la condición se evalúe a **true**. Además, cada vez que la condición se evalúe a **true** y que se ejecute el bucle, la parte **update** de la instrucción **for** se ejecuta. Esta suele ser una operación de incremento o decremento de la variable que se inicializa en la expresión inicial.

Es perfectamente válido que no haya ninguna instrucción dentro de los corchetes.

La instrucción while

Podríamos decir que esta instrucción es redundante. También podríamos añadir que permite un poco más de libertad a la hora de expresar las ideas. Existen dos formas de usar esta instrucción. Una es la normal

```
while ( condition ) {
   statement(s);
}
```

Las instrucciones, en caso de que las haya, se ejecutan siempre que la condición sea **true**. Obviamente, tiene que haber una forma de cambiar los valores de los elementos utilizados en la condición; esto se suele llevar a cabo por las instrucciones efectuadas en el bucle.

En este primer formulario, las instrucciones se ejecutan cero o más veces; si la condición es **false** a la entrada, estas instrucciones no se ejecutarán nunca. En otra forma de la instrucción **while**, las instrucciones que van entre corchetes se ejecutan al menos una vez, ya que la condición se evalúa al final en vez de al principio:

```
do {
    statement(s);
} while ( condition );
```

Utilizar matrices

Una **matriz** es una colección de valores que tienen algo en común. Por ejemplo, una matriz puede ser una colección de medidas o una lista de colores. En estos casos es muy poco práctico, si no ineficaz, crear una variable distinta para cada elemento. Las matrices le permiten agruparlas bajo un solo nombre de variable.

En PHP, puede tener **matrices indexadas** y **matrices asociativas**. Una matriz indexada, que la indexa un valor de entero, tiene un uso tan extendido que está disponible en casi todos los idiomas modernos. En una matriz asociativa, un valor de cadena, llamado clave, se usa para indexar la matriz.

A un elemento de una matriz (independientemente de su tipo) se le hace referencia por medio del uso del nombre de variable que se corresponde con la matriz, seguido por una serie de paréntesis angulares que contiene el valor del índice.

```
$colors[6] = 'blue';         // un elemento de matriz indexada
$colors['blue'] = '#0000ff'; // un elemento asociativo
```

Esta sintaxis se usa tanto en asignaciones de elementos como a la hora de hacerles referencia en una expresión.

Si bien la sintaxis anterior es la más habitual, es muy poco práctico si tenemos que analizar una matriz relativamente grande con una serie de valores. En estos casos, es mejor usar la instrucción PHP **array** para inicializar la matriz. Con esta instrucción, todos los elementos de la matriz quedarán dentro de los paréntesis e irán separados por una coma. El ejemplo anterior puede expresarse como

```
$colors = array( 6 => 'blue', 'blue' => '#0000ff' );
```

Es perfectamente válido mezclar números y cadenas en el índice de la misma matriz. Observe el uso del operador **=>**, que asocia un valor a un índice en concreto. Cuando se indexa por números, el índice predeterminado de partida es cero.

PHP ofrece una serie de instrucciones para manejar datos de matrices y convertirlos en matrices. Las más importantes son **reset**, **next**, **key** y **current**, pero hay muchas más. Todas ellas toman una variable de matriz como argumento.

Cada matriz PHP contiene un señalizador interno y por defecto señala al primer elemento que esté insertado en la matriz. La función **reset** restablece el puntero interno al primer elemento de la matriz; lo contrario lo logra la función **end**. Las funciones **next** y **prev** mueven el puntero hacia delante y hacia atrás, y devuelven el elemento de matriz indicado por ese índice. La función **current** (igual que **pos**) devuelve el elemento del puntero interno actual; **key** devuelve el índice del puntero actual. Por ejemplo, este *snippet* de código

```
$attrArray = array( "bgcolor"=>"#00ffee",
              "text" => "#aabbcc" );
for ( reset($attrArray);
    $attrname = key($attrArray);
next($attrArray)) {
    $attrvalue = current($attrArray);
    echo("$attrname = $attrvalue\n");
}
```

conseguirá lo siguiente: dada una matriz con atributos, primero establecerá el puntero interno al primer elemento, y luego obtendrá cada elemento y su valor asociado de la matriz, hasta que no haya más.

También hay dos funciones muy útiles llamadas **join** (o **implode**) y **explode**. La primera convierte una matriz en una cadena delimitando sus valores con una cadena seleccionada por el usuario:

```
$words = array('the', 'slow', 'old',
               'turtle', 'swam', 'into', 'the', 'sea');
$phrase = join($words, " ");
```

Esto acaba en el valor **$phrase the slow old turtle swam into the sea**. A partir de ese resultado, podemos volver a la forma de la matriz utilizando **explode**:

```
$words = explode(" ", $phrase);
```

que es muy útil a la hora de leer un archivo de configuración con campos delimitados con comas, por ejemplo.

Obtener entradas de los formularios web

Aunque es posible usar PHP para generar páginas web a la demanda, también se puede usar para procesar entradas de formularios web. Es decir, en vez de tener un *script* CGI como acción requerida de un formulario, podemos usar un *script* PHP. La sintaxis es la misma y se puede usar el método **GET** o el método **POST**.

Si ha programado CGI, comprobará que PHP es mucho más fácil de usar para procesar formularios, ya que el intérprete PHP hace mucho entre bastidores. Por ejemplo, convierte todos los conjuntos de clave-valor **GET/POST** en variables PHP.

Los formularios HTML poseen varios tipos de elementos para representar entradas de usuario. Puede tratarse de campos ocultos, campos de texto, áreas de texto, grupos de radio, grupos de casillas de verificación y selecciones de opciones. Los primeros cuatro tipos de entidades (campos ocultos, campos de texto, áreas de texto y grupos de radio) se convierten en variables PHP, por lo que si tiene un elemento formulario HTML como éste

```
<input type="text" name="vname" size="25">
```

El *script* del manipulador, cuando se invoque, contendrá una variable PHP llamada **$vname**. Puede usar la función **isset** para probar si el valor ha sido configurado; si no, puede comprobar si hay una cadena nula.

Los dos últimos tipos de elementos, **checkbox** y **select**, pueden tener múltiples elementos seleccionados. ¿Recuerda nuestra discusión acerca de las matrices y cómo se usan en PHP para recoger valores? Esto es exactamente lo que tenemos que hacer con estas dos entidades de entrada. Es una falta muy común de los principiantes olvidarse de indicarle al intérprete PHP que es una matriz que se está introduciendo, y no una simple variable. Por ejemplo:

```
<input type="checkbox" name="vfruits[]" value="papaya">
```

Observe que un par de paréntesis angulares se incluye en el atributo **name** del elemento de entrada **checkbox**. Esto le indica a PHP que cree una matriz llamada **vfruits** y que establezca uno de los elementos de **papaya** si el usuario selecciona el elemento. Ya que puede que no haya ninguno o que haya más elementos seleccionados, podemos usar la función **count** para comprobar cuántos elementos están presentes en la matriz.

Clases

PHP está en constante evolución, y aunque no esté pensado como verdadero lenguaje de programación de aplicaciones, como C++, PHP dio el salto a la programación orientada a objetos (OOP) en su versión 3. La aplicación de principios OOP a los proyectos PHP le ayudará mucho a hacer que el código sea reutilizable, si está basado en un buen diseño.

No espere opciones OOP de muy alto nivel en PHP3; existen suficientes opciones básicas como para aplicar los conceptos e idear los objetos PHP de una forma sencilla. Existe un soporte para un constructor, aunque al principio del desarrollo de la versión 3.0 no existía soporte para los constructores de clase. Tampoco existen destructores, ni sobrecarga de funciones (aunque lo último puede imitarse más o menos). Sin embargo, lo que está disponible le llevará muy lejos.

Una definición de clase PHP es un sobre que contiene las variables y los métodos que implementan a la clase. En una clase se pueden definir variables de clase por medio de la palabra clave **var** al principio de la clase. No existe concepto de variables de clase privadas, públicas o protegidas; de hecho, puede acceder a ellas desde fuera de la clase. A las variables de clase y a los métodos de clase se accede por medio del operador ->. Una clase puede acceder a sus propias funciones miembro y variables de clase por medio de la palabra clave **this**. Como ejemplo de ello, vamos a crear una clase sencilla que usaremos después, como se ve en el Listado 22.3.

LISTADO 22.3 UNA CLASE BÁSICA PARA UN OBJETO HTML (HTMLBASE.CLASS.PHP3)

```
<?php
/* File: 22example03.php3 aka htmlbase.class.php3 */
if (!defined(HTML_BASE)) {
    define("HTML_BASE", 0.1);

    class HtmlBase {
     Var $site = 'Coralys.com';

        cfunction HtmlBase( $title, $body ) {
                    echo("<html><head><title>$title</title></head>\n");
        $this->Tag('body', $body);
    }

    // Etiqueta - Una salida genérica de etiqueta HTML
    //   $h->Tag('td', array('colspan' => 2));
    //   $h->Tag('table', 'border=5 cellspacing=3');
    cfunction Tag( $tag, $attrArray ) {
        $html = "<$tag";
        if (is_array($attrArray)) {
        // Recorrer cada uno de los elementos de la matriz
        // de asociación. Éstos están en la forma key=value
        for (reset($attrArray);
            $attrname = key($attrArray);
            next($attrArray)) {
            $attrvalue = pos($attrArray);
            $html .= " $attrname=\"$attrvalue\"";
        }
        } else {
        // Tenemos todos los atributos de una cadena
```

LISTADO 22.3 UNA CLASE BÁSICA PARA UN OBJETO HTML (HTMLBASE.CLASS.PHP3)
(continuación)

```
        $html .= $attrArray;
        }
        echo("$html>\n");
    }
    cfuntion Footer() {
        echo("<hr><font size=\"-1\">" .
            "Based on work for $this->site</font>\n");
        echo("</body></html>\n");
    }
    };
}
?>
```

Aquí hemos definido una variable de clase llamada **$site**. Esta variable se usa en el método **Footer**. Si hubiéramos utilizado $site en **Footer**, habría hecho referencia a una variable local en el alcance del método **Footer**. Lo que en realidad queremos es la variable de clase, por lo que usamos la notación this->site para acceder a ella.

El Listado 22.3 también define un método constructor. Este método debe tener el mismo nombre que la clase, y podría o no tener parámetros. El constructor se invoca cuando se hace una instancia de la clase; es decir, cuando se crea con la instrucción new. Una clase también puede definirse sin un constructor.

Hemos definido un par de métodos de clase, que se definen de la misma forma que las funciones, con la excepción de que hemos usado la palabra clave cfunction (función de clase). También podemos usar la palabra clave function.

También hemos definido una constante en la parte superior de un condicional, para impedir una redefinición de la clase en caso de que el archivo se incluya más de una vez en el mismo archivo. Sin embargo, esto sólo define la clase; para usarla, deberemos crear una instancia del objeto. Para hacerlo, utilizaremos la instrucción new, seguida del nombre de la clase y, posiblemente, de los parámetros (si se definió un constructor con parámetros). Podríamos hacer una instancia de un objeto de la clase de arriba con la siguiente instrucción:

```
$html = new HtmlBase("Fruit Parlor", $bodyattributes);
```

Esto ejecutaría el método del constructor que hayamos definido. Si tuviéramos que utilizar el método **Footer**, con tal de que ya tuviéramos el objeto, utilizaríamos la siguiente construcción:

```
$html->Footer(); // Footer method of object $html
```

Una vez que se hace una instancia de un objeto de una determinada clase, ya no es posible deshacerse de él, por lo menos en PHP 3.

Scripts mod_php sencillos

Ahora ya sabemos lo suficiente para empezar a escribir un ejemplo relativamente sencillo, aunque útil. Una de las tareas más habituales que realiza PHP 3 es el procesamiento de formularios web. En vez de que sea un programa CGI quien lo haga, utilizaremos PHP3.

Para ello necesitamos dos cosas: una página web que muestre el formulario y un *script* PHP 3 que haga el procesamiento de las entradas del usuario. También es posible implementar ambos en uno (un *script*), pero, en aras de la simplicidad, tendremos una página HTML como la del Listado 22.4 para presentar el formulario.

LISTADO 22.4 CÓDIGO DEL FORMULARIO WEB FRUIT PARLOR

```
<html>
<head><title>Natural Fruits Milkshakes</title></head>
<body bgcolor="#ffffff" text="#008b8b">

<!-- File 22example04.html Example 22-4 -->
<h1>Fruity Ice Cream Parlor</h1>
<form name="myfruits" action="fruits.php3" method="POST">
Name: <input type="text" name="vname"
       size="20" value="Drosophila Melanogaster">

<h2>Your order</h2>
The ice cream, the cup and the spoon are included in the base price. Please
select your options now.<P>
<!-- Select either a Milkshake or a Sundae -->
Which product?<br>
<ul>
<input type="radio" name="vproduct"
 value="milkshake" checked> Milkshake<br>
<input type="radio" name="vproduct"
 value="sundae"> Sundae<br>
</ul>

<!-- Select multiple fruits -->
Which fruits?<br>
<ul>
<input type="checkbox" name="vfruit[]"
 value="banana" checked> Banana<br>
<input type="checkbox" name="vfruit[]"
 value="orange"> Orange<br>
<input type="checkbox" name="vfruit[]"
 value="peach"> Peach<br>
<input type="checkbox" name="vfruit[]"
 value="papaya"> Papaya<br>
</ul>

<!-- The form buttons -->
<center>
 <input type="submit" name="send" value="Buy">
 <input type="reset" name="clear" value="Clear">
</center>
</form>
<hr>
</body>
</html>
```

448 Desarrollo
PARTE V

Cuando este formulario aparece en un navegador web, tenemos que ver algo como la Figura 22.1.

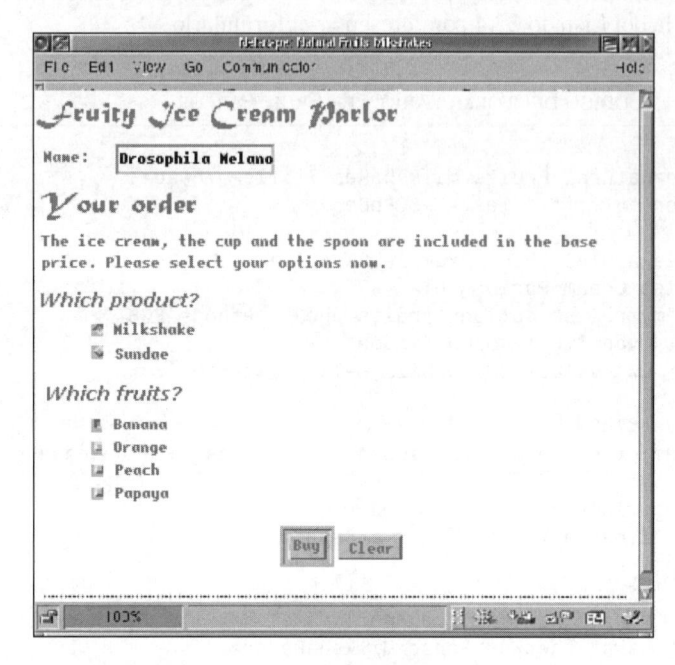

FIGURA 22.1. Muestra del formulario web Fruit Parlor.

El modo en que PHP manejaba variables de formulario variables se trató en la sección "Obtener entradas de los formularios web". Ahora, cuando un usuario hace clic en el botón **Buy**, se invocará el *script* PHP dado en el atributo **ACTION** de la etiqueta <FORM>. El código fuente de este *script* aparece en el Listado 22.5.

LISTADO 22.5 MANIPULADOR DE FORMULARIOS FRUIT PARLOR (FRUITS.PHP3)

```
<?php
    /*
     * File: 22example05.php3
     * Program: fruits.php3
     * Description:
     *      Manipula el formulario web 22example04.html (Ice Cream Parlor)
     */
    include "htmlbase.class.php3";

    $prices = array(        // As an associative array
                "milkshake" => 1.10, "sundae" => 0.85,
                "banana"    => 0.45, "orange" => 0.20,
                "peach"     => 0.30, "papaya" => 0.50);
    $bodyattr = array(
                "text"     => "#b22222",
                "bgcolor"  => "#ffffff");
```

LISTADO 22.5 MANIPULADOR DE FORMULARIOS FRUIT PARLOR (FRUITS.PHP3)
(continuación)

```php
    function ProcessOrder( $ho, $total_price ) {
        global $vname, $vproduct, $vfruit;  // Form Variables
        global $prices;

        echo("<h1>Thank You!</h1>\n");
        echo("Good Day <b>$vname</b>!,<br>your " .
            "<b>$vproduct</b> is being prepared<P>\n");

        $total_price = $prices[$vproduct];

        $ho->Tag('table', array('border'=>0));

        echo("<tr>\n");
        $ho->Tag('td', array('colspan'=>2));
        echo("<b>Product:</b></td>\n");
        echo("</tr>\n");
        echo("<tr><td>$vproduct</td>\n");
        printf("<td>$ %3.02f</td></tr>", $total_price);

        echo("<tr>\n");
        $ho->Tag('td', array('colspan'=>2));
        echo("<b>Extra ingredients:</b></td>\n");
        echo("</tr>\n");

        // Comprobar si hay más elementos en la matriz vfruit
        if (count($vfruit) == 0) {
          // Nada seleccionado en este grupo de casillas de verificación
          echo("<tr>\n");
          echo("<td>none (vanilla)</td><td>$ 0.00</td>\n");
          echo("</tr>\n");
        } else {
            // Recorrer la matriz
            for ($i = 0; $i < count($vfruit); $i++) {
                $fruitname = $vfruit[$i];
                $fruitprice= $prices[$fruitname];
                echo("<tr>\n");
                echo("<td>$fruitname</td>\n");
                printf("<td>$ %3.02f</td>", $fruitprice);
                echo("</tr>\n");
                // Actualizar el precio en este pedido
                $total_price += $fruitprice;
            }
        }
      printf("<tr><td><b>Total:</b></td><td>$ %3.02f</td></tr>\n",
            $total_price);

        echo("</table>\n");
    }

    /* --------- Main Body --------- */
    $html = new HtmlBase("Fruit Parlor Checkout", $bodyattr);
    ProcessOrder( $html, &$pay );
    $html->Footer();
?>
```

Primero introducimos la instrucción **include**, con lo que incluimos una clase que se definió en el Listado 22.3. En este momento, todas las variables de formulario están a disposición de PHP. A continuación, creamos un nuevo objeto. Luego, procesamos el pedido y generamos salidas. Observe cómo en **ProcessOrder** pasamos dos parámetros: el objeto que acabamos de crear y una variable por referencia.

En la función accedemos a los métodos del objeto. También calculamos el precio del pedido y generamos una lista detallada de qué ingredientes se han elegido y sus precios. Utilizamos una instrucción global para acceder a las variables de formulario desde dentro de la función. Se usa una matriz asociativa para obtener los precios de los productos e ingredientes y, en cierto punto, también recorremos la matriz de ingredientes elegidos por el usuario por medio de las funciones expuestas en la sección "Utilizar matrices".

Todo es muy sencillo y, aunque no hayamos tratado PHP 3 en profundidad, esperamos que la hayamos animado a que lo utilice por sí mismo con Apache.

Sitios que usan PHP e información de la Web

Gran cantidad de sitios usan PHP, muchos de los cuales son proveedores de servicios de Internet que proporcionan PHP en módulos o en formularios CGI a sus clientes. Un sitio basado casi exclusivamente en PHP es http://www.coralys.com/.

FreeMed (http://www.freemed.org/) no sólo usa PHP, sino que también es la página de inicio del proyecto FreeMed, dirigido a desarrollar una aplicación de gestión de oficina para médicos, y usa PHP.

Un lugar evidente para los anuncios de software Linux/Unix es Freshmeat (http://_www.freshmeat.net/), que emplea PHP 3 para implementar todas las opciones del sitio, Incluye los anuncios de software y una base de datos de software.

32 Bits Online (http://32bit.com/) es otro sitio web que usa PHP. Este sitio trata sobre software de 32 bits (probablemente hasta que los 64 bits se conviertan en la tónica) para Windows, Linux, etc. Aquí encontramos noticias, así como una sección de descarga.

Si busca fuentes, http://fonts.linuxpower.org/ es un buen sitio para encontrarlas y para ver PHP 3 bien empleado.

Puede ser que su instalación no incluyera la documentación PHP. Todos los documentos PHP están disponibles en línea en http://www.php.net/docs.php3.

Puede ser que le interese suscribirse a la lista de usuarios de PHP 3, **php3@lists.php.net**. Se trata de una lista de envío de gran volumen. Puede suscribirse muy fácilmente a la lista en el sitio **php.net** haciendo clic en un solo botón. Si no desea suscribirse, puede examinar los archivos de la lista en http://www.phpbuilder.com/. Se trata de una buena fuente de ayuda a la hora de enfrentarse a problemas, ya que es muy probable que haya alguien con la solución a mano.

Por último, PHPWizard (http://phpwizard.net/) también usa PHP 3. Aquí puede encontrar componentes de software PHP para sus diseños.

Resumen

En este capítulo hemos estudiado el módulo PHP y lo que puede significar cuando se usa para proporcionar contenido dinámico sin sacrificar la flexibilidad o el rendimiento. Le hemos mostrado la instalación y la configuración de PHP. Le hemos expuesto los fundamentos de la programación en PHP, y le hemos proporcionado varios ejemplos que le ayudan a comprender sus numerosas opciones.

CAPÍTULO 23

Otros módulos bien conocidos

Módulos de soporte del lenguaje	454
Servidores de aplicaciones	455
Módulos de utilidad	461
Apache con SSL	463

Junto con los módulos estándar que incorpora Apache hay numerosos módulos de fuentes externas, tanto comerciales como *open source*. También puede escribir las suyas propias, como veremos en el Capítulo 24, "Trabajar con la API Apache", y contribuir a la expansión de Apache (un registro central para módulos estándar *open-source* Apache es modules.apache.org.)

En sentido amplio, existen tres tipos de módulos Apache:

- **Soporte para el lenguaje**. El módulo proporciona una interfaz para un lenguaje de programación de la API Apache (de forma parecida a cómo proporciona la API Apache una interfaz para C y mod_perl proporciona una interfaz para Perl. El módulo es de propósito general y no ofrece una funcionalidad propia (fuera de lo que proporciona el lenguaje).

- **Servidor de aplicaciones**. El módulo proporciona un conjunto de opciones, incluyendo algún tipo de programación, útil a la hora de construir aplicaciones basadas en la Web. La última sección "Servidores de aplicaciones" entra en los detalles acerca de las opciones que se pueden esperar de un servidor de aplicaciones. Las aplicaciones pueden dividirse en aquellas que usan el código de automatización de contenido integrado, como PHP, y aquellas que utilizan código fuera del contenido importante, como los *servlets* Java.

- **Módulo de utilidad**. El módulo proporciona una sola opción muy definida que se usa principalmente como ayuda a los otros módulos o a la funcionalidad genérica de Apache, y no está diseñado para incorporar una lógica específica de la aplicación. Por regla general, los módulos de utilidad no tienen su propia programación o lenguajes de automatización. La mayoría de módulos estándar pueden considerarse módulos de utilidad.

Este capítulo trata sobre cómo usar un mecanismo de seguridad en los datos (SSL) con Apache.

Módulos de soporte del lenguaje

Aparte del módulo mod_perl del soporte del lenguaje Perl y el soporte nativo en C de la API Apache, existen módulos que permiten desarrollar en Java y Python.

Java y JavaScript

Java es un lenguaje informático popular que tiene un modelo orientado a objetos, una portabilidad de plataforma cruzada y distintas funciones. JavaScript es un lenguaje de automatización con sintaxis Java y un modelo orientado a objetos menos riguroso. Dos módulos actuales, mod_fjord y mod_js, proporcionan una forma de conectar directamente estos dos lenguajes con Apache.

El módulo mod_fjord conecta la API Apache a la Máquina Virtual Kaffe Java, que se distribuye de forma gratuita y que permite a los desarrolladores escribir aplicaciones en

Java. Este módulo no permite acceso a toda la API Apache. Debe ser considerado experimental y puede que esté inutilizado con la configuración actual que tenga de Apache (véase www.ace.net/Objects/_ApacheModule.html para ampliar la información).

> **NOTA**
>
> El Grupo Apache ha iniciado un proyecto llamado mod_java, que sirve para traducir toda la API Apache directamente a Java. Actualmente sólo está en fase de diseño.

El módulo **mod_js** le permite a un desarrollador programar un subconjunto de la API Apache en lenguaje JavaScript. Este módulo también debe considerarse experimental y puede que esté inutilizado con la configuración actual que tenga de Apache (véase www.geocities.com/TimesSquare/_Fortress/9743/binjs.html para ampliar la información).

Aparte de estos dos módulos, también podemos usar Java en la API Java Servlet (véase la sección posterior "API Java Servlet").

Python: PyApache

Python es un lenguaje de automatización orientado a objetos fácil de aprender e interpretado. Se distribuye gratuitamente, está disponible en muchos sistemas operativos y es sorprendentemente simple y potente a la vez. Por todo ello, se suele comparar con Perl.

Al igual que ocurre con cualquier otro lenguaje, puede usar Python como *script* CGI, pero también hay un módulo de intérprete Apache, PyApache, que permite acceder a la API Apache sin necesidad de generar un proceso separado.

Aunque PyApache es *open source*, está relativamente actualizado con las nuevas API Apache, y su popularidad está ayudándole a convertirse en más estable y fiable. Hay más información sobre PyApache en www.msg.com.mx/pyapache/.

Servidores de aplicaciones

El credo básico de un servidor de aplicación es "Haremos la contabilidad para que usted no tenga que hacerla".

Los distintos fabricantes y desarrolladores ofrecen definiciones diferentes sobre lo que es contabilidad, por lo que el término servidor de aplicación varía. Sin embargo, no conviene ser muy retorcido con la definición. Basta decir que un servidor de aplicación debe ayudar a los desarrolladores ofreciéndoles componentes útiles para la programación de aplicaciones comerciales. Las opciones más comunes del servidor de aplicación son:

- **Arquitectura multinivel.** Casi todos los productos para servidor de aplicación siguen una arquitectura multinivel, ejecutando el servidor web, que maneja la mensajería con los distintos navegadores, y el servidor de aplicación, que maneja la lógica del negocio (así como el servidor de base de datos, que maneja el almacenamiento de datos, evidentemente) en los distintos procesos de servidor. Todos los procesos de servidor pueden, a su vez, estar ubicados en distintas máquinas o grupos de máquinas, añadiéndose a la escalabilidad y fuerza de todo el sistema.

- **Nivel de persistencia de datos.** Un área clave de muchas aplicaciones es la de los datos subyacentes y cómo acceder a ella de modo eficiente y seguro. Todos los servidores de aplicaciones y la mayoría de lenguajes proporcionan soporte para una base de datos relacional. Las soluciones son múltiples y variadas. Java Servlets, en cooperación con Enterprise JavaBeans, de Sun, y Enterprise Objects Modeler, de WebObjects, van más allá con respecto a sus servidores de aplicaciones.

- **Gestión de sesiones.** Una de las desventajas de HTTP es que es un protocolo sin estado (aunque a menudo se dice que esto también supone una ventaja). Lo que significa este término es que cada interacción o conexión va a procesar una solución y detenerse. Evidentemente, una excepción la constituyen las conexiones **Keep-Alive**, que permanecen abiertas el tiempo suficiente como para permitir que se cumpla un conjunto coherente de solicitudes, como las imágenes, pero estas conexiones no se dejan abiertas a nivel del público. Ninguna información acerca del servidor o del cliente queda almacenada por el otro. Las soluciones a las sesiones sin estado pasan por usar *cookies* y pasar información sobre el estado a través de parámetros CGI (a través de **QUERY_STRING** del método **GET** o de las entradas estándar del método **POST**). Muchos servidores de aplicaciones implementan uno o más de estos dispositivos y ofrecen al desarrollador la ficción de que el estado se conserva en las conexiones y que la interacción con el cliente es, en realidad, una sesión continua.

- **Perfiles de usuario.** Los perfiles de usuario suponen algo más que el simple conocimiento de dónde se encuentran el nombre de usuario y la contraseña. Significa saber y, posiblemente, adaptar el contenido para que se ajuste a las necesidades específicas del usuario. Aunque los desarrolladores pueden implementar esta funcionalidad por sí mismos, los servidores de aplicaciones que aporten soluciones de perfiles facilitarán la tarea de desarrollo.

- **Soporte para distintos servidores web.** Aunque no nos guste pensar mal de Apache, los fabricantes y los desarrolladores de servidores de aplicaciones poseen otros objetivos. Para ellos, desplegar una gran red y soportar distintos servidores web es beneficioso.

- **Programación de propósito general.** Una de las claves de los servidores de aplicaciones es que no especifican qué aplicación se está sirviendo. Por tanto, el soporte para la programación de propósito general es esencial. Algunos servidores de aplicación soportan incluso múltiples lenguajes. Por ejemplo, WebObjects empezó con el soporte a C y lo ha ampliado a C++ y Java; la mal llamada JSP es una interfaz que no especifica un verdadero lenguaje de automatización.

- **Soporte para el desarrollo**. Los servidores de aplicaciones pueden suponer un trampolín para diseñar, desarrollar, probar y depurar el código de las aplicaciones, lo que incrementa la productividad de los esfuerzos de desarrollo.

Como podrá saber, los servidores de aplicaciones vuelven loco a la relación existente entre los módulos y Apache. El servidor Apache parece que solo atiende al servidor de aplicaciones con solicitudes HTTP y que le envía las respuestas. Es el servidor de aplicaciones el que se encuentra firmemente en medio de la arquitectura, dando pie a otro nombre para los servidores de aplicaciones: el *middleware*.

Servlets Java y Páginas del servidor Java

Aunque en su origen fue ideado como lenguaje perfectamente adaptado a Internet, Java se usó (con pocas excepciones) únicamente para applets de navegador hasta que empezó a usarse en las API Java Servlet y Java Server Pages de Sun Microsystems. Estas dos API se están popularizando entre los desarrolladores web, debido al desarrollo abierto de API de Sun, al gran número de implementaciones disponibles que hay y a la estabilidad y fiabilidad de muchas de estas implementaciones y al número de API Java que permiten funcionalidad adicional.

API Java Servlet

A diferencia del módulo **mod_fjord** o del módulo **mod_java**, que está en fase de desarrollo, la API Java Servlet no es una simple traducción de la API Apache. En un sentido, la API Java Servlet no se diseñó para ser utilizada exclusivamente con Apache, ya que cualquier servidor web modular hubiera bastado. En segundo lugar, la API Java Servlet no es código, sino una descripción de cómo funcionaría una implementación real de Java Servlet. Por último, el ciclo de vida del proceso es distinto, y la API Java Servlet no soporta todos los pasos del ciclo de vida (como los pasos de la configuración o el manipulador MIME) de la API Apache.

En resumen, las opciones de la API Java Servlet 2.2 son las siguientes:

- **Administración de sesiones y aplicaciones**. Los *servlets* (las clases nucleares que interactúan con la API Servlet) pueden almacenar datos durante toda la vida de la sesión o de la aplicación.
- **Utilidades HTTP**. Existe un acceso a una serie de tipos y utilidades HTTP y HTML, entre los que se incluyen las *cookies*, los encabezados HTTP, el análisis sintáctico de parámetros, la codificación de caracteres, la traducción de rutas, el reenvío interno de solicitudes, la colocación en memoria intermedia de la E/S de conexión y los certificados SSL (en Java 1.2).
- **Soporte para suprocesos múltiples**. La ejecución de subproceso múltiples de código de programa implica un entorno de servidor más sensible.
- **Empaquetado y seguridad a nivel de la aplicación**. Un área donde la API Java Servlet se queda atrás es en entornos multiaplicación a gran escala, por ejemplo, en un ISP. Para animar a los desarrolladores, la API ha sido recientemente

ampliada para incluir opciones que permiten específicamente el empaquetado y portabilidad del código de los *servlets*, así como la seguridad, al restringir el acceso.

- **Soporte para aplicaciones distribuidas**. La API Java Servlet recientemente ha añadido soporte a las aplicaciones web en múltiples máquinas. Esta opción realza la escalabilidad y fortaleza de la aplicación web.

Más información sobre la API Java Servlet se puede encontrar en los sitios de Sun: www.javasoft.com/products/servlet/index.html y http://java.sun.com/docs/_books/tutorial/servlets/index.html.

Páginas del Servidor Java (JSP)

Es inexacto considerar que las Páginas del Servidor Java están completamente separadas de los *servlets* Java. De hecho, JSP es un complemento natural a los *servlets* Java, porque las páginas JSP se suelen traducir a *servlets* Java y porque estos *servlets* pueden usar páginas y plantillas JSP.

Podría parecer que traducir una página JSP a un *servlet* Java (literalmente se transforma en un *servlet* provisto de una serie de instrucciones **print()**) sólo para añadir unos cuantos bits de funcionalidad dinámica es extremado. En realidad, emula la forma en que los servidores web de alto rendimiento pueden servir páginas estáticas (guardando los archivos en la RAM, bien explícitamente en el servidor web (a través del módulo **mod_mmap**) o de forma implícita, a través del SO (que guarda los archivos que se usan a menudo).

Las opciones básicas de JSP son:

- **Automatización de contenido integrado**. El código JSP está integrado en forma de etiquetas JSP en el código HTML como extensión paralela y compatible con XML en el lenguaje. JSP no prescribe en qué lenguaje de programación deben estar los elementos de automatización, aunque la mayoría de implementaciones JSP sólo soportan Java en la actualidad.
- **Soporte para JavaBeans**. Las interfaces JSP con JavaBeans, que sirven para acceder a unidades específicas de datos.
- **Extensiones de etiqueta**. La API JSP más reciente permite a los desarrolladores implementar sus propias etiquetas JSP para englobar áreas de funcionalidad y para mantener el contenido de la presentación y la lógica del negocio lo más separado posible.

Implementaciones Java Servlet y JSP

Las secciones siguientes enumeran las implementaciones comerciales comunes y gratuitas de las API Java Servlet y JSP. Las implementaciones Java Servlet suelen denominarse motores para *servlet*. Además, observe que la API Java Servlet progresa muy deprisa y que, a fecha de esta publicación (enero de 2000), ninguno de los motores para *servlet* de calidad comercial contemplan las opciones de la versión 2.2.

Referencia: JSWDK y Tomcat

Junto con los documentos de la API Java Server, Sun proporciona una implementación de referencia, que se utiliza para probar la validez de la API y la corrección de otras implementaciones de calidad comercial. El nombre de esta referencia fue JSDWK hasta la versión 2.1 de la API Servlet y la versión 1.0.1 de la API JSP. Actualmente, Java Servlet 2.2 y JSP 1.1 hacen referencia implementaciones que se han integrado en Tomcat 3.0. Tomcat pertenece al proyecto Jakarta del grupo Apache. Para ampliar la información, visite www.javasoft.com/products/servlet/index.html y jakarta.apache.org/_tomcat/index.html.

Jserv del grupo Apache

El grupo Apache también tiene la implementación Java Server de calidad comercial más antigua que existe, llamada Jserv. Se distribuye de forma gratuita y es *open source*. Ésta es sólo una implementación Java Servlet, y no una implementación JSP. Sin embargo, es posible usar JSP con Jserv combinados con un componente tercero, como GNUJSP. El equipo Jakarta del grupo Apache está esperando a que Tomcat triunfe, no sólo en términos de opciones de la API, sino también con características de calidad, como la escalabilidad y la fiabilidad.

JRun de Allaire

El JRun de Allaire es uno de los motores comerciales para servlet más antiguos que hay. Implementa las API Java Servlet 2.1 y JSP 1.0. JRun también ofrece administración y seguridad en las aplicaciones mediante la ejecución de aplicaciones en JVM separadas. JRun está disponible para varias plataformas y para distintos servidores web y es compatible con varias JVM.

Servidor de aplicaciones WebSphere de IBM

IBM también tiene un producto de motor para *servlets* muy robusto y escalable, llamado WebSphere. WebSphere posee soporte para las API Java Server 2.1 y JSP 1.0, un analizador XML, un compilador JIT rápido (en Windows NT), concentración de bases de datos, perfiles de usuario y administración basada en web. También se integra con otros productos IBM, como IBM HTTP Server, VisualAge for Java, WebSphere Studio y herramientas basadas en Tivoli. Hay más información en www-4.ibm.com/software/webservers/appserv/.

WebLogic de BEA

El producto WebLogic de BEA no es un simple motor para servlets, sino que soporta conexiones de distintas fuentes. Soporta las API Java Server 2.1 y JSP 1.0, Enterprise JavaBeans, CORBA y SSL. Ha sido construido pensando en el despliegue a gran escala, y es muy escalable y robusto. Hay más información disponible en www.beasys.com/products/weblogic/_server/index.html.

ServletExec de Atlanta

Al igual que JRun, ServletExec es un motor para *servlets* muy popular y estable. Implementa las API Java Servlet 2.1 y JSP 1.0. ServletExec también ofrece administración basada en web y un depurador en tiempo de ejecución que se integra con los IDE comunes.

Resin de Caucho

Resin es un motor para *servlets* Java con soporte para JSP que, entre otras opciones, dispone de un módulo Apache que se integra con Apache. Actualmente soporta Java las API Servlet 2.1 y JSP 1.0. Para recabar más información, visite www.caucho.com/products/resin1.0/index.html.

GNUJSP

GNUJSP es una implementación *open source* de la API JSP 1.0. Puede usarla con Apache y Jserv para servir páginas JSP. Para recabar más información, visite www.klomp.org/gnujsp/.

ColdFusion de Allaire

ColdFusion es un experimentado servidor de aplicaciones multinivel de Allaire. Está basado en la automatización de contenido integrado para unir las plantillas con el acceso a bases de datos, administración de sesiones y perfiles de usuario. Es popular debido a su simplicidad, a su capacidad de ampliación (por ejemplo, es posible añadir etiquetas de automatización personalizadas) y a la gama de aplicaciones ColdFusion preintegradas. Puede encontrar más información sobre ColdFusion en www.allaire.com.

WebObjects de Apple

Aunque no suele considerarse, WebObjects de Apple es un servidor de aplicaciones muy maduro, (si volvemos diez años atrás en una estructura de desarrollo de aplicaciones para NeXT), estable y potente. Y, lo mejor de todo, es que funciona con Apache.

WebObjects utiliza un módulo Apache, que sirve de interfaz con su propia arquitectura de servidor de aplicaciones.

Permite una escalabilidad y una estabilidad potentes permitiendo la distribución del trabajo por múltiples máquinas del servidor web, múltiples máquinas del servidor de aplicaciones y múltiples máquinas de servidor de bases de datos, en caso de necesidad.

WebObjects también proporciona un entorno de desarrollo bien probado y repleto de opciones, un robusto modelo de persistencia de objetos para almacenar datos a largo plazo en las bases de datos y soporte para escribir el código en Objective-C, Java y en C++. WebObjects sólo está disponible para Solaris con Apache.

Páginas Activas del Servidor (ASP)

Una de las plataformas de desarrollo web más utilizadas de los últimos años han sido las Páginas Activas del Servidor (ASP). Es una arquitectura que sirve para la automatización de contenido integrado, con distintas opciones de soporte, como la conectividad para bases de datos, COM, los perfiles de usuario y la administración de sesiones.

Durante mucho tiempo, el uso de las ASP estuvo limitado a Internet Information Server, de Microsoft, pero esto ha cambiado recientemente.

Chili!Soft ASP implementa las ASP, permitiéndole ejecutar en software Apache desarrollado anteriormente para Internet Information Server. Véase **www.chilisoft.com** para más información.

Otro módulo ASP disponible únicamente para Windows NT es el módulo OpenASP, patrocinado por la Organización ActiveScripting. Véase **www.activescripting.org** para ampliar la información.

También es posible obtener la opción de automatización ASP con un módulo Perl Apache experimental, **Apache::ASP**. Véase **www.nodeworks.com/asp/** para ampliar la información.

Zope

Zope es un servidor de aplicaciones *open source* basado en Python que proporciona automatización para contenido integrado, administración de contenido y objeto persistentes y opciones de administración. Sigue siendo inmaduro y muy maleable. La parte de administración de contenido de Zope se llamaba Bobo.

Se puede encontrar más información en **www.zope.org** y **weblogs.userland.com0/_zopeNewbies/**.

Modulos de utilidad

He aquí algunos módulos de utilidad comunes disponibles en Apache. Estos módulos varían mucho en sus funciones, desde la manipulación del acceso y la traducción de lenguajes hasta la creación basada en web.

Conjuntos de caracteres nacionales: mod_fontxlate

El módulo **mod_fontxlate** convierte el conjunto de caracteres de la respuesta en el que se busca en la solicitud. Para ampliar la información, visite **www.rcc-irc.si/eng/fontxlate**.

Administración del ancho de banda: mod_bandwidth

El módulo mod_bandwidth controla la cantidad de ancho de banda, tal y como lo definen los tamaños de las transmisiones que los usuarios pueden tener. Es muy configurable y útil, especialmente en entornos de albergue. Se puede encontrar más información en://www.cohprog.com/_mod_bandwidth.html.

El módulo mod_lock

Para más información, véase hpwww.ec-lyon.fr/~vincent/apache/mod_lock.html.

WebDAV: mod_dav

WebDAV es un conjunto de extensiones HTTP que soporta la creación web distribuida (tratando temas de bloqueos, versiones y propiedades de documento). El módulo mod_dav implementa gran parte de la interfaz WebDAV. Para ampliar la información, véase http:/www.webdav.org/_mod_dav.

FTP: mod_conv

El módulo mod_conv permite convertir archivos FTP en formas visibles para la Web.

Hay más información en http://sunsite.mff.cuni.cz/web/local/mod_conv.0.2.1.tar.gz.

Oracle

Un par de módulos Apache permiten conectarse directamente con Oracle PL/SQL. Los dos más conocidos son mod_plsql y mod_owa. Deben considerarse experimentales.

Hay más información en www.selfsort.com/progs/mod_plsql/ y interntk.kada.lt:7777/_pub/apache.

Postgres 95

Postgres 95 es un servidor de administración de bases de datos *open source* y orientado a objetos. Es posible almacenar archivos en la base de datos y usar el módulo mod_blob_pg95 para traducir URI y extraerlos. Puede descargar Postgres 95 en ftp://hachiman.vidya.com/pub/apache/_mod_blob_pg95.tar.gz.

Soporte para FrontPage

FrontPage es un popular programa de composición HTML desarrollado por Microsoft. No sólo permite modificar archivos HTML en la computadora del cliente, sino también componer y modificar archivos en la red. Parece natural usar el protocolo HTTP para abrir y guardar archivos, ya que el protocolo proporciona métodos para cambiar archivos: PUT y DELETE. El único problema es que, por razones de seguridad, estos dos métodos están completamente desactivados en Apache (de hecho, tiene que desviarse del camino para activarlos en Apache. El módulo FrontPage proporciona estos dos métodos y la autenticación y los mecanismos de bloqueo necesarios para que funcione con el programa FrontPage 98.

Para ampliar la información sobre la descarga e instalación del módulo FrontPage, véase http://www.rtr.com/fpsupport/.

Con toda probabilidad querrá comprobar la seguridad con la edición FrontPage, por lo que tiene sentido usar un método de seguridad habitual: SSL. Véase http://www.itma/lu/_howto/apache para recabar información acerca de cómo configurar Apache-SSL con las extensiones FrontPage.

Apache con SSL

Antes de adentrarse en la mecánica de Apache con Secure Sockets Layer (SSL), vamos a ver porqué esta combinación es tan necesaria. La motivación es que a usted, como *webmaster*, o a los usuarios de su sitio web les preocupa que alguien interfiera con las información de sus mensajes. Específicamente, los tres tipos de interferencias son:

- Infracciones de confidencialidad, cuando la información está a disposición del que no debe.
- Infracciones de autenticación, cuando alguien pretende ser alguien que no es.
- Infracciones de la integridad de los datos, cuando alguien corrompe la información y la inutiliza o, peor aún, hace que sea incorrecta.

Tales precauciones son necesarias con información de alto nivel, como la información de la tarjeta de crédito, pero también lo son cuando hay que proteger las acciones y la información.

Puede pensar que ya que la confidencialidad, la correcta autenticación y la integridad de los datos son tan importantes para la gente, la seguridad deberá estar integrada en el estándar HTTP actual. Pero, sobre una base práctica, esto no es así, ya que las precauciones y las medidas de seguridad adicionales son caras. Lleva su tiempo encriptar y desencriptar la información, y ésta suele ser inocua; bien es genérica, como en la mayoría de imágenes y archivos HTML estáticos, o bien es intrascendente, como las respuestas anónimas a una encuesta en Internet. Por tanto, tiene sentido separar los mensajes que van a ser seguros de la gran mayoría de mensajes que no van a serlo.

El método más empleado para conseguir la seguridad en la World Wide Web es el protocolo HTTPS, que es el protocolo HTTP habitual de los *sockets* seguros, el así llamado Secure Sockets Layer (SSL). En otra palabras, no hay diferencia en la forma en que funciona el mecanismo de solicitud-respuesta HTTP; sólo que se presupone que las conexiones subyacentes de los sockets son seguras.

Cómo funciona SSL

Secure Sockets Layer fue diseñado por Netscape, y la descripción completa de la versión 3.0 puede encontrarse en el sitio Netscape (www.netscape.com/_eng/ssl3/draft302.txt). Actualmente, la comunidad de estándares está trabajando en un mecanismo de seguridad más amplio, Transport Layer Security 1.0 (TLS). TLS no será igual a SSL, pero se apoyará en la interfaz SSL para asegurar la compatibilidad de retorno. Algunas implementaciones SSL (como SSLeay en su versión 0.9.0) han implementado el borrador actual del protocolo TLS.

A continuación exponemos un esquema del protocolo SSL. Podemos remitirnos a la Figura 23.1 para recabar más detalles sobre los mensajes enviados.

1. La identidad se autentica con el uso de la criptografía asimétrica (como RSA, Diffie-Hellman) durante una secuencia inicial de apretón de manos donde se intercambian las claves públicas.
2. Las propias claves públicas se verifican mediante el uso de un certificado oficial. Estos dos pasos previenen frente a las infracciones de autenticación.
3. Cuando se autentica la identidad, la conexión se protege por medio de la criptografía asimétrica (como IDEA, DEA, RC4 y Fortezza). Es decir, ambas partes emiten claves secretas durante el resto de la conexión. La criptografía asimétrica no se usa a lo largo de la conexión, puesto que es un método más lento de encriptar y desencriptar datos. Este paso previene frente a las infracciones de confidencialidad.
4. Los mensajes encriptados también se resumen en un breve digesto digital (llamado código de autenticación de mensajes o MAC) que puede recalcularse en ambas computadoras para garantizar que no falta parte del mensaje original ni que éste ha cambiado. Esto se parece a la acción de asegurar que dos archivos son iguales comparando sus tamaños, con la excepción de que las técnicas de resumen son mucho más difíciles de burlar. Los algoritmos de dispersión o de resumen (como MD5 o SHA) se usan para producir el digesto digital. Este paso previene las infracciones de la integridad de los datos.

Esto es todo. Todo lo demás funciona como en HTTP. De hecho, el protocolo SSL no está limitado a HTTP y también se puede usar con Telnet y FTP.

Generalmente, HTTPS se ejecuta en el puerto 443, pero esto es muy fácil de cambiar en los archivos de configuración, al igual que en HTTP.

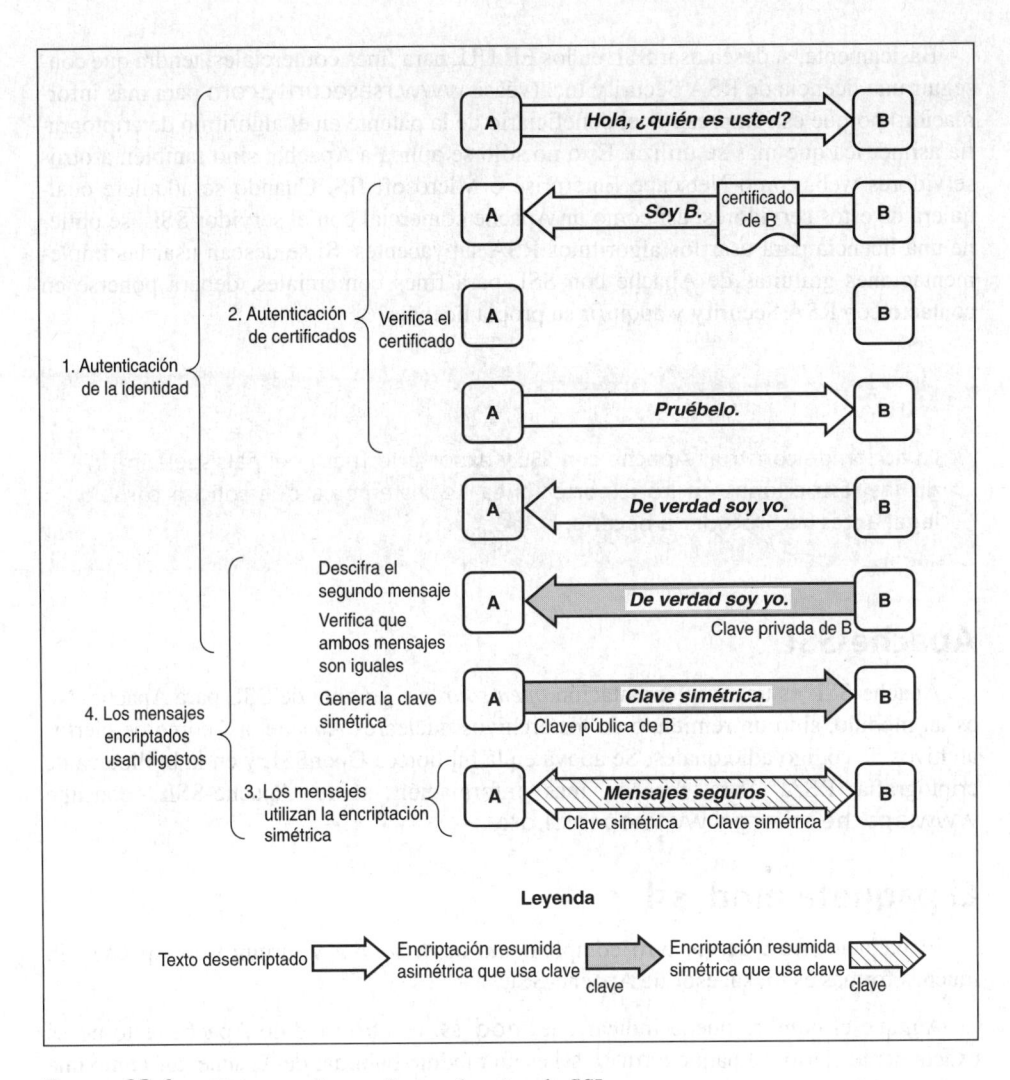

FIGURA 23.1. Un escenario que ilustra el protocolo SSL.

Apache con implementaciones SSL

Dado que la comunidad Apache favorece mucho el software *open source* distribuido gratuitamente, una solución pasa por construir un Apache con SSL *open source* y distribuible gratuitamente, que es lo que en realidad son Apache-SSL y **mod_ssl**. Otra de las vías se basa en que las empresas hagan crecer a Apache con su propio código y/o licencias SSL, generalmente vendiendo binarios Apache con SSL mejorado. Las ventajas y desventajas de estas dos soluciones son las mismas que con el otro software *open source* frente a comercial, con la única complicación de que los temas de las patentes y de seguridad nacional relativos a la encriptación subyacente prohiben su uso sin licencia (o incluso con ellas) en algunos países.

Básicamente, si desea usar SSL en los EE.UU. para fines comerciales, tendrá que conseguir una licencia de RSA Security Inc. (véase www.rsasecurity.com para más información) porque esa empresa es el beneficiario de la patente en el algoritmo de criptografía asimétrica que más se utiliza. Esto no sólo se aplica a Apache, sino también a otros servidores web, como Netscape Enterprise o Microsoft IIS. Cuando se adquiere cualquiera de estos servidores, así como un Apache comercial con el servidor SSL, se obtiene una licencia para usar los algoritmos RSA subyacentes. Si se desean usar las implementaciones gratuitas de Apache con SSL para fines comerciales, deberá ponerse en contacto con RSA Security y adquirir su propia licencia.

> **NOTA**
>
> La acción de construir Apache con SSL y exportarlo fuera del país suele infringir las restricciones en las exportaciones. Le instamos a que solicite consejo legal antes de proceder a hacerlo.

Apache-SSL

Apache-SSL es una implementación *open source* y gratuita de SSL para Apache. No es un módulo, sino un remiendo de los archivos nucleares Apache, así como de ciertos archivos de código adicionales. Se apoya en la biblioteca OpenSSL y en la biblioteca de criptografía RSA. Para recabar más información sobre Apache-SSL, consulte www.apache-ssl.org y www.openssl.org.

El paquete mod_ssl

El paquete mod_ssl es otro complemento *open source* y gratuito de Apache. En muchas formas es un sucesor de Apache-SSL.

Aunque el nombre pueda indicar que mod_ssl es otro módulo Apache, esto no es exactamente cierto. El paquete mod_ssl es un módulo habitual de Apache, así como una extensión de la API Apache, llamada Extended API (EAPI). La EAPI permite que el módulo Apache mod_ssl hurgue en los intestinos de Apache, de una forma que la API Apache no lo hace. El módulo mod_ssl hace de interfaz con OpenSSL, que a su vez utiliza las bibliotecas de algoritmos criptográficos para encriptar, desencriptar y resumir los datos. Puede obtener este paquete en www.modssl.org.

Stronghold

Stronghold, de C2net, es una de las implementaciones comerciales más conocidas de SSL. La empresa presta muchos servicios, incluyendo un certificado gratuito. Proporcionan su código fuente para promover una seguridad mejor y facilitan las extensiones sencillas con otros módulos. Las versiones 2.3 y posterior de Stronghold se basan en mod_ssl. Para ampliar la información sobre este producto, remítase a www.c2.net/products/sh2/.

IBM HTTP Server

IBM ha mejorado el servidor Apache con su propia implementación SSL, IBM HTTP Server. Las opciones incluyen una configuración basada en navegador, soporte para LDAP y SNMP y soporte para productos de IBM. IBM HTTP Server está disponible en AIX, Windows NT, OS/390, AS/400, Solaris y Linux. Es la implementación SSL más estable de Apache en la plataforma Windows NT. Hay más información en www-4.ibm.com/_software/webservers/httpservers/.

Raven

Raven lo produce Covalent Technologies, que proporciona soporte con su producto. Debido a restricciones en la seguridad, sólo está disponible para los clientes de los EE.UU y Canadá. También está basado en mod_ssl. Para recabar más detalles, visite www.covalent.net/raven/ssl/.

Servidor web Red Hat Secure

Red Hat, el popular distribuidor de Linux, proporciona una implementación SSL con binario y código llamado Secure Web Server, con su distribución Red Hat Linux. También está basado en mod_ssl. Busque más en www.redhat.com.

Autoridades de certificados

Una autoridad de certificado es un lugar canónico donde el servidor SSL y un navegador pueden estar de acuerdo con la identidad. Es donde las claves públicas están almacenadas y los navegadores confirman que la clave pública del servidor SSL procede de usted. Una serie de lugares ofrecen el servicio de almacenar y manejar certificados, incluidos los siguientes:

- Thawte Consulting. www.thawte.com
- Verisign Inc. www.verisign.com
- CertiSign Certificadora Digital Ltda. www.certisign.com/br
- IKS GmbH. www.iks-jena.de/produkte/ca
- BelSign NV/SA. www.belsign.be
- Entrust.net Ltd. entrust.net
- Equifax Inc. www.equifaxsecure.com
- NLSign BV. www.nlsign.nl

Resumen

En este capítulo hemos examinado los módulos comunes de Apache, incluyendo el soporte para lenguajes, los servidores de aplicaciones y los módulos de utilidad. También hemos descrito el mecanismo de seguridad que proporciona SSL y hemos enumerado las implementaciones de Apache con SSL.

CAPÍTULO 24

Trabajar con la API Apache

Arquitectura básica de módulos	470
El resto de la API	492
Instalación de módulos	501
Referencias	502

Apache es algo más que un núcleo con módulos de opciones estándar; también es una potente interfaz de programación de aplicaciones (API) que permite al desarrollador ampliar mucho la funcionalidad de Apache. No es una API sencilla, y le aconsejamos que tenga mucha experiencia en C, pero su complejidad se debe a riqueza y a sus elevados fines.

Cuando se familiarice con la API Apache, se dará cuenta hasta qué punto el equipo de desarrollo Apache ha trabajado para ayudarle a usted, el desarrollador, a poder escribir módulos Apache rápidos de desarrollar, potentes y estables.

Por tanto, vamos a empezar por las partes arquitectónicas básicas.

Arquitectura básica de módulos

Un módulo es un conjunto de manipuladores llamados por el núcleo de Apache en los pasos vitales del ciclo de vida de Apache. En sentido amplio, siempre que el núcleo de Apache tenga una posibilidad de hacerlo, le preguntará: "¿Qué hay que hacer?" y los módulos responderán.

Más específicamente, cuando se carga un módulo, se registra a sí mismo y sus manipuladores con el núcleo de Apache. Cuando el núcleo llega a una situación límite, acude a los módulos para pedirles ayuda. Existen dos tipos de situaciones:

- Un solo manipulador afrontará con éxito una situación exclusiva. En este caso, el núcleo de Apache recorre una lista de manipuladores hasta que uno devuelve un valor decisivo (es decir, un código de estado de no **DECLINE**; véase la sección "Códigos de estado del manipulador Apache").

- En una situación inclusiva, se llamará a todos los manipuladores. Es el caso de los puntos finales de proceso: la creación y la destrucción del proceso, con los cuatro manipuladores de configuración y el analizador de encabezado.

El núcleo de Apache recorre los módulos en el orden en que fueron compilados o cargados.

Las situaciones de Apache se describen con sus correspondientes campos en la sección "La estructura **module**", posteriormente en este capítulo.

Manipuladores Apache

En primer lugar, vamos a examinar los manipuladores Apache. La API Apache proporciona el manipulador Apache con lo siguiente:

- Un objeto recurso (un señalizador de una estructura) que proporciona un mecanismo para acceder a datos proporcionados por el núcleo de Apache a los manipuladores y, normalmente, a una concentración. Las distintas estructuras se tratan más adelante en la sección "Estructuras de datos Apache".

- Un esquema de administración de memoria a través del uso de las concentraciones (que se describen más adelante en la sección "Concentraciones de recursos").
- Rutinas de utilidad para HTTP, E/S y procesamiento específico Apache.

La responsabilidad del manipulador Apache se basa en

- Hacer algo útil, por regla general una de estas cosas:
  - Cambiar uno o más campos en el objeto **resource**.
  - Enviar una solicitud de vuelta al núcleo de Apache (y no un valor de retorno, pero usando la rutina **ap_send_request()**).
  - Crear una estructura de datos de configuración a usar por otros manipuladores en el módulo (esta técnica la emplean los cuatro manipuladores de configuración).
- Utilizar concentraciones para la administración de la memoria.
- Devolver un código de estado informativo.
- No interferir innecesariamente con otros módulos.

> **NOTA**
>
> Es posible "hacer algo útil", devolviendo sencillamente un código de estado informativo, como en el caso de los manipuladores de control de acceso, que sólo calculan y devuelven un código de estado que refleja los permisos de acceso de los usuarios.

Ciclo de vida del proceso Apache

Antes de que tratemos los manipuladores, las estructuras de datos y las concentraciones con más detalle, vamos a repasar el ciclo de vida del proceso Apache para ver cuáles son los pasos del manipulador. La Figura 24.1 muestra estos pasos.

Observe que en el bucle solicitud/respuesta, si alguno de los manipuladores devolviera un código de error, el control del proceso se detendría para el registrador y para los manipuladores de limpieza.

La estructura module

La estructura **module** refleja el ciclo de vida del proceso Apache, aunque no necesariamente en el orden que se muestra en el ciclo de vida de la Figura 24.1 (la API Apache fue desarrollada para incorporar mejoras en el ciclo de vida del proceso). En la Figura 24.1, cada etiqueta con círculo se corresponde con una situación de manipulador. El Listado 24.1 muestra la estructura **module**.

Desarrollo

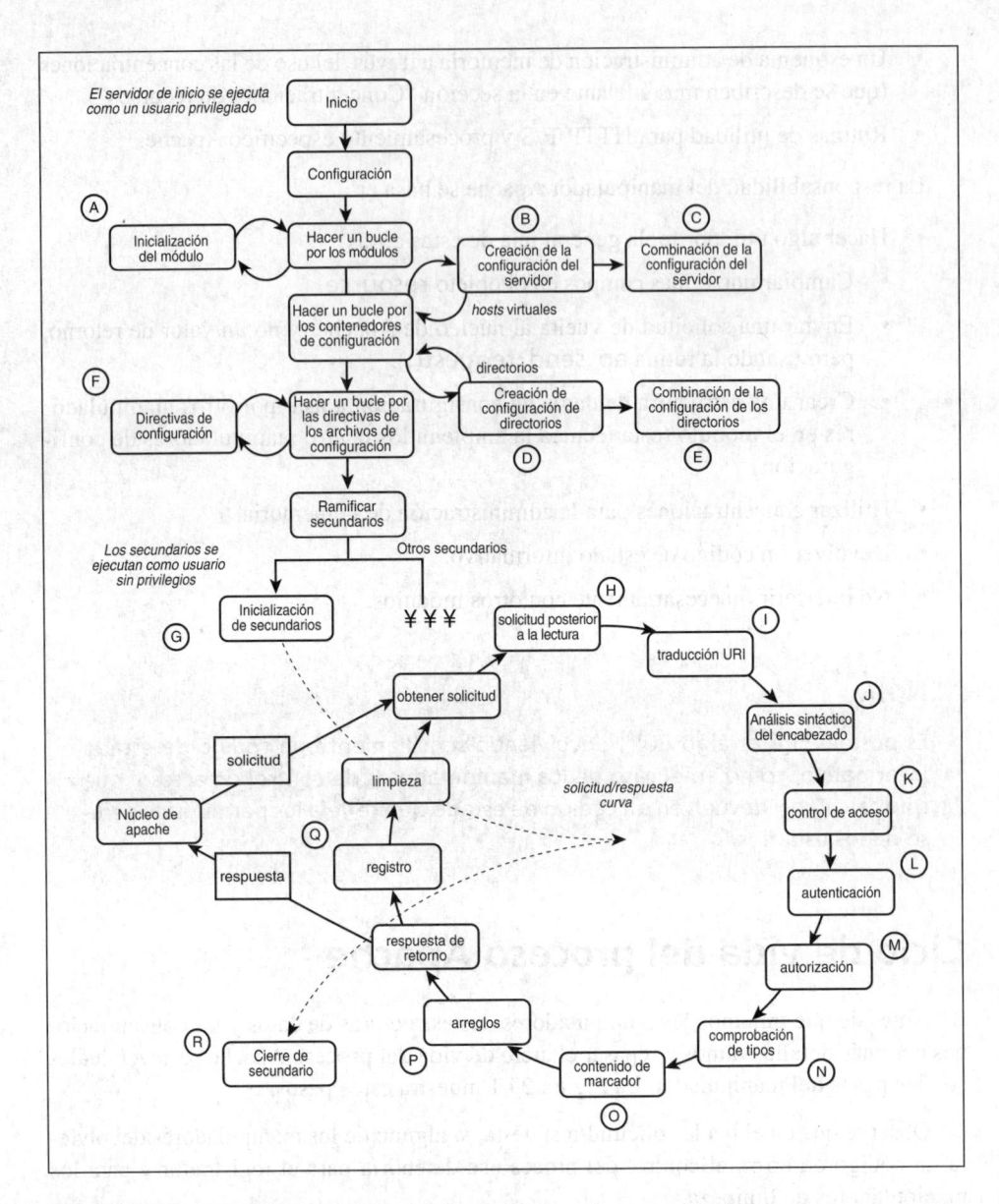

PARTE V

FIGURA 24.1. El ciclo de vida del proceso Apache.

LISTADO 24.1 LA ESTRUCTURA MODULE

```
module MODULE_VAR_EXPORT name_module =
{
    STANDARD_MODULE_STUFF,
    init_modname,                   /* initializer handler */
    create_modname_dir_config,      /* directory config creator */
    merge_modname_dir_configs,      /* directory config merger */
    create_modname_server_configs,  /* server config creator */
```

LISTADO 24.1   LA ESTRUCTURA MODULE   *(continuación)*

```
    merge_modname_server_configs, /* server config merger */
    modname_cmds,                  /* directivas de configuración table */
    modname_handlers,              /* MIME handlers */
    modname_translator,            /* URI translator */
    modname_check_user_id,         /* authentication handler*/
    modname_check_auth,            /* authority handler */
    modname_check_access,          /* access control handler */
    modname_type_checker,          /* type checker */
    modname_fixups,                /* fixups handler */
    modname_logger,                /* logger handler */
    modname_header,                /* header parser */
    modname_child_init,            /* child initialization routine */
    modname_child_exit,            /* child exit routine */
    modname_postread               /* post read-request handler */
};
```

Sustituya la etiqueta *modname* por el nombre real de su módulo. Las etiquetas son simples sugerencias; puede llamar a las rutinas como quiera, siempre que los nombres no interfieran con los nombres de otras rutinas.

MODULE_VAR_EXPORT es una **macro** que utilizan los sistemas Win32.

STANDARD_MODULE_STUFF es una macro que se cambia por los campos de módulo estándar, como el número de la versión de la API, el nombre del módulo, el número de índice en tiempo de ejecución del módulo, el manipulador DSO y el puntero de lista vinculada de módulos. No tiene que preocuparse acerca de estos campos, ya que se generan y utilizan internamente en el núcleo de Apache.

Las secciones siguientes describen los demás campos de la estructura **module**. La mayoría de los campos de la estructura son manipuladores, es decir, punteros de función. Daremos la firma esperada de la función para estos campos. En lo que respecta a los campos, daremos los tipos.

Manipulador inicializador (A)

El manipulador inicializador se llama durante la inicialización del módulo, justo después de que se inicia el servidor Apache:

```
void name_init(server_rec *s, pool *p);
```

Se espera que el módulo va a utilizar este manipulador para crear e inicializar recursos de datos como los descriptores de archivos, las estructuras de datos específicas de los módulos, etc. En implementaciones Unix, las conexiones con bases de datos no tienen que inicializarse aquí, ya que no son estables durante el proceso de ramificación; su inicialización deberá reservarse al paso de inicialización se secundarios.

En sistemas Unix, las estructuras de datos creadas aquí se copian en los secundarios ramificados y son independientes entre sí. En Win32, las estructuras de datos son las mismas en los subprocesos, y los creadores de módulos tienen que asegurar la seguridad en los subprocesos.

El argumento **server_rec** ofrece el acceso del manipulador a los datos necesarios.

El ciclo de vida del argumento **pool** es el ciclo de vida del servidor Apache.

directory config creator (D)

El manipulador *directory config creator* (creador de configuración de directorio) crea la configuración específica de los directorios y la pasa al núcleo de Apache:

```
void *create_name_dir_config (pool *p, char *dir);
```

Este manipulador se le llama una vez en cada <Directory>, <Location> y Access-File*Name*. Dado que el núcleo de Apache no conoce los **typedef**s específicos de los módulos, le compete al creador del módulo comprobar que el tipo del puntero es el correcto. Al manipulador se le pasa el nombre del directorio y un puntero **pool** para usarlo para la administración de la memoria. Véase la sección "Concentraciones de recursos" para ampliar los detalles acerca de las concentraciones.

Directory config merger

El manipulador *directory config merger* (combinación de configuración de directorios) combina una configuración de directorio con la configuración primaria de directorios:

```
void *create_name_dir_config (pool *p, void *base, void *new_conf);
```

Se le llama una vez por solicitud. Se le pasa una concentración para la administración de memoria y punteros al directorio primario y a las configuraciones actuales de directorio.

Server Config Creator (B)

El manipulador server config creator (creador de configuración del servidor) crea la configuración específica del servidor y la pasa al núcleo de Apache:

```
void *create_name_server_config (pool *p, server_rec *s);
```

A este manipulador se le llama una vez en el inicio del servidor y una vez en cada servidor virtual. Dado que el núcleo de Apache no conoce los **typedef**s específicos del módulo, le compete al creador del módulo comprobar que el tipo del puntero es el correcto. Al manipulador se le pasa un puntero **pool** para usarlo para la administración de la memoria y un puntero **server_rec** para obtener los datos necesarios del servidor. Véase la sección "Concentraciones de recursos", para ampliar los detalles acerca de las concentraciones y la sección "Estructura del servidor, (**server_rec**)", para recabar más información sobre **server_rec**.

Server Config Merger (C)

El manipulador *server config merger* (combinación de configuración del servidor) combina una configuración de *host* virtual con la del servidor general Apache:

```
void *create_name_server_config (pool *p, void *base, void *new_conf);
```

Se le llama una vez durante la inicialización del servidor. Al manipulador se le pasa un puntero **pool** para usarlo para la administración de la memoria y punteros al servidor y a las configuraciones de *host* virtual.

Tabla de directivas de configuración (F)

La tabla de directivas de configuración señala a una matriz de directivas de configuración, que este módulo activa y que se usará para configurarlo:

```
command_rec *modname_cmds or command_rec modname_cmds[]
```

> **NOTA**
> La última entrada de la tabla tiene que ser {NULL}.

La estructura **command_rec** se define (in **httpd_config.h**), como se ve en el Listado 24.2.

LISTADO 24.2 LA ESTRUCTURA COMMAND_REC

```
typedef struct command_struct {
    const char *name;       /* Nombre de este comando */
    const char *(*func) (); /* Función envocada */
    void *cmd_data;         /* Datos adicionales en funciones que
                             * implementan múltiples comandos…
                             */
    int req_override;       /* Qué omisiones necesitan ser permitidas
                             * para activar este comando.
                             */
    enum cmd_how args_how;  /* Lo que el comando espera como argumento */
    const char *errmsg;     /* Mensaje de "utilización", en caso de que
                             * haya errores de sintaxis */
} command_rec;
```

Estos campos son los siguientes:

- **const char *name** es el nombre de la directiva. Es la etiqueta que se usa en el archivo de configuración. No puede tener espacios en blanco.
- **const char *(*func) ()** es un puntero de una función, que sirve para invocar esta directiva. La función acepta argumentos analizados sintácticamente (véase la descripción del campo **args_how** más adelante en esta lista) y cambia la configuración de este módulo en función de ello. Normalmente, la función devolverá **NULL**. Toda cadena que no sea **NULL** se tratará como un mensaje de error.
- **void *cmd_data** es un puntero con un bloque de datos. Se usa para compartir información entre las directivas de este módulo.
- **int req_override** determina el alcance de esta directiva. Apache utiliza el alcance para saber dónde tiene sentido usar esta directiva dentro de la configuración. Es el **OR** lógico de cualquiera de las macros de la Tabla 24.1.

TABLA 24.1 LAS CONSTANTES REQ_OVERRIDE

Etiqueta de la constante	Finalidad
RSRC_CONF	Directiva útil solamente en los archivos de configuración, fuera de las directivas <Directory>, <Location> y <Files>. No se permite en archivos AccessFileName (es decir, los que se suelen llamar _.htaccess).
ACCESS_CONF	Directiva útil solamente en los archivos de configuración de las directivas <Directory>, <Location> y <Files>. No se permite en archivos AccessFileName.
OR_NONE	Esta directiva no puede ser solapada por la directiva AllowOverride.
OR_AUTHCFG	Igual que ACCESS_CONF, pero permite a la directiva AllowOverride omitirlo en archivos AccessFileName para el directorio actual con el argumento AuthConfig.
OR_LIMIT	Igual que OR_AUTHCFG, exceptuando que el argumento AllowOverride es Limit.
OR_OPTIONS	Esta directiva está permitida en cualquier parte de los archivos de configuración y en el archivo AccessFileName, siempre que AllowOverride esté connfigurado a Options en el directorio actual.
OR_FILEINFO	Igual que OR_OPTIONS, pero AllowOverride debe ser configurado a FileInfo en el directorio actual.
OR_INDEXES	Igual que OR_OPTIONS, pero AllowOverride debe ser configurado a Indexes en el directorio actual.
OR_ALL	La directiva está permitida en todas partes.

- enum cmd_how args_how describe el formato que va a adoptar la lista de argumentos de la directiva. Las constantes args_how, sus significados y sus firmas de función son las siguientes:

Constante	Descripción	Firma de la función
NO_ARGS	No toma argumentos	funct(cmd_params *params, void *mconfig);
FLAG	Toma un argumento booleano: On u Off. El analizador de parámetros cambia esto al argumento int flag: 0 para Off, no cero para On	funct(cmd_params *params, void *mconfig, int flag);
TAKE1	Toma un solo argumento, que se pasa como el valor char *arg	funct(cmd_params *params, void *mconfig, const char *arg);

(continuación)

Constante	Descripción	Firma de la función
TAKE2, TAKE12	Acepta bien dos argumentos (TAKE2) o uno de los dos (TAKE12). En el último caso, si faltara el segundo argumento, el valor del parámetro correspondiente sería NULL. La firma de la función es la misma para ambos.	funct(cmd_params *params, void *mconfig, const char *arg1, const char *arg2)
TAKE3, TAKE23, TAKE123, TAKE13	Acepta o bien tres argumentos (TAKE3), o bien dos o tres argumentos (TAKE23), o bien uno, dos o tres argumentos (TAKE123); o bien uno o tres argumentos (pero no dos) (TAKE13). Si falta alguno de los argumentos, el valor del parámetro correspondiente será NULL. La firma de la función es la misma para todos.	funct(cmd_params *params, void *mconfig, const char arg1, *const char *arg2, const char *arg3);
ITERATE	Acepta una lista de argumentos, que tratarán con el mismo argumento. A la función se le llamará repetidamente en cada argumento de la configuración. Por tanto, la firma es bastante simple.	funct(cmd_params *params, void *mconfig, const char *arg);
ITERATE2	Toma un argumento necesario, seguido por una lista de argumentos similares. A la función se le llama repetidamente, pasando el primer argumento (el mismo) y los segundos argumentos (distintos).	funct(cmd_params *params, void *mconfig, const c har *arg1, const char *arg2);
RAW_ARGS	Los argumentos de la directiva no se ajustan a los moldes de arriba, y el núcleo de Apache no puede ayudar a la directiva a analizarla sintácticamente. Por tanto, toda la cadena de argumento de texto se pasa directamente al manipulador de directiva del argumento **args**.	funct(cmd_params *params, void *mconfig, const char *args);

Observe que las funciones de manipulador de la directiva contienen todas ellas los argumentos **cmd_params** y **mconfig**. Estas estructuras de datos estándar se pasan a cada manipulador de directiva:

- El argumento **cmd_params** es una estructura genérica de parámetro para directivas y se describe más adelante en la sección "El resto de la API".
- El argumento **mconfig** es un puntero genérico de los datos de configuración por directorio de este módulo, en la medida que lo produce el creador de configuración de directorio que veíamos antes. Más adelante se ofrece más información en la sección "Estructura de configuración de módulos".

Tabla de manipuladores de contenido (O)

El núcleo de Apache va a las tablas de manipuladores de contenido de los módulos para localizar la función que va a llamar para un determinado tipo de contenido:

handler_rec *modname*_handlers[]

o

handler_rec **modname*_handlers

Esto va al final en el bucle solicitud-respuesta antes de que se envíe la respuesta al cliente; también es donde los módulos que cambian de contenido concentran el grueso de su trabajo. La tabla de manipuladores de contenido debe terminar por una entrada {NULL, NULL}.

Antes de entrar a examinar más detalladamente los manipuladores de contenido, vamos a terminar con la tabla. Es una matriz de objetos **handler_rec**. La definición de **handler_rec** es:

```
typedef struct {
   const char *content_type;
   int (*handler) (request_rec *);
} handler_rec;
```

Los dos campos de la estructura **handler_rec** son:

- **content_type** es el nombre del tipo de contenido: bien un tipo MIME, una codificación o un tipo de manipulación de contenido Apache. Todo debe ir en minúsculas.
- Cuando el núcleo de Apache trata de adaptar el tipo de contenido de la solicitud, primero comprueba las coincidencias exactas en las tablas de manipuladores de contenido. Si no se encuentra una coincidencia exacta, tratará la cadena **content_type** como un tipo MIME con comodines y tratará de adaptar el tipo de contenido a estos tipos MIME.
- **handler** es la función a la que se llamará para este determinado tipo de contenido. Como indica la estructura **typedef** anterior, la firma de las funciones **handler** debe ser

    int handler (request_rec *r)

- El manipulador de contenido es similar a los demás manipuladores Apache. Se le llama con el objeto **request_rec** que va a ser modificado, y tiene que devolver un código de estado Apache.

> **NOTA**
>
> Es necesario que el manipulador envíe los encabezados HTTP al cliente antes de volver. Puede comprobar que hacen esto llamando a la función ap_send_http_header(), que se trata con más detalle en la sección "Utilidades HTTP".

Traductor de URI (I)

El traductor de URI se llama tras un manipulador de solicitudes tras la lectura y antes del analizador de encabezado, dentro de la secuencia del ciclo de vida:

```
int modname_translator(request_rec *r)
```

Su responsabilidad es la de tomar el URI de la solicitud y traducirlo a un nombre de archivo inter*name*nte utilizable. A menudo no es necesario traducir nada: una solicitud de /mydir/file.html es una solicitud del archivo llamado file.html del directorio mydir. Pero también es útil hacer que la asignación de nombres URI sea más flexible, para proporcionar alias y redireccionamientos simples, así como un sistema completo de archivos virtuales. El traductor de URI es el núcleo de los módulos mod_alias y mod_rewrite.

Los traductores de URI funcionan de forma exclusiva; el núcleo de Apache deja de llamarlos cuando uno devuelve un estado de no DECLINE. Puede solucionar esto haciendo que un traductor de URI modifique el URI y devuelva un estado DECLINE para que otros terminen la traducción de URI. Tenga cuidado al hacer esto, ya que hay que ser muy delicado con el orden de los módulos y asegurarse de que al menos uno de los módulos "acepta" la tarea y devuelve un valor de estado de no DECLINE.

Manipulador de autenticación (L)

El manipulador de autenticación determina si el usuario del cliente es quien dice ser:

```
int modname_check_user_id(request_rec *r)
```

El esquema de autenticación es responsabilidad del manipulador de autenticación. El esquema de autenticación que soporta la mayor parte de los navegadores es el esquema de autenticación Basic, que se describe en RFC 2617, un mecanismo sencillo y claro de desafío-respuesta. Los manipuladores de autenticación suelen devolver un estado de OK si se ha confirmado la autenticación y el código de error HTTP de HTTP_UNAUTHORIZED en caso de que no se haya confirmado la autenticación. Si el manipulador no puede manejar la solicitud, deberá devolver DECLINE para permitir que los demás manipuladores intenten la autenticación.

Los manipuladores de autenticación funcionan de modo exclusivo. Cuando uno devuelve un código de estado definitivo (OK o HTTP), no se hacen más intentos de autenticación.

Manipulador de autorización (M)

El manipulador de autorización determina si al usuario identificado de esta solicitud se le permite el URI específico que está solicitando:

int *modname*_check_auth(request_rec *r)

El verdadero mecanismo de autorización determina quién puede acceder a lo que es responsabilidad del autor del módulo. El manipulador de autorización devuelve un código de estado **OK** cuando se ha aprobado la autorización y un código de error HTTP de **HTTP_UNAUTHORIZED** cuando la autorización no se ha aprobado.

Cuando uno devuelve un código de estado definitivo (**OK** o HTTP), no se hacen más intentos de autorización.

Manipulador de control de acceso (K)

El manipulador de control de acceso determina si se permite el URI solicitado por una solicitud HTTP:

int *modname*_check_access(request_rec *r)

El manipulador puede usar criterios no específicos para hacer esta determinación. La diferencia entre el control de acceso y la autorización es que la segunda crea una determinación basada en la identidad del usuario, mientras que el control de acceso no. Puede usar cualquier criterio al que quiera permitir o limitar el acceso, y los módulos de control de acceso son algunas de las extensiones más comunes de Apache. Estos manipuladores suelen devolver un código de estado **HTTP_FORBIDDEN** para indicar la denegación del servicio.

Los manipuladores de acceso funcionan de forma inclusiva. Todos los manipuladores son llamados, a menos que uno devuelva un código de error HTTP, con lo que se cancela el bucle.

Comprobador de tipos (N)

El comprobador de tipos (*type checker*) se usa después del manipulador de autenticación para determinar qué tipo de respuesta va a tener y para llamar al manipulador correcto de ese tipo:

int *modname*_type_checker(request_rec *r)

Existen tres tipos de contenido:

- Un tipo MIME (por ejemplo, **image/gif**).
- Una codificación (por ejemplo, **x-gzip**).
- Un conjunto de etiquetas de manipulación de contenido específicas de Apache con la directiva **SetHandler** (por ejemplo, **imap-file**).

El comprobador de tipos determina el tipo de manipulación de contenido comprobando la extensión de nombre de archivo o comprobando la configuración de directorio de las directivas <Directory>, <Location>, <Files> y AccessFile*Name*.

Manipulador de arreglos (P)

Este manipulador se llama después de que el manipulador de contenido componga su respuesta HTTP, pero antes de enviar la respuesta al cliente:

int *modname*_fixups(request_rec *r)

Lo usan los módulos para añadir o modificar la respuesta de un modo neutral al contenido. Por ejemplo, el módulo **mod_usertrack** utiliza un manipulador de arreglos para manejar la información relativa a las *cookies*.

Estos manipuladores se llaman inclusivamente de una forma especial. Los manipuladores de arreglos de cualquier módulo que tenga un manipulador para este tipo de contenido de la respuesta se irán llamando, a menos que uno de ellos devuelva un código de estado de error **DONE** o HTTP.

Logger (Q)

El manipulador **logger** (registrador) se llama cuando la respuesta HTTP está completamente formada y una vez que se envía para su transferencia al núcleo de Apache:

int *modname*_logger(request_rec *r)

Nunca se omite, porque incluso en caso de que haya errores en pasos anteriores del ciclo de vida, el control se le seguirá dando. El módulo estándar **mod_log_config** lo utiliza para adjuntar información de registro a los archivos de registro. El módulo **Apache::DBILogger** utiliza el manipulador **logger** para registrar información de registro de una base de datos SQL.

Estos manipuladores se parecen a los de arreglo, ya que se llaman inclusivamente en todos los módulos que tengan manipuladores para este tipo de contenido de respuesta. Sólo **DONE** termina el bucle a través de los registradores.

Analizador de encabezado (J)

Después de la traducción del URI, el control se pasa a los analizadores de encabezado del módulo:

int *modname*_header(request_rec *r)

El término es algo inapropiado, ya que los encabezados HTTP son analizados sintácticamente (el texto se separa en una estructura de datos muy útil) por el núcleo de Apache justo después de recibir la solicitud. Los analizadores de encabezado de los módulos se usan como cadena de filtros: cada analizador de encabezado tiene la oportunidad de hacer algo útil con los encabezados HTTP de la solicitud antes de que los usen otros manipuladores del bucle de solicitud-respuesta de Apache.

Dado que los analizadores de encabezado se usan como cadena de filtros, funcionan inclusivamente (el núcleo de Apache los va llamando uno a uno). La excepción a esta regla es que un analizador de encabezado puede salir del bucle devolviendo un código de estado de error **DONE** o HTTP.

Manipulador de inicialización de secundarios (G)

Este manipulador inicializa los recursos y efectúa el procesamiento sobre una base de proceso secundario:

`int modname_child_init(server_rec *r, pool *p)`

Sólo se llama una vez, tras la creación del proceso secundario. El argumento **server_rec** se emplea para acceder a los datos del servidor. La concentración de recursos se puede usar para la administración de memoria, ya que ésta no se liberará hasta el final del proceso.

Se llama a los manipuladores de inicialización de secundarios de todos los módulos. Los valores de retorno no se usan.

> **NOTA**
>
> Dado que la implementación Win32 Apache utiliza múltiples subprocesos (en vez de múltiples procesos) para aceptar solicitudes, Win32 no usa la inicialización de secundarios y los manipuladores de salida de secundarios. En el futuro, la inicialización de subprocesos y los manipuladores de salida de subprocesos pueden ser añadidos a la API Apache para soportar implementaciones Win32 y para utilizar los subprocesos en Unix.

Manipulador de salida de secundarios (R)

Este manipulador se usa para liberar los recursos que ha estado usando un módulo; deberá deshacer todo lo que hicieran los manipuladores de inicialización de secundarios y el inicializador:

`int modname_child_init(server_rec *r, pool *p)`

El argumento **server_rec** se usa para acceder a los datos del servidor. La concentración de recursos puede ser utilizada para la administración de la memoria, pero no se liberará hasta el final del proceso.

Los manipuladores de salida de secundarios son llamados. Los valores de retorno no se usan.

Manipulador de solicitudes post-lectura (H)

Este manipulador es el primero que se llama en un bucle solicitud-respuesta:

`int modname_postread(request_rec *r)`

Se le llama inmediatamente después de que el proceso secundario de Apache determina que la solicitud que recibió era una solicitud HTTP válida y después de que los encabezados HTTP son analizados sintácticamente. Por ejemplo, un manipulador de solicitudes post-lectura se usa en el módulo **mod_unique_id** para generar un símbolo único para el usuario antes de que ocurra nada.

Códigos de estado del manipulador Apache

Los códigos de estado de manipulador Apache son valores int que devuelven los manipuladores Apache. La API Apache aumenta los códigos de estado HTTP estándar con algunos códigos propios, que se usan a nivel interno.

Códigos de estado de Apache

Apache utiliza estos códigos de estado de los manipuladores para determinar si el manipulador se ha terminado con éxito:

- **OK** El manipulador Apache ha procesado con éxito la retrollamada.
- **DECLINED** El manipulador Apache, por una razón u otra, no desea procesar la retrollamada.
- **DONE** El manipulador Apache ha procesado con éxito la retrollamada, y ya no debe haber más manipuladores Apache que procesen este paso del ciclo de vida.

Códigos de estado HTTP

Todos los códigos de estado HTTP están en la API Apache. Los nombres de macros que utiliza la API Apache para los códigos se derivan de los nombres de estado que utiliza HTTP/1.1, y los valores subyacentes de entero son los mismos. Por ejemplo, el código de estado **HTTP_BAD_REQUEST** se corresponde con el estado HTTP 400, o "Bad Request". Los códigos de estado HTTP se delinean en la Tabla 24.2.

TABLA 24.2   Códigos de estado HTTP de la API

Estado HTTP	Nombre en la API Apache
100	HTTP_CONTINUE
101	HTTP_SWITCHING_PROTOCOLS
102	HTTP_PROCESSING
200	HTTP_OK
201	HTTP_CREATED
202	HTTP_ACCEPTED
203	HTTP_NON_AUTHORITATIVE
204	HTTP_NO_CONTENT
205	HTTP_RESET_CONTENT
206	HTTP_PARTIAL_CONTENT
207	HTTP_MULTI_STATUS
300	HTTP_MULTIPLE_CHOICES
301	HTTP_MOVED_PERMANENTLY
302	HTTP_MOVED_TEMPORARILY

Tabla 24.2 Códigos de estado HTTP de la API *(continuación)*

Estado HTTP	Nombre en la API Apache
303	HTTP_SEE_OTHER
304	HTTP_NOT_MODIFIED
305	HTTP_USE_PROXY
307	HTTP_TEMPORARY_REDIRECT
400	HTTP_BAD_REQUEST
401	HTTP_UNAUTHORIZED
402	HTTP_PAYMENT_REQUIRED
403	HTTP_FORBIDDEN
404	HTTP_NOT_FOUND
405	HTTP_METHOD_NOT_ALLOWED
406	HTTP_NOT_ACCEPTABLE
407	HTTP_PROXY_AUTHENTICATION_REQUIRED
408	HTTP_REQUEST_TIME_OUT
409	HTTP_CONFLICT
410	HTTP_GONE
411	HTTP_LENGTH_REQUIRED
412	HTTP_PRECONDITION_FAILED
413	HTTP_REQUEST_ENTITY_TOO_LARGE
414	HTTP_REQUEST_URI_TOO_LARGE
415	HTTP_UNSUPPORTED_MEDIA_TYPE
416	HTTP_RANGE_NOT_SATISFIABLE
417	HTTP_EXPECTATION_FAILED
422	HTTP_UNPROCESSABLE_ENTITY
423	HTTP_LOCKED
424	HTTP_FAILED_DEPENDENCY
500	HTTP_INTERNAL_SERVER_ERROR
501	HTTP_NOT_IMPLEMENTED
502	HTTP_BAD_GATEWAY
503	HTTP_SERVICE_UNAVAILABLE
504	HTTP_GATEWAY_TIME_OUT
505	HTTP_VERSION_NOT_SUPPORTED
506	HTTP_VARIANT_ALSO_VARIES
507	HTTP_INSUFFICIENT_STORAGE
510	HTTP_NOT_EXTENDED

Estructuras de datos Apache

La estructura de módulos es sólo el principio del conjunto de estructuras de datos de la API Apache. Las secciones siguientes describe las estructuras request_rec, server_rec y conn_rec, así como la estructura de configuración de módulos definida por el usuario.

Estructura de la solicitud (request_rec)

La estructura request_rec es la estructura central de datos en virtud de la cual el núcleo de Apache expone datos a los manipuladores Apache. Permite a los manipuladores acceder a toda la información pertinente acerca de la solicitud HTTP.

Algunos de los campos de la estructura request_rec son de uso interno. Más abajo, describimos los campos de interés al creador de módulos. La definición completa de request_rec puede encontrarse en el archivo de encabezado httpd.h, aunque le prevenimos ante el uso de los campos implícitamente privados.

- ap_pool *pool señala a una concentración de memoria que se usa con las funciones de administración de memoria. La memoria de la concentración no se libera durante la vida de la solicitud. Véase la sección "Concentración de recursos" para ver más información acerca de las concentraciones.
- conn_rec *connection señala a la estructura de la conexión de la solicitud actual. Véase la sección "Estructura de la conexión (conn_rec)", más adelante en este capítulo.
- server_rec *server señala a la estructura actual del servidor. Véase "Estructura del servidor (server_rec)", posteriormente.
- request_rec *next es un puntero de la estructura de solicitud de una solicitud redirigida internamente.
- request_rec *prev es un puntero de la estructura de solicitud de la solicitud desde la que fue redirigida internamente.
- request_rec *main es un puntero de la estructura de solicitud de la solicitud que queda más arriba si la solicitud fue dirigida internamente.
- char *the_request contiene la primera línea de la solicitud.
- int proxyreq es una solicitud *proxy* si no es cero.
- int header_only, si no es cero, indica que el método de la solicitud fue un HEAD.
- char *protocol contiene el nombre y número de versión del protocolo; por ejemplo, HTTP/1.1.
- const char *hostname contiene el nombre del *host* del encabezado Host.
- time_t request_time indica la hora en que la solicitud se inició como estructura time_t en C.
- const char *status_line contiene el texto completo del estado, como 505 Internal Server Error.

- **int status** contiene el valor numérico del estado. Remítase a la sección "Códigos de estado HTTP".
- **const char *method** contiene el método HTTP, por ejemplo, **POST**.
- **int method_number** indica el valor numérico del método HTTP. Estos valores son internos en Apache; deberá usar las constantes que proporciona la API Apache: **M_GET, M_POST,** etc., durante el resto de los métodos HTTP.
- **int allowed** es un vector de bits que representa qué métodos HTTP están permitidos (establézcalos en el encabezado **Allow,** cuando proceda). Utilice **OR** lógicos para indicar los métodos que desea que su manipulador pueda manejar (por medio de las constantes **M_GET, M_POST,** etc.). Por ejemplo

  request->allowed = M_HEAD I M_GET;

  sólo permite solicitudes **HEAD** y **GET**.
- **long bytes_sent** indica el número de bytes enviados en la solicitud, excluyendo los encabezados HTTP.
- **time_t mtime** indica la hora de última modificación del archivo solicitado. Los manipuladores del módulo deben modificar este valor para que sea más eficiente con los campos de encabezado **If-Last-Modified**. Este valor se debe establecer con la función **ap_update_mtime()**.
- **long clength** indica el número de bytes del contenido de la respuesta. Será el valor del encabezado **Content-length**.
- **long remaining** muestra el número de bytes que quedan por leer en el contenido de la solicitud (inicialmente establecido al valor del encabezado **Content-length** de la solicitud).
- **long read_length** indica el número de bytes ya leídos en el contenido de la solicitud.
- **table *headers_in** señala a una tabla que contiene pares de nombre-valor de los encabezados HTTP de la solicitud.
- **table *headers_out** señala a una tabla que contiene pares de nombre-valor de los encabezados HTTP de la respuesta.
- **table *err_headers_out** señala a una tabla que contiene pares de nombre-valor de los encabezados HTTP de la respuesta en caso de que se produzca un error.
- **table *subprocess_env** señala a una tabla que contiene pares de nombre-valor del entorno (por ejemplo, la variable **PATH**). Esta tabla se usa para componer el entorno de procesos ramificados, como *scripts* CGI.
- **table *notes** señala a una tabla que contiene pares de nombre-valor. Es decir, en este campo no hay uso predefinido. En esencia, es un lugar de fácil acceso, donde los manipuladores pueden dejar los datos para otros manipuladores durante el bucle solicitud-respuesta.
- **const char *content_type** contiene el tipo de contenido MIME, en minúsculas, de la respuesta.
- **const char *handler** contiene la etiqueta de manipulación de contenido de Apache (por ejemplo, **"server-parsed"**) en minúsculas.

- **const char *content_encoding** contiene la codificación del contenido MIME de la respuesta en minúsculas.
- **const char *content_language;** contiene el lenguaje del contenido de la respuesta (por ejemplo, "fr-ca") en minúsculas.
- **array_header *content_languages** contiene la matriz de los lenguajes de contenido, en minúsculas, en caso de que haya más de un lenguaje de contenido para el contenido de la respuesta.
- **int no_cache,** si no es cero, indica que este documento no debe guardarlo el cliente (estableciendo el encabezado **Expires** a la fecha y hora en curso).
- **char *unparsed_uri** contiene el URI de la solicitud antes de efectuar la traducción del URI.
- **char *uri** contiene la parte de la ruta del URI.
- **char *filename** contiene el Uri traducido de la solicitud.
- **char *path_info** contiene la parte adicional de la ruta, detrás del nombre de archivo traducido.
- **char *args** contiene el **QUERY ARGUMENT** de la solicitud URI.
- **uri_components parsed_uri** contiene la estructura **uri_component** del URI analizado sintácticamente.
- **void *per_dir_config** señala a la estructura de datos de la configuración de directorio.
- **void *request_config** señala a la estructura de datos de la configuración de directorio de esta solicitud.

Estructura del servidor (server_rec)

Al igual que ocurre con la estructura **request_rec**, la estructura **server_rec** contiene información acerca del servidor actual; específicamente, información acerca del *host* virtual actual. Puede acceder a la estructura de **server_rec** a través del campo **server** de la estructura **request_rec** o pasando **server_rec** directamente al manipulador de los argumentos.

Como sucedía en **request_rec**, algunos de los campos de la estructura **server_rec** se tienen que usar internamente. He aquí los más útiles para los autores de módulos:

- **server_rec *next** es un puntero del siguiente *host* virtual de la lista vinculada de *hosts* virtuales que almacena el núcleo de Apache.
- **char *srm_confname** contiene la ubicación completa del archivo de recurso (generalmente **srm.conf**).
- **char *access_confname** contiene la ubicación completa del archivo de control de acceso (generalmente, **access.conf**).
- **char *server_admin** contiene la dirección de correo del administrador del servidor (que se establece con la directiva **ServerAdmin**).
- **char *server_hostname** contiene el nombre del servidor, que es el nombre virtual si se trata de un *host* virtual.

- **unsigned short port** contiene el puerto en el que escucha este servidor.
- **char *error_fname** contiene el nombre del archivo de error.
- **FILE *error_log** contiene un descriptor de archivo abierto al archivo de error.
- **int loglevel** contiene el nivel de registro, que viene indicado por un número del 1 al 8. Este valor se establece con la directiva **LogLevel**.
- **int is_virtual** muestra no cero si el servidor es un *host* virtual.
- **void *module_config** señala a la estructura de configuración del módulo. Véase la sección "Estructura de configuración del módulo", más adelante.
- **int timeout** indica la hora (en segundos) que el servidor debe esperar antes de expirar (lo que establece la directiva **Timeout**).
- **int keep_alive_timeout** muestra la hora en segundos que hay que esperar a otra solicitud durante una conexión **Keep-Alive** (lo que establece la directiva **KeepAliveTimeout**).
- **int keep_alive_max** indica el número máximo de solicitudes de una conexión **Keep-Alive** (lo que establece la directiva **MaxKeepAliveRequests**).
- **int keep_alive** no es cero si el servidor acepta conexiones **Keep-Alive** (lo que establece la directiva **KeepAlive**).
- **char *path** contiene la ruta del servidor.
- **array_header *names** señala a una matriz que contiene cadenas de los alias exactos de este servidor (lo que establece la directiva **ServerAlias**).
- **array_header *wild_names** indica una matriz que contiene cadenas de alias de comodines de este servidor.
- **uid_t server_uid** indica el ID de usuario del servidor.
- **gid_t server_gid** indica el ID de grupo del servidor.

Estructura de la conexión (conn_rec)

La estructura **conn_rec** es otra estructura de datos muy útil de la API Apache. Contiene información específica de la conexión HTTP cliente-servidor actual.

Al igual que ocurre con **request_rec** y **server_rec**, algunos campos son para el uso privado, pero los que son útiles para los creadores de módulos son:

- **ap_pool *pool** señala a una concentración de memoria que se usa con las funciones de administración de memoria. La memoria de la concentración no se libera durante la vigencia de la conexión. Véase la sección "Concentraciones de recursos" para ver información acerca de las concentraciones.
- **server_rec *server** señala al servidor que se ejecuta actualmente.
- **server_rec *base_server** señala al servidor del que procede la conexión.
- **BUFF *client** indica un objeto de *buffer* de conexión con el cliente.
- **struct sockaddr_in local_addr** muestra el *socket* TCP/IP de la dirección local.
- **struct sockaddr_in remote_addr** indica el *socket* TCP/IP de la dirección local.
- **char *remote_ip** contiene la dirección IP del cliente.

- **char *remote_host** contiene el nombre de *host* del cliente, si es que está resuelto. Será **NULL** si no está comprobado, y **""** si no se encontró dirección alguna. Utilice **ap_get_remote_host()** para acceder a esta información.
- **char *remote_logname** contiene el nombre de conexión remota del usuario remoto. Utilice **ap_get_remote_logname()** para acceder a esta información.
- **char *user** contiene el nombre de conexión facilitado por el usuario, siempre que se haya hecho una comprobación de la autenticación.
- **char *ap_auth_type** contiene el nombre del esquema de la autenticación (por ejemplo, **Basic**), siempre que se haya hecho una comprobación de la autenticación.
- **unsigned aborted** no será cero si se ha producido una expiración durante la conexión.
- **signed int keepalive** indica si se está usando **Keep-Alive**. **1** es sí; **0** es sin decidir y **-1** es un error fatal.
- **unsigned keptalive** no es cero si la conexión utilizó **Keep-Alive**.
- **signed int double_reverse** indica si la conexión ha usado una búsqueda de nombre de *host* inversa doble. **1** es sí; **0** es sin decidir y **-1** es un error fatal.
- **int keepalives** muestra el número de solicitudes procesadas durante esta conexión **Keep-Alive**.

Estructura de la configuración de los módulos

Una estructura de datos de configuración de módulo no es una estructura predefinida de Apache, sino una estructura en la que hay que definir si se van a usar directivas de configuración. Dado que los datos de la configuración de los módulos son específicos del módulo, el núcleo de Apache no conoce su **typedef** y debe tratar con los datos de forma genérica (mediante un puntero genérico, un **void ***. Para pasarlas al núcleo Apache, las rutinas de módulo deben enviarlo a **void ***. Y cuando se reciben los datos del núcleo de Apache, se pasará como **void *** y se deberá establecer a la estructura de módulo de configuración **typedef**.

He aquí algunos ejemplos del módulo **mod_usertrack**:

- Un ejemplo de estructura de configuración específica del módulo.
    ```
    typedef struct {
        int enabled;
        char *cookie_name;
    } cookie_dir_rec;
    ```
- Crear la estructura y pasarla al núcleo de Apache en el manipulador del creador de configuración de directorio:
    ```
    static void *make_cookie_dir(pool *p, char *d)
    {
        cookie_dir_rec *dcfg;
        dcfg = (cookie_dir_rec *) ap_pcalloc(p, sizeof(cookie_dir_rec));
        dcfg->cookie_name = COOKIE_NAME;
    ```

```
            dcfg->enabled = 0;
            return dcfg;
        }
```
- Recuperar la estructura como parámetro en un manipulador de directivas:
```
        static const char *set_cookie_enable(cmd_parms *cmd,
        ↪void *mconfig, int arg)
        {
            cookie_dir_rec *dcfg = mconfig;
            dcfg->enabled = arg;
            return NULL;
        }
```
- Recuperarla por medio de **ap_get_module_config()**:
```
        static int spot_cookie(request_rec *r)
        {
            cookie_dir_rec *dcfg = ap_get_module_config(r->per_dir_config,
        ↪&usertrack_module);

            const char *cookie;
            char *value;

            if (!dcfg->enabled) {
            return DECLINED;
        }
            /* more processing...
            */
        }
```

Concentraciones de recursos

Una característica de utilidad de la API Apache es el mecanismo de administración de la memoria. Es una forma de controlar la asignación y desasignación de la memoria, evitando las mermas de memoria, que de otra forma podrían destruir la fiabilidad y estabilidad del servidor Apache. Los desarrolladores Apache encontraron un esquema estable y eficaz de administración de la memoria para su desarrollo nuclear, por lo que también lo abrieron a los autores de módulos.

La forma básica en que funciona es que la memoria se divide en concentraciones de recursos. Éstas se usan durante todo el uso de la memoria. Están unidas a los periodos de vida de la entidades específicas de Apache (se crean y destruyen con el principio y fin de estas entidades).

Aunque podemos conocer con exactitud el periodo de vida de una concentración (hurgando en la API), normalmente no es necesario hacerlo, ya que el periodo de vida de la concentración de recursos a su disposición en el manipulador Apache es con toda probabilidad el periodo de vida necesario para que los objetos que desee colocar dentro de esa memoria. Por ejemplo, la concentración de recursos disponible en el manipulador de ini-

Trabajar con la API Apache

Capítulo 24

cialización secundario durará el periodo de vida del proceso secundario, mientras que la concentración de recursos de un manipulador Apache del bucle solicitud/respuesta durará lo que dure este bucle. ¡He aquí la recogida de basura justo a tiempo!

Existen dos formas de acceder a una concentración de recursos dentro de los manipuladores Apache. La forma más evidente es cuando la concentración se pasa al manipulador directamente a través de un argumento (es el caso de los manipuladores Apache, como el creador de configuración de directorio). La otra forma es cuando una concentración de recursos está disponible a través de una estructura de datos, como ocurre con las estructuras **request_rec** y **conn_rec** a través de sus campos **ap_pool**.

Aparte de crear bloques de datos normales en una concentración de recursos, los manipuladores Apache pueden crear subconcentraciones para permitir un control más engranado sobre la memoria. Los manipuladores de módulos pueden destruir estas subconcentraciones sin preocuparse por cometer errores al liberar memoria (toda concentración liberará la memoria de sus subconcentraciones).

Las siguientes funciones de la API Apache se usan para administrar concentraciones:

- **void *ap_palloc(struct pool *p, int nbytes)** asigna **nbytes** de memoria de la memoria de concentración y devuelve un puntero. Funciona como **malloc()**, si exceptuamos que, como vimos en la discusión acerca de administración de memoria, no hay necesidad de liberar la memoria de una forma explícita.

- **void *ap_pcalloc(struct pool *p, int nbytes)** asigna **nbytes** de memoria con '\0' bytes. Equivale a la función **calloc()**.

- **char *ap_pstrdup(struct pool *p, const char *s)** copia la cadena **s** en la nueva memoria de la concentración, devolviendo un puntero a esta memoria. Equivale a **strdup()**.

- **char *ap_pstrndup(struct pool *p, const char *s, int n)** copia **n** bytes de la cadena **s** a la nueva memoria de la memoria de la concentración, devolviendo un puntero a esta memoria. Equivale a **strndup()**.

- **char *ap_pstrcat(struct pool *p,...)** une una serie de cadenas en una nueva de la memoria de la concentración. Devuelve un puntero de esta cadena concatenada. La lista de argumentos es de longitud variable, esto es, todos los argumentos, exceptuando el primero, deben ser cadenas (**char ***). Parecido a **strcat()**.

- **char *ap_psprintf(struct pool *p, const char *fmt, ...)** utiliza la memoria de la concentración para llevara cabo un **sprintf()**. Véase la función C estándar, **sprintf()**, para recabar más información sobre los argumentos.

- **struct pool ap_make_sub_pool(struct pool *p)** devuelve una concentración, que es una subconcentración del argumento.

- **void ap_destroy_pool(pool *p)** destruye la concentración especificada. Sólo debe destruir las concentraciones que haya creado.

- **void ap_clear_pool(struct pool *p)** borra la memoria de una concentración, pero la deja disponible para su uso ulterior.

- **pool* ap_find_pool(const void *block)** devuelve un puntero a la concentración propietaria de este bloque de memoria.

- int ap_pool_is_ancestor(pool *a, pool *b) no devuelve cero si la concentración b es un antepasado de la concentración a.

El resto de la API

En las secciones anteriores abordamos las estructuras principales de la API Apache. Éstas permiten empezar a escribir módulos propios. Sin embargo, la API Apache es más rica que esas estructuras y funciones. El equipo de desarrollo de Apache ha agradecido al autor de módulos con una abundancia de otras estructuras y funciones muy útiles. Las secciones siguientes abordan el resto de la API Apache.

Utilidades TCP/IP

Las tres funciones siguientes están relacionadas con características básicas TCP/IP:

- char *ap_get_local_host(pool *p) devuelve el dominio totalmente cualificado del *host* local.
- unsigned long ap_get_virthost_addr(char *hostname,unsigned short *port) convierte el *hostname* y *port* en una dirección IP.
- const char *ap_get_remote_host(conn_rec *connection, void *dir_config, int type) devuelve el nombre de *host* o dirección IP del cliente. *dir_config* es la estructura de configuración de la solicitud. El argumento type es uno de los siguientes: REMOTE_HOST (nombre de *host* de retorno o NULL en caso de fallo en el DNS), REMOTE_NAME (nombre de host de retorno o dirección IP en caso de fallo en el DNS), REMOTE_NOLOOKUP (IP de retorno sin realizar una búsqueda DNS) o REMOTE_DOUBLE_REV (hacer una búsqueda DNS de inversión doble; devolver el nombre de *host* en caso de éxito, y NULL en caso contrario).

Funciones URI y URL

No debe sorprendernos que un servidor HTTP tenga funciones para procesar URI.

El Listado 24.3 muestra la definición de tipos del archivo de encabezado **httpd.h** de la estructura de datos saliente **uri_components**, utilizada por muchas de las funciones que siguen. La mayor parte de los campos deben ser evidentes para alguien que conozca la especificación URI. Los campos que no son tan conocidos poseen comentarios.

LISTADO 24.3   LA ESTRUCTURA URI_COMPONENTS

```
typedef struct {
    char *scheme;       /* esquema ("http"/"ftp"/...) */
    char *hostinfo;     /* combinado [user[:password]@]host[:port] */
    char *user;         /* nombre de usuario, como en
                           ➥http://user:passwd@host:port/ */
```

LISTADO 24.3 LA ESTRUCTURA URI_COMPONENTS *(continuación)*

```
char *password;     /* contraseña, como en
                       ↪http://user:passwd@host:port/ */
char *hostname;     /* nombre de host de URI (o de Host: header) */
char *port_str;     /* valor de cadena de puerto */
char *path;         /* la ruta de solicitud (or "/" if none */
char *query;        /* Todo lo que haya detrás de una '?' en la ruta,
                       ↪si es que lo hay */
char *fragment;     /* Cadena "#fragment, si es que la hay */
struct hostent *hostent;
unsigned short port;  /* representación de entero del puerto */
unsigned is_initialized;
unsigned dns_looked_up;
unsigned dns_resolved;
```

Las funciones siguientes utilizan la estructura **uri_component** para obtener o establecer información relacionada con el URI:

- **unsigned short ap_default_port_for_scheme(const char *scheme_str)** devuelve el puerto predeterminado del esquema determinado.
- **unsigned short ap_default_port_for_request(const request_rec *r)** devuelve el puerto predeterminado de la solicitud determinada.
- **struct hostent *ap_pduphostent(pool *p, const struct hostent *hp)** copia la estructura **hostent** utilizando la concentración en la memoria.
- **struct hostent *ap_pgethostbyname(pool *p, const char *hostname)** es similar a **gethostbyname()**, exceptuando que la concentración se usa para la asignación de memoria.
- **char *ap_unparse_uri_components(pool *p, const uri_components *uptr, unsigned flags)** crea una cadena en la concentración a partir de la estructura **uri_components** dada. La variable *flags* da opciones de formato como las siguientes:

UNP_OMITSITEPART	Omitir todo lo que haya antes de la ruta.
UNP_OMITUSER	Omitir el usuario.
UNP_OMITPASSWORD	Omitir la contraseña.
UNP_OMITUSERINFO	Omitir tanto el usuario como la contraseña.
UNP_REVEALPASSWORD	Mostrar la contraseña real.

- **int ap_parse_uri_components(pool *p, const char *uri, uri_components *uptr)** analiza sintácticamente la cadena *uri* en el nuevo **uri_component**, *uptr*, por medio de la concentración para la asignación de memoria.
- **int ap_parse_hostinfo_components(pool *p, const char *hostinfo, uri_components *uptr)**) analiza sintácticamente la cadena **hostinfo** en el nuevo **uri_component**, *uptr*, por medio de la concentración para la asignación de memoria. Se presupone que **hostinfo** son sólo datos de *host* y de puerto.
- **int ap_is_url(const char *u)** no será cero si la cadena dada es un URL válido.

- int ap_unescape_url(char *url) convierte secuencias de salida en un URL de vuelta al carácter original.
- void ap_no2slash(char *name) elimine las barras dobles de una ruta.
- void ap_getparents(char *name) elimina . y .. de la ruta.
- char *ap_escape_path_segment(pool *p, const char *s) devuelve la cadena sin caracteres.
- char* ap_escape_uri(pool *p, char *path) devuelve una ruta eludida de la cadena determinada.
- char *ap_escape_html(pool *p, const char *s) devuelve HTML eludida de la cadena determinada.
- char *ap_escape_shell_cmd(pool *p, const char *s) devuelve un comando *shell* eludido de la cadena determinada.
- char *ap_make_dirstr(pool *p, const char *s, int n) copia la cadena determinada de la concentración, truncándose tras la barra nth.
- char *ap_make_dirstr_parent(pool *p, const char *s) crea una nueva cadena en la concentración con el primario de la cadena determinada.
- char *ap_make_dirstr_prefix(char *d, const char *s, int n) copia los primeros n elementos de ruta de s en d.
- int ap_count_dirs(const char *path) devuelve el número de directorios de una determinada cadena.
- void ap_chdir_file(const char *file) cambia el directorio actual al que está el directorio file.
- char *ap_construct_server(pool *p, const char *hostname, unsigned port, const request_rec *r) devuelve información del servidor (número de *host* y de puerto) si port es el puerto no predeterminado de request_rec.

Utilidades de registro

Apache define algunas funciones de registro que se utilizan habitualmente:

- void ap_log_error(const char *file, int line, int level, const server_rec *s, const char *fmt, ...) registra un error en el nombre de archivo file en la línea line del level de severidad de error. Se usa el argumento server_rec para localizar el archivo de error correcto en el que escribir. La cadena fmt se usa para dar formato al resto del argumento (con las reglas sprintf() para el formateo).
- void ap_log_rerror(const char *file, int line, int level, const request_rec *r, const char *fmt, ...) es similar a ap_log_error(), con la excepción de que se pasa el argumento request_rec.

Las posibilidades del nivel de severidad son éstas:

APLOG_NOERRNO	Suprimir la muestra de variables errno.
APLOG_WIN32ERROR	Sólo para Win32, permite el registro del valor de la llamada del sistema Windows GetLastError().

APLOG_EMERG	Implica una condición de emergencia.
APLOG_ALERT	Implica una condición de alerta.
APLOG_CRIT	Implica un problema importante.
APLOG_ERR	Implica un problema no importante.
APLOG_WARN	Implica una condición de menos severa que un error no importante.
APLOG_NOTICE	Implica una condición que es importante, pero menos estricta que un aviso.
APLOG_INFO	Implica un mensaje a nivel de la información.
APLOG_DEBUG	Implica un mensaje a nivel de depuración.

Utilidades de archivo y de socket

Para proteger al servidor de recursos huérfanos, la API Apache es muy particular sobre el modo en que se crean y destruyen los archivos y los *sockets*; específicamente, los descriptores de archivos y la conexiones de *socket* están unidos a concentraciones, de forma que pueden cerrarse correctamente cuando se cierra la concentración. La asociación que hay entre una concentración y su archivo o *socket* es una función de limpieza. Las siguientes funciones de la API Apache llevan a cabo estas tareas:

- int ap_popenf(pool *p, const char *name, int flag, int mode) es similar a la función en C open(), con la excepción de que el descriptor de archivos abierto está unido a la concentración determinada.

- int ap_pclosef(pool *p, int fd) es similar a fclose() y a la función en C close(). La función de limpieza del archivo se elimina de la concentración.

- FILE *ap_pfopen(pool *p, const char *name, const char *mode) es similar a fopen(), con la excepción de que el archivo está unido a la concentración determinada.

- FILE *ap_pfdopen(pool *p, int fd, const char *mode) es similar a fdopen(), con la excepción de que el archivo está unido a la concentración determinada.

- DIR *ap_popendir(pool *p, const char *name) es similar a opendir(), con la excepción de que el directorio abierto está unido a la concentración.

- void ap_pclosedir(pool *p, DIR *d) es similar a closedir(). La función de limpieza del directorio se elimina de la concentración.

- int ap_psocket(pool *p, int domain, int type, int protocol) es similar a socket(), con la excepción de que el *socket* está unido a la concentración determinada.

- int ap_pclosesocket(pool *p, int sock) es similar a closesocket(). La función de limpieza del *socket* se elimina de la concentración.

Utilidades HTTP

La API Apache también proporciona las siguientes funciones relacionadas con HTTP:

- void ap_send_http_header(request_rec *r) envía los encabezados HTTP al cliente.
- void ap_send_http_size(size_t *size*, request_rec *r) envía *size* al cliente.
- long ap_send_http_client_block(request_rec *r, char *buffer*, int *_bufsiz*) lee caracteres *bufsiz* en el buffer desde el cliente.
- long ap_send_fd(FILE *f, request_rec *r) copia f en el cliente y devuelve el número de bytes enviado.
- ap_send_fd_length(FILE *f, request_rec *r, long *length*) es similar a ap_send_fd(), exceptuando que el tamaño de la transmisión está limitado a los bytes *length*.
- long ap_send_fb(BUFF *b, request_rec *r) es similar a ap_send_fd(), si exceptuamos que BUFF se envía.
- ap_send_fb_length(BUFF *f, request_rec *r, long *length*) es similar a ap_send_fd_length(), si exceptuamos que BUFF se envía.
- int ap_rputc(int *c*, request_rec *r) envía *c* al cliente. Devuelve EOF en caso de fallo.
- int ap_rwrite(const void *buf*, int *nbytes*, request_rec *r) envía *nbytes* al cliente. Devuelve -1 en caso de fallo.
- int ap_rputs(const char *s*, request_rec *r) envía una cadena al cliente. Devuelve -1 en caso de fallo.
- int ap_rprintf(request_rec *r, const char *fmt*, ...) envía una cadena al cliente, formateada con la cadena *fmt* y los argumentos subsiguientes (las reglas de formateo son las mismas que en sprintf()).
- int ap_rflush(request_rec *r) envía datos de la memoria intermedia al cliente. Devuelve -1 en caso de fallo.
- int ap_set_content_length(request_rec *r, long *length*) establece el valor del encabezado Content-length de la respuesta.
- int ap_set_etag(request_rec *r) establece el encabezado Etag de la respuesta. Véase la especificación HTTP para recabar más información acerca del encabezado Etag.
- time_t ap_update_mtime(request_rec *r, time_t *dependency_mtime*) establece lo que va a ser el encabezado Last-modified de la respuesta al valor time_t.
- void ap_set_last_modified(request_rec *r) establece el encabezado Last-modified de la respuesta.
- int ap_meets_conditions(request_rec *r) devuelve HTTP_NOT_MODIFIED si el nombre de archivo solicitado no ha sido modificado a las condiciones If-Modified-Since, If-Unmodified-Since y If-Match de la solicitud. En caso contrario, devuelve OK o un código de estado de error HTTP.

Utilidades de directivas de configuración

Con Apache, casi todo es configurable. Por tanto, no sorprende el hecho de que la API Apache proporciona muchas opciones para acceder a las configuraciones.

En primer lugar, veamos la estructura **configfile_t**, que es un envoltorio en torno al mecanismo de configuración (lo más normal es que proceda de archivos, pero Apache tiene la flexibilidad de estar configurado de múltiples formas) y posee los campos siguientes:

- **int (*getch) (void *param)** es una función que actúa como **getc()**.
- **void *(*getstr) (void *buf, size_t bufsiz, void *param)** es una función que actúa como **fgets()**.
- **int (*close) (void *param)** es una función que actúa como **close()**.
- **void *param** especifica el bloque de datos de argumento pasado a **getch()**, **getstr()** y **close()**.
- **const char *name** indica la descripción del nombre de archivo o de la configuración.
- **unsigned line_number** indica el número de línea actual, empezando por 1.

A menos que escriba su propio mecanismo de configuración (por ejemplo, en una base de datos), no necesitará preocuparse mucho por los detalles de la estructura **configfile_t** (trate la función **getch()** como **getc()**, y proceda de igual manera con los otros dos campos de función).

Para trabajar con estructuras **configfile_t**, la API Apache proporciona las funciones siguientes:

- **configfile_t *ap_pcfg_openfile(pool *p, const char *name)** abre una configuración llamada *name*, utilizando **pool** para la memoria de recursos y devolviendo un puntero a una estructura **configfile_t** válida de ese archivo. Lo siguiente:

  ```
  configfile_t *ap_pcfg_open_custom(pool *p, const char *name,
      void *param, int(*getc_func)(void*),
      void *(*getstr_func) (void *buf, size_t bufsiz, void *param),
      int(*close_func)(void *param))
  ```

  crea una estructura **configfile_t** de la concentración con los campos *name*, **param**, **getc**, **getstr** y **close** cumplimentados en la lista de argumentos, en ese orden.

- **int ap_cfg_getline(char *buf, size_t bufsize, configfile_t *cfp)** lee una línea de *cfp* y la coloca en *buf*.

- **int ap_cfg_getc(configfile_t *cfp)** devuelve un carácter de lectura de *cfp*. **EOF** implica un error.

- **int ap_cfg_closefile(configfile_t *cfp)** cierra la *cfp*.

He aquí la función principal que trata con los datos de configuración del módulo actual (suministrados por los cuatro creadores y manipuladores de combinación de la estructura del módulo):

```
void *ap_get_module_config(void *conf_vector, module *m)
```

Esta función obtiene una configuración de módulo del módulo determinado, *m*. Para conseguir la configuración por directorio, proceda así:

```
my_dir_config *cfg = (my_dir_config *)
    ➥ap_get_module_config(r->per_dir_config, &my_module);
```

donde *r* es la solicitud **request_rec** y *my_module* es una referencia al módulo específico.

Para conseguir la configuración por directorio de un determinado módulo, tendrá que pasar una referencia a un campo **module_config** de una estructura **server_rec**, bien directamente como variable o a partir del campo **server** de una referencia **request_rec**. Por ejemplo,

```
my_server_config *cfg = (my_server_config *)
    ➥ap_get_module_config(r->server->module_config, &my_module);
```

API de estructura de memoria

Una característica interesante de la API Apache es la adición de estructuras de memoria, matrices y tablas. Estas estructuras no están relacionadas con el protocolo HTTP o con el ciclo de vida del proceso interno de Apache: sencillamente, fueron añadidas por el equipo de desarrollo de Apache debido a su utilidad general.

API Array

Los desarrolladores de Apache pensaron que era útil tener un mecanismo genérico para tratar con la longitud de una variable y con las matrices de tipo de variable. En consecuencia, nació la API Array. Consta de una estructura **array_header** con un conjunto de funciones que tratan con esta estructura. Los campos salientes de **array_header** son el campo **nelts**, que es el número de elementos de datos, y el campo **elts**, que es un puntero de los datos de la matriz. El campo **elts** es un puntero genérico, por lo que tendrá que ser adaptado al tipo correcto.

Aquí presentamos una lista de las funciones de la API Apache que se usan para tratar con las matrices:

- **array_header *ap_make_array(pool *p, int *nelts*, int *elt_size*)** asigna una nueva matriz desde la concentración de recursos con elementos *nelts*, cada uno de ellos con *elt_size* bytes.

- **void *ap_push_array(array_header *arr)** asigna espacio para un nuevo elemento al final de una matriz. El valor de retorno es un puntero de este nuevo elemento.

- void ap_array_cat(array_header *dst, const array_header *src) concatena la matriz *src* con el final de la matriz *dst*.
- array_header *ap_append_arrays(pool *p, const array_header *dst, const array_header *src) crea una nueva gama de matrices desde la concentración, concatenando los elementos de *src* al final de los elementos de *dst*.
- char *ap_array_pstrcat(pool *p, const array_header *arr, const char *sep) construye una cadena a partir de los elementos de una matriz, utilizando *sep* como delimitador.
- array_header *ap_copy_array(pool *p, const array_header *src) copia bien todos los elementos de una matriz en una nueva. Devuelve un puntero con la nueva matriz.
- array_header *ap_copy_array_hdr(pool *p, const array_header *src) copia superficialmente una matriz en otra (es decir, los elementos no se copian). Una copia buena sólo se realizará si se extiende la nueva matriz.

API Table

Al igual que ocurre en las matrices, los desarrolladores de Apache vieron que era útil tener mecanismos que trataran con las tablas de asignación y de búsqueda. En breve, una asignación conecta un nombre con un valor. La API Table no es del todo genérico, ya que tanto el nombre como el valor tienen que ser cadenas. Pero siguen siendo estructuras útiles, junto con las rutinas de manipulación de tablas.

La primera estructura que hay que conocer es **table_entry**. Es muy sencilla, y sólo tiene dos campos. El primero es el campo **key**, que se corresponde con la clave de la asignación. El segundo es el campo **value**, que se corresponde con el valor asociado con la clave. Ambos son cadenas. No se debe acceder a estos campos de forma directa, sino usando las funciones de la API Table, que se detallan más abajo.

La segunda estructura es **table**. Para todos los propósitos prácticos, sólo es una matriz de las estructuras **table_entry**.

Las siguientes funciones de la API Apache se usan para tratar con las tablas:

- table *ap_make_table(pool *p, int *nelts*) crea una nueva tabla en la concentración con elementos iniciales *nelts*.
- table *ap_copy_table(pool *p, const table *t) copia una tabla entrada por entrada en una nueva por medio de la memoria de la concentración. Devuelve un puntero con la nueva tabla.
- void ap_clear_table(table *t) elimina las entradas de una tabla.
- const char *ap_table_get(const table *t, const char *key) toma el valor asociado con *key* de la tabla determinada.
- void ap_table_set(table *t, const char *key, const char *val) establece una entrada de valor simple de la tabla determinada al par nombre/valor de, respectivamente, *key* y *val*. Los valores de *key* y *val* se copian.

- void ap_table_setn(table *t, const char *key, const char *val) es similar a ap_table_set(), excepto que las cadenas key y val no se copian.
- void ap_table_merge(table *t, const char *key, const char *more_val) adjunta la cadena val al valor asociado con la clave key. Utiliza una coma y un espacio como delimitadores. Copia los valores de key y val.
- void ap_table_mergen(table *t, const char *key, const char *more_val) es similar a ap_table_merge, salvo que los valores de key y val no se copian.
- void ap_table_unset(table *t, const char *key) elimina todas las entradas de la tabla con key.
- void ap_table_add(table *t, const char *key, const char *val) añade una entrada a la tabla con key y el valor val. Observe que, a diferencia de ap_table_set(), múltiples entradas con la misma clave pueden existir ahora. Copia los valores de key y val.
- void ap_table_addn(table *t, const char *key, const char *val) es similar a ap_table_add, con la excepción de que los valores de key y val no se copian.
- void ap_table_do(int (*comp) (void *, const char *, const char *), void *rec, const table *t, ...) recorre la tabla, llamando a una función sobre todas las entradas que coincidan con las claves determinadas. Esta función está muy implicada. La tabla que hay que recorrer es t. Las claves a comparar son las cadenas que siguen a t en la lista de argumentos (cuyo número puede variar y que acaban con un argumento NULL). El puntero rec es un puntero a algunos datos que se pasarán a la función. El primer argumento es la propia función. Tiene que tener esta firma:

```
int comp(void *rec, const char *key, const *val)
```

donde rec es el mismo puntero de datos que rec en ap_table_do(), y key y val son la clave y el correspondiente valor de este recorrido en concreto. La función debe devolver 0 si desea interrumpir el recorrido a través de las claves.
- table *ap_overlay_tables(pool *p, const table *overlay, const table *base) superpone la tabla overlay sobre la tabla base, donde las claves de superposición se toman de la tabla overlay. Crea una nueva tabla a partir de la concentración y le devuelve un puntero.
- array_header *ap_table_elts(table *t) convierte la tabla en un array_header de estructuras table_entry.
- int ap_is_empty_table(table *t) no devuelve cero si la tabla en concreto está vacía; y 0, en caso contrario.

Utilidades diversas

Por último, tenemos un par de funciones diversas que convierten cadenas de fechas en estructuras time_t, y viceversa.

- char *ap_gm_timestr_822(pool *p, time_t t) devuelve una cadena con fecha compatible con RFC 822, dado un time_t (utilizando la memoria de pool).

- time_t ap_parseHTTPdate(const char *date) devuelve una estructura time_t de una cadena con fecha estándar compatible con RFC 822. Esto es lo contrario de ap_gm_timestr().

Instalación de módulos

Esta sección examina los pasos necesarios para instalar el módulo Apache y usarlo en Apache:

1. Asegúrese de que su archivo de código de módulo incluye los archivos de encabezado apropiados. La lista siguiente aborda los archivos de encabezado de todas las declaraciones que se han incluido en este capítulo:

   ```
   #include "httpd.h"
   #include "http_config.h"
   #include "http_core.h"
   #include "http_log.h"
   #include "http_protocol.h"
   #include "util_script.h"
   ```

2. Cree un lugar para él en el árbol de origen. Si todavía no lo ha hecho, cree un directorio para sus módulos, por ejemplo, **src/modules/MyCompany/**.

3. Cree un archivo **Makefile.tmpl** en ese directorio. Por ejemplo,

   ```
   $(OBJS) $(OBJS_PIC): Makefile
   # DO NOT REMOVE
   mod_mymodule.o: mod_mymodule.c \
    $(INCDIR)/httpd.h \
    $(INCDIR)/ap_config.h $(INCDIR)/ap_mmn.h \
    $(INCDIR)/ap_config_auto.h $(OSDIR)/os.h \
    $(INCDIR)/ap_ctype.h $(INCDIR)/hsregex.h \
    $(INCDIR)/alloc.h $(INCDIR)/buff.h $(INCDIR)/ap.h \
    $(INCDIR)/util_uri.h $(INCDIR)/http_config.h \
    $(INCDIR)/http_log.h $(INCDIR)/http_protocol.h \
    $(INCDIR)/http_request.h $(INCDIR)/http_core.h
   ```

4. Coloque el archivo **.c** en el directorio, si todavía no lo ha hecho.

5. Configure Apache para vincular el módulo por medio del programa de configuración de Apache:

   ```
   ./configure --activate-module=src/modules/MyCompany/mod_mymodule.c --
       --enable-module=mymodule
   ```

6. Recompile Apache:

   ```
   make
   ```

Esto es todo. Cuando inicie (o reinicie) el servidor Apache, ¡el módulo formará parte del servidor!

Referencias

Para ampliar la información sobre la API Apache, deberá:

- Comprobar la documentación de la API Apache que incorpora su instalación de Apache.
- Leer el módulo de ejemplo, que se puede encontrar en src/modules/example. Este ejemplo implementa un manipulador para cada paso de ciclo de vida, para mostrarle dónde sucede todo y cómo.
- Como medida suplementaria, lea el código fuente de Apache, empezando por los archivos de encabezado y siguiendo la implementación prevista.

Resumen

En este capítulo hemos hecho un recorrido por el núcleo de Apache (lo más lejos que se puede ir sin toparse de frente con el equipo de desarrollo nuclear de Apache). Hemos visto el ciclo de vida del proceso Apache; hemos visto las estructuras de datos de la API Apache y las funciones que usará; y hemos aprendido el procedimiento para instalar un módulo en Apache.

CAPÍTULO 25

Contribuir a Apache

Donaciones	**504**
Distintos proyectos Apache	**506**
Desarrollo del código fuente	**507**
Ayudar con informes de errores	**509**
Ayudar probando el software	**510**
Documentación	**512**
Donar tangibles	**515**

El software del servidor HTTP Apache está principalmente desarrollado por voluntarios con sus propios recursos. Aunque hayan hecho maravillas, esto no significa que no haya más oportunidades para más voluntarios (o más recursos).

El nombre Apache inicialmente hacía referencia al software del servidor web Apache o a la gente que lo desarrollaba: el Grupo Apache, un conjunto informal de cerca de 20 voluntarios que trabajaban en el Proyecto del servidor HTTP Apache. En marzo de 1999, se creó la Fundación de Software Apache. Las viejas costumbres nunca mueren, y cuando ahora se usa Apache podría significar el software del servidor web, los desarrolladores que trabajan en él o la propia Fundación.

La Fundación de Software Apache fue creada por una serie de motivos, entre los que destacan:

- El deseo de configurar una estructura que pudiera albergar otros proyectos *open-source* y poner a su disposición la infraestructura que tan bien ha soportado el Proyecto del servidor HTTP Apache.
- La necesidad de crear una entidad corporativa que pudiera aceptar las donaciones, registrar cosas como marcas y ofrecer protección a desarrolladores individuales.

Así, cuando hablamos de contribuir a Apache, no queda claro lo que significa. Proyecto del servidor HTTP Apache sigue siendo uno de los proyectos de la Fundación y necesita muchas colaboraciones (más que nunca), pero, con el tiempo, otros proyectos verán la luz y también necesitarán apoyo.

Donaciones

Cuando aparece la palabra donación en una conversación, mucha gente piensa en fondos de caridad, ventas de caridad, etc. La Fundación de Software Apache es algo parecido, siendo los beneficiarios de sus esfuerzos los usuarios de software. La Fundación soporta proyectos que desarrollan software *open-source*, como el servidor HTTP Apache, los analizadores XML y otros paquetes que se desarrollan y distribuyen con acceso total y visualización del código fuente.

Pero el buen software no nace por generación espontánea, no se escribe a sí mismo. Necesita programadores que lo creen, software que lo construya y hardware sobre el que construirlo. Ya que la Fundación es una organización sin fines lucrativos que no vende el software creado por sus asociados, no existen programadores asalariados, ni contratos de asistencia de software, ni centros informáticos corporativos; los únicos recursos que tiene la Fundación son los donados por voluntarios.

Como consecuencia de ello, una de las contribuciones más valiosas que se puede hacer a un proyecto como el servidor HTTP Apache es su tiempo para ayudar a desarrollarlo.

Aunque las organizaciones como la Fundación pueden emplear donaciones de hardware, software e, incluso, dinero, normalmente necesitan mucho más donaciones intangibles. Evidentemente, las contribuciones de cualquier tipo son bienvenidas y se destinarán a un buen uso, por lo que los benefactores poseen tienen una libertad completa de acción en lo que respecta a las donaciones. Las próximas secciones describen algunas de las posibilidades.

Fondos, bienes o servicios

Algunas cosas estas intrínsecamente destinadas a su uso individual, como una máquina de desarrollo de sobremesa o una licencia de software. Otras sirven para su uso compartido, como un gran sistema servidor multiusuario, el acceso ilimitado a un paquete de software o una beca dineraria.

A diferencia de la contribución de tiempo, cuya disposición la puede controlar enteramente (ya que es usted quien elige cuándo y en qué proyecto trabajar), las donaciones a la Fundación de tangibles no pueden destinarse con mucha especialidad. En otra palabras, si dona una estación de trabajo a la Fundación, no podrá decir, "Quiero que esto se le asigne a John Foo, que trabaja en el proyecto Zed".

Para tener más información sobre cómo hacer este tipo de donación, póngase en contacto con el tesorero de la Fundación en la dirección siguiente:

The Apache Software Foundation

ATTN: Treasurer

c/o Covalent Technologies, Inc.

1200 N Street, Suite 112

Lincoln, NE 68508

USA

También deberá visitar el sitio web de la Fundación para verificar la exactitud de esta dirección y si existen necesidades acuciantes o procedimientos actualizados. Puede encontrar esta información en el siguiente URL:

http://www.apache.org/foundation/contributing.html

Si está interesado en contribuir de esta forma, las donaciones dinerarias obviamente proporcionan mucha flexibilidad, ya que la Fundación puede distribuir en base a sus necesidades. En otoño de 1999, la Fundación de Software Apache no estaba registrada como organización sin fines lucrativos, por lo que las donaciones no desgravan. Esto puede haber cambiado para cuando lea estas líneas; consulte el URL anterior para ver el estado actual de las cosas.

La Fundación utiliza sus fondos para pagar cosas como la infraestructura (administración de la papelería corporativa, medios de duplicación para el almacén central de software, etc.), las reuniones de los desarrolladores, las relaciones con la Prensa, los gastos legales y las necesidades adicionales que determinen sus proyectos (como hardware o software adicional). No se destinan fondos al pago de salarios a directores o empleados.

Contribuir con su tiempo

El desarrollo de software *open-source* es una cuestión de voluntariado. Como en todo, cada persona se involucra por cuestiones propias. Podría ser para obtener fama (si no fortuna), por ver su nombre en la lista de colaboradores; una serie de personas han indicado que han sido contratados para distintos cargos por su implicación en los distintos proyectos *open-source*. O podría tratarse de un sentido del deber; ya que no pagan por el software y contribuyen así a su mejoría (aunque sea en pequeñas dosis). O podría ser una forma de altruismo; muchos colaboradores se encuentran de repente involucrados porque han hecho una modificación y la han ofrecido al proyecto por si pudiera ser de utilidad. O quizás trabajen porque les es divertido.

Cualquiera que sea su motivación, y cualquier cosa que tenga que ofrecer en términos de tiempo, existe una buena oportunidad de que su contribución sea bienvenida en uno de los proyectos de la Fundación.

Existen cuatro formas de donación de tiempo:

- Trabajar en el propio software.
- Trabajar en la documentación.
- Ayudar a resolver informes de fallos.
- Ayudar en temas administrativos, como el mantenimiento de listas de envío o similar.

Por regla general, se necesita ayuda en todas estas áreas, por lo que puede ayudar si no puede escribir una línea de código. El software sólo forma parte de lo que hace que un proyecto tenga éxito o sea útil.

Las contribuciones de tiempo normales van de unos pocos minutos por mes a varias horas por día; algunas personas lo encuentran como una afición, mientras que otros son pagados por sus empleadores para trabajar en ello. Ninguna contribución es pequeña (o grande).

Ya que es probable que la mayoría de la gente interesada en cualquiera de las actividades de la Fundación tenga sus propias máquinas y software, una donación de tiempo es la contribución más valiosa que se puede hacer.

Distintos proyectos Apache

En la Fundación se están haciendo distintos esfuerzos. Algunos de ellos están bien asentados, como el Proyecto del servidor HTTP, mientras que otros lo están menos. Todos ellos pueden verse ampliados con más contribuciones; incluso el proyecto que acabamos de citar está ansioso de recibir sugerencias. Dado que el servidor web es el tema que nos ocupa, se usa como una especie de "proyecto *poster*" en este capítulo, pero lo que se le aplica podría muy bien aplicarse a otros proyectos Apache.

La lista de proyectos ASF fluctúa de vez en cuando. Para ver qué proyectos están activos, consulte la lista de proyectos de la Fundación en el siguiente sitio web:

http://www.apache.org/foundation/projects.html

Podemos ver en la lista web que hay un proyecto que le puede interesar más que el propio proyecto servidor HTTP (que parece que va a seguir siendo un proyecto de la Fundación mientras ésta exista).

El proyecto servidor HTTP siempre puede reclutar más voluntarios. Si desea formar parte de él, una solución es familiarizarse con el proyecto trabajando en algunos de sus aspectos menos atractivos, como la documentación o los informes de fallos.

Probablemente, el camino más normal a la participación en el desarrollo sea algo así:

1. Interesarse por el software.
2. Localizar y preguntarles a los desarrolladores algunas cuestiones, o enviar un fragmento de código que crea que es útil.
3. Que le inviten a que forme parte de la lista de envío de desarrollo.
4. "Estar al acecho" de la lista durante algunas semanas (o meses) para saber cómo se hacen las cosas, quiénes son los desarrolladores y cuáles son los puntos candentes.
5. Consultar la lista de informes de fallos abiertos, desarrollar o arreglar, y someter los arreglos a la lista de desarrollo (esto también se aplica a los temas sobre documentación, como localizar y notificar faltas o someter nueva documentación en un área donde haya carencias).
6. Ser aceptado en la lista como participante.

Evidentemente, cada persona encontrará su propio camino, por lo que las indicaciones que damos no son más que una guía sobre cómo otras personas han llegado.

Desarrollo de código fuente

Cada proyecto de desarrollo posee un modelo distinto cuando se trata de trabajar en el propio código fuente. Algunos proporcionan acceso a visitantes que nadie conoce, mientras que otros requieren una especie de "aprendizaje", durante el cual el recién llegado debe mostrar su interés, que está capacitado y que tiene la tenacidad suficiente para realizar ese trabajo.

El proyecto servidor HTTP Apache, por ejemplo, sigue el último modelo expuesto. Todo el mundo es libre de descargar el código fuente y modificarlo. Todo el mundo es libre de someter sus cambios para su posible inclusión en el paquete básico. Sin embargo, la capacidad de realizar cambios en las fuentes maestras suele fructificar transcurridos unos meses, durante los cuales los desarrolladores conocen al postulante. La idea es que haya el mínimo de faltas en el código, puesto que estas personas han pasado una especie de proceso de revisión. El hecho de que este método en realidad cumpla este objetivo o no es una cuestión de opinión; sin embargo, un efecto que ha tenido es que la cantidad de personas con acceso directo a las fuentes maestras está bastante limitado: menos de una veintena de personas tenían la categoría de "desarrolladores nucleares" a mediados de 1999. Otro efecto es que la mayor parte de los cambios hechos se originan con los citados desarrolladores en vez de con los visitantes, por lo que las opciones e implementación del servidor tienden a reflejar las opiniones de unas cuantas personas.

El proyecto PHP, que se desarrolló independientemente del proyecto servidor HTTP Apache, utiliza algo más en las líneas del modelo anterior. También ha tenido mucho éxito produciendo software de calidad, aunque el desarrollo lo hagan más de cien personas. Algunas de estas personas colaboran mucho, mientras que otros contribuyen sólo un poco, para que luego no se oiga más hablar de ellos.

Si decide enrolarse como voluntario con parte de su tiempo en un proyecto *open-source*, algunos de los atributos que necesitará son la persistencia y la energía, y posiblemente una piel muy dura. Entrará a formar parte de un grupo de personas que ya han establecido sus credenciales y opiniones sobre lo que hay que hacer y cómo hacerlo. A menos que sea un experto conocido en el área del proyecto (como servidores web y el propio código Apache), hay muchas posibilidades de que sus opiniones se vean contrastadas y que tenga que defender su postura.

Muchos temas de desarrollo se tratan en las listas de envío, y algunas de estas listas pueden ser muy grandes. Es muy habitual que un novato que se una a una lista y que emita una opinión en mitad de una airada discusión. Otra de las cosas que le pueden pasar es que se le ignore. Desafortunadamente, menos habitual que cualquiera de ellas es que se acepten y se discutan las sugerencias y los comentarios aportados por un novato.

Cuando se forma parte de una lista de envío de desarrollo, conviene estar al quite durante unas pocas semanas y limitarse a leer el correo, para tener una idea de los temas del proyecto y quiénes son los participantes de la lista. Si la lista de envío tiene archivos, examinarlos es bueno, aunque en un proyecto grande y de largo plazo los archivos pueden tener cientos de megabytes.

Si conoce alguien que ya está involucrado en el proyecto y que pueda actuar como su mentor tanto mejor. A menos que ya conozca a esa persona, puede optar por elegir a alguien de la lista cuyas opiniones sean respetadas (es decir, alguien que no se irrite). Esto es suerte; es posible que no encuentre esa persona sin entrar a formar parte de la lista de desarrollo, que es una de las cosas que quiere que la persona le ayude a hacer.

Como alternativa a la localización de un mentor en la lista de envío, existen los grupos de noticias de Usenet. Muchos proyectos *open-source* poseen uno o más grupos de noticias donde se discute el proyecto; por ejemplo, los usuarios y desarrolladores del servidor HTTP Apache se suelen hallar en los grupos de noticias **comp.infosystems.www.servers.***. Sin embargo, una de las desventajas de localizar un mentor por esta vía es que puede acabar acercándose a alguien que conozca el código, que sea amigable y que le preste ayuda, pero que no sea uno de los desarrolladores. Sin embargo, puede ser que le recomiende alguien del grupo de desarrollo.

Otra forma de darse a conocer y granjearse el respeto consiste en consultar la lista de fallos del software (la mayoría de proyectos tienen una base de datos de fallos de algún tipo) e imaginarse arreglos para algunos de ellos. Someta sus arreglos al equipo de desarrollo para su posible implementación. Cuantos más fallos arregle, más reputación tendrá.

Otra posibilidad para ser aceptado consiste en elegir un área del proyecto menos cuidada, y convertirse en un experto en el tema. Si puede resolver errores en esa área o proporcionar mejoras de opciones o de rendimiento, estará mostrando su valía para el proyecto.

Aunque el arreglo de errores o el mantenimiento de una parte del software menos conocida no sea de su agrado, no descarte estos métodos, ya que una vez que sea aceptado como miembro del equipo de desarrollo, siempre podrá encargarse de las áreas que más le interesen.

Ayudar con informes de errores

Una de las áreas donde casi todos los proyectos pueden utilizar su ayuda es en los informes de errores, problemas e incoherencias en el código fuente. Es muy habitual que la mayoría de los desarrolladores veteranos de un proyecto sean poco proclives a las nuevas opciones o al futuro, y que no se sientan muy tentados de trabajar con los errores. Esto se da especialmente en los fallos que introducen otras personas, e incluso más aún si el autor del fallo se ha ido y ya no forma parte del proyecto.

Dado que el trabajo del proyecto *open-source* se suele hacer como voluntario, esa actitud no puede ser criticada. Los desarrolladores trabajan en lo que quieren, o de otra forma no trabajan en el proyecto. Desafortunadamente, esto puede suponer que la cantidad de problemas importantes con el software puede crecer mucho si ninguno de esos desarrolladores ve su arreglo como algo atractivo.

Esta es una excelente oportunidad para la "nueva savia": personas que desean involucrarse en un proyecto. No sólo se ve beneficiado el software con los arreglos de los fallos, sino que el nuevo voluntario se va familiarizando con el código como consecuencia de tener que comprenderlo para repararlo. Y el equipo de desarrollo existente probablemente aprecie la labor de la nueva persona, porque la calidad de su trabajo y su prestancia a la hora de realizar su trabajo le honran.

Todo proyecto posee sus propios medios de grabar informes de errores. La Figura 25.1 muestra una instantánea del formulario de errores del Proyecto del servidor HTTP Apache; podemos ver del tamaño de la barra en el cuadro desplegable que los errores pueden recaer en varias categorías distintas. En octubre de 1999, más de 5.000 informes de errores habían sido encontrados en el software, y con esto se demuestra que la comunidad de usuarios está siendo muy activa en la detección de problemas. Desafortunadamente, casi el veinte por ciento de ellos sigue estando abierto o no resuelto, por lo que podemos ver que se trata de un área en la que sus contribuciones serían muy aceptadas.

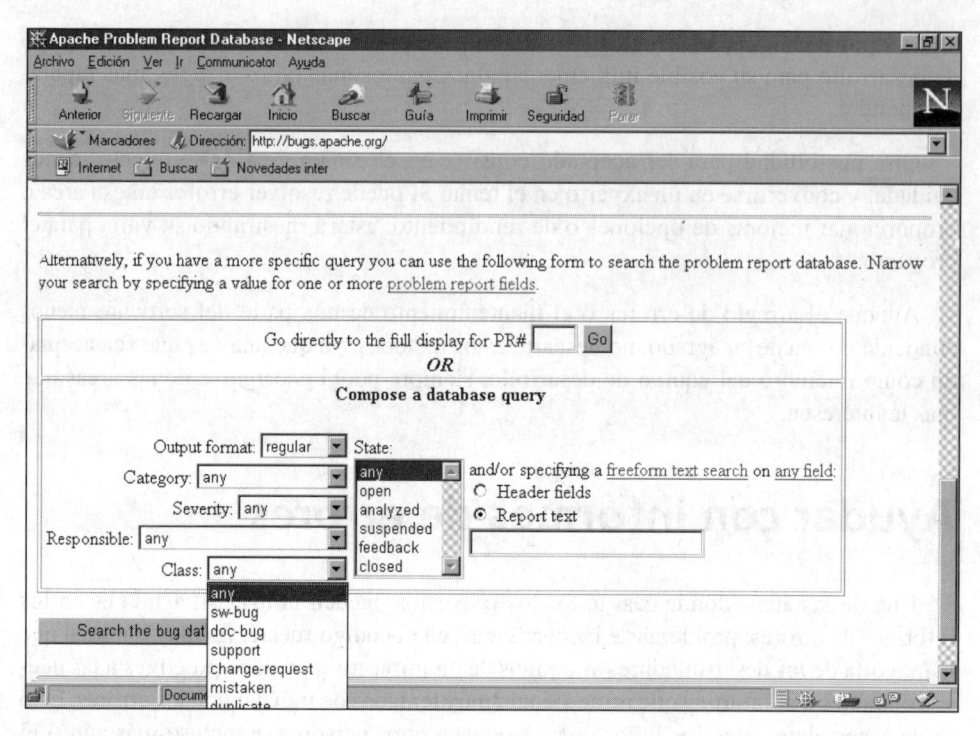

FIGURA 25.1. La base de datos de errores del servidor HTTP Apache.

Contrastando con esta figura, la Figura 25.2 muestra la página superior del sistema de notificación de errores del proyecto *open-source* PHP (http://www.php.net/), incluyendo una lista parcial de las categorías de errores que hay. En octubre de 1999, la base de datos de errores PHP tenía 2.400 entradas; de éstas, nuevamente, casi el veinte por ciento sigue estando abierto.

Con una quinta parte de los informes abierta, el seguimiento y la reparación de errores es un campo bastante fértil, al menos en estos dos proyectos, y no hay motivo por el que pensar que no es un área en la que casi todos los proyectos darían la bienvenida a su ayuda.

Ayudar probando el software

Los proyectos de software casi siempre se pueden ver beneficiados al dejar que el software lo prueben otras personas distintas a quienes los desarrollaron. A esto se les llama pruebas **alfa**, **beta** o **de campo**. Las pruebas alfa y beta hacen referencia a la estabilidad esperada del software que se está probando; el software de calidad alfa suele considerarse altamente experimental, y algunas (o muchas) opciones pueden no funcionar bien o estar en mal estado. El software de calidad beta suele considerarse bastante estable; todas las opciones deberían funcionar, aunque probablemente haya algunos puntos flacos.

También constituye una oportunidad excelente para que las nuevas opciones se añadan al software entre una versión alfa y la versión final; esto también se aplica al software de calidad beta, pero en menor medida. Las opciones que se encuentran en el código de calidad beta normalmente estarán en la versión final; esto puede ser así o no en lo que respecta al software alfa. La prueba de campo es un término más general que cubre tanto las pruebas alfa como las pruebas beta.

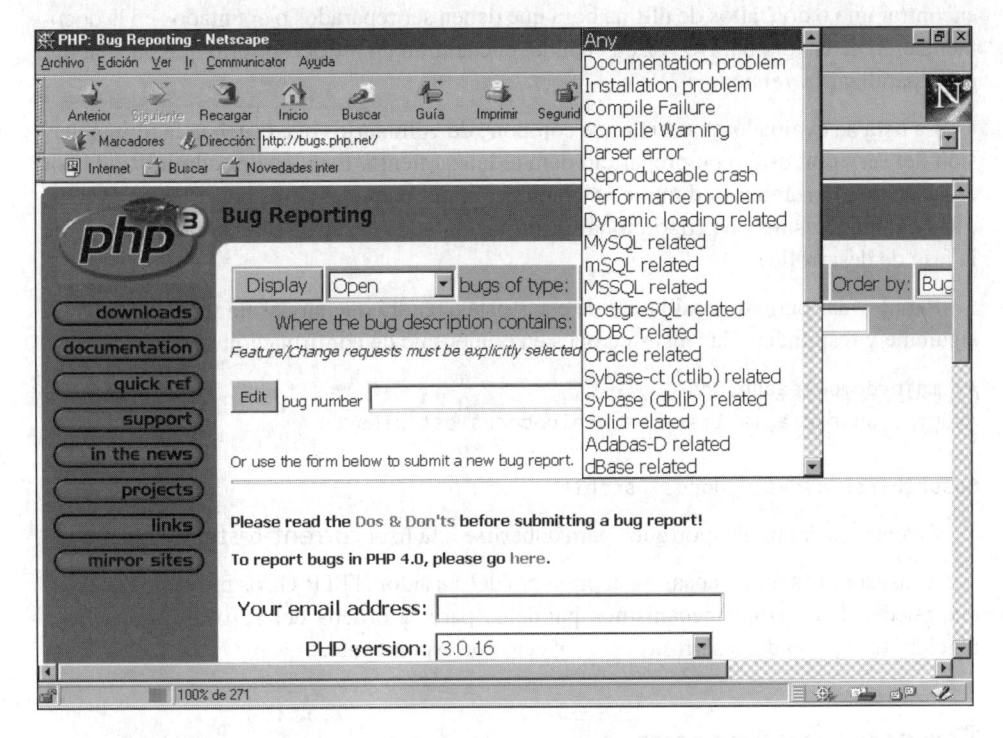

FIGURA 25.2.   Base de datos de errores del proyecto PHP.

Aunque casi todo el código nuevo es cuidadosamente comprobado al ser incorporado para ver si hay fallos, siempre hay unos cuantos fallos aquí y allá. Aún más molestos que los errores son las interacciones con las opciones existentes que puedan causar problemas. Si una parte de software ya no funciona de la forma que solía hacerlo, se dice que ha **retrocedido**, y el nuevo comportamiento se llama **retroceso**. Los retrocesos constituyen lo peor de los errores, porque eluden la prueba centrada en las nuevas opciones, haciendo cortes en áreas que parece que no tienen relación o que son estables. Probar esto registra una amplia (si no completa) gama de comportamientos esperados del software y luego calcular una nueva versión frente a tales expectativas se conoce como **paquete de pruebas de retroceso** y, a fecha de esta publicación, no existía ninguno en el software del proyecto del servidor HTTP. Estos paquetes son muy deseables.

El proyecto del servidor HTTP Apache en concreto mantiene dos listas de envío de voluntarios para probar el servidor ofrecer informes de fallos a los desarrolladores:

- evaluadores estables
- evaluadores actuales

Los evaluadores estables son llamados por el gestor del proyecto del servidor cuando se está montando una nueva versión; la esperanza radica en que prueben el servidor en sus entornos y que notifiquen los retrocesos funcionales al gestor o a la lista de desarrollo. En una situación perfecta, los evaluadores estables no encuentran nada; en la realidad, suelen encontrar uno o dos fallos de última hora que deben ser reparados o apuntados en la documentación de la versión. De vez en cuando, encuentran un retroceso serio que pueden llegar a paralizar la versión.

La lista de evaluadores actuales se compone de voluntarios que prueban la última versión del servidor, esté o no preparado para el lanzamiento. Esta lista es administrada por el gestor del lanzamiento durante la preparación del paquete, pero, por estar en la lista, estos evaluadores deben proporcionar información a los desarrolladores, incluso durante la fase de desarrollo.

Para formar parte de cualquiera de estas listas, tendrá que enviar un mensaje como el siguiente y responder a las instrucciones en el mensaje de confirmación que reciba:

```
A: majordomo@Apache.Org
Asunto: unirse a la lista de evaluadores estables

Suscribirse a evaluadores estables
```

Realice los cambios oportunos para adherirse a la lista **current-testers**.

Es así como están las cosas en el proyecto del servidor HTTP. Otros proyectos de Apache pueden tener o no mecanismos paralelos para la prueba del software; consulte a alguien del equipo de desarrollo del proyecto correspondiente.

Documentación

Los desarrolladores de software son muy conocidos por su resistencia, como grupo, a escribir documentación. Por supuesto, hay pocas excepciones, pero la regla general es que los desarrolladores prefieran escribir código que escribir acerca de él.

Una consecuencia natural de esto es que la documentación de una determinada parte de software desarrollada por voluntarios tenga una tendencia a estar anticuada y que sea inadecuada. Por tanto, ayudar a documentar el proyecto es otro tipo de contribución que probablemente sea muy aceptada.

Algunos proyectos facilitan la contribución al esfuerzo de documentación; por ejemplo, como se ve en la Figura 25.3, el proyecto PHP (http://www.php.net) lo hace tan fácil como añadir texto a una página web. De vez en cuando, los desarrolladores PHP recogen todos los comentarios y realizan los cambios oportunos en la documentación. Cuando el resultado se publica de nuevo, los comentarios se quitan, y se pueden hacer los nuevos.

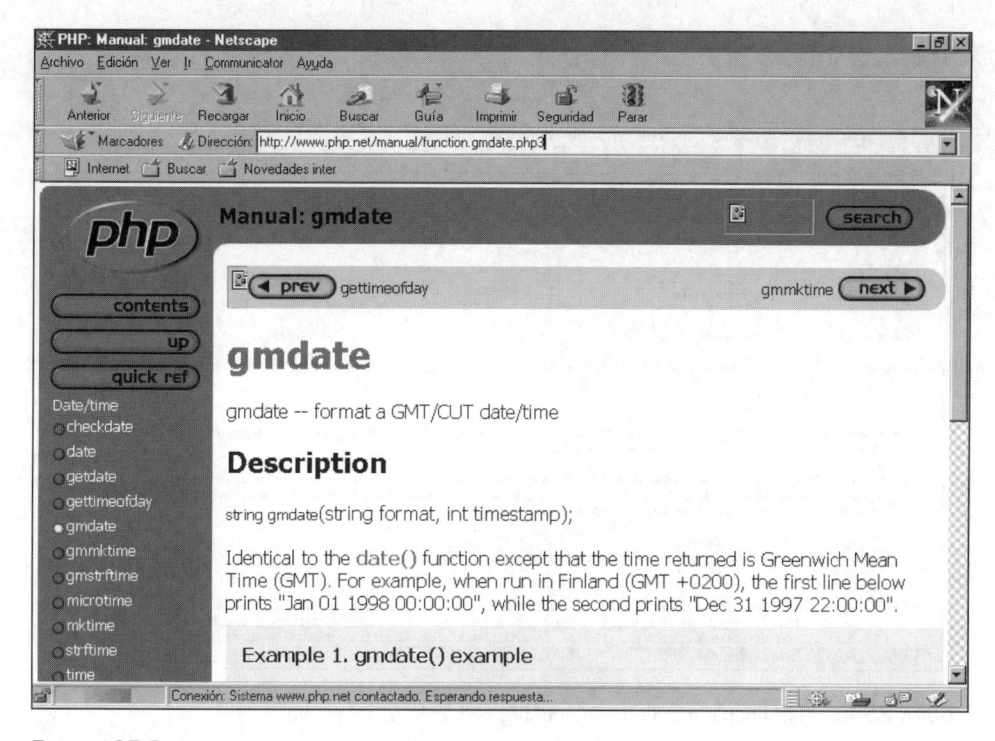

FIGURA 25.3. Comentar una documentación PHP en línea.

Otros proyectos tienen procedimientos más complejos.

Dependiendo del proyecto, puede que haya más de un tipo de documentación. Por ejemplo, el proyecto del servidor HTTP Apache posee documentación sobre cómo usar el servidor y cómo modificarlo y mejorarlo. A lo último se le llama documentación de la API, y lo que está disponible puede ser tan completo como lo que se muestra en la Figura 25.4 o tan escaso como lo que se ve en la Figura 25.5.

La documentación de la API tiende a necesitar más una actualización que la documentación del servidor principal, como consecuencia natural de que hace un seguimiento del funcionamiento interno del software.

Trabajar en la documentación de la API es, indudablemente, una contribución muy apreciada por cientos o miles de personas. Evidentemente, requiere tener cierta experiencia en el funcionamiento detallado del código.

> **NOTA**
>
> Si va a ser un voluntario que va a trabajar en la documentación, al menos deberá conocer lo que está documentando. Para casos tan técnicos como lo son las descripciones de la API, probablemente ya se esté implicado en el desarrollo del propio código fuente.

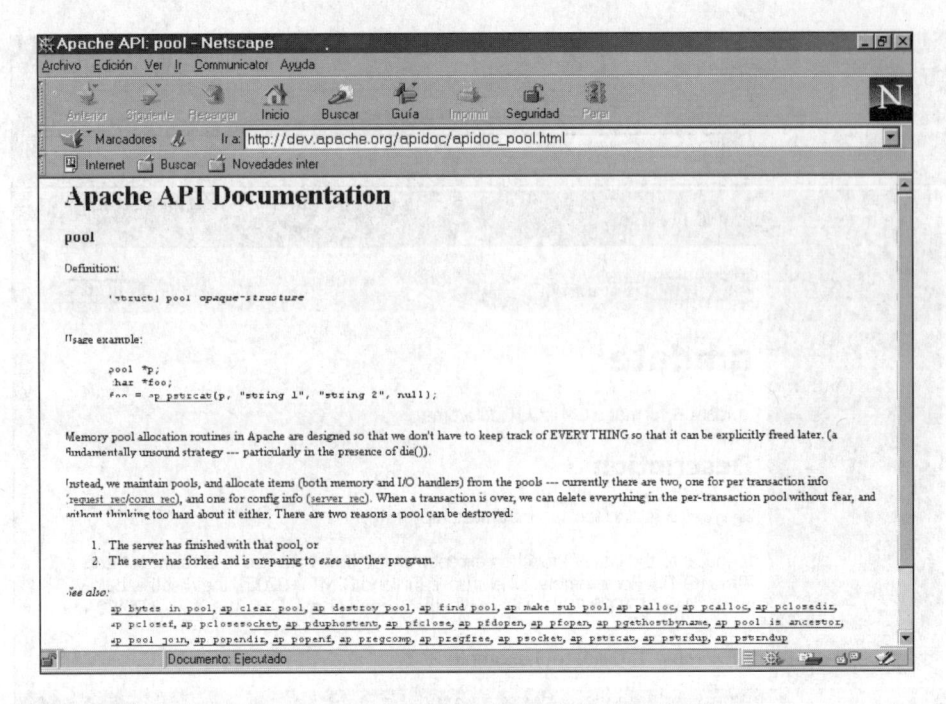

FIGURA 25.4. Un buen ejemplo de documentación de la API Apache.

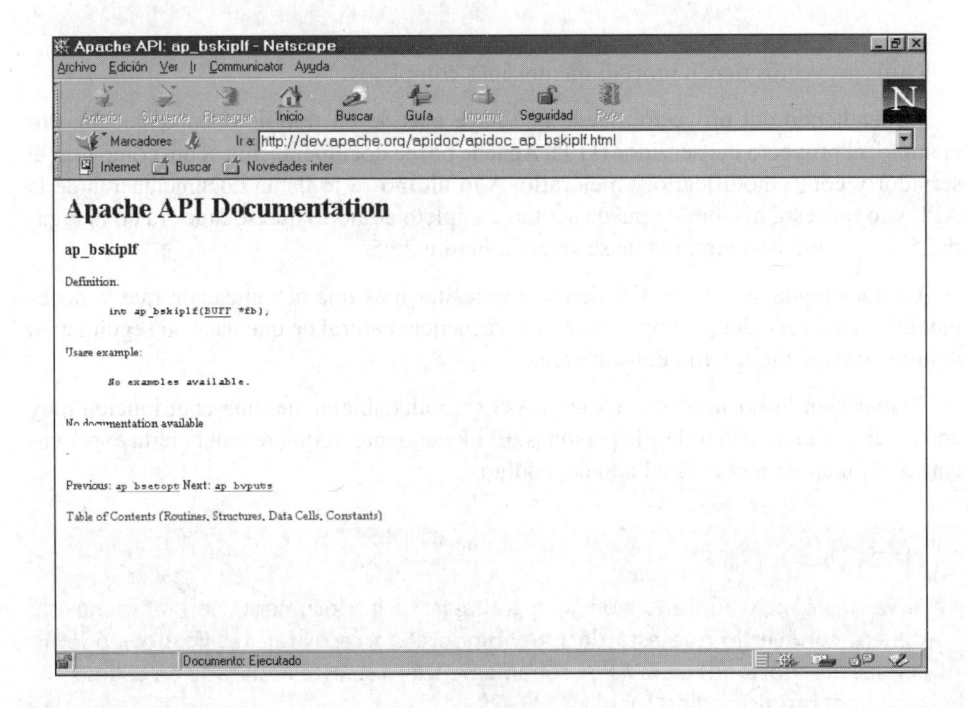

FIGURA 25.5. Un ejemplo de documentación escasa.

Donar tangibles

Las donaciones de tangibles deben ser hechas a la Fundación de Software Apache. Ya que la Fundación proporciona soporte a todos los distintos proyectos, mantiene una especie de "concentración" de recursos y los asigna a los proyectos en función de las necesidades. Si se hace un regalo con la intención de apoyar un proyecto o finalidad específicos, la Fundación hará lo posible por que llegue a su destino, pero no lo puede garantizar. Esto puede llevarnos a una situación en la que los proyectos populares y bien conocidos obtengan todo el apoyo, mientras que haya otros más pequeños que se ahoguen.

Algunos ejemplos de donaciones de tangibles son:

- Software con licencia, como un constructor de instalaciones o un paquete de desarrollo. A más de un usuario se le deben proporcionar suficientes copias o licencias; si no, todo se puede paralizar si el software se pasa de mano en mano.
- Los servicios, como la asistencia legal, los análisis de tendencias de datos, las búsquedas de marcas registradas, la conectividad de redes para hardware de proyecto e, incluso, los desarrolladores individuales o similares. Éstos no son tangibles, pero tampoco equivalen a ser voluntarios para trabajar en un proyecto.
- El hardware computacional, como los discos, lectores de CD, tarjetas de red, monitores, portátiles, estaciones de trabajo sistemas a nivel de servidor.

Cuando contribuya con cosas de este tipo, recuerde que los desarrolladores están en todas las partes del planeta (y pasar una pieza de hardware o software de una persona a otra no es tan fácil como ir del pasillo a la oficina.

Si trata de donar hardware, es mejor que consulte al tesorero de la Fundación para ver primero cuáles son sus necesidades más perentorias.

Resumen

La Fundación de Software Apache es una organización sin fines lucrativos que desarrolla y distribuye software de calidad de forma gratuita. Se mantiene exclusivamente gracias a donaciones y esfuerzos de voluntarios, y toda ayuda, por pequeña que parezca, es bien recibida. Si desea ayudar, toda contribución que quiera hacer será bienvenida. Si cree que su vida o su trabajo han mejorado con alguno de los proyectos de la Fundación, le rogamos considere donar algo para que puedan seguir con sus esfuerzos.

Apéndices

PARTE VI

En Esta Parte

- A La licencia Apache 519
- B Antecedentes de las versiones Apache 521
- C Listados de los archivos de configuración 525
- D Dónde obtener más información 561

PARTE VI

APÉNDICE A

La licencia Apache

Patentado en 1995-1999 por el Grupo Apache. Derechos reservados.

La redistribución y el uso de las formas fuente y binaria, con o sin modificación, están permitidas siempre que se cumplan las siguientes condiciones:

1. Las redistribuciones de código fuente deben retener el aviso de patente de arriba, esta lista de condiciones y la siguiente rectificación.
2. Las redistribuciones en forma binaria deben retener el aviso de patente de arriba, esta lista de condiciones y la siguiente rectificación en la documentación y/o en los demás materiales que se incluyan en la distribución.
3. Todo el material publicitario que mencione las opciones o el uso de este software debe mostrar la siguiente reseña:

   "Este producto incluye software desarrollado por el Grupo Apache para ser usado en el proyecto del servidor HTTP Apache (http://www.apache.org/)."
4. Los nombres "Apache Server" y "Grupo Apache" no deben ser utilizados para promocionar productos derivados de este software sin autorización previa por escrito. Para la autorización escrita, póngase en contacto con apache@apache.org.
5. Los productos que se deriven de este software no pueden ser llamados "Apache", ni "Apache" puede aparecer en sus nombres sin una autorización previa escrita del Grupo Apache.
6. Las redistribuciones en cualquier forma deben contener la siguiente reseña:

   "Este producto incluye software desarrollado por el Grupo Apache para ser usado en el proyecto del servidor HTTP Apache (http://www.apache.org/)."

ESTE SOFTWARE LO PROPORCIONA EL GRUPO APACHE "COMO ES" Y NO SE RECTIFICAN GARANTÍAS EXPLÍCITAS O IMPLÍCITAS, INCLUYENDO, SIN SER LIMITATIVAS, LAS GARANTÍAS IMPLÍCITAS DE USO COMERCIAL DE UNA FINALIDAD DETERMINADA. BAJO NINGÚN CONCEPTO, EL GRUPO APACHE O SUS COLABORADORES SERÁN RESPONDABLES DE LOS DAÑOS DIRECTOS, INDIRECTOS, ESPECIALES O CONSIGUIENTES (INCLUYENDO, SIN SER LIMITATIVOS, LA OBTENCIÓN DE BIENES O SERVICIOS SUSTITUTIVOS; LA PÉRDIDA DEL USO, DE LOS DATOS, DE LOS BENEFICIOS O LA INTERRUPCIÓN DEL NEGOCIO) CAUSADOS EN APLICACIÓN DE CUALQUIER TEORÍA DE LA RESPONSABILIDAD, YA SEA POR CONTRATO, POR RESPONSABILIDAD ESTRICTA O POR AGRAVIO (INCLUYENDO LA NEGLIGENCIA U OTROS) QUE PUEDAN PROCEDER DEL USO DE ESTE SOFTWARE, AUNQUE SE HUBIERA AVISADO DE LA POSIBILIDAD DE ESOS DAÑOS.

Este software se compone de contribuciones voluntarias hechas por muchas personas en nombre del Grupo Apache, y en su origen se basó en software de dominio público escrito en el Centro Nacional para Aplicaciones de Supercomputadoras, Universidad de Illinois, Urbana-Champaign. Para ampliar la información sobre el Grupo Apache y el proyecto del servidor HTTP Apache, remítase a http://www.apache.org/.

APÉNDICE B

Antecedentes de las versiones Apache

A continuación mostramos los antecedentes del proyecto Apache:

- 28 de octubre de 1991: Tim Berners-Lee envía un comunicado por la lista de envío de WWW-Talk. Un poco más tarde, esa misma semana, anuncia un servidor publico web, en el CERN, al que se puede acceder a través de Telnet. Véanse los archivos en http://www.webhistory.org/www.lists/.
- 13 de diciembre de 1991: Pei Y. Wei anuncia en WWW-Talk que tiene el navegador web gráfico funcionando.
- 1 de diciembre de 1992: Marc Andreesen anuncia en WWW-Talk que está trabajando en un servidor HTTP NCSA.
- 23 de enero de 1993: Marc Andreesen anuncia la primera versión pública del navegador web Mosaic.
- 22 de abril de 1993: Rob McCool anuncia la versión beta 0.3 beta del servidor HTTP de la NCSA.
- Febrero de 1995: Brian Behlendorf y Cliff Skolnick ensamblan recursos de desarrollador, donados por HotWired, y comienzan a recuperar retazos de varias personas que utilizan el servidor HTTPd NCSA. Estos remiendos se aplican a la versión 1.3 del servidor NCSA.
- Marzo de 1995: Servidor Apache 0.6.2 se lanza al público: es la primera versión pública.
- Mayo-junio de 1995: Robert Thau trabaja en una segunda versión del servidor, cuyo código se llama Shambhala.
- Agosto de 1995: Apache 0.8.8, basado en el trabajo de Robert Thau, se lanza. Las nuevas características incluyen una estructura modular, que sigue estando en uso hoy.
- 1 de diciembre de 1995: Lanzamiento de Apache 1.0.
- Abril de 1996: Apache adelanta a NCSA como el servidor web más popular.
- Julio de 1996: Apache 1.1 lanzado. Las nuevas características incluyen la implementación de conexiones *keep-alive* HTTP/1.1, *hosts* virtuales basados en nombres y manipuladores.
- 18 de enero de 1997: beta 0.10 de mod_perl lanzada. Véase http://perl.apache.org/.
- Junio de 1997: Lanzamiento de Apache 1.2.
- Febrero de 1998: Netcraft comunica que más de la mitad de los servidores web de Internet ejecutan Apache o derivado. Véase http://www.netcraft.com/survey/.
- 19 de febrero de 1998: Lanzamiento de Apache 1.2.6.
- Marzo de 1998: Apache 1.3 lanzado con soporte para Microsoft Windows NT.
- 12 de junio de 1998: mod_perl 1.0.0 se lanza.
- 22 de junio de 1998: IBM y el Grupo Apache anuncian una asociación para trabajar en el servidor web Apache. Esto convierte a IBM en la primera empresa que respalda un proyecto *Open Source*. Otras compañías anuncian proyectos *Open Source* en los meses siguientes. Véase http://www.apacheweek.com/issues/_98-06-19#ibm.

- 14-16 de octubre de 1998: ApacheCon 98, la primera conferencia sobre Apache, tiene lugar en el San Francisco Hilton. Véase **http://www.apachecon.com/**.
- 21-24 de agosto de 1999: La Conferencia O'Reilly Apache, en la Convención *O'Reilly Open Source* en Monterrey. Véase **http://conference.oreilly.com/_convention99.html**.

Apéndice C

Listados de los archivos de configuración

La primera vez que se configura el servidor puede ir con la mayoría de los valores predeterminados de los archivos de configuración, y todo funciona bastante bien. Algunas cosas no serán perfectas para sus necesidades, y puede ser que quiera desactivar algunas opciones, pero el servidor debe ejecutarse.

Comprobará que los archivos de configuración predeterminados tienen muchos comentarios y que explican muy claramente lo que hace cada directiva, generalmente proporcionando un parámetro de ejemplo. Si no entiende una sección en concreto, es muy posible que no tenga que cambiarla. Lo que sigue son los archivos de configuración predeterminados que incorpora Apache 1.3.9.

Existen dos versiones de **httpd.conf**, el archivo de configuración del servidor principal. La primera de ellas, contenida en el Listado C.1, es la versión Unix del archivo, mientras que la segunda, en el Listado C.2, es para Microsoft Windows. Las diferencias principales están en la sección de módulos.

Diseminado en los archivos **httpd.conf** está **@@ServerRoot@@**, que se sustituye cuando se compila e instala el servidor con la ubicación del **ServerRoot**. En sistemas Unix, por defecto es **/usr/local/apache**; en Microsoft Windows es **c:\Program Files\Apache Group\Apache**. No obstante, ambos parámetros pueden cambiar durante la instalación. Véase el Capítulo 3, "Compilar e instalar Apache", para recabar más información sobre el proceso de instalación en Unix y Microsoft Windows.

Siguiendo a los listados del archivo **httpd.conf** se encuentran los listados de archivos **srm.conf** y **access.conf**. Estos archivos se listan solamente por razones históricas y sólo contienen comentarios que indican por qué están ahí.

> **N. DEL T:**
> Para un mejor entendimiento, hemos traducido al castellano los archivos que vemos a continuación.

LISTADO C.1   HTTPD.CONF-DIST PARA INSTALACIONES UNIX

```
#
# Basado en los archivos de configuración del servidor NCSA,
# por Rob McCool.
#
# Este es el archivo de configuración principal del servidor Apache.
# Contiene las directivas de configuración que proporcionan al servidor
# sus instrucciones.
# Véase <URL:http://www.apache.org/docs/> para información detallada
# sobre las directivas.
#
# NO trate de leer las instrucciones sin comprender lo que
# hacen. Sólo son pistas o recordatorios. Si no está seguro,
# consulte los documentos en línea. Está avisado.
#
# Cuando este archivo se procesa, el servidor buscará y procesará
# @@ServerRoot@@/conf/srm.conf and then @@ServerRoot@@/conf/access.conf
# a menos que los haya omitido con directivas ResourceConfig y-o
# AccessConfig.
#
# Las directivas de configuración se agrupan en tres secciones básicas:
```

LISTADO C.1   HTTPD.CONF-DIST PARA INSTALACIONES UNIX   *(continuación)*

```
#  1. Directivas que controlan el funcionamiento del proceso del servidor
#     Apache como un todo (el 'entorno global').
#  2. Directivas que definen los parámetros del servidor 'principal'
#     o 'predeterminado',que responde a solicitudes que no maneja un
#     host virtual.
#     Estas directivas también ofrecen valores predeterminados como
#     parámetros de todos los hosts virtuales.
#  3. Parámetros de hosts virtuales, que permiten enviar las solicitudes
#     web a las distintas direcciones IP o nombres de host y que
#     las maneje el mismo proceso del servidor Apache.
#
# Configuración y nombres de archivo de registro: si los nombres
# de archivo especificados para muchos de los archivos de control
# del servidor comienzan con "/" (o "drive:/" en Win32), el servidor
# utilizará esa ruta explícita. Si los nombres de archivo *no* empiezan
# por "/", el valor del ServerRoot se antepondrá; así, "logs/foo.log"
# con ServerRoot establecido a "/usr/local/apache" será interpretado por
# el servidor como "/usr/local/apache/logs/foo.log".
#

### Sección 1: Entorno global
#
# Las directivas de esta sección afectan al funcionamiento general
# de Apache, como el número de solicitudes simultáneas que puede manejar
# o dónde puede encontrar sus archivos de configuración.
#


#
# ServerType es inetd o autónomo. El modo inetd sólo se soporta en
# plataformas Unix.
#
ServerType standalone


#
# ServerRoot: La parte superior del árbol de directorios, donde se
# mantienen la configuración, los errores y los archivos de registro
# del servidor.
#
# ¡NOTA! Si trata de colocar esto en una NFS (u otra red)
# monte el sistema de archivos y lea la documentación del LockFile
# (disponible en <URL:http://www.apache.org/docs/mod/core.html#lockfile>);
# con lo que se ahorrará muchos problemas.
#
# NO añada una barra al final de la ruta de directorio.
#
ServerRoot "@@ServerRoot@@"

#
# La directiva LockFile establece la ruta al archivo de bloqueo que se
# usa cuando se compila Apache con USE_FCNTL_SERIALIZED_ACCEPT o con
# USE_FLOCK_SERIALIZED_ACCEPT. Esta directiva normalmente se debe dejar
# en su valor predeterminado. La razón principal de cambiarla es si el
# directorio logs está montado como NFS, dado que el archivo de bloqueo
```

LISTADO C.1 HTTPD.CONF-DIST PARA INSTALACIONES UNIX *(continuación)*

```
# DEBE ESTAR ALMACENADO EN UN DISCO LOCAL. El PID del proceso del
# servidor principal se adjunta automáticamente al nombre de archivo.
#
#LockFile logs/accept.lock

#
# PidFile: El archivo donde el servidor debe registrar su número de
# identificación de proceso al arrancar.
#
PidFile logs/httpd.pid

#
# ScoreBoardFile: Archivo utilizado para almacenar información interna
# del proceso del servidor. No todas las arquitecturas exigen esto.
# Pero si la suya lo exige (lo sabrá, ya que este archivo será creado
# al ejecutar Apache) entonces *deberá* asegurarse de que no hay dos
# invocaciones de Apache que comparten el mismo archivo scoreboard.
#
ScoreBoardFile logs/apache_runtime_status

#
# En la configuración estándar, el servidor procesará este archivo,
# srm.conf, y access.conf, en ese orden. Los dos últimos archivos se
# distribuyen vacíos, ya que se recomienda que se mantengan todas las
# directivas en un solo archivo. Los valores comentados
# más abajo son los valores predeterminados integrados, Puede hacer que
# el servidor ignore esto archivos en su conjunto por medio de
# "/dev/null" (en Unix) o "nul" (en Win32) para los argumentos
# de las directivas.
#
#ResourceConfig conf/srm.conf
#AccessConfig conf/access.conf

#
# Timeout: El número de segundos que transcurre antes de que se agoten
# las recepciones y los envíos.
#
Timeout 300

#
# KeepAlive: Permitir o no conexiones persistentes (más de una solicitud
# por conexión). Ajústelo a "Off" para desactivarlo.
#
KeepAlive On

#
# MaxKeepAliveRequests: El número máximo de solicitudes a permitir
# durante una conexión persistente. Establézcalo a 0 para permitir una
# cantidad ilimitada.
# Se recomienda que este número sea alto para un rendimiento óptimo.
#
MaxKeepAliveRequests 100

#
```

LISTADO C.1 HTTPD.CONF-DIST PARA INSTALACIONES UNIX *(continuación)*

```
# KeepAliveTimeout: Número de segundos a esperar para la nueva solicitud
# del mismo cliente en la misma conexión.
#
KeepAliveTimeout 15

#
# Regulación del tamaño de la concentración del servidor. En vez de que
# adivine cuántos procesos de servidor necesita, Apache se adapta
# dinámicamente a la carga que ve --- es decir, trata de mantener
# suficientes procesos de servidor como para manejar la carga actual,
# más unos cuantos servidores de recambio para manejar picos transitorios
# de carga (por ejemplo, múltiples solicitudes simultáneas desde un solo
# navegador Netscape).
#
# Esto lo hace comprobando periódicamente el número de servidores que
# están esperando una solicitud. Si hay menos que MinSpareServers, creará
# un nuevo recambio. Si hay más que MaxSpareServers, algunos de los
# recambios se extinguirán. Los valores predeterminados suelen valer para
# todos los sitios.
#
MinSpareServers 5
MaxSpareServers 10

#
# Número de servidores con los que iniciar --- debe ser una cifra
# razonable.
#
StartServers 5

#
# Límite en el número total de servidores en ejecución, por ejemplo, el
# límite en el número de clientes que pueden conectarse simultáneamente
# --- si se alcanza este límite, los clientes serán BLOQUEADOS, por lo
# que NO SE DEBE AJUSTAR MUY BAJO. Está diseñado como freno para que un
# servidor se lleve el sistema consigo en su caída...
#
MaxClients 150

#
# MaxRequestsPerChild: el número de solicitudes que se permite procesar a
# cada proceso secundario antes de que un secundario muera. El secundario
# se cerrará, para evitar problemas tras su uso prolongado cuando Apache
# (y quizá también sus bibliotecas) pierden memoria u otros recursos.
# En casi todos los sistemas, esto no es necesario, pero algunos (como
# Solaris) tienen mermas notables en las bibliotecas. Para estas
# plataformas, establezca a algo como 10000 o así; un valor de 0
# significa ilimitado.
#
# NOTA: Este valor no incluye solicitudes keepalive tras la solicitud
#       inicial por conexión. Por ejemplo, si un proceso secundario
#       maneja una solicitud inicial y 10 solicitudes "keptalive",
#       sólo contaría como 1 solicitud hacia este límite.
#
MaxRequestsPerChild 0
```

LISTADO C.1 HTTPD.CONF-DIST PARA INSTALACIONES UNIX *(continuación)*

```
#
# Listen: Permite enlazar Apache con direcciones IP específicas y-o
# puertos, aparte de los valores predeterminados. Véase también la
# directiva <VirtualHost>.
#
#Listen 3000
#Listen 12.34.56.78:80

#
# BindAddress: Con esta opción se pueden soportar hosts virtuales. Esta
# directiva se usa para indicarle al servidor en qué dirección IP
# escuchar. Puede contener "*", una dirección IP, o un nombre de dominio
# de Internet totalmente cualificado. Véase también las directivas
# <VirtualHost> y Listen.
#
#BindAddress *

#
# Soporte para DSO
#
# Para poder usar la funcionalidad de un módulo que fue construido como
# un DSO, hay que colocar las líneas correspondientes 'LoadModule' en
# esta ubicación, para que las directivas contenidas en él estén
# disponibles antes de ser usadas. Lea el archivo README.DSO de la
# distribución Apache 1.3 para recabar más detalles acerca del mecanismo
# DSO y ejecute 'httpd -l' en la lista o módulos ya integrados
# (vinculados estadísticamente y, por tanto, siempre disponibles) a su
# binario httpd.
#
# Nota: El orden de carga de los módulos es importante. No cambie
# el orden de abajo sin consejo experto.
#
# Ejemplo:
# LoadModule foo_module libexec/mod_foo.so

#
# ExtendedStatus controla si Apache va a generar información de estado
# "total" (ExtendedStatus On) o sólo información elemental (ExtendedStatus
# Off) cuando se llama al manipulador "server-status". Por defecto, está
# en Off.
#
#ExtendedStatus On

### Sección 2: Configuración del servidor 'principal'
#
# Las directivas de esta sección configuran los valores utilizados por el
# servidor 'principal', que responde a cualquier solicitud que no se
# maneje por una definición <VirtualHost>. Estos valores también
# proporcionan valores predeterminados para los contenedores
# <VirtualHost> que pueda definir luego en el archivo.
#
# Todas estas directivas pueden aparecer dentro de los contenedores
# <VirtualHost>, en cuyo caso, estos valores predeterminados serán
```

LISTADO C.1 HTTPD.CONF-DIST PARA INSTALACIONES UNIX *(continuación)*

```
# omitidos en el host virtual que se está definiendo.
#


#
# Si la directiva ServerType (establecida antes en la sección 'Entorno
# global') se establece a "inetd", las siguientes directivas no tendrán
# efectos, ya que sus valores se definirán en la configuración inetd.
# Sáltese hasta la directiva ServerAdmin.
#


#
# Puerto: el puerto en el que escucha el servidor autónomo. En
# los puertos < 1023, necesitará httpd para ejecutar como root inicialmente.
#
Port 80


#
# Si desea que httpd se ejecute como usuario o grupo diferente, deberá
# ejecutar httpd como root inicialmente, y luego cambiará.
#
# User/Group: El nombre (o #número) del usuario-grupo bajo el que se
# ejecuta httpd.
#   . En SCO (ODT 3) usar "User nouser" y "Group nogroup".
#   . En HPUX es posible que no pueda usar memoria compartida como nadie,
#     y la solución sugerida consiste en crear un www de usuario y usarlo.
#   OBSERVE que algunos kernels no quieren setgid(Group) o semctl(IPC_SET)
#   cuando el valor de (sin firma)Group es superior a 60000;
#   ¡no use Group #-1 en estos sistemas!
#
User nobody
Group #-1


#
# ServerAdmin: Su dirección, donde los problemas con el servidor se deben
# enviar por correo. Esta dirección aparece en páginas generadas por el
# servidor, como documentos de error.
#
ServerAdmin you@your.address


#
# ServerName permite establecer un nombre de host que se envía a los
# clientes de su servidor, si es distinto al obtenido por el programa
# (por ejemplo, use "www" en vez del nombre del host).
#
# Nota: No es posible inventar nombres de host y esperar que funcionen.
# El nombre a definir aquí debe ser un nombre DNS válido para el host.
# Si no entiende esto, pregunte al administrador de redes.

# Si su host no tiene un nombre DNS registrado, introduzca su dirección
# IP aquí. Tendrá que acceder a ella por dirección (por ejemplo,
# http://123.45.67.89/) y esto hará que los redireccionamientos
# funcionen de forma sensible.
#
```

LISTADO C.1 HTTPD.CONF-DIST PARA INSTALACIONES UNIX *(continuación)*

```
#ServerName new.host.name

#
# DocumentRoot: El directorio desde el que se sirven los documentos. Por
# defecto, todas las solicitudes se toman de este directorio, pero los
# vínculos simbólicos y los alias se pueden usar para señalar a otras
# ubicaciones.
#
DocumentRoot "@@ServerRoot@@/htdocs"


#
# Cada directorio al que tiene acceso Apache puede configurarse con
# respecto a qué servicios y opciones están permitidos y/o desactivados
# en ese directorio (y en sus subdirectorios).
#
# Primero, vamos a establecer que la configuración predeterminada sea un
# conjunto restrictivo de permisos.
#
<Directory />
    Options FollowSymLinks
    AllowOverride None
</Directory>

#
# Observe que, de aquí en adelante, hay que permitir específicamente
# la activación de características concretas, por lo que si algo no
# funciona como podría esperar, asegúrese de que lo ha activado
# específicamente.
#


#
# Esto debe cambiarse a lo que se establezca para DocumentRoot.
#
<Directory "@@ServerRoot@@/htdocs">

#
# Puede ser "None", "All" o cualquier combinación de "Indexes",
# "Includes", "FollowSymLinks", "ExecCGI" o "MultiViews".
#
# Observe que "MultiViews" debe ser *explícitamente* llamado ---
# "Options All" no se lo proporciona.
#
    Options Indexes FollowSymLinks

#
# Controla qué opciones pueden omitir los archivos .htaccess de los
# directorios. También puede ser "All" o cualquier combinación de
# "Options", "FileInfo", "AuthConfig" y "Limit"
#
    AllowOverride None


#
# Controla quién puede obtener la respuesta de este servidor.
```

LISTADO C.1 HTTPD.CONF-DIST PARA INSTALACIONES UNIX *(continuación)*

```
#
    Order allow,deny
    Allow from all
</Directory>

#
# UserDir: El nombre del directorio que se adjunta a un directorio de
# inicio de usuario si se recibe una solicitud ~user.
#
UserDir public_html

#
# Controla el acceso a los directorios UserDir. A continuación viene un
# ejemplo de un sitio donde estos directorios están limitados a sólo
# lectura.
#
#<Directory /home/*/public_html>
#    AllowOverride FileInfo AuthConfig Limit
#    Options MultiViews Indexes SymLinksIfOwnerMatch IncludesNoExec
#    <Limit GET POST OPTIONS PROPFIND>
#        Order allow,deny
#        Allow from all
#    </Limit>
#    <Limit PUT DELETE PATCH PROPPATCH MKCOL COPY MOVE LOCK UNLOCK>
#        Order deny,allow
#        Deny from all
#    </Limit>
#</Directory>

#
# DirectoryIndex: Nombre del archivo o archivos a usar como índice
# de directorio HTML previamente escrito. Separe las múltiples entradas
# con espacios.
#
DirectoryIndex index.html

#
# AccessFileName: El nombre del archivo en el que buscar cada directorio
# la información del control de acceso.
#
AccessFileName .htaccess

#
# Las siguientes líneas impiden que los archivos .htaccess sean vistos
# por los clientes web. Ya que los archivos .htaccess a menudo contienen
# información de autorización, el acceso está desactivado por motivos de
# seguridad. Comente estas líneas si desea que los visitantes web vean el
# contenido de los archivos .htaccess. Si cambia la directiva
# AccessFileName de arriba, asegúrese de hacer los cambios
# correspondientes aquí.
#
# Además, la gente tiende a usar nombres como .htpasswd en los archivos
# de contraseña, por lo que esto también les protegerá.
```

LISTADO C.1 HTTPD.CONF-DIST PARA INSTALACIONES UNIX *(continuación)*

```
#
<Files ~ "^\.ht">
    Order allow,deny
    Deny from all
</Files>

#
# CacheNegotiatedDocs: Por defecto, Apache envía "Pragma: no-cache"
# con cada documento que se haya negociado sobre la base de contenido.
# Éste le pide a los servidores proxy que no guarden el documento. Quitar
# los comentarios de la línea siguiente desactiva este comportamiento, y
# los proxies podrán guardar los documentos.
#
#CacheNegotiatedDocs

#
# UseCanonicalName: (nuevo en 1.3) Con este parámetro activado, siempre que
# Apache tenga que construir un URL de referencia propia (un URL que remita
# al servidor la respuesta de donde proviene), usará ServerName y
# Port para formar un nombre "canónico". Con este parámetro desactivado,
# Apache usará el hostname:port que el cliente aportó, cuando sea
# posible. Esto también afecta a SERVER_NAME y SERVER_PORT en los scripts CGI.
#
UseCanonicalName On

#
# TypesConfig describe donde se va a encontrar el archivo mime.types
# (o equivalente).
#
TypesConfig conf/mime.types

#
# DefaultType es el tipo MIME predeterminado que usará el servidor en un
# documento si no puede determinar uno, como a partir de las extensiones
# de nombre de archivo. Si su servidor contiene sobre todo texto o
# documentos HTML, "text/plain" será un buen valor. Si la mayor parte de
# su contenido es binario, como aplicaciones o imágenes, es posible que
# quiera usar "application/octet-stream" en vez de evitar que los
# navegadores traten de mostrar archivos binarios como si se tratara de
# texto.
#
DefaultType text/plain

#
# El módulo mod_mime_magic permite al servidor usar las distintas pistas del
# contenido del propio archivo para determinar su tipo. La directiva
# MIMEMagicFile le indica al módulo dónde se encuentran las definiciones
# de las pistas. mod_mime_magic no forma parte del servidor predeterminado
# (tendrá que añadirlo usted mismo con un LoadModule [véase el párrafo
# DSO de la sección 'Entorno global'], o recompile el servidor e incluya
# mod_mime_magic como parte de la configuración), por tanto, queda
# englobado en un contenedor <IfModule>. Esto significa que la directiva
# MIMEMagicFile sólo será procesada si el módulo forma parte del servidor.
```

LISTADO C.1 HTTPD.CONF-DIST PARA INSTALACIONES UNIX *(continuación)*

```
#
<IfModule mod_mime_magic.c>
    MIMEMagicFile conf/magic
</IfModule>

#
# HostnameLookups: Registra los nombres de los clientes o sus direcciones
# IP ejemplo, www.apache.org (on) o 204.62.129.132 (off).
# El valor predeterminado es off, ya que es mejor para la red si la gente
# tuviera que activar esta opción, ya que activarla significa
# que la solicitud de cada cliente acabará siendo una solicitud de
# búsqueda AT LEAST para nameserver.
#
HostnameLookups Off

#
# ErrorLog: La ubicación del archivo de registro de errores.
# Si no especifica una directiva ErrorLog en un contenedor <VirtualHost>,
# los mensajes de error que se relacionen con ese host virtual quedarán
# registrados aquí. Si define un error logfile en un contenedor
# <VirtualHost>, los errores de ese host quedarán registrados ahí y no aquí.
#
ErrorLog logs/error_log

#
# LogLevel: Controla el número de mensajes registrados en el error_log.
# Los valores posibles son: debug, info, notice, warn, error, crit,
# alert, emerg.
#
LogLevel warn

#
# Las directivas siguientes definen algunos apodos de formato para ser
# empleados con una directiva CustomLog (véase más abajo).
#
LogFormat "%h %l %u %t \"%r\" %>s %b \"%{Referer}i\" \"%{User-Agent}i\""
↪combined
LogFormat "%h %l %u %t \"%r\" %>s %b" common
LogFormat "%{Referer}i -> %U" referer
LogFormat "%{User-agent}i" agent

#
# La ubicación y el formato del archivo de registro de acceso
# (Formato Logfile Común).
# Si no define archivos de registro de acceso en un contenedor
# <VirtualHost>, quedarán registrados aquí. Al contrario, si define
# archivos de registro de acceso <VirtualHost>, las transacciones quedarán
# registradas ahí y *no* en este archivo.
#
CustomLog logs/access_log common

#
# Si prefiere tener archivos de registro de agente y de referente, comente
# las siguientes directivas.
```

LISTADO C.1 HTTPD.CONF-DIST PARA INSTALACIONES UNIX *(continuación)*

```
#
#CustomLog logs/referer_log referer
#CustomLog logs/agent_log agent

#
# Si prefiere un solo archivo de registro con acceso, información de
# agente y de referente (Formato de Archivo de registro Combinado) podrá
# usar esta directiva.
#
#CustomLog logs/access_log combined

#
# Opcionalmente, añada una línea que contenga la versión del servidor y
# el nombre del host virtual a las páginas generadas por el servidor
# (documentos de error, listados de directorios FTP, salidas mod_status y
# mod_info, etc., pero no documentos generados por CGI). Establezca a
# "EMail" para incluir también un mailto: vínculo con el ServerAdmin.
# Establecer a uno de: On | Off | EMail
#
ServerSignature On

#
# Alias: añada aquí tantos alias como quiera (sin límite). El formato es
# Alias fakename realname
#
# Observe que si incluye una barra (/) al final en el nombre falso, el
# servidor le obligará a estar presente en el URL. Así, "/icons" no tiene
# alias en este ejemplo, sólo "/icons/"..
#
Alias /icons/ "@@ServerRoot@@/icons/"

<Directory "@@ServerRoot@@/icons">
    Options Indexes MultiViews
    AllowOverride None
    Order allow,deny
    Allow from all
</Directory>

#
# ScriptAlias: Controla qué directorios contienen scripts de servidor.
# Los scriptAliases son esencialmente lo mismo que los alias, con la
# excepción de que los documentos del directorio realname se consideran
# aplicaciones y los ejecuta el servidor cuando se solicitan, en vez de
# cómo documentos que se envían al cliente. Las mismas reglas acerca de
# barras "/" finales se aplican a las directivas ScriptAlias como a
# Alias.
#
ScriptAlias /cgi-bin/ "@@ServerRoot@@/cgi-bin/"

#
# "@@ServerRoot@@/cgi-bin" debe cambiarse al directorio CGI con
# ScriptAlias, si lo tiene configurado.
#
```

LISTADO C.1 HTTPD.CONF-DIST PARA INSTALACIONES UNIX *(continuación)*

```
<Directory "@@ServerRoot@@/cgi-bin">
    AllowOverride None
    Options None
    Order allow,deny
    Allow from all
</Directory>

#
# Redirect permite indicar a los clientes acerca de los documentos que
# solían existir en los espacios de nombres del servidor, pero ya no lo
# hacen. Esto permite indicarle a los clientes dónde buscar el documento
# reubicado.
# Formato: Redirect old-URI new-URL
#


#
# Las directivas que controlan la muestra de listados de directorios
# generados por el servidor.
#


#
# FancyIndexing es donde se quiere tener a indexación atractiva o estándar
#
IndexOptions FancyIndexing

#
# Las directivas AddIcon* le indican al servidor qué icono mostrar en
# los distintos archivos o extensiones de nombre de archivo. Sólo se
# muestran en los directorios FancyIndexed.
#
AddIconByEncoding (CMP,/icons/compressed.gif) x-compress x-gzip

AddIconByType (TXT,/icons/text.gif) text/*
AddIconByType (IMG,/icons/image2.gif) image/*
AddIconByType (SND,/icons/sound2.gif) audio/*
AddIconByType (VID,/icons/movie.gif) video/*

AddIcon /icons/binary.gif .bin .exe
AddIcon /icons/binhex.gif .hqx
AddIcon /icons/tar.gif .tar
AddIcon /icons/world2.gif .wrl .wrl.gz .vrml .vrm .iv
AddIcon /icons/compressed.gif .Z .z .tgz .gz .zip
AddIcon /icons/a.gif .ps .ai .eps
AddIcon /icons/layout.gif .html .shtml .htm .pdf
AddIcon /icons/text.gif .txt
AddIcon /icons/c.gif .c
AddIcon /icons/p.gif .pl .py
AddIcon /icons/f.gif .for
AddIcon /icons/dvi.gif .dvi
AddIcon /icons/uuencoded.gif .uu
AddIcon /icons/script.gif .conf .sh .shar .csh .ksh .tcl
AddIcon /icons/tex.gif .tex
AddIcon /icons/bomb.gif core
```

LISTADO C.1 HTTPD.CONF-DIST PARA INSTALACIONES UNIX *(continuación)*

```
AddIcon /icons/back.gif ..
AddIcon /icons/hand.right.gif README
AddIcon /icons/folder.gif ^^DIRECTORY^^
AddIcon /icons/blank.gif ^^BLANKICON^^

#
# DefaultIcon es el icono a mostrar para los archivos que no tienen
# establecido explícitamente un icono.
#
DefaultIcon /icons/unknown.gif

#
# AddDescription permite colocar una descripción breve tras un archivo en
# índices generados por el servidor. Éstos sólo se muestran en directorios
# FancyIndexed.
# Formato: AddDescription "description" filename
#
#AddDescription "GZIP compressed document" .gz
#AddDescription "tar archive" .tar
#AddDescription "GZIP compressed tar archive" .tgz

#
# ReadmeName es el nombre del archivo README en el que va a buscar el
# servidor y adjuntar a los listados de directorios.
#
# HeaderName es el nombre de un archivo que debe anteponerse a
# los índices de directorios.
#
# El servidor buscará primero name.html y lo incluirá caso de encontrarlo.
# Si name.html no existe, el servidor buscará name.txt
# y lo incluirá como texto sin formato caso de no encontrarlo.
#
ReadmeName README
HeaderName HEADER

#
# IndexIgnore es una serie de nombres de archivo que la indexación de
# directorios debe ignorar y no incluir en el listado. Se permiten los
# comodines de estilo shell.
#
IndexIgnore .??* *~ *# HEADER* README* RCS CVS *,v *,t

#
# AddEncoding permite hacer que ciertos navegadores (Mosaic/X 2.1+)
# descompriman la información sobre la marcha. Nota: no todos los
# navegadores soportan esto.
# A pesar de la similitud de nombres, las directivas Add* siguientes
# no tienen nada que ver con las directivas de personalización
# FancyIndexing de arriba.
#
AddEncoding x-compress Z
AddEncoding x-gzip gz tgz

#
```

LISTADO C.1   HTTPD.CONF-DIST PARA INSTALACIONES UNIX   *(continuación)*

```
# AddLanguage permite especificar el lenguaje de un documento. Es posible
# usar la negociación de contenido para dar al navegador un archivo en un
# lenguaje que pueda entender. Observe que el sufijo no tiene por qué ser
# el mismo que la palabra clave del lenguaje a --- aquellos que tengan
# documentos en polaco (cuyo código de lenguaje es pl) pueden querer usar
# "AddLanguage pl .po" para evitar la ambigüedad con el sufijo común para
# scripts perl.
#
AddLanguage en .en
AddLanguage fr .fr
AddLanguage de .de
AddLanguage da .da
AddLanguage el .el
AddLanguage it .it

#
# LanguagePriority permite dar prioridad a algunos lenguajes
# en caso de empate durante la negociación de contenido
# Enumere los lenguajes en orden de prioridad decreciente.
#
LanguagePriority en fr de

#
# AddType permite retocar mime.types sin llegar a editarlo, o
# hacer que ciertos archivos sean ciertos tipos.
#
# Por ejemplo, el módulo PHP3 (que no forma parte de la distribución
# Apache - véase http://www.php.net) normalmente utilizarán:
#
#AddType application/x-httpd-php3 .php3
#AddType application/x-httpd-php3-source .phps

AddType application/x-tar .tgz

#
# AddHandler permite asignar determinadas extensiones de archivo a
# "manipuladores", acciones no relacionadas con el tipo de archivo.
# Pueden estar construidas en el servidor o añadidas con el comando
# Action (ver más abajo).
#
# Si desea usar inclusiones del lado del servidor, o CGI fuera de
# los directorios ScriptAliased, comente las líneas siguientes.
#
# Para usar scripts CGI:
#
#AddHandler cgi-script .cgi

#
# Para usar archivos HTML analizados sintácticamente por el servidor:
#
#AddType text/html .shtml
#AddHandler server-parsed .shtml

#
```

LISTADO C.1 HTTPD.CONF-DIST PARA INSTALACIONES UNIX *(continuación)*

```
# Comente la línea siguiente para activar el archivo HTTP send-asis de
# Apache
#
#AddHandler send-as-is asis

#
# Si desea usar archivos imagemap analizados sintácticamente por el
# servidor, emplee
#
#AddHandler imap-file map


#
# Para activar asignaciones de tipos, se podría usar
#
#AddHandler type-map var

#
# Action le permite definir tipos multimedia que ejecutan un script siempre
# que se llame a un archivo coincidente. Con esto se evitan los nombres
# de rutas URL repetidos en procesadores de archivos CGI muy usados.
# Format: Action media/type /cgi-script/location
# Format: Action handler-name /cgi-script/location
#

#
# MetaDir: especifica el nombre del directorio en el que Apache puede
# encontrar archivos de metainformación. Estos archivos contienen
# encabezados HTTP adicionales a incluir a la hora de enviar el documento
#
#MetaDir .web

#
# MetaSuffix: especifica el sufijo del nombre del archivo del archivo
# que contiene la metainformación.
#
#MetaSuffix .meta

#
# Respuesta de error personalizable (estilo Apache)
#   se presenta en tres gamas
#
#    1) texto sin formato
#ErrorDocument 500 "El servidor falló.
# Las (") lo marca como texto, no obtiene la salida
#
#    2) redireccionamientos locales
#ErrorDocument 404 /missing.html
#  to redirect to local URL /missing.html
#ErrorDocument 404 /cgi-bin/missing_handler.pl
# Puede redireccionar a un script o a un documento por medio de las
# inclusiones del lado del servidor.
#    3) redireccionamientos externos
#ErrorDocument 402 http://some.other_server.com/subscription_info.html
```

LISTADO C.1 HTTPD.CONF-DIST PARA INSTALACIONES UNIX *(continuación)*

```
# Muchas de las variables de entorno asociadas con la solicitud original
# *no* estarán disponibles para un script semejante.
#
# Las directivas siguientes modifican el comportamiento normal de la
# respuesta HTTP.
# La primera directiva desactiva keepalive en Netscape 2.x y en los
# navegadores que tratan de engañarle. Hay problemas conocidos con estas
# implementaciones de navegador.
# La segunda directiva es para Microsoft Internet Explorer 4.0b2,
# que tiene una implementación HTTP/1.1 corrupta y que no soporta bien
# keepalive cuando se usa en las respuestas 301 o 302
# (de redireccionamiento).
#
BrowserMatch "Mozilla/2" nokeepalive
BrowserMatch "MSIE 4\.0b2;" nokeepalive downgrade-1.0 force-response-1.0

#
# La directiva siguiente desactiva respuestas HTTP/1.1 para los
# navegadores que estén infringiendo la especificación HTTP/1.0 por no
# ser capaces de emitir una respuesta básica 1.1.
#
BrowserMatch "RealPlayer 4\.0" force-response-1.0
BrowserMatch "Java/1\.0" force-response-1.0
BrowserMatch "JDK/1\.0" force-response-1.0

#
# Permitir los informes de estado del servidor, con el URL
# http://servername/server-status Cambie el ".your_domain.com" para que
# se adapte a su dominio.
#
#<Location /server-status>
#    SetHandler server-status
#    Order deny,allow
#    Deny from all
#    Allow from .your_domain.com
#</Location>

#
# Permitir informes de configuración del servidor, con el URL
#  http://servername/server-info (requiere que mod_info.c esté cargado).
# Cambie el ".your_domain.com" para que se adapte a su dominio.
#
#<Location /server-info>
#    SetHandler server-info
#    Order deny,allow
#    Deny from all
#    Allow from .your_domain.com
#</Location>

#
# Ha habido informes de personas que han intentado sacar partido de un
# viejo error de los días anteriores a 1.1. Este fallo implicaba un
```

LISTADO C.1   HTTPD.CONF-DIST PARA INSTALACIONES UNIX   *(continuación)*

```
# script CGI distribuido como parte de Apache. Al quitar los comentarios
# a estas líneas, es posible redireccionar estos ataques a un script
# de resumen de phf.apache.org. O bien puede grabarlos usted mismo,
# utilizando el script support/phf_abuse_log.cgi.
#
#<Location /cgi-bin/phf*>
#    Deny from all
#    ErrorDocument 403 http://phf.apache.org/phf_abuse_log.cgi
#</Location>

#
# Directivas del servidor proxy. Quite los comentarios a las líneas
# siguientes para activar el servidor proxy:
#
#<IfModule mod_proxy.c>
#ProxyRequests On
#
#<Directory proxy:*>
#    Order deny,allow
#    Deny from all
#    Allow from .your_domain.com
#</Directory>

#
# Activar/desactivar el manejo de los encabezados HTTP/1.1 "Via:".
# ("Full" añade la versión del servidor; "Block" quita todos los
# encabezados Via: salientes)
# Set to one of: Off | On | Full | Block
#
#ProxyVia On

#
# Para activar también la caché, edite y quite los comentarios a las
# siguientes líneas:
# (no cacheing without CacheRoot)
#
#CacheRoot "@@ServerRoot@@/proxy"
#CacheSize 5
#CacheGcInterval 4
#CacheMaxExpire 24
#CacheLastModifiedFactor 0.1
#CacheDefaultExpire 1
#NoCache a_domain.com another_domain.edu joes.garage_sale.com

#</IfModule>
# Fin de las directivas proxy.

### Section 3: Virtual Hosts
#
# VirtualHost: si desea mantener múltiples dominios/nombres de host
# en su máquina puede configurar contenedores VirtualHost.
# Consulte la documentación en <URL:http://www.apache.org/docs/vhosts/>
# para recabar más detalles antes de tratar de configurar hosts virtuales.
```

LISTADO C.1   HTTPD.CONF-DIST PARA INSTALACIONES UNIX   *(continuación)*

```
# Puede usar la opción de línea de comandos '-S' para verificar la
# configuración del host virtual.

#
# Si desea usar los hosts virtuales basados en nombres, deberá definir
# al menos una dirección IP (y número de puerto).
#
#NameVirtualHost 12.34.56.78:80
#NameVirtualHost 12.34.56.78

#
# Ejemplo de VirtualHost:
# Casi todas las directivas Apache puede entrar en un contenedor
# VirtualHost.
#
#<VirtualHost ip.address.of.host.some_domain.com>
#    ServerAdmin webmaster@host.some_domain.com
#    DocumentRoot /www/docs/host.some_domain.com
#    ServerName host.some_domain.com
#    ErrorLog logs/host.some_domain.com-error_log
#    CustomLog logs/host.some_domain.com-access_log common
#</VirtualHost>

#<VirtualHost _default_:*>
#</VirtualHost>
```

LISTADO C.2   HTTPD.CONF-DIST-WIN PARA INSTALACIONES WINDOWS

```
#
# Basado en los archivos de configuración del servidor NCSA, por
# Rob McCool.
#
# Este es el archivo de configuración principal del servidor Apache.
# Contiene las directivas de configuración que proporcionan al servidor
# sus instrucciones.
# Véase <URL:http://www.apache.org/docs/> para información detallada sobre
# las directivas.
#
# NO trate de leer las instrucciones sin comprender lo que
# hacen. Sólo son pistas o recordatorios. Si no está seguro,
# consulte los documentos en línea. Está avisado.
#
# Cuando este archivo se procesa, el servidor buscará y procesará
# @@ServerRoot@@/conf/srm.conf and then @@ServerRoot@@/conf/access.conf
# a menos que los haya omitido con directivas ResourceConfig y-o
# AccessConfig.
#
# Las directivas de configuración se agrupan en tres secciones básicas:
#  1. Directivas que controlan el funcionamiento del proceso del servidor
#     Apache como un todo (el 'entorno global').
#  2. Directivas que definen los parámetros del servidor 'principal' o
#     'predeterminado', que responde a solicitudes que no maneja un host
```

LISTADO C.2 HTTPD.CONF-DIST-WIN PARA INSTALACIONES WINDOWS *(continuación)*

```
#      virtual. Estas directivas también ofrecen valores predeterminados
#      como parámetros de todos los hosts virtuales.
#   3. Parámetros de hosts virtuales, que permiten enviar las solicitudes
#      web a las distintas direcciones IP o nombres de host y que las
#      maneje el mismo proceso del servidor Apache.
#
# Configuración y nombres de archivo de registro: si los nombres de
# archivo especificados para muchos de los archivos de control del
# servidor comienzan con "/" (o "drive:/" en Win32), el servidor
# utilizará esa ruta explícita. Si los nombres de archivo *no* empiezan
# por "/", el valor del ServerRoot se antepondrá; así, "logs/foo.log"
# con ServerRoot establecido a "/usr/local/apache" será interpretado por
# el servidor como "/usr/local/apache/logs/foo.log".
#
# NOTA: Donde se especifiquen nombres de archivo, deberá usar barras
# normales en lugar de barras invertidas (ejemplo, "c:/apache" en lugar
# de "c:\apache").
# Si se omite una letra de unidad, la unidad donde se encuentra pache.exe
# se usará por defecto. Se recomienda que suministre siempre
# una letra de unidad explícita en rutas absolutas para evitar
# confusiones.
#

### Sección 1: Entorno global
#
# Las directivas de esta sección afectan al funcionamiento general de
# Apache, como el número de solicitudes simultáneas que puede manejar o
# dónde puede encontrar sus archivos de configuración.
#


#
# ServerType es inetd o autónomo. El modo inetd sólo se soporta en
# plataformas Unix.
#
ServerType standalone

#
# ServerRoot: La parte superior del árbol de directorios, donde se
# mantienen la configuración, los errores y los archivos de registro
# del servidor.
#
# NO trate de añadir una barra al final de la ruta del directorio.
#
ServerRoot "@@ServerRoot@@"

#
# PidFile: El archivo donde el servidor debe registrar su número de
# identificación de proceso al arrancar.
#
PidFile logs/httpd.pid

#
# ScoreBoardFile: Archivo utilizado para almacenar información interna
# del proceso del servidor. No todas las arquitecturas exigen esto.
```

Listados de los archivos de configuración
APÉNDICE C

LISTADO C.2   HTTPD.CONF-DIST-WIN PARA INSTALACIONES WINDOWS   *(continuación)*

```
# Pero si la suya lo exige (lo sabrá, ya que este archivo será creado al
# ejecutar Apache) entonces *deberá* asegurarse de que no hay dos
# invocaciones de Apache que comparten el mismo archivo scoreboard.
#
ScoreBoardFile logs/apache_status

#
# En la configuración estándar, el servidor procesará este archivo,
# srm.conf, y access.conf, en ese orden. Los dos últimos archivos se
# distribuyen vacíos, ya que se recomienda que se mantengan todas las
# directivas en un solo archivo. Los valores comentados
# más abajo son los valores predeterminados integrados. Puede hacer que
# el servidor ignore esto archivos en su conjunto por medio de
# "/dev/null" (en Unix) o "nul" (en Win32) para los argumentos de las
# directivas.
#
#ResourceConfig conf/srm.conf
#AccessConfig conf/access.conf

#
# Timeout: El número de segundos que transcurre antes de que se agoten
# las recepciones y los envíos.
#
Timeout 300

#
# KeepAlive: Permitir o no conexiones persistentes (más de una solicitud
# por conexión). Ajústelo a "Off" para desactivarlo.
#
KeepAlive On

#
# MaxKeepAliveRequests: El número máximo de solicitudes a permitir
# durante una conexión persistente. Establézcalo a 0 para permitir una
# cantidad ilimitada.
# Se recomienda que este número sea alto para un rendimiento óptimo.
#
MaxKeepAliveRequests 100

#
# KeepAliveTimeout: Número de segundos a esperar para la nueva solicitud
# del mismo cliente en la misma conexión.
#
KeepAliveTimeout 15

#
# Apache sobre Win32 crea siempre un proceso secundario para manejar
# solicitudes. Si muere, otro proceso secundario será creado
# automáticamente. Dentro del proceso secundario, múltiples subprocesos
# manejan solicitudes entrantes. Las dos directivas siguientes controlan
# el comportamiento de los subprocesos y procesos.
#
```

LISTADO C.2   HTTPD.CONF-DIST-WIN PARA INSTALACIONES WINDOWS   *(continuación)*

```
#
# MaxRequestsPerChild: el número de solicitudes que se permite procesar a
# cada proceso secundario antes de que un secundario muera. El secundario
# se cerrará para evitar problemas tras su uso prolongado cuando Apache
# (y quizá también sus bibliotecas) pierden memoria u otros recursos.
# En casi todos los sistemas, esto no es necesario, pero algunos (como
# Solaris) tienen mermas notables en las bibliotecas. En Win32,
# establezca el valor a cero (ilimitado) a menos que se especifique
# lo contrario.
#
MaxRequestsPerChild 0

#
# Número de subprocesos simultáneos (ejemplo: solicitudes) que puede
# permitir el servidor. Establezca el valor de acuerdo con la respuesta
# del servidor (más solicitudes activas a la vez significa que se manejan
# más despacio) y la cantidad de recursos del sistema que está
# permitiendo consumir al servidor.
#
ThreadsPerChild 50

#
# Listen: Permite enlazar Apache con direcciones IP específicas y/o
# puertos, aparte de los valores predeterminados. Véase también la
# directiva <VirtualHost>.
#
#Listen 3000
#Listen 12.34.56.78:80

#
# BindAddress: Con esta opción se pueden soportar hosts virtuales. Esta
# directiva se usa para indicarle al servidor en qué dirección IP
# escuchar. Puede contener "*", una dirección IP o un nombre de dominio
# de Internet totalmente cualificado.
# Véase también las directivas <VirtualHost> y Listen.
#
#BindAddress *

#
# Soporte para DSO
#
# Para poder usar la funcionalidad de un módulo que fue construido como
# un DSO, hay que colocar las líneas correspondientes 'LoadModule' en
# esta ubicación, para que las directivas contenidas en él estén
# disponibles antes de ser usadas.
# Lea el archivo README.DSO de la distribución Apache 1.3 para recabar
# más detalles acerca del mecanismo DSO y ejecute 'apache -l' en la lista
# o módulos ya integrados (vinculados estadísticamente y, por tanto,
# siempre disponibles) a su binario Apache.
#
# Nota: El orden de carga de los módulos es importante. No cambie
# el orden de abajo sin consejo experto.
#
```

LISTADO C.2   HTTPD.CONF-DIST-WIN PARA INSTALACIONES WINDOWS   *(continuación)*

```
#LoadModule anon_auth_module modules/ApacheModuleAuthAnon.dll
#LoadModule cern_meta_module modules/ApacheModuleCERNMeta.dll
#LoadModule digest_module modules/ApacheModuleDigest.dll
#LoadModule expires_module modules/ApacheModuleExpires.dll
#LoadModule headers_module modules/ApacheModuleHeaders.dll
#LoadModule proxy_module modules/ApacheModuleProxy.dll
#LoadModule rewrite_module modules/ApacheModuleRewrite.dll
#LoadModule speling_module modules/ApacheModuleSpeling.dll
#LoadModule status_module modules/ApacheModuleStatus.dll
#LoadModule usertrack_module modules/ApacheModuleUserTrack.dll

#
# ExtendedStatus controla si Apache va a generar información de estado
# "total" (ExtendedStatus On) o sólo información elemental (ExtendedStatus
# Off) cuando se llama al manipulador "server-status". Por defecto, está
# en Off.
#
#ExtendedStatus On

### Sección 2: Configuración del servidor 'principal'
#
# Las directivas de esta sección configuran los valores utilizados por
# el servidor 'principal', que responde a cualquier solicitud que no se
# maneje por una definición <VirtualHost>. Estos valores también
# proporcionan valores predeterminados para los contenedores
# <VirtualHost> que pueda definir luego en el archivo.
#
# Todas estas directivas pueden aparecer dentro de los contenedores
# <VirtualHost>, en cuyo caso, estos valores predeterminados serán
# omitidos en el host virtual que se está definiendo.
#


#
# Si la directiva ServerType (establecida antes en la sección
# 'Entorno global') se establece a "inetd", las siguientes directivas
# no tendrán efectos, ya que sus valores se definirán en la configuración
# inetd. Sáltese hasta la directiva ServerAdmin.
#


#
# Puerto: el puerto en el que escucha el servidor autónomo.
#
Port 80


#
# ServerAdmin: Su dirección, donde los problemas con el servidor se deben
# enviar por correo. Esta dirección aparece en páginas generadas por el
# servidor, como documentos de error.

#
ServerAdmin you@your.address


#
# ServerName permite establecer un nombre de host que se envía a los
```

LISTADO C.2 HTTPD.CONF-DIST-WIN PARA INSTALACIONES WINDOWS *(continuación)*

```
# clientes de su servidor, si es distinto al obtenido por el programa
# (por ejemplo, use "www" en vez del nombre de host).
#
# Nota: No es posible inventar nombres de host y esperar que funcionen.
# El nombre a definir aquí debe ser un nombre DNS válido para el host.
# Si no entiende esto, pregunte al administrador de redes.
# Si su host no tiene un nombre DNS registrado, introduzca su dirección
# IP aquí. Tendrá que acceder a ella por dirección (por ejemplo,
# http://123.45.67.89/) y esto hará que los redireccionamientos funcionen
# de forma sensata.
#
#ServerName new.host.name

#
# DocumentRoot: El directorio desde el que se sirven los documentos.
# Por defecto, todas las solicitudes se toman de este directorio, pero
# los vínculos simbólicos y los alias se pueden usar para señalar a
# otras ubicaciones.
#
DocumentRoot "@@ServerRoot@@/htdocs"


#
# Cada directorio al que tiene acceso Apache puede configurarse con
# respecto a qué servicios y opciones están permitidos y/o desactivados
# en ese directorio (y en sus subdirectorios).
#
# Primero, vamos a establecer que la configuración predeterminada sea
# un conjunto restrictivo de permisos.
#
<Directory />
    Options FollowSymLinks
    AllowOverride None
</Directory>

#
# Observe que, de aquí en adelante, hay que permitir específicamente
# la activación de características concretas, por lo que si algo no
# funciona como podría esperar, asegúrese de que lo ha activado
# específicamente.
#


#
# Esto debe cambiarse a lo que se establezca para DocumentRoot.
#
<Directory "@@ServerRoot@@/htdocs">

#
# Puede ser "None", "All" o cualquier combinación de "Indexes",
# "Includes", "FollowSymLinks", "ExecCGI" o "MultiViews".
#
# Observe que "MultiViews" debe ser *explícitamente* llamado ---
# "Options All" no se lo proporciona.
#
    Options Indexes FollowSymLinks
```

LISTADO C.2 HTTPD.CONF-DIST-WIN PARA INSTALACIONES WINDOWS *(continuación)*

```
#
# Controla qué opciones pueden omitir los archivos .htaccess de los
# directorios. También puede ser "All" o cualquier combinación
# de "Options", "FileInfo", "AuthConfig" y "Limit"
#
    AllowOverride None

#
# Controla quién puede obtener la respuesta de este servidor.
#
    Order allow,deny
    Allow from all
</Directory>

#
# UserDir: El nombre del directorio que se adjunta a un directorio
# de inicio de usuario si se recibe una solicitud ~user.
#
# En Win32 no tratamos de determinar el directorio de inicio de una
# conexión Windows, por lo que hay que usar un formato como el de abajo.
# Véase la documentación UserDir para recabar detalles.
#
UserDir "@@ServerRoot@@/users/"

#
# DirectoryIndex: Nombre del archivo o archivos a usar como índice
# de directorio HTML previamente escrito. Separe las múltiples entradas
# con espacios.
#
DirectoryIndex index.html

#
# AccessFileName: El nombre del archivo en el que buscar cada directorio
# la información del control de acceso.
#
AccessFileName .htaccess

#
# Las siguientes líneas impiden que los archivos .htaccess sean vistos
# por los clientes web. Ya que los archivos .htaccess a menudo contienen
# información de autorización, el acceso está desactivado por motivos
# de seguridad. Comente estas líneas si desea que los visitantes web
# vean el contenido de los archivos .htaccess. Si cambia la directiva
# AccessFileName de arriba, asegúrese de hacer los cambios
# correspondientes aquí.
#
<Files .htaccess>
    Order allow,deny
    Deny from all
</Files>

#
# CacheNegotiatedDocs: Por defecto, Apache envía "Pragma: no-cache" con
# cada documento que se haya negociado sobre la base de contenido. Éste
```

LISTADO C.2 HTTPD.CONF-DIST-WIN PARA INSTALACIONES WINDOWS *(continuación)*

```
# le pide a los servidores proxy que no guarden el documento. Quitar
# los comentarios de la línea siguiente desactiva este comportamiento,
# y los proxies podrán guardar los documentos.
#
#CacheNegotiatedDocs

#
# UseCanonicalName: (nuevo en 1.3) Con este parámetro activado, siempre
# que Apache tenga que construir un URL de referencia propia (un URL
# que remita al servidor la respuesta de donde proviene), usará
# ServerName y Port para formar un nombre "canónico". Con este parámetro
# desactivado, Apache usará el hostname:port que el cliente aportó,
# cuando sea posible. Esto también afecta a SERVER_NAME y SERVER_PORT
# en los scripts CGI.
#
UseCanonicalName On

#
# TypesConfig describe dónde se va a encontrar el archivo mime.types
# (o equivalente).
#
TypesConfig conf/mime.types

#
# DefaultType es el tipo MIME predeterminado que usará el servidor en un
# documento si no puede determinar uno, como a partir de las extensiones
# de nombre de archivo. Si su servidor contiene sobre todo texto o
# documentos HTML, "text/plain" será un buen valor. Si la mayor parte de
# su contenido es binario, como aplicaciones o imágenes, es posible que
# quiera usar "application/octet-stream" en vez de evitar que los
# navegadores traten de mostrar archivos binarios como si se tratara de
# texto.
#
DefaultType text/plain

#
# El módulo mod_mime_magic permite al servidor usar las distintas pistas
# del contenido del propio archivo para determinar su tipo. La directiva
# MIMEMagicFile le indica al módulo dónde se encuentran las definiciones
# de las pistas. mod_mime_magic no forma parte del servidor
# predeterminado (tendrá que añadirlo usted mismo con un LoadModule
# [véase el párrafo DSO de la sección 'Entorno global'], o recompile el
# servidor e incluya mod_mime_magic como parte de la configuración),
# por tanto, queda englobado en un contenedor <IfModule>.
# Esto significa que la directiva MIMEMagicFile sólo será procesada si el
# módulo forma parte del servidor.
#
<IfModule mod_mime_magic.c>
    MIMEMagicFile conf/magic
</IfModule>

#
# HostnameLookups: Registra los nombres de los clientes o sus direcciones
# IP ejemplo, www.apache.org (on) o 204.62.129.132 (off).
```

LISTADO C.2 HTTPD.CONF-DIST-WIN PARA INSTALACIONES WINDOWS *(continuación)*

```
# El valor predeterminado es off, ya que es mejor para la red si la gente
# tuviera que activar esta opción, ya que activarla significa
# que la solicitud de cada cliente acabará siendo una solicitud de
# búsqueda AT LEAST para nameserver.
#
HostnameLookups Off

#
# ErrorLog: La ubicación del archivo de registro de errores.
# Si no especifica una directiva ErrorLog en un contenedor <VirtualHost>,
# los mensajes de error que se relacionen con ese host virtual quedarán
# registrados aquí. Si define un error logfile en un contenedor
# <VirtualHost>, los errores de ese host quedarán registrados ahí y no aquí.
#
ErrorLog logs/error.log

#
# LogLevel: Controla el número de mensajes registrados en el error_log.
# Los valores posibles son: debug, info, notice, warn, error, crit,
# alert, emerg.
#
LogLevel warn

#
# Las directivas siguientes definen algunos apodos de formato para ser
# empleados con una directiva CustomLog (véase más abajo).
#
LogFormat "%h %l %u %t \"%r\" %>s %b \"%{Referer}i\" \"%{User-Agent}i\""
↪combined
LogFormat "%h %l %u %t \"%r\" %>s %b" common
LogFormat "%{Referer}i -> %U" referer
LogFormat "%{User-agent}i" agent

#
# La ubicación y el formato del archivo de registro de acceso (Formato
# Logfile Común).
# Si no define archivos de registro de acceso en un contenedor
# <VirtualHost>, quedarán registrados aquí. Al contrario, si define
# archivos de registro de acceso <VirtualHost>, las transacciones quedarán
# registradas ahí y *no* en este archivo.
#
CustomLog logs/access.log common

#
# Si prefiere tener archivos de registro de agente y de referente, comente
# las siguientes directivas.
#
#CustomLog logs/referer.log referer
#CustomLog logs/agent.log agent

#
# Si prefiere un solo archivo de registro con acceso, información de
# agente y de referente (Formato de Archivo de registro Combinado) podrá
# usar esta directiva.
```

LISTADO C.2 HTTPD.CONF-DIST-WIN PARA INSTALACIONES WINDOWS *(continuación)*

```
#
#CustomLog logs/access.log combined

#
# Opcionalmente, añada una línea que contenga la versión del servidor y
# el nombre del host virtual a las páginas generadas por el servidor
# (documentos de error, listados de directorios FTP, salidas mod_status
# y mod_info, etc., pero no documentos generados por CGI).
# Establezca a "EMail" para incluir también un mailto: vínculo con el
# ServerAdmin.
# Establecer a uno de: On | Off | EMail
#
ServerSignature On

#
# Alias: añada aquí tantos alias como quiera (sin límite). El formato es
# Alias fakename realname
#
# Observe que si incluye una barra (/) al final en el nombre falso, el
# servidor le obligará a estar presente en el URL. Así, "/icons" no tiene
# alias en este ejemplo, sólo "/icons/"..
#
Alias /icons/ "@@ServerRoot@@/icons/"

#
# ScriptAlias: Controla qué directorios contienen scripts de servidor.
# Los scriptAliases son esencialmente lo mismo que los alias, con la
# excepción de que los documentos del directorio realname se consideran
# aplicaciones y los ejecuta el servidor cuando se solicitan, en vez de
# cómo documentos que se envían al cliente. Las mismas reglas acerca de
# barras "/" finales se aplican a las directivas ScriptAlias como a Alias.
#
ScriptAlias /cgi-bin/ "@@ServerRoot@@/cgi-bin/"

#
# "@@ServerRoot@@/cgi-bin" debe cambiarse al directorio CGI con
# ScriptAlias, si lo tiene configurado.
#
<Directory "@@ServerRoot@@/cgi-bin">
    AllowOverride None
    Options None
</Directory>

#
# Redirect permite indicar a los clientes acerca de los documentos que
# solían existir en los espacios de nombres del servidor, pero ya no lo
# hacen. Esto permite indicarle a los clientes dónde buscar el documento
# reubicado.
# Format: Redirect old-URI new-URL
#

#
# Las directivas que controlan la muestra de listados de directorios
# generados por el servidor.
#
```

LISTADO C.2   HTTPD.CONF-DIST-WIN PARA INSTALACIONES WINDOWS   *(continuación)*

```
#
# FancyIndexing es donde se quiere tener a indexación atractiva o estándar
#
IndexOptions FancyIndexing

#
# Las directivas AddIcon* le indican al servidor qué icono mostrar en los
# distintos archivos o extensiones de nombre de archivo. Sólo se muestran
# en los directorios FancyIndexed.
#
AddIconByEncoding (CMP,/icons/compressed.gif) x-compress x-gzip

AddIconByType (TXT,/icons/text.gif) text/*
AddIconByType (IMG,/icons/image2.gif) image/*
AddIconByType (SND,/icons/sound2.gif) audio/*
AddIconByType (VID,/icons/movie.gif) video/*

AddIcon /icons/binary.gif .bin .exe
AddIcon /icons/binhex.gif .hqx
AddIcon /icons/tar.gif .tar
AddIcon /icons/world2.gif .wrl .wrl.gz .vrml .vrm .iv
AddIcon /icons/compressed.gif .Z .z .tgz .gz .zip
AddIcon /icons/a.gif .ps .ai .eps
AddIcon /icons/layout.gif .html .shtml .htm .pdf
AddIcon /icons/text.gif .txt
AddIcon /icons/c.gif .c
AddIcon /icons/p.gif .pl .py
AddIcon /icons/f.gif .for
AddIcon /icons/dvi.gif .dvi
AddIcon /icons/uuencoded.gif .uu
AddIcon /icons/script.gif .conf .sh .shar .csh .ksh .tcl
AddIcon /icons/tex.gif .tex
AddIcon /icons/bomb.gif core

AddIcon /icons/back.gif ..
AddIcon /icons/hand.right.gif README
AddIcon /icons/folder.gif ^^DIRECTORY^^
AddIcon /icons/blank.gif ^^BLANKICON^^

#
# DefaultIcon es el icono a mostrar para los archivos que no tienen
# establecido explícitamente un icono.
#
DefaultIcon /icons/unknown.gif


#
# AddDescription permite colocar una descripción breve tras un archivo en
# índices generados por el servidor. Éstos sólo se muestran en directorios
# FancyIndexed.
# Format: AddDescription "description" filename
#
#AddDescription "GZIP compressed document" .gz
#AddDescription "tar archive" .tar
#AddDescription "GZIP compressed tar archive" .tgz
```

LISTADO C.2 HTTPD.CONF-DIST-WIN PARA INSTALACIONES WINDOWS *(continuación)*

```
#
# ReadmeName es el nombre del archivo README en el que va a buscar el
# servidor y adjuntar a los listados de directorios.
#
# HeaderName es el nombre de un archivo que debe anteponerse a
# los índices de directorios.
#
# El servidor buscará primero name.html y lo incluirá caso de encontrarlo.
# Si name.html no existe, el servidor buscará name.txt
# y lo incluirá como texto sin formato caso de no encontrarlo.
#
ReadmeName README
HeaderName HEADER


#
# IndexIgnore es un conjunto de nombres de archivo que la indexación de
# directorio debe ignorar y no incluir en el listado. Los comodines de
# estilo shell están permitidos.
#
IndexIgnore .??* *~ *# HEADER* README* RCS CVS *,v *,t

#
# AddEncoding permite hacer que ciertos navegadores (Mosaic/X 2.1+)
# descompriman la información sobre la marcha. Nota: no todos los
# navegadores soportan esto.
# A pesar de la similitud de nombres, las directivas Add* siguientes
# no tienen nada que ver con las directivas de personalización
# FancyIndexing de arriba.
#
AddEncoding x-compress Z
AddEncoding x-gzip gz tgz


#
# AddLanguage permite especificar el lenguaje de un documento. Es posible
# usar la negociación de contenido para dar al navegador un archivo en
# un lenguaje que pueda entender. Observe que el sufijo no tiene por qué
# ser el mismo que la palabra clave del lenguaje a --- aquellos que
# tengan documentos en polaco (cuyo código de lenguaje es pl) pueden
# querer usar "AddLanguage pl .po" para evitar la ambigüedad con el
# sufijo común para scripts perl.
#
AddLanguage en .en
AddLanguage fr .fr
AddLanguage de .de
AddLanguage da .da
AddLanguage el .el
AddLanguage it .it

#
# LanguagePriority permite dar prioridad a algunos lenguajes
# en caso de empate durante la negociación de contenido
# Enumere los lenguajes en orden de prioridad decreciente.
#
LanguagePriority en fr de
```

LISTADO C.2 HTTPD.CONF-DIST-WIN PARA INSTALACIONES WINDOWS *(continuación)*

```
#
# AddType permite retocar mime.types sin llegar a editarlo, o
# hacer que ciertos archivos sean ciertos tipos.
#
# Por ejemplo, el módulo PHP3 (que no forma parte de la distribución Apache)
# normalmente utilizará:
#
#AddType application/x-httpd-php3 .phtml
#AddType application/x-httpd-php3-source .phps

AddType application/x-tar .tgz

#
# AddHandler permite asignar determinadas extensiones de archivo a
# "manipuladores", acciones no relacionadas con el tipo de archivo.
# Pueden estar construidas en el servidor o añadidas con el comando
# Action (ver más abajo).
#
# Si desea usar inclusiones del lado del servidor, o CGI fuera de
# los directorios ScriptAliased, comente las líneas siguientes.
#
# Para usar scripts CGI:
#
#AddHandler cgi-script .cgi

#
# Para usar archivos HTML analizados sintácticamente por el servidor:
#
#AddType text/html .shtml
#AddHandler server-parsed .shtml

#
# Quite los comentarios de la línea siguiente para activar el archivo
# HTTP send-asis de Apache
#
#AddHandler send-as-is asis

#
# Si desea usar archivos imagemap analizados sintácticamente por el
# servidor, emplee
#
#AddHandler imap-file map

#
# Para activar asignaciones de tipos, se podría usar
#
#AddHandler type-map var

#
# Action le permite definir tipos multimedia que ejecutan un script siempre
# que se llame a un archivo coincidente. Con esto se evitan los nombres
# de rutas URL repetidos en procesadores de archivos CGI muy usados.
# Format: Action media/type /cgi-script/location
```

LISTADO C.2 HTTPD.CONF-DIST-WIN PARA INSTALACIONES WINDOWS *(continuación)*

```
# Format: Action handler-name /cgi-script/location
#


#
# MetaDir: especifica el nombre del directorio en el que Apache puede
# éncontrar archivos de metainformación. Estos archivos contienen
# encabezados HTTP adicionales a incluir a la hora de enviar el documento
#
#MetaDir .web

#
# MetaSuffix: especifica el sufijo del nombre del archivo del archivo
# que contiene la metainformación.
#
#MetaSuffix .meta

#
# Respuesta de error personalizable (estilo Apache)
#   se presenta en tres gamas:
#
#     1) texto sin formato
#ErrorDocument 500 "El servidor falló.
# Las (") lo marca como texto, no obtiene la salida
#
#     2) redireccionamientos locales
#ErrorDocument 404 /missing.html
#  para redirigir a URL local /missing.html
#ErrorDocument 404 /cgi-bin/missing_handler.pl
# Puede redireccionar a un script o a un documento por medio de las
# inclusiones del lado del servidor.
#
#     3) redireccionamientos externos
#ErrorDocument 402 http://some.other_server.com/subscription_info.html
# Muchas de las variables de entorno asociadas con la solicitud original
# *no* estarán disponibles para un script semejante.


#
# Las directivas siguientes desactivan los keepalives y las limpiezas
# de encabezados HTTP.
# La primera directiva desactiva keepalive en Netscape 2.x y en los
# navegadores que tratan de engañarle. Hay problemas conocidos con estas
# implementaciones de navegador.
# La segunda directiva es para Microsoft Internet Explorer 4.0b2, que
# tiene una implementación HTTP/1.1 corrupta y que no soporta bien
# keepalive cuando se usa en las respuestas 301 o 302
# (de redireccionamiento).
#
BrowserMatch "Mozilla/2" nokeepalive
BrowserMatch "MSIE 4\.0b2;" nokeepalive downgrade-1.0 force-response-1.0


#
# La directiva siguiente desactiva respuestas HTTP/1.1 para los
# navegadores que estén infringiendo la especificación HTTP/1.0 por no
```

Listado C.2   HTTPD.CONF-DIST-WIN PARA INSTALACIONES WINDOWS   *(continuación)*

```
# ser capaces de emitir una respuesta básica 1.1.
#
BrowserMatch "RealPlayer 4\.0" force-response-1.0
BrowserMatch "Java/1\.0" force-response-1.0
BrowserMatch "JDK/1\.0" force-response-1.0

#
# Permitir los informes de estado del servidor, con el URL
# http://servername/server-status Cambie el ".your_domain.com" para
# que se adapte a su dominio.
#
#<Location /server-status>
#    SetHandler server-status
#    Order deny,allow
#    Deny from all
#    Allow from .your_domain.com
#</Location>


#
# Permitir informes de configuración del servidor, con el URL
#  http://servername/server-info (requiere que mod_info.c esté cargado).
# Cambie el ".your_domain.com" para que se adapte a su dominio.
#
#<Location /server-info>
#    SetHandler server-info
#    Order deny,allow
#    Deny from all
#    Allow from .your_domain.com
#</Location>


#
# Ha habido informes de personas que han intentado sacar partido de
# un viejo error de los días anteriores a 1.1. Este fallo implicaba un
# script CGI distribuido como parte de Apache.
# Al quitar los comentarios a estas líneas, es posible redireccionar
# estos ataques a un script de resumen de phf.apache.org. O bien puede
# grabarlos usted mismo, utilizando el script support/phf_abuse_log.cgi.
#
#<Location /cgi-bin/phf*>
#    Deny from all
#    ErrorDocument 403 http://phf.apache.org/phf_abuse_log.cgi
#</Location>


#
# Directivas del servidor proxy. Quite los comentarios a las líneas
# siguientes para activar el servidor proxy:
#
#ProxyRequests On


#
# Activar/desactivar el manejo de los encabezados HTTP/1.1 "Via:".
# ("Full" añade la versión del servidor; "Block" quita todos los
# encabezados Via: salientes)
```

LISTADO C.2 HTTPD.CONF-DIST-WIN PARA INSTALACIONES WINDOWS *(continuación)*

```
# Set to one of: Off | On | Full | Block
#
#ProxyVia On

#
# Para activar también la caché, edite y quite los comentarios a las
# siguientes líneas: (no hay guardado en la caché sin CacheRoot)
#
#CacheRoot "@@ServerRoot@@/proxy"
#CacheSize 5
#CacheGcInterval 4
#CacheMaxExpire 24
#CacheLastModifiedFactor 0.1
#CacheDefaultExpire 1
#NoCache a_domain.com another_domain.edu joes.garage_sale.com

### Sección 3: Hosts virtuales
#
# VirtualHost: si desea mantener múltiples dominios/nombres de host
# en su máquina puede configurar contenedores VirtualHost.
# Consulte la documentación en <URL:http://www.apache.org/docs/vhosts/>
# para recabar más detalles antes de tratar de configurar hosts virtuales.
# Puede usar la opción de línea de comandos '-S' para verificar la
# configuración del host virtual.

#
# Si desea usar los hosts virtuales basados en nombres, deberá definir
# al menos una dirección IP (y número de puerto).
#
#NameVirtualHost 12.34.56.78:80
#NameVirtualHost 12.34.56.78

#
# Ejemplo de VirtualHost:
# Casi todas las directivas Apache puede entrar en un contenedor
# VirtualHost.
#
#<VirtualHost ip.address.of.host.some_domain.com>
#    ServerAdmin webmaster@host.some_domain.com
#    DocumentRoot /www/docs/host.some_domain.com
#    ServerName host.some_domain.com
#    ErrorLog logs/host.some_domain.com-error_log
#    CustomLog logs/host.some_domain.com-access_log common
#</VirtualHost>

#<VirtualHost _default_:*>
#</VirtualHost>
```

El archivo **srm.conf-dist** es el archivo predeterminado de la directiva **Resource-Config** de **httpd.conf**; **access.conf-dist** es el archivo predeterminado de la directiva **AccessConfig**. En vez de usar uno de estos archivos, deberá poner todas las directivas de servidor en **httpd.conf** y dejar estos dos archivos vacíos (excepto en el texto de comentario que contienen). Estos archivos se incluyen en los Listados C.3 y C.4.

LISTADO C.3   SRM.CONF-DIST

```
#
# Este es el archivo predeterminado de la directiva ResourceConfig
# de httpd.conf.
# Se procesa después que httpd.conf, peor antes que access.conf.
#
# Para evitar la confusión, se recomienda que coloque todas las
# directivas del servidor Apache en el archivo httpd.conf y que deje éste
# vacío.
#
```

LISTADO C.4   ACCESS.CONF-DIST

```
#
# Este es el archivo predeterminado de la directiva AccessConfig
# de httpd.conf.
# Se procesa después que httpd.conf y srm.conf.
#
# Para evitar la confusión, se recomienda que coloque todas las
# directivas del servidor Apache en el archivo httpd.conf y que deje éste
# vacío.
```

Dónde obtener más información

Sitios web 562
Listas de envío 563
Usenet 564

Apéndice D

No existe información resumida del servidor Apache. La mayor parte de esta información se encuentra en línea, de una forma u otra. Este apéndice trata de señalar todos los recursos en línea disponibles sobre Apache en forma de sitios web, listas de envío y grupos Usenet.

Sitios web

Los sitios web siguientes proporcionan una información excelente acerca del servidor Apache y de temas relacionados.

ApacheUnleashed.com

El sitio web compañero de este libro, http://www.ApacheUnleashed.com/, contiene vínculos con recursos relacionados, información acerca de los autores y erratas de este libro.

El proyecto Servidor Apache

El sitio web del Grupo Apache, en http://www.apache.org/httpd.html es, por supuesto, la primera fuente de información acerca del servidor web Apache. También es la ubicación principal para descargar código fuente y binarios para el servidor.

Una parte especialmente importante de este sitio es la página que enumera los fallos conocidos del producto (http://www.apache.org/info/known_bugs.html). Consulte esta página a menudo, antes de someter un informe de fallos.

Este sitio forma parte de un sitio más grande, http://www.apache.org/, que contiene otros proyectos en los que está involucrada la Fundación de Software Apache, como mod_perl, Jakarta y mod_php.

Apache Week

Apache Week es, como su nombre indica, una publicación semanal en línea acerca de Apache (http://www.apacheweek.com/). Es la mejor forma de que el usuario medio encuentre lo que está ocurriendo con Apache. La información incluye los últimos fallos encontrados, los remiendos disponibles y el programa de la próxima versión.

Apache Week también le puede ser enviado por correo electrónico.

NSCA HTTPd

Interesante por razones puramente históricas, el sitio web NCSA HTTPd, en http://hoohoo.ncsa.uiuc.edu/, contiene documentación e historia acerca del proyecto

HTTPd. Este sitio también contiene recursos sobre CGI, inclusiones del lado del servidor y seguridad, que siguen siendo válidos aunque los documentos sean obsoletos.

Consorcio de la World Wide Web (W3C)

El W3C (http://www.w3.org/) es en gran parte responsable de que la Web exista. Tim Berners-Lee, director del W3C, inventó la World Wide Web en 1990 y definió los URL, HTTP y HTML.

Listas de envío

Las listas de envío siguientes, parcial o totalmente, están dedicadas al funcionamiento del servidor web Apache y a responde a preguntas acerca de su uso.

Apache Week

Como vimos antes, Apache Week está disponible a través de correo electrónico. Puede conseguirlo en texto sin formato o en una versión HTML. Se trata de una lista de sólo lectura (es decir, no es posible enviar nada a la lista). Para suscribirse, envíe un correo a majordomo@apacheweek.com. Si desea recibir el texto sin formato, coloque el texto siguiente en el cuerpo de su mensaje de correo:

subscribe apacheweek

Si desea recibir la versión HTML, ponga subscribe apacheweek-html. Puede retirar la suscripción de la lista de la misma forma reemplazando la palabra subscribe por unsubscribe.

apache-announce

La lista de envío apache-announce sirve para "informar a la gente de las nuevas versiones, reparaciones de fallos, reparaciones de seguridad y noticias e información general acerca del servidor Apache". Puede suscribirse a esta lista enviando un correo a apache-announce-request@apache.org e incluyendo la palabra subscribe en el cuerpo de su mensaje.

Esta lista de sólo lectura sólo se envía cuando hay algo que merece la pena contarle.

HWG-servers

La lista de envío HWG-servers la gestiona HTML Writers Guild y trata sobre todos los temas existentes en torno a la ejecución de un servidor web, incluyendo la programación de CGI y la configuración de servidores web. La lista tiene muy poco tráfico, con 2 a 10 mensajes al día.

Puede encontrar más información sobre esta lista en http://www.hwg.org/lists/_hwg-servers/index.html. Lea las directrices de la lista antes de publicar algo en ella. Si no se hace esto, puede que la List Guide le envíe una nota (ese soy yo).

Para suscribirse a la lista, envíe un correo a hwg-servers-request@hwg.org, con la palabra subscribe en el cuerpo de su mensaje. Para retirar la suscripción, envíe un correo a la misma dirección, con la palabra unsubscribe en el cuerpo de su mensaje.

La lista está disponible en un formato de resumen con carácter diario. Para suscribirse (y retirar la suscripción) a esa versión de la lista, sustituya hwg-servers-request con hwg-servers-digest-request en las instrucciones de arriba.

Usenet

Los grupos Usenet siguientes constituyen recursos muy valiosos cuando se está tratando de encontrar más información acerca del servidor Apache.

Si desea publicar una pregunta acerca de su servidor a Usenet, asegúrese de publicar tanta información como pueda. Específicamente deberá mencionar qué versión de Apache está ejecutando, sobre qué sistema operativo lo está ejecutando y si hizo algo más que la simple instalación predeterminada y, en este caso, qué módulos ha añadido o quitado.

Evite declaraciones como "No funciona". Deberá declarar específicamente lo que está ocurriendo y cómo difiere esto de lo que esperaba que ocurriera.

Trate de hacer que el asunto tenga sentido. Una publicación con el título ¡¡¡Ayuda!!! ¡¡¡Urgente!!! es mucho menos probable que tenga respuesta que otra titulada Instalar Apache como servicio para WinNT, aunque el contenido de las publicaciones sea idéntico.

comp.infosystems.www.servers

c.i.w.s trata genéricamente sobre servidores web. Aquí hay cierta discusión sobre Apache. Gran parte del tráfico de este grupo se ha trasladado a los dos grupos siguientes, que tratan específicamente con servidores en sistemas Unix (y sus derivados) o Win32:

- comp.infosystems.www.servers.unix está dedicado a los servidores web en sistemas operativos Unix (y derivados). Asegúrese de que especifica qué gama de Unix está ejecutando.
- comp.infosystems.www.servers.mswindows está dedicado a los servidores web de sistemas operativos Microsoft Windows (Windows 3.1, Windows 95, Windows NT, Windows 98 y Windows 2000). Asegúrese de que especifica la versión de Windows que está ejecutando.

comp.infosystems.www.authoring.cgi

Como vimos en el capítulo sobre la programación CGI, muchos de los problemas que experimenta la gente con los programas CGI se producen porque el servidor está incorrectamente configurado. En consecuencia, gran parte de la discusión sobre **c.i.w.a.c** tiene más que ver con los servidores web que con la programación CGI.

Índice alfabético

.

.htaccess
  archivos
    autenticación, 162
    configuración del usuario, 160
    control de los daños, 166
    directiva AllowOverrides, 163
    directiva Options, 164
      opción FollowSymLinks, 164
      opción Includes, 165
      opción Indexes, 165
      opción Multiviews, 166
      opción SymLinksIfOwnerMatch, 166
    directiva XBitHack, 166
    directivas
      configurables, 161
    función de, 160
    programas CGI, 163
    seguridad
      preocupaciones del administrador, 163
      preocupaciones del administrador, 164

:

:fsize directiva (SSI), 228

A

access log
  (transferencia), 334
  entrada de ejemplo, 334
  función de, 334
access.conf
  archivo, 62
AccessConfig
  directiva
    archivo httpd.conf, 64
  directiva (archivo httpd.conf)
    archivo access.conf-dist, 559
AccessFileName
  directiva
    archivo httpd.conf, 65, 66
Action
  directiva
    archivo httpd.conf, 66
    manipuladores de contenido, 263, 264
activar
  SSI
    a través de extensión de archivo, 221, 222
    con la directiva XBitHack, 222, 223
AddAlt
  directiva
    archivo httpd.conf, 66
AddAltByEncoding
  directiva
    archivo httpd.conf, 67
  directiva (Servidor Apache)
    tipos MIME, 156
AddAltByType
  directiva

archivo httpd.conf, 67
  directiva (Servidor Apache)
    tipos MIME, 156
AddByIcon
  directiva (Servidor Apache)
    tipos MIME, 155
AddDescription
  directiva
    archivo httpd.conf, 68
AddEncoding
  directiva
    archivo httpd.conf, 68
    archivo mime.types, 152
AddHandler
  directiva
    archivo httpd.conf, 68
    manipuladores de contenido, 261, 262
    programas CGI, 205
AddIcon
  directiva
    archivo httpd.conf, 69
AddIconByEncoding
  directiva
    archivo httpd.conf, 69
AddIconByType
  directiva
    archivo httpd.conf, 70
AddLanguage
  directiva
    archivo httpd.conf, 70
AddModule
  directiva
    archivo httpd.conf, 71
AddType
  directiva
    archivo httpd.conf, 71
    archivo mime.types, 150
administradores
  archivos .htaccess
    configurar, 161
    control de los daños, 166
    problemas de seguridad, 163
administrar
  tipos MIME
    a través de archivos .htaccess, 154
    a través de archivos de un solo directo-
      rio, 154
    con los archivos de configuración, 153
agregar
  nuevos usuarios

dbmmanage, 322
  usuarios
    archivos de contraseña (aplicación htpasswd), 320
agujeros negros
  arañas, 327
alcances
  directiva AllowOverride, 304
  directiva Options, 303
  esferas de autenticación, 292
algoritmo de encriptación de un solo sentido, 295
algoritmo de encriptación SHA, 297
alias
  propiedad
    configurar (Comanche), 130
Alias
  directiva
    archivo httpd.conf, 71
AliasMatch
  directiva
    archivo httpd.conf, 71
Allaire ColdFusion
  opciones, 460
Allaire JRun
  implementación de la API Java Servlet, 459
allow
  directiva
    archivo httpd.conf, 72
    recursos del host, 315
allow from env=
  directiva
    archivo httpd.conf, 73
AllowCONNECT
  directiva
    configuración del servidor proxy, 186
AllowOverride
  directiva
    archivo httpd.conf, 73
AllowOverride None
  directiva
    archivos .htaccess, 161
AllowOverrides
  directiva
    archivos .htaccess, 163
Alta Vista
  motor de búsqueda
    robot Scooter, 326
ampliar

ÍNDICE ALFABÉTICO

Comanche
    conocimientos del lenguaje, 137
ancho de banda
    servidores caché, 181
Apache
    ASP
        mod perl, 412
    Filter
        mod perl, 412
    PHlogin
        mod perl, 412
    Sandwich
        mod perl, 412
    Status
        mod perl, 412
    TransLDAP
        mod perl, 412
    Throttle
        mod perl, 412
    Status
        estado de mod perl
            ver, 421
    DBI
        interacciones de bases de datos, 421
    DebugDBI
        interacciones de bases de datos, 421
Apache API
    manipuladores
        códigos de estado HTTP, 484
    utilidades URI/URL, 494
Apache Jserv
    implementación de la API Java Servlet, 459
Apache Server
    archivos de configuración
        sección Directory, 134
Apache Unleashed.com
    sitio web, 562
Apache Week Magazine
    sitio web
        recursos SSI, 233
Apache Week Magazine (I)
    lista de envío
        suscribirse, 31
    sitio web, 562
apache-announce
    listas de envío, 563
apache-announce mailing list, 563
Apache-SSL
    módulo, 465

apachet1
    herramienta
        módulos
            instalar, 378
APACI
    (interfaz de estilo Autoconf de Apache), 32
    software Servidor Apache
        configurar, 32
        opción —help, 32
API
    Java Servlet, 457, 458
API Apache
    estructuras de datos
        estructura conn rec, 489
        estructura request rec, 486, 487, 488
    matrices
        API Table, 500
    module struct
        server config creator, 474
        server config merger, 474
        directory config creator, 474
        directory config merger, 474
        manipulador analizador de encabezado, 481
        manipulador logger, 481
        tabla de directivas de configuración, 475, 476
        tabla de manipuladores de contenido, 478
    módulos
        estructura de datos de configuración, pasar, 490
    utilidades de archivo, 495
    utilidades de directivas de configuración, 498
    utilidades de registro, 495
    utilidades socket, 495
    utilidades TCP/IP, 492
API Java Servlet
    implementaciones comunes
        Allaire JRun, 459
        Apache Jserv, 459
        GNUJSP, 460
        IBM WebSphere, 459
        JSWDK, 459
        Resin de Caucho, 460
        ServletExec de Atlanta, 460
        Tomcat, 459
        WebLogic de BEA, 459
    motores para servlet, 458

opciones, 457
Páginas del Servidor Java (JSPs), 458
API Table (API Apache)
   funciones, 500
aplicación dbmmanage
   administración de contraseñas, 300
aplicación htdigest
   administración de contraseñas, 299
aplicación htpasswd
   administración de contraseñas, 298, 299
   archivos de contraseña
      crear, 319
      eliminación del usuario, 320
      encriptación MD 5, 320
      grupos, crear, 321
      modificar, 320
aplicaciones
   Perl
      módulos, 363, 364
aplicaciones de consola
   reinicio en Windows NT, 48
   Windows NT
      terminaciones del servidor, 52
applicaciones
   CGI
      módulos, 363, 364
arañas
   agujeros negros, 327
   archivos de registro
      comprobar, 327
   definición, 326
   descargar, 330, 331
   desventajas
   directivas deny
      bloquear, 330
   EmailSiphon, 326
   escribir (Perl), 330, 331
   función de, 326
   guardar en la caché, 327
   listado de, 326
   MOMspider, 327
   navegación sin conexión, 327
   personales, 327
   Scooter, 326
   servidores
      excluir, 328, 329
      sobrecargas de servidor, 327
arañas personales, 327
   httpd.conf
      configuración del módulo mod perl, 414

httpd.conf
   módulos
      código de registro, 384, 386
archivo access.conf-dist
   directiva AccessConfig, 559
archivo httpd.conf
   directiva AccessConfig, 559
archivo server config
   tipos MIME
      administración de, 153
archivos
   API Apache
      utilidades, 495
   de sólo lectura, 282, 283
   documentos Web
      protección de, 291, 292
   lectura/escritura, 282, 283
   protección, 282, 283, 284
      opción Indexes, 284
   SSI
      temas de seguridad, 305
   tipos MIME
      determinar, 143
   URL
      protección de, 285, 286, 287, 289, 290
   vínculos simbólicos, 283
archivos .htaccess
   configuración del administrador, 161
   configuración del usuario, 160
   directiva AllowOverride None, 161
   directivas
      no configurables, 161
   implementaciones posibles, 160
   nombres
      modificar, 160
   parámetros MIME, 153
   protección con contraseña, 162
   seguridad
      preocupaciones del administrador, 164, 165, 166
   tipos MIME
      administración de, 154
archivos de configuración
   copias de seguridad, 127
archivos de configuración (servidores)
   Unix, 526, 527, 528, 529, 530, 531, 532, 533, 534, 535, 536, 537, 538, 539, 540, 541, 542, 543

ÍNDICE ALFABÉTICO

Windows, 543, 544, 545, 546, 547, 548, 549, 550, 551, 552, 553, 554, 555, 556, 557, 558
Windows, 526
archivos de error
   error
      direcciones de cliente, 342
archivos de lectura/escritura
   frente a archivos de sólo lectura, 282, 283
archivos de registro
   acceso, 334
      bytes transferidos, 335
      código de respuesta, 335
      hora, 335
      logname remoto, 335
      solicitud, 335
      ubicación, parámetros, 336
   canalizados
      colocar en la memoria intermedia, 344
      hosts virtuales, 344
   error
      función de, 340
   herramientas de análisis
      función de, 347
      Webalizer, 350
      WebTrends, 350
      Wusage, 348
      wwwstat, 348
   arañas
      comprobar, 327
   canalizados
      comando, 344
      ejemplo, 344, 345, 346
      función de, 344
      seguridad, 344
      usos, 347
   directivas de configuración, 334
   error, 334
      direcciones IP, 342
      entrada de muestra, 340
      fallo del programa CGI, 342, 343, 344
      hora de, 340
      niveles de mensaje, 341
   herramientas de análisis, 347
      disponibilidad, 347
   personalizados
      generar, 336, 337, 339
   rotar, 353
archivos de registro personalizados
   directiva CustomLog, 339

   directiva LogFormat, 337
   generar, 336, 337, 339
archivos de sólo lectura
   frente a archivos de lectura/escritura, 282, 283
archivos simbólicos
   riesgos en la seguridad, 283
arquitectura multinivel
   módulos del servidor de aplicaciones, 456
asignaciones
   tipos MIME, 143
      archivo mime.types, 144, 145, 146, 147, 148, 149, 150, 151, 152
asignar nombres
   archivos .htaccess, 160
asociar
   manipuladores de contenido
      con tipos MIME, 260
autenticación
   bases de datos
      ubicación de archivos, 297
   basic, 308
      usos inapropiados, 309
   contraseñas
      archivos, crear (htpasswd), 319
   de resúmenes, 294
   definición, 308
   Digest
      soporte del navegador, 310
   directivas
      AuthGroupFile, 312
      AuthName, 311
      AuthType, 311
      AuthUserFile, 311
      LimitExcept, 313
      require, 313
   encriptación de contraseñas
      MD5, 296, 297
      rutina crypt(), 296
      SHA, 297
   escenarios de configuración
      bloquear Internet Explorer, 318
      uso de la directiva Satisfy, 318
   esfera, 292
   frente a autorización, 291
   módulos, 361, 363
autenticación
   alcance, 292
      directiva AuthName, 293
      directiva AuthType, 294

directiva del contenedor Limit, 292
archivos .htaccess
  implementar, 162
archivos de contraseña, modificar (htpasswd), 320
autorizada, 301
bases de datos, 297
  almacenamiento de credenciales, 300
contraseñas
  administración de archivos, 318, 319
    archivos de grupo, crear (htpasswd), 321
    encriptación MD5, 320
    usuarios, quitar (htpasswd), 320
  control de acceso discrecional (DAC), 290
  de resúmenes, 294
  definición, 361, 363
  Digest, 309, 310
    frente a basic, 310
  encriptación de contraseñas, 295
    texto sin formato, 295
  escenarios de configuración
    permitir o denegar el acceso desde un determinado dominio, 317
    proteger un solo archivo, 318
  escenarios de configuración
    permitir que publiquen solamente usuarios específicos, 317
    permitir sólo usuarios específicos, 317
  FTP anónimo, 300
  mantenimiento de contraseñas
    aplicación dbmmanage, 300
    aplicación htdigest, 299
    aplicación htpasswd, 298, 299
  mantenimiento de contraseñas, 297
  procesamiento de solicitudes, 314
  RFC 2617, 308
autenticación autorizada, 301
autenticación basic, 308
  usos inapropiados, 309
autenticación de FTP anónimo, 300
autenticación Digest, 309
  frente a basic, 310
  soporte del navegador, 310
AuthAuthoritative
  directiva
    archivo httpd.conf, 74
AuthDigestFile
  directiva
    archivo httpd.conf, 74

AuthGroupFile
  directiva
    archivo httpd.conf, 74
    autenticación, 312
AuthName
  directiva
    autenticación, 311
    esferas de autenticación, 293
AuthType
  directiva
    archivo httpd.conf, 75
    autenticación, 311
    esferas de autentificación, 294
    autorización de resúmenes, 294
AuthUserFile
  directiva
    archivo httpd.conf, 75
    autenticación, 311
auto-config
  archivo
    servidores proxy
      navegadores web, 193, 194, 195
automatización del lado del servidor
  instrucciones condicionales, 230, 232
  variables, 230, 232
Autoridad de Números de Asignación de Internet (IANA)
  listados de tipos multimedia, 140
autoridades de certificación
  SSL
    sitios web, 467
autorización, 302
  alcances
    directiva AllowOverride, 304
    directiva Options, 303
  definición, 363
  directiva Require, 302
  frente a autenticación, 291
  módulos, 363
  registros de contabilidad, 363
AvantGo
  sitio web
    arañas, 327

B

bases de datos
  autenticación, 297
    almacenamiento de credenciales, 300

ubicación de archivos, 297
módulo mod perl
   interacciones, 421
BelSign NV/SA
   sitio web, 467
Berners-Lee, Tim
   orígenes de la Web, 5
bibliotecas compartidas, 368
   DSO, 374
binarios
   software Servidor Apache
      descargar, 30
BindAddress
   directiva
      archivo httpd.conf, 76
bloquear
   arañas
      a través de directivas deny, 330
Boutell.com
   sitio web
      herramienta de análisis de registro
         Wusage, 348
BrowserMatch
   directiva
      archivo httpd.conf, 76
BrowserMatchNoCase
   directiva
      archivo httpd.conf, 77
búsquedas de inversión doble
   direcciones IP, 288

C

Cache-Control
   encabezado directives (HTTP), 11
CacheDefaultExpire
   directiva
      configuración del servidor caché, 190
CacheDirLength
   directiva
      configuración del servidor caché, 189
CacheDirLevels
   directiva
      configuración del servidor caché, 189
CacheForceCompletion
   directiva
      configuración del servidor caché, 189
CacheGcInterval
   directiva
      configuración del servidor caché, 188
CacheLastModifiedFactor
   directiva
      configuración del servidor caché, 188
CacheMaxExpire
   directiva
      configuración del servidor caché, 188
CacheRoot
   directiva
      configuración del servidor caché, 187
CacheSize
   directiva
      configuración del servidor caché, 188
cadenas
   PHP, 437
cargar
   módulos
      comando LoadModule, 367
CERN (Laboratorio Europeo de Física de Partículas)
   Berners-Lee, Tim, 5
CertiSign Certificadora Digital Ltda
   sitio web, 467
CGI
   (Interfaz de Pasarela Común), 200
   alternativas, 217
      FastCGI, 200, 217
      mod perl, 200, 217
      módulo PHP, 217
   archivos .htaccess
      implementar, 163
   datos de cookie
      codificar, 239
   directiva AddHandler, 205
   directiva Non-ScriptAlias, 204
   directiva Options ExecCGI, 205
   directiva ScriptAlias, 204
   encabezados
      administración de la salida, 205, 206
   encabezados analizados sintácticamente
      Content-type, 203, 206
      Location, 203
      Status, 203
   encabezados no analizados sintácticamente
      scripts nph, 203
   entradas del usuario
      etiqueta form (HTML), 207
      etiqueta input (HTML), 207, 208, 209, 210

etiqueta option (HTML), 209
etiqueta select (HTML), 208
etiqueta textarea (HTML), 209
solicitudes GET, 210, 211
solicitudes POST, 211
especificación completa
    variables de entorno, 200, 201, 202
estados HTTP
    mantener, 213
formularios
    decodificar datos, 212, 213
funciones de, 200
línea de comandos ISINDEX, 202
módulos, 363, 364
programa STDIN, 202
programa STDOUT, 202
programas
    desventajas de la velocidad, 217
    ejemplo en Perl, 213
    ejemplo en Windows, 214
    solución de problemas, 214, 216
recursos
    libros, 218
salida
    encabezados MIME, 205, 206
scripts
    escribir con el módulo mod perl, 411
servidores
    configurar, 204, 205
variables de entorno, 200
    específicas de la solicitud, 201, 202
    no solicitadas, 201
CGI property
    configurar (Comanche), 130
cgi-script
    manipuladores de contenido
        procesamiento CGI, 273
CheckSpelling
    directiva
        archivo httpd.conf, 77
Chili!Soft ASP
    implementación de módulos en el servidor de aplicaciones, 461
    opciones, 461
ClearModuleList
    directiva
        archivo httpd.conf, 78
cliente
    SSI
        directivas, 220

clientes
    manipuladores de contenido
        función de, 257, 258, 260
    seguridad del servidor proxy, 180
    servidores proxy
        configurar, 192, 193, 194, 195
    solicitudes
        redireccionamientos internos URL, 266, 268
        redireccionamientos URL fuera del sitio, 268
    SSI
        función de, 220
CNAME
    (nombre canónico), 170
codificar
    datos de cookie, 239, 240
código
    bibliotecas compartidas, 368
    tablas de símbolos, 368
código de respuesta, 335
código fuente
    licencia, 520
    métodos de desarrollo
        Fundación de Software Apache, 507
códigos de estado
    manipuladores
        HTTP, 484
códigos de la serie 100
    estado del servidor (HHTP), 19
códigos de la serie 200
    estado del servidor (HHTP), 19
códigos de la serie 300
    estado del servidor (HHTP), 19
códigos de la serie 400
    estado del servidor (HHTP), 19
códigos de la serie 500
    estado del servidor (HHTP), 19
ColdFusion (Allaire)
    implementación de módulos en el servidor de aplicaciones, 460
colocar en la memoria intermedia
    registros canalizados, 344
Comanche
    compatibilidad de plataformas, 127
    configuración de las propiedades del servidor
        alias, 130
        listening, 129
    configuración de las propiedades del servidor, 128, 130, 131

configuración básica, 129
    Url Redirection, 131
configuración de propiedades del servidor CGI, 130
desarrollo, 126
descargar, 126
distribución open source, 127
hosts virtuales
    crear, 135
iniciar
    entorno de Windows, 127
interfaz de usuario
    aspecto, 127
limitaciones
    conocimiento de la terminología de configuración, 138
    conocimientos del lenguaje Tcl, 137
    soporte para configuración no remota, 137
mod status, 136
módulos, 136
opciones, 126
opciones adicionales de configuración, 136
Ridruejo, Daniel Lopez, 126
sección Directory
    configurar, 132, 134
sección Files
    configurar, 135
sección Location
    configurar, 135
sección Server Management
    opciones, 136
sitio web, 126
comando LoadModule, 367
comandos
    LoadModule, 367
command rec struct
    tabla de directivas de configuración
        constantes req override, 476
    tabla de directivas de configuración, 475
comp.infosystems.www.authoring.cgi
    grupo de noticias, 565
comp.infosystems.www.servers
    grupo de noticias, 564
compilador ANSI-C
    requerimientos de Servidor Apache, 28
compilar
    software Servidor Apache, 36
        entorno Windows, 39

comprobar
    configuración del host virtual
        opción de línea de comandos -S, 176
config
    directiva (SSI)
        opciones
            errmsg, 223, 224
            sizefmt, 224
            timefmt, 225, 226
configuración manual
    software Servidor Apache, 35
configurar
    archivos .htaccess
        directivas de usuario, 160
        gestión del administrador, 161
    archivos .htaccess, 160
    archivos de registro, 334
    archivos del servidor
        archivo access.conf, 62
        archivo httpd.conf, 62
        archivo srm.conf, 62
    demonios separados
        hosts virtuales, 171
    directivas de autenticación
        AuthGroupFile, 312
        AuthName, 311
        AuthType, 311
        AuthUserFile, 311
        contenedor Limit, 313
        LimitExcept, 313
        require, 313
    escenarios de autenticación
        bloquear Internet Explorer, 318
        permitir o denegar el acceso desde un determinado dominio, 317
        permitir sólo usuarios específicos, 317
        proteger un solo archivo, 318
        uso de la directiva Satisfy, 318
    escenarios de configuración
        permitir que publiquen solamente usuarios específicos, 317
    módulo mod perl, 414
    módulos
        opciones, 375
    navegadores web
        servidores proxy, 192, 193, 194, 195
    PHP, 432
    script apachect1 (Unix), 53, 57
    sección Directory
        Comanche, 132, 134

ÍNDICE ALFABÉTICO

sección Files
   Comanche, 135
sección Location
   Comanche, 135
Servidor Apache
   dificultad de, 126
   en base a tipos MIME, 155
   propiedades (Comanche), 128, 129, 130, 131
servidores
   scripts CGI, 204, 205
servidores caché, 187, 188, 189, 190, 191, 192
   consideraciones de seguridad, 190
servidores proxy, 184, 185, 186, 187
   consideraciones de seguridad, 190
   ejemplos, 190, 191, 192
conjuntos de caracteres nacionales
   módulo mod fontxlate, 461
conn rec
   estructura
      estructuras de datos de la API Apache
         campos, 489
Connection
   encabezados de tipo (HTTP), 11
Consorcio de la World Wide Web, véase W3C, 563
constantes
   PHP, 435
req override
   command rec struct, 476
consultar
   tipos MIME
      a partir del contenido del archivo, 143
contadores (web)
   módulos, 365
contadores web
   módulos, 365
Content-Language
   encabezado de idioma (HTTP), 11
Content-Length
   encabezado de número de bytes (HTTP), 11
Content-Location
   encabezados URI (HTTP), 11
Content-MD5
   encabezado de resumen MD5 (HTTP), 11
Content-Range
   encabezado (HTTP), 11
Content-type

encabezado
   CGI, 206
encabezado (HTTP), 11
contraseñas
   aplicación dbmmanage
      nuevos usuarios , agregar, 322
   aplicaciones de mantenimiento, 297
      dbmmanage, 300
      htdigest, 299
      htpasswd, 298, 299
   archivos .htaccess
      implementar, 162
   autenticación
      administración, 318, 319
      sistemas UNIX, 318, 319
   crear (aplicación htpasswd), 319
   directivas de configuración
      modificar, 323
   directrices de seguridad
      distribución, 323
      permisos de archivo, 324
   encriptación
      algoritmo de un solo sentido, 295
      algoritmo trapdoor, 295
      MD5, 296, 297
      rutina crypt(), 296
      SHA, 297
      texto sin formato, 295
   grupos
      crear (aplicación htpasswd), 321
      modificar (aplicación htpasswd), 320
      modificar (dbmmanage), 322
   módulos
      mod auth dbm, 321
   ususarios
      agregar (aplicación htpasswd), 320
      quitar (aplicación htpasswd), 320
contraseñas de texto sin formato, 295
control de acceso discrecional (DAC), 286, 287
   credenciales facilitadas por el usuario, 290
control de acceso obligatorio (MAC), 286, 287
   basado en direcciones IP, 287, 289, 290
controlar
   archivos de registro
      arañas, 327
conversaciones (HTTP)
   cuerpo de solicitud
      sintaxis, 18

cuerpo de solicitud, 13
datos solicitados, 14, 24
desconectar, 14, 24
ejemplo, 24
encabezados de respuesta, 13
    sintaxis, 22
encabezados de solicitud, 13
    sintaxis, 15
estado del servidor, 13
    códigos, 19
Keep-Alive, 24
sin estado, 13
solicitudes de cliente, 13
    métodos, 14, 15
conversaciones sin estado (HTTP), 13
cookies
    antecedentes, 237
    atributos, 238
        Domain=DOMAIN NAME, 243
        Expires=DATE, 241
        NAME=VALUE, 239
        Path=PATH, 243
        Secure, 244
    cantidad mínima de, 246
    crear
        HTML, 246, 247
        JavaScript, 247
        Perl, 248, 250
    datos
        codificar, 239, 240
    datos opacos, 237
    ejemplo, 236, 237
    eliminar, 241
    eliminar (La Última Utilizada (LRU)), 246
    encabezado Set-cookie (HTTP), 236, 237
    encriptación, 244
    formato de fecha y hora, 241
        errores de programación, 242
    frente a HTTP (protocolo sin estado), 236
    función de, 236
    limitaciones, 245
        cantidad mínima de, 246
        tamaño máximo, 245
    modificaciones propuestas, 238
    Netscape
        antecedentes de, 237
    objetos
        extraer (JavaScript), 252
    recibir
        JavaScript, 252

        Perl, 250, 251, 252
    restricciones en los nombres, 239
    RFC 2109, 238
    servidores de
        carga, 237
    tamaño de las, 237
    tamaño máximo, 245
    terminología, 237
    terminología de Netscape, 236
    valores, 239
cookies opacas, 237
copias de seguridad backups
    archivos de configuración, 127
CPAN
    sitio web
        archivo de módulo, 353
CPAN
    sitio web
        (Red General de Archivos Perl), 353
        módulos Perl, 331
crear
    archivos de contraseña
        aplicación htpasswd, 319
        grupos, 321
    cookies
        HTML, 246, 247
        JavaScript, 247
        Perl, 248, 250
    hosts virtuales, 135
cuerpo de solicitud (HTTP), 13
    sintaxis, 18
CustomLog
    directiva
        archivo httpd.conf, 79
        archivos de registro personalizados
            generar, 339
        sintaxis, 339

D

Date
    encabezado (HTTP), 11
datos
    cookies
        cantidad mínima de, 246
        codificar, 239
        codificar, 240
        naturaleza opaca, 237
        tamaño máximo, 245

datos solicitados (HTTP), 14, 24
DBI
   sitio web, 346
dbmmanage
   contraseñas
      modificar, 322
   nuevos usuarios
      agregar, 322
decodificar
   datos del formulario
      CGI, 212, 213
DefaultIcon
   directiva
      archivo httpd.conf, 79
DefaultLanguage
   directiva
      archivo httpd.conf, 79
DefaultType
   directiva
      archivo httpd.conf, 79
   directiva (tipos MIME), 141
demonios
   hosts virtuales
      configuración separada, 171
      ejecución múltiple, 171
      ejecución por separado, 170
demonios múltiples
   hosts virtuales
      sobrecargas de, 171
demonios separados
   hosts virtuales
      configurar, 171
      ejecutar, 170
deny
   directiva
      archivo httpd.conf, 80
      recursos del host, 315
depurar
   programas CGI
      directiva ScriptLog, 342, 343
      directiva ScriptLogBuffer, 343
      directiva ScriptLogLength, 344
desactivar
   SSI
      configuración del servidor, 220
descargar
   arañas, 330, 331
   código fuente PHP, 380
   Comanche, 126
   Servidor Apache

sitios web, 28
software Servidor Apache
   código fuente, 30
   extracción de archivos, 30
   sitios web, 29
   sitios web, 30
   última versión, 29
desconectar (HTTP), 14, 24
detener
   Servidor Apache
      como aplicación de consola de Windows, 52
      en Unix, 49
diagnósticos
   módulos, 365
   servidores
      ejemplo de módulo mod status, 367
direcciones IP
   búsquedas de inversión doble, 288
   control de acceso obligatorio (MAC), 287, 289, 290
   basadas en direcciones IP, 289, 290
   registro de errores, 342
   tipo blanco, 180
   tipo negro, 180
direcciones IP blancas
   seguridad del servidor proxy, 180
direcciones IP negras
   seguridad del servidor proxy, 180
directiva del contenedor Limit
   alcances de autenticación, 292
directiva NameVirtualHost
   hosts virtuales basados en nombres, 174
directivas
   AllowCONNECT
      configuración del servidor proxy, 186
   archivo httpd.conf
      AccessConfig, 64
      AccessFileName, 65, 66
      Action, 66
      AddAlt, 66
      AddAltByEncoding, 67
      AddAltByType, 67
      AddDescription, 68
      AddEncoding, 68
      AddHandler, 68
      AddIcon, 69
      AddIconByEncoding, 69

ÍNDICE ALFABÉTICO

AddIconByType, 70
AddLanguage, 70
AddModule, 71
AddType, 71
Alias, 71
AliasMatch, 71
allow, 72
allow from env=, 73
AllowOverride, 73
AuthAuthoritative, 74
AuthDigestFile, 74
AuthGroupFile, 74
AuthType, 75
AuthUserFile, 75
BindAddress, 76
BrowserMatch, 76
BrowserMatchNoCase, 77
CheckSpelling, 77
ClearModuleList, 78
CustomLog, 79
DefaultIcon, 79
DefaultLanguage, 79
DefaultType, 79
definir, 63
deny, 80
DirectoryIndex, 82
DocumentRoot, 82
ErrorDocument, 82
ErrorLog, 83
ExtendedStatus, 84
FancyIndexing, 84
Files, 86
ForceType, 86
Group, 87
HeaderName, 87
HostNameLookups, 88
IdentityCheck, 88
IfDefine, 88
IfModule, 89
Include, 89
IndexIgnore, 90
IndexOptions, 90
KeepAlive, 92
KeepAliveTimeout, 92
LanguagePriority, 92
LimitExcept, 93
LimitRequestBody, 93
LimitRequestFields, 93
LimitRequestFieldsize, 94
LimitRequestLine, 94

Listen, 94
ListenBacklog, 95
LoadFile, 95
LoadModule, 96
Location, 96
LocationMatch, 97
LockFile, 97
LogFormat, 97
LogLevel, 97
MaxClient, 98
MaxKeepAliveRequests, 98
MaxRequestsPerChild, 99
MaxSpareServers, 99
MetaDir, 99
MetaFiles, 100
MetaSuffix, 100
MinSpareServers, 100
NameVirtualHost, 100
NoCache, 101
Options, 101, 102
order, 103
PassEnv, 103
PidFile, 104
Port, 104
ProxyBlock, 104
ProxyPass, 105
ProxyPassReverse, 105
ProxyReceiveBufferSize, 105
ProxyRemote, 106
ProxyRequests, 106
ProxyVia, 106
ReadmeName, 107
Redirect, 107
RedirectMatch, 108
RedirectPermanent, 108
RedirectTemp, 109
require, 109
ResourceConfig, 110
RLimitCPU, 110
RLimitMEM, 111
RLimitNPROC, 111
satisfy, 111
ScoreBoardFile, 111
Script, 112
ScriptAlias, 112
ScriptAliasMatch, 112
ScriptInterpreterSource, 113
ScriptLogBuffer, 113
ScriptLogLength, 114
SendBufferSize, 114

ServerAdmin, 114
ServerAlias, 114
ServerName, 115
ServerPath, 115
ServerRoot, 116
ServerSignature, 116
ServerTokens, 116
ServerType, 117
SetEnv, 118
SetEnvIf, 118
SetEnvIfNoCase, 118
SetHandler, 119
StartServers, 119
ThreadsPerChild, 120
TimeOut, 120
TransferLog, 120
TypeConfig, 121
UnsetEnv, 121
UseCanonicalName, 121
User, 122
UserDir, 122
VirtualHost, 123
XBitHack, 123
archivos .htaccess
    configurables, 161
    no configurables, 161
archivos de registro
    configurar, 334
CacheDefaultExpire
    configuración del servidor caché, 190
CacheDirLength
    configuración del servidor caché, 189
CacheDirLevels
    configuración del servidor caché, 189
CacheForceCompletion
    configuración del servidor caché, 189
CacheGcInterval
    configuración del servidor caché, 188
CacheLastModifiedFactor
    configuración del servidor caché, 188
CacheMaxExpire
    configuración del servidor caché, 188
CacheRoot
    configuración del servidor caché, 187
CacheSize
    configuración del servidor caché, 188
manipuladores de contenido
    Action, 263, 264
    AddHandler, 261, 262
    ErrorDocument, 265

RemoveHandler, 263
Script, 264, 265
SetHandler, 262
módulos
    mod access, 387
    mod auth anon, 390
    mod auth dbm, 392
    mod autoindex, 393, 394
    mod cern meta, 396
    mod dir, 397
    mod expires, 398
    mod headers, 399
    mod log config, 401
    mod log referer, 402
    mod mime, 402
    mod negotiation, 404
    mod proxy, 404
    mod setenvif, 405
    mod status, 406
NoCache
    configuración del servidor caché, 189
NoProxy
    configuración del servidor proxy, 186
ProxyBlock
    configuración del servidor proxy, 185
ProxyDomain
    configuración del servidor proxy, 187
ProxyPass
    configuración del servidor proxy, 185
ProxyPassReverse
    configuración del servidor proxy, 185
ProxyReceiveBuffers
    configuración del servidor proxy, 186
ProxyRemote
    configuración del servidor proxy, 184
ProxyRequests
    configuración del servidor proxy, 184
ProxyVia
    configuración del servidor proxy, 187
directivas básicas
    archivo httpd.conf
    Action, 66
    AddAlt, 66
    AddAltByEncoding, 67
    AddAltByType, 67
    AddDescription, 68
    AddEncoding, 68
    AddHandler, 68
    AddIcon, 69
    AddIconByEncoding, 69

ÍNDICE ALFABÉTICO

AddIconByType, 70
AddLanguage, 70
AddModule, 71
AddType, 71
Alias, 71
AliasMatch, 71
allow, 72
allow from env=, 73
AuthAuthoritative, 74
AuthDigestFile, 74
AuthGroupFile, 74
AuthUserFile, 75
BrowserMatch, 76
BrowserMatchNoCase, 77
CheckSpelling, 77
CustomLog, 79
DefaultIcon, 79
DefaultLanguage, 79
deny, 80
DirectoryIndex, 82
ExtendedStatus, 84
FancyIndexing, 84
Files, 86
ForceType, 86
HeaderName, 87
IndexIgnore, 90
IndexOptions, 90
LanguagePriority, 92
LoadFile, 95
LoadModule, 96
LogFormat, 97
MetaDir, 99
MetaFiles, 100
MetaSuffix, 100
NoCache, 101
order, 103
PassEnv, 103
ProxyBlock, 104
ProxyPass, 105
ProxyPassReverse, 105
ProxyReceiveBufferSize, 105
ProxyRemote, 106
ProxyRequests, 106
ProxyVia, 106
ReadmeName, 107
Redirect, 107
RedirectMatch, 108
RedirectPermanent, 108
RedirectTemp, 109
Script, 112
ScriptAlias, 112
ScriptAliasMatch, 112
SetEnv, 118
SetEnvIf, 118
SetEnvIfNoCase, 118
SetHandler, 119
TransferLog, 120
TypeConfig, 121
UnsetEnv, 121
UseCanonicalName, 121
UserDir, 122
XBitHack, 123
archivo httpd.conf, 63
directivas de autenticación
   contenedor Limit, 313
directivas nucleares
   archivo httpd.conf
      AccessConfig, 64
      AccessFileName, 65, 66
      AllowOverride, 73
      AuthType, 75
      BindAddress, 76
      ClearModuleList, 78
      DefaultType, 79
      DocumentRoot, 82
      ErrorDocument, 82
      ErrorLog, 83
      Group, 87
      HostNameLookups, 88
      IdentityCheck, 88
      IfDefine, 88
      IfModule, 89
      Include, 89
      KeepAlive, 92
      KeepAliveTimeout, 92
      LimitExcept, 93
      LimitRequestBody, 93
      LimitRequestFields, 93
      LimitRequestFieldsize, 94
      LimitRequestLine, 94
      Listen, 94
      ListenBacklog, 95
      Location, 96
      LocationMatch, 97
      LockFile, 97
      LogLevel, 97
      MaxClient, 98
      MaxKeepAliveRequests, 98
      MaxRequestsPerChild, 99
      MaxSpareServers, 99

MinSpareServers, 100
NameVirtualHost, 100
Options, 101, 102
PidFile, 104
Port, 104
require, 109
ResourceConfig, 110
RLimitCPU, 110
RLimitMEM, 111
RLimitNPROC, 111
satisfy, 111
ScoreBoardFile, 111
ScriptInterpreterSource, 113
ScriptLogBuffer, 113
ScriptLogLength, 114
SendBufferSize, 114
ServerAdmin, 114
ServerAlias, 114
ServerName, 115
ServerPath, 115
ServerRoot, 116
ServerSignature, 116
ServerTokens, 116
ServerType, 117
StartServers, 119
ThreadsPerChild, 120
TimeOut, 120
User, 122
VirtualHost, 123
archivo httpd.conf, 63
directorios individuales
tipos MIME
administración de, 154
DirectoryIndex
directiva
archivo httpd.conf, 82
distribuir
contraseñas
directrices de seguridad, 323
documentación
escribir
Fundación de Software Apache, 512
documentos
mecanismos de protección
autenticación, 291, 292
mecanismos de proteción
autorización, 291
seguridad
temas SSI, 305
DocumentRoot
directiva
archivo httpd.conf, 82
Domain=DOMAIN NAME
atributo
cookies, 243
donaciones
Fundación de Software Apache
hardware, 515
intangibles, 504
pecuniarias, 505
servicios, 505
servicios profesionales, 515
software con licencia, 515
tangibles, 504
tiempo, 506
DSO
(Objetos Dinámicos Compartidos), 374
bibliotecas compartidas Apache, 374
plataformas soportadas, 374

E

echo
directiva (SSI)
opciones
timefmt, 226
ejecutar
demonios separados
hosts virtuales, 170
script apachect1 (Unix), 52
eliminar
cookies, 241
EmailSiphon
araña, 326
encabezado de tipo Contenido (HTTP)
tipos MIME, 141
encabezados
analizados sintácticamente (CGI)
Content-type, 203
Location, 203
Status, 203
no analizados sintácticamente (CGI)
scripts nph, 203
comunicación con el cliente, 10
encabezados (HTTP)
Cache-Control
directivas, 11
Connection
type, 11

Content-Language
　idioma, 11
Content-Length
　número de bytes, 11
Content-Location
　URI, 11
Content-MD5
　resumen MD5, 11
Content-Range, 11
Content-Type, 11
Date, 11
Expires, 12
Last-Modified, 12
Pragma, 12
Transfer-Encoding, 12
Upgrade, 12
Via, 12
encabezados analizados sintácticamente (CGI)
　Content-type, 203
encabezados Content-type
　scripts CGI, 203
encabezados de respuesta (HTTP), 13
　sintaxis, 22
encabezados de solicitud (HTTP), 13
　sintaxis, 15
encabezados Location
　scripts CGI, 203
encabezados MIME
　salida CGI, 205, 206
encabezados no analizados sintácticamente (CGI)
　scripts nph, 203
encabezados no válidos
　programas CGI
　　solución de problemas, 216
encabezados Status
　scripts CGI, 203
encriptación
　contraseñas de texto sin formato, 295
　cookies, 244
　definición, 363
　módulos, 363
　SHA, 297
　usos, 363
encriptación
　algoritmos de contraseña, 295
　MD5, 296, 297
　rutina crypt(), 296
encriptación MD5, 296, 297

Entrust.net Ltd.
　sitio web, 467
Equifax Inc.
　sitio web, 467
ErrorDocument
　directiva
　　archivo httpd.conf, 82
　　manipuladores de contenido, 265
　　　error de texto sin formato, 265
　　manipuladores de contenido
　　　redireccionamientos fuera del sitio, 268
　　　redireccionamientos internos, 266, 268
errores
　informar
　　Fundación de Software Apache, 509, 510
errores de sintaxis
　programas CGI
　　solución de problemas, 216
ErrorLog
　directiva
　　archivo httpd.conf, 83
escribir
　arañas (Perl), 330, 331
　scripts CGI
　　con el módulo mod perl, 411
esfera
　alcances de autenticación, 292
esferas
　directiva AuthName, 293
　directiva AuthType, 294
establecer
　cookies
　　HTML, 246, 247
　ubicación de registro de acceso, 336
estado del servidor (HTTP)
　códigos
　　serie 100, 19
　　serie 200, 19
　　serie 300, 19
　　serie 400, 19
　　serie 500, 19
estado del servidor (HTTP), 13
estructura de componentes uri, 494
etiqueta form (HTML)
　CGI
　　entradas del usuario, 207
etiqueta input (HTML)
　CGI

entradas del usuario, 207, 208, 209, 210
etiqueta option (HTML)
  CGI
    entradas del usuario, 209
etiqueta select (HTML)
  CGI
    entradas del usuario, 208
etiqueta textarea (HTML)
  CGI
    entradas del usuario, 209
etiquetas (HTML)
  form, 207
  input, 209, 210
  input, 207, 208
  option, 209
  select, 208
  textarea, 209
etiquetas (HTML)
  HTTP-EQUIV, 246, 247
  metaetiqueta ROBOTS, 329
  PHP, 434
evaluadores actuales
  software, 511
evaluadores estables
  software, 511
excluir
  arañas
    de los servidores, 328, 329
exec
  directiva (SSI), 227
ExecCGI
  opción (directiva Options)
    archivos .htaccess, 164
exigir
  archivos de contraseña
    encriptación MD5, 320
Expires
  encabezado (HTTP), 12
Expires=DATE
  atributo
    cookies, 241
      eliminación de, 241
      errores de programación, 242
ExpiresByType
  directiva (Servidor Apache)
    tipos MIME, 157
ExtendedStatus
  directiva
    archivo httpd.conf, 84

Extensiones Multiaplicación del Correo Internet, véase MIME, 12
extraer
  cookies
    de objetos (JavaScript), 252
  software Servidor Apache, 30

F

FancyIndexing
  directiva
    archivo httpd.conf, 84
fases
  procesamiento de solicitudes
    manipuladores de contenido, 257, 258, 260
fases de procesamiento
  procesamiento de solicitudes, 256, 257
FastCGI
  alternativa CGI, 200, 217
  sitio web, 217
Files
  directiva
    archivo httpd.conf, 86
flastmod
  directiva (SSI), 229
FollowSymLinks
  opción (directiva Options)
    archivos .htaccess, 164
ForceType
  directiva
    archivo httpd.conf, 86
    archivo mime.types, 151
Formato de Registro Común
  registros de acceso, 334
formularios
  CGI
    decodificar datos, 212, 213
    solicitudes GET, 210, 211
    solicitudes POST, 211
  PHP
    scripts de procesamiento de ejemplo, 448
formularios web
  PHP
    scripts de procesamiento de ejemplo, 448
FrontPage
  módulo de utilidad, 463
Fundación Apache Software
  sitio web

descarga de software, 28
sitios mirror, 29
Fundación de Software Apache
   donaciones
      hardware, 515
      intangibles, 504
      servicios profesionales, 515
   donaciones
      pecuniarias, 505
      servicios, 505
      software con licencia, 515
      tangibles, 504
      tiempo, 506
   fines, 504
   formación de, 504
   proyectos
      desarrollo de código fuente, 507
      escritores de documentación, 512
      formas de participar, 507
      informes de errores, 509, 510
      probar el software, 510
      Proyecto PHP, 508
      Proyecto Servidor HTTP, 506

G

generar
   archivos de registro personalizados, 336, 337, 339
gestión de sesiones
   módulos del servidor de aplicaciones, 456
GET
   método
      solicitudes de cliente (HTTP), 14
GNUJSP
   implementación de la API Java Servlet, 460
Group
   directiva
      archivo httpd.conf, 87
Grupo Apache
   alianza con IBM, 7
   licencia, 520
   sitio web, 8, 562

H

hardware
   donaciones

Fundación de Software Apache, 515
HEAD
   método
      solicitudes de cliente (HTTP), 15
HeaderName
   directiva
      archivo httpd.conf, 87
Hello World
   programa
      bibliotecas compartidas, 369, 370, 371, 372, 373
      tablas de símbolos, 369, 370, 371, 372, 373
herencia
   parámetros MIME, 153
herramienta apxs
   módulos
      instalar, 377
herramientas de análisis
   archivos de registro, 347
      disponibilidad, 347
      función de, 347
      Webalizer, 350
      WebTrends, 350
      Wusage, 348
      wwwstat, 348
hora
   registro de acceso, 335
HostnameLookups
   directiva
      archivo httpd.conf, 88
      registro de errores
         direcciones IP, 342
hosts
   acceso a recursos
      directiva allow, 315
      directiva deny, 315
      directiva order, 316
      directiva Satisfy, 316
hosts virtuales
   archivos de configuración específicos
      inicios del servidor, 171
   registros canalizados, 344
   basados en IP
      direcciones adicionales, 172
      sección VirtualHost, 172, 173
   basados en nombres, 170
      directiva NameVirtualHost, 174
      navegadores web antiguos, 174
      palabra clave default, 175

solicitudes HTTP, 173
soporte del navegador, 174
basados en puertos, 176
CNAME, 170
configuración
comprobar (opción de línea de comandos -S), 176
crear, 135
definición, 170
demonios múltiples
sobrecargas de recursos, 171
demonios separados
configurar, 171
ejecutar, 170
hosts virtuales default
basados en nombres, 175
HTML
cookies
crear, 246, 247
directivas SSI, 220
formularios
etiqueta form, 207
etiqueta input, 207, 208, 209, 210
etiqueta option, 209
etiqueta select, 208
etiqueta textarea, 209
PHP
etiquetas, 434
HTTP
(Protocolo de Transferencia de Hipertexto), 10
API Apache
directivas de configuración, 498
conversaciones
cuerpo de solicitud, 13, 18
datos solicitados, 14, 24
desconectar, 14, 24
ejemplo, 24
encabezados de respuesta, 13, 22
encabezados de solicitud, 13, 15
estado del servidor, 13, 19
Keep-Alive, 24
sin estado, 13
solicitudes de cliente, 13, 14, 15
cookies
antecedentes, 237
encabezado Set-cookie, 236, 237
encabezados, 10
Cache-Control
directivas, 11

comunicación con el cliente, 10
Connection
type, 11
Content-Language
idioma, 11
Content-Length
número de bytes, 11
Content-Location
URI, 11
Content-MD5
resumen MD5, 11
Content-Range, 11
Content-Type, 11
Date, 11
Expires, 12
Last-Modified, 12
Pragma, 12
Transfer-Encoding, 12
Upgrade, 12
Via, 12
especificaciones del W3C, 10
manipuladores
códigos de estado, 484
protocolo sin estado, 213
tipos MIME, 140
httpd
conf
archivo
directivas básicas, 63
httpd.conf
archivo, 62
directiva ResourceConfig, 559
directivas
AccessConfig, 64
AccessFileName, 65, 66
Action, 66
AddAlt, 66
AddAltByEncoding, 67
AddAltByType, 67
AddDescription, 68
AddEncoding, 68
AddHandler, 68
AddIcon, 69
AddIconByEncoding, 69
AddIconByType, 70
AddLanguage, 70
AddModule, 71
AddType, 71
Alias, 71
AliasMatch, 71

ÍNDICE ALFABÉTICO

allow, 72
allow from env=, 73
AllowOverride, 73
AuthAuthoritative, 74
AuthDigestFile, 74
AuthGroupFile, 74
AuthType, 75
AuthUserFile, 75
BindAddress, 76
BrowserMatch, 76
BrowserMatchNoCase, 77
CheckSpelling, 77
ClearModuleList, 78
CustomLog, 79
DefaultIcon, 79
DefaultLanguage, 79
DefaultType, 79
deny, 80
DirectoryIndex, 82
DocumentRoot, 82
ErrorDocument, 82
ErrorLog, 83
ExtendedStatus, 84
FancyIndexing, 84
Files, 86
ForceType, 86
Group, 87
HeaderName, 87
HostNameLookups, 88
IdentityCheck, 88
IfDefine, 88
IfModule, 89
Include, 89
IndexIgnore, 90
IndexOptions, 90
KeepAlive, 92
KeepAliveTimeout, 92
LanguagePriority, 92
LimitExcept, 93
LimitRequestBody, 93
LimitRequestFields, 93
LimitRequestFieldsize, 94
LimitRequestLine, 94
Listen, 94
ListenBacklog, 95
LoadFile, 95
LoadModule, 96
Location, 96
LocationMatch, 97
LockFile, 97

LogFormat, 97
LogLevel, 97
MaxClient, 98
MaxKeepAliveRequests, 98
MaxRequestsPerChild, 99
MaxSpareServers, 99
MetaDir, 99
MetaFiles, 100
MetaSuffix, 100
MinSpareServers, 100
NameVirtualHost, 100
NoCache, 101
Options, 101, 102
order, 103
PassEnv, 103
PidFile, 104
Port, 104
ProxyBlock, 104
ProxyPass, 105
ProxyPassReverse, 105
ProxyReceiveBufferSize, 105
ProxyRemote, 106
ProxyRequests, 106
ProxyVia, 106
ReadmeName, 107
Redirect, 107
RedirectMatch, 108
RedirectPermanent, 108
RedirectTemp, 109
require, 109
ResourceConfig, 110
RLimitCPU, 110
RLimitMEM, 111
RLimitNPROC, 111
satisfy, 111
ScoreBoardFile, 111
Script, 112
ScriptAlias, 112
ScriptAliasMatch, 112
ScriptInterpreterSource, 113
ScriptLogBuffer, 113
ScriptLogLength, 114
SendBufferSize, 114
ServerAdmin, 114
ServerAlias, 114
ServerName, 115
ServerPath, 115
ServerRoot, 116
ServerSignature, 116
ServerTokens, 116

ServerType, 117
SetEnv, 118
SetEnvIf, 118
SetEnvIfNoCase, 118
SetHandler, 119
StartServers, 119
ThreadsPerChild, 120
TimeOut, 120
TransferLog, 120
TypeConfig, 121
UnsetEnv, 121
UseCanonicalName, 121
User, 122
UserDir, 122
VirtualHost, 123
XBitHack, 123
directivas nucleares, 63
módulos
código de registro, 385
Unix, 526, 527, 528, 529, 530, 531, 532, 533, 534, 535, 536, 537, 538, 539, 540, 541, 542, 543
Windows, 543, 544, 545, 546, 547, 548, 549, 550, 551, 552, 553, 554, 555, 556, 557, 558
Windows, 526
HTTP-EQUIV
etiqueta (HTML)
cookies
crear, 246, 247
HWG
servidores
listas de envío, 563
HWG-servers mailing list, 564

I

IBM HTTP Server
implementación comercial de SSL, 467
IBM WebSphere
implementación de la API Java Servlet, 459
identificadores
PHP, 435
IdentityCheck
directiva
archivo httpd.conf, 88
IfDefine
directiva

archivo httpd.conf, 88
IfModule
directiva
archivo httpd.conf, 89
IKS GmbH.
sitio web, 467
imap-file
manipuladores de contenido, 276
Include
directiva
archivo httpd.conf, 89
directiva (SSI), 229
Includes
opción (directiva Options)
archivos .htaccess, 165
Inclusiones del Lado del Servidor, véase SSI, 220
indexación atractiva, 155, 156, 157
Indexes
opción (directiva Options)
archivos .htaccess, 165
opción
protección de archivos, 284
IndexIgnore
directiva
archivo httpd.conf, 90
IndexOptions
directiva
archivo httpd.conf, 90
iniciar
Comanche
entorno de Windows, 127
Servidor Apache
entorno Unix, 42, 45
entorno Windows NT, 45, 46, 47, 48
servidores
archivos de configuración específicos, 171
inicio automático
inicios Unix, 45
inicios automáticos
reinicio en Windows NT, 46
inicios manuales
reinicio en Windows NT, 47
instalaciones raíz
software Servidor Apache, 31
instalar
módulos, 368
herramienta apachet1, 378
herramienta apxs, 377

mod perl, 379
PHP, 380
procedimientos de solución de problemas, 380
PHP, 431
software Servidor Apache
   entorno Windows, 37
   instalaciones raíz, 31
   entorno Windows, 37
instrucción while
   PHP, 442
instrucciones
   PHP
      de manejo de datos, 443
      while, 442
instrucciones condicionales
   automatización del lado del servidor, 230, 232
Interfaz de Pasarela Común, véase CGI, 200
interfaz de usuario
   Comanche
      aspecto, 127
interpolación de variable
   PHP, 436
ISINDEX
   línea de comandos
      especificación CGI, 202

J

JavaScript
   cookies
      crear, 247
      recibir, 252
   datos de cookie
      codificar, 240
      módulo mod, 15, 455
JSDWK
   implementación de la API Java Servlet, 459
Jserv
   implementación Apache Java Servlet, 459

K

KeepAlive
   directiva
      archivo httpd.conf, 92
Keep-Alive (HTTP), 24
KeepAliveTimeout
   directiva
      archivo httpd.conf, 92

L

LAN
   direcciones IP blancas, 180
   direcciones IP negras, 180
LanguagePriority
   directiva
      archivo httpd.conf, 92
Last-Modified
   encabezado (HTTP), 12
libros
   recursos CGI, 218
Limit
   contenedor
      directivas de autenticación, 313
LimitExcept
   directiva
      archivo httpd.conf, 93
      autenticación, 313
LimitRequestBody
   directiva
      archivo httpd.conf, 93
LimitRequestFields
   directiva
      archivo httpd.conf, 93
LimitRequestFieldsize
   directiva
      archivo httpd.conf, 94
LimitRequestLine
   directiva
      archivo httpd.conf, 94
Linux Kongress
   Raymond, Eric
      dirección open source, 6
listas de envío
   apache-announce, 563
   Apache Week Magazine (I)
      suscribirse, 31
   servidores HWG, 563
Listen
   directiva
      archivo httpd.conf, 94
ListenBacklog
   directiva
      archivo httpd.conf, 95
listening

propiedad
    configurar (Comanche), 129
LoadFile
    directiva
        archivo httpd.conf, 95
LoadModule
    directiva
        archivo httpd.conf, 96
Location
    directiva
        archivo httpd.conf, 96
LocationMatch
    directiva
        archivo httpd.conf, 97
LockFile
    directiva
        archivo httpd.conf, 97
LogFormat
    directiva
        archivo httpd.conf, 97
LogFormat
    directiva
        archivos de registro personalizados
            generar, 337
        registro condicional, 338
        variables, 337
logging
    propiedad
        configurar (Comanche), 130
LogLevel
    directiva
        archivo httpd.conf, 97
logname remoto
    registro de acceso, 335

M

mailing lists
    apache-announce, 563
    HWG-servers, 564
analizador de encabezado
    module struct, 481
server config creator
    module struct, 474
server config merger
    module struct, 474
directory config creator
    module struct, 474
directory config merger

module struct, 474
logger
    module struct, 481
manipulador de la tabla de directivas de configuración
    module struct, 475
manipuladores
    códigos de estado
        HTTP, 484
    module struct
        analizadores de encabezado, 481
        directory config creator, 474
        directory config merger, 474
        logger, 481
        server config creator, 474
        server config merger, 474
        tabla de directivas de configuración, 475
        tabla de manipuladores de contenido, 478
    situaciones exclusivas, 470
    situaciones inclusivas, 470
manipuladores de contenido
    (manipuladores), 256
    tipos
        cgi-script, 273
        imap-file, 276
        predeterminados, 269, 270, 271, 272, 273
    tipos MIME
        asociar, 260
manipuladores de contenido
    directivas
        Action, 263, 264
        AddHandler, 261, 262
        ErrorDocument, 265
        RemoveHandler, 263
        Script, 264, 265
        SetHandler, 262
    función de, 257, 258, 260
    tipos
        analizados sintácticamente por el servidor, 273
        server-info, 275
        server-status, 274
manipuladores de contenido analizados sintácticamente por el servidor
    procesamiento SSI, 273
manipuladores de contenido predeterminados
    función de, 269, 270, 271, 272, 273

ubicación de archivos, 269, 270, 271, 272, 273
manipuladores de contenido server-status
procesamiento CGI, 274
manipuladores de fase
módulo mod perl
PerlAuthenHandler, 418
PerlChildInitHandler, 416
PerlCleanupHandler, 420
PerlDispatchHandler, 420
PerlFixupHandler, 419
módulo mod perl, 416
manipuladores, véanse manipuladores de contenido, 256
Máquina Virtual Kaffe Java
módulo mod fjord, 454
matrices
API Table (API Apache), 500
PHP
instrucciones de manejo de datos, 443
MaxClient
directiva
archivo httpd.conf, 98
MaxKeepAliveRequests
directiva
archivo httpd.conf, 98
MaxRequestsPerChild
directiva
archivo httpd.conf, 99
MaxSpareServers
directiva
archivo httpd.conf, 99
memoria
requerimientos de Servidor Apache, 28
MetaDir
directiva
archivo httpd.conf, 99
MetaFiles
directiva
archivo httpd.conf, 100
MetaSuffix
directiva
archivo httpd.conf, 100
métodos
solicitudes de cliente (HTTP), 14
GET, 14
HEAD, 15
POST, 15
Microsoft FrontPage
módulo de utilidad, 463

Microsoft Internet Information Server
frente a Servidor Apache, 7
middleware
módulos del servidor de aplicaciones, 457
MIME
(Extensiones Multiaplicación del Correo Internet), 12
parámetros
alcance, 153
herencia, 153
soporte
módulos, 366
tipos
administrar con archivos .htaccess, 154
administrar con los archivos de configuración, 153
administrar en un solo directorio, 154
archivo mime.types (Servidor Apache), 144, 145, 146, 147, 148, 149, 150, 151, 152
asignaciones, 143
comportamiento del navegador, 157
comportamiento del servidor, 155
determinar a partir del contenido del archivo, 143
directiva AddAltByEncoding (Servidor Apache), 156
directiva AddAltByType (Servidor Apache), 156
directiva AddByIcon (Servidor Apache), 155
directiva DefaultType, 141
directiva ExpiresByType (Servidor Apache), 157
discusiones RFC (Petición de Comentarios), 141
encabezado de tipo Contenido (HTTP), 141
estructura de la sintaxis, 140
funciones de identificación de datos, 141
pantalla obligatoria Save As, 158
registro de, 141
solicitudes de clientes en tiempo real, 140
tipos multimedia, 140
uso del punto inicial, 142
Tipos Multimedia de Internet (IMT), 140
MinSpareServers
directiva

archivo httpd.conf, 100
mod access
  módulo
    directivas
      allow, 287
      deny, 287
      Order, 289, 290
mod auth
  módulo
    directiva Require, 302
mod auth anon
  módulo, 300
    función de, 390
mod auth db
  módulo (contraseñas), 321
  módulos (contraseñas)
    compilar, 321
mod auth dbm
  módulo (contraseñas), 321
    compilar, 321
mod bandwidth
  módulo, 462
mod blob pg95
  módulo
    Postgres 95 DBM, 462
mod cgi
  módulo, 273
mod fjord
  módulo
    soporte del lenguaje Java, 454
mod fontxlate
  módulo
    conjuntos de caracteres nacionales, 461
mod imap
  módulo, 276
mod info
  módulo, 275
mod js
  módulo
    soporte del lenguaje Javascript, 455
mod lock
  módulo, 462
mod owa
  módulo
    conexiones Oracle, 462
mod perl
  alternativa CGI, 200
  alternativa CGI, 217
  módulo
    instalar, 379

mod plsql
  módulo
    conexiones Oracle, 462
mod ssl
  módulo
    SSL, 466
  módulo, 465
mod status
  módulo, 274
modificar
  archivos .htaccess
    nombre de, 160
  archivos password
    aplicación htpasswd, 320
  contraseñas
    dbmmanage, 322
  directivas de configuración
    administración de contraseñas, 323
modularidad de los programas, 358
module struct
  manipuladores
    analizadores de encabezado, 481
    directory config creator, 474
    directory config merger, 474
    logger, 481
    server config creator, 474
    server config merger, 474
    tabla de directivas de configuración, 475
    tabla de manipuladores de contenido, 478
mod cern meta
  directivas, 396
  función de, 396
mod access
  función de, 387
mod auth anon
  directivas, 390
mod auth dbm
  directivas, 392
  función de, 392
mod autoindex
  directivas, 393, 394
  función de, 393, 394
mod dir
  directivas, 397
  función de, 397
mod expires
  directivas, 398
  función de, 398

mod headers
   directivas, 399
   función de, 399
mod log config
   directivas, 401
   función de, 401
mod log referer
   directivas, 402
   función de, 402
mod mime
   directivas, 402
   función de, 402
mod negotiation
   directivas, 404
   función de, 404
mod perl
   Apache
      ASP, 412
      Filter, 412
      PHlogin, 412
      Sandwich, 412
      Status, 412
      TransLDAP, 412
      Throttle, 412
   automatización CGI, 411
   configurar, 414
   estado
      ver, 421
   manipuladores de fase, 416
      PerlAuthenHandler, 418
      PerlChildInitHandler, 416
      PerlCleanupHandler, 420
      PerlDispatchHandler, 420
      PerlFixupHandler, 419
   nivel de abstracción DBI, 421
   panorámica, 410
   recursos del sitio web, 410
   scripts
      salida canalizada, 424
      salida serializada, 424
   sintonización del rendimiento, 423
mod php
   alcance de variable, 435
   configuración, 432
   constantes, 435
   identificadores, 435
   instalar, 431
   scripts de procesamiento de formularios web, 448
   sintaxis, 434

mod proxy
   directivas, 404
   función de, 404
mod setenvif
   directivas, 405
   función de, 405
mod status
   directivas, 406
   función de, 406
módulo CGI.pm (Perl)
   decodificador de formularios, 213
módulo mod access
   directivas, 387
módulo mod mime magic
   tipos MIME
      consultar, 143
módulo mod status
   implementar, 367
módulo PHP
   alternativa CGI, 217
módulos
   manipuladores
      situaciones exclusivas, 470
   mod auth db, 321
   mod auth dbm, 321
   mod negotiation
      directivas, 404
      función de, 404
   mod perl
      Apache
         PHlogin, 412
         Sandwich, 412
         Status, 412
         TransLDAP, 412
         Throttle, 412
      configurar, 414
      manipuladores de fase, 416
      PerlChildInitHandler, 416
      recursos del sitio web, 410
   mod proxy
      directivas, 404
      función de, 404
   mod setenvif
      directivas, 405
      función de, 405
   mod status
      directivas, 406
      función de, 406
SSL
   IBM HTTP Server, 467

Servidor Apache Al descubierto
ÍNDICE ALFABÉTICO

mod ssl, 466
    Raven, 467
    Red Hat Secure, 467
    Stronghold, 466
tipos
    servidor de aplicaciones, 454
usos estándar
    soporte a aplicaciones-lenguaje, 363, 364
módulos
    analogía con el menú de un restaurante, 359
    antecedentes, 360
    arquitectura, 470
    cargar (comando LoadModule), 367
    CGI
        mod cgi, 363, 364
    códigos de registro, 384, 385, 386
    Comanche, 136
    del servidor de aplicaciones
        API Java Servlet, 457
    dinámicos
        antecedentes, 360
    directivas mod access, 387
    ejemplo mod status, 367
    en tiempo de compilación
        antecedentes, 360
    estructura, 474, 475, 478, 481
    estructura de datos de configuración
        pasar, 490
    función de, 358
    instalar, 368
        herramienta apachect1, 378
        herramienta apxs, 377
        procedimientos de solución de problemas, 380
    Java
        mod fjord, 454
    Javascript
        mod js, 455
    manipuladores
        códigos de estado, 484
        situaciones inclusivas, 470
    mod access
        directiva allow, 287
        directiva deny, 287
        directiva Order, 289, 290
        función de, 387
    mod auth anon, 300
        directivas, 390

        función de, 390
    mod auth dbm, 321
        directivas, 392
        función de, 392
    mod autoindex
        directivas, 393, 394
        función de, 393, 394
    mod cern meta
        directivas, 396
        función de, 396
    mod cgi, 273
    mod dir
        directivas, 397
        función de, 397
    mod expires
        directivas, 398
        función de, 398
    mod headers
        directivas, 399
        función de, 399
    mod imap, 276
    mod info, 275
    mod log config
        directivas, 401
        función de, 401
    mod log referer
        directivas, 402
        función de, 402
    mod mime
        directivas, 402
        función de, 402
    mod perl
        Apache
            ASP, 412
            Filter, 412
        automatización CGI, 411
        instalar, 379
        nivel de abstracción DBI, 421
        panorámica, 410
        PerlAuthenHandler, 418
        PerlCleanupHandler, 420
        PerlDispatchHandler, 420
        PerlFixupHandler, 419
        sintonización del rendimiento, 423
        vistas de estado, 421
    mod php
        configurar, 432
        instalar, 431
        scripts de procesamiento de formularios web, 448

sintaxis, 434
mod status, 274
modularidad de los programas, 358
número de, 358
opciones de configuración, 375
Perl
    mod perl, 363, 364
personalización
    tiempo de compilación, 358
PHP
    instalar, 380
Python
    PyApache, 455
servidores de aplicaciones
    Allaire ColdFusion, 460
    API Java Servlet, 458
    Chili!Soft ASP, 461
    WebObjects de Apple, 460
    Zope, 461
SSL
    mod ssl, 465
    módulo Apache-SSL, 466
tipos
    servidor de aplicaciones, 455, 456, 457
    soporte del lenguaje, 454, 455
    utilidad, 454, 461, 462, 463
usos estándar
    autenticación, 361, 363
    autorización, 363
    contadores web, 365
    diagnósticos, 365
    encriptación, 363
    registrar, 365
    solicitudes URL, 365
    soporte para contenido web, 366
ventajas para los clientes, 360
módulos
    facilidad de uso, 360
módulos de personalización en tiempo de compilación, 358
módulos de personalziación dinámica, 358
módulos de soporte del lenguaje, 454
    Java
        mod fjord, 454
    Javascript
        mod js, 455
    Python
        PyApache, 455
módulos de utilidad, 454
    Microsoft FrontPage, 463

mod bandwidth, 462
mod blob pg95, 462
mod fontxlate, 461
mod lock, 462
mod owa, 462
mod plsql, 462
módulos del servidor de aplicaciones, 454
    Allaire ColdFusion, 460
    API Java Servlet, 457, 458
    arquitectura multinivel, 456
    Chili!Soft ASP, 461
    gestión de sesiones, 456
    middleware, 457
    nivel de persistencia de datos, 456
    perfiles de usuario, 456
    programación de propósito general, 456
    soporte para el desarrollo, 457
    soporte para servidores web, 456
    WebObjects de Apple, 460
    Zope, 461
módulos del servidor de aplicaciones, 455
módulos dinámicos
    antecedentes, 360
módulos en tiempo de compilación
    antecedentes, 360
módulos estándar
    código de registro, 384, 385, 386
    mod access, 387
    mod auth anon, 390
    mod auth dbm, 392
    mod autoindex, 393, 394
    mod cern meta, 396
    mod dir, 397
    mod expires, 398
    mod headers, 399
    mod log config, 401
    mod log referer, 402
    mod mime, 402
    mod negotiation, 404
    mod proxy, 404
    mod setenvif, 405
    mod status, 406
MOMspider, 327
motores de servlet
    Apache Jserv, 459
motores para servlet
    Allaire JRun, 459
    API Java Servlet, 458
    GNUJSP, 460
    IBM WebSphere, 459

JSDWK, 459
Resin de Caucho, 460
ServletExec de Atlanta, 460
Tomcat, 459
WebLogic de BEA, 459
movimiento de software gratuito, véase open source, 6
Mr. Unix
    sitio web, 350
multimedia
    soporte
        módulos, 366
Multiviews
    opción (directiva Options)
        archivos .htaccess, 166
My SQL
    sitio web, 346

N

NAME=VALUE atributo
    cookies, 239
NameVirtualHost
    directiva
        archivo httpd.conf, 100
navegador Mosaic
    desarrollo NCSA, 5
navegadores web
    cookies
        almacenamiento de, 246
        eliminar, 241
        errores de fecha y hora, 242
        función de, 236
        tamaño de, 240
    servidores proxy
        configurar, 192, 193, 194, 195
    soporte
        hosts virtuales basados en nombres, 174
    soporte de la autenticación Digest, 310
    tipos MIME
        función de, 141
        opciones habituales, 157
        pantalla obligatoria Save As, 158
NCSA
    (Centro Nacional de Actividades de Super-computación), 5
    orígenes web
        desarrollo del navegador Mosaic, 5
        proyecto HTTPd

    estado del, 6
NCSA HTTPd
    servidor
        como base de Servidor Apache, 5
NCSA HTTPd Server
    estado del, 6
Netcraft
    sitio web
        estadísticas del servidor web, 4
Netscape
    cookies
        formato de fecha y hora, 241
    sitio web
        documentación SSL, 464
    terminología de las cookies, 236
Netscape Navigator
    servidores proxy
        archivo auto-config, 193, 194, 195
newsgroups
    comp.infosystems.www.authoring.cgi, 565
    comp.infosystems.www.servers, 564
nivel de persistencia de datos
    módulos del servidor de aplicaciones, 456
NLSign BV
    sitio web, 467
NoCache
    directiva
        archivo httpd.conf, 101
        configuración del servidor caché, 189
nombre canónico (CNAME), 170
nombre de host
    registro de acceso, 335
nombres
    cookies, 239
Non-ScriptAlias
    directiva
        programas CGI, 204
NoProxy
    directiva
        configuración del servidor proxy, 186

O

Objetos Dinámicos Compartidos, véase DSO, 374
opción de línea de comandos -f
    servidores
        archivos de configuración del inicio, 171

opción de línea de comandos -S
    configuración del host virtual
        comprobar, 176
opción —help
    APACI, 32
opciones de la línea de comandos
    inicios Unix, 42, 45
open source
    frente a la terminología software gratuito, 6
    frente a software de origen cerrado (closed source), 7
    licencia, 520
    Raymond, Eric
        dirección de Linux Kongress, 6
    ventajas, 7
operadores
    PHP
        aritméticos, 437
operadores aritméticos
    PHP, 437
Options
    directiva
        archivos .htaccess
            opción ExecCGI, 164
            opción FollowSymLinks, 164
            opción Includes, 165
            opción Indexes, 165
            opción Multiviews, 166
            opción SymLinksIfOwnerMatch, 166
        archivos .htaccess, 164
        archivo httpd.conf, 101, 102
Options ExecCGI
    directiva
        programas CGI, 205
Oracle
    módulo mod owa, 462
    módulo mod plsql, 462
order
    directiva
        archivo httpd.conf, 103
        recursos del host, 316
orugas, véanse arañas, 326

P

Páginas del Servidor Java (JSP)
    opciones, 458
páginas web

directivas SSI, 220
pantalla Save As
    tipo MIME
        comportamiento del navegador, 158
pasar
    estructura de datos de configuración
        módulos, 490
PassEnv
    directiva
        archivo httpd.conf, 103
Path=PATH
    atributo
        cookies, 243
perfiles de usuario
    módulos del servidor de aplicaciones, 456
Perl
    arañas
        escribir, 330, 331
    cookies
        crear, 248, 250
        recibir, 250, 251, 252
    datos de cookie
        codificar, 239
    datos del formulario (CGI)
        decodificar, 212, 213
    ejemplo de programa CGI, 213
    módulo CGI.pm
        decodificar formularios, 213
    módulos
        mod perl, 363, 364
        sitio web CPAN, 331
    registro canalizado de ejemplo, 344, 345, 346
    requerimientos de Servidor Apache, 28
PerlAuthenHandler
    módulo mod perl, 418
PerlChildInitHandler
    módulo mod perl, 416
PerlCleanupHandler
    módulo mod perl, 420
PerlDispatchHandler
    módulo mod perl, 420
PerlFixupHandler
    módulo mod perl, 419
permisos de archivo
    archivos de contraseña
        directrices de seguridad, 324
    programas CGI
        solución de problemas, 214, 216
permisos del servidor

programas CGI
    solución de problemas, 214, 216
permitir
    SSI
        configuración del servidor, 220
PGP
    (Pretty Good Privacy o Buena Privacidad), 30
    descargas de software
        verificación de archivos, 30
PHP
    alcance de variable, 435
    configuración, 432
    constantes, 435
    descargar, 380
    HTML
        etiquetas, 434
    identificadores, 435
    implementación SSI, 429
    instalar, 380, 431
    instrucciones
        while, 442
    interpolación de variable, 436
    matrices
        instrucciones de manejo de datos, 443
    motor de automatización Zend, 430
    operadores
        aritméticos, 437
    recursos
        sitio web PHP, 430
        sitio web Zend, 430
    sitio web, 380
        ejemplos
            FreeMed, 450
    tipos de datos
        cadenas, 437
    últimas versiones, 430
    usos de automatización, 380
PidFile
    directiva
        archivo httpd.conf, 104
plataformas
    compatibilidad en Comanche, 127
    soporte DSO, 374
Port
    directiva
        archivo httpd.conf, 104
POST
    método
        solicitudes de cliente (HTTP), 15

Postgres 95
    módulo mod_blob_pg95, 462
Pragma
    encabezado (HTTP), 12
printenv
    directiva (SSI), 230
procesar
    solicitudes
        fases, 256, 257
procesar
    formularios web
        scripts mod_php de ejemplo, 448
    programas CGI
        directiva ScriptLog
            depurar, 342, 343
        directiva ScriptLogBuffer
            depurar, 343
        directiva ScriptLogLength
            depurar, 344
proteger
    archivos, 282, 283, 284
        opción Indexes, 284
    documentos
        en sitios web, 291, 292
    URL
        en sitios web, 285, 286, 287, 289, 290
Protocolo de Exclusión de Robots
    arañas
        excluir, 328
Protocolo de Transferencia de Hipertexto, véase HTTP, 10
protocolo sin estado (HTTP), 213
    frente a cookies, 236
protocolos de audio
    servidores proxy
        problemas con, 182
protocolos de vídeo
    servidores proxy
        problemas con, 182
ProxyBlock
    directiva
        archivo httpd.conf, 104
        configuración del servidor proxy, 185
ProxyDomain
    directiva
        configuración del servidor proxy, 187
ProxyPass
    directiva
        archivo httpd.conf, 105
ProxyPass

directiva
    configuración del servidor proxy, 185
ProxyPassReverse
    directiva
        archivo httpd.conf, 105
        configuración del servidor proxy, 185
ProxyReceiveBuffers
    directiva
        configuración del servidor proxy, 186
ProxyReceiveBufferSize
    directiva
        archivo httpd.conf, 105
ProxyRemote
    directiva
        archivo httpd.conf, 106
        configuración del servidor proxy, 184
ProxyRequests
    directiva
        archivo httpd.conf, 106
        configuración del servidor proxy, 184
ProxyVia
    directiva
        archivo httpd.conf, 106
        configuración del servidor proxy, 187
Proyecto Apache HTTP Server
    sitio web
        descarga de software, 29
Proyecto PHP
    desarrollo de código fuente, 508
Proyecto Servidor HTTP
    esfuerzos de la ASF, 506
proyectos
    Fundación de Software Apache
        desarrollo de código fuente, 507
        escritores de documentación, 512
        formas de participar, 507
        informes de errores, 509, 510
        listado de, 506
        probar el software, 510
pruebas alfa
    software, 510
pruebas beta
    software, 510
pruebas de campo
    software, 510
puertos
    hosts virtuales basados en nombres, 176
punto inicial
    tipos MIME, 142
PyApache

módulo
    soporte del lenguaje Python, 455
Python
    módulo PyApache, 455

Q

quitar
    archivos de contraseña
        usuarios, 320

R

Raven
    implementación comercial de SSL, 467
Raymond, Eric
    dirección de Linux Kongress
        open source, 6
ReadmeName
    directiva
        archivo httpd.conf, 107
recibir
    cookies
        JavaScript, 252
        Perl, 250, 251, 252
recursos
    directivas de acceso
        allow, 315
        deny, 315
        order, 316
        Satisfy, 316
    grupos de noticias
        comp.infosystems.www.authoring.cgi, 565
        comp.infosystems.www.servers, 564
    listas de envío
        apache-announce, 563
        servidores HWG, 563
    sitios web
        Apache Unleashed.com, 562
        Apache Week Magazine (I), 562
        Grupo Apache, 562
        NCSA HTTPd, 562
        W3C, 563
Red Hat Secure
    implementación comercial de SSL, 467
redireccionamientos fuera del sitio
    manipuladores de contenido, 268
redireccionamientos internos

manipuladores de contenido, 266, 268
Redirect
  directiva
    archivo httpd.conf, 107
RedirectMatch
  directiva
    archivo httpd.conf, 108
RedirectPermanent
  directiva
    archivo httpd.conf, 108
RedirectTemp
  directiva
    archivo httpd.conf, 109
registrar
  módulos, 365
    archivo httpd.conf, 384, 385, 386
  tipos MIME, 141
registro condicional
  directiva CustomLog, 339
  directiva LogFormat, 338
registro de acceso
  contenido
    bytes transferidos, 335
    código de respuesta, 335
    hora, 335
    logname remoto, 335
    nombre de host, 335
    solicitud, 335
  ubicación
    parámetro, 336
registro de errores, 334, 342
  direcciones IP, 342
  entrada de muestra, 340
  función de, 340
  hora del, 340
  niveles de mensaje, 341
registro de errores error
  fallo del programa CGI
    directiva ScriptLog, 342, 343
    directiva ScriptLogBuffer, 343
    directiva ScriptLogLength, 344
registro de transferencia, véase registro de acceso, 334
Registro de Windows
  ejemplo de programa CGI, 214
registros
  API Apache
    utilidades, 495
registros canalizados
  comando, 344

consideraciones
  colocar en la memoria intermedia, 344
  hosts virtuales, 344
  seguridad, 344
ejemplo, 344, 345, 346
función de, 344
usos, 347
registros de acceso
  Formato de Registro Común, 334
registros de contabilidad
  mecanismo de autorización, 363
registros de errores
  programas CGI
    solución de problemas, 214
reglas de alcance
  parámetros MIME, 153
reiniciar
  frente a reinicios suaves, 136
  Servidor Apache
    en Unix, 49
reinicios normales
  frente a reinicios suaves, 136
reinicios suaves
  frente a reinicios normales, 136
RemoveHandler
  directiva
    manipuladores de contenido, 263
requerimientos del sistema
  instalación/compilación, 28
request rec .estructura
  estructura de la API Apache
    campos, 486, 487, 488
require
  directiva
    autenticación, 313
  directiva
    archivo httpd.conf, 109
Resin de Caucho
  implementación de la API Java Servlet, 460
ResourceConfig
  directiva
    archivo httpd.conf, 110
resources
  mailing lists
    apache-announce, 563
    HWG-servers, 564
RFC
  (Petición de Comentarios), 141
  tipos MIME, 141

RFC 2617 (autenticación), 308
Ridruejo, Daniel López
    desarrollo de Comanche, 126
RLimitCPU
    directiva
        archivo httpd.conf, 110
RLimitMEM
    directiva
        archivo httpd.conf, 111
RLimitNPROC
    directiva
        archivo httpd.conf, 111
ROBOTS
    metaetiqueta (HTML)
        arañas
            excluir, 329
robots, véanse arañas, 326
rotar
    archivos de registro, 353

S

salida canalizada
    scripts de módulos mod perl, 424
salida serializada
    scripts de módulos mod perl, 424
Satisfy
    directiva
        archivo httpd.conf, 111
        recursos del host, 316
Scooter
    motor de búsqueda Alta Vista, 326
scopes
    directiva del contenedor Limit, 292
ScoreBoardFile
    directiva
        archivo httpd.conf, 111
Script
    directiva
        archivo httpd.conf, 112
        manipuladores de contenido, 264, 265
script apachect1
    configurar (Unix), 53, 57
    ejecutar (Unix), 52
    variables, 53, 57
ScriptAlias
    directiva
        archivo httpd.conf, 112
        programas CGI, 204

ScriptAliasMatch
    directiva
        archivo httpd.conf, 112
ScriptInterpreterSource
    directiva
        archivo httpd.conf, 113
ScriptLog
    directiva
        error log
            fallo CGI, 342, 343
ScriptLogBuffer
    directiva
        archivo httpd.conf, 113
        error log
            fallo CGI, 343
ScriptLogLength
    directiva
        archivo httpd.conf, 114
        error log
            fallo CGI, 344
scripts
    módulo mod perl
        salida canalizada, 424
        salida serializada, 424
scripts nph
    encabezados no analizados sintácticamente (CGI), 203
sección Directory
    archivos de configuración, 131, 132, 134
    directivas, 132, 134
sección Files
    archivos de configuración, 131, 135
sección Location
    archivos de configuración, 131, 135
sección Server Management (Comanche)
    opciones, 136
sección VirtualHost
    hosts virtuales basados en IP
        directivas, 172
        valores predeterminados, 173
secciones (archivos de configuración)
    Directory, 131, 132, 134
    Files, 131, 135
    Location, 131, 135
Secure
    atributo
        cookies, 244
Secure Sockets Layer, véase SSL, 463
seguridad
    archivos

control de acceso discrecional (DAC), 286, 287, 290
acceso a documentos
   autenticación, 291, 292
   autorización, 291, 302
archivos
   control de acceso obligatorio (MAC), 286, 287
   medidas de protección, 282, 283, 284
   opción Indexes, 284
   vínculos simbólicos, 283
archivos .htaccess
   preocupaciones del administrador, 163
autenticación
   basic, 308
   Digest, 309, 310
directrices de contraseña
   permisos de archivo, 324
directrices de seguridad
   distribución, 323
módulos de autenticación, 361, 363
registros canalizados, 344
servidores caché
   consideraciones de la configuración, 190
servidores proxy, 180
   consideraciones de la configuración, 190
SendBufferSize
   directiva
      archivo httpd.conf, 114
ServerAdmin
   directiva
      archivo httpd.conf, 114
ServerAlias
   directiva
      archivo httpd.conf, 114
server-info
   manipuladores de contenido, 275
ServerName
   directiva
      archivo httpd.conf, 115
ServerPath
   directiva
      archivo httpd.conf, 115
ServerRoot
   directiva
      archivo httpd.conf, 116
ServerSignature
   directiva
      archivo httpd.conf, 116
ServerTokens
   directiva
      archivo httpd.conf, 116
ServerType
   directiva
      archivo httpd.conf, 117
servicios profesionales
   donaciones
      Fundación de Software Apache, 515
Servidor Apache
   antecedentes oficiales, 8
   archivos de configuración
      sección Files, 131
      sección Location, 131
   archivos de configuración
      sección Files, 135
   hosts virtuales
      crear, 135
   orígenes, 5
   propiedades
      configurar (Comanche), 128, 130
   versiones, 5
      antecedentes, 522
Servidor Apache
   alianza con IBM, 7
   archivo mime.types
      directiva AddEncoding, 152
      directiva AddType, 150
      directiva ForceType, 151
      directiva TypeConfig, 150
   archivo mime.types, 144, 145, 146, 147, 148, 149
   archivos de configuración
      copias de seguridad, 127
      dificultad de, 126
      sección Directory, 131, 132
      sección Location, 135
   compatibilidad con Windows, 7
   entornos Unix
      detener, 49
      reiniciar, 49
   frente a Microsoft Internet Information Server, 7
   frente a NCSA HTTPd Server, 6
   primer equipo de desarrollo, 5
   propiedades
      configurar (Comanche), 129, 130, 131
   requerimientos del sistema
      compilador ANSI-C, 28
      memoria, 28
      Perl, 28

software
  compilar, 36
  configurar (APACI), 32
  configurar (método manual), 35
  descargar código fuente, 30
  descargar sitios, 28, 30
  extracción de archivos, 30
  forma binaria, 30
  instalaciones raíz, 31
  instalar en entorno Windows, 37, 39
  sitios de descarga, 29
  verificación PGP, 30
tipos MIME
  asignaciones, 143
  comportamiento de, 155
versiones
  última, 29
Windows NT
  terminación de la aplicación de consola, 52
Servidor HTTPd NCSA
  sitio web, 562
Servidor web Apache
  posibilidades de guardado en la caché, 183
  posibilidades de proxy, 183
servidores
  arañas
    efecto de sobrecarga, 327
    excluir, 328
    excluir, 329
  archivos de configuración
    access.conf, 62
    httpd.conf, 62
    srm.conf, 62
  archivos de configuración específicos (opción de línea de comandos -f), 171
  cookies
    carga, 237
    encabezado Set-cookie (HTTP), 236, 237
  diagnósticos
    ejemplo de módulo mod status, 367
  directivas de autenticación
    AuthGroupFile, 312
    AuthName, 311
    AuthType, 311
    AuthUserFile, 311
    contenedor Limit, 313
    LimitExcept, 313
    require, 313

directivas de configuración (httpd.conf file), 64
AccessConfig, 64
AccessFileName, 65, 66
Action, 66
AddAlt, 66
AddAltByEncoding, 67
AddAltByType, 67
AddDescription, 68
AddEncoding, 68
AddHandler, 68
AddIcon, 69
AddIconByEncoding, 69
AddIconByType, 70
AddLanguage, 70
AddModule, 71
AddType, 71
Alias, 71
AliasMatch, 71
allow, 72
allow from env=, 73
AllowOverride, 73
AuthAuthoritative, 74
AuthDigestFile, 74
AuthGroupFile, 74
AuthType, 75
AuthUserFile, 75
básicos, 63
BindAddress, 76
BrowserMatch, 76
BrowserMatchNoCase, 77
CheckSpelling, 77
ClearModuleList, 78
CustomLog, 79
DefaultIcon, 79
DefaultLanguage, 79
DefaultType, 79
deny, 80
DirectoryIndex, 82
DocumentRoot, 82
ErrorDocument, 82
ErrorLog, 83
ExtendedStatus, 84
FancyIndexing, 84
Files, 86
ForceType, 86
Group, 87
HeaderName, 87
HostNameLookups, 88
IdentityCheck, 88

Servidor Apache Al descubierto

ÍNDICE ALFABÉTICO

IfDefine, 88
IfModule, 89
Include, 89
IndexIgnore, 90
IndexOptions, 90
KeepAlive, 92
KeepAliveTimeout, 92
LanguagePriority, 92
LimitExcept, 93
LimitRequestBody, 93
LimitRequestFields, 93
LimitRequestFieldsize, 94
LimitRequestLine, 94
Listen, 94
ListenBacklog, 95
LoadFile, 95
LoadModule, 96
Location, 96
LocationMatch, 97
LockFile, 97
LogFormat, 97
LogLevel, 97
MaxClient, 98
MaxKeepAliveRequests, 98
MaxRequestsPerChild, 99
MaxSpareServers, 99
MetaDir, 99
MetaFiles, 100
MetaSuffix, 100
MinSpareServers, 100
NameVirtualHost, 100
NoCache, 101
Nucleares, 63
Options, 101, 102
order, 103
PassEnv, 103
PidFile, 104
Port, 104
ProxyBlock, 104
ProxyPass, 105
ProxyPassReverse, 105
ProxyReceiveBufferSize, 105
ProxyRemote, 106
ProxyRequests, 106
ProxyVia, 106
ReadmeName, 107
Redirect, 107
RedirectMatch, 108
RedirectPermanent, 108
RedirectTemp, 109
require, 109
ResourceConfig, 110
RLimitCPU, 110
RLimitMEM, 111
RLimitNPROC, 111
satisfy, 111
ScoreBoardFile, 111
Script, 112
ScriptAlias, 112
ScriptAliasMatch, 112
ScriptInterpreterSource, 113
ScriptLogBuffer, 113
ScriptLogLength, 114
SendBufferSize, 114
ServerAdmin, 114
ServerAlias, 114
ServerName, 115
ServerPath, 115
ServerRoot, 116
ServerSignature, 116
ServerTokens, 116
ServerType, 117
SetEnv, 118
SetEnvIf, 118
SetEnvIfNoCase, 118
SetHandler, 119
StartServers, 119
ThreadsPerChild, 120
TimeOut, 120
TransferLog, 120
TypeConfig, 121
UnsetEnv, 121
UseCanonicalName, 121
User, 122
UserDir, 122
VirtualHost, 123
XBitHack, 123
entorno Unix
   iniciar, 42, 45
entorno Windows NT
   iniciar, 45, 46, 47, 48
listados de archivos de configuración
   Unix, 526, 527, 528, 529, 530, 531, 532, 533, 534, 535, 536, 537, 538, 539, 540, 541, 542, 543
   Windows, 526, 543, 544, 545, 546, 547, 548, 549, 550, 551, 552, 553, 554, 555, 556, 557, 558
registrar módulos, 365
scripts CGI

ÍNDICE ALFABÉTICO

configurar, 204, 205
solicitudes
    fases de procesamiento, 256, 257
SSI
    activar a través de extensión de archivo, 221, 222
    activar con la directiva XBitHack, 222, 223
    activar con tipo MIME, 223
    desactivar, 220
    permitir, 220
servidores caché
    definición, 181
    configurar, 187, 188, 189, 190, 191, 192
        consideraciones de seguridad, 190
    directivas
        CacheDefaultExpire, 190
        CacheDirLength, 189
        CacheDirLevels, 189
        CacheForceCompletion, 189
        CacheGcInterval, 188
        CacheLastModifiedFactor, 188
        CacheMaxExpire, 188
        CacheRoot, 187
        CacheSize, 188
        NoCache, 189
    estructura jerárquica, 181
    posibilidades de Apache, 183
    proceso de solicitud de página, 181
    reducción del tráfico, 181
    Squid Web Proxy Cache, 183
    véanse también servidores proxy, 181
    velocidades de acceso a páginas, 181
servidores de comercio electrónico
    módulo de encriptación, 363
servidores proxy
    configurar, 183, 184, 185, 186, 187
        consideraciones de seguridad, 190
        ejemplos, 190, 191, 192
    definición, 180
    directivas
        AllowCONNECT, 186
        NoProxy, 186
        ProxyBlock, 185
        ProxyDomain, 187
        ProxyPass, 185
        ProxyPassReverse, 185
        ProxyReceiveBuffers, 186
        ProxyRemote, 184

        ProxyRequests, 184
        ProxyVia, 187
    navegadores web
        configurar, 192, 193, 194, 195
    objetos de audio/vídeo
        problemas asociados, 182
    posibilidades de Apache, 183
    seguridad
        direcciones IP blancas, 180
        direcciones IP negras, 180
    Squid Web Proxy Cache, 183
    véanse también servidores caché, 181
    véanse también servidores web, 180
servidores web
    estadísticas de Netcraft, 4
    hosts virtuales, 170
    módulo mod perl
        sintonización del rendimiento, 423
    véanse también servidores caché, 181
    véanse también servidores proxy, 180
ServletExec de Atlanta
    implementación de la API Java Servlet, 460
Set-cookie
    encabezado (HHTP)
        atributos, 238
            Domain=DOMAIN NAME, 243
            Expires=Date, 241
            NAME=VALUE, 239
            Path=PATH, 243
            Secure, 244
    encabezado (HTTP), 236, 237
        cookies
            eliminación de, 241
SetEnv
    directiva
        archivo httpd.conf, 118
SetEnvIf
    directiva
        archivo httpd.conf, 118
SetEnvIfNoCase
    directiva
        archivo httpd.conf, 118
SetHandler
    directiva
        archivo httpd.conf, 119
        manipuladores de contenido, 262
sintonización del rendimiento
    módulo mod perl, 423

ÍNDICE ALFABÉTICO

32 Bits Online
   ejemplo PHP, 450
FreeMed
   ejemplo PHP, 450
Freshmeat
   ejemplo PHP, 450
PHP
   ejemplos
      32 Bits Online, 450
      Freshmeat, 450
sitio web Netcraft
   encuestas mensuales, 4
sitios
   Grupo Apache, 8
sitios mirror
   sitio web Fundación Apache Software, 29
sitios web
   acceso a documentos
      proteger, 291, 292
   Apache Unleashed.com, 562
   Apache Week Magazine, 233, 562
   arañas
      archivos de registro, 327
   autenticación
      archivos .htaccess, 162
   autoridades de certificación SSL, 467
   Boutell.com
      analizador de registro Wusage, 348
   Comanche, 126
   contraseñas
      archivos .htaccess, 162
   CPAN
      archivo de módulo, 353
      módulos Perl, 331
   DBI, 346
   FastCGI, 217
   FreeMed
      ejemplo PHP, 450
   Fundación Apache Software
      descarga de software, 28
      sitios mirror, 29
   Grupo Apache, 562
   interactividad
      módulo PHP, 380
   módulos
      uso de, 358
   Mr. Unix, 350
   My SQL, 346
   NCSA HTTPd, 562
   Netcraft

      encuestas mensuales, 4
      estadísticas del servidor web, 4
   PHP, 380, 430
   programas CGI
      archivos .htaccess, 163
   Proyecto Apache HTTP Server
      descarga de software, 29
   Squid Web Proxy Cache, 183
   URL
      proteger, 285, 286, 287, 289, 290
   W3C, 563
   Zend, 430
situaciones exclusivas
   manipuladores, 470
situaciones inclusivas
   manipuladores, 470
sockets
   API Apache
      utilidades, 495
software
   código fuente
      descargar, 30
      extracción de archivos, 30
   compilar, 36
   configurar (APACI), 32
   configurar (método manual), 35
   descargar sitios, 28, 30
   forma binaria
      descargar, 30
   instalar
      en entorno Windows, 37, 39
   módulos
      analogía con el menú de un restaurante, 359
   probar
      evaluadores estables, 511
      Fundación de Software Apache, 510
      probadores actuales, 511
   sitios de descarga, 29
   verificación PGP, 30
software closed source
   frente a open source, 7
software con licencia
   donaciones
      Fundación de Software Apache, 515
solicitud
   registro de acceso, 335
solicitudes
   fases de procesamiento, 256, 257
      manipuladores de contenido, 257, 258, 260

solicitudes de cliente (HTTP), 13
    métodos, 14
        GET, 14
        HEAD, 15
        POST, 15
solicitudes GET
    formularios CGI, 210, 211
solicitudes POST
    formularios CGI, 211
solución de problemas
    módulos
        instalación, 380
    programas CGI
        encabezados no válidos, 216
        errores de sintaxis, 216
        permisos incorrectos del servidor, 214, 216
        registros de errores, 214
soporte para contenido (web)
    módulos, 366
Squid Web Proxy Cache
    sitio web, 183
srm.conf
    archivo, 62
srm.conf-dist
    archivo
        directiva ResourceConfig, 559
SSI
    (Inclusiones del Lado del Servidor), 220, 429
    configuración del servidor
        activar con la directiva XBit Hack, 222, 223
        activar con tipo MIME, 223
        desactivar, 220
    configuración del servidor
        activar por extensión de archivo, 221, 222
        permitir, 220
    directivas, 220
        config, 223, 224, 225, 226
        echo, 226
        exec, 227
        flastmod, 229
        fsize, 228
        include, 229
        printenv, 230
    función de, 220
    implementación PHP, 429
    manipuladores de contenido analizados

sintácticamente por el servidor, 273
recursos
    sitio web Apache Week Magazine, 233
    temas de seguridad en los documentos, 305
SSL
    (Secure Sockets Layer), 463
    autoridades de certificación
        sitios web, 467
    desarrollo de Netscape, 464
    módulo Apache-SSL, 466
    módulo mod ssl, 465, 466
    productos comerciales
        IBM HTTP Server, 467
        Raven, 467
        Red Hat Secure, 467
        Stronghold, 466
    versión actual, 464
StartServers
    directiva
        archivo httpd.conf, 119
STDIN
    programa
        especificación CGI, 202
STDOUT
    programa
        especificación CGI, 202
Stronghold
    implementación comercial de SSL, 466
SymLinksIfOwnerMatch
    opción (directiva Options)
        archivos .htaccess, 166

T

tabla de manipuladores de contenido
    module struct, 478
tablas de símbolos, 368
    programa Hello World, 369, 370, 371, 372, 373
Tcl
    Comanche
        ampliar, 137
TCP/IP
    API Apache
        utilidades, 492
Thawte Consulting
    sitio web, 467
ThreadsPerChild

directiva
    archivo httpd.conf, 120
TimeOut
    directiva
        archivo httpd.conf, 120
tipos de datos
    PHP
        cadenas, 437
tipos MIME
    mágicos, 260
    manipuladores de contenido
        asociar, 260
    SSI
        activar, 223
tipos MIME
tipos multimedia
    Autoridad de Números de Asignación de Internet (IANA), 140
    Tipos Multimedia de Internet (IMT), véase MIME, 140
Tomcat
    implementación de la API Java Servlet, 459
Transfer-Encoding
    encabezado (HTTP), 12
TransferLog
    directiva
        archivo httpd.conf, 120
trapdoor
    algoritmo de encriptación, 295
TypeConfig
    directiva
        archivo httpd.conf, 121
        archivo mime.types, 150

U

Unix
    contraseñas
        encriptación SHA, 297
    contraseñas
        encriptación MD5, 296, 297
        rutina crypt(), 296
    listado de archivos de configuración
        httpd.conf, 526, 527, 528, 529, 530, 531, 532, 533, 534, 535, 536, 537, 538, 539, 540, 541, 542, 543
    script apachect1
        configurar, 53, 57
        ejecutar, 52
    Servidor Apache
        detener, 49
        iniciar, 42, 45
        inicios de la línea de comandos, 42, 45
        inicios automáticos en tiempo de inicio, 45
        reiniciar, 49
    vínculos simbólicos
        riesgos en la seguridad, 283
UNIX
    contraseñas
        métodos de autenticación, 318, 319
UnsetEnv
    directiva
        archivo httpd.conf, 121
Upgrade
    encabezado (HTTP), 12
URI
    API Apache
        utilidades, 494
URL
    API Apache
        utilidades, 494
    mecanismos de protección, 285
        control de acceso discrecional (DAC), 286, 287, 290
        control de acceso obligatorio (MAC), 286, 287, 289, 290
    módulos, 365
    redireccionamientos fuera del sitio, 268
    redireccionamientos internos, 266, 268
Url redirection
    propiedad
        configurar (Comanche), 131
UseCanonicalName
    directiva
        archivo httpd.conf, 121
Usenet
    comp.infosystems
        www.authoring.cgi, 565
        www.servers, 564
User
    directiva
        archivo httpd.conf, 122
UserDir
    directiva
        archivo httpd.conf, 122
usuarios
    agregar (dbmmanage), 322
    archivos .htaccess

configurar, 160
control de los daños, 166
contraseñas
cambiar (aplicación dbmmanage), 322
URI/URL, 494
utilidades
API Apache
archivos, 495
directivas de configuración, 498
registrar, 495
sockets, 495
TCP/IP, 492

V

valores
cookies, 239
variable
alcance
PHP, 435
variables
automatización del lado del servidor, 230, 232
variables de entorno (CGI), 200
específicas de la solicitud, 201, 202
no solicitadas, 201
variables de entorno específicas de la solicitud (CGI), 201, 202
variables de entorno específicas no solicitadas (CGI), 201
ver
estado del módulo mod perl, 421
Verisign Inc.
sitio web, 467
versiones
antecedentes, 522
última
descargar, 29
Via
encabezado (HTTP), 12
VirtualHost
directiva
archivo httpd.conf, 123
VNC
herramienta de configuración remota, 137

W

W3C
(Consorcio de la World Wide Web), 563

especificaciones del HTTP, 10
sitio web, 563
Web
orígenes, 4
Berners-Lee, Tim, 5
NCSA, 5
Webalizer
herramienta de análisis de registro, 350
WebLogic de BEA
implementación de la API Java Servlet, 459
WebObjects de Apple
implementación de módulos en el servidor de aplicaciones, 460
opciones, 460
WebTrends
herramienta de análisis de registro, 350
Windows
Comanche
iniciar, 127
compatibilidad con Servidor Apache, 7
listado de archivos de configuración
httpd.conf, 526, 543, 558
software Servidor Apache
compilar, 39
instalar, 37
software Servidor Apache
instalar, 37
Windows NT
Servidor Apache
iniciar, 45, 46, 47, 48
Servidor Apache
aplicaciones de consola, 48
aplicaciones de consola, terminar, 52
inicios automáticos en tiempo de reinicio, 46
inicios manuales, 47
World Wide Web, véase Web, 4
Wusage
herramienta de análisis de registro, 348
WWW (World Wide Web), véase Web, 4
wwwstat
herramienta de análisis de registro, 348

X

XBitHack
directiva
archivos .htaccess, 166

archivo httpd.conf, 123
SSI
   activar, 222, 223

Z

Zend

como motor de automatización PHP, 430
sitio web
   recursos PHP, 430
Zope
   implementación de módulos en el servidor de aplicaciones, 461
   opciones, 461

Instalar el CD de Apache Server Al descubierto

Instrucciones de instalación para Windows 95/98/NT/2000

1. Inserte el CD-ROM en su unidad de CD-ROM.
2. En el escritorio de Windows, haga doble clic en el icono MiPC.
3. Haga doble clic en el icono que represente a su unidad de CD-ROM.
4. Haga doble clic en el archivo **README.TXT** para comprobar el contenido del CD-ROM.

Linux y las instrucciones de instalación para Unix

Estas instrucciones de instalación presuponen que conoce medianamente los comandos Unix y la configuración básica de su máquina. Unix tiene muchas gamas y sólo se usan comandos genéricos. Si tiene algún problema con los comandos, consulte la página **man** apropiada o a su administrador de sistemas.

1. Inserte el CD-ROM en la unidad de CD-ROM.
2. Si tiene un administrador de volumen, el montaje del CD-ROM será automático. Si no lo tiene, puede montar el CD-ROM escribiendo:

    ```
    mount -tiso9660 /dev/cdrom /mnt/cdrom
    ```

> **NOTA**
>
> /mnt/cdrom es un punto de montaje, pero debe existir cuando se emita el comando mount. También puede usar cualquier directorio vacío si no desea usar /mnt/cdrom.

3. Navegue hasta el directorio raíz del CD-ROM. Si su punto de montaje coincide con el ejemplo anterior, escriba:

    ```
    cd /mnt/cdrom
    ```

4. Abra el archivo **README.TXT** con su editor de textos favorito para ver lo que hay en el CD-ROM.